Thomas Frey

Server-Infrastrukturen mit Microsoft Windows Server Technologien

Alles was Sie für das Microsoft Seminar 20-413 und die Zertifizierungsprüfung „Entwerfen und Implementieren einer Windows Server-Infrastruktur“ benötigen.

Kontakt: ITService-Management@gmx.de
Verlag: Selbstverlag des Autors
Im Soll 45d, 22179 Hamburg

Druck: epubli, ein Service der neopubli GmbH, Berlin

Das Buch ist auch als eBook erhältlich.
ISBN eBuch: 978-3-7418-2572-9

1.2

Liebe Leserinnen, liebe Leser

Noch ein Ratgeber?
Noch ein Handbuch?

Dies ist kein Windows Server Bedienungshandbuch und beschreibt auch nicht alle Rollen und Funktionen eines Windows Servers.
Das Buch ist mit Inhalt und Themen abgestimmt auf die Prüfung zum offiziellen Microsoft Kurs 20413 „Designing and Implementing a Server Infrastructure". Diese Prüfung ist Voraussetzung für die Zertifizierung zum MCSE „Server Infrastructure". Dieses Buch wird Sie dabei unterstützen, denn:

- Dieses Buch deckt alle benötigten Themen ab und ist damit komplett.
- Sie können in diesem Buch gezielt nachschlagen und Lücken füllen.
- Hier finden Sie Hilfe, wenn Sie sich mich Windows Server Infrastrukturfragen beschäftigen.

Dieses Buch ist ein vollständiges Seminarhandbuch für das 20413 Seminar

- Alles was Sie wissen müssen, um die Prüfung zum offiziellen Microsoft Kurs 20413 „Designing and Implementing a Server Infrastructure" zu bestehen.
- Ausführliche Beschreibungen zu Überlegungen und Planungen für das Infrastrukturdesign.
- Viele Bilder zeigen Ihnen, wo Sie was konfigurieren.
- Komplette Konfigurationsbeispiele „von A-Z" zum Nachvollziehen
- Hier ist alles notwendige Wissen enthalten. In den offiziellen Microsoft Kursunterlagen ist das leider nicht der Fall.
- Das Buch ist aktuell und wird regelmäßig überarbeitet.

Was ist der Vorteil gegenüber den Microsoft Seminarunterlagen?

- Dieses Buch ist komplett und schließt die Lücken, die Microsoft offen gelassen hat aber trotzdem in den Prüfungen abfragt.
- Der Inhalt und die Beispiele sind einfacher nachzuvollziehen als in der offiziellen Literatur.
- Hier schreibt ein Praktiker für Praktiker.
- Die Formulierungen sind verständlich und nicht das Produkt eines Übersetzungsautomaten.

Warum sollten Sie sich mit Server-Infrastrukturen beschäftigen?

Als Server Administrator möchten Sie mehr als nur neue Server vorbereiten und Benutzerkonten anlegen und dabei die Pläne anderer ausführen. Der nächste Schritt ist die Planung und das Design von IT-Infrastrukturen entsprechend der Geschäftsanforderungen selbst durchzuführen. Dabei bewegen Sie sich im Bereich IT-Servicemanagement und entfernen sich von der ausschließlichen Administration von Servern. Sie werden aber feststellen, dass Ihr Wissen über Windows Server eine perfekte Grundlage darstellt.

Was haben Server-Infrastrukturen und IT-Servicemanagement miteinander zu tun?

Sie haben es sicher schon selbst festgestellt: Wenn es um IT geht, geht es oft nur um die Technik, die mit besten Absichten und mit sehr guten Know How in neue oder bestehende Umgebungen implementiert wird. Trotzdem ist der Help Desk immer ausgelastet, die Anwender oft unzufrieden und das Management macht der IT-Abteilung Druck. Die vereinbarten Service Level sind, wenn überhaupt, nur mühsam zu erfüllen. Internen IT-Dienstleistern droht das Outsourcing, IT-Dienstleister mit externen Kunden droht Kundenverlust. Irgendwer sagt immer: Ihr seid zu teuer.

Verändern Sie die Sichtweise. Schauen Sie aus der Anwender bzw. Kundenperspektive. Nicht die neueste Technik ist immer die beste oder die Technik, die Sie besonders gut beherrschen sondern die Technik, die am besten die Kundenanforderungen erfüllt und damit hilft, die Service Level einzuhalten. Je besser Ihre Planungen im voraus, desto weniger müssen Sie hinterher mit viel finanziellen oder zeitlichen Aufwand nachbessern. Gutes Servicemanagement ist daher, Server-Infrastrukturen nach den Anforderungen der Nutzer bzw. des Geschäfts auszurichten, Erfahrungen aus der Vergangenheit einzubeziehen und Platz zu lassen für zukünftige geschäftliche und technische Entwicklungen.

Microsoft bietet vielfältige technische Optionen mit seinen Server- und Verwaltungsprodukten, die in eine gute Planung einbezogen werden sollten. Die Konfiguration kann sehr gut an die unterschiedlichsten Anforderungen angepasst werden. Einige Stichworte sind:

- IT-Kontinuität durch Redundanz und Failover-Technologien.
- Virtualisierung und Cloud-Strukturen wie beispielsweise Hyper-V und Azure.
- Sicherheit und Zugriffsschutz.
- Verwaltung und Überwachung.
- Kosten und Nutzen.
- Und vieles mehr....

Hier geht es um Planung und Implementation von

- Upgrade und Migration.
- Hyper-V und Azure.
- Der Virtual Machine Manager.
- IPAM.
- System Center.
- Infrastrukturdienste wie Active Directory, DNS und DHCP.
- Replikation und Delegation.
- Domänen, Organisationseinheiten, Standorte.
- Vertrauensstellungen, Gruppenrichtlinien.
- VPN und DirectAccess.
- iSCSI, BranchCache.
- Und vieles mehr....

Inhaltsverzeichnis

Server-Infrastrukturen mit Microsoft Windows Server Technologien

Sie haben sich bereits mit Windows Server 2012 R2 vertraut gemacht, arbeiten eventuell bereits damit oder haben sich bisher hauptsächlich mit den Vorversionen beschäftigt? Dann ist diese Buch genau richtig für Sie. Hier erfahren Sie alles notwendige für die Planung von Windows Server Infrastrukturen. Es geht dabei um den bestmöglichen Einsatz der zur Verfügung stehenden Rollen, Dienste und Funktionen unter Berücksichtigung von Geschäftsanforderungen, Regularien und Best Practices. Sie werden lernen, in welchen Szenarien welche Technologien besser oder schlechter geeignet sind, wie Sie Geschäftskontinuität sichern und welche Voraussetzungen erfüllt sein müssen, wenn Sie von älteren Windows Server Versionen kommen.

Wenn Sie sich mit Server-Infrastrukturen beschäftigen, wissen Sie dass es nicht nur um die Frage geht, wie viele Server benötige ich oder wie schnell sollte die Netzwerkanbindung sein. Es geht ebenfalls darum, wie Sie Ihre Computer schnellstmöglich in Betrieb nehmen, wie Sie Service-Ausfälle vermeiden, wie Sie unterstützende Dienste implementieren, ob Sie virtualisieren oder Dienste in eine Cloud auslagern und ganz wichtig, wie Sie die Geschäftsanforderungen Ihrer Organisation mit Ihrer Strategie unterstützen. Sie müssen ein Gleichgewicht zwischen Kosten und Nutzen herstellen, wenn Sie eine geschäftskritische Dienstleistung mit Ihrer IT bereitstellen.

Damit bewegen Sie sich im Bereich des IT-Service Managements und Sie sollten bei allen technischen Überlegungen an die Nutzer denken, die Ihren IT-Service verwenden. Ihre Nutzer möchten schnelle, gut nutzbare, effiziente und effektive Services zur Verfügung gestellt bekommen, welche in der Lage sind die Geschäftsanforderungen und –abläufe sehr gut abzubilden und zu unterstützten. Wenn Sie das in Ihren Infrastrukturplanungen berücksichtigen, implementieren Sie bessere Server-Infrastrukturen.

Das Thema ist umfangreicher als es in einem Buch komplett abgedeckt werden kann. Daher konzentriert sich der Inhalt auf die Anforderungen, die Sie mit der Microsoft Zertifizierungsprüfung 20413 erfüllen müssen. Diese Prüfung ist Voraussetzung für die Zertifizierung zum MCSE für Server-Infrastrukturen. Mit vielen Bildern und dokumentierten Konfigurationsbeispielen können Sie dieses Buch daher sehr gut für die Prüfungsvorbereitung nutzen. Darüber hinaus ist es hervorragend zum Nachschlagen geeignet.

Tipps für das Ausprobieren von Funktionen

Vieles erschließt sich leichter, wenn man es ausprobieren kann. Einige Tools, auf die im Buch zurückgegriffen wird, können kostenlos von Microsoft heruntergeladen werden. Die meisten Microsoft-Betriebssysteme sind als 180 Tage lauffähige und voll funktionsfähige Demoversion herunterladbar, auch Windows Server 2012 R2. Das gilt ebenfalls für das System Center. Ganze Infrastrukturen lassen sich (im kleinen Maßstab) virtuell nachbilden. Ich habe für dieses Buch sämtliche Server virtualisiert und auch Hyper-V in einer virtuellen Umgebung betrieben.

Welche Themen werden im Buch behandelt?

Das Buch gliedert sich in 5 Hauptbereiche, die alle relevanten Themen abdecken. Dabei habe ich versucht, die aufeinander aufbauenden Abläufe zu berücksichtigen. Verstehen Sie das aber nicht als starres Schema. Ihre persönlichen Voraussetzungen können sich sehr deutlich von den Voraussetzungen anderer Leser unterscheiden. Beispielsweise möchten Sie eine Server-Infrastruktur aus dem Nichts aufbauen, ein anderer dagegen muss bereits existierende Strukturen berücksichtigen und möglicherweise einbinden. Betrachten Sie die Themenreihenfolge daher nur als mögliche Richtschnur und passen Sie Ihre Planung an Ihre Anforderungen an. Das wäre damit der erste Best Practice Tipp in diesem Buch.

1. Die Server-Infrastruktur

In diesem Kapitel geht es um Überlegungen zu Upgrades und Migration, Virtualisierung und Cloud und wie Sie physische und virtuelle Maschinen bereitstellen und installieren. Sie erhalten ersten Einblick in den „Virtual Machine Manager“ und erfahren, wie Sie diesen für eine effiziente Verwaltung von Ressourcen für virtuelle Maschinen einsetzen.

2. Die Netzwerk-Infrastrukturdienste

Hier beschäftigen Sie sich mit der Planung von DHCP und DNS. Dabei geht es auch um die Sicherstellung von Verfügbarkeit und um eine übersichtliche Verwaltung mit IPAM.
Wichtig ist auch Zonenreplikation und Sicherheit. Sie erfahren darüber hinaus wie Sie Speicher- und Datendienste effektiv einsetzen.

3. Die logische Active Directory-Infrastruktur

Bei der Planung und der Implementation von logischen AD-Infrastrukturen müssen Sie wissen, wie Sie die Gesamtstruktur mit Domänendienten, Organisationseinheiten und Gruppen effektiv an den Anforderungen ausrichten. Dabei sind auch Vertrauensstellungen ein wichtiges Thema.

4. Die physische Active Directory-Infrastruktur

Wenn es Um Infrastrukturfragen geht, geht es auch um Gruppenrichtlinien. Sie erfahren wie Sie diese Erstellen, Einsetzten und Verwalten. Ebenso geht es um Standorte, AD-Replikation und die effektive Platzierung von Domänencontrollern. Die Virtualisierung ist auch hier ein wichtiger Bereich und es wird beschrieben, wie Sie für Hochverfügbarkeit sorgen.

5. Remote Access und Netzwerkzugriffsschutz

Der Fernzugriff wird immer wichtiger in einer Infrastruktur: Welche Technologien gibt es und wie werden diese effektiv eingesetzt. Darüber hinaus erfahren Sie wie Sie Ihre Infrastruktur schützen und wie Sie Regeln und Richtlinien effektiv einsetzen.

1. Die Server-Infrastruktur

Zusammenfassung: In diesem Kapitel erfahren Sie, wie Sie vorhandene Infrastrukturen auf einen aktuellen Stand bringen, was Sie dafür benötigen, was Sie bedenken müssen und welche Konsequenzen Ihre Entscheidungen auf die Bereitstellung haben. Dabei wird auch die private und öffentliche Cloud (Microsoft Azure) in die Strategie mit einbezogen und wie Sie eine Bereitstellung und eine einfache Verwaltbarkeit sicherstellen können.

1.1 Serverupgrades und Servermigration

1.1.1 Upgrade und Migration

Wenn es um das Windows Server 2012 R2 Betriebssystem geht, müssen Sie festlegen welche Edition am besten zu Ihren Anforderungen passt. Dazu müssen Sie die Anforderungen kennen und die Kosten mit dem „Return on Investment" abwägen.
Ebenso müssen Sie wissen, welche Hardwarekonfiguration erforderlich ist, ob Sie virtualisieren oder eine Cloud nutzen und wie Sie eine große Anzahl von Computern effizient mit Betriebssystem und Anwendungen ausstatten können.

Folgende Windows Server 2012 Editionen sind erhältlich:

- Die **Foundation** Edition als kostengünstiger Basis-Server mit Basis-Funktionen, ohne Hyper-V, maximal 15 Benutzer, maximal 32GB RAM. Keine Active Directory Domänendienste.
- Die **Essentials** Edition für kleine Unternehmen mit Basis-Funktionen, ohne Hyper-V, maximal 25 Benutzer und 50 Geräte, maximal 64GB RAM. Muss der einzige Domänencontroller der Domäne sein.
- Die **Standard** Edition für kleine virtualisierte Umgebungen, mit vollständigen Windows Server Funktionalitäten für zwei Virtualisierungen, maximal 64 Sockets und 4TB RAM.
- Die **Datacenter** Edition ist wie die Standard Version, aber ohne die Begrenzung auf zwei Virtualisierungen je physikalischem Server.

Für welche Edition sollten Sie sich entscheiden?

Die Entscheidung zwischen den ersten beiden oder den letzten beiden Editionen hängt also im wesentlichen von der Anzahl der Benutzer ab, die auf den Server zugreifen sollen. Sind es mehr als 25, muss entweder die Standard- oder die Datacenter-Edition gewählt werden. Auch unter der Grenze von 15 Nutzern sind sie nicht ganz frei in Ihren Entscheidungen. Benötigen Sie Active Directory Domänendienste, kommt nur die Essentials Edition in Frage. Noch dazu wird die Foundation Edition zur Zeit nur zusammen mit Serverhardware angeboten. Sie ist also nicht einzeln erhältlich.

Die Entscheidung zwischen Datacenter und Standard:
Diese ist abhängig von Ihrer Infrastruktur-Strategie. Benötigen Sie mehr als zwei virtualisierte Computer je physischem Server, kommt nur die Datacenter Edition in Frage. Ansonsten müssten Sie für je zwei virtuelle Computer eine Standard-Lizenz erwerben.
Bei beiden Editionen gelten die Lizenzen für Serverhardware mit maximal zwei Prozessoren. Für jedes weitere Paar von Prozessoren wird eine weitere Lizenz benötigt.

Anforderungen an die Hardware

Die Auswahl der Edition schränkt Sie auf die maximal nutzbare Hardware ein. Es gibt allerdings auch eine Mindestanforderung: Prozessorarchitektur x64 mit mindestens 1.4GHz, 512MB RAM und 32GB freien Speicherplatz auf der Festplatte.
Die tatsächlich notwendigen Hardwareanforderungen hängen von den Diensten ab, die Sie auf den Servern zur Verfügung stellen wollen, von der Anzahl der Nutzer und ob Sie virtualisieren oder nicht.

Direktes Upgrade von einer Vorversion vs. Servermigration

Diese Frage ist abhängig davon, ob Sie vorhandene Hardware weiternutzen wollen, ob diese Hardware noch die Mindestanforderungen für Windows Server 2012 R2 erfüllt und ob die eingesetzte alte Server-Version noch ein Upgrade zur aktuellen Version zulässt.

Upgrade:
Wenn Sie Hardware weiternutzen wollen und die alte Server Version es nicht verhindert, ist ein Upgrade möglich. Bei folgenden Voraussetzungen ist ein Upgrade möglich:

- Ihre Server entsprechen den Hardware-Voraussetzungen. Sowohl Hardware wie auch die alte Server Version müssen x64 Ausführungen sein.
- Die auf den Servern installierten Softwareprodukte unterstützen das Upgrade.
- Sie wollen installierte Rollen, Features, Dateien, Einstellungen und Anwendungen behalten.

Allerdings schleppen Sie bei einem Upgrade auch Altlasten mit und erhöhen das Risiko für Ausfälle nach dem Upgrade.

Die alten Server Versionen, mit denen ein Upgrade mögliche ist:

- Windows Server 2008 SP2 Standard oder Enterprise auf 2012 R2 Standard oder Datacenter. 2008 SP2 Datacenter auf 2012 R2 Datacenter. 2008 SP2 Webserver auf 2012 R2 Datacenter.
- Windows Server 2008 R2 SP1 Standard oder Enterprise auf 2012 R2 Standard oder Datacenter. 2008 R2 SP1 Datacenter auf 2012 R2 Datacenter.
- Windows Server 2012 Standard oder Datacenter auf 2012 R2 Standard oder Datacenter.

Migration:
Wollen Sie neue Hardware nutzen, migrieren Sie Rollen, Features, Dateien, Einstellungen und Anwendungen vom alten Server auf den neuen. Das hat folgende Vorteile:

- Sie beeinträchtigen Ihre alte Infrastruktur nicht, während Sie die neuen Server vorbereiten.
- Sie führen die Migration in einer separaten Umgebung durch.
- Sie stellen sicher, dass auf den neuen Servern alle erforderlichen Funktionen zur Verfügung stehen.

Sie sind hier etwas flexibler, was die alte Version betrifft von der Sie migrieren. Selbstverständlich können Sie von den Versionen migrieren, für die auch das Upgrade möglich ist. Für eine Migration verwenden Sie die **Windows Server-Migrationstools** der aktuellen Version um die Daten zu übertragen.
Darüber hinaus können Sie von folgenden x86-Versionen migrieren, die noch auf x86 Hardware betrieben werden: Windows Server 2003, 2003 R2, 2008, 2008 R2.

Verfügbare Tools für die Upgrade- oder Migrationsplanung

Softwaretools können Sie bei Ihren Planungen unterstützen. Das „**Microsoft Assessment and Planning Toolkit**" (MAP) kann Sie bei der Bestandsaufnahme Ihrer bisherigen Infrastruktur unterstützen. Sie können das MAP-Toolkit kostenlos bei Microsoft herunterladen.

Das MAP-Toolkit untersucht Ihre Infrastruktur und generiert Ihnen einen Bericht darüber, ob Ihre Infrastruktur für Windows Server 2012 R2 geeignet ist. Der Bericht wird in eine Datenbank geschrieben, entweder lokal oder auf einen SQL-Server. Auf einem SQL-Server gespeichert, sind Berichte von allen Zugriffsberechtigten abrufbar.
Das Toolkit macht Ihnen Vorschläge für Ihre nächsten Schritte. Sie können so erkennen, welche Server, Rollen, Clients und Applikationen Sie weiter verwenden können, welche außer Betrieb genommen werden sollten und welche sich gut für eine Virtualisierung eignen.

Das Microsoft Assessment and Planning Toolkit:

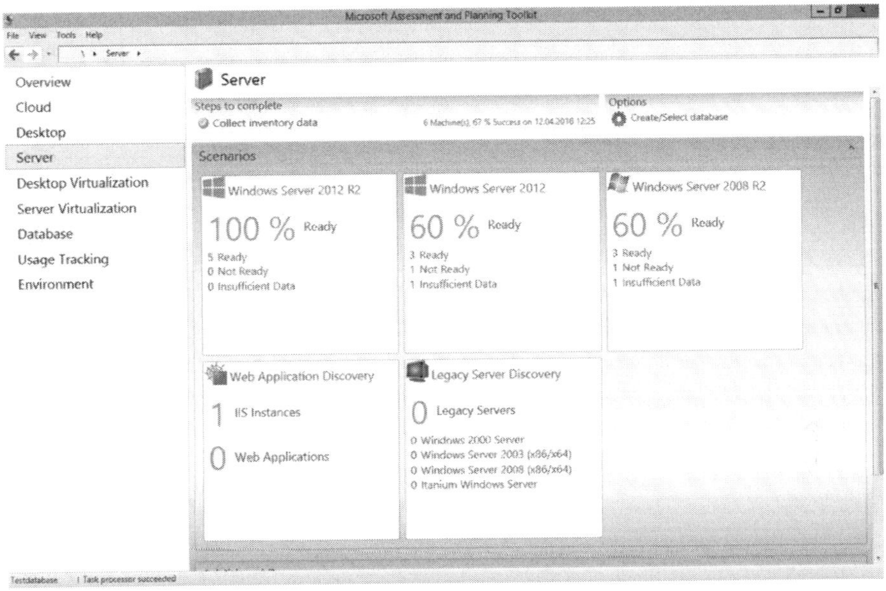

Die Konsolidierung von Servern

Da wir unsere möglicherweise vorhandene Infrastruktur analysieren müssen, können wir auch gleichzeitig prüfen, welche Server, Rollen, Dienste und Funktionen sich zusammenfassen lassen. Ein möglicher Grund dafür wäre nicht ausgelastete Hardware, die durch Zusammenlegen von Diensten besser genutzt werden kann. Möglicherweise lassen sich gleiche Dienste zu Failover-Cluster zusammenfassen und wir erhöhen durch die Konsolidierung auch die Redundanz.

Sie sollten also prüfen:

- Unterstützen die Rollen das Zusammenlegen auf einer Hardware? Falls nicht, müssen Sie diese Rollen separat bereitstellen.
- Wäre die Server-Performance nach dem Zusammenlegen gleichbleibend? Das sollte sichergestellt sein. Ansonsten prüfen Sie das Zusammenlegen in anderen Dienst-Kombinationen. Die Server-Performance ist besonders bei Virtualisierungsplänen zu bedenken.
- Unterstützen die Rollen die Maßnahmen für hohe Verfügbarkeit?

Das Entwickeln von Plänen zu Server-Upgrades und –Migrationen

Wenn Sie Ihre Pläne erstellen, müssen Sie die aktuelle Infrastruktur, die geeignete Betriebssystem-Edition und die Strategien für Upgrade bzw. Migration, Sicherung, Wiederherstellung, Überwachung und Wartung mit einbeziehen.

Ebenso wichtig sind Lizensierung und Aktivierung der Betriebssysteme, die migrierfähigen und die zu virtualisierenden Rollen, Features, Betriebssysteme, Daten und Freigaben.

Die Planungen umfassen:

- Die Analyse Ihrer gegenwärtigen Infrastruktur.
- Die **Analyse der Geschäftsanforderungen**. Eventuell habe diese sich geändert. Das kann Auswirkungen auf die Upgrade- und Migrationspläne haben.
- Die Auswahl der geeigneten Windows Server 2012 R2 Edition.
- Die Bereitstellungsstrategie, damit Dienste bei Upgrades oder Migration nicht unterbrochen werden.
- Die 2012 R2 **Lizensierung und Aktivierung: Manuell oder Automatisch** (Volumenaktivierung). Die Volumenaktivierung erfordert einen Volumenaktivierungsdienst und das **Volumenaktivierungs-Verwaltungstool** (VAMT). Bei einer kleinen Anzahl von Servern kann eine manuelle Aktivierung gut geeignet sein. Bei einer großen Anzahl sollten Sie automatische Aktivierung in Betracht ziehen. Je nach gewählter Serveredition kann in virtuellen Umgebungen eine Aktivierung von virtuellen Maschinen automatisch vom Hostbetriebssystem erfolgen. Das hängt davon ab, wie viele Lizenzen für virtuelle Maschinen in der Serveredition bereits enthalten sind. Das funktioniert allerdings zur Zeit nur ab Server Version 2012 R2 für Host und Gast.
- Bestimmen der **Rollen, die migriert werden können**. Das sind die AD Verbunddienste, Hyper-V, Netzwerkrichtlinienserver, Druck- und Dokumentendienste, Remotezugriff, WSUS.
- Bestimmen der **Rollen, die mitgehostet werden können**, beispielsweise DNS auf einem Domänencontroller. Aspekte wie hohe Verfügbarkeit und Leistung müssen dabei berücksichtigt werden. Die Performance der Server darf durch das bereitstellen von mehreren Diensten nicht eingeschränkt werden.
- **Planen Sie die Prozeduren und Abläufe** für Upgrades, Migrationen oder das Neuinstallieren von Servern. Das sollten Sie nicht den ausführenden Mitarbeitern überlassen.
- **Planen Sie die Verwaltung, Pflege, das Backup und das Wiederherstellen** von Daten. Das hat direkten Einfluss auf die Service Level, die Sie einhalten müssen.

Die Server Migration über Domänen

Wenn Sie Dienste über Domänen hinweg oder auch komplette Domänen migrieren wollen, sollten Sie wie folgt vorgehen:

- Erzeugen Sie eine neue AD DS Gesamtstruktur.
- Installieren Sie die benötigten Anwendungen auf den neuen Servern.
- Schaffen Sie eine Vertrauensstellung zwischen der neuen und der alten Gesamtstruktur.
- Migrieren Sie die AD DS Objekte.
- Migrieren Sie Anwendungsdaten und –Einstellungen.
- Legen Sie die alte Domäne still.

1.1.2 Die Virtualisierung und der Einsatz in der Cloud

Windows Server ist ab Version 2012 cloudfähig. Sie können also eine private Cloud erstellen, die Microsoft Azure Cloud nutzen oder Teile Ihrer Infrastruktur virtualisieren. Sie sparen Energiekosten, reduzieren Lizenzkosten und optimieren Serverauslastung und Flexibilität in Ihrer IT-Infrastruktur. Die Virtualisierung im eigenen Hause oder die Nutzung von Azure müssen genauso sorgfältig geplant werden wie eine physische Bereitstellung von Services und Diensten.

Die Auslagerung von Server in die Microsoft Azure Cloud

Windows Azure ist ein Dienst, der „Infrastructure as a Service“ (IaaS) bietet. Sie lagern also Teile oder auch die ganze Infrastruktur in die Azure Cloud aus. Mögliche Gründe dafür wären, dass Sie Bedarf an Services haben, auf die von außerhalb Ihrer Infrastruktur zugegriffen werden soll oder auch beispielsweise weil Sie die Verfügbarkeit von Diensten verbessern wollen und mit der Platzierung in der Azure Cloud die Redundanz erhöhen.

Da ab Version 2012 das Microsoft Server Betriebssystem cloudfähig ist, können Sie virtuelle Festplatten mit den darauf enthaltenen virtuellen Windows Servern 2012 R2 in Azure hochladen und in der Azure Cloud auch mit der Powershell nutzen. Wenn Sie an die Überlegungen zu Migration und Aktualisierung aus dem vorherigen Abschnitt denken, liegt es nahe in diesem Zusammenhang auch über eine Migration in die Cloud nachzudenken.

Mit IaaS können Sie virtuelle Maschinen nach Bedarf in Windows Azure anlegen. Dazu zählt:

- Das Deployment des Windows Server 2012 R2 Betriebssystems auf virtuelle Maschinen, die in Windows Azure gehostet werden.
- Das Hochladen von 2012 R2 Image Vorlagen und von vorkonfigurierten Betriebssystem VHDs in die Azure Cloud.
- Das Verwalten von virtuellen Maschinen in Windows Azure.

Tools für die Auslagerung und Verwaltung von Servern in der Cloud:

- System Center 2012 R2 Virtual Machine Manager (VMM). Es erlaubt das zentrale Management aller Hyper-V Hosts und der virtuellen Maschinen in einem Tool. Dazu zählt auch das Upgrade und die Migration von virtuellen Maschinen.
- Windows Azure Virtual Machine Tools. Das ist ein Web-Frontend, mit dem Sie Migrationen zur Azure Cloud managen können.
- System Center 2012 R2 App Controller. Damit verwalten Sie die in Ihrer privaten Cloud bereitgestellten Applikationen. Es muss ja nicht immer die öffentliche Azure Cloud sein. Eventuell haben Sie Anwendungen und Daten, die in Ihrem Haus bleiben müssen.
- Windows Powershell. Der Funktionsumfang der Cmdlets umfasst auch Bereitstellungen in privaten oder öffentlichen Cloud-Umgebungen.

Was ist vor einer Virtualisierung zu bedenken:

- Bedenken Sie die **Ressourcenauslastung**, die ein Dienst oder Service erfordert. Dienste und Services benötigen in einer virtualisierten Umgebung ähnliche Ressourcen wie ein physischer Server. Wenn ein virtueller Server den größten Teil der Ressourcen des Hostserver nutzt, ist die Virtualisierung nicht mehr sinnvoll. Entweder muss der Host besser ausgestattet sein oder der Server sollte nicht virtualisiert zur Verfügung gestellt werden. Messen Sie also die Auslastung des physischen Servers, damit Sie einen Anhaltspunkt haben auf dem Sie aufbauen können.
- Die Anforderung für spezifische Hardware oder Treiber kann dazu führen, dass sich **Dienste und Applikationen nicht für die Virtualisierung eignen**. Beispielsweise wäre das der Bedarf an direktem Zugriff auf die System-Hardware. Ebenso können Dienste oder Applikationen nicht kompatibel mit virtuellen Umgebungen sein. Neben der Kompatibilität ist auch wichtig, dass der Support gesichert ist. Dazu zählen die Fähigkeiten und das Wissen bei Ihnen im Haus sowie die Supportoptionen des Herstellers.
- Die **Lizenzbedingungen** müssen eine Virtualisierung erlauben. Wichtig ist ebenfalls, wie viele virtuelle Lizenzen welche Windows Server Edition enthält und wie viele Prozessoren je Host unterstützt werden. Eventuell haben einige virtuelle Maschinen und ihre Applikationen keinen Zugang zu Onlineaktivierungen. Sie müssen also sicherstellen, dass es einen anderen Weg gibt, Lizenzen zu aktivieren.
- Anwendungen die für den Benutzer immer verfügbar sein müssen, erfordern eventuell **besondere Planungen**. Manche Anwendungen haben integrierte Optionen für eine hohe Verfügbarkeit. Diese muss auch innerhalb einer virtualisierten Umgebung funktionsfähig sein. Eventuell müssen Sie Failover-Technologien bereitstellen, die zusätzliche Kosten verursachen.
- Der Umfang der **virtuellen Windows Server Lizenzen** muss bedacht werden. Bei der Übersicht der möglichen Windows Server 2012 R2 Editionen ist es schon kurz angesprochen worden. Die Editionen unterscheiden sich durch die Anzahl der unterstützten Prozessoren und virtuellen Lizenzen. Bei der Standard Lizenz gilt eine Lizenz für einen Server mit maximal zwei Prozessoren. Diese Version enthält zwei Lizenzen für virtuelle Maschinen. Reicht das nicht, müssen Sie eine weitere Standard Lizenz erwerben. Dadurch können zwei weitere virtuelle Lizenzen genutzt werden usw. Die Datacenter Edition enthält die Lizenz für zwei Prozessoren, aber für eine unbegrenzte Anzahl von virtuellen Maschinen. Je nach Ihrem Bedarf (aktuell und zukünftig) ist es ein Rechenexempel, welche Edition vorteilhafter ist.

Empfehlung für die Ausstattung von Hyper-V-Hosts:

Sie benötigen einen Plan, der folgendes enthält:

- Arbeitsspeicher und Prozessoren entsprechend den Anforderungen der einzelnen virtuellen Computer und für den Betrieb des Hosts.
- Speicherlösungen, die entsprechend performant und groß sind um die Anforderungen der virtuellen Computer zu erfüllen. Es sollte eine Skalierbarkeit der Speicher für einfache Vergrößerung der Kapazität mit berücksichtigt werden.

- Je nach Bedarf sollten im Hyper-V-Host mehrere Netzwerkkarten für hohen Durchsatz, für bessere Kontinuität und für spezielle Dienste (beispielsweise für die Kommunikation zwischen Clusterknoten) vorhanden sein.
- Sie müssen Sicherung und Wiederherstellungsstrategien einbeziehen.
- Sie benötigen Verwaltungs- und Überwachungslösungen wie „Microsoft System Center", „Operations Manager", „Virtual Machine Manager".

Empfehlung für virtuelle Computer:
Je mehr Standards und Vereinfachungen Sie für die Konfiguration von virtuellen Computern festlegen, desto einfacher wird die Verwaltung und Überwachung. Sie können das wie folgt strukturieren:

- Strukturieren Sie nach den Rollen, Diensten und Anwendungen, die Sie virtualisieren wollen. Einige erfordern Low-End, andere mittlere oder High-End Ressourcen. So können Sie die virtuellen Maschinen vorkonfigurieren und je nach Bedarf effizient einsetzen.
- In dem Sie Server vor der Virtualisierung besonders beobachten, können Sie besondere Anforderungen feststellen, wie beispielsweise erhöhte Auslastung zu bestimmten Zeiten die spezielle Konfigurationen der virtuellen Maschinen oder der Hyper-V Hosts erfordern oder eine spezielle Gruppierung von virtuellen Maschinen auf bestimmten Hyper-V Hosts empfehlenswert machen um die Hosts effektiv und effizient auszulasten.
- Strukturieren Sie nach den Anforderungen, die eine virtuelle Maschine benötigt, würden Sie diese auf einem physikalischen Server implementieren.

Empfehlung zum Virtualisieren von Anwendungen:
Bestimmte Rollen, Dienste und Anwendungen sind besonders geschäftskritisch. Sie müssen dauerhaft verfügbar und reaktionsfähig sein. Noch dazu können diese besondere zu berücksichtigende Eigenschaften haben, wenn sie virtualisiert werden und sich mit Hyper-V Funktionen ins Gehege kommen. Ziehen Sie eventuell Spezialisten hinzu, wenn Sie die Virtualisierung planen. Zu diesen Anwendungen zählen:

- AD DS.
- SQL Server
- Exchange Server

Best Practice für das Planen der Anwendungs-Virtualisierung:

- Nutzen Sie vorhandene Dokumentationen und ermitteln Sie, ob die Anwendung eine Virtualisierung unterstützt und ob die Bereitstellung und Konfiguration von einer physischen Bereitstellung unterscheidet.
- Erfinden Sie das Rad nicht neu. Nutzen Sie Erfahrungen und Informationen anderer Bereitstellungen um Fehler zu vermeiden. Beziehen Sie die Herstellerdokumentation mit ein.
- Planen Sie einen angemessenen Testbetrieb ein. Nutzen Sie dazu eine isolierte Testumgebung. Probleme lassen sich so besser in den Griff bekommen als wenn Sie die Anwendung schon im Produktionsbetrieb einsetzen.

- Überwachen und optimieren Sie die Leistung der virtualisierten Dienste. Spezielle Tools zur zentralisierten Überwachung wie „Operations Manager“ unterstützen Sie dabei.

So verwenden Sie das Microsoft Assessment and Planning Toolkit

Eine gute Vorbereitung ist äußerst wichtig für eine erfolgreiche Überführung Ihrer Infrastruktur auf neuere Versionen oder in die Cloud. Sie benötigen dafür umfassende Informationen, die Sie sich manuell an jedem Computer holen können oder mithilfe des MAP-Toolkit. Im folgenden Verlauf können Sie die beispielhafte Nutzung des MAP-Toolkits nachvollziehen. Nach dem Download und der Installation müssen Sie eine Datenbank auswählen, in der die Scanergebnisse abgelegt werden. Das kann entweder ein im Netzwerk vorhandener SQL-Server sein oder eine lokale Datenbank. Ist keine vorhanden, können Sie diese anlegen.

Die Auswahl der Datenbank:

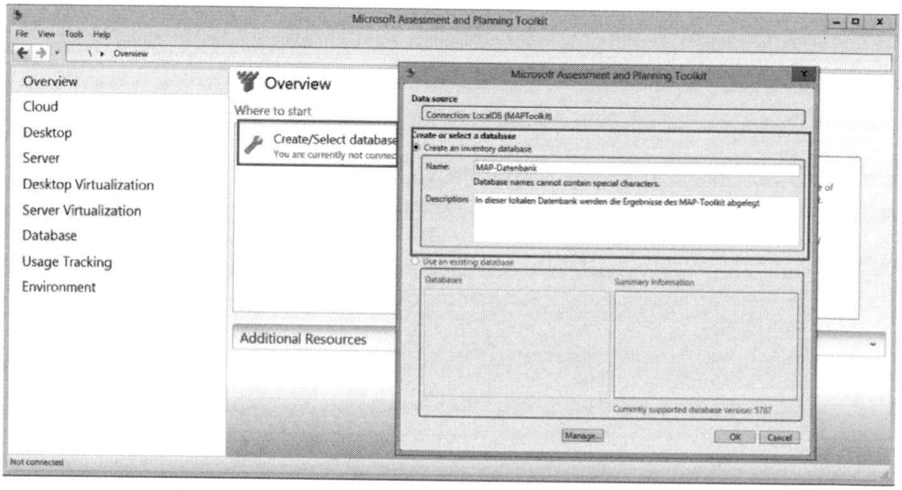

- Links finden Sie die Bereiche des MAP-Toolkits. Die einzelnen Bereiche decken die verschiedenen Infrastrukturbereiche ab und prüfen Ihre Infrastruktur auf die Fähigkeiten, die für die einzelnen Bereiche notwendig sind.

Überblick über die Bereiche des MAP-Toolkit:

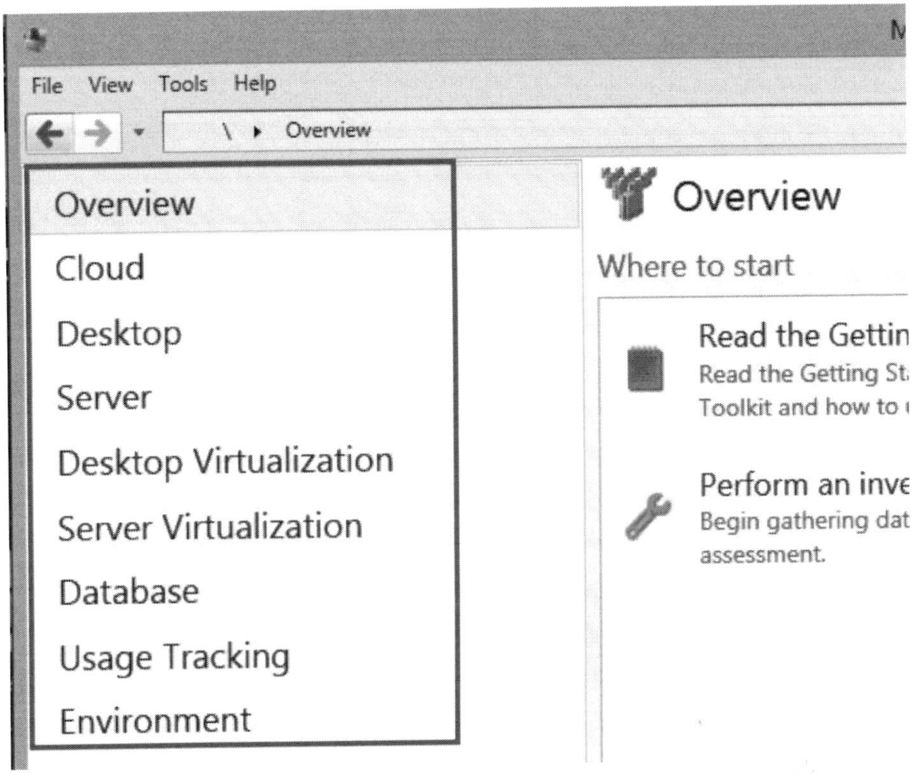

- Cloud: Hier befinden sich die Abfragen um Ihre Infrastruktur daraufhin zu testen, ob sie cloudfähig ist. Das betrifft sowohl die Azure Cloud wie auch eine private Cloud.
- Desktop: Hier erstellen Sie eine Übersicht darüber, wie viele Computer Windows 7, 8, 10 nutzen bzw. dafür geeignet sind und ob diese bereit sind für Office 2010 oder 2013.
- Server: Hier erstellen Sie eine Übersicht über die aktuellen genutzten Server Versionen und den Fähigkeiten Ihrer Infrastruktur.
- Alle weiteren Bereiche erschließen sich jetzt sicherlich von selbst.

So nutzen Sie das MAP-Toolkit

- Mit dem Klick auf „Perform an inventory“ starten Sie den Wizard, der Ihnen bei der Zusammenstellung der Scanoptionen behilflich ist. Wichtig sind die „Active Directory Credentials“.
- Mit einem Scan fragen Sie verschiedene Computer nach ihren Eigenschaften ab. Dafür benötigen sie entsprechende Rechte.

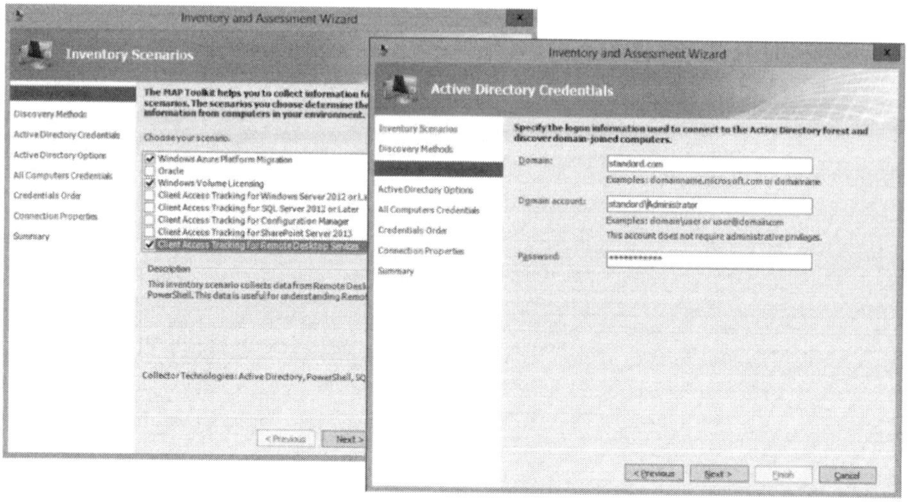

- Nach dem Scan stehen die Ergebnisse zur Ansicht zur Verfügung. Beispielsweise sehen Sie im folgenden Bild die Ergebnisse für Windows 8, 7 und die Fähigkeiten um Office 2010 bzw. Office 2013 auf den Desktops betreiben zu können. Ebenso sehen Sie, wie viele Lizenzen von Office 2010 tatsächlich installiert sind:

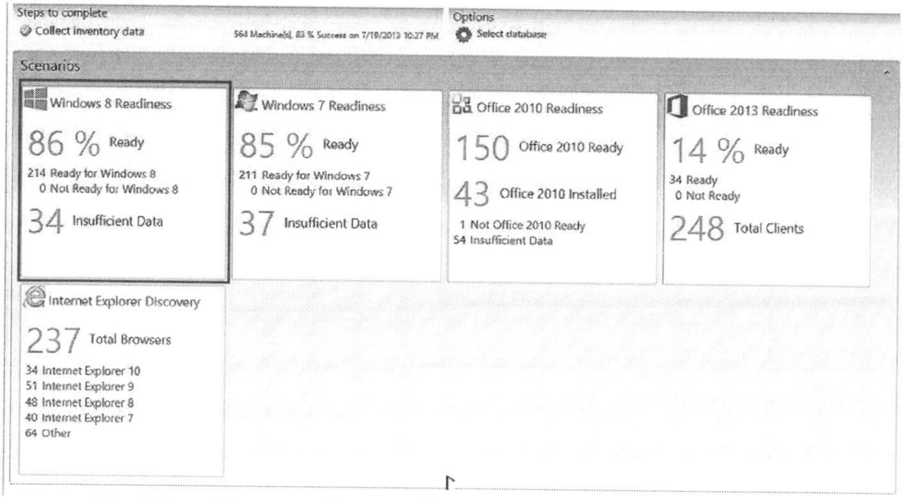

- Die Übersicht (hier für Windows 8) können Sie sich auch als Grafik anzeigen lassen:

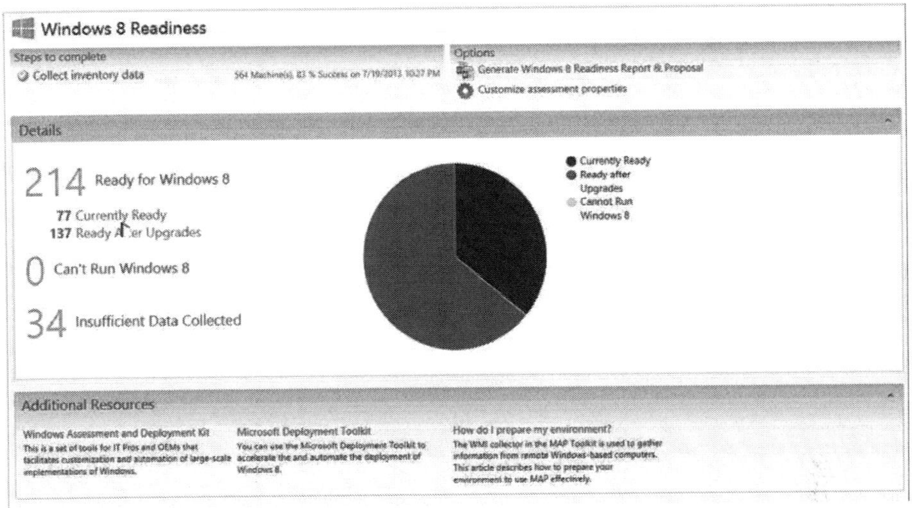

- Der Scan hat 237 Internet Explorer in verschiedenen Versionen entdeckt. So sieht das Ergebnis grafisch aufbereitet aus:

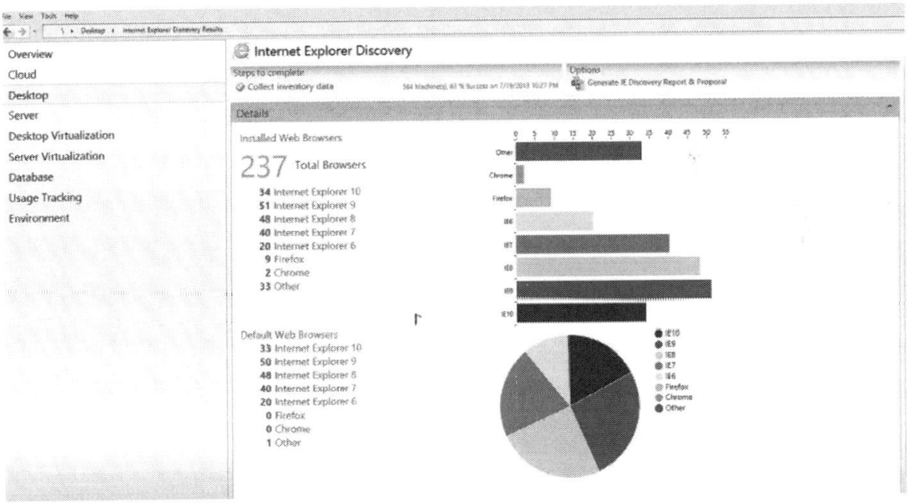

- Wenn Sie das folgende Bild analysieren, stellen Sie fest dass es eine große Anzahl Server gibt, die sich nicht auf Windows Server 2012 oder neuer aktualisieren lassen. Die MAP-Toolkit Analyse hilft Ihnen also auch dabei den zeitlichen und finanziellen Aufwand abzuschätzen. Die Kosten für Einkauf und in Betrieb nehmen von neuen Maschinen sind ja gut zu kalkulieren.

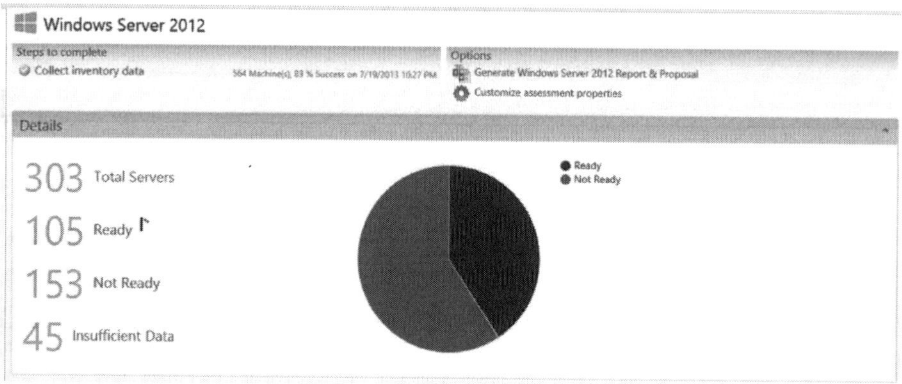

- Das Ergebnis der Desktop Virtualisierung ermöglicht ebenfalls eine gute Übersicht über vorhandene Strukturen und deren Möglichkeiten:

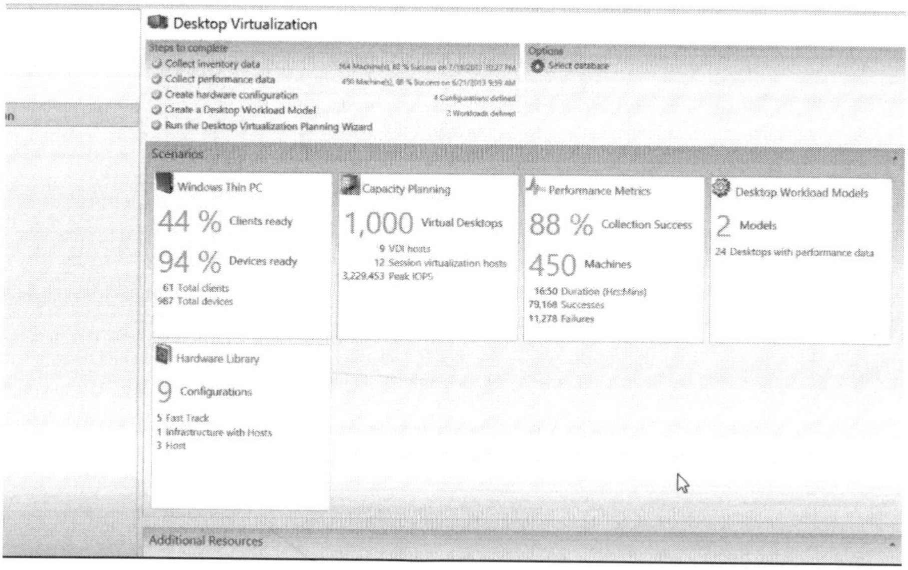

1.2 Die Server-Bereitstellungsinfrastruktur

Je grösser die IT-Infrastruktur, desto grösser die Anzahl von Computer. Ihnen ist klar, dass Sie Betriebssysteminstallationen in großen Umgebungen nicht manuell durchführen können. Dieser Vorgang muss also so weit wie möglich automatisiert werden.

Sie benötigen also eine angemessene Strategie für das Bereitstellen von Servern und müssen eine Strategie für eine weitgehend automatisierte Bereitstellung umsetzen. Diese automatisierte Bereitstellung benötigt eine Infrastruktur und ist Teil Ihrer Bereitstellungsstrategie. In diesem Abschnitt geht es also um die Planungen für Abläufe und Prozeduren und um die Planungen für die dafür notwendige Infrastruktur.

1.2.1 Das Entwickeln eines Bereitstellungsplans

Wenn Sie einen Bereitstellungsplan entwickeln, kommen Sie auf das zurück was Sie im vorigen Abschnitt kennen gelernt haben. Dazu gehört:

- Die Analyse Ihrer gegenwärtigen IT Infrastruktur. Dazu können Sie beispielsweise das MAP-Toolkit verwenden.
- Die Auswahl einer geeigneten Windows Server Edition.
- Das Planen der Upgrade Prozeduren.
- Das Planen der Migrationsprozeduren.
- Das Planen von Neuinstallationen von Servern. Dazu gehört, mit welchen Funktionen und mit welchen Konfigurationen die Neuinstallation durchgeführt werden muss.
- Das Planen von Backup, Restore, Überwachung und Pflege Ihrer Infrastruktur. Das beinhaltet nicht nur die verwendete Technik und deren Abläufe. Genauso wichtig sind die Zeitfenster zu planen, in denen solche Aufgaben zu erledigen sind. So lange kein Notfall Sie dazu zwingt, geplante Zeitfenster außer acht zu lassen, sollten Sie sich daran halten. Ansonsten könnten Sie Ihre vereinbarten Service Level gefährden.

Die Erstellungsstrategie für ein Server- bzw. Betriebssystemabbild

Die manuellen Installationen kennen Sie: Diese erfolgt mit einer Betriebssystem-DVD oder mit einem Abbild von einem Referenzcomputer, auf dem alles erforderliche vor der Abbilderstellung installiert wurde und nur noch individuelle Konfigurationen auf jedem Zielcomputer durchgeführt werden muss. Das ist nur in überschaubaren Infrastrukturen handhabbar. Aber ob Sie nun manuell oder automatisch installieren, Sie benötigen ein Abbild. Für das Abbild wird das „Windows Imaging“ (WIM) -Dateiformat verwendet.

Was ist das Windows Image Datei Format (WIM)

Das WIM-Format ist ein dateibasiertes Image-Format, das sich zur Erstellung, Konfigurierung und Verteilung von Images auf viele Computer eignet.

Die Vorteile des WIM-Format:

- Eine WIM-Datei ist für viele Hardwarekonfigurationen geeignet.
- Eine WIM-Datei kann mehrere Abbilder in einer Datei speichern.
- Eine WIM-Datei kann komprimiert werden und vermeidet Redundanzen.
- Eine WIM-Datei kann modifiziert werden. Betriebssystemelemente, Dateien, Updates, Treiber können hinzugefügt oder entfernt werden, ohne ein neues Abbild erstellen zu müssen.
- Die Installation einer WIM-Datei kann auf einer Partition erfolgen, die eine andere Größe hat als auf dem Referenzcomputer.
- Bei der Installation ist es möglich, Daten auf dem Zielvolume zu behalten und nicht zu löschen oder zu überschreiben.

- Sie können eine Windows-Vorinstallationsumgebung (Windows PE) aus einer WIM-Datei starten.

Die verschiedenen Installations-Strategien

Für voll-, halb-, teilautomatische oder manuelle Installationen sind folgende Vorgehensweisen üblich:

- Manuelle Bereitstellungen mit Einzellizenzmedien (**High Touch with Retail Media**). Sie benötigen die Produkt-DVD und die Aktivierungsnummer. Diese Vorgehensweise ist nur für kleine Organisationen möglich, die nur wenige Server nutzen. Sie können mit dem Windows System Image Manager Tools (Windows SIM), das ein Teil des Windows „Assessment and Deployment Kit“ (Windows ADK) ist, eine Antwortdatei (Unattend.xml) erstellen, die Benutzereingaben während des Installationsvorgangs ersetzt. Diese Datei muss während des Installationsvorgangs auf einem Datenträger zur Verfügung stehen.
- Manuelle Bereitstellungen mit Standardabbildern (**High Touch with Standard Image**). Sie installieren das Betriebssystem auf einem Referenzcomputer, installieren Standardapplikationen und –Anwendungen, machen nur grundlegende Konfigurationen und verallgemeinern das System mit dem Tool „Sysprep“. Dann erstellen Sie ein Abbild. Nach der Installation wird die Konfiguration abgeschlossen und das Betriebssystem aktiviert. Sie benötigen Einzel- oder Volumenlizenzmedien, ein Speichermedium, einen Referenzcomputer und das „Windows Assessment and Deployment“ ADK).
- Halbautomatische Bereitstellungen in großem Umfang (**Lite Touch, High Volume**). Diese Bereitstellung erfordert nur eine geringe manuelle Interaktion. Sie benötigen das „MDT 2013“ und das ADK, wenn Sie PE-Abbilder mit Windows Server 2012 und Windows 8 verwenden wollen. Für den PXE-Start der Computer benötigen Sie die „Windows Deployment Services“ (Windows DS). Weiterhin benötigen Sie ein Volumenlizenzmedium und ein Dateiserver mit einer Bereitstellungsfreigabe. Das „MDT 2013“ ermöglicht weniger Supportaufwand, leichtere Installation, weniger Pflege und wenig oder gar kein manuelles Eingreifen.
- Automatische Bereitstellungen in großem Umfang (**Zero Touch, High Volume**) ermöglicht eine vollständige End-to-End Bereitstellung ohne Benutzerinteraktion. Sie benötigen als Tool das „System Center 2012 R2 Configuration Manager“ und AD DS, Windows DS und Windows ADK. Am effektivsten sind Bereitstellungen wenn der Configuration Manager in „MDT 2013“ integriert ist. Als Infrastrukturdienste müssen DNS und DHCP zur Verfügung stehen

Auswählen einer Strategie zur automatischen Bereitstellung

Die Auswahl einer Strategie für die automatische Bereitstellung ist von verschiedenen Faktoren abhängig, beispielsweise der Serverinfrastruktur, der

Infrastrukturgröße, der Anzahl von physischen und virtuellen Servern und der Nutzung von Cloud-Diensten wie Microsoft Azure.

Vor einer Festlegung ist eine Analyse der aktuellen Bereitstellungstrategie erforderlich. Sie müssen die Vor- und Nachteile kennen, damit Sie eine fundierte Entscheidung treffen können.
Die Vorteile der automatischen Bereitstellung wären eine schnellere Bereitstellung und geringere Kosten.
Wenn Sie sich dann für eine Variante zur Bereitstellung entscheiden, muss diese die folgenden Eigenschaften aufweisen:

- Sie muss eine konsistente, wiederholbare Konfiguration und eine schnellere Bereitstellung ermöglichen.
- Benutzereingaben sollten nicht oder nur im geringen Umfang erforderlich sein.
- Die Effizienz, die Effektivität und die Leistungsfähigkeit müssen sich erhöhen.
- Fehler durch den menschlichen Faktor müssen vermieden werden.

Automatische Bereitstellungen verwenden Abbilder. Für diese gibt es mehrere Typen:

- Vollständiger Abbildtyp (Thick). Es sind das Betriebssystem und alle erforderlichen Anwendungen und Updates enthalten.
- Schlanker Abbildtyp (Thin). Schlanke Abbilder enthalten nur das Betriebssystem und einige Kernanwendungen. Damit sind sie das Gegenteil zu den vollständigen Abbildern.
- Hybrider Abbildtyp. Dieser Abbildtyp versucht die Vorteile der beiden vorgenannten Abbildtypen zu kombinieren. Die meisten Installationen in einer Infrastruktur erfordern gemeinsame Anwendungen, die im hybriden Abbild enthalten sind. Für weitere Anwendungen gibt es andere Abbilder, die in benutzerdefinierter Reihenfolge bereitgestellt werden.

Serverspezifische Abbilder erfordern zusätzliche Vorbereitungen. Sie beinhalten gemeinsame Betriebssystempartitionen und installierte Rollen, benötigen für Dateisystemressourcen aber zusätzlichen SAN-Verbindungen. Für Anwendungsserver können Webserverabbilder verwendet werden. Diese erfordern aber zusätzliche Anpassungen.
Für das Bearbeiten von Abbildern wird das Kommandozeilentool „DISM“ verwendet.

Der Ablauf einer Bereitstellung ist wie folgt:

- Planung der Strategie und Entwickeln von Prozessen für die Analyse, Test und Bereitstellung.
- Image-Typ auswählen: Thick, Thin, Hybrid.
- Erstellen, konfigurieren und speichern der Abbilder.
- Auswählen von einer oder mehreren kombinierten Bereitstellungstechnologien: Windows ADK, MDT 2013, ACT, Windows DS, Configuration Manager. Die Erläuterung der Tools erfolgt weiter unten.
- Bereitstellung der Abbilder durch Verteilung auf die Zielcomputer über das Netzwerk oder über Wechselmedien.

Die Kriterien zur Bereitstellung und Implementierung von Virtualisierungen:

- Auswählen der zu virtualisierenden Arbeitsauslastungen des Servers. Einige Dienste und Anwendungen stellen weniger Anforderungen als andere.
- Festlegen der CPU Auslastung, damit ein Hostcomputer eingesetzt wird, der genügend Rechenleistung zur Verfügung stellen kann.
- Arbeitsspeicheranforderungen berücksichtigen und den Host entsprechend ausstatten.
- E/A Datenverkehr für die Datenträgerauslastung.
- Virtuelle Bereitstellung mit „**System Center Virtual Machine Manager 2012**". Mit dieser Verwaltungssoftware wird die automatische und standardisierte Bereitstellung von virtuellen Computern und ihren Betriebssystemprofilen unterstützt.

Der VMM:

- Sie können ein **Gastbetriebssystem-Profil** erstellen, das vorkonfigurierte Betriebssystemeinstellungen enthält. Im Bereitstellungsvorgang werden die vorkonfigurierten Einstellungen in eine Vorlage für einen virtuellen Computer importiert.
- Weiterhin können Sie mit VMM **Hardwareprofile** zusammenstellen, welche die Spezifikationen für verschiedene Hardwarekomponenten enthalten.
- Eine weitere Anpassung an Bereitstellungsszenarien ist mit **Anwendungsprofilen** möglich. Diese enthalten Konfigurationsanweisungen zum installieren von Anwendungen, beispielsweise Microsoft SQL, Server App-V, Webanwendugen, Skripte.
- Vorlagen für virtuelle Computer können mit den vorgenannten Profilen kombiniert werden.

Implementieren einer automatisierten Bereitstellungsstrategie

Wenn Sie sich für eine automatische Bereitstellungsstrategie entscheiden, dann entscheiden Sie sich auch für die Methoden und Tools, die Sie nutzen werden. Für kleine Strukturen können Sie kostenlose Tools von Microsoft Webseiten herunterladen. Mittlere und große Strukturen benötigen meistens den Configuration Manager.

1.2.2 Die Tools zur abbildbasierten Installation von Windows

Weiter oben sind schon viele Tools genannt worden. Hier noch mal eine Übersicht:

Windows Setup:

Das **Windows Setup** (Setup.exe) für interaktive oder unbeaufsichtigte (mit „unattend.xml") Installationen.

Windows ADK:
Das **Windows ADK** für Windows 8.1 ist geeignet für individuelle Umgebungen. Es enthält die Tools und Dokumentationen für die Bereitstellung von Windows Betriebssystemen:

- Das „Application compatibility Toolkit“ (**ACT**) ist ein Verwaltungstool zum Identifizieren und Verwalten von Anwendungen, Websites und Computer. Es verwaltet die Kompatibilitätsprüfungen und Konfigurationseinstellungen. So können Sie Kompatibilitätsprobleme minimieren und den Einfluss von Updates auf Ihr System erkennen.
- Der „Windows System Information Manager“ (**Windows SIM**). Dies ist ein Tool um Antwortdateien (unattend.xml) für unbeaufsichtigte Windows-Installationen zu erstellen. Diese Dateien werden mit Hilfe der Informationen aus einer WIM-Datei und aus einer Katalogdatei (CLG) erstellt und enthalten Konfigurationseinstellungen, die sonst vom Benutzer während der Installation durchgeführt werden müssten. Das wären beispielsweise das Hinzufügen von Gerätetreibern, Anwendungen und Updates während der Betriebssystem Installation.
- Das Kommandozeilentool „**DISM**“ (Deployment, Imaging, Servicing, Management) für die WIM Wartung.
- **Windows PE** (Pre-Environment). Das ist ein minimales Betriebssystem, das den Computer für die Windows Installation vorbereitet. Es ist der primäre Installationsagent für das Windows ADK. Windows PE kann auch Abbilder warten oder erstellen.
- Das „User State Migration Tool“ (**USMT**). USMT migriert Benutzerdaten von anderen Windows Betriebssystemen nach Windows 8. Das umfasst Benutzerkonten, Benutzerdateien, Betriebssystem- und Anwendungseinstellungen.
- Das „Volume Activation Management Tool“ (**VAMT**) dient zur Automatisierung des Windows Aktivierungsvorgangs für Volumenlizenzen. VAMT nutzt dazu entweder mehrere Aktivierungsschlüssel oder den Windows-Schlüsselverwaltungsdienst (KMS).

Windows DS:
Windows DS (Windows Deployment Service) ist eine Serverrolle und bietet schnelle Bereitstellungen von Windows Server und Windows Client Betriebssystemen über den PXE-Start der Maschinen oder über de Start von Windows PE auf einem Remotecomputer. Windows DS muss installiert werden, wenn die Tools zum automatischen Deployment genutzt werden sollen, denn die Tools setzen auf Windows DS auf.

Windows DS lässt sich auf verschiedene Arten implementieren: Als kompletter Bereitstellungsdienst oder als Transport-Server für Multicast-Streams innerhalb eines Segmentes unseres Netzwerkes, denn möglicherweise haben wir unterschiedliche Standorte bzw. Segmente zu versorgen, die alle unterschiedlich schnell angebunden sein können. An jedem dieser Standorte und Segmente müssen die Windows DS verfügbar sein. Die Transport-Serverrolle koordiniert diese

Verteilung der Multicast-Streams an mehrere Maschinen. Stellen Sie eine hohe Verfügbarkeit der WDS sicher.

Windows DS bietet:

- Lite-Touch und Zero-Touch Bereitstellungen in großen Stückzahlen.
- Integrierte Komponenten für Serverdienste (PXE-Server). Windows DS hat einen eigenständigen Servermodus. Die AD DS Struktur ist nicht notwendig. DHCP und DNS Dienste müssen verfügbar sein.
- Unterstützung für virtuelle Festplatten im VHDX-Format.
- Multicast.
- Powershell Cmdlets.
- Funktionen als Client für andere Server, die Betriebssystemabbilder bereitstellen.
- Verwaltungstools für den integrierten Server, Betriebssystemabbilder, Clientcomputerkonten, Treibergruppen.

Best Practices für WDS:

- Es müssen auch isolierte Netzwerke berücksichtigt werden.
- Stellen Sie sicher, dass mindestens eine WDS Instanz in jedem Standort zur Verfügung steht, wenn dort Images an Clients verteilt werden müssen.
- Prüfen Sie, ob eine virtuelle oder ob eine physische Bereitstellung besser wäre.

MDT:

Das **Microsoft Deployment Toolkit** (MDT) ermöglicht eine umfassende Unterstützung bei Planung, Erstellung und Bereitstellung von Windows Betriebssystemen. Es enthält Bereitstellungsvergleichstests als Starttool und ermöglicht die Erstellung einer Bereitstellungsfreigabe für Skripte und Aufgabensequenzen zur weiteren Anpassung der Installation. Das MDT benötigt das Windows ADK.

Das MDT ermöglicht die Bereitstellung durch:

- Halbautomatische Bereitstellungen (Lite-Touch Installation, LTI).
- Automatische Bereitstellungen (Zero-Touch Installation, ZTI).
- Anwendergesteuerte Bereitstellungen (User-Driven Installation, UDI).

System Center Configuration Manager:

Das Microsoft System Center mit dem Configuration Manager als Bestandteil ist ein mächtiges Tool, das meistens nur für sehr große Umgebungen gerechtfertigt ist. Es kostet Lizenzgebühren und erfordert geschultes Personal.

Windows Server kann mithilfe des **Configuration Manager 2012** für Betriebssystem Installationen, Betriebssystemaktualisierungen, direkte Upgrades und parallele Migrationen genutzt werden. Es dient als Verwaltungspunkt für Installationsanweisungen, bietet PXE-Funktionalität, ist ein Verteilungspunkt für Pakete, erstellt Startmedien und speichert Benutzerstatusinformationen mithilfe eines Zustandsmigrationspunktes.

Übliche Deployment-Szenarios für den Configuration Manager:

- Betriebssysteminstallationen.
- Betriebssystemaktualisierungen.
- Direkte (In-Place) Upgrades. Ein direktes Upgrade ermöglicht das vorherige Speichern von Benutzerdaten vor der Betriebssysteminstallation und das automatische Wiederherstellen nach der Betriebssysteminstallation.
- Parallele (Side-by-Side) Migrationen. Paralleles Migrieren ermöglicht beim Wechsel des Computers, dass die Daten des alten Systems gespeichert und auf dem neuen Computer wiederhergestellt werden. Der alte Computer ist ein Configuration Manager Client und der neue Computer wird im Configuration Manager mit dem alten Computer verknüpft.

Die Bereitstellungsszenarien

Die Betriebssystembereitstellung erfolgt üblicherweise in folgenden Szenarien. Einige Gründe und Vorgehensweisen Sie bereits kennen gelernt:

- Mit einem neuem Computer oder einer vorhandenen Hardware die komplett gelöscht wird.
- Durch „Löschen und Laden“ (Wipe and Load), indem das Benutzerprofil mit USMT gesichert und nach der Betriebssysteminstallation wiederhergestellt wird.
- Durch parallele Installation, in der ein neuer Computer vorbereitet wird und mit USMT das Benutzerprofil vom alten auf den neuen Computer migriert wird.
- Mit einem direkten Upgrade von einem alten auf ein neues Betriebssystem.
- Offline mit Wechselmedien. Mit einem Configuration Manager Bereitstellungspaket auf einem Wechselmedium wird ein neuer Computer vorbereitet oder ein direktes Upgrade durchgeführt. Dies erfordert keine Netzwerkkonnektivität.
- Durch den PXE-Start wird keine Endbenutzer-Interaktion während der Installation benötigt.
- Durch vorbereitete Medien, die auf die Festplatte des Computers kopiert werden, kann der Computer beim ersten Start von Windows PE vorkonfigurierte Aktionen durchführen, wie beispielsweise einen Standortverwaltungspunkt kontaktieren und Aufgabensequenzen abrufen.

So bereiten Sie mit DISM ein Windows Server 2012 Abbild vor

Für nahezu jede Bereitstellungsmethode benötigen Sie ein Abbild, dass Sie sich nach Ihren Bedürfnissen erstellen müssen.

Wie Sie ein Image im Offline-Modus mit „DISM“ bearbeiten, ist im folgenden zum Nachvollziehen beschrieben. Dabei wird das Feature „IIS-WebServerRole“ aktiviert. Nach der Aktivierung und dem installieren eines Computers mit diesem Image wird automatisch auch der IIS-Webserver installiert, der normalerweise manuell nachinstalliert werden müsste.

- Erstellen Sie sich einen Ordner, in dem Sie das Image speichern werden. In diesem Beispiel ist es auf Laufwerk E der Ordner „Images/Eigene Images“:

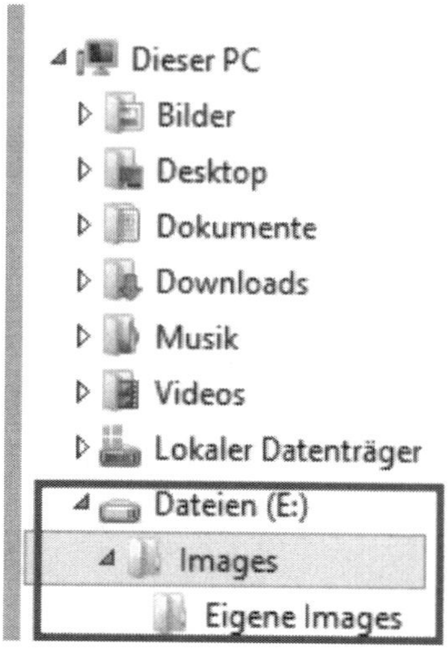

- Dann benötigen Sie Zugriff auf ein Betriebssystem-Installationsmedium. Dazu legen Sie es in das DVD Laufwerk ein. Von diesem Datenträger kopieren Sie sich das „D:\Sources\install.wim“ Image in Ihren erstellten Ordner. Dieses Image ist das Standardinstallations-WIM-Image.

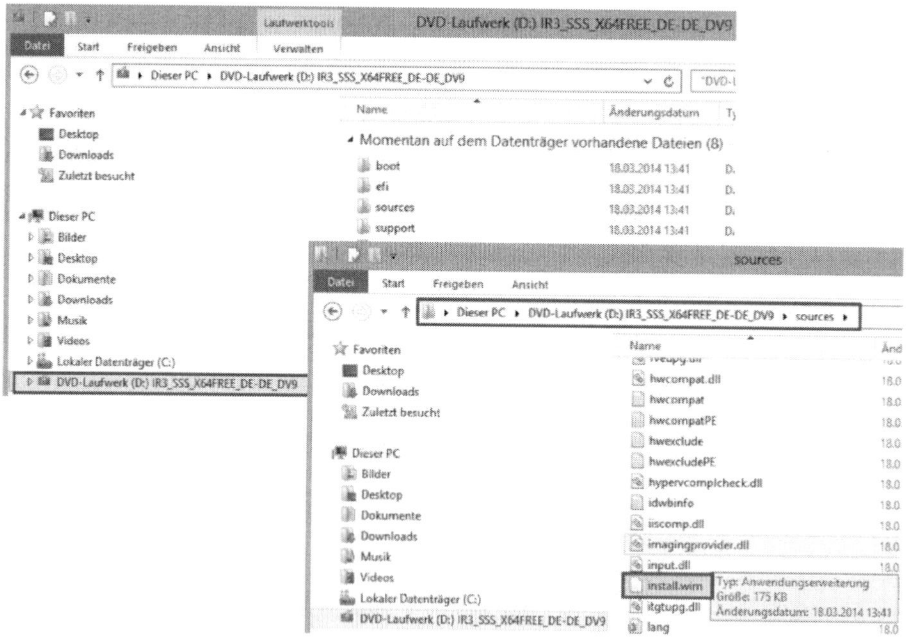

- Geben Sie den Ordner „Images“ frei. Der Einfachheit halber bekommt der Administrator vollen Zugriff. Wir weisen dem Ordner Images den Buchstaben Y (oder einen anderen freien Laufwerksbuchstaben) zu und geben ihn als Netzlaufwerk frei. Über diese Freigabe kann das Image zur Installation auf einem Computer verwendet werden:

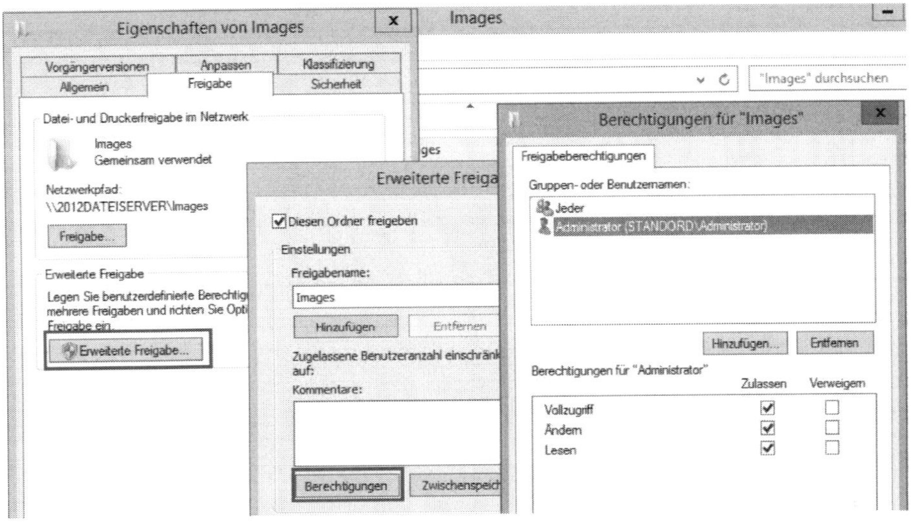

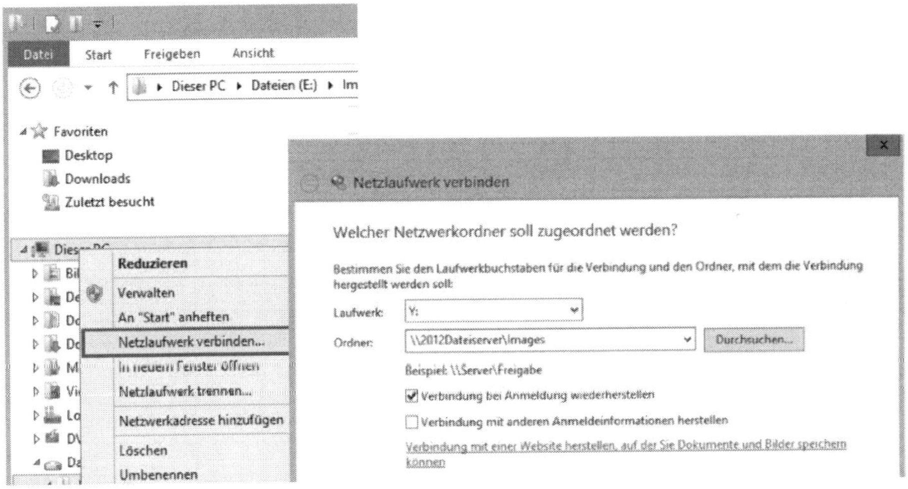

- Jetzt benötigen Sie die Eingabeaufforderung, die sie mit Administratorrechten starten müssen.

```
Microsoft Windows [Version 6.3.9600]
(c) 2013 Microsoft Corporation. Alle Rechte vorbehalten.

C:\Users\Administrator>_
```

- Damit Sie das Image mit DISM offline bearbeiten können, müssen Sie es bereitstellen (mounte)n. Für diesen Vorgang benötigen wir ein Verzeichnis als Ort, in dem das Image mit DISM bereitgestellt wird. Sie erstellen sich also dieses Verzeichnis. In diesem Beispiel mit Namen „mountpoint“.

```
Microsoft Windows [Version 6.3.9600]
(c) 2013 Microsoft Corporation. Alle Rechte vorbehalten.

C:\Users\Administrator>mkdir c:\mountpoint

C:\Users\Administrator>_
```

- Mit dem folgenden Kommandozeilenbefehl können Sie sich den Inhalt des Standardinstallations-Image ansehen, dass Sie sich vorhin in den Ordern „Eigene Images“ kopiert haben: **Dism /get-imageinfo /imagefile:“Y:\Eigene Images\install.wim”**

```
C:\Users\Administrator>DISM /get-imageinfo /imagefile:"Y:\Eigene Images\install.
wim"

Tool zur Imageverwaltung für die Bereitstellung
Version: 6.3.9600.17031

Details für Image: "Y:\Eigene Images\install.wim"

Index: "1"
Name: "Windows Server 2012 R2 SERVERSTANDARDCORE"
Beschreibung: "Windows Server 2012 R2 SERVERSTANDARDCORE"
Größe: 6.992.218.865 Bytes

Index: "2"
Name: "Windows Server 2012 R2 SERVERSTANDARD"
Beschreibung: "Windows Server 2012 R2 SERVERSTANDARD"
Größe: 12.200.374.896 Bytes

Index: "3"
Name: "Windows Server 2012 R2 SERVERDATACENTERCORE"
Beschreibung: "Windows Server 2012 R2 SERVERDATACENTERCORE"
Größe: 7.008.677.248 Bytes

Index: "4"
Name: "Windows Server 2012 R2 SERVERDATACENTER"
Beschreibung: "Windows Server 2012 R2 SERVERDATACENTER"
Größe: 12.166.387.867 Bytes

Der Vorgang wurde erfolgreich beendet.

C:\Users\Administrator>_
```

- Mit dem folgenden Kommandozeilenbefehl mounten Sie Inhalt Nummer 4 (Installationsdateien für die Datacenter Edition). Nun können Sie Treiber und Pakete hinzufügen oder Funktionen aktivieren: **Dism /mount-wim /wimfile:“Y:\Eigene Images\install.wim” /index:4 /mountdir:c:\mountpoint**

```
C:\Users\Administrator>DISM /mount-wim /wimfile:"Y:\Eigene Images\install.wim" /
index:4 /mountdir:C:\mountpoint

Tool zur Imageverwaltung für die Bereitstellung
Version: 6.3.9600.17031

Abbild wird bereitgestellt
[==========================100.0%==========================]
Der Vorgang wurde erfolgreich beendet.
```

- Mit dem folgenden Befehl sehen Sie alle im Image enthaltenden Features und ob diese aktiviert oder deaktiviert sind. Das Bild zeigt nur einen Ausschnitt: **Dism /image:c:\mountepoint /get-features**

```
Featurename : KeyDistributionService-PSH-Cmdlets
Status : Aktiviert

Featurename : TlsSessionTicketKey-PSH-Cmdlets
Status : Aktiviert

Featurename : RemoteAccessMgmtTools
Status : Deaktiviert

Featurename : RemoteAccessPowerShell
Status : Deaktiviert

Featurename : MicrosoftWindowsPowerShellV2
Status : Aktiviert

Featurename : Server-Psh-Cmdlets
Status : Aktiviert
```

- Beim vorherigen Befehl wurde die Liste lang und unkomfortabel. Mit dem folgenden Befehl können Sie sich die Eigenschaften eines Features (Beispiel: IIS-Webserver Rolle) genauer ansehen. In diesem Beispiel ist die Rolle deaktiviert. **Dism /image:c:\mountpoint /get-featureinfo /featurename:IIS-WebServerRole**

```
C:\Users\Administrator>DISM /image:c:\mountpoint /get-featureinfo /featurename:I
IS-WebServerRole

Tool zur Imageverwaltung für die Bereitstellung
Version: 6.3.9600.17031

Abbildversion: 6.3.9600.17031

Featureinformationen:

Featurename : IIS-WebServerRole
Anzeigename : Internetinformationsdienste
Beschreibung : Internetinformationsdienste unterstützt Web- und FTP-Server, dyna
mische Inhalte wie klassisches ASP und CGI sowie die lokale Verwaltung.
Neustart erforderlich : Possible
Status : Deaktiviert

Benutzerdefinierte Eigenschaften:

ServerComponent\Description : Webserver (IIS) stellt eine zuverlässige, verwaltb
are und skalierbare Webanwendungsinfrastruktur bereit.
ServerComponent\DisplayName : Webserver (IIS)
ServerComponent\EventQuery : WebServer.Events.xml
ServerComponent\Id : 2
ServerComponent\Type : Role
ServerComponent\UniqueName : Web-Server
ServerComponent\BestPractices\Model\Id : Microsoft/Windows/WebServer

Der Vorgang wurde erfolgreich beendet.
```

- Im vorigen Befehl konnten Sie sehen, dass das Feature IIS-WebServerRole deaktiviert war. Mit dem folgenden Befehl aktivieren Sie das Feature: **Dism /image:c:\mountpoint /enable-feature /featurename:IIS-WebServerRole –all**

```
C:\Users\Administrator>DISM /image:c:\mountpoint /enable-feature /featurename:II
S-WebServerRole

Tool zur Imageverwaltung für die Bereitstellung
Version: 6.3.9600.17031

Abbildversion: 6.3.9600.17031

Features werden aktiviert
[==========================100.0%==========================]
Der Vorgang wurde erfolgreich beendet.

C:\Users\Administrator>
```

- Als letztes müssen Sie das Image abmelden und dabei die Änderungen sichern. Ändern Sie die Befehlsoption „/commit“ in „/discard“, wird das Image ohne Sichern der Änderungen abgemeldet: **Dism /unmount-wim /mountdir:c:\mountpoint /commit**

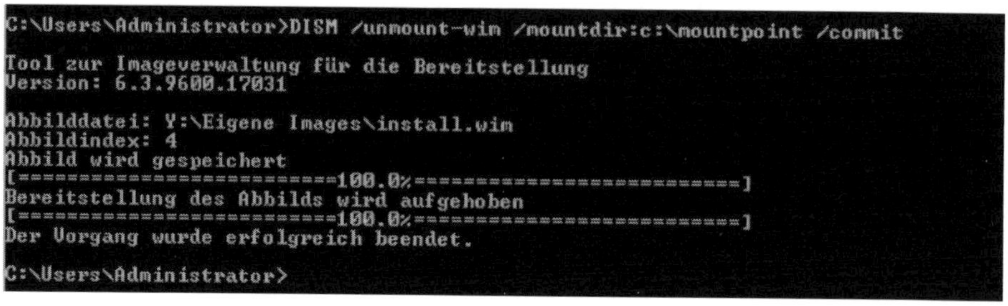

So stellen Sie ein Image mit dem Windows DS Dienst bereit

Eben haben Sie ein Image mit DISM vorbereitet. Dieses Image soll nun als Installationsimage verwendet werden und dazu muss es bereitgestellt werden. Der genutzte Dienst ist WDS über den das Image bereitgestellt wird. Wenn der WDS noch nicht installiert ist, müssen Sie das als erstes durchführen:

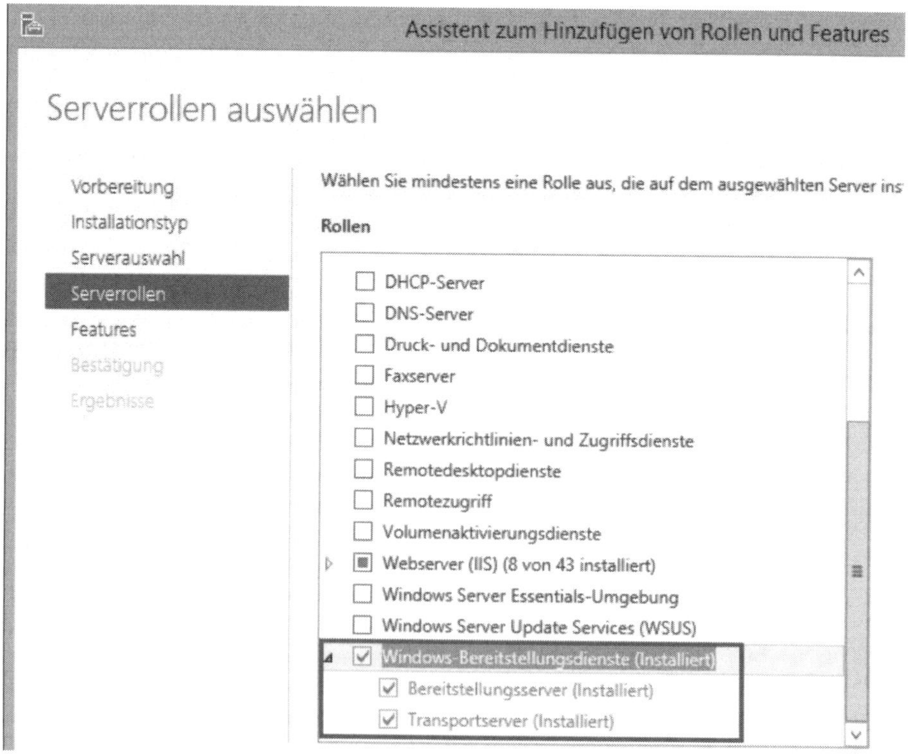

WDS benötigt das Installationsimage. Das genügt allerdings noch nicht. Ein Computer muss erst einmal starten, um das Installationsimage anwenden zu können. Dazu benötigen wir noch das Startabbild. Der Ablauf:

- Nach dem Start des Konfigurations-SnapIns muss der Server als erstes konfiguriert werden:

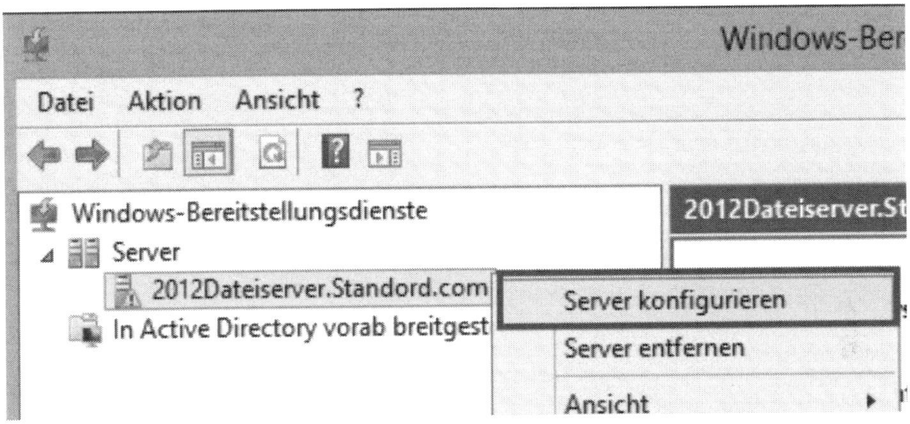

- Im Konfigurations-Assistent klicken Sie sich durch die Optionen: Active Directory integriert, einen Remoteinstallations-Ordner angeben (z. B. „E:\Remoteinstall"), keinen Clientcomputer antworten (damit Sie anfragende Clientcomputer explizit freischalten können). Damit ist die Erstkonfiguration abgeschlossen:

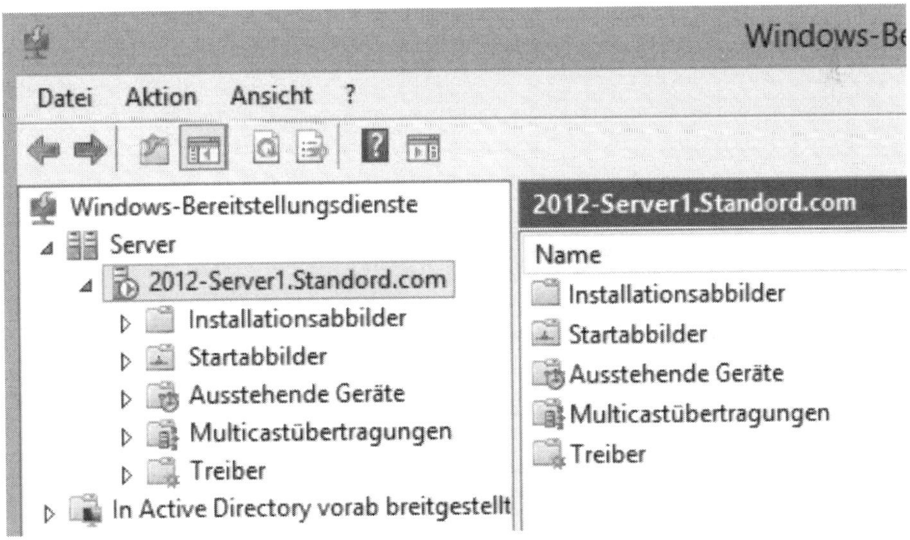

- Nach der Erstkonfiguration fügen Sie die Start- und Installationsimages hinzu. Das können Sie mit Rechtsklick auf „Startabbilder" bequem durchführen.

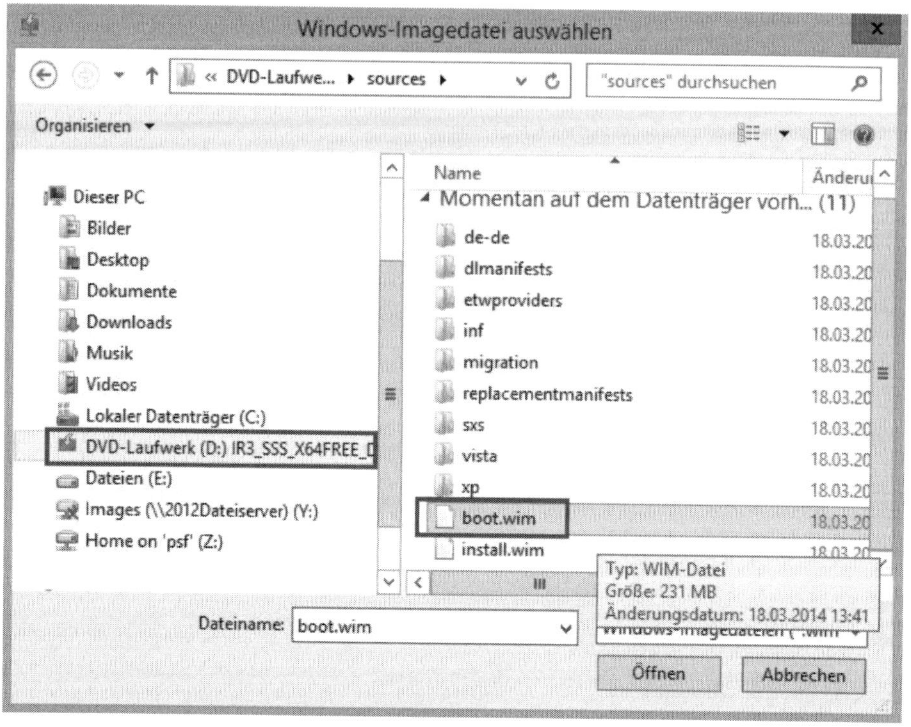

- Es öffnet sich der „Assistent zum Hinzufügen von Abbildern“. Als Quelle kann das Windows Server Installationsmedium im DVD-Laufwerk dienen. Im folgenden Bild sehen Sie die Zusammenfassung nach der Konfiguration:

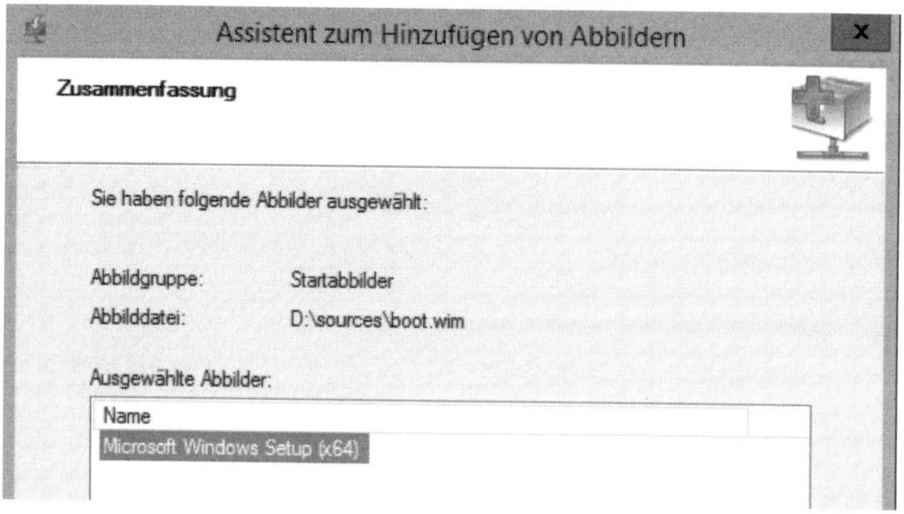

- Das Installationsabbild wird genauso hinzugefügt wie das Startimage. Es empfiehlt sich an dieser Stelle kurz darüber nachzudenken, ob in Ihrer

Umgebung zukünftig mehrere Computer mit diesem Abbild installiert werden sollen. In diesem Fall ist es sinnvoll, eine Abbildgruppe zu erstellen:

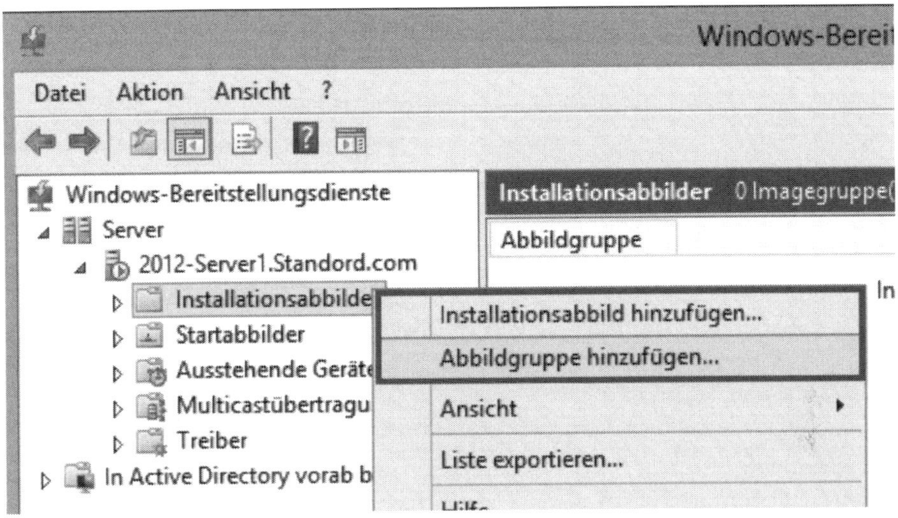

- Benennen Sie die Gruppe nach Ihren Erfordernissen und fügen Sie danach das mit DISM bearbeitete Installationsimage hinzu. Dazu verwenden Sie wieder den Assistenten. Aktivieren Sie nur die benötigte Edition (Datacenter). Im folgenden Bild die Zusammenfassung:

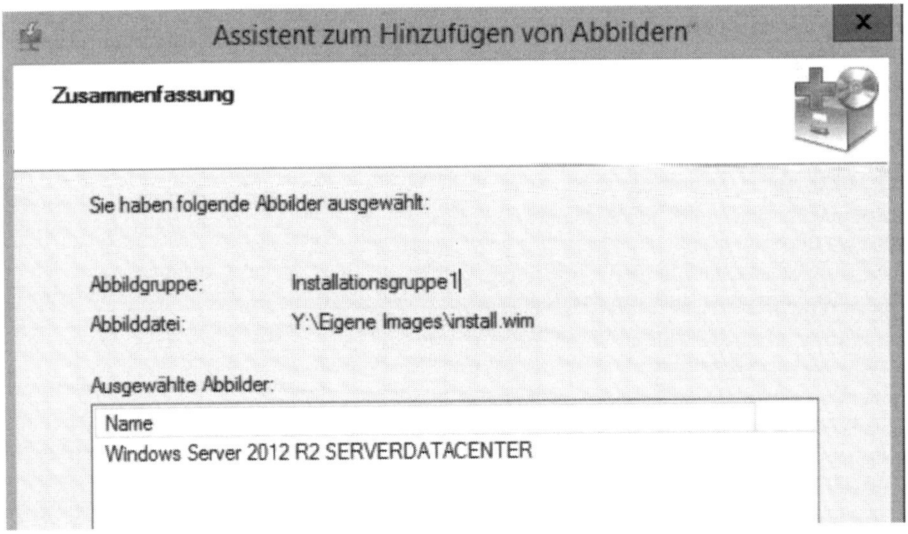

- Nachdem die Images eingebunden wurden, konfigurieren Sie noch den Namen, den ein neu installierter Server erhalten soll. Da es durchaus mehrere Server sein können, die automatisch installiert werden, muss der Name sich automatisch anpassen. Die Konfiguration erfolgt über die Eigenschaften des WDS. Bei der Gelegenheit ändern wir der Einfachheit halber die PXE-Antwort so, dass alle anfragenden Computer bedient werden:

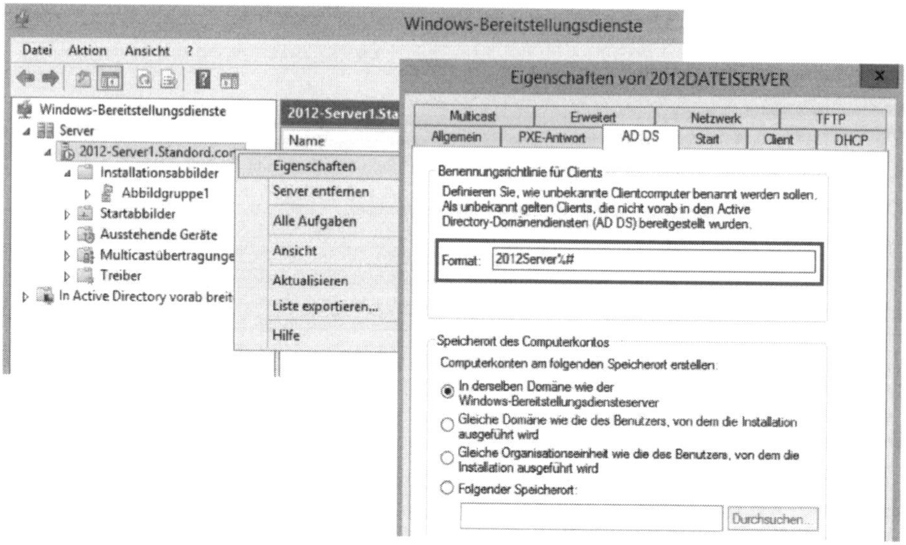

- Starten Sie einen PXE-fähigen Computer. Je nach Konfiguration des WDS wartet der Computer auf F12-Tastendruck oder startet automatisch weiter, erhält vom DHCP-Server eine IP-Adresse und lädt das Startimage vom WDS:

- Nach Eingabe der Zugangsdaten zur Domäne startet das Setup wie bei einer Installation von einer DVD. Durch das Festlegen auf die Datacenter Edition muss diese Auswahl nicht mehr manuell getroffen werden. Es ist die einzige zur Verfügung stehende Edition.

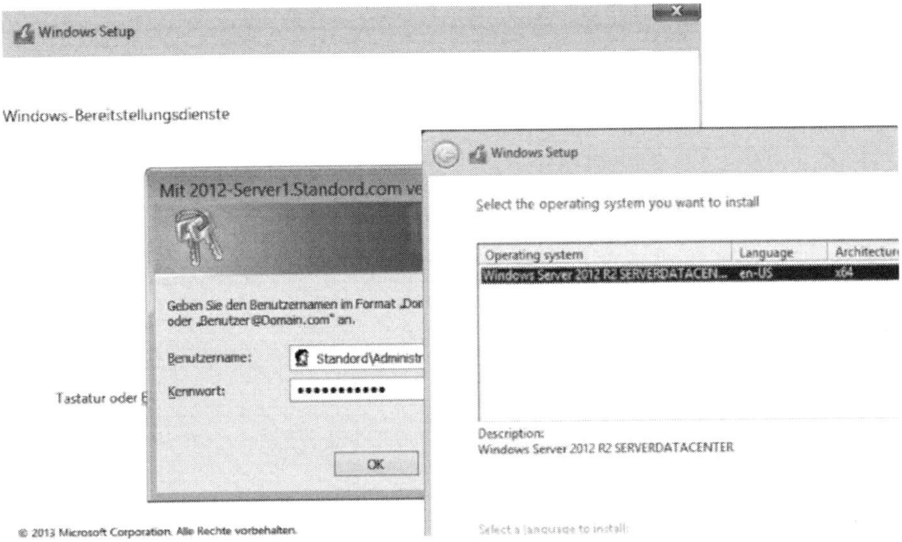

- Wenn die Installation abgeschlossen ist, können Sie prüfen ob der IIS-Server installiert wurde. Bei einer Standardinstallation würde dieser nicht automatisch installiert werden. Weiter oben haben Sie mit DISM die IIS-Rolle im Image aktiviert, damit diese bei der Installation über den WDS automatisch mitinstalliert wird.

1.3 Bereitstellen von Servern mit dem Virtual Machine Manager

Übersicht über die Tools zum Bereitstellen von virtuellen Computern
Durch eine Server-Virtualisierung können Sie mehrere virtuelle Maschinen auf einer einzelnen physischen Maschine ausführen, auf der Hyper-V ausgeführt wird. Der Hyper-V Computer ist der Host, die virtuellen Computer sind die Gäste. In den vorherigen Abschnitten ist schon vieles zum Thema Virtualisierung gesagt worden.

Hier ein paar grundlegende Erläuterungen zum Thema virtuelle Maschinen:

- Virtuelle Maschinen funktionieren wie normale Computer.
- Mehrere virtuelle Maschinen die auf dem gleichen Host ausgeführt werden, sind voneinander unabhängig. Auf einem Hyper-V Host können daher auch VMs mit unterschiedlichen Betriebssystemen laufen. Die Anzahl der VMs auf einem Host ist nur durch die Hostressourcen und möglicherweise durch die Lizensierung beschränkt.

Die Tools für das Bereitstellen von virtuellen Computern:
Hyper-V ist die Hardware-Virtualisierungsrolle aus Windows Server 2012 R2, mit der den virtuellen Computern der direkte Zugriff auf die Hosthardware ermöglicht wird.

Der **Virtual Machine Manager (VMM)** ist eine Verwaltungskonsole für Hypervisoren und virtuelle Maschinen.

Der Virtual Machine Manager (VMM)

Sie haben schon viele Möglichkeiten für die Implementation von Serverstrukturen kennen gelernt. Es unterteilt sich grob in physische und virtuelle Bereitstellung bzw. den Mischformen. Eine virtuelle Bereitstellung kann in der Microsoft Azure Cloud oder bei Ihnen vor Ort durchgeführt werden. Das Bereitstellen von virtuellen Strukturen bei Ihnen ist genau genommen eine private Cloud. Windows Server ist ab der Version 2012 als Cloud-Betriebssystem konzipiert und kann entsprechend verwendet werden. Um Ihre private Cloud verwalten zu können, benötigen Sie ein Tool wie den „Virtual Machine Manager".

Der VMM ist ein mächtiges Tool. Er ist die zentrale Instanz zum Konfigurieren, Bereitstellen und Verwalten von virtuellen Maschinen. Sie besteht aus der VMM Konsole, dem VMM Management Server mit Datenbank, einer Library für Vorlagen und Powershell Befehlen.

Der VMM enthält folgende Features:

- Das Bereitstellen von Hosts auf Bare-Metal Computern (Bare-Metal-Hyper-V Provisioning).
- Das Erstellen von Hosts und Host-Clustern.
- Das Erstellen von Host-Gruppen. Alle Maschinen in den Gruppen können gesammelt verwaltet werden und erhalten die gleichen Konfigurationen.
- Das Management von Hypervisoren von Microsoft und Drittherstellern.
- Das Anpassen von Konfigurationen für virtuelle Speicher und virtuelle Netzwerke.
- Das intelligente Platzieren und dynamische Optimieren von virtuellen Maschinen, je nach Anforderungen an die Performance. Entsprechend von hinterlegten Konfigurationen reagiert VMM auf Änderungen in der Auslastung (die PRO Tips). Dazu werden die virtuellen Maschinen und die Hosts nach ihrem Status abgefragt und Dienste abgeschaltet, die nicht benötigt werden bzw. Dienste werden dazu geschaltet, wenn es erforderlich ist.
- Virtuelle Maschinen und Hosts können gesteuert heruntergefahren oder gestartet werden, je nach Auslastung und Bedarf (Power Optimization).
- Unterstützung von Performanz- und Ressourcenoptimierung durch Hinweise
- Die Physical-2-Virtual (P2V) und Virtual-2-Virtual (V2V) Migration.
- Das Verwalten von Vorlagen mit Serverkonfigurationen für virtuelle Computer.

Mit der VMM Verwaltungskonsole können Sie sowohl einzelne Hosts wie auch in Gruppen zusammengefasste Hosts verwalten. Die Hosts müssen dafür nicht in der gleichen Domäne oder in dem gleichen Domänenstamm sein wie der VMM Verwaltungsserver.
Innerhalb des VMM können Sie Hosts getrennt von anderen Hosts verwalten. Das ist möglicherweise sinnvoll wenn bestimmten Hosts nicht vertraut wird oder diese

im Umkreisnetzwerk stehen. Nach dem Hinzufügen werden diese genauso verwaltet wie die anderen verwalteten Hosts.

So werden Hosts zum VMM hinzugefügt

Mit dem VMM werden Informationen von anderen Computern abgerufen bzw. zu anderen Computern übertragen. Bevor Sie Hosts zur VMM Konsole hinzufügen können, müssen Sie daher über eine Gruppenrichtlinie sicherstellen, dass Domänenmitglieder zu Hosts im VMM werden können.

Im folgenden Beispiel wird dafür die „Default Domain Policy“ bearbeitet. Sie können dafür auch ein separates Gruppenrichtlinienobjekt erstellen.

Die zu bearbeitenden Gruppenrichtlinien:

Die ersten anzupassenden Richtlinien sind die Windows Firewall Regeln. Sie müssen dafür sorgen, dass die Kommunikation zwischen dem VMM und den Hyper-V Hosts bzw. deren VMs von der Firewall nicht geblockt werden. Sie finden diese Einstellungen in: „**Computerkonfiguration/Richtlinien/Administrative Vorlagen/Netzwerk/Netzwerkverbindungen/Windows-Firewall/Domänenprofil**“.

- Konfiguriert werden die folgenden Regeln:

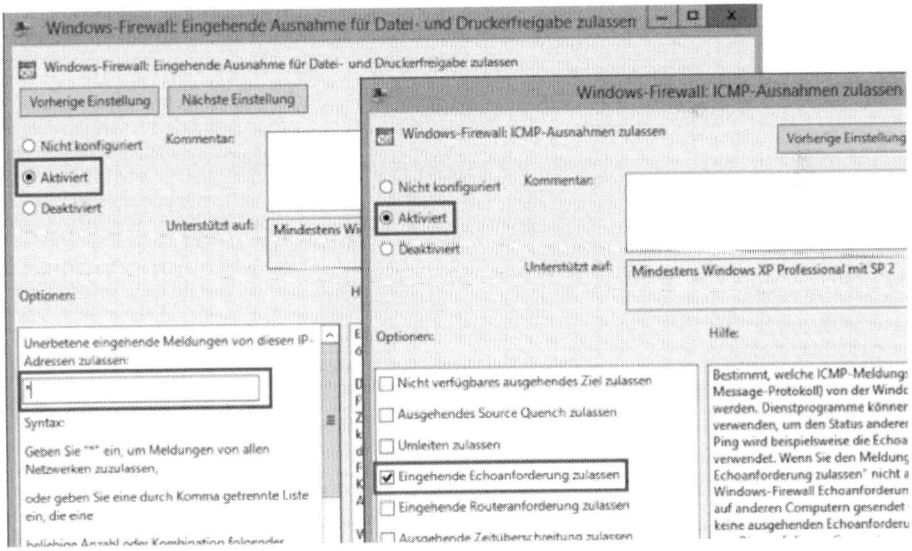

- In der folgenden Firewallregel wird der WinRM Port 5985 eingetragen:

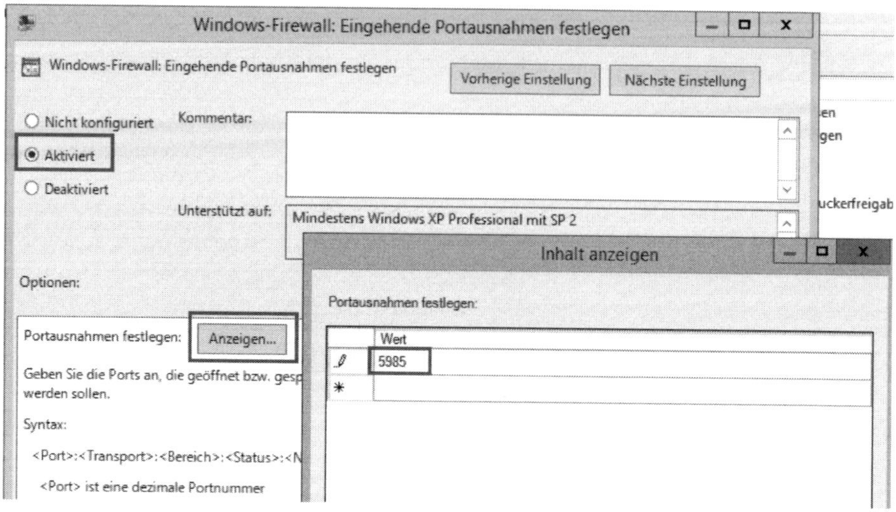

- Die letzte Gruppenrichtlinie „Remoteverwaltung über WinRM zulassen“ wird in **„Computerkonfiguration/Richtlinien/Administrative Vorlagen/Windows-Komponenten/Windows Remoteverwaltung/WinRM Dienst“** wie folgt konfiguriert:

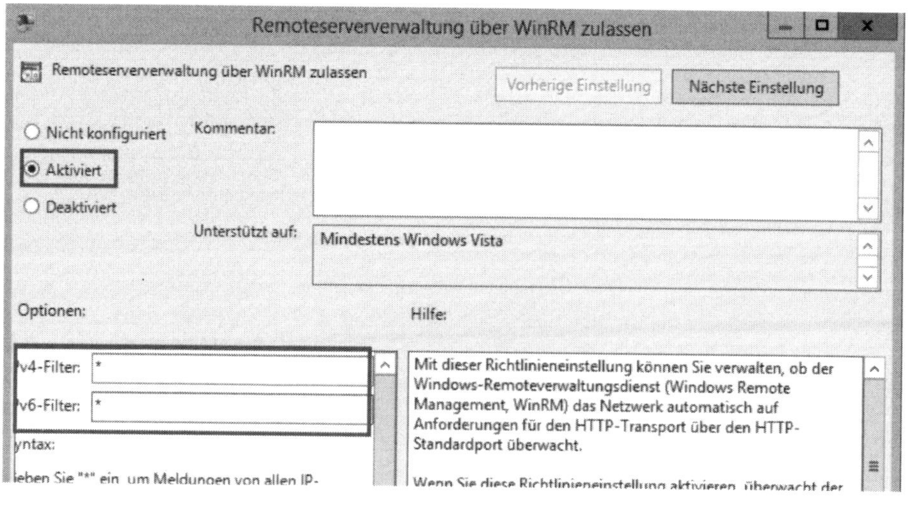

- Zuletzt wird in der Powershell mit „**gpupdate /force**“ die geänderte „Default Domain Policy“ auf allen Computern in der Domäne durchgesetzt.

Das Hinzufügen der Hosts zum VMM:

Nachdem Sie die Gruppenrichtlinien angepasst haben, starten Sie den VMM. Sie landen im Konsolenfenster und nun werden die Hosts hinzugefügt:

- Rechtsklick auf „Alle Hosts“ und „Hyper-V-Hosts und –Cluster hinzufügen“:

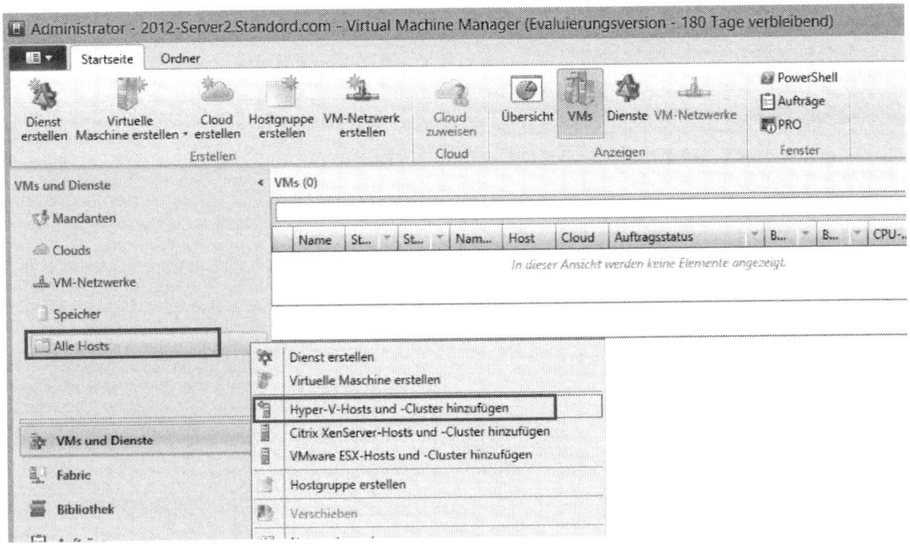

Im folgenden Assistenten werden die Optionen entsprechend der Anforderungen bzw. der Szenarien ausgewählt:

- Der Ressourcenspeicherort bleibt in diesem Beispiel auf der Voreinstellung.
- Die Anmeldeinformationen werden eingegeben.
- Der Suchbereich ist der Name der Hyper-V Hosts. Sollten Sie an dieser Stelle eine Fehlermeldung bekommen, ist der Suchbereich falsch oder es sind die oben konfigurierten Gruppenrichtlinien auf dem VMM-Server noch nicht aktiv.

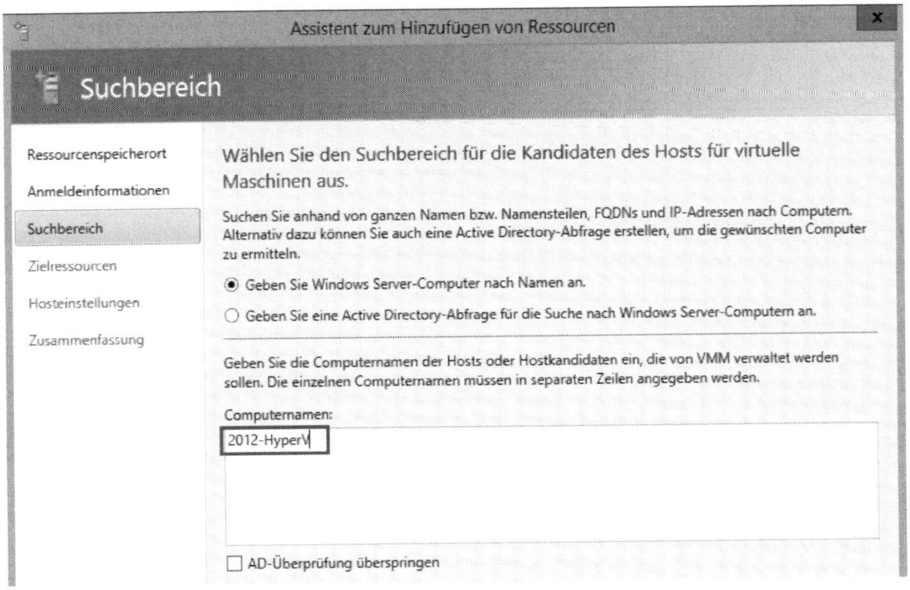

- Ist der Suchbereich korrekt eingegeben worden, werden alle gefundenen Hyper-V Hosts aufgelistet. In diesem Beispiel haben wir nur einen Host. Diesen markieren wir:

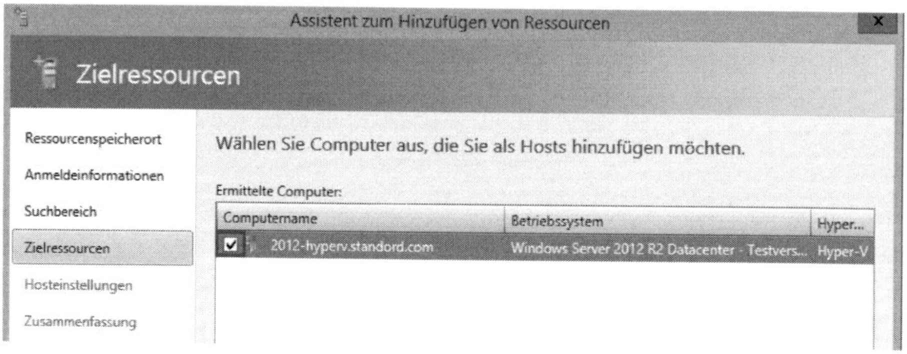

- In den Hosteinstellungen muss der Host nur noch zu Ihrer VMM-Verwaltung hinzugefügt werden.

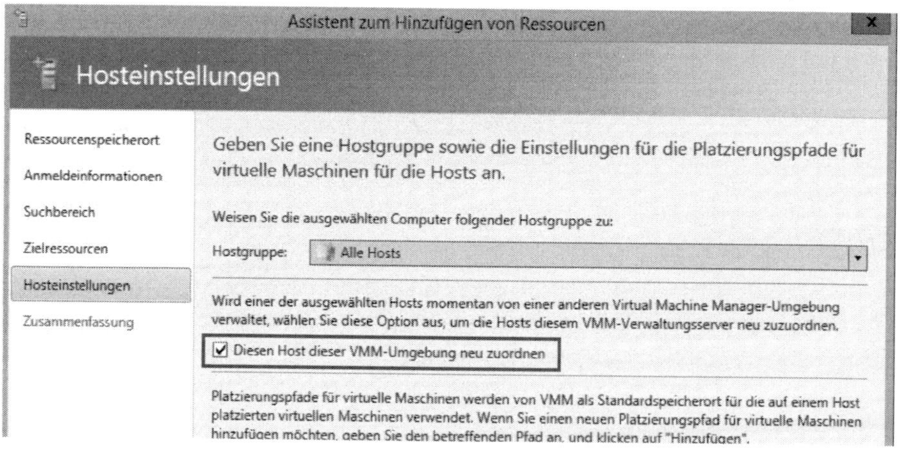

- Die Zusammenfassung erlaubt noch mit dem Klick auf „Skript anzeigen" die verwendeten Powershell Befehle einzusehen und eventuell zu sichern oder zu kopieren.
- Der Auftragsfortschritt lässt sich nachverfolgen:

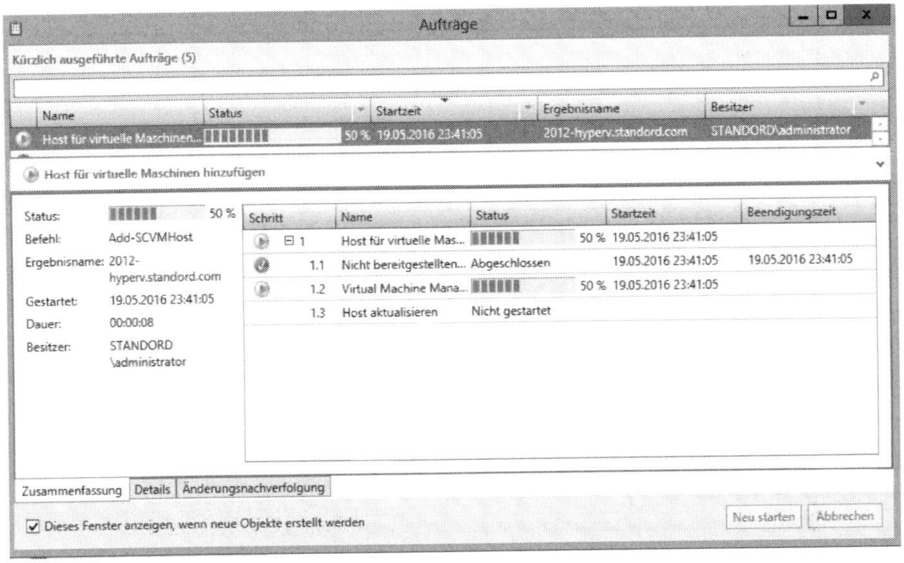

- Warnhinweise und etwaige Fehler werden möglicherweise nach Auftragsabschluss angezeigt. Die Warnhinweise müssen kein Problem darstellen. Manche hängen von der Konfiguration des Hyper-V Hosts ab.
- In der VMM Konsole sind nun alle virtuellen Maschinen der hinzugefügten Hosts aufgelistet. Hier können Sie nun die VMs konfigurieren, steuern und ergänzen, je nach Anforderungen. Da sich auch Citrix und VMware Hosts einbinden lassen, können im VMM zentral alle Host und deren VMs verwaltet werden:

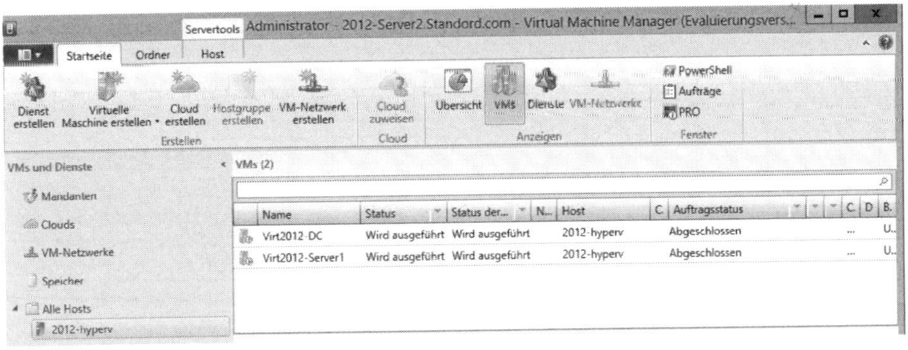

Das Verwalten von Hosts die nicht der Domäne angehören

Mit dem VMM ist es Ihnen auch möglich Hyper-V Hosts hinzuzufügen, die nicht in der gleichen Domäne oder im gleichen Domänenzweig sind wie der VMM Server. Ebenso lassen sich Hosts einbinden, zu denen keine Vertrauensstellung besteht oder die sich in einem Netzwerkbereich befinden, der andere Sicherheitsanforderungen hat. Beispielsweise können das Hyper-V Hosts im Umgebungsnetzwerk sein.
Alle diese Hosts können nach dem Hinzufügen ganz normal verwaltet werden.

Was ist dabei zu beachten?

- Der auf dem VMM verwendete Service-Account muss im Active Directory die entsprechenden Berechtigungen haben um auch außerhalb der Domäne oder in anderen Teilnetzen genutzt werden zu können.
- Das DNS muss entsprechend konfiguriert sein, damit die Host gefunden werden können.
- Die zu passierenden Firewalls müssen so konfiguriert sein, dass die Kommunikation zwischen VMM und Hyper-V Hosts nicht blockiert wird.

Speicher und Netzwerk für virtuelle Maschinen

Mit VMM verwalten und konfigurieren Sie Hyper-V Hosts und deren virtuelle Maschinen. Dabei sind für Speicher und Netzwerk die gleichen Überlegungen erforderlich, wie sie auch mit dem Hyper-V Manager auf den Hosts erforderlich wären.

Sie sollten bei der Planung für den Speicher folgendes berücksichtigen:

- Die Anbindung sollte hohe Performance gewährleisten und redundant ausgelegt sein.
- Prüfen Sie die Speicheranforderungen und legen Sie danach die Speicher-Performance Anforderungen fest.
- Berücksichtigen Sie den Platzbedarf auch für die zukünftige Entwicklung von Speicherplatz.
- Stellen Sie Datensicherheit her, indem Sie Backups und Replikationen einbeziehen. Auch dafür benötigen Sie Speicherplatz.

Für Netzwerkanbindungen mit VMM berücksichtigen Sie:

- Logische Netzwerke und physikalische Standorte. Logische und physikalische Topologien können identisch sein, müssen es aber nicht. Die logischen Abgrenzungen können Sie im VMM berücksichtigen.
- Sie können in VMM wie im Hyper-V Manager den statischen Adressbereichspool festlegen. Das ist ebenso mit den MAC-Adressen möglich.
- Vorlagen für virtuelle IP-Bereiche.
- Der Netzwerklasten-Ausgleich kann mit VMM gesteuert werden.
- Es können logische Switche erstellt werden, die je nach Anforderungen unterschiedlich bedient werden, beispielsweise mit Multicast-Daten für Standorte mit langsamer Anbindung.
- Die erstellten Schnittstellenprofile und –Klassifizierungen auf dem Hyper-V Host können im VMM weiterverwendet werden.
- Sie können Netzwerkgeräte bzw. –dienste wie Gateways, Switche, Netzwerk-Manager im VMM aufnehmen und Verwalten.

1.3.1 Das VMM Fabric Management

Als VMM Fabric sind alle physischen Ressourcen in VMM zu verstehen, die für den Betrieb und die Verwaltung von virtuellen Maschinen notwendig sind. Dazu zählt:

- Die Infrastruktur mit Library Server, PXE Server, Update Server, vCenter Server, VMM Server.
- Die Netzwerkinfrastruktur mit allem, was für Netzwerkanbindungen zu berücksichtigen ist (siehe oben).
- Speicher wie Speicherpools, Arrays, File Server.
- Alle Hosts wie Hyper-V Hosts, Hyper-V Cluster und die bereits unter Infrastruktur aufgezählten Server.

Die Bereiche des Fabric Management:

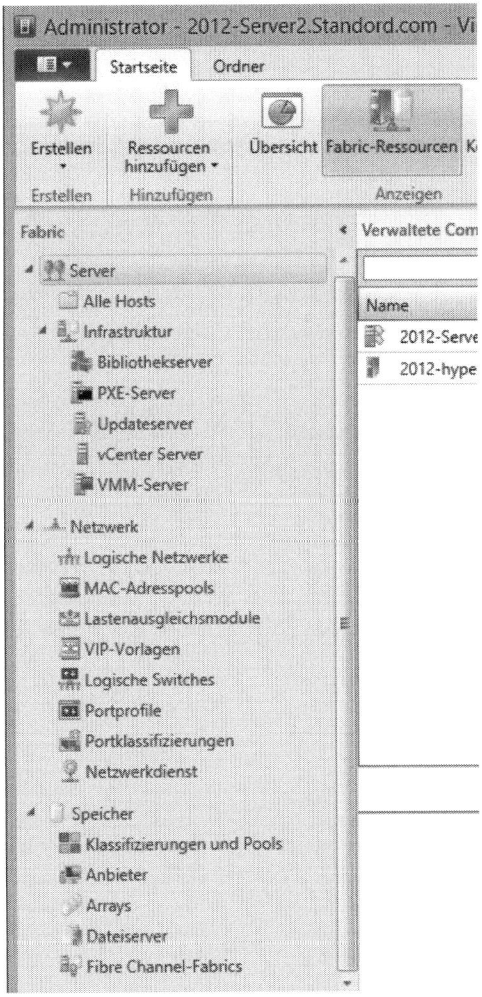

Das Fabric Management fasst zusammen und abstrahiert alles aus den Ressourcen, was verwendet und bereitgestellt werden kann. Dabei wird die physische Struktur mit DHCP, DNS, DC, Servern etc. und mit Speicher- und Netzwerksteuerung komplett abgebildet. Es stellt somit den Baukasten dar, aus dem Sie sich bedienen können.
Für das Management wird ein Administrator bzw. Benutzer mit bestimmten Rollen für die Ressourcenzuweisung in der privaten Cloud benötigt.

Was ist für den Einsatz von VMM zu berücksichtigen?
Wenn Sie den Einsatz des VMM planen, sollten Sie folgendes berücksichtigen:

- Die Anzahl der benötigten Hyper-V Hosts. Ist ein bestimmter Teil der Hosts nur zeitweise notwendig?
- Die Anzahl möglicher Standorte und Filialen mit Hyper-V Hosts. Sind die in der Domäne? Wie sind die Standorte angebunden?
- Die benötigten Sicherheitsanforderungen, Administratorgruppen und „Self-Service Optionen“. Gibt es in Standorten Administratoren oder wird es mit dem VMM entfernt verwaltet? Dürfen Anwender VMs im Self-Service abrufen oder ist eine Genehmigung zwischengeschaltet?
- Die maximale Ausfallzeit der benötigten Komponenten und die Zeit für eine eventuelle Wiederherstellung.

So legen Sie logische Netzwerke in der Fabric an:

Warum empfiehlt es sich, logische Netzwerke anzulegen? Die Antwort ist weiter oben schon gegeben worden: Das Abbilden Ihrer Infrastruktur im VMM erlaubt es Ihnen, die Fabric wie einen Baukasten zu benutzen. Sie nehmen sich heraus, was Sie benötigen. Vorher müssen Sie den Baukasten allerdings mit Bausteinen füllen. Logische Netzwerke wären ein möglicher Baustein um Ihren Baukasten zu füllen.

- Starten Sie den „Assistenten zum Erstellen eines logischen Netzwerks“:

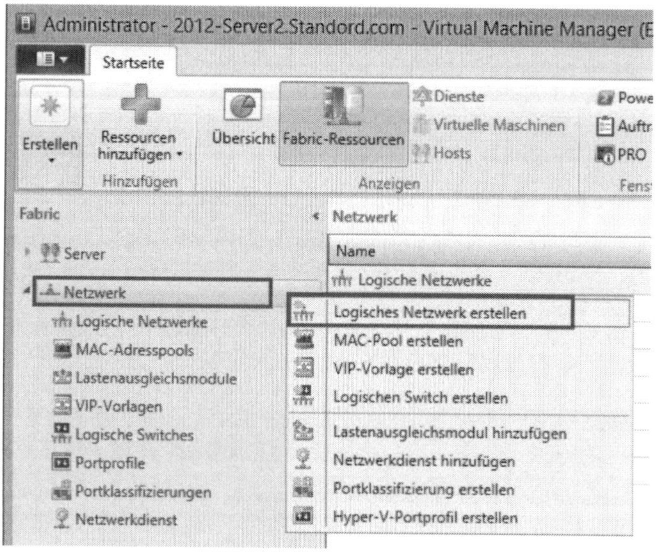

- Legen Sie den Namen fest und wählen Sie das passende Szenario aus:

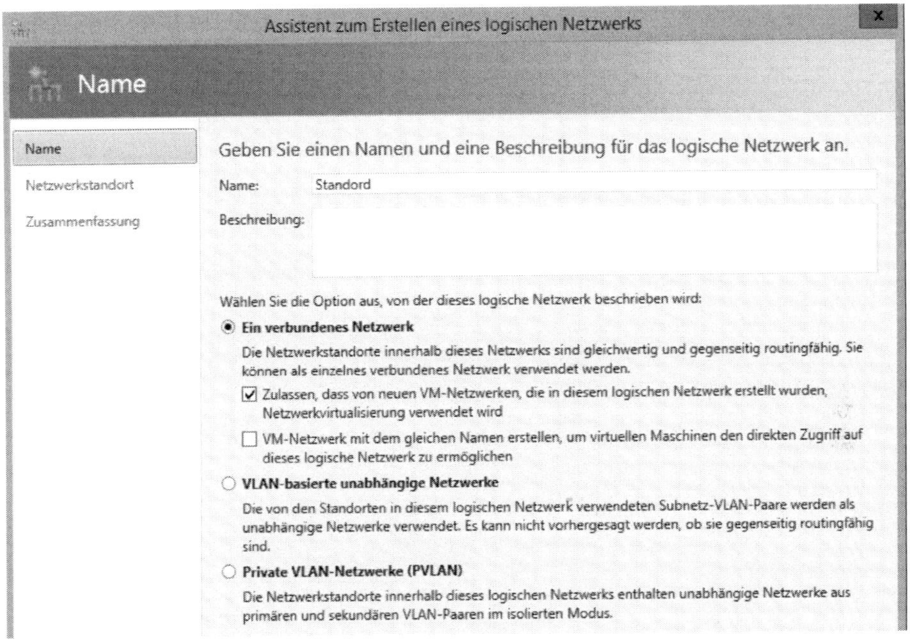

- Fügen Sie einen Netzwerkstandort hinzu, verbinden Sie es mit dem logischen Netzwerk und ordnen Sie das Subnetz ebenfalls zu. Benennen Sie den Standort nach Bedarf.

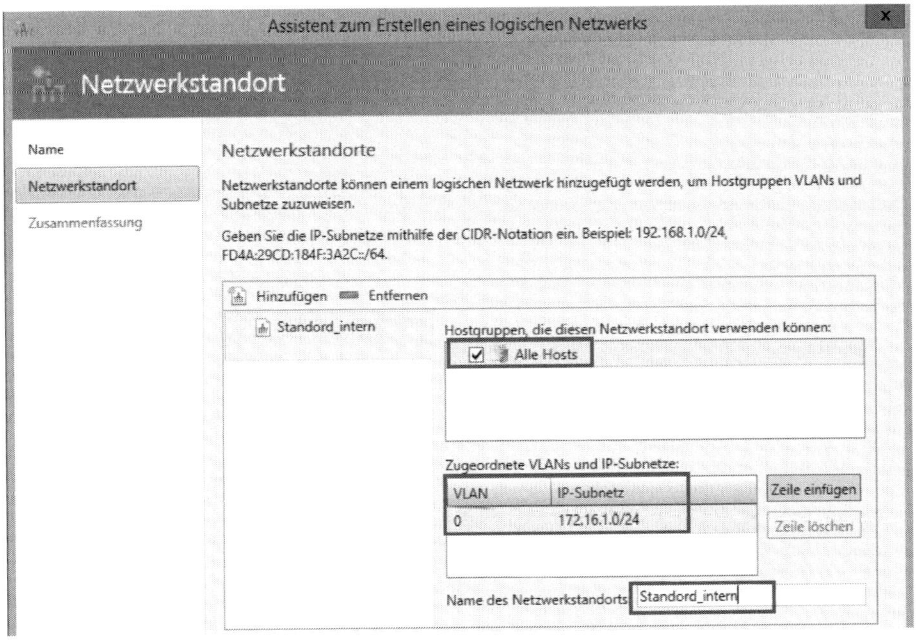

- Fügen Sie einen zweiten Standort hinzu und verbinden Sie auch dieses mit dem zweiten logischen Netzwerk.

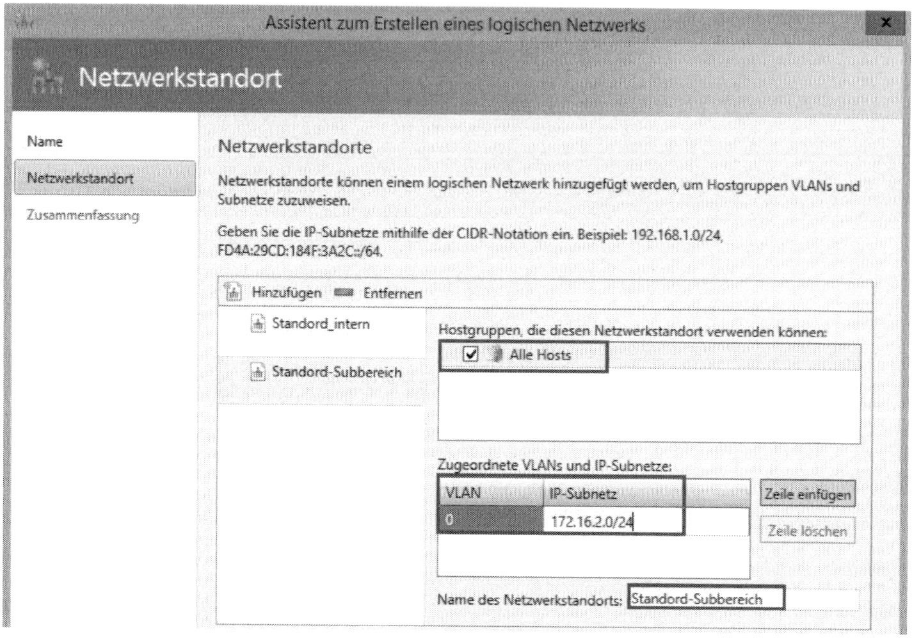

- In der Zusammenfassung können Sie sich das Powershell-Skript ansehen und die Konfiguration fertig stellen.
- Dem logischen Netzwerk wird als nächstes ein IP-Pool zugeordnet. Den IP-Pool müssen Sie erstellen und im weiteren Verlauf ebenso das IP-Subnetz bestimmen, aus dem Sie den IP-Pool bilden:

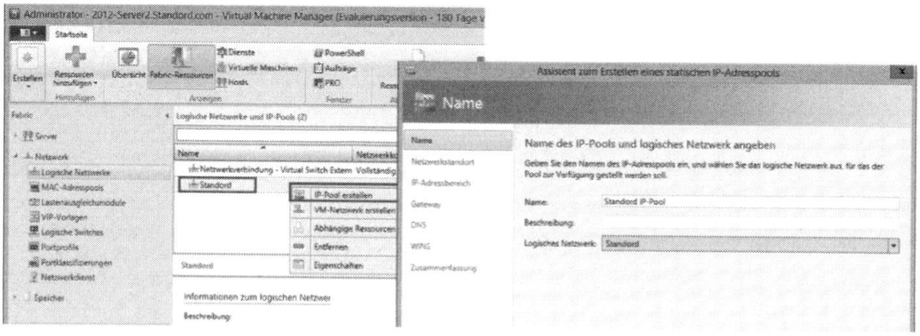

- Bei der Netzwerkstandortauswahl stehen die beiden eingerichteten Standorte zur Verfügung:

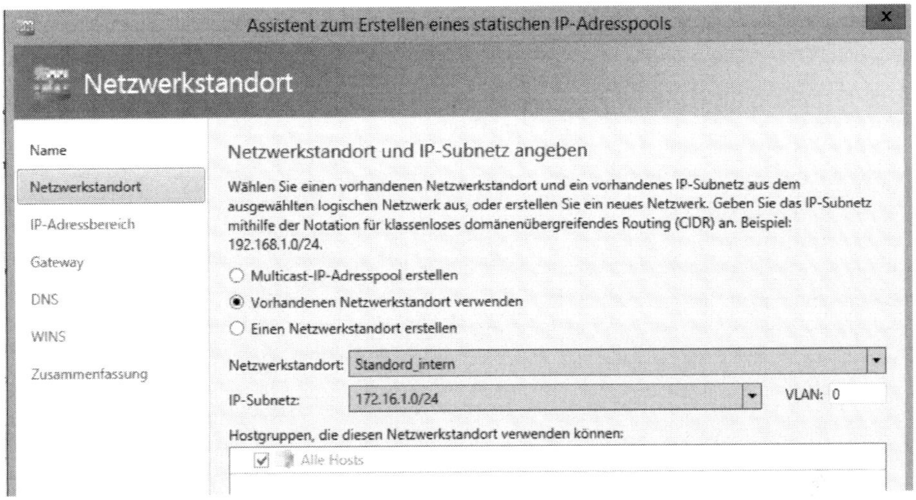

- Der verwaltete Adresspool wird festgelegt:

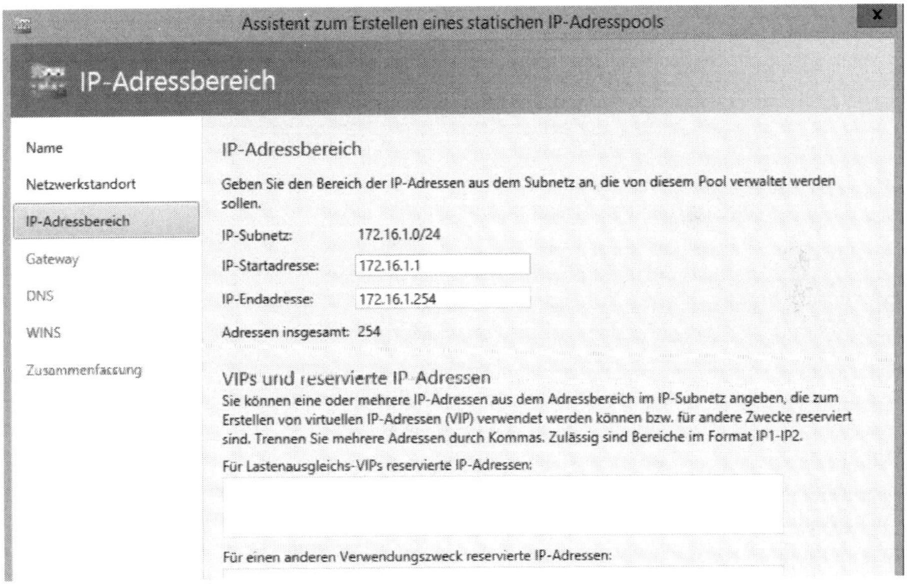

- Im weiteren Verlauf des Assistenten können Sie Einträge für Gateway, DNS und WINS festlegen. Das Ergebnis in der VMM Konsole:

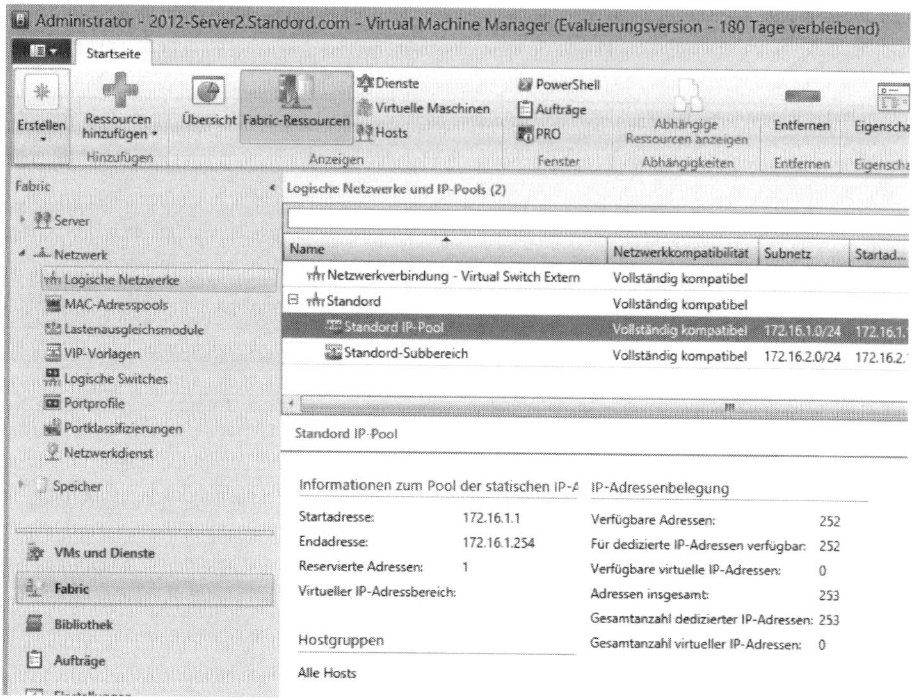

- Das ganze wird jetzt nochmal mit dem zweiten angelegten Standort durchgeführt. Im obigen Bild ist das schon erledigt.

Die Bereitstellung von VMM Libraries und Profilen

Ein wichtiger Teil des VMM Fabric Managements sind die physischen Server, die zum Betrieb und zur Verwaltung Ihrer privaten Cloud benötigt werden. Dazu zählen u. a. die Library Server. Diese stellen die Virtual Machine Manager Libraries bereit.

Was sind die VMM Libraries?

Alles was Sie im VMM einrichten, wird entweder auf Freigaben oder in der VMM-Datenbank abgelegt. Organisiert in Bibliotheken (Libraries) sind das die Ressourcen, die Sie zum Erzeugen von virtuellen Maschinen benötigen. Auf Freigaben lieben beispielsweise die Festplattendateien. In der Datenbank sind es Konfigurationsinformationen.

Die VMM Libraries enthalten also:

- Den Katalog mit den in den Libraries gespeicherten Ressourcen (ein paar Ressourcen sind in der VMM Database gespeichert).
- Sie enthalten Vorlagen und Profile.
- Die Libraries enthalten auf dem Library Server freigegebene, indizierte und in Unterordnern organisierte Ordner. Diese unterstützen Daten-Deduplizierung und Datenkompression.

Das Planen und Bereitstellen von VMM Library Servern:
VMM Library Server sollten nur diese Rolle innehaben. Sie müssen in einer Domäne sein, die eine Vertrauensstellung mit einem VMM Server hat. VMM Library Server können in einem Failover-Cluster redundant betrieben werden, sie können aber nicht das gleiche Failover-Cluster nutzen, dass die VMM-Server Rolle clustert. Eine Alternative zum Failover-Cluster wäre, mehrere Library Server zu betreiben. Zu berücksichtigen ist in dem Fall, dass VMM Library Server-Daten nicht automatisch repliziert werden. Das Kopieren müssen Sie manuell durchführen oder über Skripte steuern.

Das Konfigurieren von Profilen:
Bei den Profilen wird unterschieden zwischen Profilen für die Hardware und deren Fähigkeiten, zwischen Profilen für das Gast-Betriebssystem und den Profilen von Anwendungen und SQL-Server.

- **Hardwareprofile** stellen sicher, dass alle virtuellen Maschinen die mit dem Profil erstellt werden, die gleichen Hardwaresettings nutzen. Die Hardwareprofile werden in die Vorlagen importiert, mit denen Sie virtuelle Maschinen erstellen. Sie können in den Hardwareprofilen genau das gleiche konfigurieren wie im Hyper-V Manager: CPU, Speicher, Netzwerk, NUMA, CPU-Priorität usw.
- **Gast-Betriebssystemprofile** ermöglichen Ihnen die Vorkonfiguration von Betriebssystemeinstellungen vor der Erstellung der virtuellen Maschine. Dazu zählen: Betriebssystem, Identitätsinformationen, Administratorpasswort, Produktschlüssel, Zeitzone, Rollen, Features, Domäne bzw. Workgroup, Antwortdatei, Startskripte.
- **Anwendungsprofile** stellen Installationsanweisungen zur Verfügung, mit denen Anwendungen nach der Installation vom VMM Manager verwaltet werden können.
- **SQL Serverprofile** sind ein Baustein für das Bereitstellen von einem SQL-Server auf einer virtuellen Maschine.

So nutzen Sie Profile

- Nach dem Klick auf „Bibliotheken" (links unten) bekommen Sie Zugang zu den Vorlagen, Profilen, Bibliotheken usw.

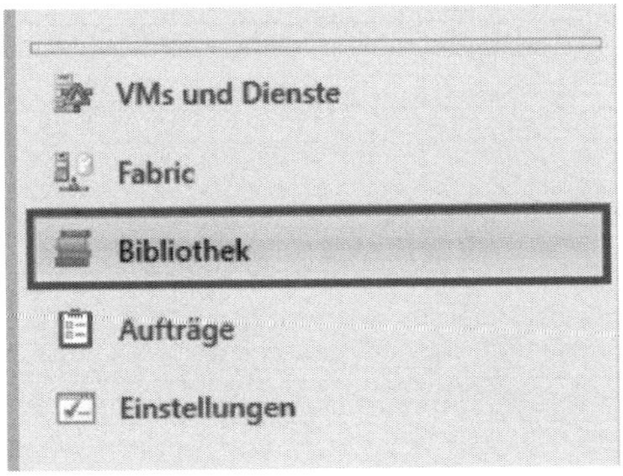

- Im oberen Teil sind die verschiedenen Profiltypen zugänglich:

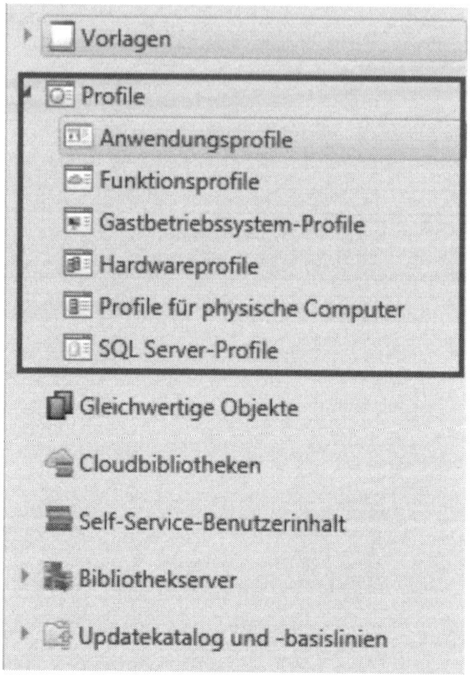

Das Gastbetriebssystem-Profil:

- Ein Gastbetriebssystem-Profil können Sie folgendermaßen erstellen:

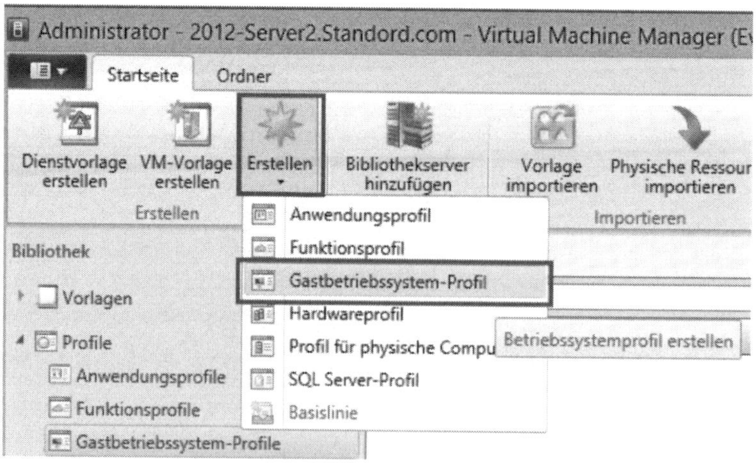

- Es startet ein Assistent. Dieser ist recht kurz. Gehen Sie diesen einfach durch und konfigurieren Sie die Optionen entsprechend Ihren Anforderungen. Klicken Sie links auf den zweiten Eintrag „Gastbetriebssystem-Profil". Der Klick auf „OK" beendet den Assistenten ohne dass sie die Eigenschaften konfiguriert haben. Das wäre allerdings auch kein Problem. Der Rechtsklick auf die Liste der erstellten Profile bringt Sie zurück zu Eigenschaften. Konfigurieren Sie die gewünschten Eigenschaften: Betriebssystem, Identitätsinformationen, Rollen und Features usw.

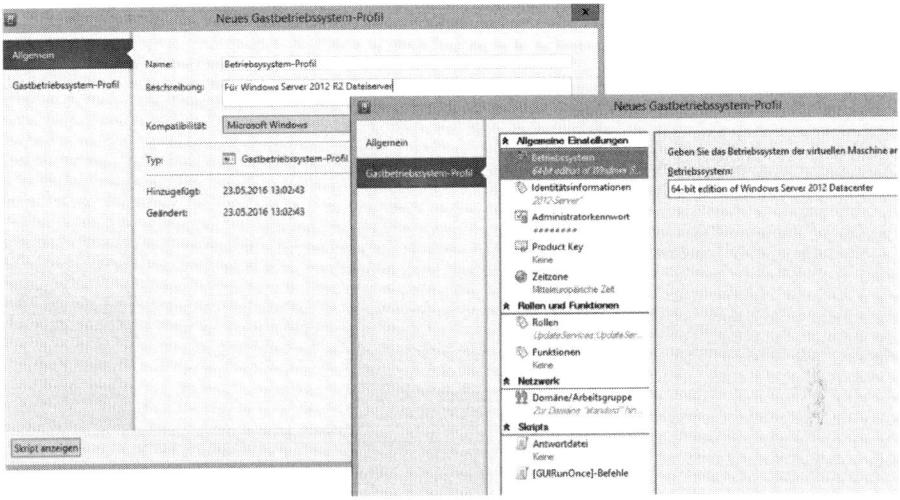

Das Hardwareprofil:
Um Hardwareprofile zu erstellen, gehen Sie genauso vor wie bei dem Gastbetriebssystem-Profil und konfigurieren nach Ihren Anforderungen.

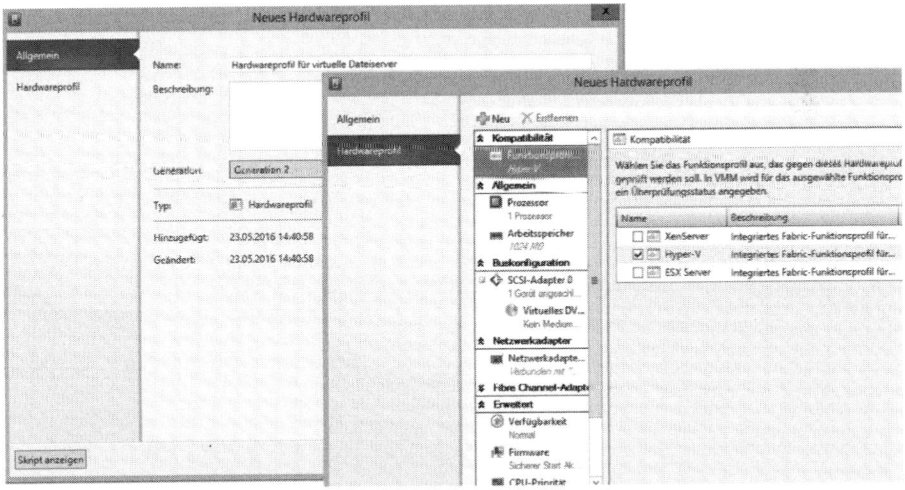

Das Anwendungsprofil:
Sie haben bei den obigen Profilen sicherlich bereits bemerkt: Was für Host gilt, gilt auch für Guests und entsprechend gilt für Applikationen, was auch für Hardware gilt: Mit Profilen stellen Sie Instruktionen zur Installation von Applikationen in die virtuellen Maschinen bereit so wie Sie mit Hardwareprofilen Instruktionen zur

Installation von Hardware für die virtuellen Maschinen bereitstellen. Unterstützt werden:

- SQL DACs (Seit Version 2008 R2). DACs sind „dedicated Administrator Connections", mit denen eine lokale (also nicht über das Netzwerk hergestellte) Verbindung zum SQL Server Database Engine (dem Datenbankmodul) hergestellt werden kann.
- Seit Version VMM 2012 die Server App-V Applikationen (Application Virtualization). Diese Applikationen können auf einen Computer kopiert und ohne Installation ausgeführt werden, wenn auf diesem Computer ein Server App-V Agent läuft.
- Web Applikationen.
- Skripte.

Das SQL Serverprofil:
Diese Profile sind Bausteine für das Bereitstellen von SQL-Server Instanzen auf virtuellen Maschinen.

Überlegungen und Best Practice für das Nutzen von Profilen

- Berücksichtigen Sie, wie viele unterschiedliche Vorlagen, gespeicherte virtuelle Festplatten, Hardware, Anwendungen und Datenbanken sie benötigen werden.
- Erzeugen Sie Hostgruppen von Servern nach Möglichkeit im gleichen LAN, damit beim Abruf von Vorlagen aus dieser Gruppe nicht unnötig WAN-Traffic generiert wird.
- Die Konfiguration von Standard Hardwareprofilen sollte die Verwendung von Speicherressourcen auf das Notwendige beschränken. Dazu müssen Sie den Bedarf kennen.
- Denken Sie an Offline-Files, die möglicherweise benötigt werden. Das können Daten auf Wechseldatenträger sein. Beispielsweise benötigen einige Windows 2012 R2 Features zur Installation den Installationsdatenträger.
- Stellen Sie die Lizensierung der Gastbetriebssysteme sicher.

So stellen Sie virtuelle Maschinen mit Profilen bereit

- Profile und Vorlagen haben wir weiter oben erstellt. Sie können jetzt eine neue virtuelle Maschine erstellen, in dem Sie den Assistenten starten und während der Konfiguration im Assistenten die Profile auswählen.

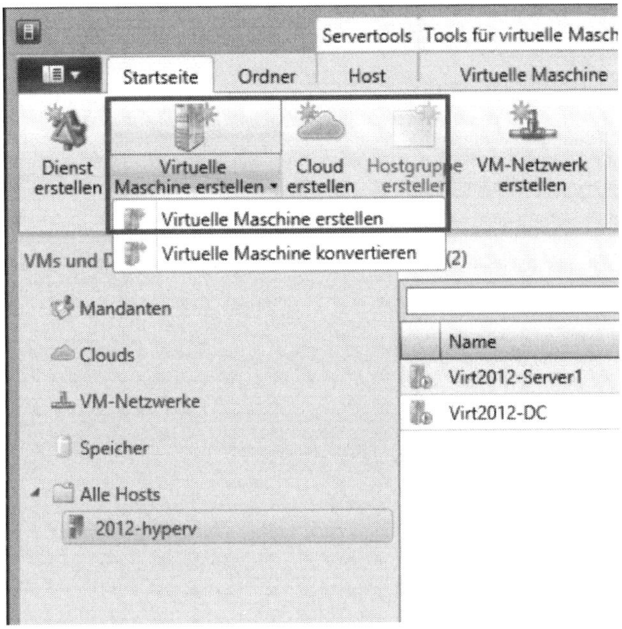

- Der Assistent startet mit der Auswahl der Quelle. Eventuell nutzen Sie eine bereits erstellte virtuelle Maschine, eine Festplattendatei bzw. eine Vorlage oder Sie erstellen eine VM ohne Betriebssystem um sie möglicherweise mit PXE-Start über einen WDS Server mit einem System zu versorgen.

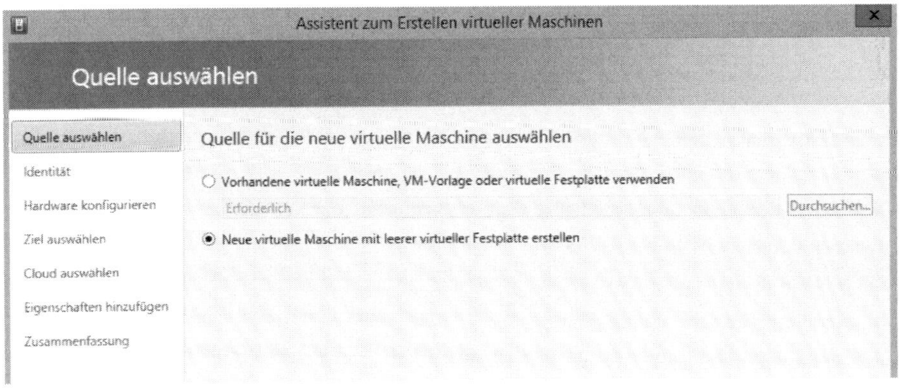

- Sie vergeben einen Namen.
- Im nächsten Schritt legen Sie mit der Auswahl des Hardwareprofils die Hardwareeigenschaften Ihrer neuen VM fest:

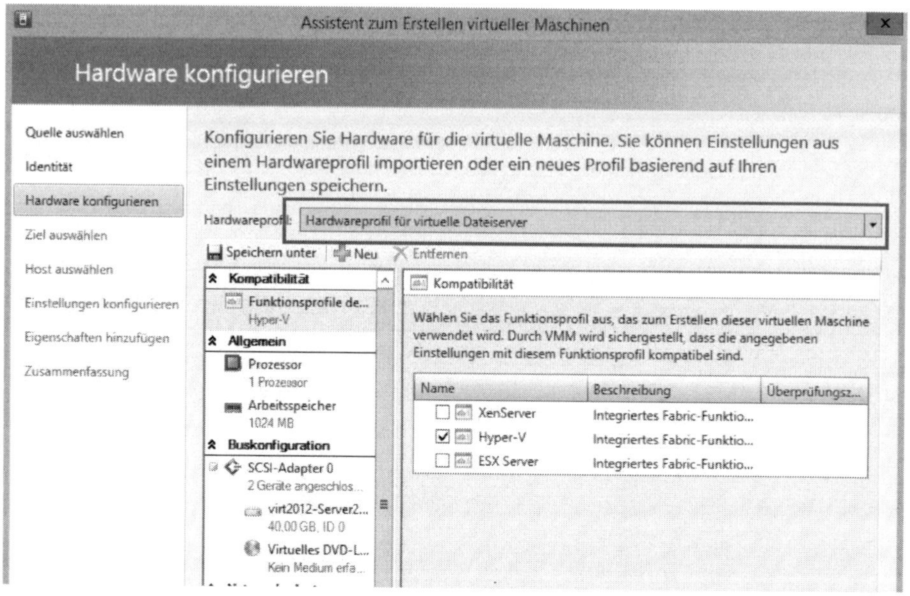

- Bei der Auswahl des Ziels steht eine private Cloud zur Auswahl, sofern vorhanden, Ihr Hyper-V Host oder Sie können die Maschine zur späteren Verwendung in der VMM-Bibliothek speichern.
- In diesem Beispiel ist der Host ausgewählt. Im folgenden Konfigurationsbereich werden daher alle geeigneten Hosts aufgelistet und es erfolgt eine Bewertung der Hosteignung für diese VM.

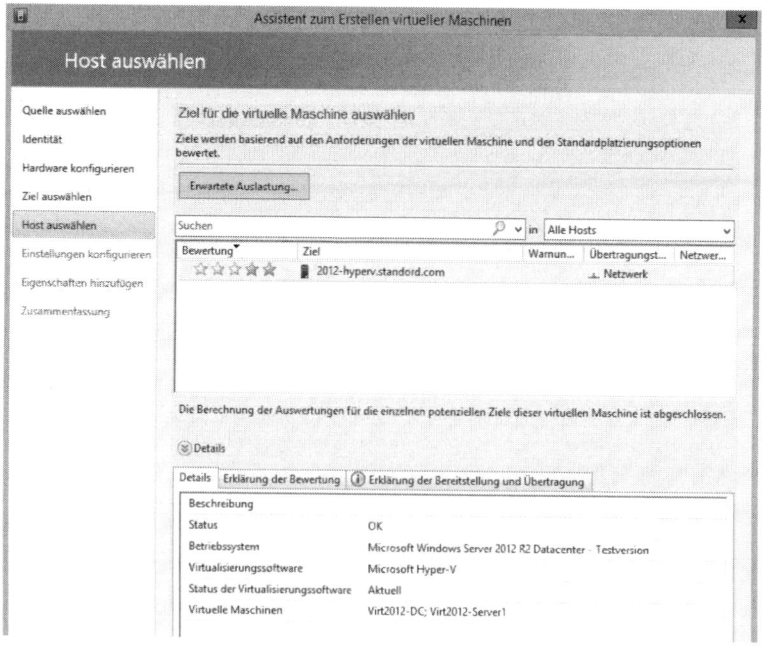

- Im weiteren Verlauf erhalten Sie die Möglichkeit die Einstellungen zu überprüfen und Eigenschaften hinzuzufügen.

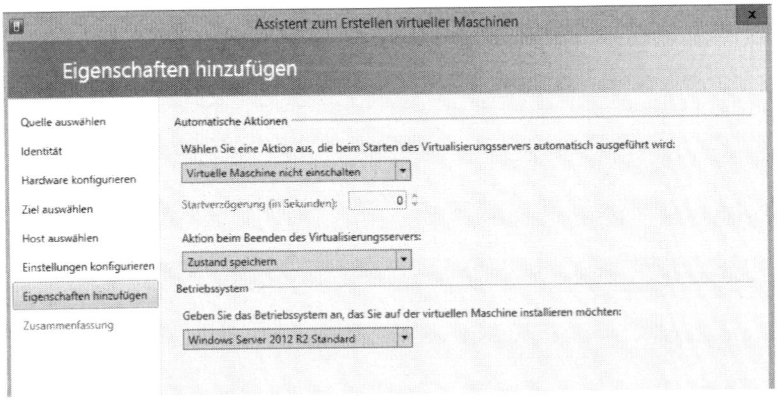

- Nach der Zusammenfassung wird die VM auf dem Hyper-V Host erstellt.

1.3.2 VMM Services mit Service Vorlagen bereitstellen

Die Vorlagen für virtuelle Maschinen und Services:

Vorlagen sind eine effiziente Möglichkeit, VMs und Services bereitzustellen. Sie finden die Vorlagen hier:

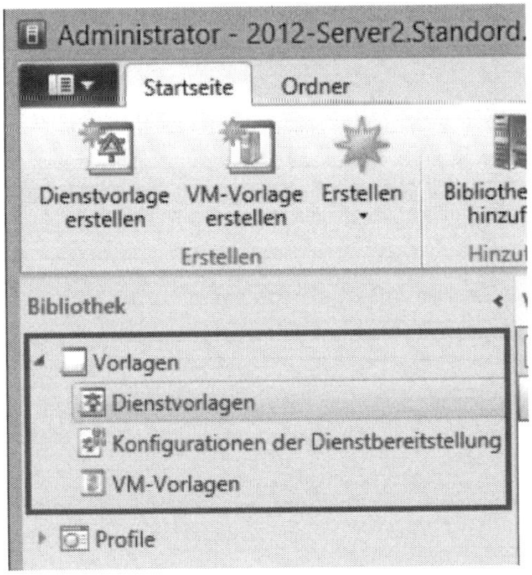

Die Vorlagen enthalten die Punkte Dienstvorlagen, Konfigurationen und VM-Vorlagen.

Vorlagen für virtuelle Maschinen (VM-Vorlagen) bieten Ihnen:

- Eine Möglichkeit der Festlegung von Konfigurationen vor der Bereitstellung von Hardware, Betriebssystem, Anwendungen und SQL-Server Spezifikationen.
- Eine Möglichkeit, neue Vorlagen schnell und effektiv zu erstellen.
- Eine konsistente Methode für Self-Service Anwender, sich neue virtuelle Maschinen und Services zu erstellen bzw. diese anzufordern und dafür freigeschaltet zu werden.

Sie haben bereits in den Profilen vieles kennen gelernt, was Sie in diesen Vorlagen konfigurieren können. Sie können die Profile dazu nutzen, die Vorlagen nach Ihren Anforderungen im Baukastenprinzip zusammen zu bauen.

Dienstvorlagen

Ebenso wie bei den VM-Vorlagen können Sie mit bereits erstellen Profilen Ihre Dienstvorlagen zusammen bauen und die Verantwortlichen für die Applikationen können einen Dienst bereitstellen, der auf den Dienstvorlagen basiert. Dienstvorlagen bieten Ihnen:

- Das Bündeln von Komponenten, die erforderlich sind für den Betrieb der Anwendung. Zu den notwendigen Komponenten zählen auch die Bereitstellung und das Ausführen von virtuellen Maschinen für den Anwendungsbetrieb. Service Vorlagen können mehrere virtuelle Maschinen enthalten.
- Das Erstellen von Vorlagen in VMM durch einen Administrator.
- Das Bereitstellen von Diensten, die auf der Vorlage basieren.
- Das Nutzen eines App Controllers oder von der VMM Konsole für die Bereitstellung des Service, der auf der Vorlage basiert.

So konfigurieren Sie virtuelle Maschinen und Dienstvorlagen

Sie haben bereits verschiedene Profile erstellt. Diese können Sie für Ihre virtuellen Maschinen und Dienstvorlagen heranziehen.

- Sie aktivieren also Ihre Bibliothek mit den verschiedenen erstellten Profilen und den noch nicht erstellten Vorlagen in den verschiedenen Vorlagenkategorien. Starten Sie den „Assistenten zum Erstellen von VM-Vorlagen". Statt durch Klick auf „VM-Vorlage erstellen" können Sie genauso gut einen Rechtsklick unter „Vorlagen" auf „VM-Vorlage" machen.

Das weitere Vorgehen ist nun vergleichbar mit den Assistenten, die Sie bei den Profilen kennen gelernt haben:

- Quelle festlegen.
- Identität und Generation festlegen.
- Hardware konfigurieren, eventuell ein hinterlegtes Profil auswählen.
- Das Betriebssystem konfigurieren und ein hinterlegtes Profil auswählen.
- Die Anwendungskonfiguration durchführen. Auch hier wäre es möglich, ein Profil auszuwählen, sofern eins konfiguriert worden wäre. Das ist in diesem Beispiel nicht der Fall.
- Wie für die Anwendungskonfiguration gilt das gleiche auch für die SQL-Konfiguration: Sofern ein Profil hinterlegt ist, können Sie dieses auswählen.
- Nach der Zusammenfassung wird die VM-Vorlage erstellt.

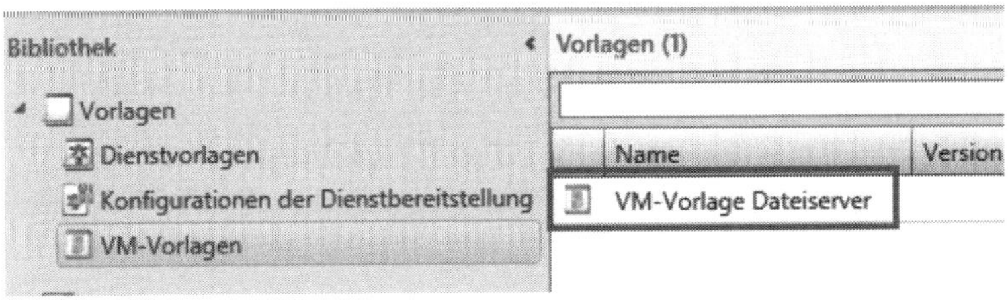

- Mit Rechtsklick auf die neu erstellte Vorlage können Sie jederzeit die Konfiguration ändern.
- „Dienstvorlagen“ und die „Konfigurationen der Dienstbereitstellung“ werden ähnlich erstellt.

Das Erstellen von Dienstvorlagen mit dem Dienstvorlagen Designer:
Dienstvorlagen können auf mehreren Ebenen und Level erstellt werden. Wenn Sie eine neue Dienstvorlage erstellen, startet der Dienstvorlagen-Designer.

Durch den Vorlagendesigner können Sie sich auf mehrere bereits vorhandene Vorlagen stützen und die benötigten Elemente für Ihren Dienst zusammenführen.

- Das Bereitstellen von Ebenen erlaubt verschiedene Ebenen Ihrer Applikation. Jede Ebene kann eine oder auch mehrere virtuelle Maschinen und Applikationen enthalten. Darüber hinaus können Sie Standardwerte sowie deren Minimum und Maximum für die Anzahl der VM Instanzen je Stufe festlegen.
- Sie können den Vorlagen Netzwerkkomponenten wie Netzwerklastenausgleich oder logische Netzwerke hinzufügen.
- Es empfiehlt sich für die Erstellung von Service Vorlagen die Nutzung von Library Komponenten.

Das Aktualisieren und Pflegen von Dienstvorlagen:
Auch Dienste benötigen Updates. Das können Sie auf den folgenden Wegen durchführen:

- Durch das Aktualisieren von Diensten bzw. der virtuellen Maschine können Sie die bereits existierenden virtuellen Maschinen aktualisieren bzw. Sie aktualisieren den Dienst auf der virtuellen Maschine. Das ist das „In-place Update", ist ein schneller Weg für eine Aktualisierung und empfiehlt sich für Anwendungs-Updates und die Aktualisierung der Konfiguration der VM.
- Sie können über die Aktualisierung der Vorlage auch eine neue virtuelle Maschine mit integrierten Aktualisierungen bereitstellen und die vorherige VM ersetzen. Das empfiehlt sich für Betriebssystem-Updates und das Einbringen von Service Packs.
- Durch den Einsatz von „Upgrade-Domänen" können Sie die Service-Verfügbarkeit in diesen Szenarios verbessern. Upgrade-Domänen sind Gruppen von virtuellen Maschinen, die nacheinander aktualisiert werden. Eine Gruppe wird deaktiviert, aktualisiert, wieder aktiviert und die anderen Gruppen bleiben solange unberührt. Der Vorgang wiederholt sich danach mit der nächsten Gruppe.
- Mit der Skalier-Funktionalität können Sie viele VMs gleichzeitig bereitstellen.

Das Bereitstellen von virtuellen Maschinen mit dem App Controller

Weiter oben wurde der App Controller als Alternative zum VMM bereits erwähnt. Er bietet Ihnen die Möglichkeit, die Applikationen über einen Webbrowser zu verwalten

Der App-Controller bietet die folgenden Selbstbedienungs-Funktionen:

- Das Konfigurieren, Bereitstellen und Verwalten von Services kann mit einem Webbrowser erfolgen. Das kann auch dem Endnutzer zur Verfügung gestellt werden.
- Diese Art der Verwaltung ist über private Clouds und öffentliche Windows Azure Clouds möglich.
- Der App Controller ermöglicht das Erzeugen, Verwalten und Bewegen von Services, ohne dass es notwendig wäre zu wissen, auf welchem Server die Services betrieben werden.

- Virtuelle Maschinen können sowohl in privaten wie auch in öffentlichen Clouds eingesehen werden.

Die App Controller Webseite:

- Aufgeteilt ist die Webseite in Services und in virtuelle Maschinenknoten. Sie ermöglicht die Bereitstellung und die Verwaltung.
- Zur Übersicht werden Diagramme verwendet, die ähnlich sind wie die Diagramme im Dienstvorlagen-Designer.

2. Die Netzwerk-Infrastrukturdienste

Zusammenfassung: In diesem Kapitel erfahren Sie, was Sie bei der Planung von DHCP, DNS sowie deren Verwaltung mit IPAM beachten sollten. Darüber hinaus geht es hier um Strategien zur Bereitstellung von Speicher und Dateidiensten. Dazu zählen beispielsweise SANs oder das „Distributed Filesystem".

Ob kleine, mittlere oder große IT-Infrastrukturen, bestimmte Netzwerk-Infrastrukturdienste benötigen Sie immer. Das sind die DHCP- und DNS-Dienste. Fehlen diese, dann wird Ihre IT-Infrastruktur nicht funktionsfähig sein. Es ist daher äußerst wichtig, dass Sie diese Dienste verfügbar und gut erreichbar bereitstellen und mit entsprechender Kapazität vorhalten.

Darüber hinaus müssen Sie eine gute und übersichtliche Verwaltbarkeit sicherstellen, besonders wenn Ihre Infrastruktur sich über mehrere Standorte verteilt.

2.1 Planen und Warten von IP-Konfigurationen und Adressverwaltung

Netzwerkdienste erfordern eine gute Implementierung. Wenn Sie in der Planungsphase aktuelle oder mögliche zukünftige Anforderungen außer acht lassen, müssen Sie das später mit viel Aufwand nachträglich berücksichtigen.
Die Anforderungen beeinflussen das IP-Adressierungsschema und die Methode, wie Geräten IP-Konfigurationen zugeteilt werden. Darüber hinaus müssen die Entscheidungen das Hinzufügen neuer Geräte ermöglichen und das zukünftige Wachstum Ihres Netzwerkes berücksichtigen.

2.1.1 Strategien für die Bereitstellung von DHCP

Die meisten Netzwerkclients benötigen ein gut konfiguriertes DHCP um zu funktionieren. Der DHCP-Dienst muss also zuverlässig und gut erreichbar sein. Die erste Frage, die Sie sich stellen müssen ist daher, wie viele DHCP Server benötigen Sie und wie bzw. wo werden diese platziert. Dafür gibt es drei Ansätze. Welcher Ansatz gewählt wird, hängt von den Anforderungen und Bedingungen ab. Diese können beispielsweise Sicherheitsanforderungen sein oder durch die Struktur Ihrer Organisation bestimmt sein.

- Die **verteilte DHCP Infrastruktur**, in der in jedem Subnetz ein DHCP Server platziert ist. Das führt meistens zu mehr Servern als beim folgenden Ansatz, erhöht den Verwaltungsaufwand und vermindert die Übersicht. Dafür ist dieser Ansatz sehr sicher gegenüber Ausfällen der Standortverbindungen.
- Die **zentralisierte DHCP Infrastruktur**, in der die DHCP Server zentral bereitgestellt werden. In diesem Szenario müssen Sie mit DHCP Relays sicherstellen, dass die Server aus anderen Subnetzen oder Standorten Ihre Konfiguration beziehen können. Fällt die Verbindung zwischen Subnetz und Zentralnetz aus, erhalten die Clients aus dem Subnetz keine Netzwerkkonfiguration.

- Die **kombinierte DHCP Infrastruktur** erfordert ebenfalls DHCP Relays sowie Router die DHCP Relays unterstützen für die Subnetze, die keinen eigenen DHCP Server haben. Alle anderen haben eine eigene zentrale Infrastruktur mit einem oder mehreren DHCP-Servern. Die Platzierung der Server erfolgt entsprechend der Anbindungszuverlässigkeit und Anbindungsgeschwindigkeit.

Das IPv4-Adressierungsschema:
Das Schema ist abhängig von den Anforderungen Ihrer Organisation und den möglicherweise zukünftigen Anforderungen, soweit diese absehbar sind. Es beginnt mit:

- Der Entscheidung ob Sie öffentliche oder private IPv4-Adressen verwenden sollten.
- Der Berechnung der erforderlichen Subnetze und der Hosts je Subnetz.
- Die Auswahl der Subnetzmasken.
- Die Berechnung der Subnetzadressen.
- Die Bestimmung der Adressbereiche innerhalb der einzelnen Subnetze.

Best Practice:

- Verwenden von klassenloser IP-Adressierung für eine effiziente Subnetzerstellung.
- Verwenden von klassenlosen Routingprotokollen in den Routern.
- Verwenden von Subnetze mit variabler Länge. So können Sie die Subnetze entsprechend der Hostanzahl je Netzwerksegment anpassen.
- Verwenden von Supernetting. Damit fassen Sie mehrere IP-Adressbereiche zu einem großen Bereich zusammen um das Routing zu optimieren.
- Verwenden von öffentlichen Adressen, wenn ein Zugriff übers Internet erforderlich ist.
- Verwenden von privaten Adressen, wenn Clients über einen Proxy oder über NAT auf das Internet zugreifen.
- Verwenden von gleichen Adressbereichen für gleiche Dienste. Beispielsweise erhalten Server in jedem Subnetz die ersten Adressen des Adressbereichs, Router die nächsten Adressen, Clients den Rest.

Strategien für die DHCP-Verfügbarkeit

Bisher ging es um das Design und die Platzierung von DHCP Servern. Ebenso wichtig ist die hohe Verfügbarkeit des Dienstes. Früher war es nicht möglich, zwei DHCP-Server ohne weiteres in einer Infrastruktur zu implementieren. Sie standen in Konkurrenz zueinander und die Bereitstellung von Redundanz erforderte aufwendiges Clustering oder großen Aufwand für manuelle Konfiguration und Überwachung.

Die bisher üblichen Möglichkeiten für DHCP-Redundanz:

- Der **geteilte Bereich**. Beispielsweise könnten die DHCP-Bereiche auf zwei Server aufgeteilt werden. Dazu wird in der Regel eine 80/20 Aufteilung vorgenommen. Die

- Eine Aufteilung erfordert, dass auf beiden Servern Duplikatbereiche und Reservierungen erstellt werden. Es gibt keine Koordination zwischen den Servern.
- Die **Failover-Clusterunterstützung** erfordert teure Hardware und die Einrichtung ist komplex.
- Der **Standby-Server** wird wie der aktive Server konfiguriert. Fällt der aktive Server aus, muss der Standby-Server manuell aktiviert werden. Das erfordert eine Adresskonflikterkennung auf dem Standby-Server, da der vorherige Server bereits Adressen verteilt hat. Darüber hinaus ist die Synchronisierung der Serverdaten Ihre Aufgabe.

Das DHCP-Failover

Information: DHCP-Failover wurde mit Windows Server 2012 eingeführt.

Neu ab Windows Server 2012 ist das **DHCP-Failover**. Es ermöglicht die Kombination zweier DHCP-Server zur Bereitstellung von IP-Adressen und -Konfigurationen für dieselben Subnetze oder Bereiche. Beide Server replizieren darüber hinaus die Lease-Informationen. Fällt ein Server aus, bedient der andere Server die Clients, ohne dass es Adresskonflikte gibt. DHCP-Failover ist nur zwischen zwei Server möglich und darüber hinaus nur für IPv4 verfügbar. Allerdings kann ein DHCP-Server mehrere Failover-Beziehungen unterhalten. Möchten Sie Redundanz für IPv6 einrichten, benötigen Sie eine der oben genannten Methoden.

Es gibt zwei Betriebsmodi für das DHCP-Failover:

- Der **Lastenausgleich** ist die Standardmethode. Beide Server können grundsätzlich auf Clientanfragen antworten. Welcher Server letztendlich reagiert, hängt vom konfigurierten Lastenverteilungsverhältnis ab. Standard ist 50:50. Der Lastenausgleichs-Modus ist gut geeignet für Szenarien, bei denen die Clients und die DHCP-Server am gleichen Standort betrieben werden und nicht über ausfallträchtige oder teure Verbindungen miteinander kommunizieren.
- Im **Hot-Standby** Betrieb ist ein Server der primäre und der andere der sekundäre Server. Der primäre Server ist der aktive Server, auf dem die Konfiguration von Adressen, Bereichen usw. sowie die Bedienung der Clients mit IP-Adressen erfolgt. Der sekundäre Server bekommt die Konfiguration übertragen und bedient die Clients nur dann, wenn der primäre Server nicht mehr antwortet. Ein DHCP-Server kann gleichzeitig für einen IP-Adressbereich der primäre und für einen anderen Bereich der sekundäre Server sein. So ist es auch möglich, dass der primäre Server für Bereich A gleichzeitig der sekundäre Server für Bereich B ist, während der sekundäre Server für Bereich A auch der primäre für Bereich B ist. Hot-Standby ist ideal für Szenarien mit Bereitstellungen über Standorte hinaus. Ein DHCP-Server ist dann der sekundäre Server für einen anderen Standort, mit dem er nur über langsame oder teure Verbindungen angebunden ist.

Konfigurationsmöglichkeiten für den Hot-Standby Betrieb:

- **MCLT** (Maximum Client Lease Time): Definiert die Zeit, die ein DHCP-Server bis zur Übernahme der Kontrolle über den Adressbereich wartet wenn der primäre Server nicht verfügbar ist. Der Wert darf nicht 0 sein. Standard ist eine Stunde.
- Intervall für den automatischen **Zustands-Switchover**: Verliert ein Server den Kontakt zu seinem Failover-Partner, wird es als „Kommunikation unterbrochen“ registriert. Der Übergang zu „Partner nicht verfügbar“ und damit zur Übernahme des Adressbereichs erfolgt entweder manuell oder automatisch über den Zustands-Switchover-Parameter. Standard sind 10 Minuten.
- **Nachrichtenauthentifizierung**: Die Failover-Kommunikation kann mit einem gemeinsamen Schlüssel authentifiziert werden. Das wirkt ähnlich wie ein Zertifikat. Eine Verschlüsselung erfolgt nicht.

Konfiguration der Firewall:

Der Failover-Datenverkehr erfolgt über TCP-Port 647. Durch die Konfiguration des DHCP-Failovers werden die beiden folgenden Regeln automatisch erstellt: Microsoft-Windows-DHCP-Failover-TCP-In und Microsoft-Windows-DHCP-Failover-TCP-Out.

Die Windows Firewall mit DHCP-Failover-Regel:

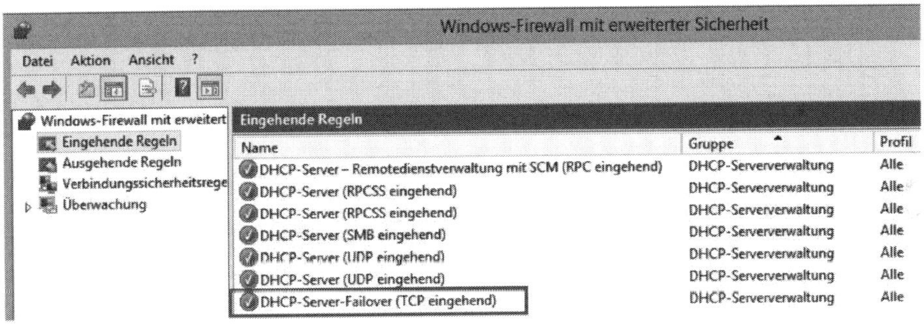

So richten Sie DHCP-Failover ein

Sie benötigen selbstverständlich zwei DHCP-Server in Ihrer Infrastruktur. Wenn diese Hürde gemeistert ist, fällt die Konfiguration nicht schwer.

- In der DHCP-Konsole starten Sie mit Rechtsklick auf „IPv4“ den Assistenten, der Sie Schritt für Schritt durch die Einstellungen führt.

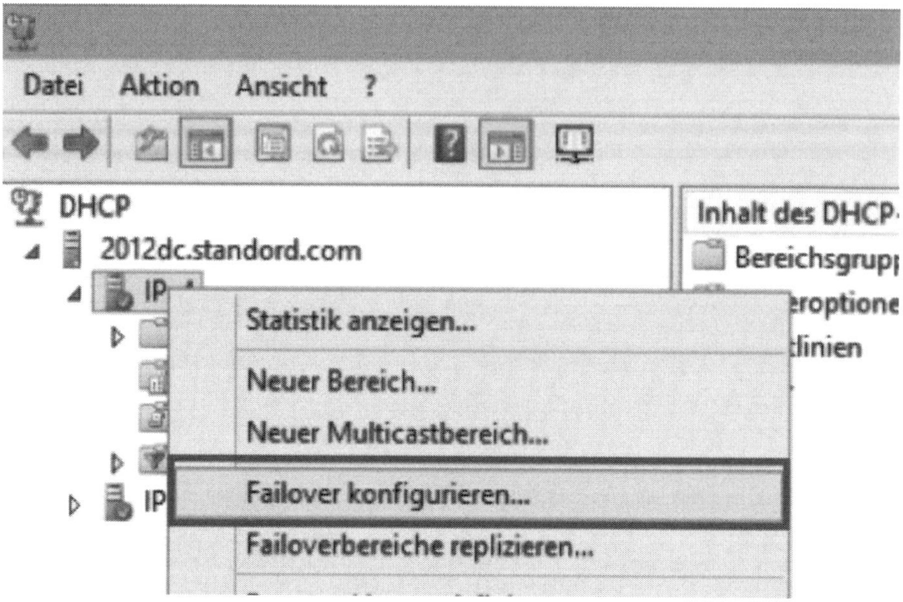

- Geben Sie den Partnerserver an:

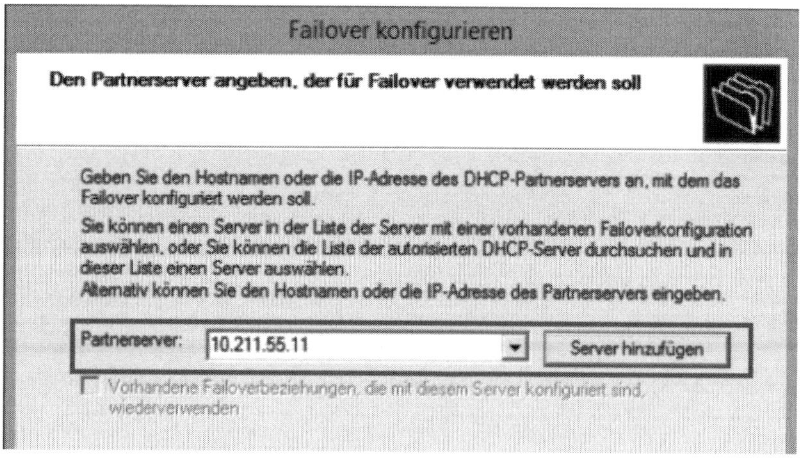

- Konfigurieren Sie die Failover-Parameter. In diesem Beispiel ist es der Lastenausgleich:

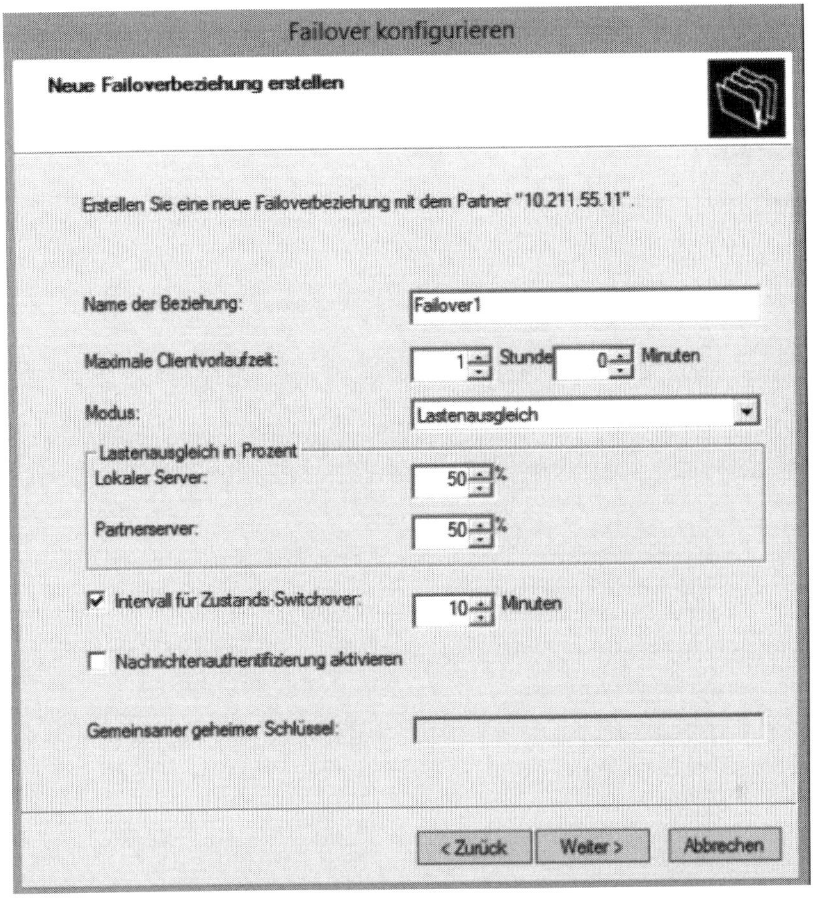

- Auf dem Failover-Partner wird die DHCP-Konfiguration repliziert und ist dort einsehbar:

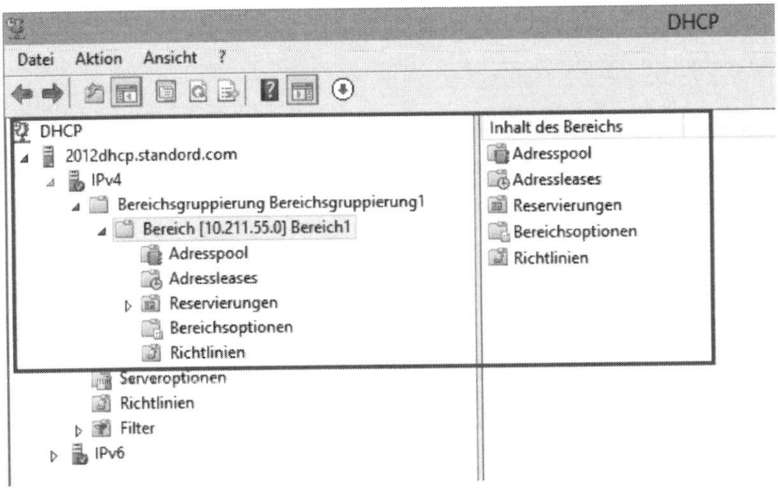

- Failover-Beziehungen lassen sich auch mit der Powershell einrichten. HotStandby konfiguriert mit der Powershell:

```
Add-DhcpServerv4Failover -ComputerName 2012DC.Standord.com -
Name Failoverbeziehung2 -PartnerServer 2012DHCP.standord.com -
ServerRole Standby -ScopeId 10.211.56.0,10.211.57.0
```

- Das Ergebnis können Sie sich in der DHCP Konsole ansehen indem Sie einen Rechtsklick auf den Bereich machen und die Eigenschaften einsehen:

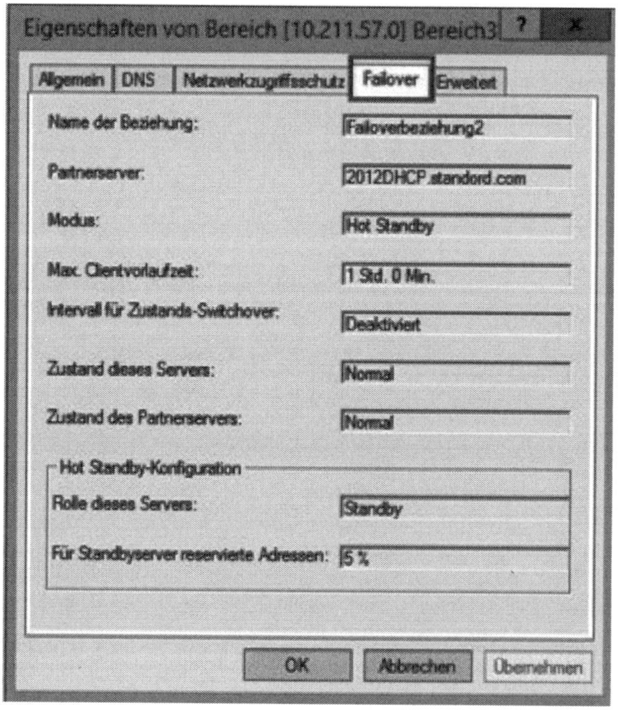

IPv6 und DHCP

IPv6 kommuniziert im Gegensatz zu IPv4 mit Multicastadressen mit dem DHCP-Server. Grundsätzlich ist ein IPv6 Client aber nicht auf einen DHCP-Server angewiesen. IPv6 Clients können sich automatisch konfigurieren:

- **Statusfrei** ohne DHCP-Server. Die Clients konfigurieren sich allein oder durch einen Router.
- **Statusbehaftet** durch Abrufen von Adressen und anderen Konfigurationsoptionen von einem DHCPv6-Server. Die Aufforderung dies zu tun kommt entweder von einem Router durch Routerankündigungs-Nachrichten oder auch wenn kein Router in der lokalen Verbindung vorhanden ist. Die statusbehaftete Konfiguration ermöglicht das Steuern von IPv6-Adresszuweisungen und das Konfigurieren von Bereichsoptionen mit einem DHCPv6-Server.

- Statusfrei und Statusbehaftet ist auch **gleichzeitig möglich**. Vom Router kommt mit den Routerankündigungs-Nachrichten die IPv6-Konfiguration und von einem DHCPv6-Server die Konfiguration zu DNS-Servern.

Best Practice und Richtlinien für DHCP-Lösungen:

- DHCP-Server sind gut zur Virtualisierung geeignet. Sie benötigen nur wenige Ressourcen.
- Wie bereits oben erwähnt, hängt die Platzierung von DHCP-Servern von der Infrastruktur ab. Planen Sie die Platzierung entsprechend der Netzwerkeigenschaften wie Standorte, WAN-Verbindungen, Verbindungsstabilität und –Kosten.
- Denken Sie daran: DHCP ist ein „Single-Point-of-Failure“ (SPOF) Dienst, der hochverfügbar sein sollte.
- Jeder DHCP Server sollte nur maximal 1000 Bereiche bereitstellen.
- Eventuell ermöglicht IPAM Ihnen eine gute Verwaltung von DHCP-Servern, Adressen und Bereichen.

Migration der DHCP-Serverrolle

Wenn Sie die DHCP migrieren wollen, stehen Ihnen zwei Möglichkeiten zur Verfügung, je nachdem von welcher Serverversion Sie migrieren wollen:

Migration von Windows Server 2008 auf 2012 R2:

- Das Powershell Cmdlet „**Export DhcpServer**“ auf dem alten Server exportiert die DHCP Konfiguration in eine XML-Datei.
- Mit „**Import-DhcpServer**“ auf dem neuen Server importieren Sie diese Konfiguration.
- Das Beispiel im folgenden Bild exportiert die DHCP-Konfiguration in eine Datei mit Namen „testexport“. Ohne weitere Parameter ist der Speicherort das Verzeichnis in dem Sie sich momentan befinden. Auf dem Bild ist es das Root-Verzeichnis Ihrer Systemplatte.

Migration von Windows Server 2003 auf 2012 R2:

- Benutzen Sie das Kommandozeilen-Tool „**netsh dhcp server export <dateiname>**“ auf dem alten Server.
- Importieren Sie mit „**netsh dhcp server import <dateiname>**“ die Konfiguration auf dem neuen Server.
- Ohne weitere Pfadangaben wird die Exportdatei mit Namen „export2“ auch hier in das Verzeichnis geschrieben, in dem Sie sich mit der Kommandozeile befinden.

```
C:\>netsh dhcp server export export2
Der Befehl wurde erfolgreich ausgeführt.
C:\>_
```

DHCP-Bereiche und deren Optionen

DHCP-Bereiche erlauben eine Konfiguration der Bereichsoptionen, um bestimmte Anforderungen in der Planung der Bereiche zu berücksichtigen.

Diese Optionen sind:

- Die **Leaselänge**. Sie bestimmt die Gültigkeitsdauer von IP-Konfigurationen, die Clients vom DHCP-Server erhalten. Nach 50% verstrichener Leasedauer oder bei einem Neustart versucht ein Client, den Lease zu erneuern. Sie können die Leasedauer erhöhen wenn Sie mindestens 20% freie IP-Adressen im Bereich zur Verfügung haben und wenn die Netzwerkkonfiguration sich nur selten ändert. Damit verringern Sie DHCP-bedingten Netzwerkverkehr. Sie sollten die Leasedauer heruntersetzen wenn nur noch wenige IP-Adressen frei sind. Sie sollten die Leasedauer ebenfalls heruntersetzen wenn die Clientkonfigurationen sich oft ändert, Clients sich im Netzwerk bewegen und wenn Clients über Remote Access auf Ihr Netzwerk zugreifen. So werden IP-Adressen von inaktiven Geräten wieder verfügbar.
- **Bereichsgruppierungen** (Superscopes) ermöglichen auf einem physikalischen Netzwerksegment das Zusammenfassen von mehreren enthaltenen logischen Netzen bzw. Subnetzen. Durch die Bereichsgruppierung sendet der DHCP-Server nur ein Leaseangebot an den gruppierten Bereich anstatt für jeden einzelnen Bereich ein eigenes Leaseangebot.

Bereichsgruppierungen:

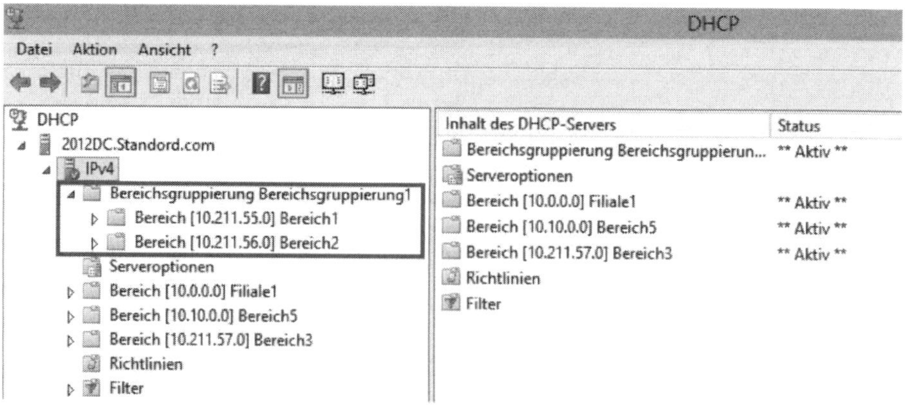

- **DHCP-Reservierungen** ermöglichen es, Clients beim Leasevorgang immer die gleiche IP-Adresse zuzuweisen. Der Client wird anhand seiner MAC-Adresse wiedererkannt. Diese muss im Reservierungsbereich eingetragen und der IP-

Adresse zugewiesen werden. Die Reservierung ist einfacher zu verwalten als eine statische Adresskonfiguration die auf dem Client vorgenommen werden muss. Wird die Konfiguration auf dem Server geändert, muss der Client nicht ebenfalls neu konfiguriert werden. Sie stellt also in vielen Situationen eine gute Alternative zur statischen Adressvergabe dar.

- **DHCP-Optionsklassen** ermöglichen Ihnen für bestimmte Clientcomputer eindeutige Konfigurationen bereitzustellen. So können beispielsweise Laptops mit anderen Konfigurationen versorgt werden als stationäre Geräte. Zwei Typen von Optionsklassen sind möglich: **Herstellerdefinierte Klassen** und **benutzerdefinierte Klassen**. Mit herstellerdefinierten Klassen ist es möglich, DHCP-Clients eines bestimmten Produzenten DHCP-Konfigurationen zuzuweisen, um diese Geräte in einem eigenen DHCP-Bereich zusammen zu fassen. Mit benutzerdefinierten Klassen unterscheiden Sie Clients in ihrer Verwendung (DFÜ-Verbindung) oder ihres Typs (IP-Telefone) und ordnen diesen darauf hin besondere DHCP-Konfigurationen zu.
- Für mehr Flexibilität und mehr Steuerungsmöglichkeiten als mit den Optionsklassen können Sie ab Windows Server 2012 die **richtlinienbasierte DHCP-Zuweisung** nutzen. Mit in den in DHCP-Clientanforderungspaketen gespeicherten Attributen wie beispielsweise Herstellerklasse, Benutzerklasse, MAC-Adresse, Clientkennung, Rollen, Virtualisierung können Sie Anforderungen bedienen wie bestimmte IP-Adressbereiche für beispielsweise Drucker, auf Grundlage ihrer Rolle Servern längere Leases zuordnen oder auch zwischen virtuellen und physischen Servern unterscheiden.

2.1.2 Strategien für eine Bereitstellung von IPAM

Information: IPAM wurde erstmals mit Windows Server 2012 eingeführt.

Je nach der Größe Ihrer Infrastruktur kann es sehr aufwendig sein, wenn Sie die IP-Konfigurationen verwalten und überwachen. Ein gut in die Struktur zu integrierendes Tool wie IPAM hilft Ihnen dabei.

Was kann IPAM?

Mit IPAM können Sie Ihren IP-Adressraum überwachen, überprüfen und verwalten. Das beinhaltet nicht nur die IP-Konfigurationen oder die Nutzung von IP-Adressen. Sie können mit IPAM zentral alle DHCP- und DNS-Server Ihrer Gesamtstruktur auch über Standorte hinweg verwalten und überwachen.
Darüber hinaus ist es möglich, statistische Daten von Domänencontrollern und Netzwerkrichtlinien-Servern zu erfassen und in der internen Windows Datenbank aufzuzeichnen oder in eine externe Datenbank zu schreiben.

Mit Windows Server 2012 R2 hat IPAM noch dazugelernt. So ist beispielsweise die rollenbasierte Zugriffsteuerung (RBAC) verbessert worden, der Powershell Support ist vergrößert worden und einiges mehr.

Im Detail ist mit IPAM folgendes möglich:

- Planen und zuweisen von IPv4 und IPv6 Adressbereichen.
- Statistiken zu IP-Adressbereichsverwendung erstellen und Trends ermitteln.
- Verwalten des statischen IP-Adressbestands, Leaseverwaltung, Verwalten von DHCP und DNS Einträgen.
- Verwalten von virtuellen Adressbereichen.
- DNS-Dienstüberwachung, Zonenüberwachung.
- Nachverfolgen von Adressleases und Anmeldeereignissen.
- Rollenbasierte Zugriffsteuerung (RBAC).
- Unterstützung der Remoteverwaltung durch Remoteserver-Verwaltungstools (RSAT).
- Unterstützung für Upgrades und Migration.

Die Struktur von IPAM:
Hauptsächlich besteht IPAM aus vier Modulen.

- Die **IPAM-Ermittlung** von Servern über die Active Directory Domänendienste mit der Domänencontroller-Rolle und bzw. oder mit der DNS- und DHCP-Rolle ab Windows Server 2008. Server können auch manuell hinzugefügt werden.
- Die **Adressraum-Verwaltung** ist zum Anzeigen, Überwachen und Verwalten von IP-Adressräumen. Adressen können dynamisch oder statisch zugewiesen werden. Sie können die Adressauslastung nachvollziehen und überlappende DHCP-Bereiche ermitteln.
- Die **Server-Verwaltung** ist zum Verwalten und Überwachen mehrerer Server. Damit ist es für Sie möglich, von zentraler Stelle Aufgaben auf mehreren Servern auszuführen.
- Die **Überwachungstools** ermöglichen Ihnen die IP-Adressnachverfolgung und die Überwachung des Betriebs. Damit sind mögliche Konfigurationsprobleme nachverfolgbar. Von den Domänencontrollern und Netzwerkrichtlinien-Servern können Sie Informationen erfassen und auswerten.

Die IPAM Komponenten:
Es sind drei Komponenten, aus dem IPAM besteht.

- Zum ersten wäre das der **IPAM-Server**. Der IPAM-Server sammelt die Daten auf den verwalteten Servern, schreibt diese in die Datenbank und ermöglicht die rollenbasierte Zugriffsteuerung (RBAC).
- Zum zweiten ist es der **IPAM-Client**, der die Benutzeroberfläche bereitstellt und mit dem IPAM-Server interagiert.
- Als drittes sind es die **verwalteten Server**.

Ein IPAM-Server kann entweder zentral bereitgestellt werden, an jedem Standort der Gesamtstruktur oder hybrid. Hybrid bedeutet, dass es sowohl zentral wie auch an jedem Standort einen IPAM-Server gibt.

Richtlinien und Best Practices für die IPAM-Bereitstellung

Die Anforderungen und Einschränkungen von IPAM müssen mit den Anforderungen Ihrer Infrastruktur abgeglichen werden. Eventuell müssen Sie Ihre Strategie entsprechend anpassen, wenn Sie IPAM nutzen wollen.

- Der IPAM-Server darf nicht gleichzeitig Domänencontroller sein. Ebenso wenig sollte er auf einem DHCP- oder DNS-Server installiert werden. Ideal ist die Bereitstellung als einzelner Server in der Domäne. Für IPAM ist nur eine Gesamtstruktur verwaltbar.
- Die Verwaltung von IPv6 Adressräumen erfordert eine Aktivierung von IPv6 in den Netzwerkeinstellungen des Servers. IP-Auslastungstrends und die IP-Adressanforderungsunterstützung sind nur für IPv4 möglich.
- Zur Anmeldung auf dem IPAM-Server nehmen Sie einen Domänen-Account und kein lokales Konto. Sie müssen ein Mitglied der richtigen lokalen IPAM-Sicherheitsgruppe auf dem IPAM-Server sein.
- Für die IP-Adressnachverfolgung und die IPAM-Überwachungsfunktionen müssen Sie die Protokollierung der Kontoanmeldeereignisse auf Domänencontrollern und Netzwerkrichtlinien-Servern aktivieren.
- Wenn Sie mehrere IPAM-Server bereitstellen, beispielsweise in einer verteilten oder hybriden Bereitstellung, müssen Sie den Ermittlungsbereich jedes Servers anpassen. IPAM-Server können nicht miteinander kommunizieren oder Datenbankinformationen teilen. Sie können den Ermittlungsbereich je Server auf einen Teil der Domänen in der Gesamtstruktur begrenzen.

Wichtig für die Kapazitätsplanung für IPAM:

- Ein einzelner IPAM-Server verwaltet maximal 150 DNS- und 500 DHCP-Server. Dabei werden 6000 DNS-Zonen und 150 DNS-Datensätze unterstützt sowie 20000 IP-Adressbereiche, jeweils für IPv4 und IPv6.
- Für die Kapazitäten des IPAM-Servers planen sie für die Datenbankobjekte 1GB ein. Die Nutzdaten belegen etwa 1GB je Monat pro 10000 IP-Adressbereiche. Die Daten des Ereigniskatalogs belegen etwa 0,6GB je 1 Million Ereignisse.

So bereiten Sie IPAM vor

- IPAM ist ein Feature, keine Rolle:

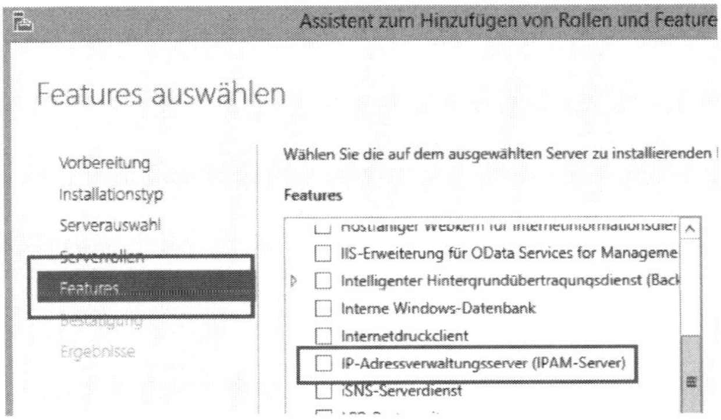

- Nach der Installation sind in der IPAM Verwaltung weitere Schritte nacheinander abzuarbeiten:

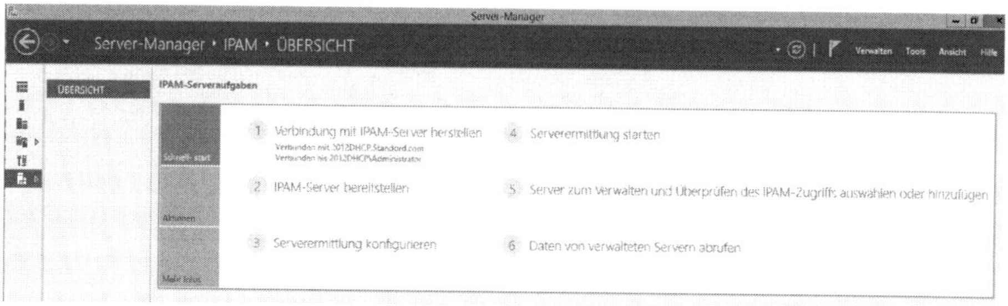

- Es beginnt damit, eine Verbindung zum IPAM Server herzustellen, gefolgt von der ersten Konfiguration in Schritt 2:

- Die Konfiguration ist nicht aufwendig. Sie wählen eine Datenbank aus, auf der IPAM seine Daten ablegt. Das kann ein SQL-Server im Netzwerk sein oder es wird eine lokale Datenbank genutzt.
- Grundsätzlich ist eine manuelle Bereitstellung möglich. Eine Bereitstellung mittels GPO ist allerdings weniger fehleranfällig. Sie können hier die GPO Variante nachvollziehen. **Wichtig**: Es ist nicht möglich, nach Bereitstellung von der GPO Bereitstellung zur manuellen Bereitstellung zu wechseln. Es wäre aber möglich, von der manuellen zur GPO Bereitstellung zu wechseln.

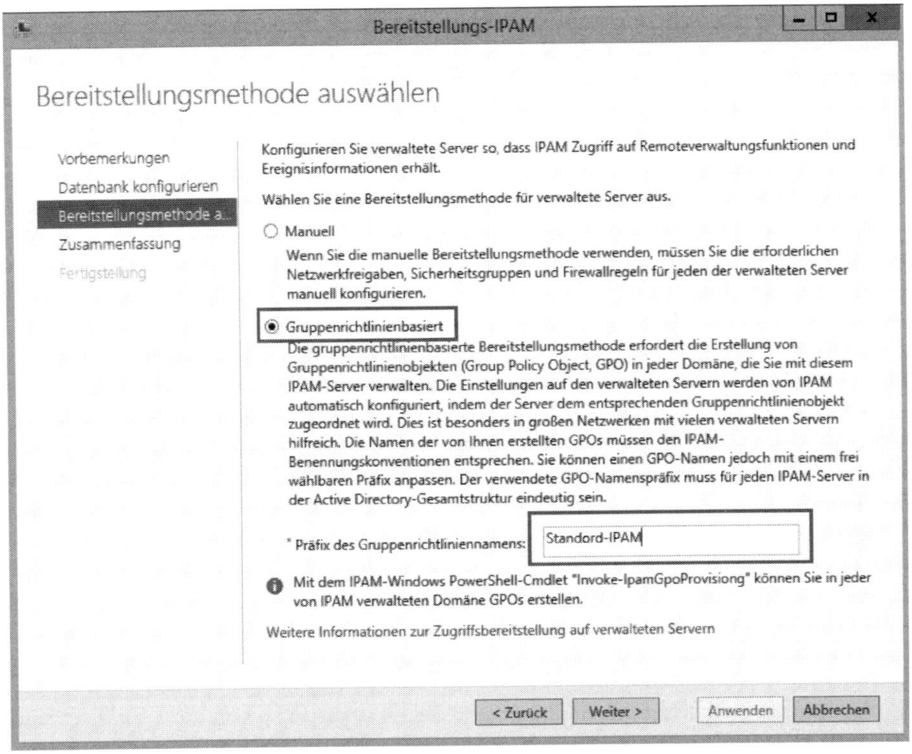

- Die ersten beiden Schritte sind damit abgeschlossen. Die weiteren Schritte werden weiter unten gezeigt.

Was können Sie mit IPAM verwalten?

IPAM ermöglicht Ihnen das Verwalten von DHCP und DNS Servern. Dafür stehen Ihnen Einsichten zu IP Adressblöcken, Adressbereiche und Adressbereichsgruppen, den einzelnen IP Adressen und das IP Inventory zur Verfügung.
Für das Monitoring der Adressbereiche können Sie über die Einsichten zu den DNS und DHCP Servern gehen, über die DHCP Bereiche, die DNS Zonen und die Servergruppen.

Mit IPAM ist es Ihnen möglich, viele Konfigurationsaufgaben, die Sie in der DHCP Konsole durchführen können, zentral mit IPAM durchzuführen. Das sind die Eigenschaften, die Optionen, Failover usw.
Weiterhin ist das Monitoring eine wichtige Eigenschaft. Dazu zählt, ob alle DNS und DHCP Server online sind und erwartungsgemäß funktionieren und wie die aktuelle IP Adressauslastung ist.
Eine zentrale Eigenschaft ist auch das Reporting, das manuell oder auch zeitgesteuert ausgeführt werden kann. Durch Eventkataloge können Sie zentral alle Änderungen im Verhalten oder in der Konfiguration nachvollziehen. Das ist besonders dann wichtig, wenn Sie die Verwaltung von einzelnen Servern oder von einzelnen Funktionen eines Servers an verschiedene Administratoren delegiert haben.

Anforderungen der Infrastruktur für IPAM-Bereitstellungen

Oben haben Sie schon die IPAM-Anforderungen und die Einschränkungen kennengelernt. Zu berücksichtigen sind natürlich auch die Anforderungen Ihrer Infrastruktur.

Beziehen Sie daher folgende DHCP-Anforderungen in Ihre Strategie mit ein:

- Die Anzahl der DHCP-Server in Ihrer Gesamtstruktur.
- Der Standort Ihrer DHCP-Server.
- Die Anzahl der Adressbereiche.
- Die Administratoren, die für das Verwalten der Server und der Adressbereiche zuständig sind bzw. sein sollen.

Beziehen Sie folgende DNS-Anforderungen in Ihre Strategie mit ein:

- Die Anzahl der DNS-Server.
- Der Standort Ihrer DNS-Server.
- Die Anzahl der DNS-Zonen.
- Die Administratoren, die für das Verwalten der Server und der DNS-Zonen zuständig sind bzw. sein sollen.

So integrieren Sie DHCP und DNS Server in IPAM

Schritt 1 und Schritt 2 haben Sie weiter oben bereits erledigt. Für die Integration und das Konfigurieren von Rechten auf den verwalteten Servern geht es mit Schritt 3 weiter.

- IPAM ermittelt verwaltbare Server nach Ihren Wünschen. Die Konfiguration im Beispiel ermittelt also Domänencontroller, DHCP und DNS Server in der ausgewählten Domäne. Weiter unten im Bild finden Sie einen Hinweis, was noch zu konfigurieren ist. Da in diesem Beispiel die GPO-Bereitstellung genutzt wird, müssen mit dem angegeben Powershell Kommando noch die Gruppenrichtlinien erstellt werden. Das folgt etwas später.

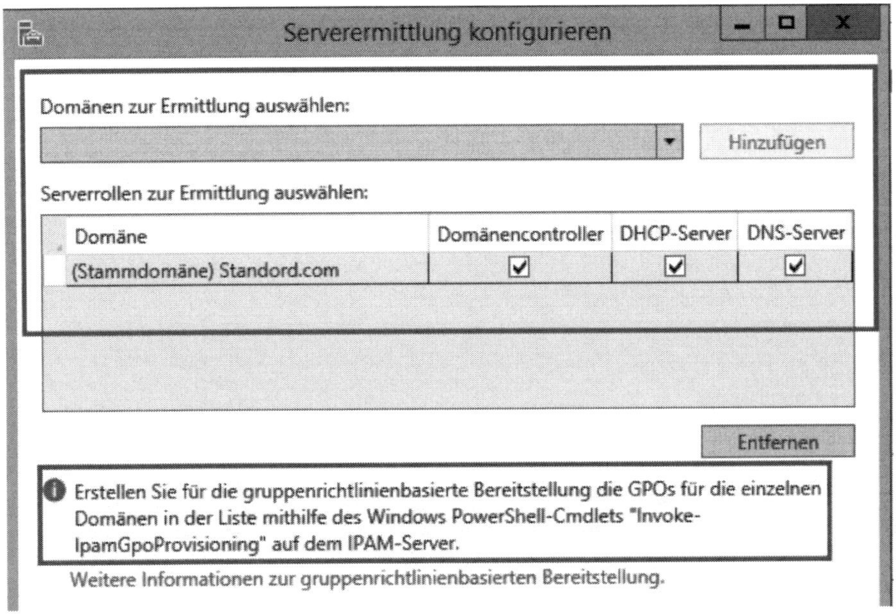

- Im Schritt 4 durchsucht IPAM den Bereich, den Sie im Schritt 3 festgelegt haben. Dieser Schritt erfordert Geduld. Der IPAM-Server führt dabei seine erste IP-Adressverwaltungsaufgabe durch.

- Schritt 5 listet Ihnen die gefundenen Server auf. Im Ergebnis stellen wir sicher dass der Zugriff aktuell blockiert ist.

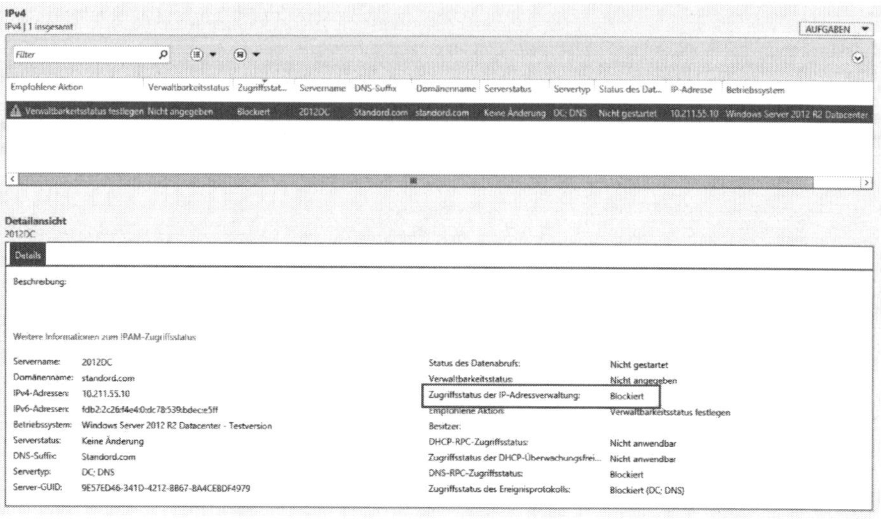

- Jetzt müssen wir das oben angesprochene Powershell Kommando ausführen. Das ist nur auf dem IPAM-Server möglich.

```
Invoke-IpamGpoProvisioning -Domain standord.com -GpoPrefixName Standord-IPAM -IpamServerFqdn 2012DHCP.standord.com -DelegatedGpoUser Administrator
```

- Die nun folgende Meldung beschreibt die Funktion des Befehls sehr gut. In der Gruppenrichtlinienverwaltung auf dem Domaincontroller sind die GPOs angelegt und entsprechend verlinkt. Das lässt sich sehr gut in der Gruppenrichtlinienverwaltung nachvollziehen.

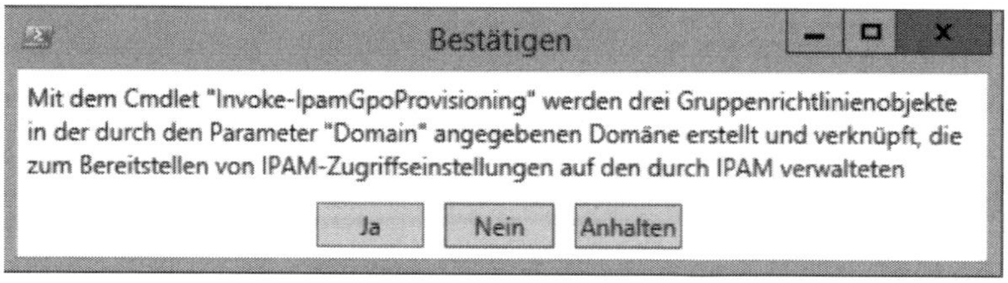

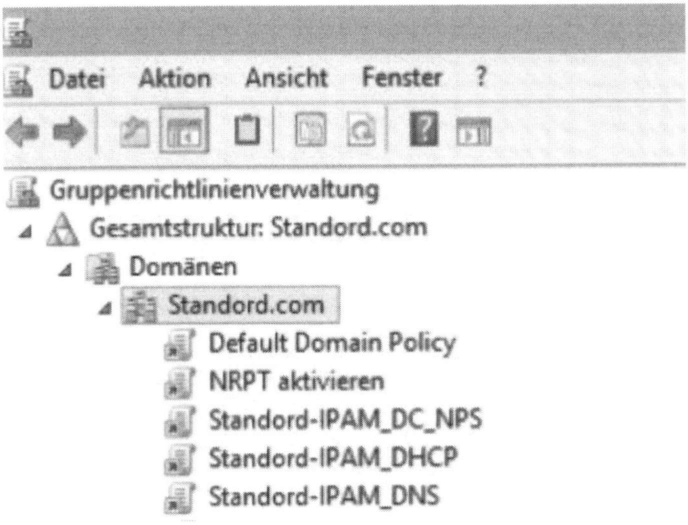

- Jetzt kann Schritt 5 abgeschlossen werden, in dem wir die IPAM-Zugriffsperrung aufheben. Dazu wird der Verwaltbarkeitsstatus auf „Verwaltet" umgestellt:

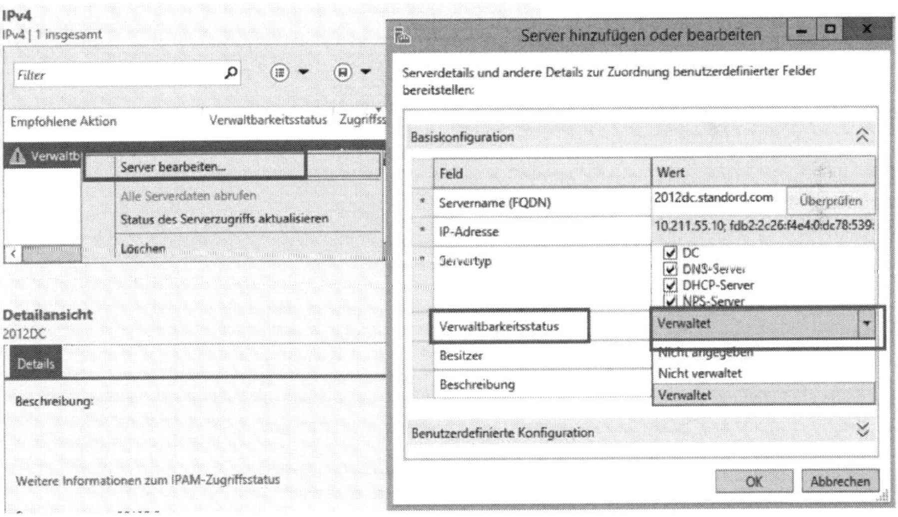

- Nun muss auf den beteiligten AD DS, DHCP und DNS-Servern eine Aktualisierung der Gruppenrichtlinien erzwungen werden. Damit werden diese für den IPAM verwaltbar:

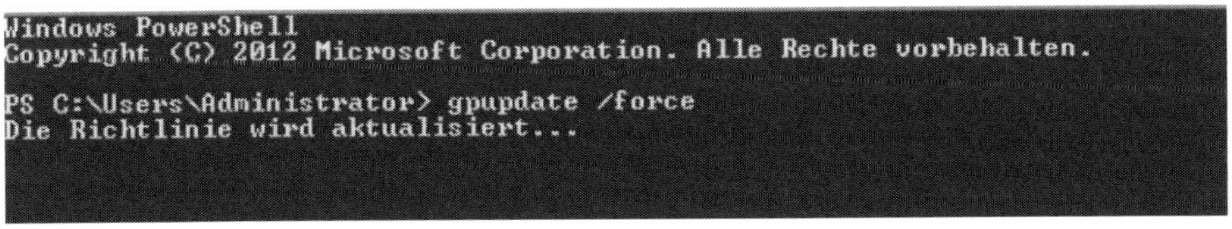

- Im Ergebnis ist die Blockierung aufgehoben. Dieser Vorgang kann aber einen Moment Geduld erfordern. Diese Schritte führen Sie dann für jeden zu verwaltenden Server durch.

- Schritt 6 ist der letzte in unserer IPAM Bereitstellung: Das Einholen von Informationen von allen verwalteten Servern

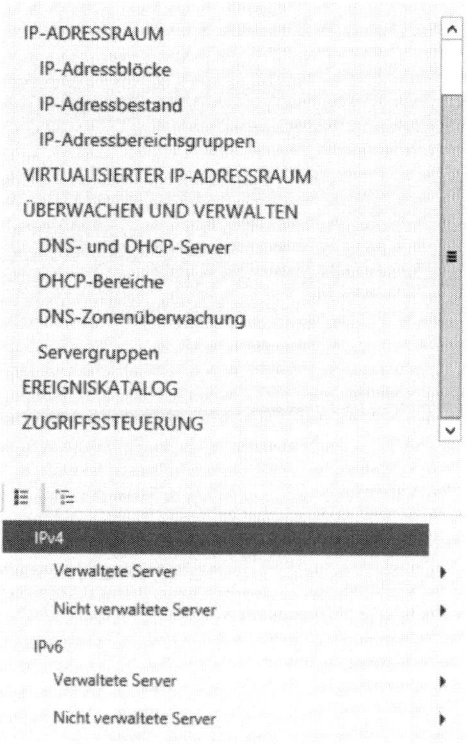

Zusammenfassung der Planungen für die Nutzung von IPAM

Es ist schon mehrfach erwähnt worden. Damit Sie IPAM bestmöglich nutzen können, ist eine gute Planung erforderlich, die folgendes einschließen sollte:

Planungen für das DHCP Server- und Bereichsmanagement:

- Die Anzahl der DHCP Server.
- Die Platzierung der DHCP Server.
- Die Anzahl der Adressbereiche
- Die Administratoren, die diese Server und die Bereiche verwalten sollen.
- Wichtig sind auch Überlegungen hinsichtlich der Rollen, mit denen Sie Aufgaben hinsichtlich IPAM festlegen und delegieren können. Das ist die rollenbasierte Zugriffsteuerung.

Die rollenbasierte Zugriffssteuerung (RBAC):

Bei der Rollenbasierten Zugriffssteuerung werden Administratorberechtigungen erteilt, indem Benutzern vordefinierte Administratorrollen zugewiesen werden. Jede dieser Rollen hat einen festgelegten Zugriff, der sich von den anderen Rollen unterscheidet. So ist es möglich, genau die Rechte zuzuweisen, die für eine bestimmte Aufgabe benötigt werden. Dabei wird vermieden, einem User zu viele Rechte einzuräumen.

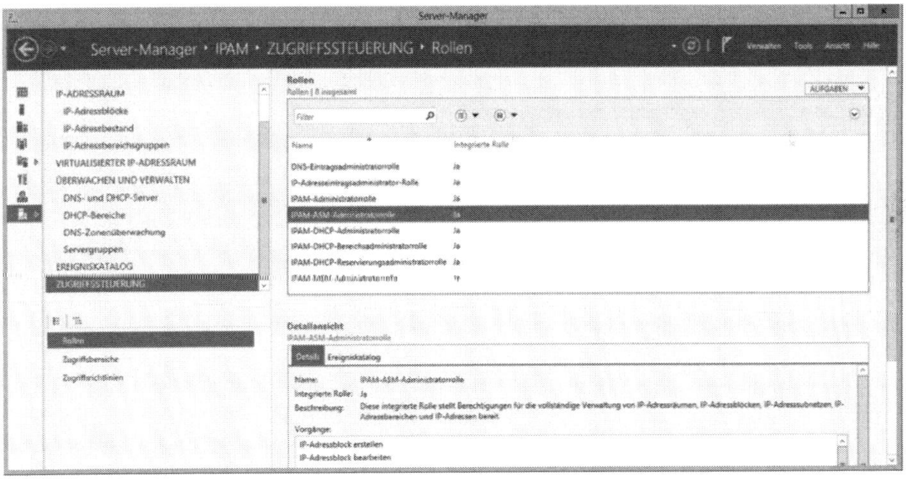

- Die Zugriffsbereiche definieren die Objekte, auf die ein Administrator Zugriff hat.
- Die Zugriffsrichtlinien kombinieren Rollen mit einem Zugriffsbereich.
- Beziehen Sie Netzwerk- und Adressraum-Anforderungen in die rollenbasierte Zugriffsteuerung mit ein. Das betrifft die Anzahl der Subnetze und die Anzahl der Bereiche je Subnetz sowie die Administratoren, die für das Verwalten der Bereiche zuständig sind bzw. sein sollen.

Planungen für das DNS Server- und Zonenmanagement:

Was für die verwalteten DHCP Server gilt, das gilt genauso für die verwalteten DNS Server.

Sie können die gleichen Punkte für die DNS Planungen heranziehen, die Sie eben bereits für die DHCP Planungen verwendet haben.

Planungen für das Adressbereichs-Management:

- Die Anzahl von Subnetzen.
- Die Anzahl der Bereiche je Subnetz.
- Die Administratoren, welche die einzelnen Bereiche verwalten sollen.
- Erstellen Sie IP Adressbereiche mittels IPAM oder der Windows Powershell.

So verwalten Sie Adressbereiche und DHCP Server mit IPAM

Mit Windows Server 2012 R2 ist es möglich, IPAM als zentrale Verwaltung von virtuellen und physischen Adressräumen zu nutzen.
Virtuelle Adressräume sind Teilmengen von physischen Adressräumen und werden Kundenadressräume genannt. Die physischen Adressräume sind die Anbieteradressräume.

- Während der IPAM Installation wird nur der Anbieter-Standardadressraum erstellt:

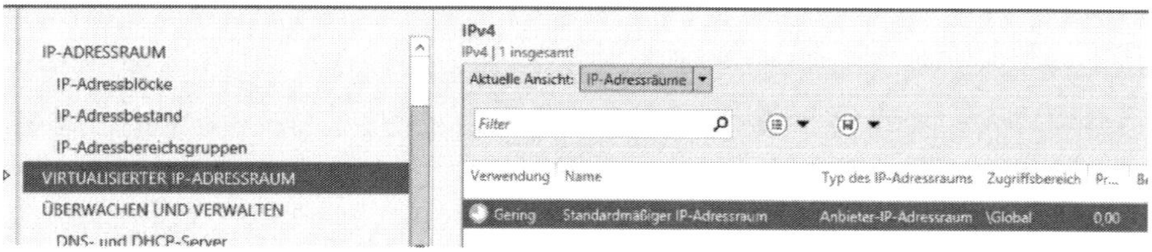

- Neue Adressräume können entweder direkt mit dem „Aufgaben“ Menü oder mit einem Powershell Kommando erstellt werden. Das Ergebnis ist das gleiche.

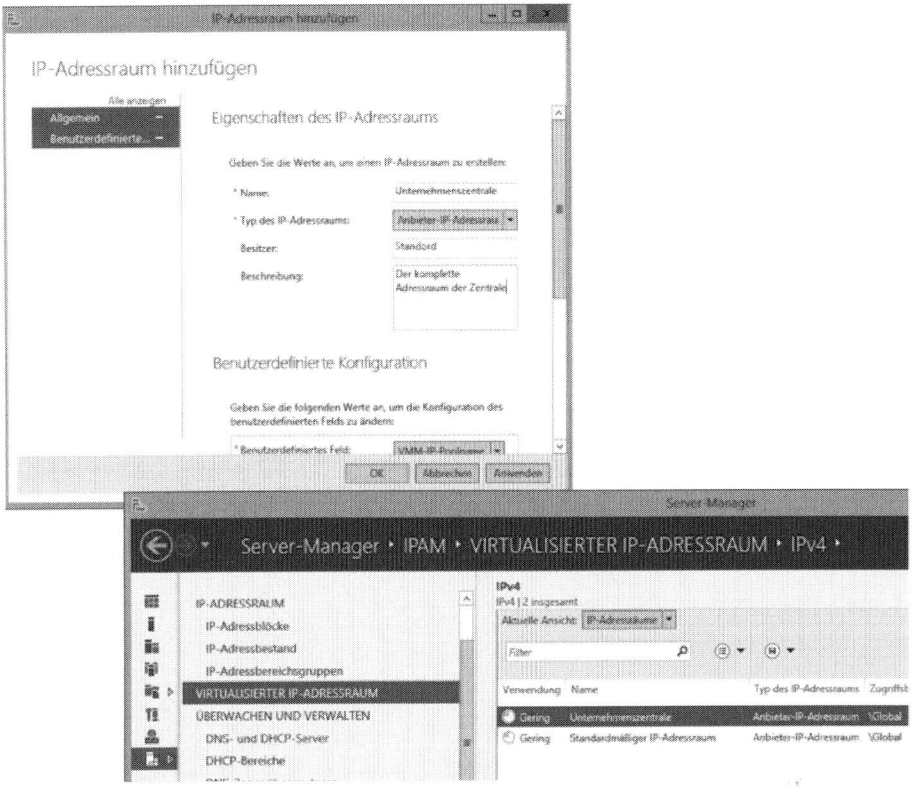

- Anbieter-Adressraum mit der Powershell erstellen:

```
Add-IpamAddressSpace -Name "Unternehmenszentrale" -ProviderAddressSpace -
Description "Zentrale"
```

Ein Kundenadressraum wird ähnlich konfiguriert wie ein Anbieteradressraum, erfordert aber einige zusätzliche Konfigurationen:

- Der verwendete Anbieter-IP-Adressraum.
- Die **Isolierungsmethode**, welche angibt wie die Verbindung zu anderen Netzwerken hergestellt wird. Mit **IPRewrite** wird jeder verwendeten IP-Adresse aus dem Kundenadressraum in eine physikalische IP-Adresse aus dem Anbieteradressraum umgeschrieben. Mit **NVGRE** wird der Datenverkehr aus dem Kundenadressraum mit einer einzelnen IP-Adresse aus dem Anbieteradressraum gekapselt.
- Erstellung des Kundenadressraums mit dem Server Manager und der Powershell:

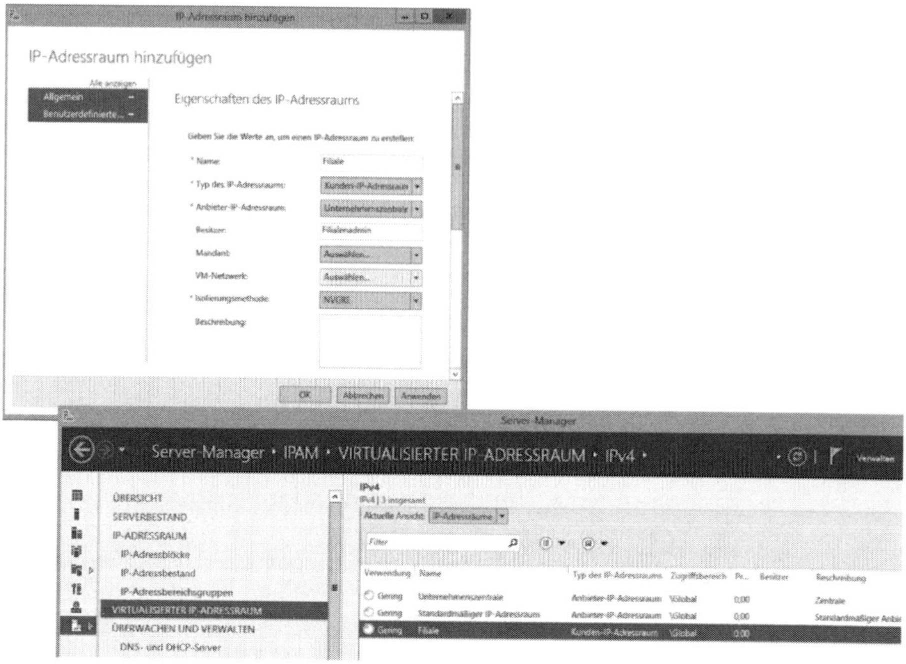

- Kundenadressraum mit der Powershell erstellen:

```
Add-IpamAddressSpace -Name "Filiale" -CustomerAddressSpace -
AssociatedProviderAddressSpace "Unternehmenszentrale" -
IsolationMethod NVGRE
```

Die Integration von IPAM in den Virtual Machine Manager

Information: Die Integration von IPAM in den Virtual Machine Manager ist ab Windows Server Version 2012 R2 möglich.

Den Virtual Machine Manager (VMM) haben Sie bereits in Kapitel 1 kennen gelernt. Der VMM verwaltet zentral viele Infrastrukturserver und nutzt sie für die Bereitstellung von virtuellen Maschinen. Eine Integration von IPAM in den VMM kann also sehr sinnvoll sein.

Für die Integration von IPAM in den VMM sind drei Schritte notwendig:

1. Stellen Sie sicher, dass die Serveruhren von VMM-Server und IPAM-Server synchronisiert sind.
2. Fügen Sie den IPAM-Server als Netzwerkservice der VMM Fabric hinzu.
3. Sie benötigen einen Account für den IPAM-Server im VMM, mit dem Sie IPAM ausführen können. Das ist ein „Run As" Account, der die IPAM ASM Administratorenrolle inne hat und Mitglied der „Remote Management Users" Gruppe ist. Legen Sie diesen Account fest.

2.2 Planen und Implementieren der Namensauflösung

Die DNS-Dienste sind elementar für IT-Netzwerke. Je nachdem wie Sie die Struktur Ihrer Namensräume oder die Serverstandorte planen, können Sie unterschiedliche Anforderungen erfüllen. Weiterhin ist es wichtig, dass Sie DNS-Abfragen optimieren und sowohl Sicherheit wie auch hohe Verfügbarkeit sicherstellen.

Analysen und Planungen für die DNS-Server Bereitstellung

1. Um eine gute Strategie zu entwickeln zu können, müssen Sie die **vorhandene oder geplante Netzwerk-Infrastruktur analysieren**, denn für diese sollen die DNS-Dienste bereitgestellt werden.

Sie benötigen also Informationen über folgende Bereiche:

- Die Anzahl der Standorte und die Anzahl der einzelnen Hosts an den Standorten. Für jeden Standort ist üblicherweise ein DNS-Server notwendig und je mehr Hosts am Standort, desto mehr Anfragen an den DNS-Server. Eventuell ist mehr als ein Server am Standort erforderlich.
- Sind eventuell DNS-Server mit anderen Betriebssystemen als von Microsoft im Einsatz oder mit älteren Microsoft Betriebssystemen. Dann werden eventuell nicht alle Möglichkeiten nutzbar sein, die Ihnen ein DNS-Server auf Basis von Windows Server 2012 R2 bietet oder dieser muss entsprechend konfiguriert werden, um die Anforderungen der anderen Server zu unterstützten.
- Eventuell möchten Sie Active Directory Domänendienste nutzen. Dann können Sie AD DS-Domänennamen nutzen, die den DNS-Domänennamen entsprechen oder auch nicht, wenn diese sich voneinander unterscheiden sollten. Das wichtigste Kriterium ist aber, die DNS-Zonen in Active Directory zu integrieren.
- Wenn Sie NetBIOS-Computer im Netzwerk unterstützen müssen, ist eventuell der WINS-Dienst und bzw. oder eine DNS-GlobalNames Zone erforderlich.

2. Als nächstes ist es sehr wichtig, dass Sie die **Hardware-Kapazität des Servers** richtig planen. Grundsätzlich sind die Ressourcenanforderungen niedrig und daher sind DNS-Server gut geeignet für eine virtuelle Bereitstellung. Es gibt aber einige Bereiche, die bedacht werden sollten.

Beziehen Sie in Ihre Kapazitätsplanung folgende Anforderungen ein:

- Die Anzahl der Zonen, die vom Server zur Verfügung gestellt werden. Eventuell ist es eine Zone für jede Domäne oder es sind mehrere Domänen in einer Zone enthalten.
- Die Anzahl der Einträge in jeder Zone. Diese ist abhängig von der Anzahl der Clients, Server, Ressourcen. Wenn Sie DNSSEC nutzen, kommen noch Einträge hinzu.
- Die Anzahl der Abfragen, die der Server möglicherweise zu bewältigen hat. Je nach Positionierung und Konfiguration muss der Server auch Anfragen aus anderen Bereichen Ihrer Infrastruktur bearbeiten.

3. Die **Platzierung der Server** hat direkte Auswirkung auf die Leistung von Ressourcen. Langsame Namensauflösungen und Namensregistrierungen führen zu langsamen Anwendungen und Clients, die darauf angewiesen sind.

- Standorte ohne eigenen DNS-Server erzeugen Last über die Netzwerkverbindungen und Last auf dem zugeordneten DNS-Server. Ist die Netzwerkverbindung instabil oder langsam, beeinträchtigt dies die Leistung der Ressourcen am Standort. Sie können am Standort einen eigenen DNS-Server bereitstellen, Der Replikationsverkehr durch die Zonenübertragungen sollte allerdings bedacht werden.
- Je nach Platzierung der DNS-Server müssen Sie die Dienst-Redundanz beachten um die Namensauflösung zu sichern. Entweder planen Sie Failover-Technologien ein oder sorgen in den Clientsettings dafür, dass diese einen DNS-Server an einem anderen Standort nutzen können, wenn der lokale Server ausfällt.
- Hilfreich ist es für Sie, wenn Sie wissen welche Probleme bei DNS-Ausfall auftreten können. Manche andere Dienste reagieren sofort mit einem Ausfall, wenn der DNS-Dienst nicht zur Verfügung steht. Andere Dienste oder auch Clients fallen erst später auf, weil diese noch für eine gewisse Zeit auf ihren eigenen Cache zugreifen. Vermeiden Sie durch die Platzierung „Single-Points-of-Failures“ (SPOFs).

4. Stimmen Sie die **Rollen der bereitgestellten DNS-Server** auf Ihre Anforderungen ab. Je nach Topologie müssen nicht überall vollwertige DNS-Server bereitgestellt werden.

Ihnen stehen folgende Rollen zur Verfügung:

- **Autorative Nameserver** enthalten eine lokale Kopie der DNS-Zonendaten. Sie sind zuständig für ihre DNS-Domäne und lösen die Namen dieser Zone für DNS-Server im globalen DNS-Namespace auf sowie für Abfragen aus ihrem eigenen DNS-Namensraum. Sie können auch DNS-Einträge zu anderen autorativen DNS-Servern beispielsweise in Unterdomänen enthalten sein. Mit den konfigurierten Stammhinweisen lösen Sie rekursiv Abfragen auf, für die sie nicht autorativ sind.
- **Nicht rekursive Server** können nur lokal gehostete DNS-Einträge auflösen. Dies ist besonders für DNS-Server nützlich, die Verbindung zum Internet haben.
- Mit **Cache- und Weiterleitungsservern** können Sie an einem Standort häufig verwendete DNS-Einträge vorhalten. Der **Cache-Server** speichert Anfragen nur zwischen. Eine Zonenübertragung oder eine Replikation findet nicht statt. Eine Namensauflösung auch nicht. Bei Anfragen werden diese aus dem Cache beantwortet oder es wird ein autorativer Server abgefragt und dessen Antworten gespeichert. Der **Weiterleitungsserver** bietet neben dem Cache noch die Möglichkeit, Weiterleitungsanfragen an einen konfigurierten Server weiterzuleiten. Er bestimmt die autorativen Server nicht selbst. Durch eine **bedingte Weiterleitung** wird die Weiterleitung anhand des Domänennamens an einen bestimmten DNS-Server weitergeleitet. Existieren in Ihrer

Gesamtstruktur mehrere DNS-Namensräume, können Sie so die Weiterleitung zielgerichtet steuern und die Namensauflösung beschleunigen.

5. Die **Sicherheit** von DNS-Servern ist sehr wichtig und sollte in Ihre Überlegungen mit einbezogen werden.

Sie können die Sicherheit für Ihre DNS-Infrastruktur mit folgenden Maßnahmen erhöhen:

- Beschränken Sie die Zugriffe auf Ihre DNS-Server auf die notwendige Kommunikation mithilfe der **Firewall**. Lassen Sie nur berechtigte IP-Adressbereiche Abfragen stellen und blocken Sie unnötige Ports. Unberechtigte Clients werden ausgesperrt.
- **Beschränken Sie Zonenübertragungen** auf die DNS-Server, die diese Zonendaten benötigen durch entsprechende Konfiguration.
- **Sichern Sie die zu übertragenden Daten** an Clients durch DNSSEC, verschlüsseln Sie den Datenverkehr zwischen den DNS-Servern mit IPsec und bzw. oder integrieren sie die Zonen in Active Directory. In dem Fall werden die Daten während des AD-Replikationsprozesses verschlüsselt übertragen.
- Stellen Sie **sichere dynamische Updates** von DNS-Einträgen sicher, wenn der DNS-Server das dynamische Updateprotokoll unterstützt oder in Active Directory integriert ist. Machen sie die Clients durch entsprechende Konfiguration zum Besitzer ihrer eigenen Einträge. So können auch nur diese Clients ihre eigenen Einträge ändern.
- Mit der **Zentralisierung der Namensauflösung** durch Weiterleitung auf bestimmte Server können Sie die Namensauflösung ins Internet beschränken.

2.2.1 Auswahl des geeigneten Szenarios für den DNS-Namensraum

Nachdem Sie oben bereits viele Überlegungen für DNS-Server Platzierungen usw. in Ihre Strategie einbezogen haben, müssen Sie auch den Namensraum für Ihre Strategie planen. Dazu sind die Domänennamen und die Beziehung zwischen den Domänen zu definieren und es ist zu überlegen, wie der Namensraum auf Ihren DNS-Servern verteilt wird.

Es sind drei Szenarios möglich:

- Der **interne Namensraum ist gleich dem öffentlichen Namensraum**, sie enthalten aber unterschiedliche Einträge. Das ist gut geeignet für kleine Strukturen, erschwert aber die Verwaltung von großen Strukturen. Einträge müssen eventuell zwischen internen und externen DNS synchronisiert werden und interne Einträge sollten von außen nicht erreichbar sein. Eventuell ist geteiltes DNS empfehlenswert, bei dem zwei Zonen für den gleichen Domänennamen erstellt werden und jeweils von einem DNS-Server bereitgestellt werden. Der eine Server liefert die öffentliche Adresse der Domäne für externe Abfragen, der andere die private für Abfragen von internen Clients. So vermeiden Sie Situationen, in denen Clients mit der öffentlichen

Adresse des Namensraums auf Ressourcen innerhalb Ihrer Infrastruktur zuzugreifen versuchen. Das ist je nach Konfiguration eventuell auch gar nicht möglich.

- Der **interne Namensraum unterscheidet sich vom öffentlichen Namensraum**. Eine Synchronisation von Einträgen ist nicht notwendig, da interne und externe Namensräume klar umrissen sind und sich nicht überschneiden. Sie sind für interne Domänennamen nicht an Namenskonventionen gebunden. Dafür ist es eventuell für Benutzer schwierig, zwischen internen und externen Domänennamen zu unterscheiden.
- Der **interne Namensraum ist eine untergeordnete Domäne des öffentlichen Namensraums**. Eine Eintragssynchronisation ist nicht erforderlich. Die Namensräume grenzen aneinander an und überschneiden sich nicht. Sie sind auch für Benutzer gut nachvollziehbar.

Ihre Möglichkeiten für das Hosting von Namensräumen:
Bei dem Szenario, in dem der interne Namensraum gleich dem externen Namensraum ist, ist die Option des geteilten DNS bereits erwähnt worden. Insgesamt stehen drei Optionen zur Verfügung:

- Das **vollständige DNS** ist das Hosting von internen und externen Namensräumen auf einem Server. Die Bereitstellung ist einfach, das Risiko allerdings hoch da auf die internen Einträge von außen zugegriffen werden kann.
- Das **geteilte DNS** (Split-DNS) mit seiner Trennung von internen und externen Einträgen vermindert das Risiko der Nutzung von internen Ressourcen von außen. Der interne DNS-Server kann Internet-Anfragen aus dem inneren Ihrer Struktur, an den externen DNS-Server weiterleiten.
- Mit **zweifach geteilten DNS** (Split-Split DNS) können Sie das Risiko noch weiter minimieren. Mit dieser Option lösen zwei separate externe Server den externen Namen auf. Einer davon Ihren öffentlichen Namensraum (das wäre u. U. der DNS-Server Ihres Providers) und der andere löst den Namen Ihrer internen DNS-Server rekursiv auf.

DNS-Zonen entwerfen und Implementieren

Nachdem Sie die Standorte der DNS-Server und Ihren Namensraum festgelegt haben, müssen Sie die DNS-Zonen entwerfen und implementieren, um Ihre DNS-Strategie zu unterstützten. Dazu gehört die Festlegung der Zonentypen und der Speicherorte für die Zonentypen.

Zonendaten können auf einen anderen DNS-Server repliziert werden. Die dadurch erhöhte Redundanz ist der Grund für die Erstellung von Zonen. So können wichtige Ressourceneinträge in einer Zone zusammengefasst werden, unwichtige in einer anderen. Die unwichtige wird eventuell nicht repliziert. Autorativ für eine Zone ist der DNS-Server, der die Ressourceneinträge mit Namen und IP-Adressen hostet, die von Clients abgefragt werden.

Folgende Zonentypen stehen Ihnen zur Verfügung:

- Die **primäre Zone**. Diese ist eine Lese- und schreibbare Kopie einer DNS-Datenbank. Der DNS-Server der diese Zone hostet, ist die primäre Quelle für Informationen zu dieser Zone und enthält die Masterkopie der Zonendaten. Primäre Zonen werden in AD DS gespeichert, wenn die Zone AD integriert ist.
- Die **sekundäre Zone**. Diese ist eine schreibgeschützte Kopie einer DNS-Datenbank. Der DNS-Server der diese Zone hostet, ist die sekundäre Quelle für Informationen zu dieser Zone und muss die Zonendaten von einem anderen Server abrufen und aktualisieren. Da die sekundäre Zone nur eine Kopie der primären Zone ist, wird sie auch bei AD integrierten Zonen nicht in AD DS gespeichert.
- Die **Stubzone** ist die replizierte Kopie einer Zone, die nur Ressourcen-Einträge enthält, die zum Suchen des autorativen DNS-Servers für diese Zone verwendet werden kann. Ändert sich der autorative Server, muss in der Stubzone selbst nichts umkonfiguriert werden. Es genügt, die Zonendaten zu replizieren. Ideal ist die Stubzone zum Auflösen von Namen zwischen separaten DNS-Namensräumen, wenn für beide DNS-Namensräume die Auflösung benötigt wird. Beide Namensräume können als Stubzone für den jeweils anderen Namensraum dienen und für anfragende Clients die Namensauflösung für interne Ressourcen ermöglichen. Stubzonen lassen sich auch gut verwenden, wenn der autorative DNS-Server einer übergeordneten Zone nur die Liste der autorativen DNS-Server seiner untergeordenten Zonen enthalten soll und nicht auch die Liste aller Ressourcen, die in den untergeordneten Zonen enthalten sind. **Die Stubzone unterscheidet sich dadurch von einer bedingten Weiterleitung**. Die bedingte Weiterleitung enthält die IP-Adresse zu einem autorativen DNS-Server entsprechend zum Namensraum, für den dieser Server autorativ ist. Der Namensraum ist also die Bedingung für die Weiterleitung. Ändert sich der autorative Server, muss die bedingte Weiterleitung manuell angepasst werden.
- Die **Active Directory integrierte Zone** speichert die Zonendaten in der Active Directory Domänenstruktur und nicht in Zonendateien. DNS verwendet das Multimaster-Replikationsmodell und ermöglicht so die Bearbeitung von Zonendaten auf mehr als einen DNS-Server. Active Directory integrierte Zonen verhalten sich gegenüber herkömmlichen sekundären Zonen wie primäre Zonen. Im Gegensatz zu herkömmlichen primären Zonen kann es jedoch mehrere Active Directory integrierte Zonen geben.

Die GlobalNames Zone

Die GlobalNames Zone ist ein Spezialfall. Sie benötigen sie nur unter bestimmten Voraussetzungen. Die GlobalNames Zone ermöglicht die Namensauflösung von NetBIOS-Namen mit einer einzelnen Bezeichnung. Statt beispielsweise „server1.domäne.de" wäre es nur „server1". Die GlobalNames Zone wird manuell erstellt und kann keine dynamischen Einträge aufnehmen. Sie eignet sich daher nur für wenige Ressourcen, die auf eine NetBIOS-Namensauflösung angewiesen sind.

Ist Ihr Bedarf dafür noch groß, sollten Sie WINS implementieren. WINS stellt eine zentralisierte Datenbank für die Registrierung dynamischer Zuordnungen von

NetBIOS-Namen zu Netzwerkadressen in einem Netzwerk bereit und löst so NetBIOS-Namen in IP-Adressen auf. NetBIOS und WINS sind ältere Techniken, die nur für die Abwärtskompatibilität von Windows Server 2012 R2 unterstützt werden.

Wann benötigen Sie WINS und wann die GlobalNames Zone?

- WINS benötigen Sie, wenn Sie noch viele NetBIOS-Namen aufzulösen haben und die manuelle Verwaltung in der GlobalNames Zone dafür zu aufwändig ist.
- Dementsprechend ist die GlobalNames Zone bei wenigen NetBIOS-Ressourcen, die nach und nach ersetzt werden, die bessere Wahl. Nachdem keine NetBIOS-Namensauflösung mehr notwendig ist, ist die GlobalNames Zone einfacher aufzulösen als der WINS-Dienst. Sie erleichtern so den Übergang zu DNS für die gesamte Namensauflösung.

So erstellen Sie DNS-Zonen

Im ersten Beispiel wird als erstes eine neue Reverse-Lookupzone erstellt. Eine Forward-Lookupzone löst Domänennamen in IP-Adressen auf. Bei der Reverse-Lookupzone ist es genau anders herum.
Im zweiten Beispiel erstellen Sie eine Forward-Lookupzone. Das ist beispielsweise auf DNS-Servern notwendig, die nicht auch gleichzeitig Domänencontroller sind. In dem Fall sorgt die Active Directory-Replikation für die Zonenübertragen.

So erstellen Sie eine Reverse-Lookupzone:

- Mit Rechtsklick auf „Reverse-Lookupzone“ starten Sie über „Neue Zone“ den „Assistenten zum Erstellen neuer Zonen“.

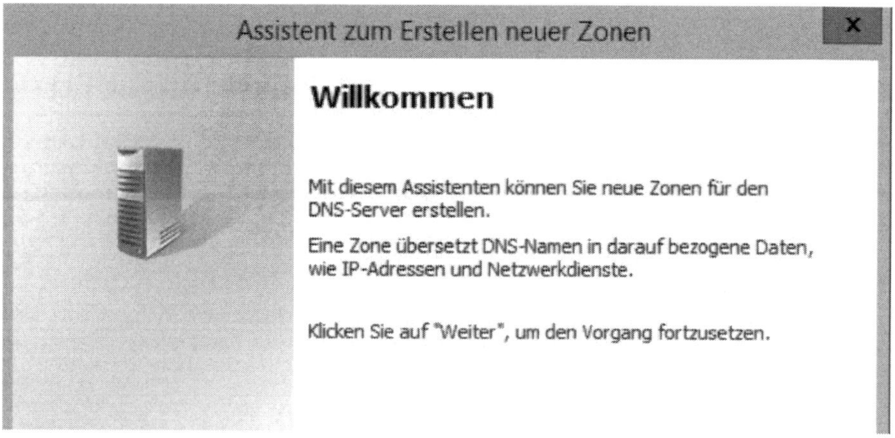

- Die weiteren Einstellungen im Verlauf des Assistenten hängen von Ihren Voraussetzungen und den Anforderungen ab. In diesem Beispiel bleibt der Zonentyp auf „Primäre Zone“, die wir auch im Active Directory speichern.

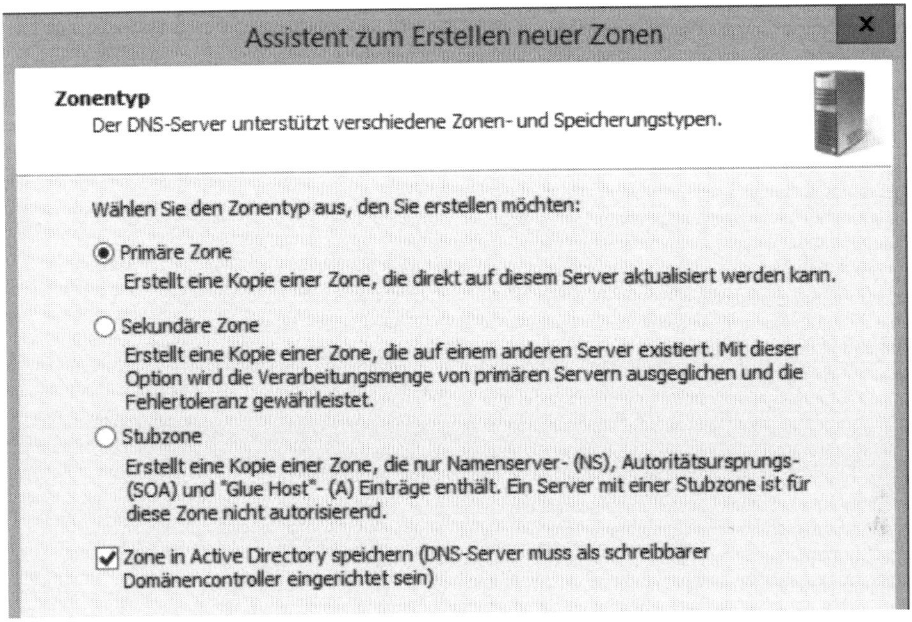

- Den Active Directory-Zonenreplikationsbereich lassen wir in diesem Beispiel auf der Domäne.
- Wir erstellen eine Reverse-Lookupzone für IPv4.
- Nun geben Sie die Netzwerk-ID an.

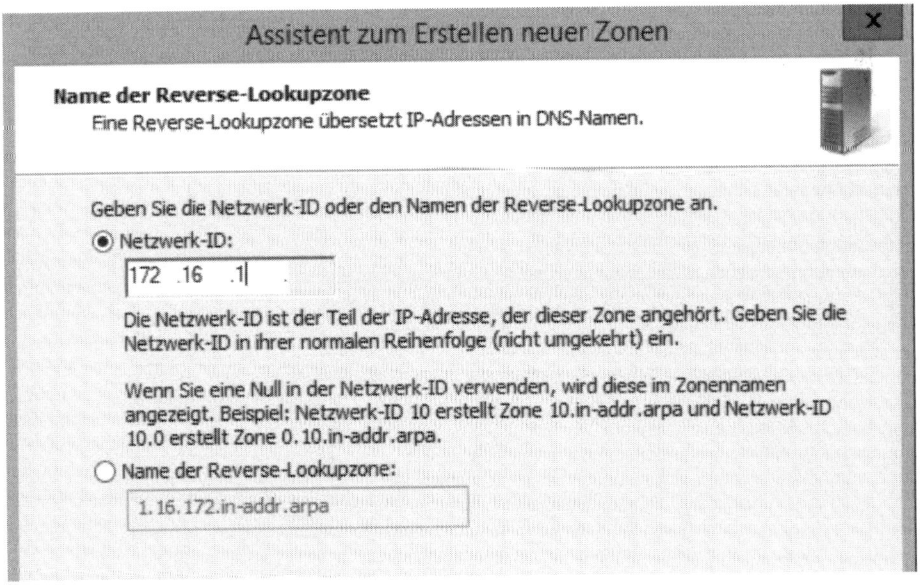

- Da es sich um eine AD-integrierte Zone handelt, wählen wir die Option für das Zulassen von sicheren dynamischen Updates:

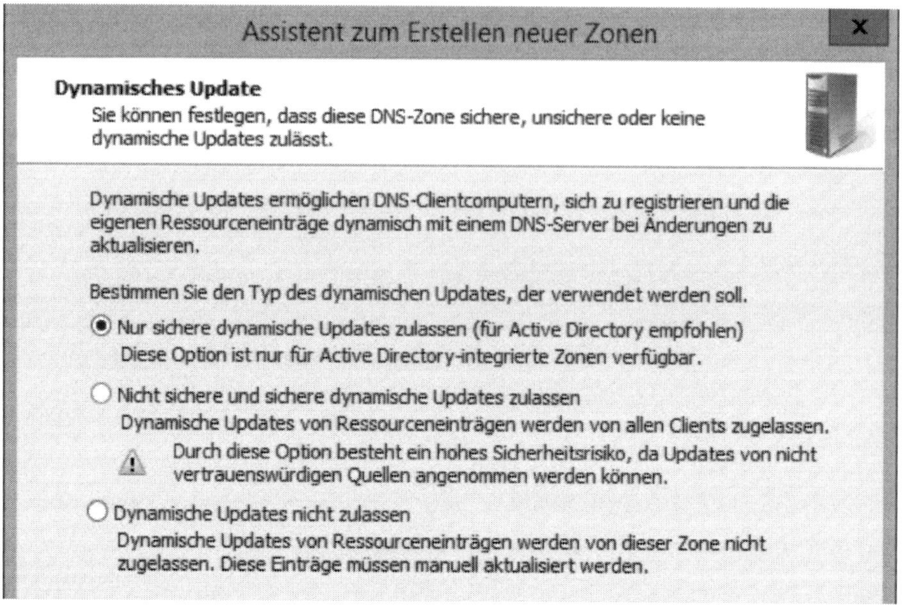

- Nach dem Fertigstellen ist in der DNS-Konsole die neue Reverse-Lookupzone eingetragen.

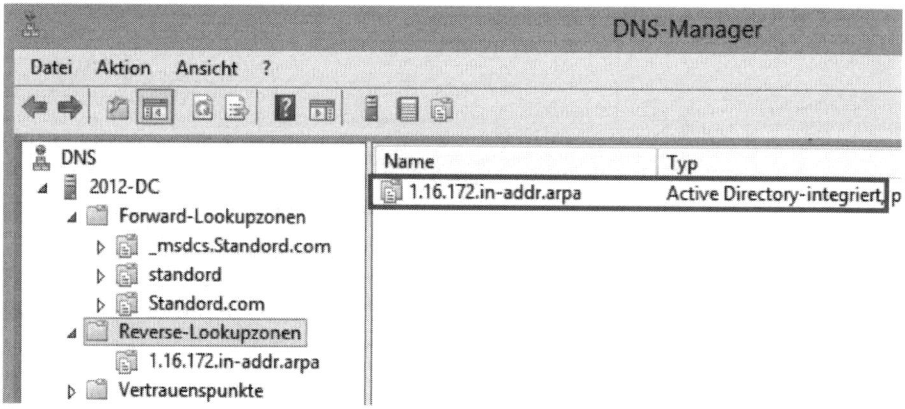

- Im vorherigen Kapitel ging es um Einrichtung und Nutzung von IPAM. Die neu eingerichtete Reverse-Lookupzone ist selbstverständlich auch in IPAM verfügbar:

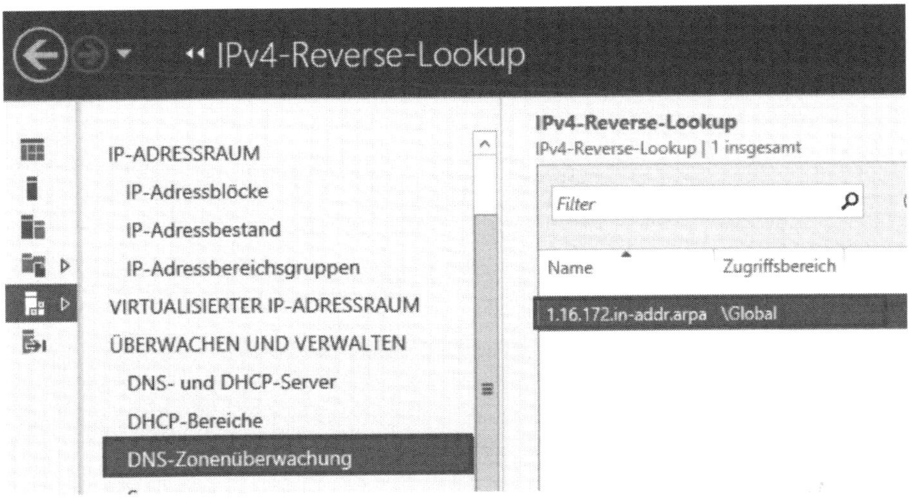

- Nun können Sie Ihre Clients in der neuen Zone registrieren. Dazu steht Ihnen die Powershell oder die Kommandozeile zur Verfügung. Für die Powershell nehmen Sie den Befehl „**Register-DnsClient**“. Für die Kommandozeile ist es „**ipconfig /registerdns**“

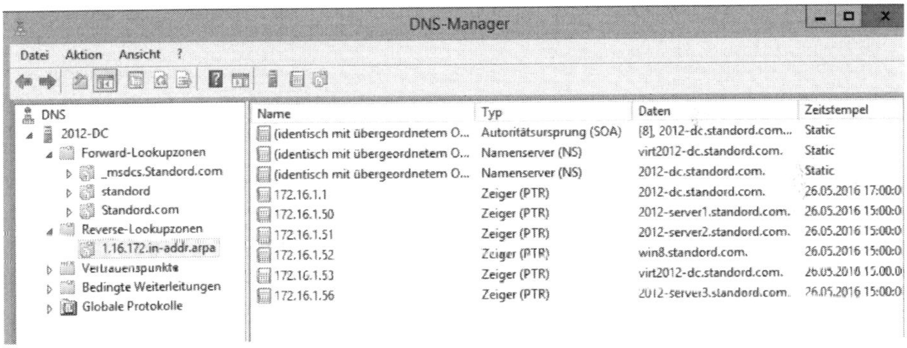

So erstellen Sie eine Forward-Lookupzone:

Der Vorgang läuft genauso ab wie bei der Reverse-Lookupzone: Den Assistenten starten und Schritt für Schritt die Konfiguration durchführen.

- Beispielsweise für eine sekundäre Zone:

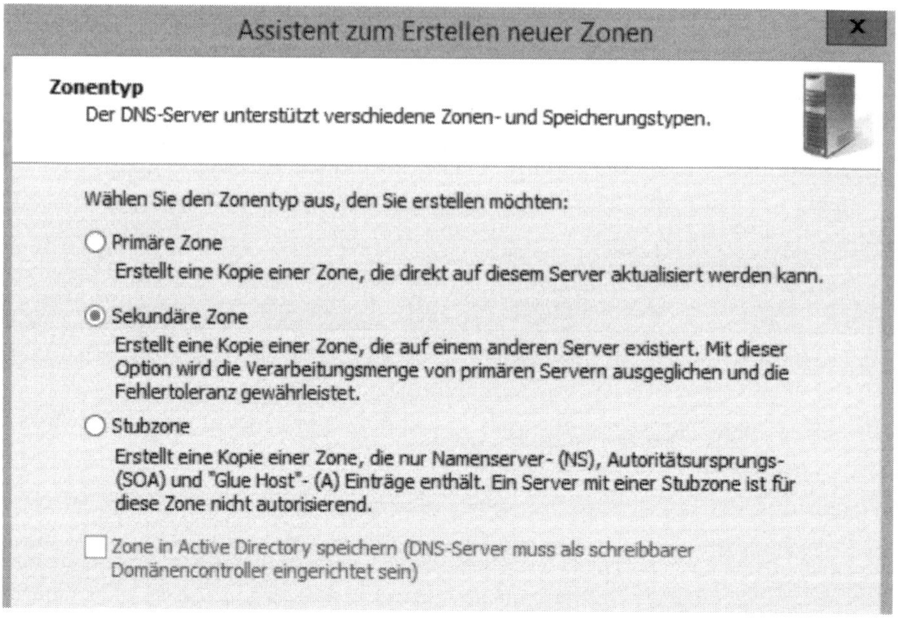

- Es wird ein Zonenname vergeben.
- Da es sich um eine sekundäre Zone handelt, müssen Sie den Master DNS-Server angeben, der für die Zone autorisierend ist, die Sie mit dem Zonennamen angegeben haben.

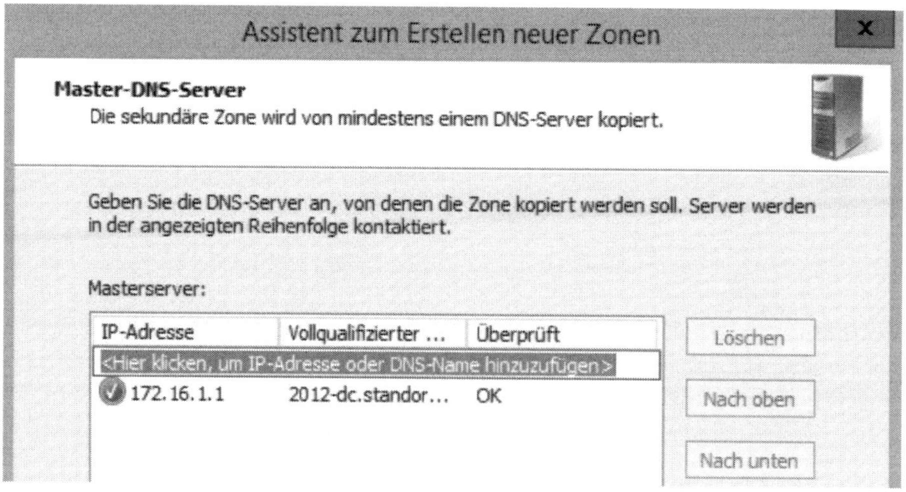

- Mit Fertig stellen des Assistenten ist die neue Zone in der DNS-Konsole eingetragen. Sie können nun die Übertragung der Zonendaten vom Master anstoßen:

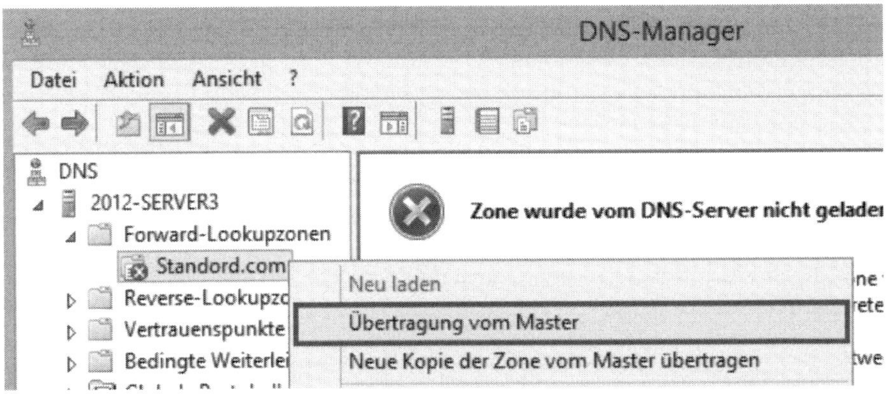

- Nach Beendigung der Übertragung sind die Zonendaten eingetragen:

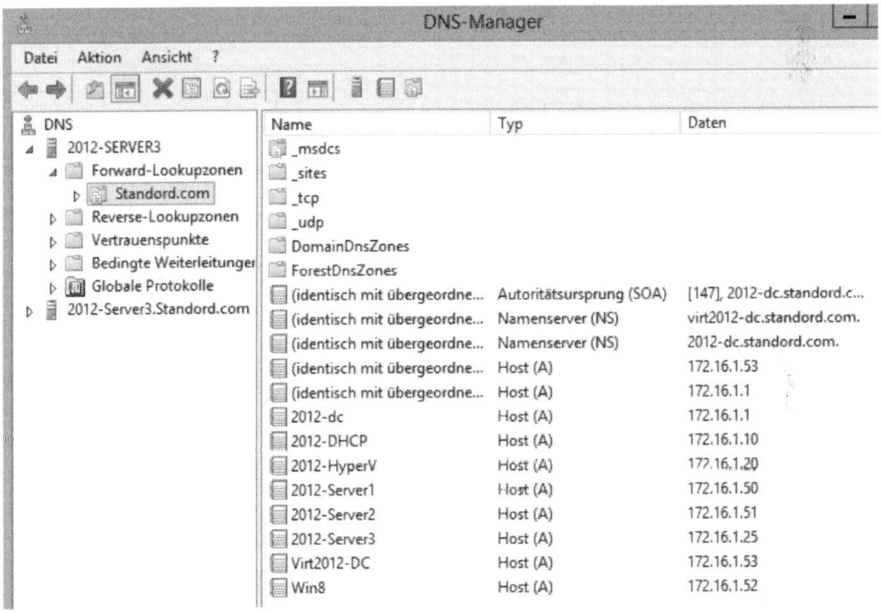

Warum empfiehlt es sich, sekundäre Zonen einzurichten?

Sekundäre Zonen ermöglichen das redundante Vorhalten von Zoneninformationen, die eine Kopie der Zonendaten vom autorativen DNS-Server enthalten. Bricht eine Verbindung im Netzwerk zusammen und die Clients können den autorativen DNS-Server nicht erreichen, liefert der DNS-Server mit der sekundären Zone die benötigten Informationen an die Clients. Voraussetzung ist selbstverständlich, dass den Clients die IP-Adresse des DNS-Servers mit der sekundären Zone bekannt ist.

Auch bei einem störungsfreien Netzwerk wird die Netzwerkauslastung reduziert und die Auslastung des primären Servers vermindert.

2.2.2 Die Zonenreplikation und Zonendelegierung

Wie Sie bereits weiter oben erfahren haben, wird durch eine Replikation bzw. durch Übertragung von Zoneninformationen die Redundanz erhöht. Ob es sich um eine Replikation oder Übertragung handelt, hängt davon ab ob die Zone in Active Directory integriert ist. In dem Fall handelt es sich um eine Replikation der Zonendaten an jeden Domänencontroller in Ihrer Infrastruktur. Ist die DNS-Zone nicht in Active Directory integriert, handelt es sich um eine Übertragung.

Die Zonenreplikation im Vergleich mit der Zonenübertragung:

- Die **Zonenreplikation** erfolgt in einer AD integrierten Zone. Alle Standard-Domänencontroller mit integrierter DNS-Rolle können Änderungen an der Zone durchführen und an andere Standard-Domänencontroller replizieren. Alle Domänencontroller sind Zonenmaster und AD integrierte Zonen sind daher Multimasterzonen. Die Replikation wird deshalb Multimasterreplikation genannt. Die Replikation lässt sich zeitlich konfigurieren und erfolgt inkrementell, d. h. es werden nur die Änderungen übertragen.
- Die **Zonenübertragung bzw. –delegierung** erfolgt in der Regel nur in Zonen, die nicht AD integriert sind. Es ist aber möglich, auch in AD integrierten Zonen mit der Zonenübertragung DNS-Server zu unterstützten, die nicht in AD integriert werden können wie beispielsweise UNIX DNS-Server. DNS ist ein hierarchisches System. Mit der Zonenübertragung werden die Ebenen in der DNS-Struktur miteinander verbunden. Die Zonenübertragung zeigt auf die nächsttiefere Hierarchieebene und gibt den Namen der DNS-Server an, die für die Domäne der tieferen Ebene zuständig sind. Zonenübertragungen werden auf dem sekundären Server einer Zone ausgelöst und an den Masterserver gesendet, der die Quelle der Zone darstellt. Das muss nicht unbedingt der Zonenmaster sein. Ein sekundärer DNS-Server kann auch Zonendaten von einem anderen sekundären DNS-Server abrufen, der in der DNS-Hierarchie darüber angeordnet ist. Nach der Initiierung der Zonenübertragung kann die Antwort eine vollständige Zonenübertragung, eine inkrementelle Zonenübertragung oder zwischen Windows DNS-Server eine schnelle Zonenübertragung sein. In der schnellen Übertragung werden die Daten komprimiert und in jeder Übertragung werden mehrere Ressourceneinträge gesendet. Welche Art der Zonenübertragung durchgeführt wird hängt davon ab, was die vorhandenen DNS-Server unterstützen.

Das Einbeziehen von Zonenreplikation und –Delegierung

Je grösser Ihre Infrastruktur ist, desto wichtiger ist es die Positionen Ihrer DNS-Server gut zu planen. Durch Replikation und Delegierung erhöhen Sie die Redundanz und durch eine gute Positionierung können Sie den durch DNS verursachten Netzwerkverkehr reduzieren und die Belastung auf mehrere Server verteilen. Das gilt sowohl für in AD integrierte wie auch für nicht in AD integrierte Zonen.

Die Vorteile einer Aufteilung des Namensraums:

- Sie können Teile Ihres Namensraums an andere Standorte, Abteilungen, Administratoren delegieren und somit die Verwaltung vereinfachen.
- Durch Aufteilung einer großen Zone in mehrere kleine verteilen Sie den Datenverkehr auf mehrere Server. Clients in einer Zone haben einen direkten DNS-Server, an den sie ihre Abfragen richten können. Das beschleunigt die Namensauflösung und erhöht die Fehlertoleranz.
- Standorte können als untergeordnete Domäne Ihres Namensraums eingerichtet werden um eine eigene Infrastruktur mit eigenen Anforderungen besser zu unterstützen oder bestimmte Netzwerkbereiche zu isolieren.
- Durch die Einstellung der Domänencontroller in AD integrierten Zonen, was wohin repliziert wird und was nicht, können Sie besondere Anforderungen in Ihrer Infrastruktur berücksichtigen. Das wäre beispielsweise, eine langsame, unsichere oder teure Datenverbindung als Replikationsweg auszuschließen oder bestimmte Bereiche Ihrer Infrastruktur von der Replikation aus bestimmten anderen Bereichen auszuschließen und so zu isolieren. Das gilt prinzipiell auch für nicht in AD integrierte DNS-Zonen. Clients in einer sekundären Zone können so auf die Namensauflösung ausschließlich in der eigenen Zone beschränkt werden.

Die Sicherheit von Zoneninformationen:

Namensräume und Zonen aufzuteilen, hat einige Vorteile. Dazu zählt auch die Sicherung der Zoneninformationen.

Es leuchtet ein, dass Clients denen vom DNS-Server Zoneninformationen vorenthalten werden, die Ressourcen dieser Zone nicht zur Verfügung stehen. Das gleiche gilt auch für die DNS-Server selbst. Wenn Sie keine Wege zu übergeordneten DNS-Servern konfigurieren, dann ist auch für einen DNS-Server irgendwann die Welt zu Ende. Mit der Liste der zulässigen oder nicht zulässigen DNS-Zonenübertragungsserver können Sie das beeinflussen.

Standardmäßig sind Zonenübertragungen deaktiviert. Wenn eine Zonenübertragung stattfinden soll, empfiehlt es sich die zu übertragenden Daten zu verschlüsseln. Dazu können Sie VPN-Tunnel oder IPsec-Richtlinien verwenden.

Wenn es möglich ist, integrieren Sie Ihr DNS ins Active Directory. AD integrierte Zonen replizieren ihre Zonendaten im Rahmen der normalen Active Directory Replikation. Dieser Datenverkehr ist verschlüsselt. Aber auch hier empfiehlt es sich eventuell, die Replikation der Zonendaten einzuschränken.

Wie integrieren Sie Namensräume?

Sie haben bereits viele Bereiche kennen gelernt, die für eine gelungene Integration der DNS-Infrastruktur entsprechend Ihrer Anforderungen einzubeziehen sind. Das sind u. a. die Topologie, die Sicherheit, die Platzierung der Server, die Zonentypen wie beispielsweise die primäre oder die sekundäre Zone, ob ins AD integriert oder nicht und wie die Namensräume gestaltet werden.

Bei der Integration der Namensräume geht es darum, wie Stammhinweise und Weiterleitungsverhalten am besten in die DNS-Infrastruktur integriert werden können.

Was sind Stammhinweise:
In der DNS Hierarchie sind die Stamm-Server die höchsten Server für die Auflösung von Namen im Internet. Bei der Auflösung von Namen im Internet verwendet Ihr DNS-Server die Stammhinweise, um von den Root-Servern Informationen zur iterativen Abfrage für die nächste Ebene des angefragten Namensraums zu erhalten. Die Stammhinweise werden mit der Installation der DNS-Rolle automatisch aus der Datei „cache.dns“ kopiert. Sie können die Liste der Stammhinweise auch manuell ändern, ergänzen oder löschen.
Löschen Sie die Stammhinweise oder deaktivieren Sie die Rekursion auf einen Server in den Einstellungsoptionen des DNS-Servers, können die Root-server nicht abgefragt werden. Ist eine Weiterleitung zu einem andern DNS-Server konfiguriert, wird eine rekursive Anfrage an diesen weiterleidenden Server gesendet. Kann dieser die Anfrage nicht auflösen, wird der Host nicht gefunden.

Was ist eine Weiterleitung:
Ein weiterleitender DNS-Server ist ein Forwarder, der DNS-Abfragen von externen DNS-Namen aus Ihrem Netzwerk an DNS-Server außerhalb des eigenen Netzwerks weiterleitet. Sie konfigurieren also auf einem DNS-Server eine Weiterleitung auf einen anderen DNS-Server, der fremde DNS-Namen auflösen kann. Das könnte ein eigener DNS-Server sein, der über Stammhinweise oder über den DNS-Servers Ihres Providers fremde Namen auflösen kann, Sie können direkt auf den DNS-Servers Ihres Providers weiterleiten oder Sie konfigurieren eine Weiterleitung von einem DNS-Server eines Standortes oder einer untergeordneten Domäne auf einen Ihrer übergeordneten DNS-Server um eine direkte Anfrage ins Internet aus Ihrem Standort oder untergeordneten Domäne zu verhindern.

Es empfiehlt sich üblicherweise, einen zentralen DNS-Server für die Auflösung von Namen über das Internet als Forwarder zu konfigurieren. Das reduziert mögliche Probleme und das Risiko, da andere DNS-Server so nicht direkt mit dem Internet kommunizieren. Allerdings kann es notwendig sein, dieses Vorgehen aufzubrechen wenn der Forwarder eventuell nicht aus allen Ihren Netzwerkbereichen erreichbar sein kann. Möglicherweise benötigen Sie mehrere Forwarder für Namensauflösungen über das Internet.

Mit einer bedingten Weiterleitung können Sie die Weiterleitung entsprechend des angefragten Namensraums auf bestimmte DNS-Server lenken. So können Sie unter Umgehung des Internets Namen eines anderen Netzwerks auflösen. Bei Firmenübernahmen oder Kooperationen empfiehlt sich das auf gegenseitiger Basis. So schaffen Sie eine direkte Verbindung und vermindern den Rekursionsbedarf. Wenn sich allerdings die Adresse des DNS-Servers ändert, zu dem Sie eine bedingte Weiterleitung eingerichtet haben, müssen Sie die bedingte Weiterleitung entsprechend manuell anpassen.

Integration von Namensräumen mit Stubzonen:
Stubzonen stellen eine indirektere Kommunikation zwischen DNS-Servern dar. Bei einer Weiterleitung oder bedingten Weiterleitung bekommen Sie die Adresse des konfigurierten DNS-Servers bzw. den aufgelösten Namen der Ressource, die Sie

angefragt haben. Über den DNS-Server, der die Stubzone hostet, bekommen Sie eine Liste von autorativen DNS-Servern
zurückgeliefert. Die Auflösung Ihrer Anfrage ist noch nicht erfolgt.
Stubzonen sind gut geeignet, wenn ein DNS-Server einer übergeordneten Zone über die autorativen DNS-Server von untergeordneten Zonen informiert sein soll. Ändert sich weiter unten ein DNS-Server, wird durch die konfigurierte Stubzone auf dem übergeordneten DNS-Server die Liste automatisch aktualisiert. Es sind keine manuellen Änderungen notwendig.

So aktivieren Sie Zonenübertragungen

Das Aktivieren von Zonenübertragungen an beispielsweise einen DNS-Server, der nicht in Active Directory integriert ist oder der nicht mit Windows betrieben wird, ist schnell erledigt.
Bearbeiten Sie mit Rechtsklick die Eigenschaften der Zone, für die Sie die Übertragungen konfigurieren wollen.

- In der Registerkarte „Zonenübertragungen" können Sie diese aktivieren. In diesem Beispiel werden Zonenübertragungen an alle Nameserver zugelassen, die in der Liste auf der Registerkarte „Nameserver" eingetragen sind. Die Benachrichtigungseinstellungen bei Änderungen in der primären Zone erfolgen ebenfalls hier.

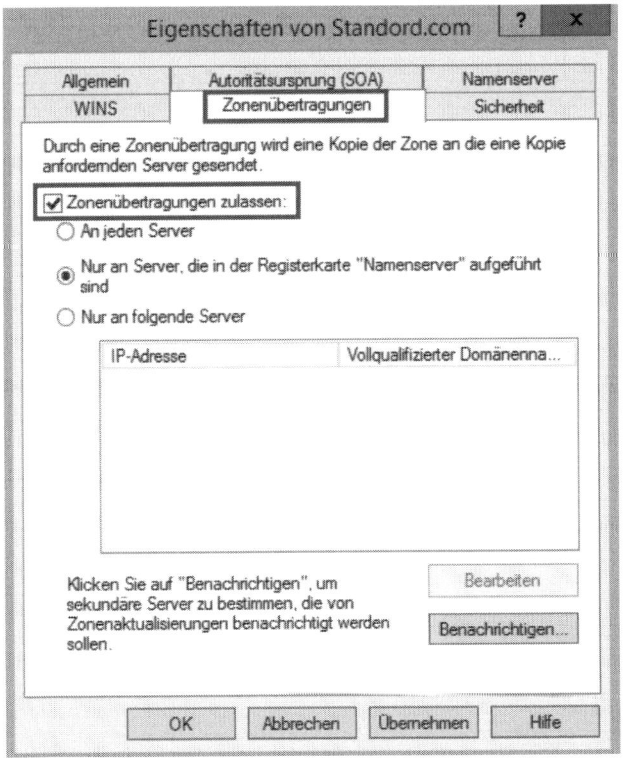

- Auf der Registerkarte „Namenserver“ fügen Sie die Nameserver hinzu, für die Zonenübertragungen erlaubt sind.

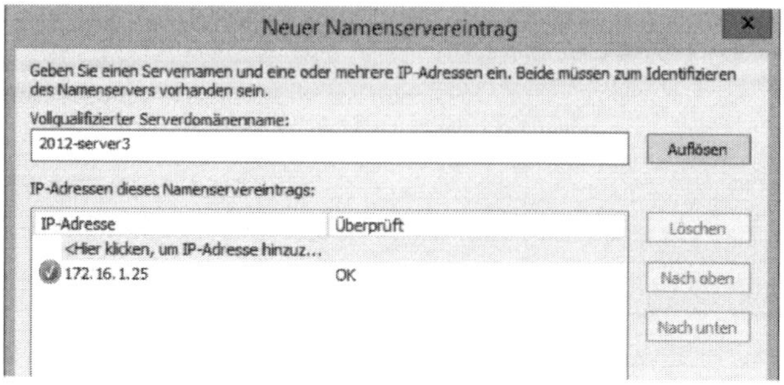

Optimieren Ihrer DNS-Infrastruktur

Sie haben Ihre DNS-Infrastruktur den Anforderungen entsprechend geplant und implementiert. Die Clients haben allerdings auch Einfluss auf die Effektivität. Es leuchtet ein, dass viele Anfragen eine hohe Last auf den Servern erzeugen können. Ebenso müssen Abfragen in bestimmten Teilen Ihrer Infrastruktur eventuell gar nicht beantwortet werden oder es genügt, Zonenübertragungen weniger eng getaktet ausführen zu lassen Sie können mit der Konfiguration der DNS-Server darauf Einfluss nehmen, wie diese auf Anfragen reagieren.

Clients fragen die konfigurierten Server entweder iterativ oder rekursiv ab.

- Bei der **iterativen Abfrage** kann der DNS-Server entweder den aufgelösten Namen zurückgeben oder auf einen anderen DNS-Server verweisen, der für den angefragten Namen autorativ ist. Im Internet verwenden DNS-Server iterative Anfragen zur Namensauflösung.
- **Rekursive Abfragen** erwarten als Antwort den aufgelösten Namen oder die Rückmeldung, dass der Name nicht aufgelöst werden kann. Bei einer rekursiven Anfrage wird vom Server kein Verweis auf einen anderen Server zurückgeliefert. Clients fragen üblicherweise ihren DNS-Server rekursiv ab. Die DNS-Server benötigen diese Funktionalität nur im internen Netz. DNS-Server die den externen DNS-Namensraum hosten, benötigen das nicht. Mit deaktivierter Rekursion werden Abfragen nicht mit Stammhinweisen oder Weiterleitungen aufgelöst und die Last vermindert.

Deaktiviert wird die Rekursion in den erweiterten Eigenschaften des DNS-Servers:

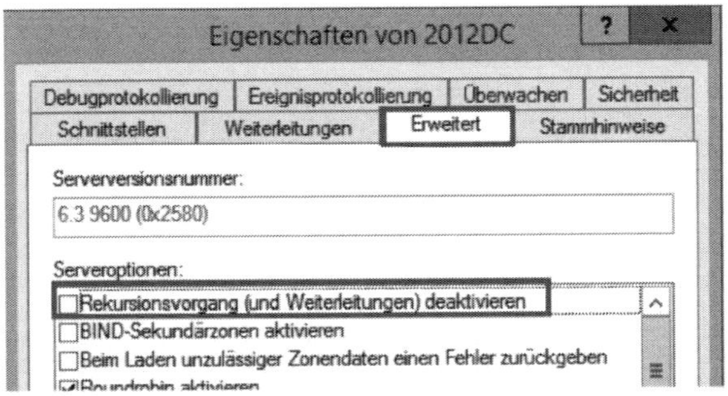

Die DNS-Server Ihrer Infrastruktur sind höchstens autorativ für die Namensräume Ihrer Organisation. Durch entsprechende Konfiguration der Domänen können Ihre DNS-Server mit den autorativen DNS-Servern Ihrer Domäne kommunizieren und die Abfragen der Clients entsprechend auflösen. Sobald Namen außerhalb Ihres Namensraums aufgelöst werden müssen, ist es erforderlich dass ihre DNS-Server wissen wie sie den DNS-Baum bis zu den Stammdomänen durchsuchen um den autorativen Server für die angefragte Domäne zu finden. Die Stammhinweise ermöglichen es einem DNS-Server die Root-DNS-Server im Internet abzufragen, sofern eine Verbindung zum Internet besteht.

- Sie können also die **Stammhinweise** auf den DNS-Servern löschen, die nicht mit den Stammservern kommunizieren müssen.
- Sollten trotzdem übergeordnete Namen oder Internetnamen aufgelöst werden, benötigt ein solcher DNS-Server eine Weiterleitung auf einen DNS-Server mit Stammhinweisen.
- Sie können einen Ihrer eigenen Server zum Stamm-Server machen, in dem sie die Stammhinweise entsprechend ändern. Das empfiehlt sich bei Netzwerken, die nicht mit dem Internet verbunden sind.
- Bei einer Änderung der autorativen Stamm-Domäne können Sie die Stammhinweise ändern.
- Die Stammhinweise finden Sie unter „Stammhinweise" in den Eigenschaften Ihres DNS-Servers.

Ihre DNS-Server haben die Aufgabe, Namensräume zu hosten und Anfragen zu den Ressourcen in ihrem Namensraum zu beantworten. Im Zuge der Verteilung dieser Informationen in Ihrer DNS-Struktur ist es erforderlich, DNS-Zonen und (bei nicht in Active Directory integrierten Zonen) Zonenübertragungen zu implementieren.

- Zonenübertragungen erfolgen inkrementell oder vollständig. Standard für Zonenübertragungen sind alle 15 Minuten.
- Bei einem Fehlschlag der Übertragung erfolgt der nächste Versuch nach 10 Minuten.
- Ist keine Verbindung zum Zonenmaster möglich, werden die Daten in der sekundären Zone nach 24 Stunden ungültig.
- Sie können die Zeitintervalle verändern. Wenn nur wenig oder selten Änderungen in ihren Namensräumen erfolgen, vergrößern Sie die Intervalle.

Sie können DNS-Server als **reinen Cache-Speicher** nutzen. Diese Server sind für eine Zone nicht autorativ und enthalten daher keine primären oder sekundären Zonendaten. Es findet also kein Zonentransfer-Datenverkehr zu diesen Servern statt. Die Server führen Namensauflösungen für Clients aus und speichern die Antworten der autorativen DNS-Server. Mit diesen Cache-Speichern können Sie also lokale DNS-Namensauflösung ohne Zonenkonfiguration auf diesen Servern bereitstellen. Es ist von Ihrer Infrastruktur abhängig, ob dies zu weniger Datenverkehr führt als der Datenverkehr von Zonenübertragungen.

Optimierungen für Active Directory integrierte Zonen:
In AD integrierten Zonen ist vieles schon optimiert, aber auch hier lässt sich noch etwas verbessern.

Das AD ist in Anwendungspartitionen unterteilt, die eine „Hierarchie“ Ihrer Zonen repräsentieren.

- Die Anwendungspartition „ForestDNSZones“ enthält die Gesamtstrukturzone und wird auf alle Domänencontroller der Gesamtstruktur repliziert. Die Unterdomäne „_msdcs“ ist ein Teil der ForestDNSZone und enthält Einträge für alle Domänen der Gesamtstruktur.
- Die Anwendungspartition „DomainDNSZones“ wird innerhalb einer Domäne auf alle Domänencontroller mit DNS-Serverrolle repliziert.

Sie können die Partitionen durch Auswählen der entsprechenden Partition konfigurieren und so die Replikation ändern.
Sie können durch AD DS-Standorte die Replikation zwischen den Standorten und die Replikation der Zonendaten anpassen.

2.2.3 Sicherheit und hohe Verfügbarkeit für DNS

Für die Sicherstellung von hoher Verfügbarkeit und Sicherheit Ihrer DNS-Infrastruktur haben Sie bereits viele Möglichkeiten kennen gelernt. Diese haben sich bewährt und erfüllen viele Anforderungen. Je nach Anforderung und Umgebung sind manche allerdings besser geeignet als andere. Sie müssen daher wissen, wann sich welche Methode bewährt und dafür ist es entscheidend, dass Sie die Betriebsrisiken kennen wie beispielsweise Teilausfall der Namensauflösung.

Best Practice für die hohe Verfügbarkeit:

- Sorgen Sie dafür, dass auch bei Ausfall eines DNS-Servers noch eine Namensauflösung über die Gesamtstruktur und die Standorte hinweg möglich ist. Implementieren Sie daher mindestens zwei autorative DNS-Server je Zone.
- Sorgen Sie dafür, dass auch bei Ausfall einer Netzwerkverbindung zwischen separaten Subnetzen oder physischen Standorten noch in allen Bereichen eine Namensauflösung möglich ist. Dazu implementieren Sie in jedem der Bereiche mindestens einen DNS-Server. Für AD DS-Standorte gilt das gleiche. Auch hier sollte sich ein Ausfall der Standortverbindung nicht auf die Namensauflösung auswirken. Darüber hinaus ist auch die AD DS Replikation betroffen. Es empfiehlt sich, eventuell zwei DNS-Server je AD DS-Standort bereit zustellen.
- Die Clients müssen so konfiguriert werden, dass der Ausfall eines DNS-Servers toleriert wird. Daher konfigurieren Sie die Clients mit zwei DNS-Servern.

Der Netzwerklasten-Ausgleich als Maßnahme für Redundanz und hohe Verfügbarkeit.

Je mehr Namensauflösungsanfragen an einen DNS-Server gerichtet werden, desto größer ist dessen Arbeitsauslastung. Bei steigender Auslastung ist es nicht immer möglich, durch leistungsfähigere Hardware zu reagieren. Der Netzwerklasten-Ausgleich ermöglicht es Ihnen, sowohl die Skalierbarkeit wie auch die Verfügbarkeit sicher zustellen.

- Im Lastenausgleichs-Cluster werden zwei oder mehr physische DNS-Server zusammengefasst und unter einer virtuellen IP-Adresse von den Clients angesprochen.
- Die DNS-Server des Clusters sind die Knoten. Fällt ein Knoten aus, kann der verbliebene Knoten die Namensauflösung fortführen.
- Durch Hinzufügen weiterer Knoten erhöht sich die Redundanz. Im Cluster werden die DNS-Anfragen je nach Konfiguration so auf die Knoten verteilt, dass kein Knoten an seine Leistungsgrenze kommt.

Der Netzwerklasten-Ausgleich hat auch Einschränkungen, die bedacht werden müssen:

- Da sich im DNS Lastenausgleichs-Cluster alle Knoten eine virtuelle IP-Adresse teilen, müssen sich alle Knoten im gleichen Subnetz befinden. Fällt die Verbindung zu anderen Subnetzen aus, ist der Cluster von dort nicht mehr erreichbar. Es muss also auch bei Verwendung eines Clusters wie bei der Verwendung eines Einzelservers sichergestellt werden, dass die Namensauflösung auch bei Verbindungsausfall funktionsfähig ist. Entweder lösen Sie das durch Bereitstellung von Servern in den Subnetzen bzw. Standorten oder Sie erhöhen die Sicherheit vor Netzwerkausfällen durch Maßnahmen in Ihrer Netzwerkinfrastruktur. Dieser zweite Ansatz ist für Szenarien gut geeignet, in denen eine zentralisierte Bereitstellung der Namensauflösung eine entscheidende Voraussetzung für Ihre Strategie darstellt.

Angriffs-Szenarien Ihre DNS-Infrastruktur bedrohen können:

Probleme technischer Art sind nur ein Teil, die Sie in Ihrer Strategie berücksichtigen müssen. Genauso wichtig sind die Maßnahmen um Sicherheitsbedrohungen zu begegnen.

DNS ist aufgrund seiner zentralen Bedeutung für das Funktionieren Ihrer Infrastruktur sowie durch die Informationen, die für die Namensauflösung vorgehalten werden, besonders anfällig für Bedrohungen.

Mögliche Bedrohungen für Ihre DNS-Infrastruktur

- Das **„Footprinting“** ermöglicht es Ihre Zonendaten auszuwerten und dadurch Ihre Infrastruktur zu analysieren. Es können Dienste und Clients ermittelt werden, die besonders leicht zu schädigen sind.
- Mit dem **„Denial of Service“** können mit einer Flut von rekursiven Anfragen die DNS-Server bis zur Nichtverfügbarkeit Ihres DNS-Dienstes belastet werden.
- Durch **Manipulation von Zonendaten** durch „IP-Spoofing“ oder **Umleitung von Clients** durch Lieferung von falschen DNS-Antworten und Manipulation von DNS-Caches können Clients auf ungewünschte oder falsche Server umgeleitete werden, ohne dass es von den Clients bemerkt wird.

Lösungen für mögliche Bedrohungen Ihrer DNS-Infrastruktur:

Die Notwendigkeit möglichen Bedrohungen zu begegnen, ist abhängig von Ihrer Infrastruktur. Autarke Netze ohne Verbindung zur Außenwelt benötigen nur einen

niedrigen Level an Sicherheit, öffentliche Netze benötigen dagegen einen hohen Level. Darüber hinaus wirken sich Sicherheitsmaßnahmen auf die Brauchbarkeit und die Verwaltung der Komponenten aus. Es ist also wichtig, einen guten Kompromiss zwischen Sicherheit und Brauchbarkeit des Dienstes zu finden.
Sicherheitsstrategien werden daher in drei Bereiche eingeteilt, die durch Implementierung bestimmter Features und der Konfiguration spezieller DNS-Einstellungen erreicht werden können. Diese Bereiche bzw. Stufen stellen einen Ansatz zum Schutz der DNS-Sicherheitseinstellungen dar.

Die Standardsicherheit:
Diese ist gut geeignet, wenn es keine externen Verbindungen gibt oder Bedenken hinsichtlich der DNS-Datenintegrität. Diesen Level an Sicherheit erhalten Sie mit den DNS-Standard Sicherheitseinstellungen:

- DNS-Standardauflösung.
- Stammhinweise zeigen auf Stammserver im Internet.
- Zonenübertragungen sind zu jedem Server erlaubt.
- Alle IP-Adressen werden überwacht.
- DNS-Cacheschutz ist deaktiviert.
- Dynamische DNS-Zonenupdates sind zugelassen.
- UDP- und TCP/IP Port 53 ist auf der Firewall für Quell- und Zieladresse geöffnet.

Die ausgeglichene Sicherheit:
Diese ist gut geeignet, wenn interne DNS-Server mit einem Proxy vom Internet getrennt. Allerdings ist die DNS-Infrastruktur nur beschränkt für das Internet und alle DNS-Server zugänglich:

- Dynamische Updates sind deaktiviert.
- Zonenübertragungen sind eingeschränkt auf Server, die in den Ressourceneinträgen des Namensservers aufgeführt sind. AD integrierte Zonen sind aber nicht notwendig.
- Kann der angesprochene DNS-Server einen Namen nicht lokal auflösen, steht dem Server eine Forward-Liste mit internen DNS-Servern zur Weiterleitung zur Verfügung, deren Adressen überwacht werden.
- DNS-Cacheschutz ist aktiviert.
- Nur sichere dynamische DNS-Zonenupdates sind zugelassen.
- Die Firewall schränkt mit beschränkten Quell- und Zieladressen die Kommunikation von internen DNS-Servern mit externen DNS-Servern ein.
- Externe DNS-Server, die vor der Firewall platziert sind, werden mit den Stammhinweisen auf die Internet-Stammserver konfiguriert.
- Die gesamte Namensauflösung für das Internet erfolgt über Proxies und Gateways.

Die starke Sicherheit:
Diese Sicherheitsstufe erfordert die DNS-Integration in das Active Directory.
Das AD sorgt für sichere dynamische Updates auf Domänencontroller, die auch gleichzeitig als DNS-Server konfiguriert sind.

- Änderungen an der DNS-Infrastruktur oder der Konfiguration ist auf bestimmte Rollen beschränkt.
- Die DNS-Infrastruktur hat keine Verbindung ins Internet über interne DNS-Server. Es wird ein interner DNS-Stamm und ein interner Namensraum verwendet.
- Auf DNS-Servern konfigurierte Forwarder verweisen nur auf interne DNS-Server.
- Zonenübertragungen werden auf konfigurierte IP-Adressen eingeschränkt. Die IP-Adressen werden überwacht.
- DNS-Cacheschutz ist auf allen DNS-Servern aktiviert.
- Interne DNS-Server hosten die Stammzone für den internen Namensraum. Eventuell auf anderen internen DNS-Servern konfigurierte Stammhinweise zeigen auf diese Server.
- Dynamische Updates werden für alle DNS-Zonen konfiguriert mit Ausnahme der DNS-Zonen auf der obersten Ebene. Stammzonen lassen keine dynamischen Updates zu.
- Alle DNS-Server werden auf Domänencontrollern ausgeführt und alle DNS-Zonen werden im Active Directory gespeichert. Mittels einer ACL wird der administrative Zugriff auf DNS-Server, DNS-Zonen und DNS-Daten auf bestimmte Personen oder Rollen beschränkt.

Zusätzliche Sicherheitseinstellungen:

- In den Eigenschaften des DNS-Servers können Sie unter „Erweitert“ weitere Sicherheitsoptionen konfigurieren:

- In den Eigenschaften der DNS-Zone sind ebenfalls weitere Sicherheitsoptionen möglich, beispielsweise den Autoritätsursprung:

- Die globale Abfragesperrliste verhindert, dass dynamische DNS-Einträge nur von dem Computer verändert werden können, der den Eintrag durchgeführt hat.
- Die DNS-Cachesperre verhindert die Manipulation des DNS-Caches. Einträge im Cache können nicht vor Ablauf der Gültigkeitsdauer geändert werden.
- Mit dem DNS-Socketpool werden anstelle der Portnummer 53 beliebige Nummern aus einem Socketpool für die Namensauflösungskommunikation verwendet. Ein Angreifer muss dadurch nicht nur die zufällige Transaktions-ID sondern auch die Portnummer erraten.
- Mit DNSSEC werden Zonendaten signiert. Clients die entsprechend konfiguriert sind, können anhand der Signatur von Namensauflösungsdaten verifizieren, dass die Antworten vom korrekten Server gesendet und auf dem Transportweg nicht manipuliert wurden.

DNSSEC in Windows Server 2012 R2

Wenn Sie Ihre Zonen digital signieren, wird mit jeder Antwort auf eine Abfrage die digitale Signatur mitgesendet. Ermöglicht wird die Überprüfung von DNS-Antworten durch die Zuordnung eines Schlüsselpaares (bestehend aus öffentlichen und privaten Schlüssel) zu einer DNS-Zone. Auf dem Server werden dabei zusätzliche Ressourceneinträge angelegt, die für die Verteilung des öffentlichen Schlüssels sorgen. Die Signierung einer DNS-Zone erfordert keine PKI. Der „DNSSEC-Zonensignatur-Assistent erstellt einen Schlüsselsignaturschlüssel (KSK, Key signing key) und einen Zonensignaturschlüssel (ZSK, Zone signing key).

Die Bereitstellung von DNSSEC:

- Nach der Installation von Windows Server 2012 R2 weisen Sie dem Server die DNS-Rolle zu. Das kann auch gleichzeitig der Domänencontroller sein, ist aber nicht zwingend.
- Sie signieren die DNS-Zone mit dem Konfigurationsassistenten für DNSEC über die DNS-Konsole

Die Zonensignatur im DNS-Manager:

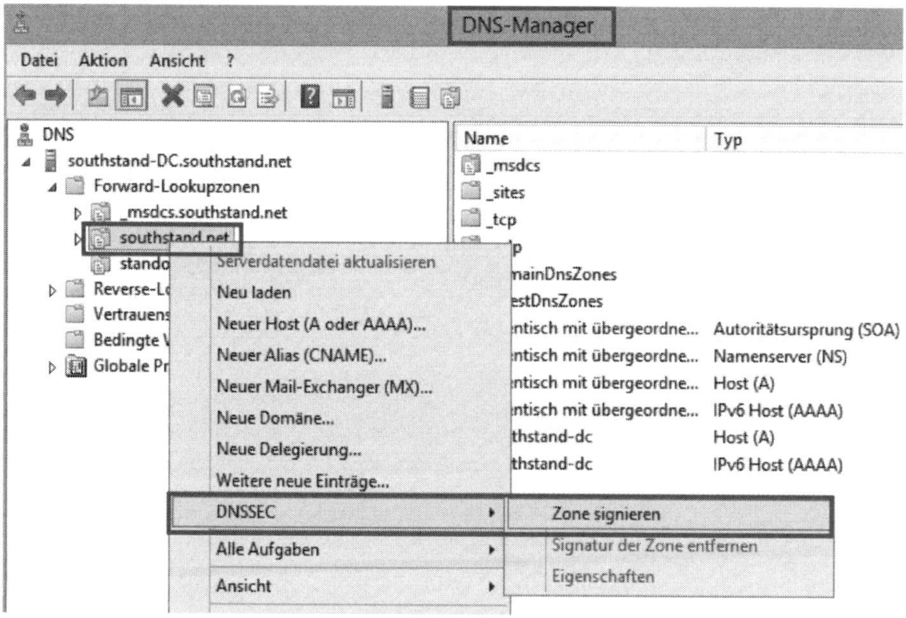

- Sie konfigurieren die Vertrauensanker-Verteilungspunkte. Ein Vertrauensanker ist eine Autorisierungsentität, die durch einen öffentlichen Schlüssel repräsentiert wird. In der Vertrauensankerzone werden die öffentlichen Schlüssel zu einer Zone gespeichert, erkennbar am DNSKEY- oder DS Ressourceneintrag auf dem DNS-Server. Wenn der DNS-Server auch gleichzeitig der Domänencontroller ist bzw. die Zone in AD integriert ist, können die Zonen die Vertrauensanker verteilen. Clients erstellen mit den Einträgen Vertrauensketten über alle DNS-Server mit aktiviertem DNSSEC, die an der Namensauflösung beteiligt sind.
- Die Clients müssen so konfiguriert werden, dass sie die digitale Signatur der Antworten auf die DNS-Abfragen prüfen können. Dazu ist die Richtlinientabelle für die Namensauflösung (NRPT, Name Resolution Policy

Table) zu konfigurieren. Die NRPT enthält die Regeln für den Client, um die Antwort für ein angefragtes DNS-Domänensuffix zu überprüfen. Ohne NRPT erfolgt keine Überprüfung. Die NRPT kann mit Gruppenrichtlinien auf dem Client konfiguriert werden.

So implementieren Sie die Namensauflösung nach Ihren Anforderungen

Sie haben in diesem Abschnitt viel über die Namensauflösung erfahren. Da DNS ein zentrales Element Ihrer Infrastruktur ist, führen Ausfälle immer zu Einschränkungen, die Ihre Service Level gefährden könnten. Daher sind die Bereiche Redundanz, Sicherheit, Failover usw. sehr wichtig. Hier wird kurz zusammengefasst, was bei einer Implementierung zu bedenken ist:

- Erfassen Sie alle notwendigen Informationen zu den bereits vorhandenen Strukturen, den aktuellen und zukünftigen geschäftlichen Anforderungen, Sicherheit, möglichen Fusionen sowie den vorhandenen oder fehlenden Ressourcen (Know How, Personal, Budget, Anzahl der Clients...). Ziehen Sie Experten hinzu.
- Erstellen Sie ein Diagramm über die physikalische und logische Struktur, so wie sie ist und wie sie geplant werden könnte. Das erleichtert Ihnen die Übersicht und wird im nach hinein ein wichtiger Teil Ihrer Dokumentation sein.
- Erstellen Sie Ihre Strategie anhand Ihrer gesammelten Informationen. Das betrifft die Anzahl und Platzierung der DNS-Server, die Integration in AD, mögliche Zonen und möglichen Zonenübertagungen, Verschlüsselung usw.

Implementieren Sie die Namensauflösung entsprechend Ihrer Strategie:

- Das beginnt eventuell mit dem Bereitstellen zusätzlicher DNS-Server durch Installation der DNS-Server Rolle.
- Erstellen Sie die benötigten Zonen. Das haben Sie weiter oben schon über die GUI kennen gelernt. An dieser Stelle folgt daher eine Zoneneinrichtung über die Powershell, ausgeführt als Administrator:

- Die Zone wurde erstellt, ist aber noch nicht mit Daten gefüllt:

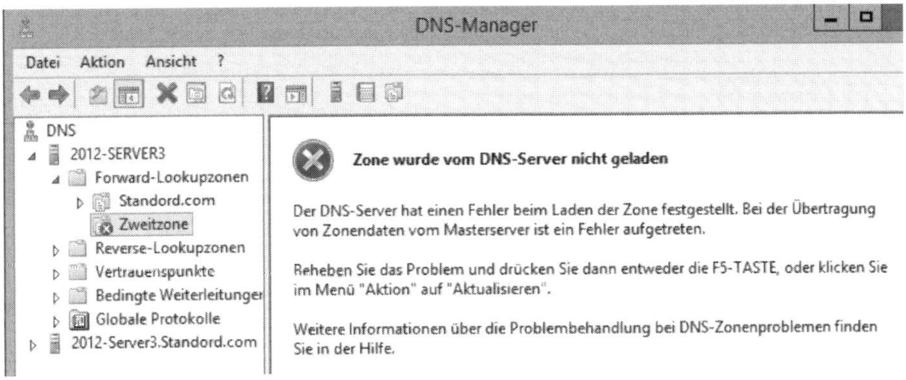

- Auf dem autorativen Server konfigurieren Sie die Zonenübertragung und lassen diese zu. Der Einfachheit halber in diesem Beispiel für alle DNS-Server.

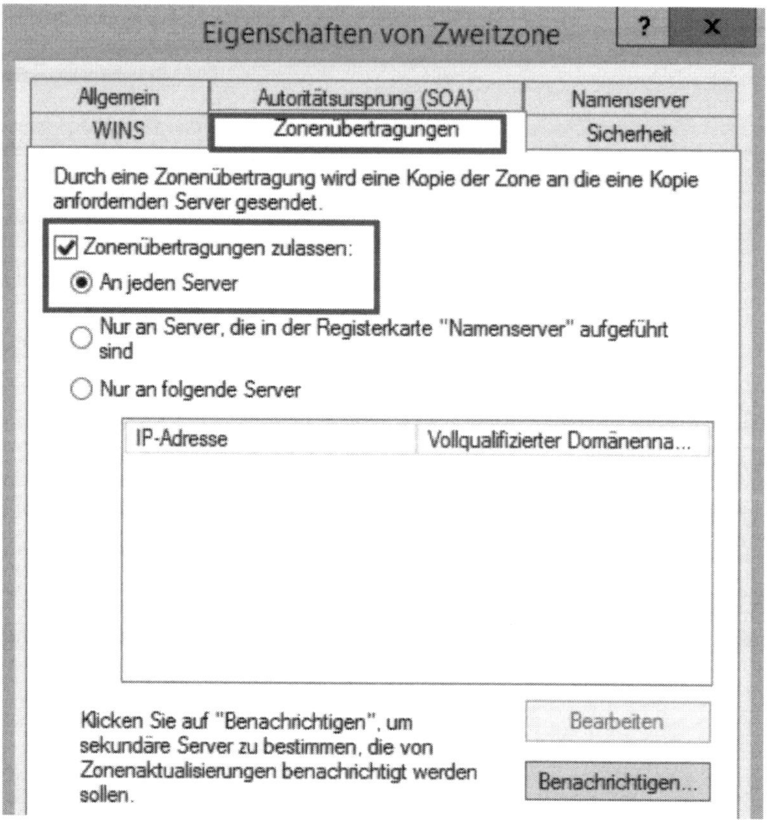

- Nach der Übertragung vom Master sind die Zonendaten angekommen:

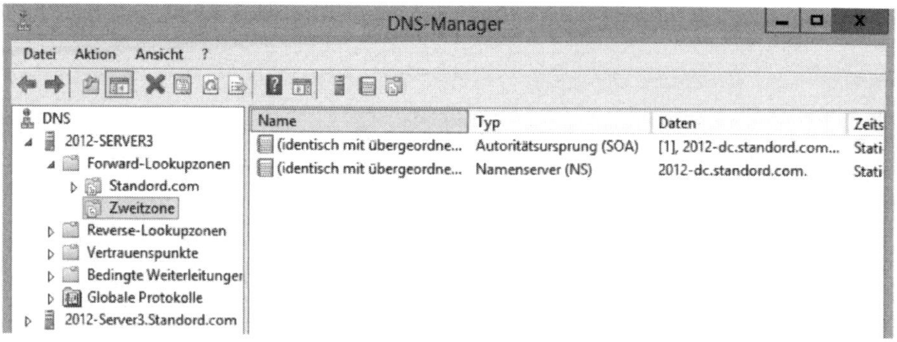

Konfigurieren Sie die DNS-Optionen entsprechend Ihrer Anforderungen: Anforderungen in diesem Beispiel sind die Einrichtung einer DNS-Weiterleitung, das Abschalten von Roundrobin und das Löschen der Stammhinweise auf dem sekundären DNS-Server.

- Weiterleitungen erfolgen auf DNS-Server, die Namen auflösen können, die der weiterleitende DNS-Server nicht selbst auflösen kann. Für die Konfiguration einer Weiterleitung bearbeiten Sie also die Eigenschaften des DNS-Servers, der weiterleiten soll. In der Registerkarte „Weiterleitungen" tragen Sie den übergeordneten DNS-Server ein:

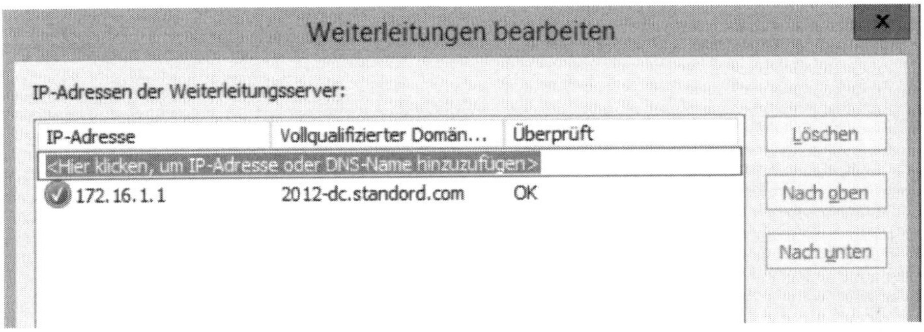

- In der Registerkarte „Erweitert" deaktivieren Sie Roundrobin:

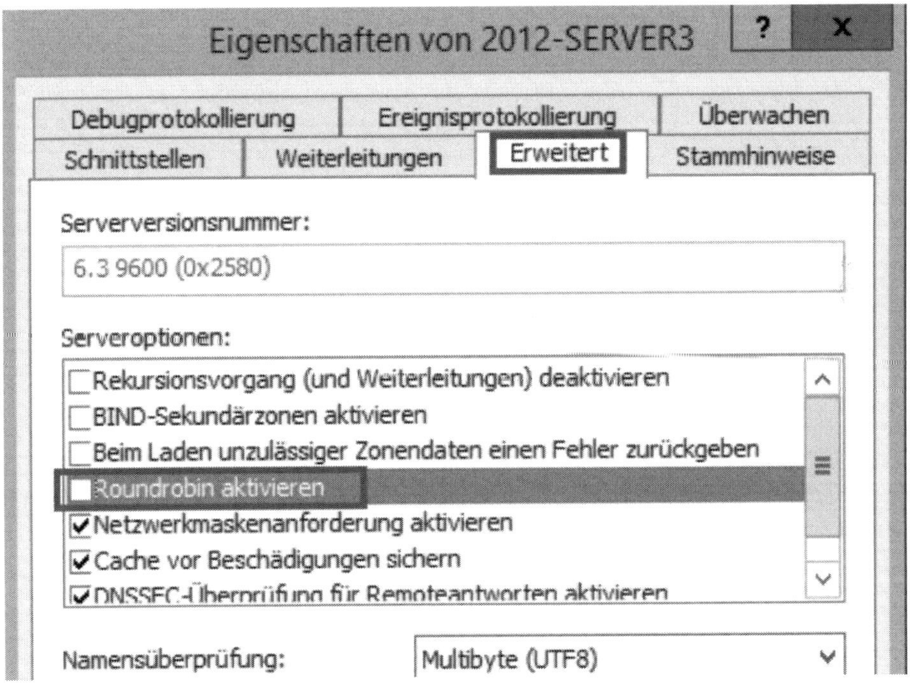

- In der Registerkarte „Stammhinweise" entfernen Sie die Einträge zu den Stammhinweisen:

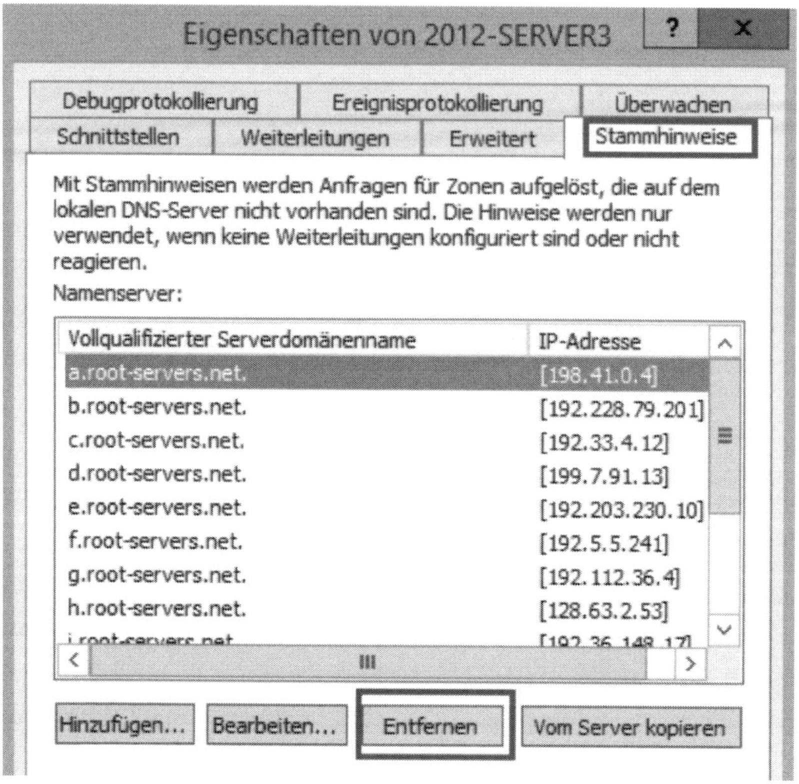

Aktivieren Sie die Unterstützung der GlobalNames-Zone:

- Weiter oben wurde erklärt, wozu die GlobalNames-Zone hilfreich ist. Zum Aktivieren der Unterstützung der GlobalNames-Zone benötigen sie die Powershell als Administrator auf Ihrem Domänencontroller:

```
PS C:\Users\Administrator> Set-DnsServerGlobalNameZone -Enable $true
PS C:\Users\Administrator> _
```

- Jetzt ist die Unterstützung für die GlobalNames-Zone aktiviert und Sie können jetzt eine neue primäre Zone anlegen, die entsprechend als „GlobalNames“ benannt wird. Der Replikationsbereich ist die Gesamtstruktur, es wird „nur sichere dynamische Updates zulassen...“ aktiviert.

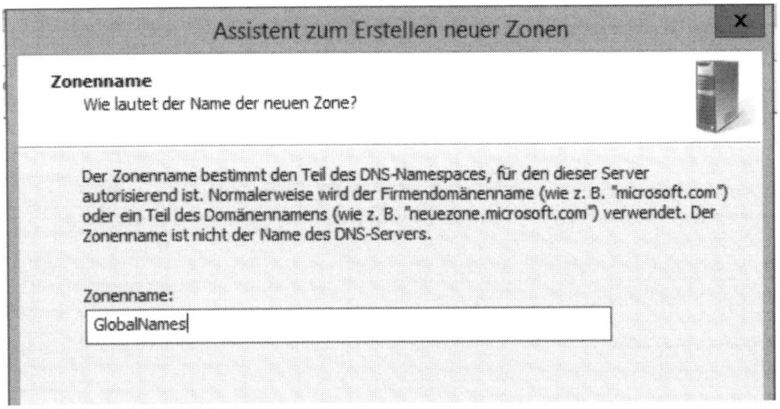

2.3 Speicher und Datendienste

Daten benötigen Platz auf Speichern, damit sie jederzeit schnell und einfach abgerufen werden können. Speicher sollte also schnell und stabil sein.
Grundsätzlich wird unterschieden in lokalen Speicherlösungen und Remotespeicherlösungen.
Bevor Sie beginnen, müssen Sie einige Überlegungen hinsichtlich des geeigneten Speichertyps und den jeweiligen Vor- und Nachteilen anstellen. Im Anschluss finden Sie die Beschreibungen der Speichertypen. Mit den Informationen können Sie planen, was für Ihren Bedarf am besten geeignet ist.

Direkt verbundener Speicher:
Direkt verbundener Speicher (DAS, Direct attached Storage) ist mit einem Server direkt verbunden, entweder intern oder lokal in einem Datenträgerarray. Das beinhaltet einige Nachteile:

- Ist der Speicher ausgelastet, muss erweitert werden, beispielsweise durch einen neuen Server.
- Freie Speicherressourcen sind nicht einfach anderen Servern zur Verfügung zu stellen.
- Die Sicherung der Daten wird aufwändiger, da die Datensicherung direkt auf dem Server durchgeführt werden muss. Eventuell ist eine Investition in zusätzliche Sicherungshardware erforderlich.
- Bei direkt angeschlossenem Speicher bedeutet eine Erweiterung häufig zusätzliche Hardware, Lizenzen, Installationszeit und aufwändigere Überwachung und Verwaltung.

Über das Netzwerk angebundener Speicher:
Über das Netzwerk angebundener Speicher (NAS, Network attached Storage) ist deutlich flexibler.

- NAS können direkt in das Netzwerk eingebunden werden und verursachen keine Unterbrechung der Dienste.
- Die Verwaltung von NAS ist einfacher.

- Die Erweiterung des Speichers und die Sicherung der Daten ist einfacher.
- Dateibasierte Dokumente sind auf NAS am effektivsten und am kostengünstigsten im Netzwerk zu sichern.
- Nachteil: Einige Anwendungen wie beispielsweise Datenbanken erfordern lokalen Speicher und lassen sich nicht mit einem NAS betreiben.
- Ein Failover-Clustering ist unter Windows 2012 R2 mit einem NAS nicht möglich.

Der Netzwerk-Speicherbereich:
Der Netzwerk-Speicherbereich (SAN, Storage Area Network) wird in einem dedizierten Netzwerk bereitgestellt, für das spezielle Ausrüstung und Kenntnisse erforderlich sind. Es lassen sich Speicherressourcen zentralisieren und gleichzeitig die Entfernungs- und Verbindungseinschränkungen von DAS vermeiden

- Einem mit dem SAN verbundener Server wird der Speicher lokal angezeigt.
- Damit ist ein SAN gut geeignet für Anwendungen, die einen lokalen Speicher benötigen.
- Ressourcen lassen sich bedarfsgerecht bereitstellen und freigeben und stellen einen Speicherpool dar, auf den alle Server Zugriff haben können. Anforderungsspitzen lassen sich durch Ressourcenverlagerung auf den angeschlossenen Servern bedarfsgerecht ausgleichen.
- Der Speicher wird effektiver und effizienter ausgelastet (von ca. 50% bei DAS auf ca. 80% bei SAN).
- Datensicherheit, Clustering und Redundanz ist mit SAN effektiv zu implementieren.
- Die Speicherlösung ist schnell und durch die Verwendung von dedizierten Komponenten wird das Netzwerk weniger belastet. Entweder erfolgt die Anbindung mit Fibre-Channel oder mit Hochgeschwindigkeits-Ethernet.

Die Komponenten eines SAN

- Der **Host** ist ein Knoten, der für einen Zugriff auf die Ressourcen eine Verbindung mit einem SAN herstellt.
- Die **logische Gerätenummer (LUN)** ist die ID eines logischen Datenträgergerätes, das der Host verwendet.
- Der **Hostbusadapter (HBA)** ermöglicht den Zugriff auf ein SAN. Der HBA kann je nach verwendeter Hardware eine Fibre-Channel, iSCIS, SAS oder Ethernet Schnittstellenkarte sein.
- Der **Speicherkontroller** ist ein Gerät, an dem die physikalischen Datenträger angeschlossen sind. Der Speicherkontroller stellt die angeschlossenen Datenträger dem SAN für die Verwendung durch die Hosts zur Verfügung.
- Mit **Multipfad-E/A (MPIO)** stellen sie mehrere Pfade von einem Host zu einer LUN zur Verfügung. Das erhöht die Redundanz und aggregiert die Bandbreite zwischen dem Computer und dem SAN-Ziel. MPIO wird durch mehrere HBAs im Computer erreicht.
- Der **Initiator** ist ein Clientcomputer, der mit einem HBA oder iSCSI-Software Zugriff auf SAN-Ressourcen nimmt. Er ist ein Endpunkt.

- Das **Ziel** ist der Speichercontroller, der mit einem Initiator über den HBA verbunden ist. Das Ziel ist der andere Endpunkt.

2.3.1 Was ist iSCSI

Das ist die Möglichkeit, SCSI Kommandos über ein IP-Netzwerk zu übertragen. Über das Netzwerk können Sie so verschiedene Server ansprechen und deren Festplatten zu einem SAN vereinigen. Es werden also schon vorhandene Ressourcen verwendet und besser genutzt. Für iSCSI-Verbindungen werden Standard-Komponenten verwendet, wie beispielsweise Netzwerkadapter, Switche usw.

Planungen für die Implementation von iSCSI-SANs

Windows Server 2012 R2 stellt Ihnen iSCSI als Remotespeicherlösung zur Verfügung. iSCSI ist einfach und preisgünstig. Verbindungen lassen sich redundant auslegen um hohe Verfügbarkeit und Fehlertoleranz zu ermöglichen. Durch die Nutzung von Netzwerktechnologie muss keine Fehlertoleranz mit teuren Fibre-Channel Verbindungen erzeugt werden.
SCSI-basierte Remotespeicher werden über ein TCP/IP-Netzwerk angesprochen. Das ermöglicht Verbindungen über LANS, WANs oder dem Internet. Es kommt Standard-Netzwerkarchitektur zum Einsatz. Sie können die vorhandene Infrastruktur nutzen, oder Sie nehmen dedizierte Ethernet-Karten und –switche, die nur für die iSCSI-Kommunikation verwendet werden. Es sind auch iSCSI-HBAs möglich.

Die iSCSI-Komponenten:

- Das **TCP/IP Netzwerk**. Als Best Practice empfiehlt sich ein dediziertes physisches und logisches Netzwerk zu verwenden.
- Die **iSCSI-Ziele** fungieren ähnlich wie ein Festplattencontroller und stellen Speicher dar oder geben Speicher an. Der Zugriff erfolgt übers Netzwerk statt über eine lokale Schnittstelle. iSCSI-Ziele können entweder Bestandteil der Hardware des Speichergerätes sein oder eine Software in Verbindung mit einem Ethernet-Adapter. Windows Server 2012 R2 stellt den Zielserver als Rollendienst bereit. iSCSI-Ziele sind ein Endpunkt.
- Der **iSCSI-Initiator** (iSCSI-Client) ist die Software, die ab Windows Server 2008 als lokaler Datenträgercontroller fungiert und den vom iSCSI-Ziel angezeigten Speicher dem Betriebssystem wie lokalen Speicher zur Verfügung stellt. iSCSI-Initiatoren sind der andere Endpunkt.
- Der **qualifizierte iSCSI-Name** (IQN, iSCSI Qualified Name) ist ein eindeutiger Name sowohl für das Ziel wie auch für den Initiator. Am iSCSI-Ziel müssen die IQNs der Initiatoren konfiguriert werden, die auf das Ziel zugreifen sollen. Über die IQNs der Ziele stellen die iSCSI-Initiatoren die Verbindung zu den Zielen her. Dafür ist eine funktionierende Namensauflösung im Netzwerk erforderlich. Alternativ können die beiden Endpunkte auch über ihre IP-Adresse identifiziert werden.

Ein Vergleich zwischen Fibre-Channel und iSCSI SANs:

- Geschwindigkeit: Fibre-Channel bis 20 Gbps. iSCSI bis 10 Gbps.
- Dedizierte HBAs: FB erforderlich. Für iSCSI nicht erforderlich.
- Spezielle Switche: FB erforderlich. Für iSCSI nicht erforderlich.
- Physikalische Verbindung: Fibre bzw. Ethernet.
- Protokoll: Fibre-Channel Protokoll. Für iSCSI ist es IP.
- Erfordert CPU Unterstützung auf dem Host: FB Nein. iSCSI Ja.
- Latenz: FB niedrig. iSCSI hoch.

Was stellt der iSCSI-Zielserver Rollendienst bereit?

- Den Bootvorgang ohne Disk bzw. über das Netzwerk.
- Den Speicher für Serveranwendungen, die Blockspeicher erfordern, beispielsweise Hyper-V oder Microsoft Exchange.
- Einen heterogenen Speicher um auch iSCSI-Initiatoren zu unterstützen, die nicht auf dem Windows-Betriebssystem basieren.
- Bis zu 544 Verbindungen.
- Virtuelle Laufwerke im VHD und VHDX Format werden unterstützt.
- Der iSCSI-Zielserver kann direkt als Clusterrolle in das Failovercluster-Feature integriert werden.

Was stellt der iSCSI-Initiator Service bereit?

Ab Windows Server 2008 und Windows Vista ist der iSCSI-Initiatorservice standardmäßig installiert. Für eine Verbindung zum Ziel muss der Service nur gestartet und konfiguriert werden. Neue Features ab Windows Server 2012 sind die Authentifizierung über CHAP und die Abfrage des Initiators nach der ID.

Hohe Verfügbarkeit für iSCSI

Hohe Verfügbarkeit können Sie mit zwei Technologien erreichen.
Die erste Möglichkeit sind Muliple Connected Sessions (MCS). Hiermit können Sie mehrere TCP/IP-Verbindungen über eine physikalische Verbindung vom Initiator zum Ziel einrichten. Fällt eine TCP/IP-Verbindung aus, wird die Verbindung über die anderen Verbindungen aufrecht erhalten. Das erfolgt automatisch. Für diese Technik müssen die iSCSI-Geräte MCS explizit unterstützen und diese Technik bietet keine Redundanz für physikalische Verbindungsausfälle.
Die zweite Möglichkeit ist Multipath I/O. Über mehrere Netzwerkschnittstellenkarten im Initiator und auf dem Ziel erfolgt eine Failover-Redundanz bei Netzwerkausfällen. Bei Drittanbieter-SANs kann die Verwendung eines gerätespezifischen Moduls (DSM) erforderlich sein. Durch die multiple Netzwerkverbindung ist die Konfiguration komplexer und im Failover-Fall weniger stark automatisiert als bei MCS.

Sicherheitsoptionen für iSCSI

Der Datenverkehr erfolgt über das Netzwerk und ist daher ähnlichen Sicherheitsrisiken ausgesetzt wie jeder andere Datenverkehr. Die möglichen Optionen sind daher ähnlich wie die Sicherheitsoptionen, die Sie bereits kennen.

- **IPsec** erlaubt Ihnen den Datenverkehr zu verschlüsseln.
- **Zugriffsserver** stellen die erste Linie der Sicherheit. Durch das Zulassen von Zugriff über den DNS Namen, die IP-Adresse, die MAC-Adresse oder dem IQN können Sie Server autorisieren.
- Mit **CHAP** ermöglichen Sie Sicherheit durch den Zugriff über Benutzername und Passwort für den iSCSI-Client und das iSCSI-Ziel.

So implementieren Sie iSCSI

Bei einem installierten Windows Server 2012 R2 sind die Datei- und Speicherdienste standardmäßig bereits installiert.

- Darauf aufsetzend müssen Sie nur den Rollendienst iSCSI-Zielserver installieren:

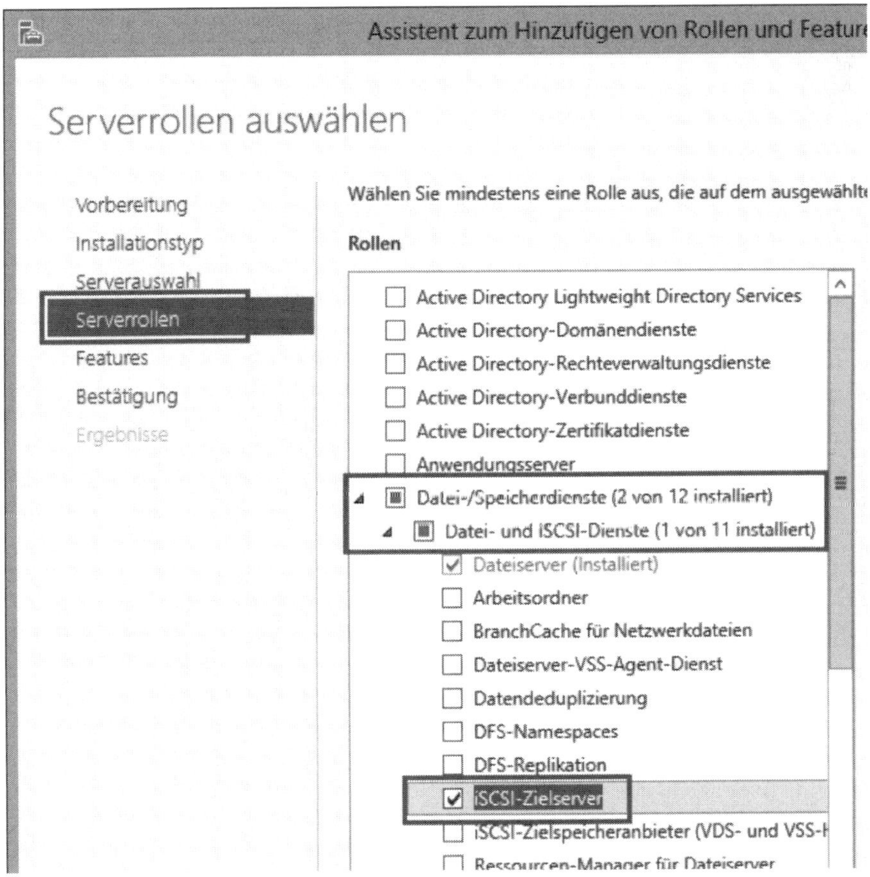

- Nach der Installation der iSCSI-Zielserver Rolle können Sie in den Datei-/Speicherdiensten über den Bereich „iSCSi“ einen neuen virtuellen iSCSI-Datenträger erstellen:

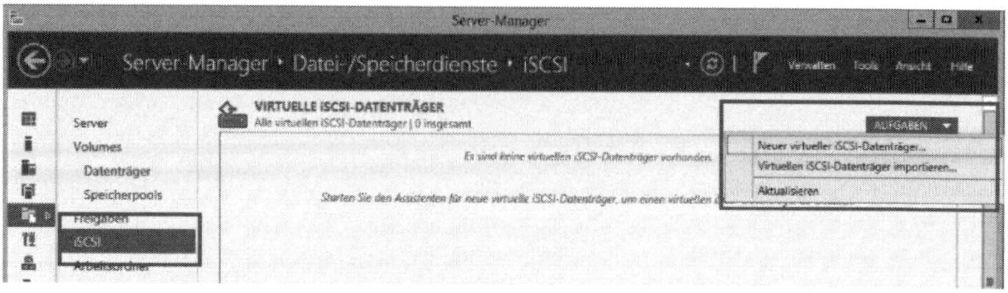

- Der „Assistent für neue virtuelle iSCSI-Datenträger“ führt Sie durch die notwendigen Schritte. Es beginnt mit dem Speicherort:

- Sie legen in den nächsten beiden Schritten Name und Größe fest.
- Es existiert bisher noch kein iSCSI-Ziel. Dieses muss daher neu erstellt werden:

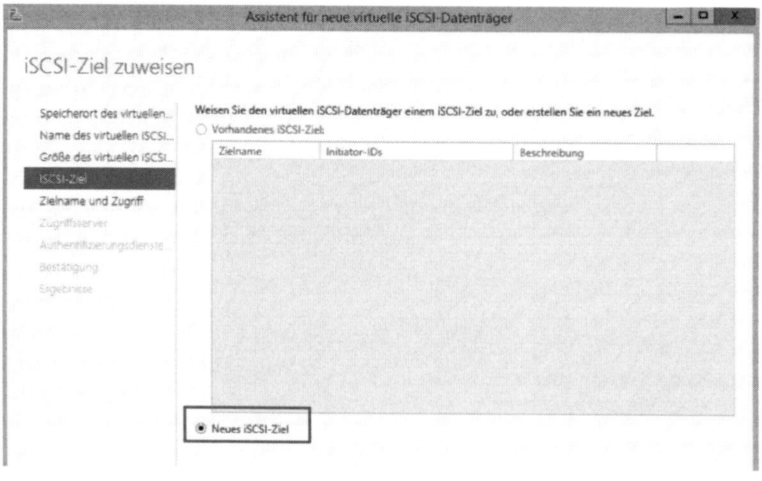

Die folgenden Schritte erstellen das iSCSI-Ziel:

- Sie legen den Zielnamen und den Zugriff fest:

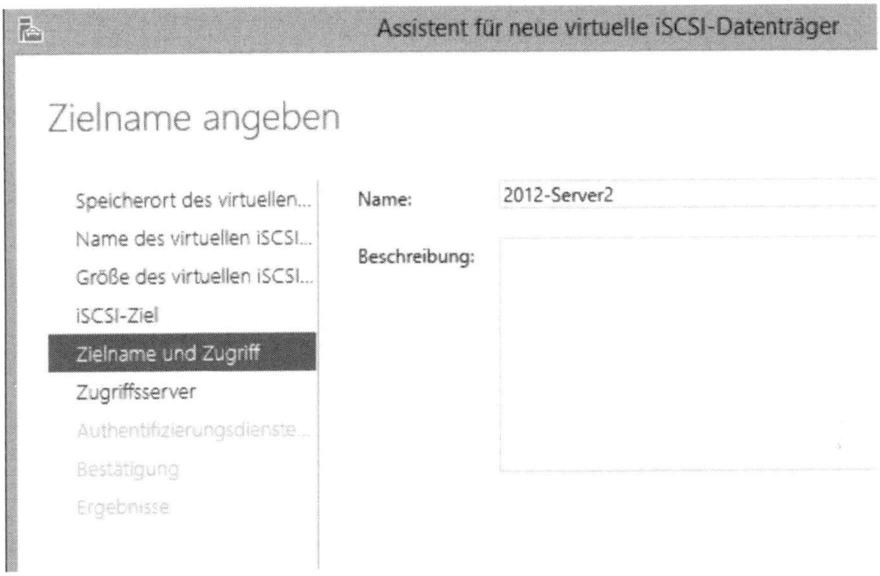

- Sie legen den Zugriffserver fest. Auch hier gibt es noch nichts zur Auswahl. Sie müssen den Zugriffserver daher erstellen. Die Initiator-ID fügen wir in diesem Beispiel durch den DNS-Namen hinzu. Nach der Erstellung ist der Zugriffserver aufgelistet:

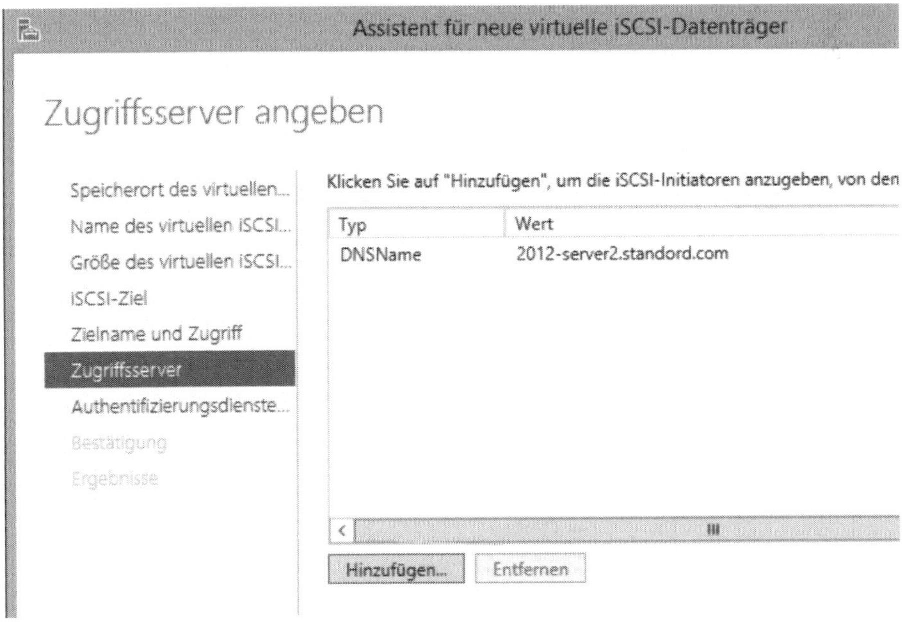

- Die Authentifizierungsdienste aktivieren wir in diesem Beispiel nicht. Nach dem Klick auf „Erstellen“ wird der Vorgang abgeschlossen:

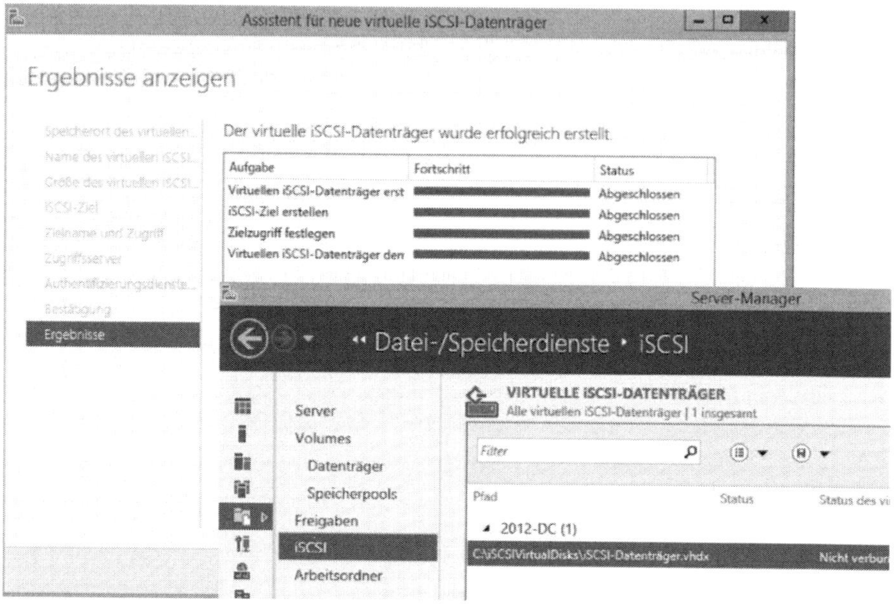

- Sollten Sie noch einen weiteren virtuellen Datenträger erstellen, wird die Einrichtung schneller erledigt sein. iSCSI-Zielserver und Zugriffserver sind schon vorhanden und können direkt im Assistenten ausgewählt werden. Im Ergebnis stehen Ihnen zwei Datenträger zur Verfügung.

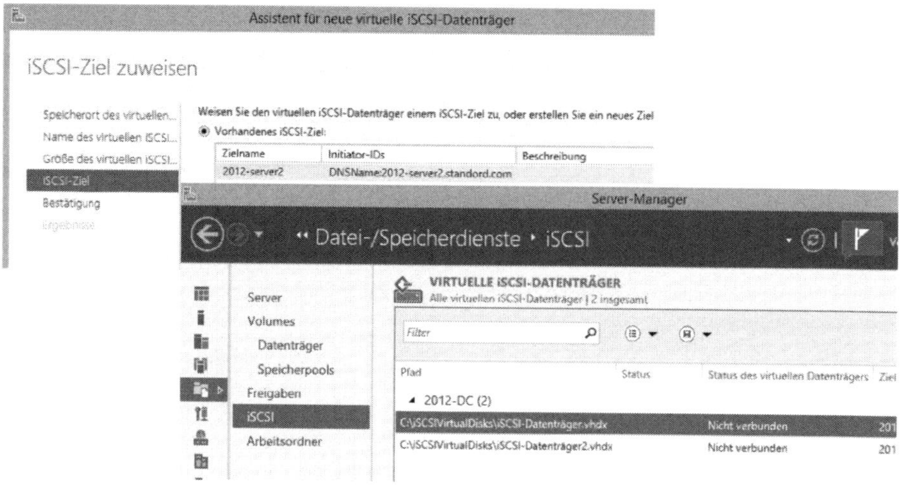

Das Verbinden von iSCSI-Datenträgern mit dem iSCSI-Ziel:

- Im Server Manager ist der virtuelle iSCSI-Datenträger auf dem Zielserver nun verfügbar, aber noch nicht verbunden. Damit er nutzbar ist, muss er noch mit dem zu Beginn eingerichteten iSCSI-Zugriffserver verbunden werden. Dazu müssen Sie auf Ihrem iSCSI-Zielserver den „iSCSi-Initiator" starten. Ggf. müssen Sie den dafür notwendigen Hintergrund-Dienst starten. Sie bekommen in dem Fall vom System die entsprechende Meldung.

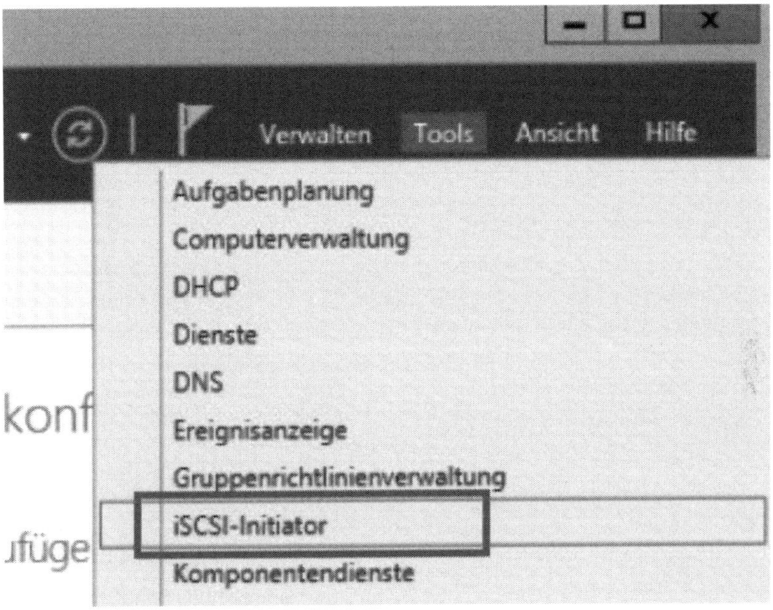

- In den „Eigenschaften von iSCSI-Initiator" müssen Sie nur noch den DNS-Namen oder die IP-Adresse des iSCSI-Speicherortes (dem Zielserver) eingeben, auf dem Sie die virtuellen iSCSI-Datenträger erstellt haben und die Verbindung wird hergestellt. Weiter unten werden die erkannten Ziele und ihre Verbindungspartner aufgelistet:

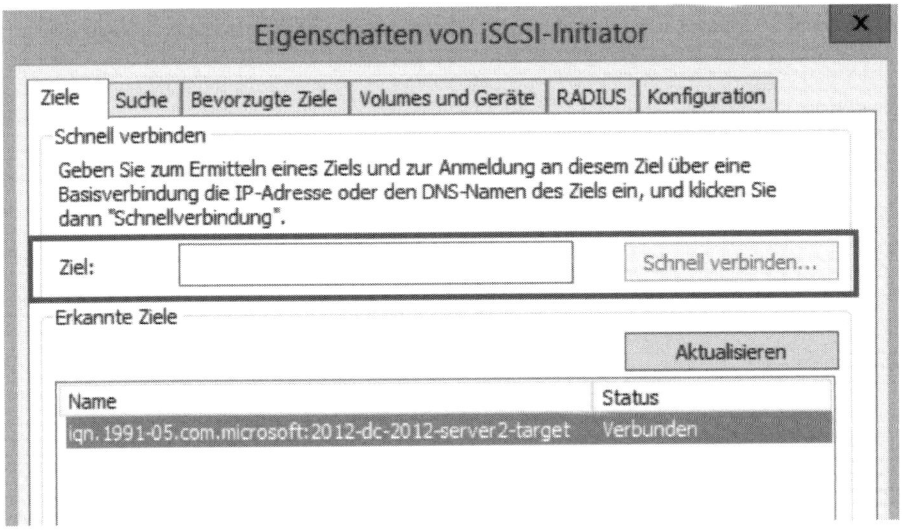

- So sieht es nun auf dem Zielserver aus:

- So sieht es nun auf dem Zugriffserver aus. Im Bereich „Speicherpools" der „Datei/Speicherdienste" finden sich nun die vom iSCSI-Zielserver bereitgestellten virtuellen Datenträger, die wie physikalische Datenträger verwaltet werden können und auch so angezeigt werden.

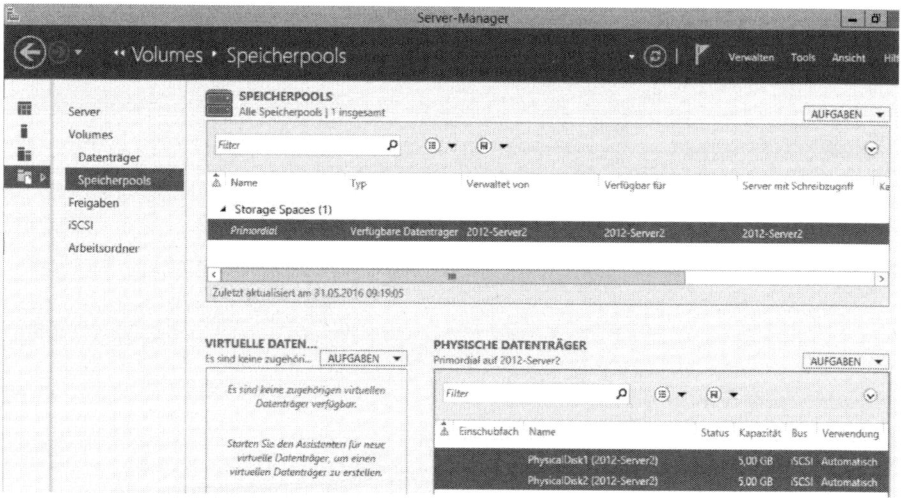

- In der Datenträgerverwaltung des iSCSI-Initiators können Sie nun die neuen Disk wie lokal angeschlossene Disks einrichten:

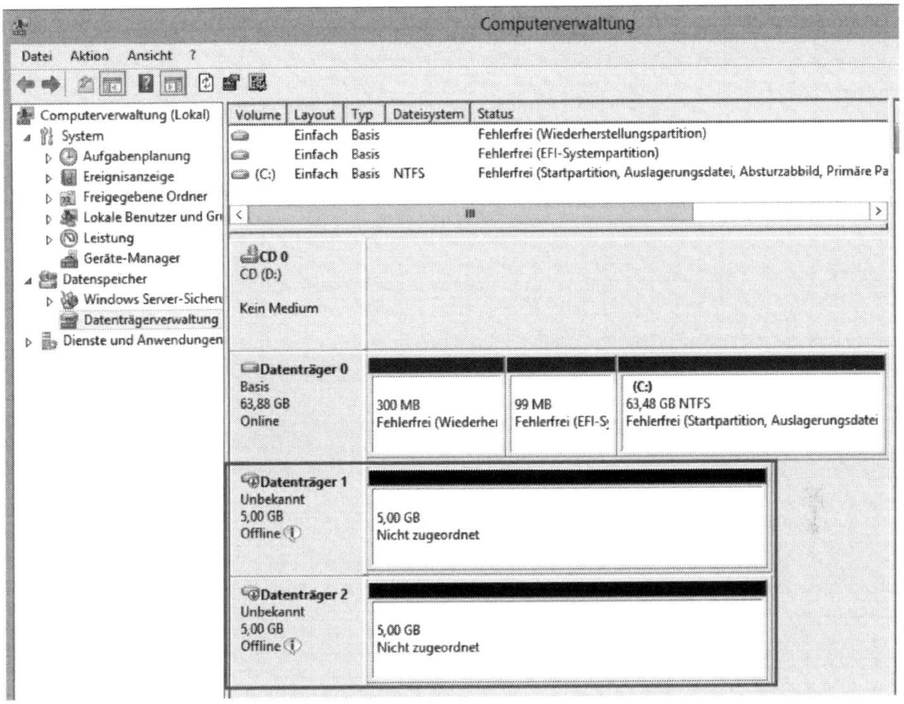

Best Practices und Überlegungen für das Bereitstellen von iSCSI-Speicher

Weiter oben sind alle Anforderungen bereits angesprochen worden. Ihre Planungen und Strategien sollte daher folgendes beinhalten:

- Sorgen Sie für eine schnelle und hochverfügbare Netzwerkinfrastruktur. Es werden alle Daten in Ihrem iSCSI-Verbund darüber übertragen.
- Bedenken Sie die Sicherheit in Ihrer iSCSI-Lösung.
- Beachten Sie Herstellerempfehlungen und Best Practices für die verschiedenen Implementierungsmöglichkeiten.
- Stellen Sie sicher, dass die iSCSI-Speicherlösung auch das Wissen und die Anforderungen von Administratoren enthält, die diese Speicherlösung nutzen wollen oder an Teilen der Infrastrukturbereitstellung beteiligt sind. Beispielsweise wären das die Netzwerkadministratoren, Serveradministratoren usw.

2.3.2 Was sind Speicherplätze

Information: Speicherplätze (Storage Spaces) wurden mit Windows Server 2012 und Windows 8 eingeführt.

Das Speicherplatz-Feature ermöglicht es, Datenträger eines beliebigen Typs und beliebiger Größe in Speicherpools zusammen zufassen. Diese Pools werden für das

Betriebssystem als einzelner Datenträger angezeigt. Speicherplätze sind also eine Möglichkeit zur Speichervirtualisierung.
Aus dem Speicherpool können dann virtuelle Datenträger mit hoher Verfügbarkeit erstellt werden, die wie ein einzelner Datenträger verwaltet werden können, auf denen wiederrum NTFS- und ReFS-Volumes angelegt werden können.

Wann sind Speicherplätze von Vorteil:

- Wenn Sie bereits den gesamten verfügbaren Speicher nutzen und weiteren Bedarf erwarten.
- Wenn Sie momentan über nicht genutzten Speicher verfügen und erwarten, dass Sie diesen bald benötigen werden.
- Wenn Sie mehr Stabilität durch Spiegelung und Parität erreichen möchten.

Welche Einschränkungen haben Speicherplätze:

- Speicherplätze sind nicht möglich für Start- und Systemvolumens oder für freigegebene Clustervolumes.
- Im Speicherpool muss mindestens ein Laufwerk enthalten sein.
- Gespiegelte Pools benötigen mindestens zwei Laufwerke, die Drei-Wege-Spiegelung mindestens fünf Laufwerke. Fehlertoleranz mittels Parität benötigt mindestens drei Laufwerke.
- Wenn Laufwerke einem Speicherpool hinzugefügt werden, sind alle noch vorhandenen Daten auf dem Laufwerk verloren.

Geeignete Laufwerkstypen für einen virtuellen Datenträger mit hoher Verfügbarkeit:

- Ein Laufwerk, auf das Sie von Windows aus zugreifen können.
- Virtuelle Datenträger.
- Physikalische Datenträger.
- Ein Speicherpool.
- Mögliche Schnittstellen sind iSCSI, SAS, SATA, SCSI, USB. Für ein Failover-Cluster können die lokalen Anschlüsse SATA, USB und SCSI nicht verwendet werden.

Zu Beachten bei physikalischem Speicher für Speicherplätze:

- Planen sie **Fehlertoleranz** mit ein. Verwenden Sie hardwarebasierte RAID-Systeme und stellen Sie virtuelle Laufwerke mit Paritylayout und Spiegelung bereit.
- Planen Sie die notwendige **Geschwindigkeit** mit ein. Verwenden Sie hardwarebasierte RAID-Systeme und stellen Sie virtuelle Laufwerke mit Paritylayout bereit. Verwenden Sie Laufwerke von verschiedenen Typen für geschichteten Speicher.
- Planen Sie die **Zuverlässigkeit** mit ein. Verwenden Sie hardwarebasierte RAID-Systeme und physische „Hot-spare“ Laufwerke um den Ausfall eines physischen Laufwerks zu kompensieren.
- Planen Sie **Erweiterbarkeit** mit ein und fügen Sie physische Laufwerke zum Speicherpool hinzu.

Zu Beachten bei Speicherplätzen:
Speicherplätze bieten Ihnen einige Features, die Sie entsprechend Ihrer Anforderungen nutzen können.

- Das **Speicherlayout**: Mindestens ein physisches Laufwerk. Zwei Laufwerke sind für ein ausfallsicheres, gespiegeltes virtuelles Laufwerk erforderlich. Eine Drei-Wege-Spiegelung erfordert mindestens fünf physische Laufwerke. Mindestens drei physische Laufwerke für ein virtuelles Laufwerk mit Parität. Die Laufwerke müssen leer und unformatiert sein. Auf ihnen darf kein Volume angelegt sein.
- Die **Sektorengröße**: 512 oder 512e.
- Die **Laufwerkszuordnung** für die Festlegung, wie das Laufwerk dem Pool zugeordnet wird: Datenspeicher als Standardzuordnung für das Hinzufügen eines beliebigen Laufwerks. Die Kapazität des Laufwerks wird automatisch hinzugefügt. Die manuelle Zuordnung erlaubt dem Administrator den Verwendungstyp festzulegen. So kann das Laufwerk einem Typ zugeordnet werden, der nur von bestimmten Speicherplätzen verwendet werden darf. Als Hot-Spare wird das Laufwerk als Reservelaufwerk genutzt und nicht dem Speicherplatz zugeschlagen.
- Das **Bereitstellungsschema** in Form der schlanken Speicherzuweisung. Hier wird nur soviel Speicher bereitgestellt, wie aktuell benötigt wird. Über Bereitstellungsbereiche wird auf Anforderung weiterer Speicherplatz zur Verfügung gestellt. Speicherplätze mit fester Speicherzuordnung bekommen Ihre Kapazität bei der Erstellung zugewiesen. Beide Bereitstellungs-Schemata können im gleichen Speicherpool bereitgestellt werden.

Was sind Speicherebenen:

- Es ist möglich, Speicherpools in manuell in Ebenen zu gliedern, die Laufwerke mit unterschiedlichen Eigenschaften enthalten. So können besonders schnelle und damit teure Laufwerke in einem Speicherpool gruppiert werden, langsame und günstige in einem anderen. Dadurch sind Speicherebenen mit unterschiedlichen Qualtäten möglich, die sie nach Bedarf erstellen.
- Mit einer automatischen Implementation können unterschiedlich schnelle Typen in einem Speicherbereich kombiniert werden. Der Automatismus sorgt dafür, dass oft benötigte Daten auf den schnellen Laufwerken abgelegt werden. Es wird nur zwischen SSDs und Harddisks unterschieden.

Zu Beachten für die hohe Verfügbarkeit von Speicherplätzen:
Mit Failover-Clustering können Sie hochverfügbare Speicherbereiche sicherstellen. Ihre Infrastruktur muss dafür folgende Anforderungen erfüllen:

- Sie benötigen mindestens drei Laufwerke mit jeweils 4GB.
- Es müssen SAS Laufwerke sein.
- Der Speicherplatz muss mit fester Speicherzuordnung erstellt werden.
- Virtuelle Laufwerke müssen einfach oder gespiegelt erstellt sein.
- Die Laufwerke müssen dem Speicherpool zugeordnet sein.

Zu Beachten bei der Speicheroptimierung in Windows Server 2012 R2:

- Optimieren Sie den Speicher durch:

- Über die Zugriffsüberwachung können Sie Möglichkeiten zur Optimierung erkennen und umsetzen.
- Das geht auch im laufenden Betrieb, also „on Demand“: Änderungen vornehmen oder neues implementieren.
- Mit der Datendeduplizierung.
- Mit Failoverclustern über das Network File System (NFS) bleiben Dateien im Zugriff, wenn ein Failoverknoten offline ist.
- Mit „Offloaded Data Transfer“ (ODX).

So konfigurieren Sie Speicherplätze

Die weiter oben bereitgestellten virtuellen iSCSI-Datenträger auf Ihrem iSCSI-Initiator (dem Zugriffserver) werden im Bereich „Speicherpools“ zur Nutzung angeboten. Darauf aufsetzend können Sie mit diesen beiden Volumes im ersten Schritt einen neuen Speicherplatz erstellen, aus dem Sie im zweiten Schritt einen neuen virtuellen Datenträger erstellen. Im dritten Schritt erstellen Sie aus dem virtuellen Datenträger ein logisches Volume, um es wie eine Festplatte nutzen zu können.

Schritt 1, der Speicherplatz:

- Hier das Bild, das Sie oben bereits als Ergebnis auf dem iSCSI-Zugriffserver kennengelernt haben. Sie starten einfach den „Assistent für neue Speicherpools“:

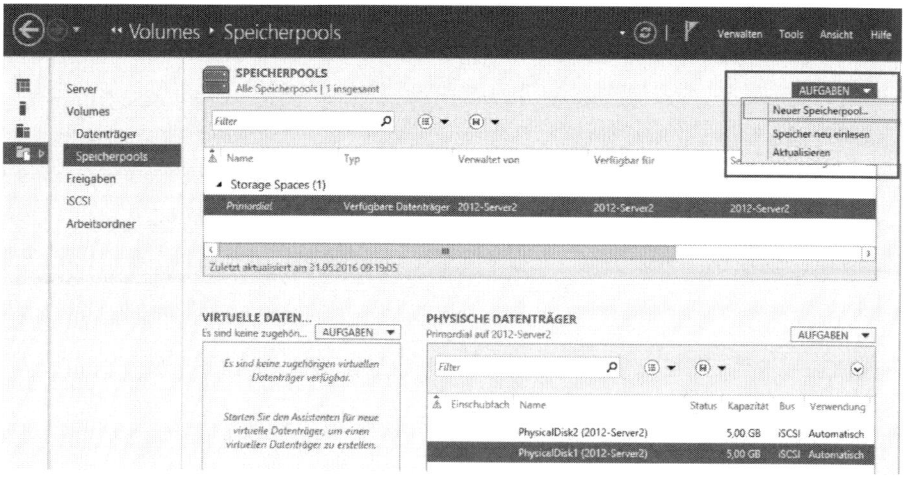

- Die folgende Konfiguration im Assistenten ist recht schnell erledigt. Sie vergeben einen Namen:

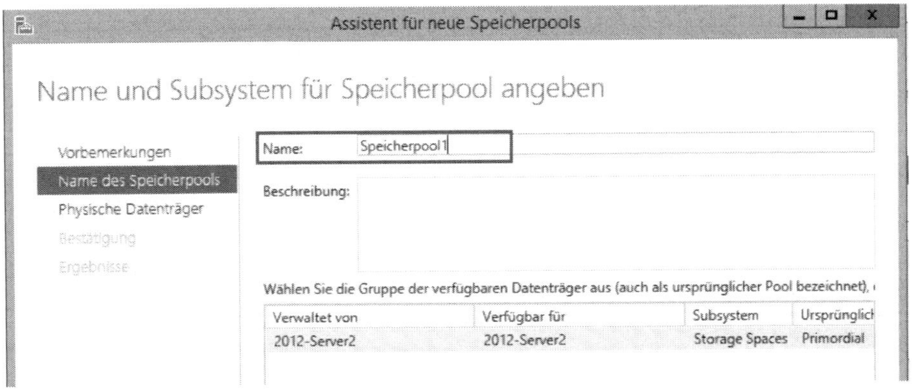

- Sie binden die gewünschten Laufwerke aus der Liste der zur Verfügung stehenden Laufwerke in Ihren Speicherpool ein. Nach der Zusammenfassung Ihrer Konfiguration erfolgt im weiteren Verlauf des Assistenten die Erstellung.

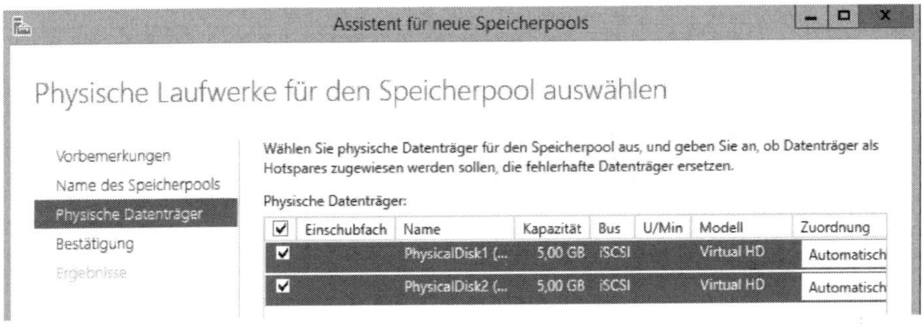

- Der Speicherpool wird nun aufgelistet. Sie können sich die Mitgliedslaufwerke anzeigen lassen:

Schritt 2, der virtuelle Datenträger:

- Auch hier hilft Ihnen ein Assistent, den Sie wie folgt starten:

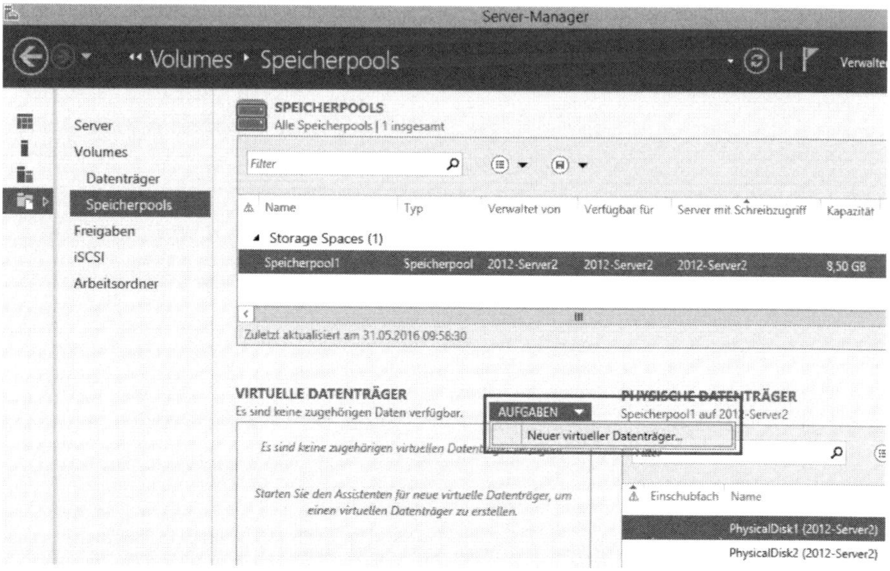

- Sie wählen aus der Liste der zur Verfügung stehenden Speicherpools den gewünschten Pool aus:

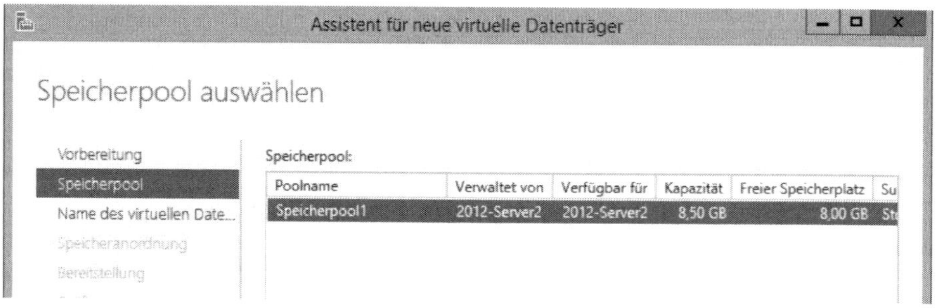

- Sie legen den Namen fest und wählen die Speicheranordnung, beispielsweise „Mirror", je nach Ihren Anforderungen:

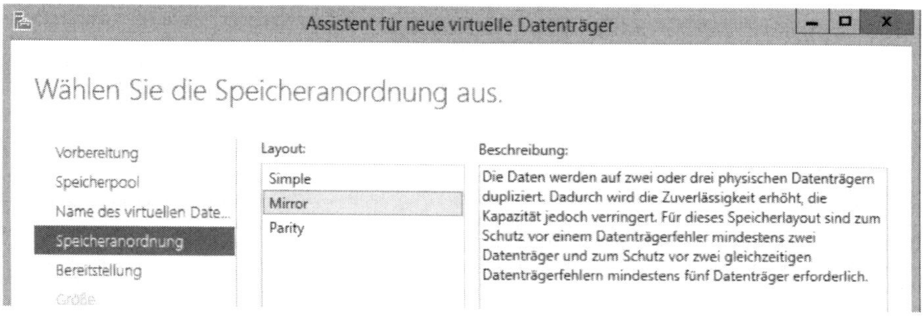

- Sie wählen den Bereitstellungstyp:

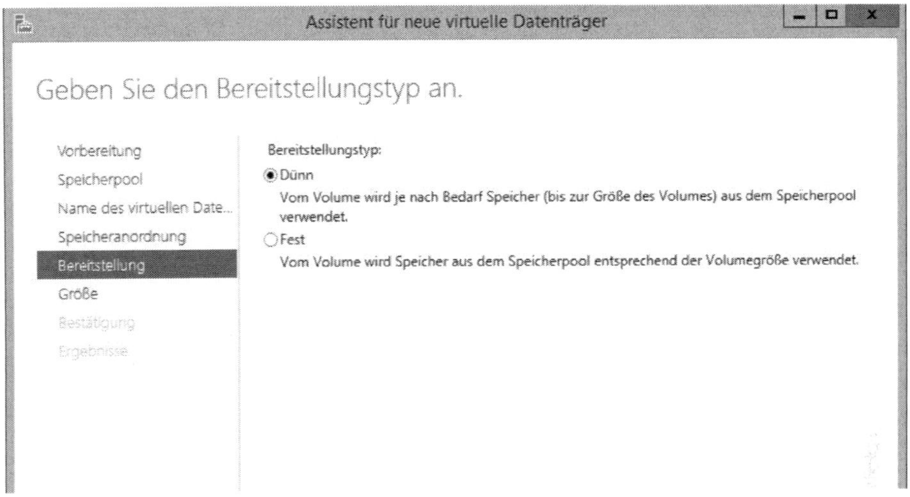

- Sie legen die Größe für den zu erstellenden virtuellen Datenträger fest und bekommen danach eine Zusammenfassung präsentiert. Danach erfolgt die Erstellung.

Schritt 3, aus dem virtuellen Datenträger das logische Volume erstellen:
Auch für diesen Schritt gibt es einen Assistenten, der entweder automatisch startet oder mit Rechtsklick auf die neuerstellte virtuelle Disk manuell gestartet werden kann.

- Im „Assistent für neue Volumes" werden Ihnen alle zur Verfügung stehenden Server angezeigt und nach Klick auf einen Server die bereitgestellten virtuellen Datenträger:

- Der weitere Verlauf erschließt sich: Sie treffen Ihre Auswahl und erstellen das Volume. Dabei konfigurieren Sie die Größe, ordnen dem zu erstellenden Volume einen Laufwerksbuchstaben zu bzw. wählen eine der anderen Optionen, legen das Dateisystem fest und vergeben einen Namen für das Volume. Nach der Zusammenfassung erstellen Sie das Volume:

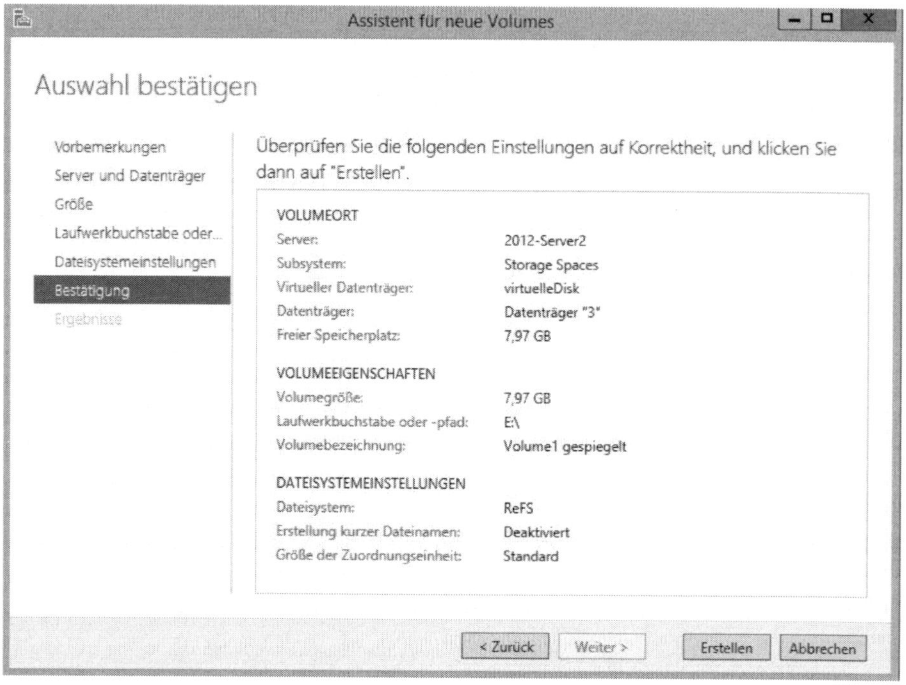

- Das Ergebnis ist ein neues Volume, das wie ein lokales Volume nutzbar ist:

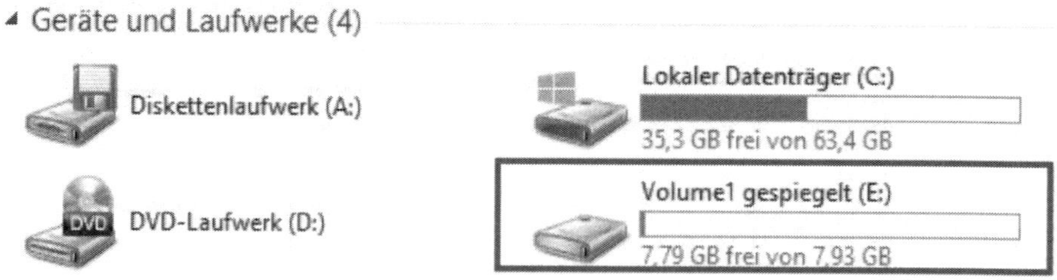

Sie erinnern Sich an die erstellten Datenträger aus dem Abschnitt iSCSI (Zugriffserver)? Aus zwei nicht zugeordneten Datenträgern ist durch die Erstellung eines virtuellen Datenträgers ein nutzbares Volume geworden. Sie können es wie gewohnt verwenden. Die Speichergröße ist allerdings nicht exakt die Summe beider beteiligten Datenträger. Wie bei allen Volumes wird Speicherplatz für das Dateisystem benötigt.

- Vorher:

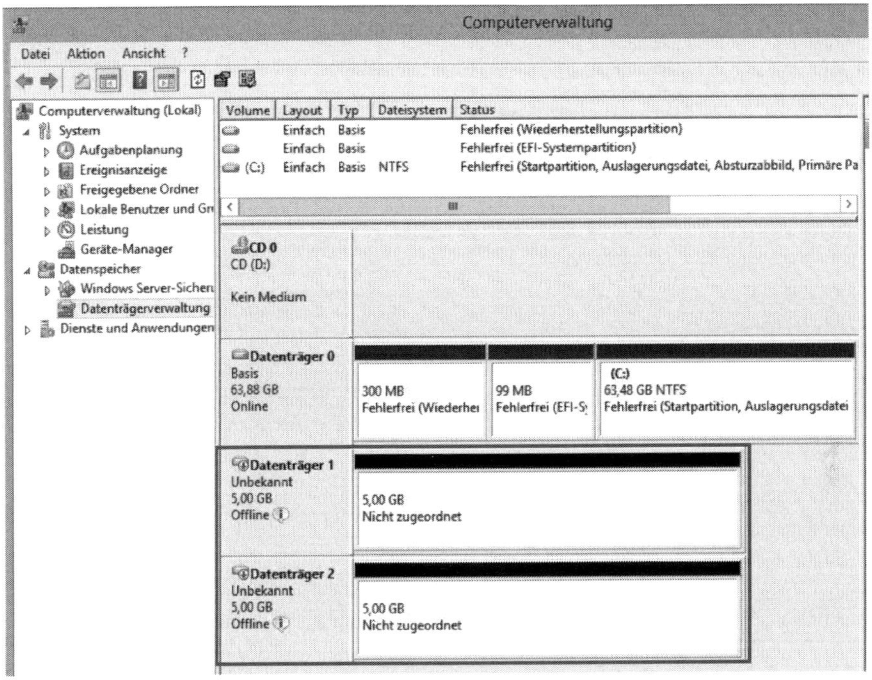

- Nachher:

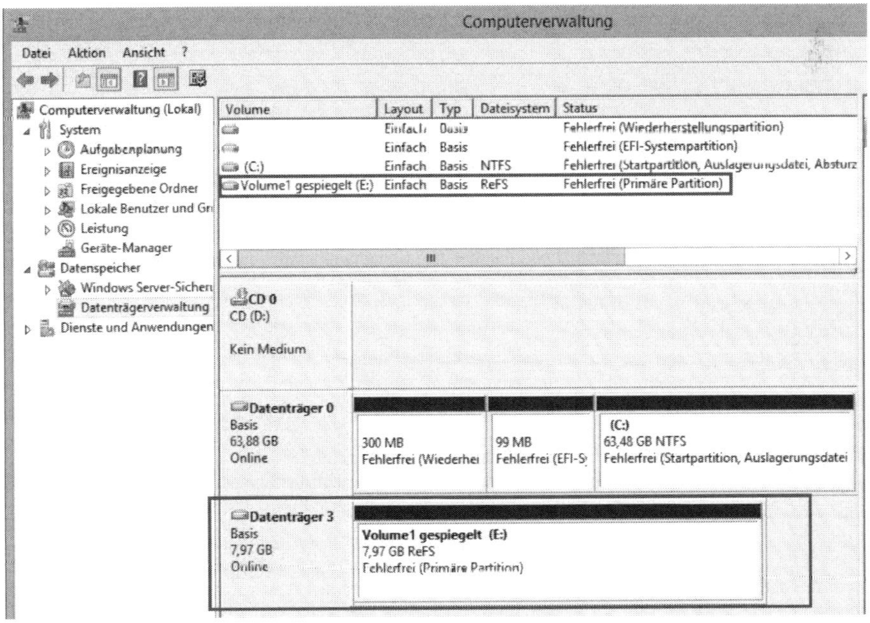

2.4 Die Dateidienste

Sind Teile Ihrer Infrastruktur räumlich voneinander getrennt, sind besondere Planungen erforderlich um eine Bereitstellung zu optimieren. Windows Server 2012 R2 bietet Ihnen Möglichkeiten, diese Herausforderung zu bewältigen:

- Der **DFS Namespace** erlaubt Ihnen, freigegebene Ordner die sich auf verschiedenen Servern befinden, in einen oder mehrere logisch strukturierte Namensräume zu gruppieren. Jeder Namespace wird Benutzern als einzelner freigegebener Ordner angezeigt. Die zugrunde liegende Struktur kann allerdings aus zahlreichen freigegebenen Ordnern bestehen, die sich auf verschiedenen Servern und mehreren Standorten befinden. Beim Zugriff auf einen solchen Namespace wird der Benutzer mit dem nächsten Server verbunden. Zwei Modi sind möglich: Der domänenbasierte Namespace und der eigenständige Namespace.
- Die **DFS Replikation** ermöglicht die Synchronisation von Ordnern über mehrere Server und Orte hinweg. Das schließt auch die Ordner in einem DFS-Namespacepfad mit ein. Für die DFS-Replikation wird ein Komprimierungsalgorithmus verwendet, der als Remotedifferenzialkomprimierung (Remote Differential Compression, RDC) bezeichnet wird. Mit RDC werden Änderungen an den Daten in einer Datei erkannt. Dadurch ist es möglich, mit der DFS-Replikation anstelle der gesamten Datei lediglich die geänderten Dateiblöcke zu replizieren. Daten werden durch die Replikation an verschiedene Orte hochverfügbar und das Risiko eines Datenverlusts wird reduziert.
- Der **BranchCache** ermöglicht das Zwischenspeichern von häufig angeforderten Daten an einem anderen Standort. Das vermeidet, dass die gleichen Daten immer wieder über eventuell langsame oder teure Netzwerkanbindungen übertragen werden müssen. Wenn Clients die Daten vom Server abrufen, erhalten sie nicht den tatsächlichen Inhalt sondern nur Inhaltsinformationen (Hashes) vom Server. Mit Hilfe der Hashes werden die Daten vom Cache übertragen. Clients können also schnell und kostengünstig auf die Daten zugreifen. Für BranchCache sind zwei Betriebsmodi verfügbar: der Modus für verteilte Caches und der Modus für gehostete Caches. Wenn Sie BranchCache im Modus für verteilte Caches bereitstellen, wird der Inhaltscache am entfernten Standort auf die dortigen Clientcomputer verteilt. Bei der Bereitstellung von BranchCache im Modus für gehostete Caches wird der Inhaltscache am entfernten Standort auf einem oder mehreren Servercomputern, so genannten gehosteten Cacheservern, gehostet.

Mögliche Szenarien für die Nutzung von DFS:

DFS ist gut geeignet für das Teilen von Daten über physikalisch getrennte Standorte, wie beispielsweise Filialen. Daten fließen von der Filiale zum Hauptstandort und umgekehrt.

Ein weiteres Szenario ist das Sammeln von Daten am Hauptstandort. Die Daten fließen also nur in eine Richtung.

Ein drittes Szenario ist die Verteilung von Daten. Von einem Standort werden die Daten an mehrere andere Standorte verteilt.

Verbesserungen an DFS in Windows Server 2012 und 2012 R2:
Die Verbesserungen enthalten Windows Powershell Module für den DFS Namespace, Berücksichtigung für DirectAccess Clients, Unterstützung für Datendeduplikation, Unterstützung für die Windows Management Instrumentation (WMI).

Wichtige Überlegungen für die Verwendung von DFS Namespace

***Information**: DFS gibt es seit Windows NT4. Mit der Version Windows Server 2003 R2 wurde es überarbeitet und in DFS Namespace umbenannt. Gleichzeitig wurde die DFS-Replikation eingeführt. Mit Windows 2008 wurde für DFS der domänenbasierte Namespace eingeführt.*

Ordner als primäre Namespaceelemente:
Ordner dienen im Namespace zum Organisieren von Dateifreigaben mit seinen Inhalten. Das unterscheidet sich nicht von der Organisation von Dateien in Ordnern auf der Festplatte.
Als primäre Namespacelemente werden die Ordner nach dem Namespacestamm angezeigt in der Form „\\Server\Stammname" oder „\\Domäne\Stammname". Der UNC-Pfad (Universal Naming Convention) zu einem Namespace-Ordner ist das Ordnerziel. Durch Hinzufügen von mehreren Ordnerzielen zu einem Namespace-Ordner lässt sich die Verfügbarkeit des Ordners erhöhen. Ist ein Ordnerziel nicht erreichbar, wird der Benutzer dann an ein anderes Ordnerziel weitergeleitet.

Der domänenbasierte Namespace:

- Der domänenbasierte DFS Namespace benötigt eine Active Directory Domänenumgebung.
- Es wird die zugriffsbasierte Aufzählung unterstützt.
- Clients werden automatisch zum nächsten Server des Namespace-Verbunds weitergeleitet.
- Failover-Clustering ist nicht möglich.
- Im Vergleich zu einem Einzelserver unterstützt der domänenbasierte DFS Namespace hohe Verfügbarkeit durch Redundanz aufgrund der Replikation der Daten.
- Die Verfügbarkeit lässt sich durch Hinzufügen von weiteren Namespaceservern zu einem vorhandenen DFS-Namespace erhöhen.

Der eigenständige Namespace:

- Sie können einen eigenständigen Namespace auf einem einzelnen Server erstellen. Dieser muss kein Domänenmitglied sein und ist nicht fehlertolerant.
- Der eigenständige Namespace wird verwendet, wenn keine Active Directory Domänendienste implementiert sind.
- Ein weiterer Grund könnte sein, dass mehr als 5000 DFS-Ordner benötigt werden und die Funktionsebene der Domäne unter der Ebene Server 2008 liegt.
- Die Verfügbarkeit lässt sich erhöhen, durch Einbindung als Ressource in einem Servercluster.

Wichtige Überlegungen für die Verwendung von DFS Replikation

Die DFS-Replikation als Multimasterreplikations-Modul kann Dateien auf mehreren Servern synchronisieren. Zur Synchronisierung wird ein Vektoraustauschprotokoll verwendet. Es werden Änderungen auf dem Volume automatisch erkannt und mit Stagingordnern wird eine Datei gestaffelt gesichert. Stagingordner dienen zum Erstellen von temporären Stagingdateien der zu replizierenden Daten. Sie fungieren so als Zwischenspeicher für neue oder geänderte Daten.

Änderungen an Dateien werden erst dann repliziert, wenn die betreffende Datei geschlossen wurde. Bei gleichzeitigem Zugriff auf eine Datei „gewinnt" daher der letzte Schreiber. Durch die Konfliktauflösung gehen Dateien und Ordner nicht verloren. Diese werden in einen Konfliktordner verschoben und können dort abgerufen werden. Jeder replizierte Ordner so einen Konfliktordner.

DFS-R ist selbst-reparierend. Bei beschädigten oder verlorenen USN-Journalen (USN = Update Sequence Number) werden diese automatisch repariert bzw. wieder hergestellt.

Die DFS-Replikation ist statusbasiert und kann mit seiner Remotedifferenzialkomprimierung (RDC) Bandbreiten einsparen, indem nur geänderte Teile einer Datei übertragen werden.

Best Practices:

- Mehrere Replikationsziele erhöhen die Verfügbarkeit der Daten, indem Sie mindestens zwei Kopien von Dateien auf unterschiedlichen Servern speichern und die Freigaben dann als Ordnerziele für denselben DFS-Ordner in einem Namespace zusammenfassen. Die DFS-Replikation kann dann für die Synchronisierung der beiden Speicherorte konfiguriert werden.
- Vermeiden Sie Domänencontroller als Replikationsziele. Diese sollten nur AD DS Replikationen durchführen.
- Verwenden Sie eine „Nabe und Speiche"-Topologie (Hub and Spoke). D. h. die Replikation geht von einem zentralen Ort (Hub) Sternförmig zu allen anderen verbundenen Orten (Spoke).
- Prüfen Sie, ob Ihre Anwendungen wie beispielsweise Antivirus-Software mit der DFS-Replikation zurechtkommt.

2.4.1 So richten Sie DFS ein

- Sie benötigen für DFS die Rollendienste DFS-Namespace und DFS-Replikation. Diese müssen als erstes installiert werden. Sie finden diese unter „Datei/Speicherdienste":

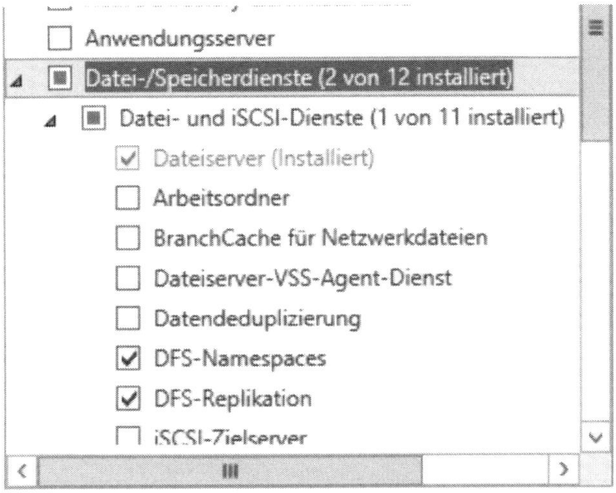

So erstellen Sie einen Namespace

- Starten Sie die „DFS-Verwaltung“. Durch Rechtsklick auf „Namespace“ können Sie den „Assistent für neue Namespaces“ starten, der Sie durch die Konfiguration führt.

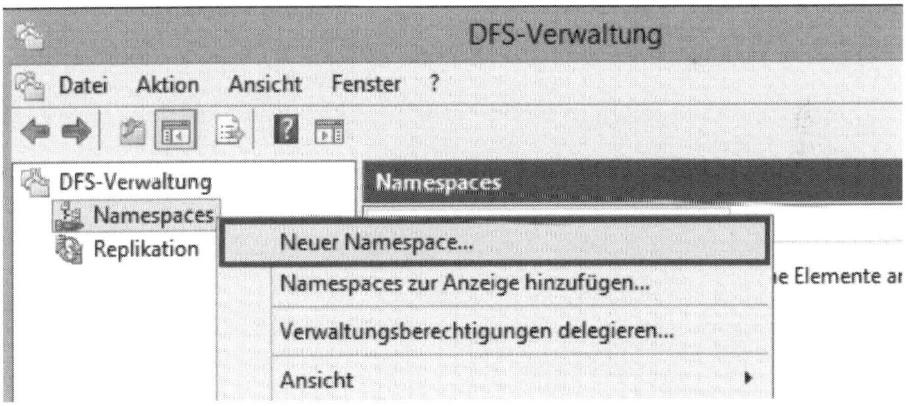

- Im „Assistent für neue Namespaces“ folgen Sie dem Verlauf des Assistenten. Sie beginnen mit dem Namen des Namespaceservers und legen im nächsten Schritt den Namen für den Namespace fest. Mit den „Einstellungen bearbeiten...“ legen Sie Zugriffsrechte fest:

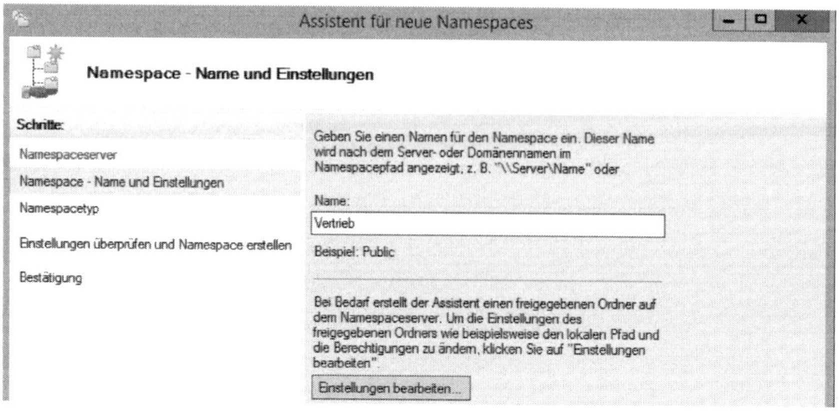

- Im nächsten Schritt entscheiden Sie sich für domänenbasierten Namespace oder den eigenständigen Namespace:

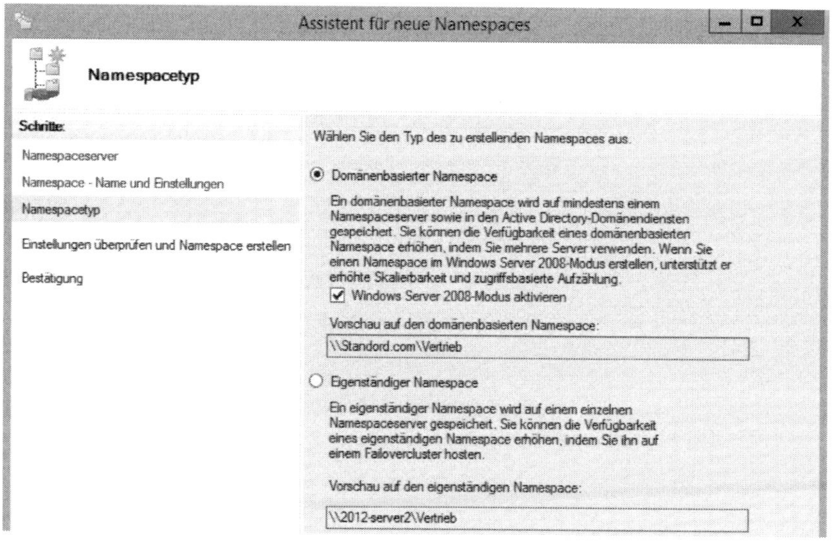

- Es folgt die Zusammenfassung Ihrer Konfiguration und nach der Erstellung eine Erfolgsbestätigung:

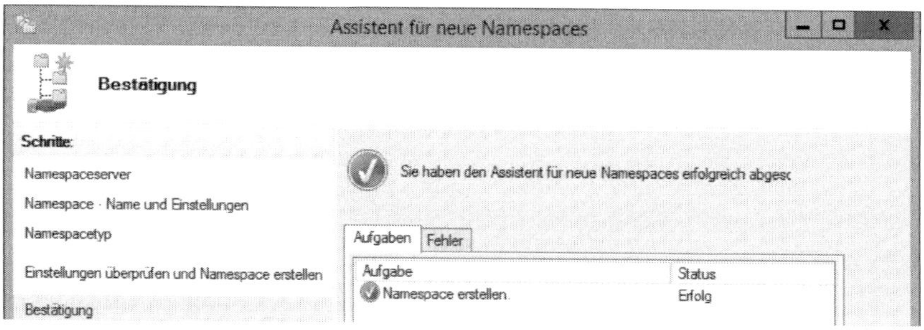

So erstellen Sie Ordner und Ordnerziel in Ihrem Namespace

Wie bei der Erstellung des Namespace benötigen Sie die „DFS-Verwaltung“. Unter „Namespace“ befindet sich der bereits erstellte Namespace.

- Mit Rechtsklick auf diesen Namespace erstellen Sie einen neuen Ordner:

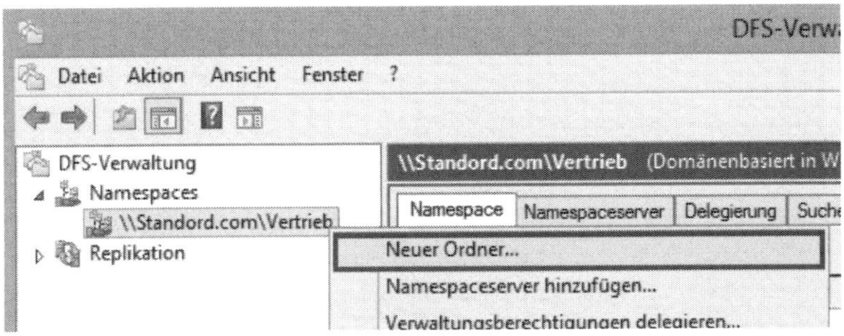

- Dem neuen Ordner geben Sie einen Namen und klicken auf „Hinzufügen“.

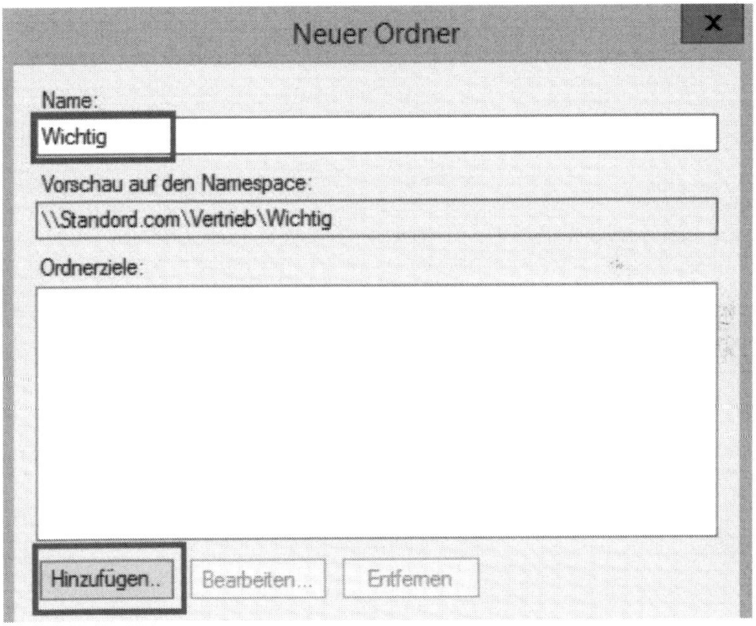

- Jetzt können Sie das Ordnerziel hinzufügen. Wenn Sie auf „Durchsuchen“ klicken, werden Ihnen alle angelegten Namespaces angezeigt.

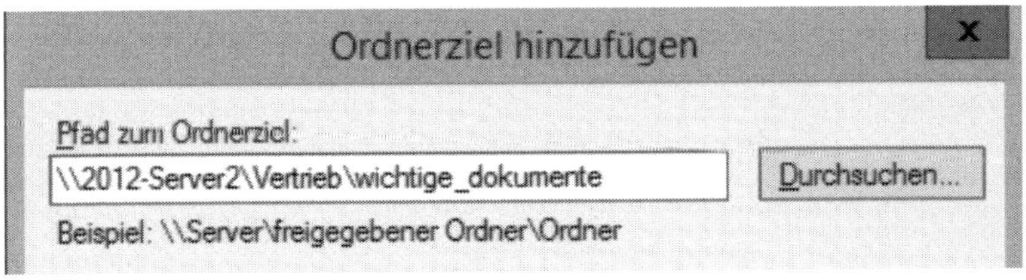

- Ordner und Ordnerziel sind nun angelegt:

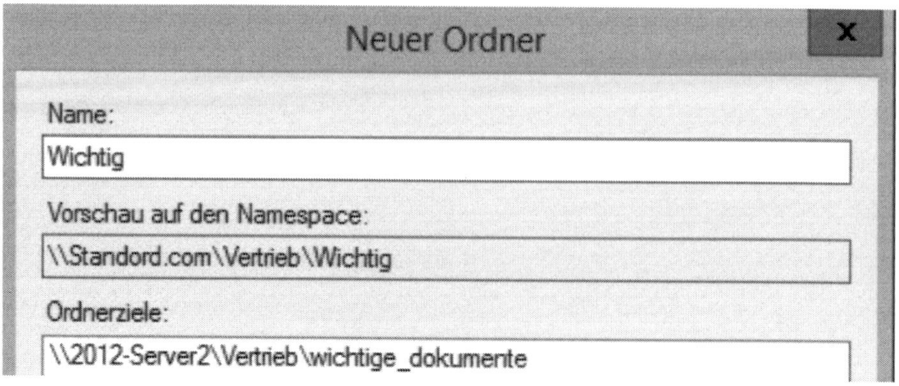

Sie haben die Möglichkeit, das Ergebnis in der DFS-Verwaltung einzusehen.

- Der Ordner:

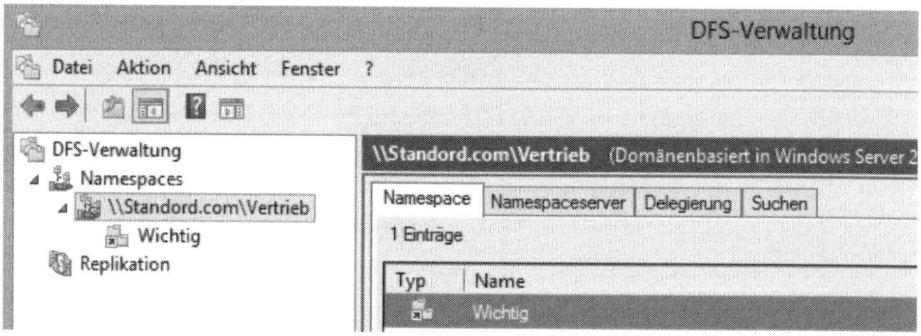

- Das Ordnerziel:

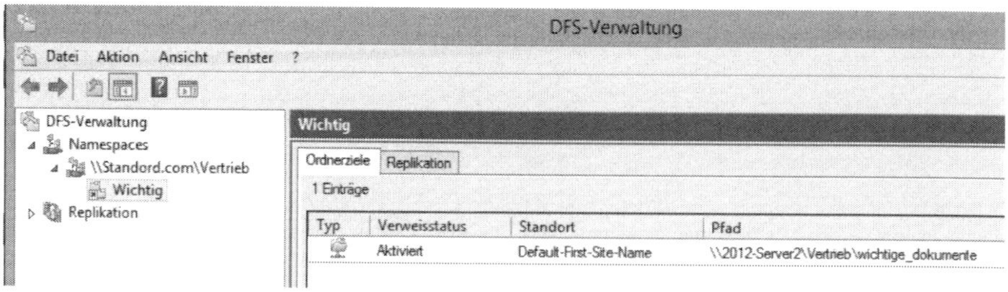

Weitere Möglichkeiten:

- Im Servermanager können Sie den Namespace einsehen und bearbeiten:

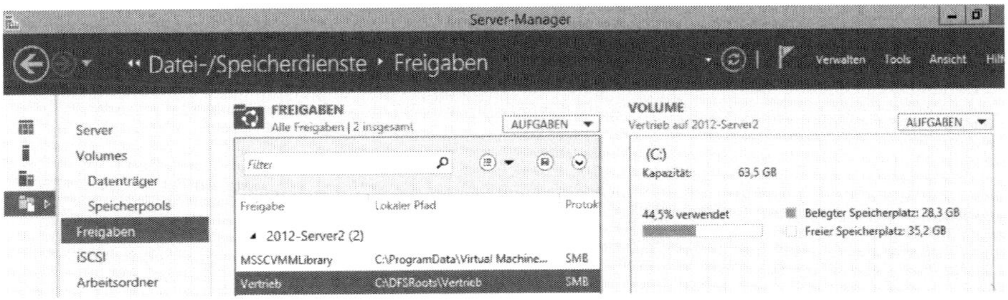

- Im Explorer kann auf Ordner und Ordnerziel zugegriffen werden:

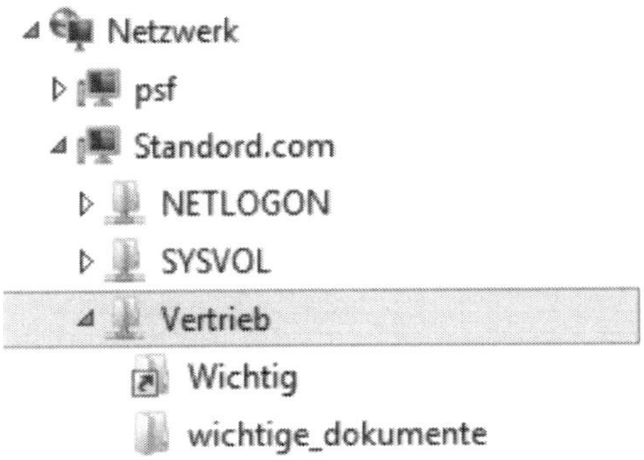

So erstellen Sie Replikationsgruppen

DFS erlaubt die Replikation von Daten, sofern Sie für die Ordnerziele eine Replikationsgruppe erstellt haben. Das erhöht die Redundanz der freigegebenen Verzeichnisse und Daten. Sie haben bisher einen Namespace, Order und Ordnerziele erstellt. Nun benötigen Sie mindestens einen Replikationspartner.

- Installieren Sie auf Ihrem zukünftigen Replikationspartner die Serverrollen DFS-Namespace und DFS-Replikation. Nachdem das erledigt ist, müssen Sie auf dem zukünftigen Replikationspartner den bereits erstellen Namespace hinzufügen:

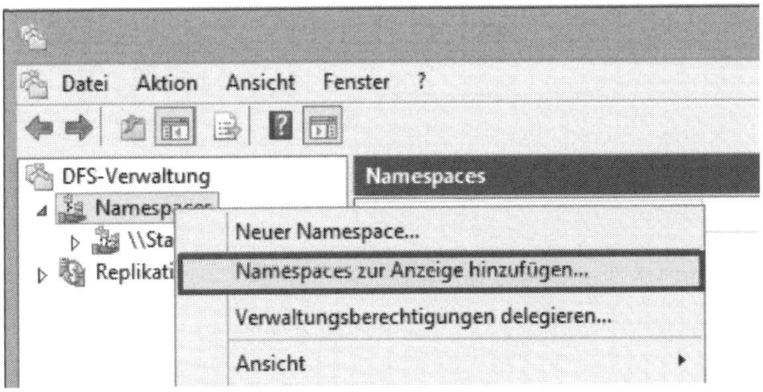

- Sie benötigen ein weiteres Ordnerziel für die Replikation. Erstellen das Ordnerziel auf dem neuen Namespace-Server.
- Starten Sie den Ordnerreplizierungs-Assistenten:

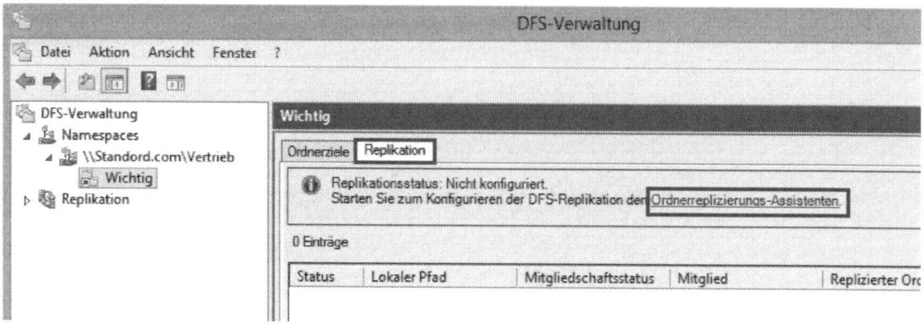

- Es kann gleich mit dem Erstellen der Replikationsgruppe fortgefahren werden. Es startet der „Assistent für die Ordnerreplikation“:

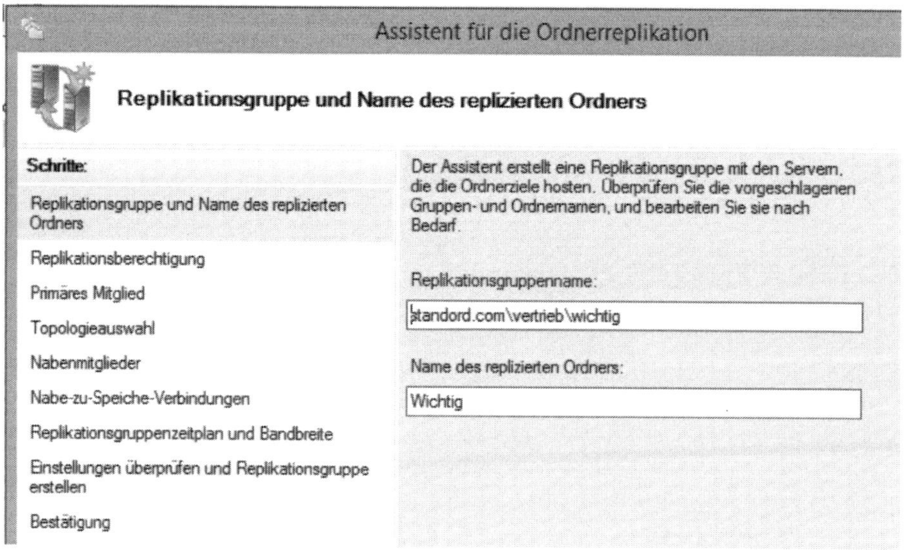

- Folgen Sie dem Assistenten: Replikationsgruppenname, Replikationsberechtigung, festlegen des primären Mitglieds, Topologie-Auswahl, Zeitplan und Bandbreite. Zuletzt erfolgt die Zusammenfassung der Einstellungen. Erstellen Sie die Replikationsgruppe:

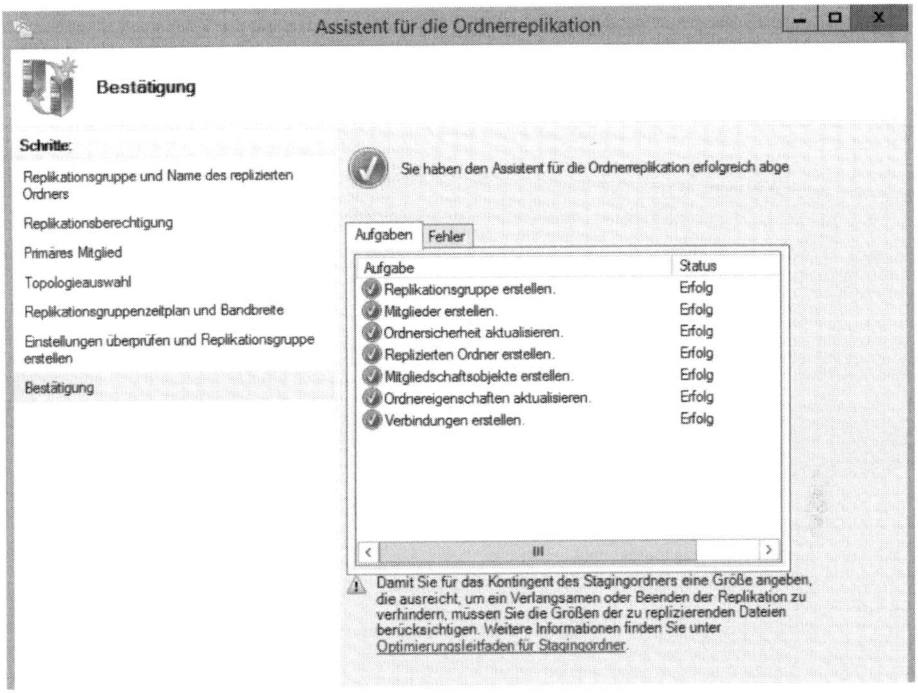

- Die fertig eingerichtete Replikationsgruppe:

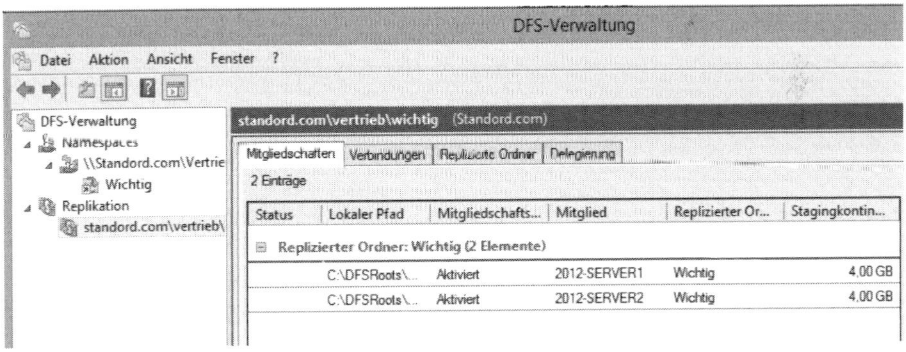

Wichtige Überlegungen für die Verwendung von BranchCache

***Information**: BranchCache wurde mit Windows Server 2008 R2 und Windows 7 eingeführt.*

- Der Modus für verteilte Caches eignet sich am besten für kleine Filialen, die über keinen lokalen Server verfügen, der als gehosteter Cacheserver verwendet werden könnte. Im Modus für verteilte Caches können Sie BranchCache in Filialen ohne zusätzliche Hardware bereitstellen.

- Falls in der betreffenden Filiale zusätzliche Infrastruktur, wie ein oder mehrere Server mit anderen Arbeitslasten, vorhanden ist, ist die Bereitstellung von BranchCache im Modus für gehostete Caches aus folgenden Gründen vorteilhaft: Im Modus für gehostete Caches wird die Effizienz des Caches gesteigert, da Inhalte auch dann verfügbar sind, wenn der Client, der die Daten ursprünglich angefordert hat, offline ist. Da der gehostete Cacheserver immer verfügbar ist, kann mehr Inhalt zwischengespeichert werden, und dies führt zu größeren WAN-Bandbreiteneinsparungen und zur Verbesserung der BranchCache-Effizienz.
- BranchCache unterstützt nicht nur Datei- und Anwendungsserver, sondern auch Webserver. Auf allen Servern muss das BranchCache-Feature installiert sein.
- Wenn Sie über Inhaltsserver und gehostete Cacheserver mit Windows Server 2012 verfügen, verwenden diese die Version der Inhaltsinformationen, die gemäß dem Betriebssystem des BranchCache-Clients, von dem die Informationen angefordert werden, geeignet ist. Wenn ein Computer auf dem Windows Server 2012 oder Windows 8 ausgeführt wird Inhalte anfordern, verwenden Inhaltsserver und gehostete Cacheserver V2-Inhaltsinformationen. Wenn Computer auf denen Windows Server 2008 R2 oder Windows 7 ausgeführt wird Inhalte anfordern, verwenden Inhaltsserver und gehostete Cacheserver V1-Inhaltsinformationen.

Hinweise und Best Practices für BranchCache:

- Sie können nur Inhalte mit BranchCache zwischenspeichern, die auf Datei- oder Webservern gespeichert sind auf denen Windows Server 2008 R2 oder neuer ausgeführt wird.
- BranchCache für Dateidienste erfordert das BranchCache-Feature bzw. den BranchCache-Rollendienst für Netzwerkdateien auf einem Server mit mindestens Windows Server 2012.
- Konfiguration der Clientcomputer erfolgt mit Gruppenrichtlinien oder dem Befehl „**netsh branchcache set service**".
- Für das Zwischenspeichern von Inhalten des Dateiservers muss der Rollendienst „BranchCache für Netzwerkdateien" auf dem Dateiserver installiert werden. Konfigurieren Sie Hashveröffentlichung für BranchCache und erstellen Sie BranchCache-fähige Dateifreigaben.
- BranchCache für das Zwischenspeichern von Inhalten eines Webserver erfordert die Installation des BranchCache-Features auf dem Webserver.
- BranchCache kann sowohl auf Server-Core wie auch auf vollständigen Installation von Windows Server 2012 R2 installiert werden.

Wann empfiehlt sich DFS Replikation oder BranchCache? Ein Vergleich:

Für das zur Verfügung stellen von Dateien an anderen Standorten bzw. Filialen kann sowohl die DFS-Replikation wie auch BranchCache verwendet werden. Da beide Möglichkeiten anders funktionieren, hängt es von den Anforderungen ab, welche Methode die bessere Wahl ist. DFS-Replikation repliziert Dateien auf einen anderen Server. BranchCache stellt einen lokalen Dateicache zur Verfügung und benötigt dafür nicht unbedingt einen lokalen Server.
Werden alle Daten repliziert?

- DFS: Ja. Alle Dateien werden zu anderen Mitgliedern des Namespace-Verbunds repliziert.
- BranchCache: Nein, nur die angeforderten Daten sind im Cache und entsprechend Ihrer Verteilung nur einmal vorhanden.

Welche Arten von Daten werden unterstützt?
- DFS: SMB1 und 2.
- BranchCache: SMB2, HTTP, HTTPS.

Wird Redundanz unterstützt?
- DFS: Ja, durch domänenbasiertem Namespace und Replikation.
- BranchCache: Ja, durch mehrere Hosts und verteiltem Cache.

Wie lange werden Daten vorgehalten?
- DFS: Immer, solange sie nicht manuell gelöscht werden.
- BranchCache: Wenn sie nicht genutzt werden maximal 28 Tage.

Ist eine Konfiguration der Clients erforderlich?
- DFS: Nein.
- BranchCache: Ja.

Wird ein Netzwerkausfall toleriert?
- DFS: Ja.
- BranchCache: Nein.

2.4.2 So konfigurieren Sie BranchCache

Grundsätzlich wird bei der Konfiguration von BranchCache unterschieden zwischen der Serverkonfiguration und der Clientkonfiguration.

Server:
- Installation des Features BranchCache auf dem Webserver, der seine Daten einem BranchCache zur Verfügung stellen soll. Eine weitere Konfiguration ist nicht notwendig.
- Installation der Rolle BranchCache auf dem Dateiserver, der seine Daten einem BranchCache zur Verfügung stellen soll. Danach erfolgt eine Aktivierung des Dienstes für den Server und der Dateifreigaben.
- Installation des Features BranchCache auf dem Server, der als gehosteter BranchCache Server genutzt werden soll.

Client:
- BranchCache aktivieren.
- Modus festlegen: Verteilter Cache oder gehosteter Cache.
- Clientfirewall entsprechend anpassen.

So konfigurieren Sie BranchCache auf einem Dateiserver

Schritt 1:

- Für einen Dateiserver ist BranchCache ein Rollendienst. Das BranchCache Feature wird nicht benötigt:

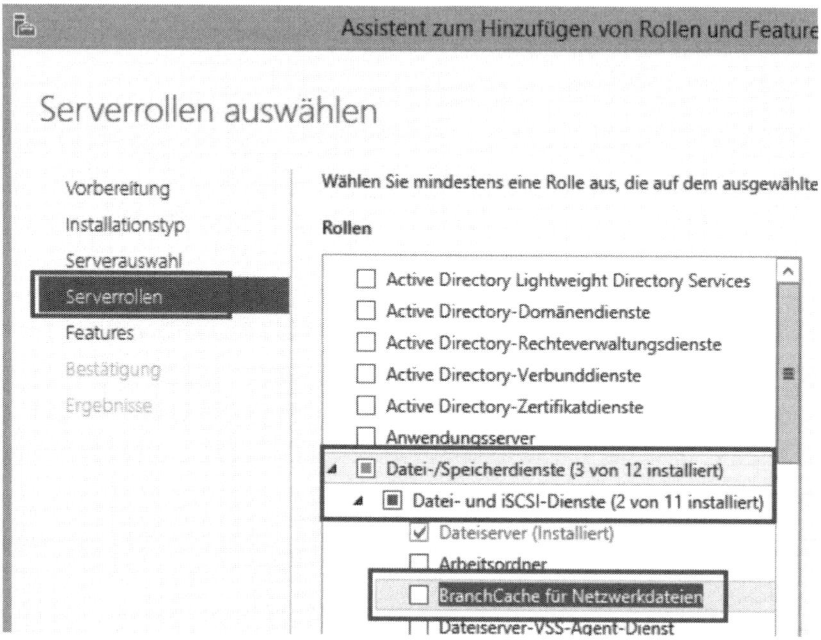

Schritt 2:

- Nach der Installation ist erst einmal nichts zu sehen. Wir haben keinen Manager für den BranchCache. Die Aktivierung erfolgt mit dem Editor für lokale Gruppenrichtlinien. Starten Sie dazu „**gpedit.msc**" über „Start/Ausführen". Im Editor aktivieren Sie die Richtlinie „**Hashveröffentlichung für BranchCache**" im Knoten „**Computerkonfiguration/Administrative Vorlagen/Netzwerk/LanMan-Server/**":

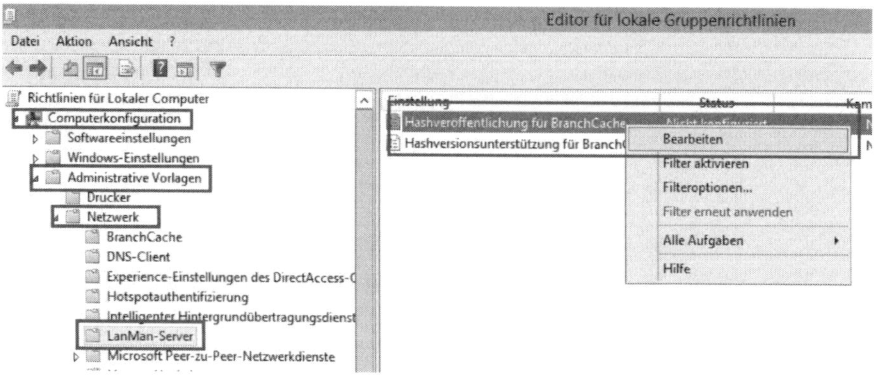

Die einzustellenden Optionen:

- Aktivieren der Richtlinie „Hashveröffentlichung nur für freigegebene Ordner mit aktiviertem BranchCache zulassen“.

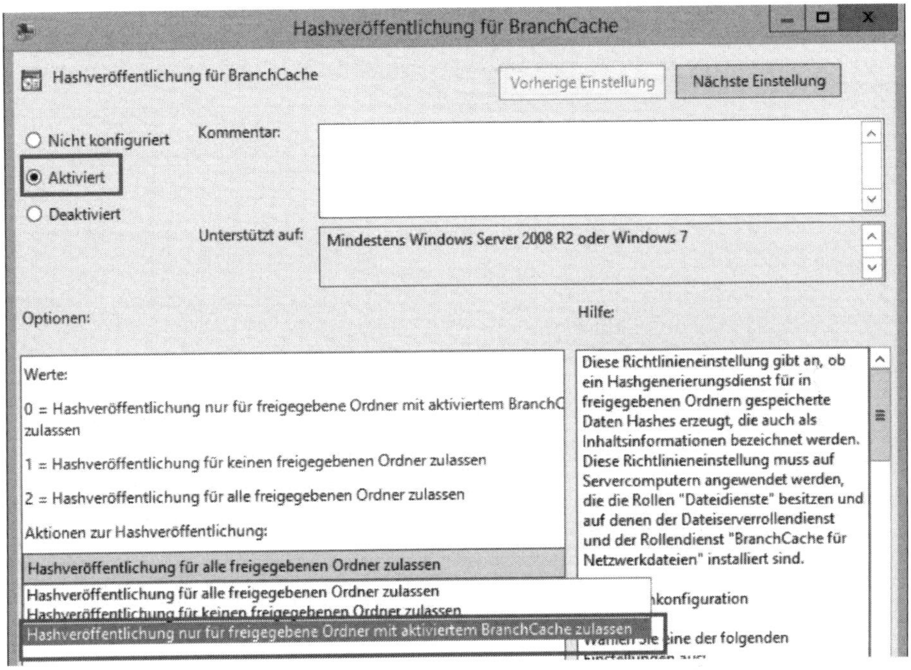

Schritt 3:
Jetzt müssen Sie nur noch den BranchCache für eine Dateifreigabe aktivieren. Dazu öffnen Sie im Explorer die Eigenschaften eines Ordners:

- Registerkarte „Freigabe“.

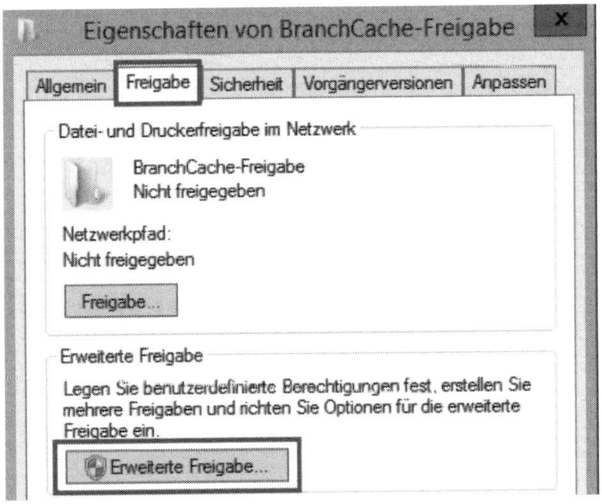

- „Erweiterte Freigabe“ auswählen und „Diesen Ordner freigeben“ aktivieren. „Zwischenspeichern“ auswählen.

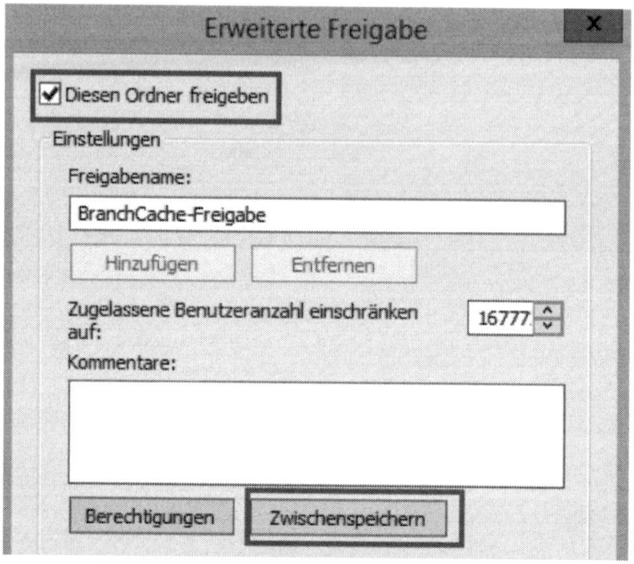

- „BranchCache aktivieren“ auswählen und dann „OK“

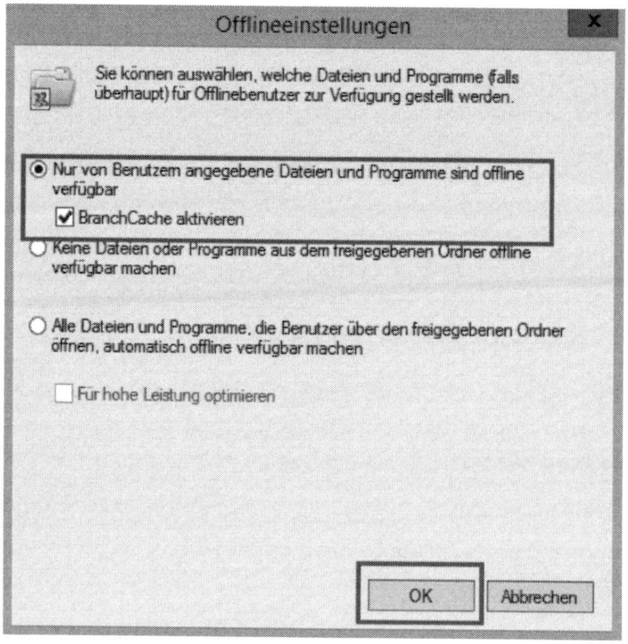

So konfigurieren Sie BranchCache auf einem Client

Die Installation einer Rolle oder eines Features ist auf Clients nicht notwendig. Ab Windows 7 ist BranchCache installiert, aber deaktiviert. Es muss nur aktiviert und konfiguriert werden.

Schritt 1: Aktivieren von BranchCache mithilfe von Gruppenrichtlinien:

Als erstes erstellen und verlinken Sie eine Richtlinie mit der OU, in der sich die Clients befinden. In diesem Beispiel nehme ich der Einfachheit halber die Domäne.

- Im Knoten „Computerkonfiguration/Richtlinien/Administrative Vorlagen: Vom lokalen Computer abgerufen/Netzwerk/BranchCache“ aktivieren Sie die Richtlinie „BranchCache aktivieren“.

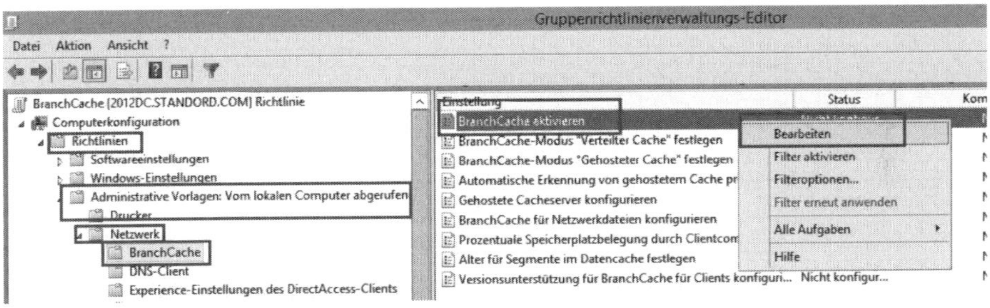

Weitere BranchCache Konfiguration über die Gruppenrichtlinie:

- „Verteilter Cache“ oder „gehosteter Cache“.
- Es ist auch eine automatische Erkennung konfigurierbar. Clients arbeiten verteilt, wenn sie keinen Server vorfinden, der den Cache hostet. Sie arbeiten hostbasiert, wenn ein gehosteter Cache vorhanden ist.

Alternativer Schritt 1, Aktivieren von BranchCache mithilfe der Powershell:

- Es darf keine Aktivierung mit einer Gruppenrichtlinie erfolgt sein.
- „**Enable-BcDistributed**“ ist der Befehl für den verteilten Cache.
- „**Enable-BcHostedServer**“ ist der Befehl für den gehosteten Cache auf einem Server.
- „**Enable-BcHostedClient**“ ist der Befehl für den gehosteten Cache mit dem angegebenen Cache-Server.

```
Enable-BCHostedClient -ServerNames 2012DHCP.Standord.com -
UseVersion Windows8
```

Weiterer alternativer Schritt 1, Aktivieren von BranchCache mithilfe der Kommandozeile:

- Es darf keine Aktivierung mit einer Gruppenrichtlinie erfolgt sein.
- Verteilter Cache:

```
C:\>netsh branchcache set service mode=distributed_
```

- Gehosteter Cache:

```
C:\>netsh branchcache set service mode=hostedclient location=2012DHCP.standord.c
om_
```

Schritt 1, das Anpassen der Client-Firewall:

- Es müssen eingehende Firewallregeln aktiviert werden.

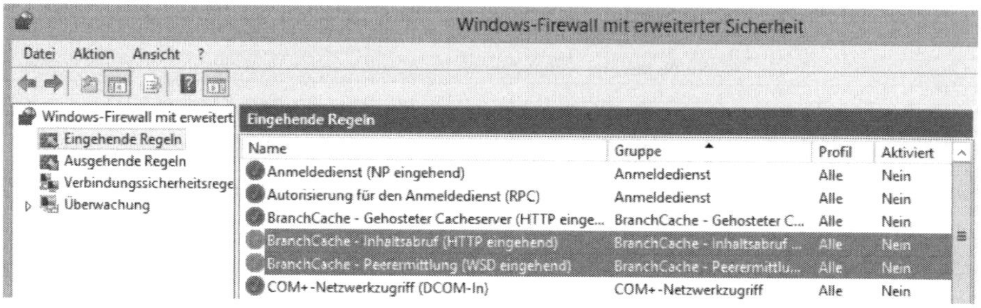

Speicheroptimierungsmöglichkeiten mit Windows Server 2012 R2

Windows stellt Ihnen einige Features zur Verfügung, mit denen Sie Ihre Speicher für die Bereitstellung, Verwaltung und das Sichern optimieren können. Diese Möglichkeiten können Sie in Ihre Bereitstellungsstrategien mit einbeziehen.

Diese Features sind im Einzelnen:

- Das **Überwachen des Dateizugriffs**. Damit wird bei Dateizugriffen durch die Benutzer je Zugriff ein Überwachungsereignis erzeugt, das deutlich informativer ist als in den vorherigen Windows Server-Versionen.
- **Features bei Bedarf** bedeutet Einsparung von Speicherplatz durch das Entfernen von nicht benötigten Rollen- und Feature-Dateien aus dem Betriebssystem. Diese können von physischen und virtuellen Computern ebenso entfernt werden wie aus WIM-Dateien und Offline-VHDs. Sollen die Rollen und Features irgendwann doch installiert werden, können die Installationsdateien von Remotestandorten, Installationsmedien oder der Windows Update-Webseite abgerufen werden.
- Mit der **Datendeduplizierung** können Sie Dateiduplikate ermitteln und entfernen, ohne die Datenintegrität zu gefährden. Sie läuft im Hintergrund, ist Skalierbar und Ressourcensparend. Die Datendeduplizierung ist zeitlich planbar und lässt sich auf eine Dateiauswahl abstimmen. Durch die Kombination der Deduplizierung mit dem BranchCache lässt sich die Cachedownloadzeit und der Bandbreitenverbrauch des BranchCache verringern.
- Der **NFS-Datenspeicher** (Network File System) ist eine NFS-Serverimplementierung in Windows Server 2012 R2, die hohe Verfügbarkeit durch Failover-Clustering ermöglicht.
- Unterstützung für **ODX**. ODX (Offloaded Data Transfer) ist eine Technik, die es ermöglicht Daten direkt zwischen zwei ODX kompatiblen Datenspeichern auszutauschen, ohne dass diese dabei über einen Computer von einem Speicher

zum anderen übertragen werden müssen. Die Speichergeräte wickeln die Datenübertragung selbst ab. Das verringert die Latenzen, maximiert den Durchsatz und verringert die Last auf dem Computer. Windows lagert die Dateiübertragungen beim Kopieren oder Verschieben von Dateien transparent und automatisch auf die Speichergeräte aus, unabhängig davon ob Dateien per Drag & Drop, über den Datei-Explorer oder mit Dateikopierbefehlen auf der Befehlszeile übertragen werden.

3. Die logische Active Directory-Infrastruktur

Gesamtstruktur-Infrastruktur und Domäneninfrastruktur

Zusammenfassung: In diesem Kapitel geht es um Gesamtstrukturen und Domänen und den Anforderungen an diese Strukturen. Das beinhaltet die Planung der Strukturen, deren Verknüpfung mittels Vertrauensstellungen und die Sicherheit.

Eine Active Directory Gesamtstruktur ist die höchste Stufe in einer AD-Hierarchie. Die Objekte in einer Gesamtstruktur entsprechen den folgenden Charakteristiken:
- Sie teilen ein gemeinsames Schema.
- Sie teilen einen gemeinsamen globalen Katalog.
- Sie sind eine einzelne administrative Einheit.

Wenn Sie Ihre AD DS-Struktur planen, müssen Sie die Anforderungen kennen, die Ihre Organisation an die zukünftige Struktur stellt. Genauso wichtig ist es, die Verwaltungs- und Administrationsanforderungen zu berücksichtigen.
Legen Sie fest, ob mehrere Gesamtstrukturen verwendet werden müssen um die Anforderungen zu erfüllen und planen Sie die Vertrauensstellungen zwischen diesen Gesamtstrukturen ein. Zu dem Gesamtstruktur-Entwurf müssen Sie das passende Domänenmodell planen. Entsprechend den Anforderungen wählen Sie die Domänencontroller-Standorte aus, stellen diese bereit und Sie integrieren die internen und externen DNS-Namensräume mit den DNS-Servern in die Domäne. Implementieren Sie mehrere Domänen, benötigen Sie zur Kommunikation unter den Domänen die Domänenvertrauensstellungen.

3.1 Die AD DS-Gesamtstruktur

Für die Gesamtstruktur sind verschiedene Modelle möglich, die allerdings immer nur einen Kompromiss zwischen Anforderungen und den Möglichkeiten der Umsetzung darstellen.

Diese Modelle sind:
- Das **einzelne Gesamtstrukturmodell**. Alle Benutzerkonten und Ressourcen sind in einer oder mehreren Domänen einer einzelnen AD DS-Gesamtstruktur enthalten. Dies ist das allgemeinste Modell für einen Gesamtstrukturentwurf und erfüllt die meisten Anforderungen.
- Das **organisatorische Gesamtstrukturmodell**. Anforderungen der Organisation fließen in diesem Modell in die Gesamtstruktur-Planung ein. So werden beispielsweise die Abteilungsstruktur, die physischen Standorte oder andere Geschäftskriterien berücksichtigt und entsprechend in mehreren Gesamtstrukturen mit administrativer Trennung und Autonomie umgesetzt. Jede Gesamtstruktur stellt eine unabhängige Verwaltungseinheit mit eigenen Benutzerkonten und Ressourcen dar. Eventuell benötigte Gesamtstruktur-übergreifende Benutzerzugriffe werden mit Vertrauensstellungen gelöst.

- Das **ressourcenbedingte Gesamtstrukturmodell**. Dieses Modell bietet Dienstisolation und schützt die Bereiche des Netzwerks, in denen Services und Dienste vom Rest der Struktur isoliert werden können. Enthaltende Benutzerkonten dienen nur der Administration und für den Zugriff auf Ressourcen in dieser Gesamtstruktur. Durch Gesamtstruktur-Vertrauensstellungen können die Benutzer aus anderen Gesamtstrukturen auf die Ressourcengesamtstruktur zugreifen.
- Das **Gesamtstrukturmodell mit eingeschränktem Zugriff** teilt die Organisationsstruktur auf in mindestens zwei Gesamtstrukturen. Ohne konfigurierte Vertrauensstellungen zwischen den Gesamtstrukturen haben die Benutzer nur Zugriff auf die Ressourcen ihrer eigenen Gesamtstruktur. Benutzer, die auch auf Ressourcen einer anderen Gesamtstruktur zugreifen müssen, benötigen dort ebenfalls ein Benutzerkonto und müssen für den Zugriff auf jede ihrer Gesamtstrukturen jeweils einen anderen Computer verwenden. So werden Teile der Infrastruktur streng von anderen Teilen der Infrastruktur isoliert und Sicherheitsanforderungen erfüllt.

Die Auswahl des geeigneten Modells

Da Sie organisatorische Anforderungen erfüllen müssen, sind Sie nicht immer frei in Ihren Entscheidungen. Häufig ist aber mehr als ein Modell geeignet. Es gibt einiges zu Bedenken, dass Ihnen die Entscheidung erleichtern kann und jedes Modell hat seine Vor- und Nachteile.

Vorteile einer einzelnen Gesamtstruktur:

- Die Gesamtstruktur stellt Komponenten zur Verfügung, die von allen Domänencontrollern der Gesamtstruktur genutzt werden können, wie beispielsweise Schemaverzeichnispartition, Konfigurationspartition, globaler Katalog, Verwaltungsgruppen mit gesamtstrukturweiter Berechtigung.
- Der Entwurf ist einfach und weniger komplex als die anderen Modelle.
- Anwendungen haben zentralisierten Zugriff auf die Directory Services.
- Der Zugriff auf Ressourcen ist schnell möglich, da zwischen den Domänen einer Gesamtstruktur automatisch eine Vertrauensstellung besteht. Ein Domänen-Administrator kann den Benutzern einer anderen Domäne der Gesamtstruktur schnellen Zugriff auf seine Ressourcen gewähren.

Nachteile einer einzelnen Gesamtstruktur:

- Die Isolation von kritischen Bereichen ist nicht möglich. Die Domänen einer Gesamtstruktur vertrauen einander. Möglich wäre nur die Isolation einiger gesamtstrukturbezogener Konten durch die Schaffung einer dedizierten Stammdomäne, die keine Endbenutzerkonten und keine Konten von Dienstadministratoren der untergeordneten Domänen enthält.
- Schemaänderungen haben Auswirkung auf die Gesamtstruktur mit allen Domänen und Ressourcen, auch wenn die Schemaänderung nur für einen kleinen Bereich notwendig ist.

- Gesamtstrukturweite Änderungen erfordern möglicherweise die Einbeziehung vieler Projektbeteiligten. Das kann hohen Aufwand und hohen Zeitbedarf bedeuten.

Vorteile von mehreren Gesamtstrukturen:

- Die Isolation einer Abteilung aus Sicherheitsgründen ist sehr gut möglich.
- Die Zusammenführung von zwei Organisationen in eine Gesamtstruktur kann sehr aufwendig und teuer sein, so dass die Beibehaltung der einzelnen Gesamtstrukturen die bessere Lösung ist.
- Sie benötigen ein Umkreisnetzwerk mit Active Directory Domänenstrukturservern. Dafür ist zur Trennung von internen Ressourcen und für die Authentifizierung eine eigene Gesamtstruktur erforderlich.
- Mehrere Gesamtstrukturen ermöglichen eine bessere Kontrolle von Schemaänderungen in einer Gesamtstruktur, da die anderen Bereiche ihrer Organisation nicht davon betroffen sind.

Nachteile von mehreren Gesamtstrukturen:

- Ist für die Benutzer ein gesamtstrukturübergreifender Ressourcenzugriff erforderlich, müssen Sie Gesamtstruktur-Vertrauensstellungen einrichten.
- Mehrere Gesamtstrukturen zu implementieren, ist mit höheren Kosten für Entwurf, Implementierung, Hardware und Administration verbunden.
- Bei Abfragen des globalen Katalogs werden nur die Objekte der lokalen Gesamtstruktur einbezogen.

Best Practices zur Auswahl des geeigneten Modells:

- Übertragen Sie ihre geschäftlichen und administrativen Anforderungen sowie die Sicherheitsanforderungen auf die Modelle und prüfen Sie was am besten passt.
- Wenn es möglich ist, wählen Sie das einzelne Gesamtstrukturmodell.
- Sind mehrere Gesamtstrukturen erforderlich, implementieren Sie so wenige wie möglich.
- Überlegen Sie, ob Sie Ihre Anforderungen nicht auch durch mehrere Domänen in einer Gesamtstruktur anstelle von mehreren Gesamtstrukturen abdecken können.

3.1.1 AD DS-Gesamtstruktur Vertrauensstellungen

Müssen zwei oder mehr Gesamtstrukturen zusammenarbeiten und den Benutzern der anderen Gesamtstruktur Zugriff auf eigene Ressourcen zur Verfügung stellen, benötigen Sie konfigurierte Vertrauensstellungen zwischen den Gesamtstrukturen.

Die Eigenschaften von Gesamtstruktur-Vertrauensstellungen

Vertrauensstellungen zwischen zwei Gesamtstrukturen können auf unterschiedliche Art eingerichtet werden. Abhängig ist es von den Anforderungen: Sollen sich beispielsweise die Gesamtstrukturen gegenseitig vertrauen und alle jeweils enthaltenen Domänen einschließen (bidirektional) oder soll nur eine Gesamtstruktur auf Ressourcen der anderen Gesamtstruktur zugreifen aber nicht umgekehrt (unidirektional), eventuell zusätzlich eingeschränkt auf bestimmte Bereiche der vertrauenden Gesamtstruktur. Entsprechend ist die Vertrauensstellung zu konfigurieren.

Charakteristisch für Gesamtstruktur-Vertrauensstellungen:

- Einfaches Management der Ressourcen über beide Gesamtstrukturen. Gesamtstruktur-Vertrauensstellungen sind einfacher zu konfigurieren und zu administrieren als Vertrauensstellungen zwischen jeder Domäne der beteiligten Gesamtstrukturen.
- Komplettes Zwei-Wege Vertrauen (bidirektional) über alle Domänen der beiden Gesamtstrukturen ist möglich (transitive Vertrauensstellung).
- Die Authentifizierung verwendet UPN-Authentifizierung über beide Gesamtstrukturen.
- Sowohl die Kerberos-V5 Authentifizierung wie auch das NTLM-Authentifizierungsprotokoll wird verwendet.
- Die Verwaltung ist flexibel auf die Anforderungen abstimmbar.
- Die Funktionsebene der Gesamtstrukturen muss mindestens Windows Server 2003 sein. Zwischen den Gesamtstrukturen muss die Namensauflösung funktionieren.

Mögliche Sicherheitsbedenken bei Gesamtstruktur-Vertrauensstellungen

Falsche Konfiguration von Gesamtstruktur-Vertrauensstellungen kann dazu führen, dass Benutzer einer Gesamtstruktur Zugriff auf Ressourcen der anderen Gesamtstruktur bekommen, obwohl dies nicht gewünscht ist.

Um das zu Vermeiden, haben Sie folgende Möglichkeiten:

- Mit der standardmäßig aktivierten **SID-Filterung** (SID = Sicherheits-ID) wird verhindert, dass nicht autorisierte Benutzer, die in der vertrauenswürdigen Gesamtstruktur Zugriff auf Domänen- oder Administratorebene haben, sich oder andere in der vertrauenden Gesamtstruktur Benutzerrechte verschaffen können. Die SID eines Sicherheitsprinzipals enthält u. a. die SIDs aller Gruppen, in denen der Benutzer Mitglied ist. Darüber hinaus enthält es die SID der Domäne, in welcher der Sicherheitsprinzipal erstellt wurde. Diese stellt die Identität des Sicherheitsprinzipals dar und bestimmt, auf welche Domänenressourcen das Prinzipal zugreifen kann.
- Mit der **ausgewählten Authentifizierung** können Sie für externe oder Gesamtstruktur-Vertrauensstellungen steuern, wo die Authentifizierung möglich ist. Das steht im Gegensatz zur domänenweiten Authentifizierung für eine externe Vertrauensstellung und zur gesamtstrukturweiten Authentifizierung für eine Gesamtstrukturvertrauensstellung. Bei diesen beiden können alle Benutzer auf alle Ressourcen der vertrauenden Seite zugreifen. Die ausgewählte Authentifizierung erfordert eine explizite Freigabe der Ressourcen der vertrauenden Seite für die Benutzer der vertrauenswürdigen Seite.

- Das **Namenssuffixrouting** ermöglicht die Konfiguration, wie Authentifizierungsanforderungen zwischen zwei Gesamtstrukturen weitergeleitet werden. Ein eindeutiges Namensuffix ist ein Namenssuffix innerhalb einer Gesamtstruktur, (beispielsweise „microsoft.com"), das keinem anderen Namenssuffix untergeordnet ist. Erstellen Sie eine Gesamtstruktur-Vertrauensstellung, ist das Namenssuffixrouting standardmäßig aktiviert und leitet ein eindeutige Namenssuffix (z. B.: „microsoft.com") sowie dessen untergeordnete Namenssuffixe (z. B.: „entwicklung.microsoft.com") an die andere Gesamtstruktur weiter. Das lässt sich auf bestimmte untergeordnete Namenssuffixe einschränken, indem Sie das Namenssuffixrouting für bestimmte Namen von untergeordneten Domänen oder auch für den Gesamtstrukturnamen deaktivieren.

Best Practices für das Erstellen von Gesamtstruktur-Vertrauensstellungen:
- Stellen Sie sicher, dass Ihre DNS-Infrastruktur korrekt konfiguriert ist.
- Stellen Sie sicher, dass die Funktionslevel der Gesamtstrukturen mindestens auf Windows Server 2003 gesetzt sind.
- Wenn die Vertrauensstellung nur auf jeweils eine Domäne der beiden Gesamtstrukturen beschränkt werden soll, verwenden Sie eine externe Vertrauensstellung zwischen diesen beiden Domänen anstelle einer Gesamtstruktur-Vertrauensstellung.
- Verwenden Sie die ausgewählte Authentifizierung.
- Überlegen Sie, ob Sie Ihre Anforderungen auch mit Alternativen zu Gesamtstruktur-Vertrauensstellungen erfüllen können. Das könnten beispielsweise Active Directory Verbunddienste sein, wenn es nur um Zugriff auf Anwendungen oder Webdienste einer anderen Gesamtstruktur geht.

So erstellen Sie eine Gesamtstruktur-Vertrauensstellung

Im wesentlichen beschränkt sich die Etablierung einer Vertrauensstellung zwischen zwei Gesamtstrukturen auf drei Schritte:
1. Für korrekte Namensauflösung sorgen.
2. Die Gesamtstrukturvertrauensstellung einrichten.
3. Durch erweiterte Einstellungen für mehr Sicherheit sorgen.

Schritt 1: DNS konfigurieren

Um eine Vertrauensstellung zwischen zwei Gesamtstrukturen zu etablieren, müssen Sie für eine korrekte Namensauflösung sorgen. Das können Sie mit bedingten Weiterleitungen, Delegierungen und Stubzonen erreichen. In beiden Gesamtstrukturen müssen Sie im „DNS-Manager" die entsprechenden Einträge durchführen.

So erstellen Sie eine Stubzone:

Erstellen einer **Stubzone** in Gesamtstruktur 1 (standord.com). Es werden dazu die Daten der Gesamtstruktur 2 (southstand.net) benötigt.
- Erstellen Sie in Gesamtstruktur 1 eine neue Zone, indem Sie den „Assistent zum Erstellen neuer Zonen" starten:

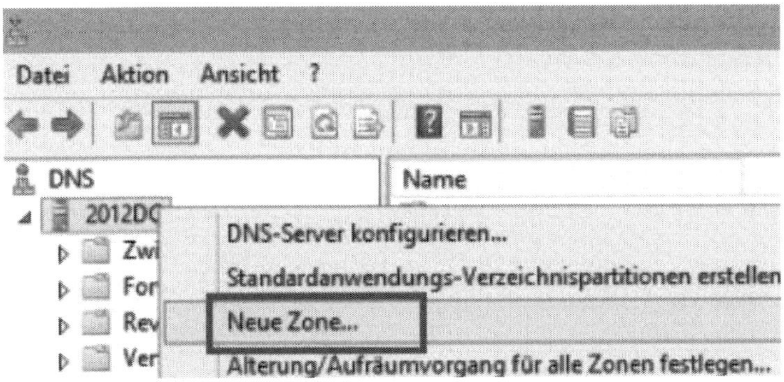

- Wählen Sie im Assistenten die Stubzone aus:

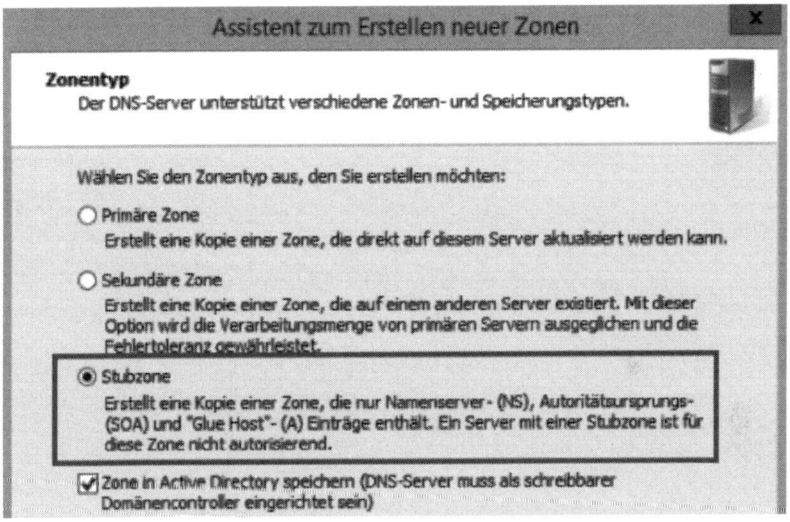

- Legen Sie im nächsten Schritt den Zonenreplikationsbereich fest.
- Geben Sie den Zonen-Namen von Gesamtstruktur 2 ein:

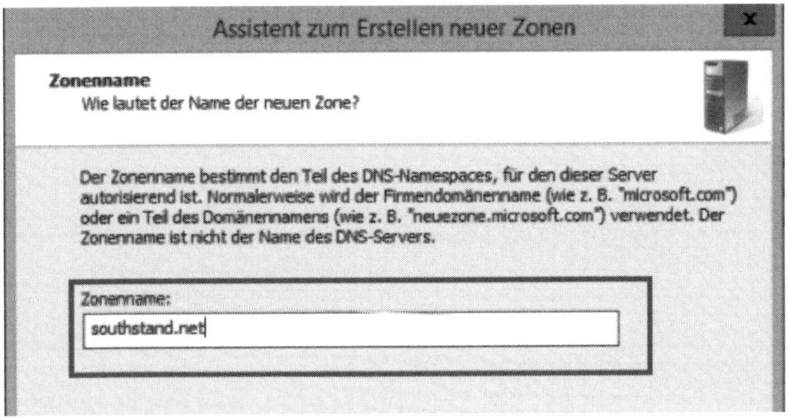

- Tragen Sie die Daten von Gesamtstruktur 2 ein:

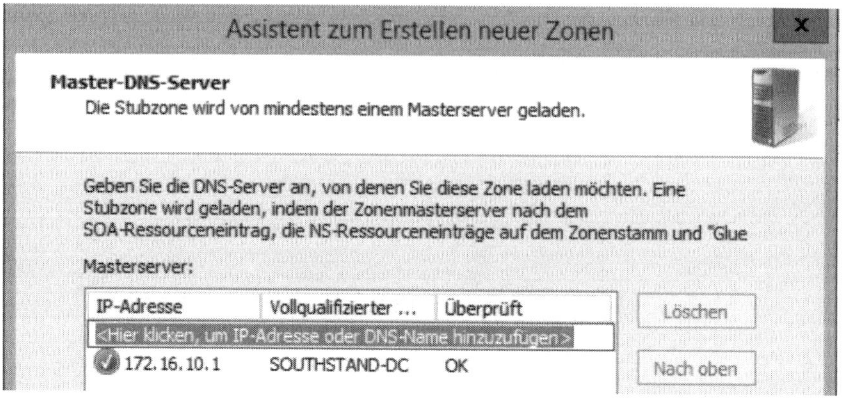

- Nach Abschluss des Assistenten ist die neue Zone erstellt. Sie ist allerdings noch leer:

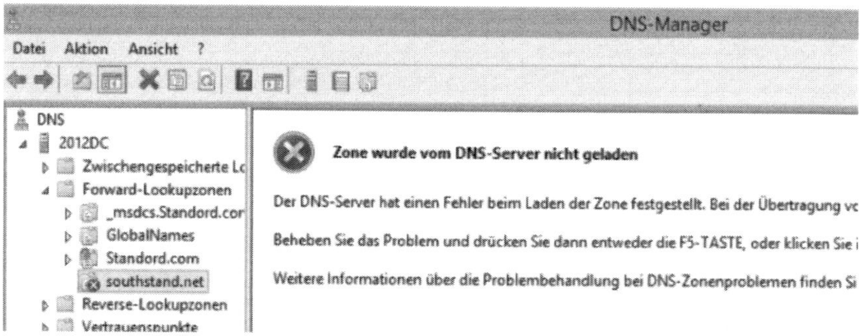

- Führen Sie die „Übertragung vom Master“ durch und aktualisieren Sie danach die Ansicht:

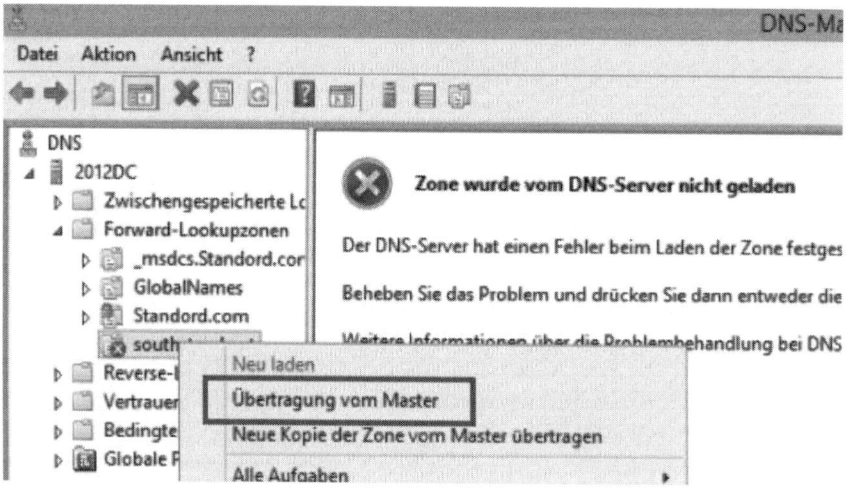

- Das Ergebnis: Die Zonendaten wurden geladen.
- Das Anlegen der Stubzone muss in der Gesamtstruktur 2 auf dem DNS-Server ebenfalls durchgeführt werden. Der Vorgang ist der gleiche wie oben. Es werden die Daten der Gesamtstruktur 1 konfiguriert.

So erstellen Sie eine bedingte Weiterleitung:

- Wenn Sie anstelle einer Stubzone eine **bedingte Weiterleitung** konfigurieren wollen, ist das ebenfalls schnell erledigt. Der Ablauf ist ähnlich wie oben. Wie bei einer Stubzone müssen Sie auf den primären Domänencontrollern beider beteiligter Gesamtstrukturen die bedingte Weiterleitung zur anderen Gesamtstruktur einrichten. Bei der Einrichtung verwenden Sie die Daten der jeweils anderen Gesamtstruktur.

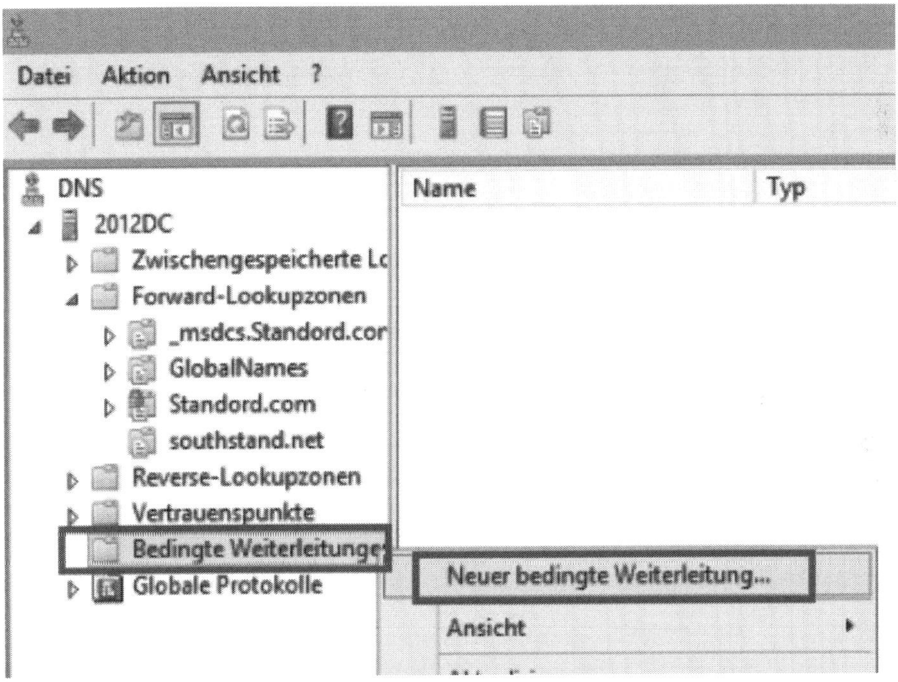

- Geben Sie den Namen der anderen Gesamtstruktur mit der IP-Adresse ein. Die Namensauflösung funktioniert, der eingetragene Server ist allerdings in der anderen Gesamtstruktur noch nicht für die Zone autorisierend.

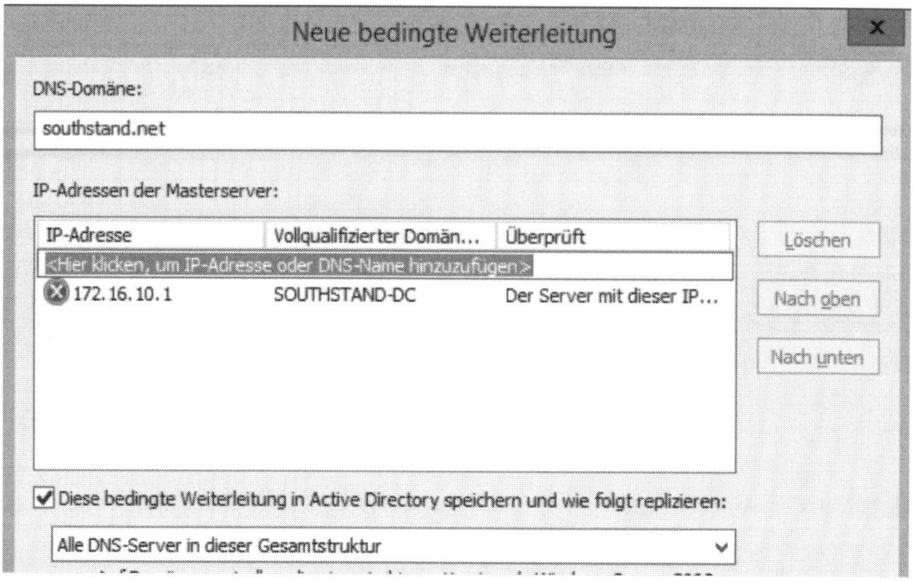

- Ob die Namensauflösung klappt, können Sie auch mit „**nslookup**“ in der Powershell testen:

- Im DNS-Manager ist die bedingte Weiterleitung eingerichtet:

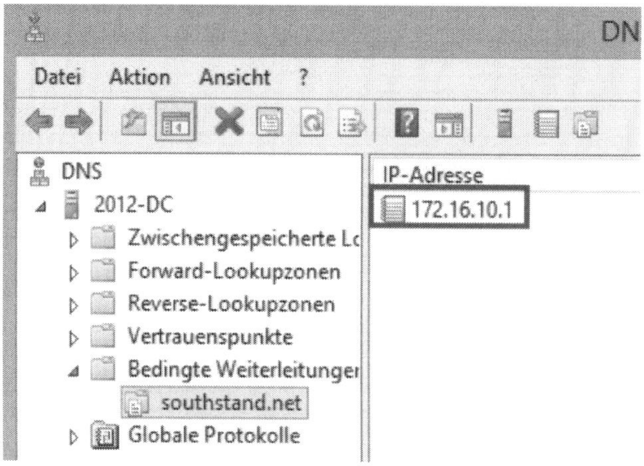

- Wie weiter oben bereits erwähnt, müssen Sie diesen Vorgang auf dem DNS-Server der anderen Gesamtstruktur ebenso durchführen. Das Ergebnis:

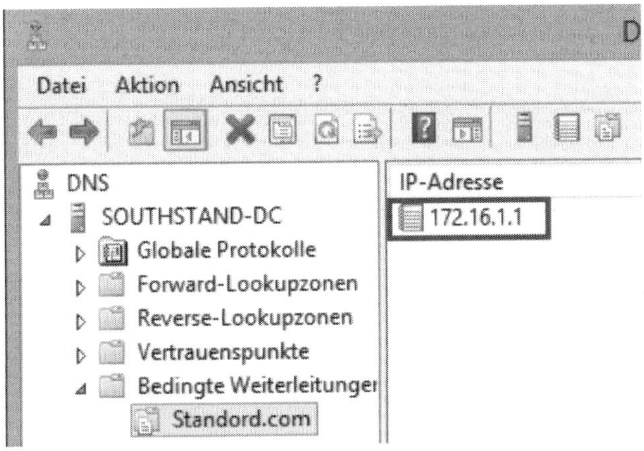

Schritt 2: Gesamtstrukturvertrauensstellung herstellen:
Für das Einrichten der Vertrauensstellung benötigen Sie die „Active Directory Domänen und –Vertrauensstellungen"-Konsole.

- In den Eigenschaften der Domäne (Rechtsklick auf die Domäne) wird auf der Registerkarte „Vertrauensstellung" die neue Vertrauensstellung konfiguriert. Sie können eingehende und ausgehende Vertrauensstellungen einrichten. Sie starten den „Assistent für neue Vertrauensstellungen" durch Klick auf „Neue Vertrauensstellung...."

- Geben Sie den Namen der anderen Gesamtstruktur ein, zu der Sie eine Vertrauensstellung aufbauen wollen:

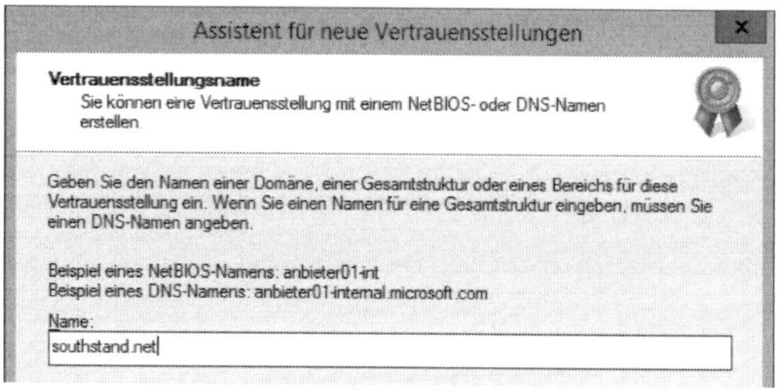

- Bestimmen Sie den Vertrauenstyp:

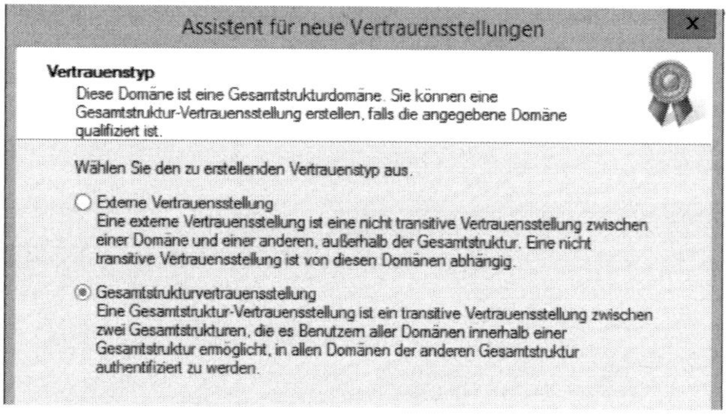

- Legen Sie die Richtung der Vertrauensstellung fest. Für eine bidirektionale Vertrauensstellung müssen Sie in beiden Gesamtstrukturen die eingehende und ausgehende Vertrauensstellung zur jeweils anderen Gesamtstruktur einrichten. Die Vertrauensrichtung ist immer entgegengesetzt zum gewünschten Zugriff. „Ich vertraue Ihnen, damit Sie Zugriff auf meine Ressourcen haben."

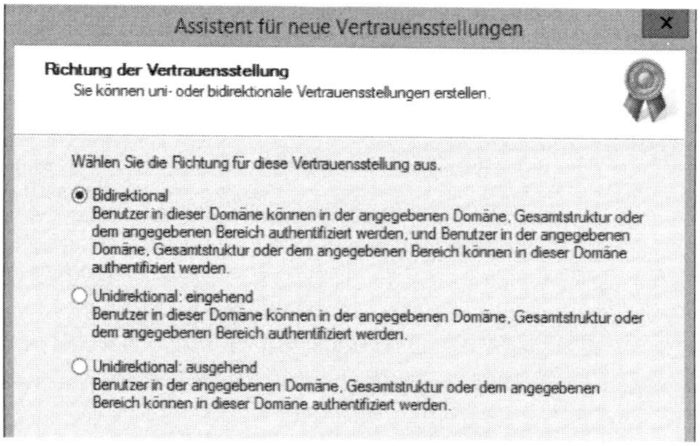

- Konfigurieren Sie die Vertrauensseiten. Wenn Sie über die entsprechenden Berechtigungen in der anderen Gesamtstruktur verfügen, können Sie durch Aktivierung von „Für diese Domäne und die angegebene Domäne“ von hier aus automatisch die Einstellungen in der anderen Domäne vornehmen. Die Option „Nur für diese Domäne“ erfordert die Unterstützung von jemanden, der in der anderen Domäne bzw. Gesamtstruktur die Berechtigungen hat um die notwendigen Einstellungen für die Vertrauensstellung zu Ihrer Gesamtstruktur vorzunehmen. In diesem Fall haben wir alle notwendigen Zugangsdaten, die im folgenden Verlauf eingegeben werden.

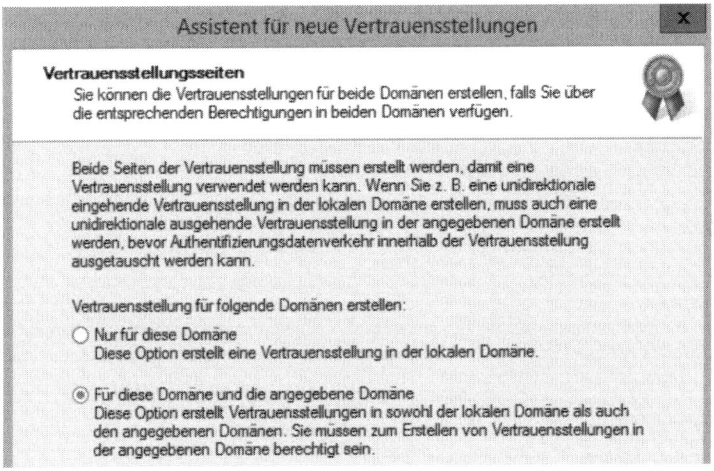

- Bestimmen Sie die Authentifizierungsebene sowohl für die eingehende wie für die ausgehende Vertrauensstellung. Wählen Sie an dieser Stelle „Ausgewählte Authentifizierung“, können Sie beispielsweise die selektive Authentifizierung konfigurieren, und den Zugriff auf bestimmte Gruppen einschränken statt allen Benutzern aus der vertrauenswürdigen Gesamtstruktur den Zugriff auf Ressourcen der vertrauenden Gesamtstruktur zu ermöglichen.

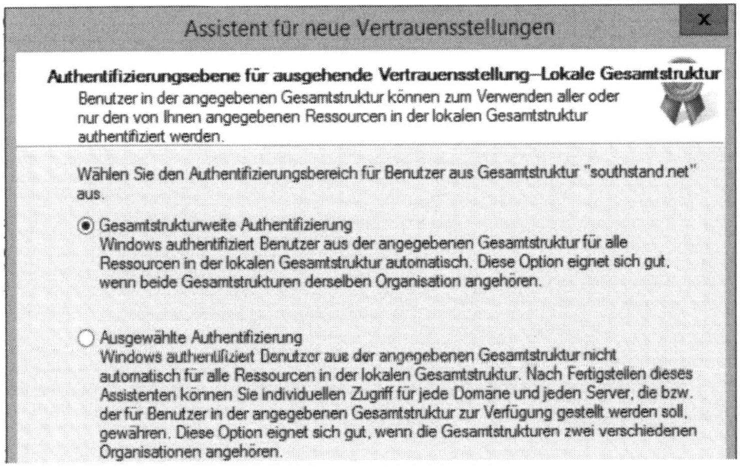

- Nach der Zusammenfassung der Einstellungen wird die Vertrauensstellung erstellt. Dabei lassen wir uns die ausgehenden und eingehenden Vertrauensstellungen bestätigen.

In beiden Gesamtstrukturen sind die Vertrauensstellungen eingetragen

- Gesamtstruktur 1:

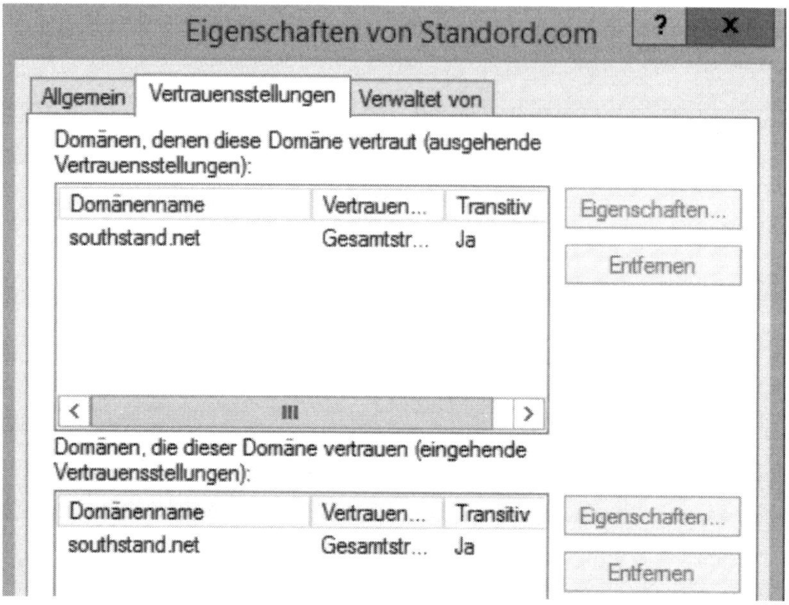

- Gesamtstruktur 2:

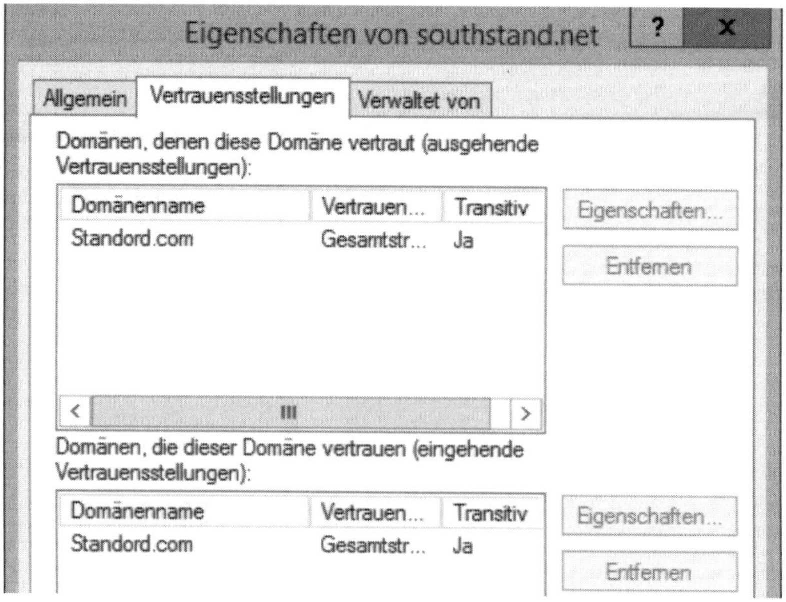

Das Ergebnis:
Durch die konfigurierte Gesamtstrukturvertrauensstellung haben Sie dafür gesorgt, dass User aus der vertrauenswürdigen Gesamtstruktur in der vertrauenden Gesamtstruktur beim Zugriff auf Ressourcen wie eigene User behandelt werden.

3.1.2 Active Directory Integration mit Windows Azure Active Directory

Sie haben bereits an einigen Stellen in diesem Buch Informationen über die Microsoft Azure Dienste erhalten und erfahren, wie sich diese Dienste in Ihre Planungen einbeziehen lassen. Microsoft Azure ist allerdings mehr nur eine Möglichkeit, Server und Dienste in einer Cloud zu virtualisieren.

Der Überblick über das Windows Azure Active Directory:
Das Windows Azure AD ist ein cloudbasiertes „Infrastructure as a Service" (IasS) für das Management von Identitäten und Zugriffskontrolle. Es bietet also AD Dienste, die Sie für Ihre Zwecke nutzen können, ohne dass Sie dazu physische oder virtuelle Server erstellen müssen.
Es unterscheidet sich daher vom Betrieb virtueller Domänencontroller in der privaten Cloud.

Was stellt das Windows Azure AD zur Verfügung?

- Es ermöglicht Ihnen die Active Directory Authentifizierung in der öffentlichen Cloud.
- Es speichert Ihre AD Daten.
- Es bietet Ihnen Verbunddienste.
- Mit dem Azure AD „IaaS" können Sie ihre lokale Active Directory Umgebung auch in der öffentlichen Cloud bereitstellen.
- Es ermöglicht die Synchronisation mit Ihrem AD und das Single-Sign-On (SSO).
- Es bietet Ihnen Programmierschnittstellen für Ihre Eigenentwicklungen.
- Es unterstützt folgende Authentifizierungsprotokolle: OAuth 2.0, dass Ihnen eine granulare Zugriffssteuerung für andere Benutzer ohne Preisgabe von Passwörtern ermöglicht. SAML 2.0 als Framework zum Austausch von Authentifizierungs- und Autorisierungsinformationen. WS-Federation (Verbunddienste) zum Austausch von Ansprüchen.

Möglichkeiten für die Integration von lokaler Authentifizierung in Azure

Für die Integration Ihrer lokalen Active Directory Domänendienste in Azure AD benötigen Sie:

- Das **Windows Azure Active Directory Sync Tool** (DirSync). Es muss auf einem in die Domäne integrierten Windows Server laufen, allerdings nicht auf einem Domänencontroller. Dieses Tool benötigt einen SQL-Server, wenn Ihre

Infrastruktur mehr als 50000 Objekte enthält und es ist eine Voraussetzung für Single-Sign-On.

- Die **Active Directory Verbunddienste**. Dieser Dienst muss mindestens Version 2.0 sein und muss lokal in Ihrer Infrastruktur implementiert sein. Die Veröffentlichung der AD Verbunddienste wird durch die Bereitstellung des „**Web Application Proxy**“ oder für höhere Sicherheit mit dem „**Microsoft Forefront Unified Access Gateway**“ ermöglicht.
- Ihre **lokalen Active Directory Domänendienste.** Diese sind die Quelle für alle Ihre Verzeichnisdaten, die mit Windows Azure Active Directory synchronisiert werden sollen. Ihre AD Domänendienste sind die Voraussetzung zur Nutzung von DirSync, AD Verbunddiensten und Single-Sign-On.

Wie synchronisieren Sie Directory Informationen in die Cloud?

Wenn Sie die Verzeichnis-Synchronisation planen, bedenken Sie:

- Was sollten Sie synchronisieren und was nicht: Filtern Sie nach OU, nach AD DS Attributen oder nach AD DS Domäne?
- Was ist die Quelle der zu synchronisierenden Daten: Welcher Server ist es und wer hat auf den Server Zugriff?
- Welchen Einfluss hat eine Synchronisierung auf Ihre Netzwerkgeschwindigkeit: Sind Dienste betroffen wie beispielsweise Microsoft Exchange? Sollten Sie die Synchronisation zu bestimmten Zeiten durchführen?
- Welche Rechte benötigt der MSOL-AD-SYNC Service Account?

Die Optionen für das Verwalten der Windows Azure Active Directory Accounts:

Es stehen Ihnen zwei primäre Methoden zur Verfügung, um Benutzerkonten in Windows Azure Active Directory zu verwalten. Das wäre das webbasierte „Windows Azure Active Directory Management Portal“, mit dem Sie Benutzerkonten hinzufügen, Benutzerinformationen verwalten, Domänen hinzufügen, die Multifaktor-Authentifizierung aktivieren und die Integration in Ihre lokale AD DS Struktur verwalten. Weiterhin haben Sie die Möglichkeit, die Powershell Cmdlets des Windows Azure Active Directory Moduls zu nutzen. Diese ermöglichen Ihnen das Erstellen und Verwalten der Accounts.

3.2 Active Directory Domänendienst-Domänen

Nachdem Sie die Planung auf Gesamtstrukturebene auf Ihre Anforderungen abgestimmt haben und Sie sich für ein Gesamtstrukturmodell entschieden haben, müssen Sie ähnliche Überlegungen auf Domänenebene anstellen. So ist eine einzelne Domäne einfacher zu implementieren und zu verwalten im Vergleich zu mehreren Domänen. Diese allerdings können vorteilhaft sein, wenn Sie den Replikationsverkehr minimieren wollen oder eine gewisse administrative Unabhängigkeit zwischen den einzelnen Strukturen Ihrer Organisation schaffen wollen.

Sie müssen über die Auswahl zwischen folgenden Domänenstrukturen entscheiden:

- Eine **einzelne Domäne**. In diesem Modell existiert in einer Gesamtstruktur nur eine Domäne. Jeder Domänencontroller kann jeden Benutzer authentifizieren. Es werden alle AD DS-Daten in alle Domänencontroller-Standorte repliziert. Dies erhöht den Replikationsverkehr. Das Modell ist aber einfach zu implementieren und verwalten.
- Ein **einzelner Domänenbaum** (Einzeldomänenstruktur). Hier existieren in der Gesamtstruktur eine oder mehrere AD DS-Domänen mit dem gleichen Namensraum. Die oberste Domäne ist die Stammdomäne. Alle anderen Domänen sind als Subdomänen der Stammdomäne untergeordnet. Beispiel für ein Stammdomäne: „standord.com". Beispiele für untergeordnete Domänen: „nord.standord.com" oder „vertrieb.standord.com" usw.
- **Mehrere Domänenbäume** (Mehrdomänenstruktur). In dieser Struktur enthält die Gesamtstruktur mehrere Domänen mit eigenen Namensraum. So könnte beispielsweise eine Domäne „standord.com" heißen, die andere zum Beispiel „southstand.net". Jede dieser Domänen könnte als Stammdomäne Subdomänen enthalten. Zusätzliche Funktionen stellt die Mehrdomänenstruktur nicht bereit. Sie dient dazu, die Struktur entsprechend der geschäftlichen Anforderungen zu organisieren und zu benennen.
- Eine **Ressourcendomäne**. Mit der Ressourcendomäne können Sie Infrastrukturressourcen wie Server oder Drucker von anderen AD Objekten wie beispielsweise Benutzerkonten trennen. Die Ressourcendomäne kann auch eine Stamm- oder Subdomäne in einer Einzeldomänenstruktur bzw. Mehrdomänenstruktur sein.
- Eine **regionale Domäne**. Mit diesem Domänenmodell lassen sich innerhalb einer Gesamtstruktur geografische Voraussetzungen abbilden. Mit einer oder mehreren regionalen Domänenstrukturen werden verschiedene Standorte in einer Organisation dargestellt. Dazu werden üblicherweise statische Elemente wie Länder oder Kontinente herangezogen, die Ihre Planung beeinflussen. Wichtig ist die Netzwerkanbindung. Mit diesem Modell lässt sich der Replikationsverkehr regional begrenzen.

Alle diese Domänenmodelle haben Ihre Vor- und Nachteile, die sie entsprechend abwägen müssen. Die Auswahl wird bestimmt von Ihrer Benutzeranzahl, den administrativen Anforderungen, Ihrer Organisationsstruktur und den technischen Möglichkeiten wie beispielsweise der Netzwerkkapazität zwischen den Standorten.
Weiterhin ist wichtig dass Sie daran denken, dass eine Domäne die Grenze für Replikationen der Domänenpartition und für die Anwendung von Gruppenrichtlinien ist, aber keine Sicherheitsgrenze darstellt da Domänen in einer Gesamtstruktur einander vertrauen und der Organisations-Administrator der Stammdomäne auch Administratorberechtigungen für alle untergeordneten Domänen hat.

Gründe für die Implementierung von mehreren Domänen

Einige Gründe haben Sie weiter oben bereits kennen gelernt. Hier nochmal zusammengefasst:

- Zur **Reduzierung des Replikationsdatenverkehrs** zwischen physischen Standorten. Das ist möglich, weil die Domänenpartition nur innerhalb einer Domäne repliziert wird.
- Die IP-basierte Replikation ist nicht möglich weil eventuell die Anbindung eines Standortes langsam und fehlerträchtig ist, eine hohe Latenz hat und Sie daher auf die **Replikation mit dem SMTP-Protokoll** zurückgreifen müssen. Das SMTP-Protokoll unterstützt nur die standort- und domänenübergreifende Replikation und kann nicht zwischen Domänencontrollern einer Domäne verwendet werden. Sind Sie auf dieses Protokoll angewiesen, müssen Sie separate Domänen verwenden.
- Wenn Sie verschiedene Kennwort- und Kontosperrungsrichtlinien auf Domänenebene erfüllen müssen.
- Um die **administrativen Möglichkeiten** der Gruppe „Domänen-Administratoren" auf die jeweilige Domäne zu beschränken, wenn dies eine Anforderung der Organisation ist.

Wie viele Domänen sind sinnvoll?

Das ist abhängig von der Anzahl der Benutzer und der Geschwindigkeit der WAN-Anbindung zwischen den Standorten. Ebenso spielen Sicherheitsfragen eine Rolle. Generell ist es empfehlenswert, nur so viele Domänen zu implementieren wie notwendig sind um die Anforderungen zu erfüllen. Es erleichtert Ihnen die Verwaltung und reduziert Kosten.

Welche Gründe könnte es für die Implementierung von dedizierten Stammdomänen geben?

Die erste Domäne die in einer Gesamtstruktur erstellt wird, ist die Stammdomäne. Sie können diese weder ändern noch eine andere Domäne nachträglich zur Stammdomäne machen. Daher müssen Sie die Stammdomäne bereits in der Planung Ihrer Domäneninfrastruktur berücksichtigen. Dazu gehört auch die Entscheidung, ob die Stammdomäne nur für gesamtstrukturweite Aufgaben und Ressourcen genutzt werden soll, während Benutzer und Ressourcen auf Domänenebene in einer zusätzlichen Domäne implementiert werden. Ist dies der Fall, ist die Stammdomäne eine dedizierte Stammdomäne. Sie enthält üblicherweise nur einige Administratorkonten, keine Endbenutzerkonten und wird für gesamtstrukturweite Aufgaben wie Schemaänderungen und der strategischen Platzierung von Gesamtstruktur-Domänencontroller mit der Betriebsmasterrolle und der Platzierung von gesamtstrukturweiten Applikationen und Diensten wie beispielsweise Exchange genutzt. Organisationsänderungen wirken sich in der Regel auch nicht auf dedizierte Stammdomänen aus.

Richtlinien und Best Practices für die Planung von Domänen

Geschäftliche, technische und administrative Anforderungen haben großen Einfluss auf Ihre Planungen. Berücksichtigen Sie diese frühzeitig.

- Erstellen Sie Diagramme und Layouts für das Netzwerk und die Standorte. Berücksichtigen Sie die Anzahl der Benutzer und die möglichen Entwicklungen in der Benutzeranzahl. Sie müssen dazu die Bandbreite bedenken, die zwischen den Standorten zur Verfügung steht. Damit legen Sie fest, ob separate Domänen sinnvoll sind und wie Domänencontroller platziert werden sollten.
- Sollten Sie mehrere Domänen benötigen, reduzieren Sie deren Anzahl auf das notwendige Minimum. Das reduziert den Verwaltungsaufwand.
- Geografische Anforderungen begegnen Sie mit regionalen Domänen, wenn vor Ort IT-Mitarbeiter zur Verfügung stehen und die Bandbreite zwischen den Standorten eingeschränkt ist. Das reduziert Replikationsverkehr.
- Müssen Administratoren auf Gesamtstrukturebene und Administratoren auf Domänenebene getrennt werden, verwenden Sie dedizierte Stammdomänen.
- Müssen Sie unterschiedliche Kennwortanforderungen in Teilen der Infrastruktur berücksichtigen, versuchen Sie es mithilfe von verschiedenen Kennwortrichtlinien für verschiedene AD DS-Gruppen bzw. –Benutzer zu realisieren (fine-grained password policies) anstelle mit zusätzlichen Domänen.

So implementieren Sie eine AD Domäne in eine Gesamtstruktur

Wenn Sie eine weitere Domäne zu einer Gesamtstruktur hinzufügen wollen, benötigen Sie für diese Domäne einen Domänencontroller. Sie müssen als erstes dafür einen Domänencontroller vorbereiten.

- Dazu installieren Sie die Active Directory Domänendienste auf dem Computer, auf dem Sie eine neue Domäne einrichten werden.
- Stufen Sie den Computer zu einem Domänencontroller hoch. Wenn Sie den Computernamen ändern möchten, mussen Sie das vorher durchführen. Nach dem Hochstufen ist das nicht mehr möglich.

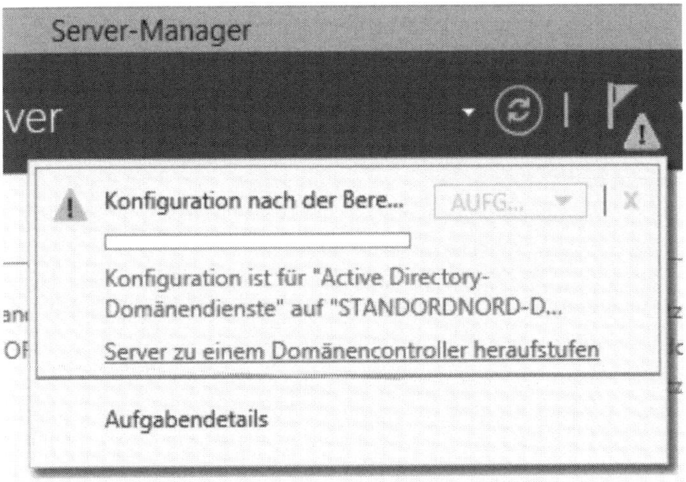

- Um Sie bei der Konfiguration des zum Domänencontroller hochzustufenden Computers zu unterstützen, startet der „Konfigurations-Assistent für die Active Directory Domänendienste“. In diesem Fall geht es darum, eine neue Domäne zu einer vorhandenen Gesamtstruktur hinzuzufügen. Diese neue Domäne legen Sie durch Auswahl des Domänentyps „**Strukturdomäne**“ als „Root-Domäne“ an. Sie ist den bereits bestehenden Domänen in der Gesamtstruktur dadurch nicht untergeordnet. Möchten Sie eine untergeordnete Domäne einrichten, wählen Sie die entsprechend andere Option. Gleich unter dem Menü „Domänentyp auswählen“ geben Sie den Gesamtstrukturnamen an, in den Sie die neue Domäne integrieren möchten. Darunter geben Sie den neuen Domänennamen ein. Als letztes geben Sie die Zugangsdaten des Gesamtstruktur-Administrators an, damit die neue Domäne in die Gesamtstruktur integriert werden kann.

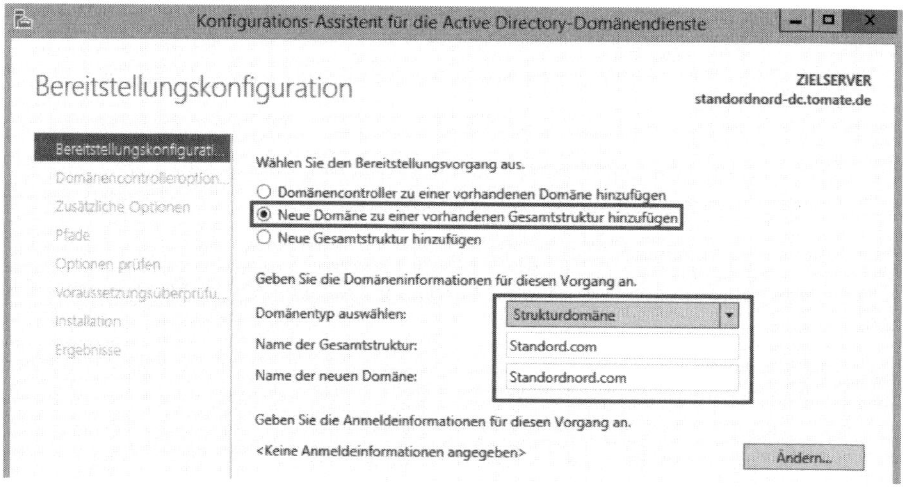

- Es folgen im weiteren Verlauf des Assistenten die Domänencontrolleroptionen, in denen Sie das Kennwort zur Verzeichniswiederherstellung festlegen.
- Weiterhin die DNS-Optionen,
- Die zusätzlichen Optionen
- Die Pfade.
- Das Prüfen der Optionen, in denen Sie eine Zusammenfassung Ihrer Konfiguration prüfen können.
- Es werden die Voraussetzungen geprüft, ob der Computer als Domänencontroller verwendet werden kann. Nach der erfolgreichen Überprüfung kann die Installation ausgeführt werden.

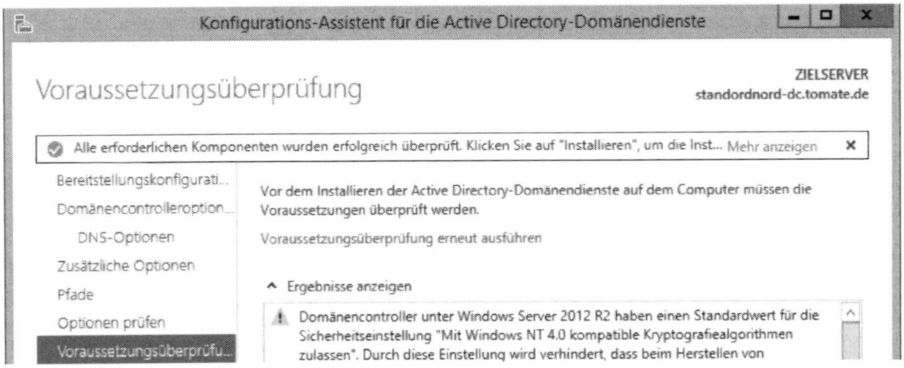

- Nach der Installation wird der Computer neu gestartet.

Ergebnis:

- Der Computer ist als Domänencontroller Teil der neuen Domäne, die in der Gesamtstruktur eingebettet ist. In „Active Directory-Domänen und Vertrauensstellungen“ ist das nachzuvollziehen. Die beiden Domänen sind gleichberechtigt.

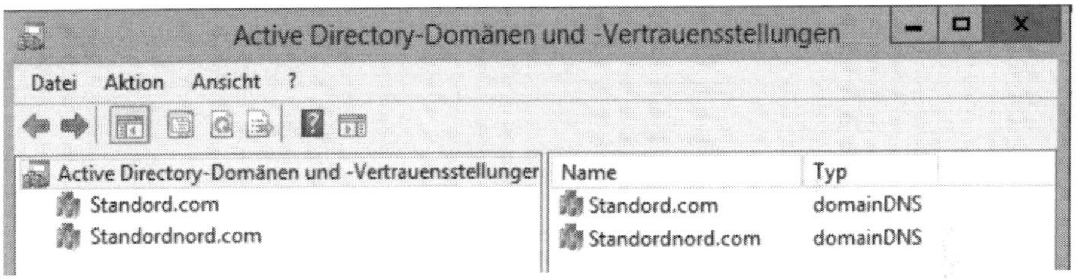

- Domänen einer Gesamtstruktur vertrauen sich. Das ist in den Eigenschaften der Domäne zu sehen am Beispiel der hinzugefügten Domäne:

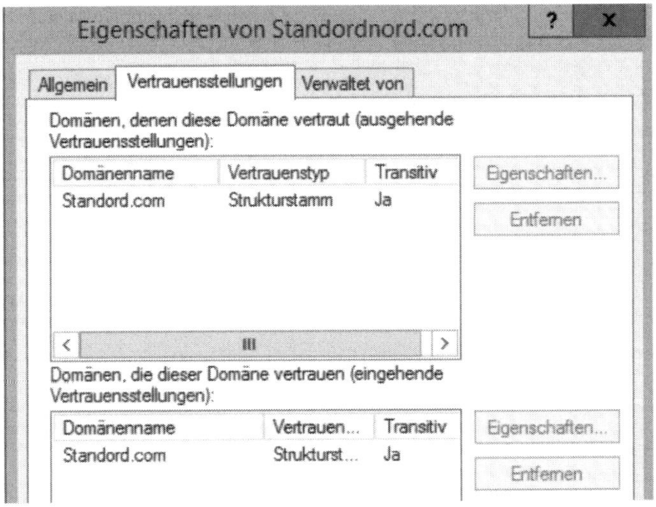

- In der bereits vorhandenen Domäne sieht es dementsprechend genauso aus. Im folgenden Bild sehen Sie darüber hinaus auch die Vertrauensstellung zwischen den Gesamtstrukturen, die bereits weiter oben eingerichtet wurden:

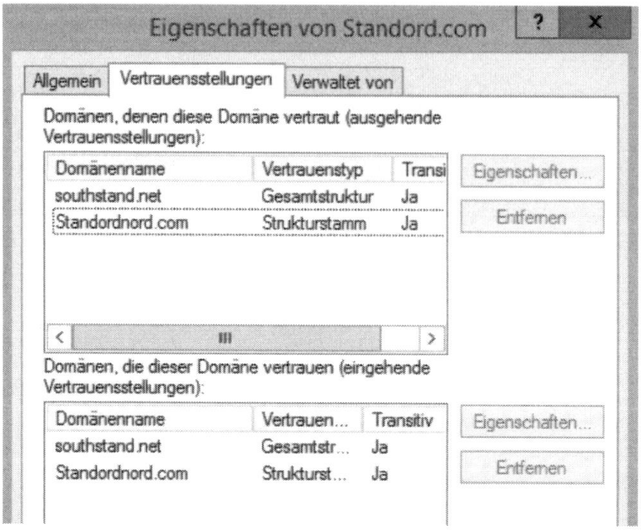

DNS-Namespaces in AD DS Umgebungen

Sie wissen, dass es ohne DNS kein funktionierendes Active Directory geben kann, denn sowohl die Clients wie auch die Server nutzen DNS um die Domänencontroller zu lokalisieren. Daher ist die DNS Rolle standardmäßig auf Domänencontrollern installiert.

Wenn Sie einen Entwurf für Ihre Active Directory Domänenstruktur erstellen, müssen Sie berücksichtigen, wie Ihre Domäne in den öffentlichen DNS-Namensraum integriert werden kann. Das wäre beispielsweise mit gleichen oder verschiedenen Namensräumen für interne oder externe Anforderungen möglich. Dies erfordert unter Umständen auch eine Berücksichtigung bei der Planung von Anzahl und Platzierung der DNS-Server zur Sicherstellung der AD DS-Funktionalität und die Berücksichtigung der Speicherart von Zonendaten.

Die Suche nach Domänencontrollern und bereitgestellten Diensten erfolgt mit:

- Host (A)-Ressourceneinträge, die den FQDN und die IP-Adresse eines DCs enthält.
- Dienst (SRV)-Ressourceneinträge, die den FQDN eines DCs und den Namen des vom DC bereitgestellten Dienstes enthält.

Die Speicherung und Replizierung der DNS-Zonendaten ist mit einer textbasierten Datei als Standardzonenspeicherung möglich oder mit einer verzeichnisintegrierten Zonenspeicherung mithilfe der AD Datenbank. Diese Methode ist für die Unterstützung von AD DS zu bevorzugen. Sie ermöglicht:

- Multimasterupdate mit höherer Sicherheit durch die Active Directory Funktionen.
- Beim Hinzufügen von neuen DCs zu einer AD Domäne werden die Zonen automatisch repliziert und synchronisiert.
- Die Planung der Datenbankreplikation wird für Ihre Struktur optimiert.
- Die Verzeichnisreplikation ist schneller und effizienter als die Standardreplikation.

Folgende Optionen zum Entwerfen einer Strategie für AD DS-Namespaces stehen Ihnen zur Verfügung:
- Der gleiche DNS-Name für interne und externe Verwendung.
- Unterschiedliche DNS-Namen für interne und externe Verwendung.
- Separate Domänennamen.

Welche Option Sie wählen, hängt natürlich von den Anforderungen ab. Da aber alle drei Varianten den gleichen Aufwand für die Verwaltung der Namensauflösung, für die Sicherheit und den Schutz des Umkreisnetzwerks erfordern, können Sie die für sie einfachste Variante wählen. Das ist meist der DNS-Name, der am leichtesten zu merken und einzugeben ist. Darüber hinaus bedenken Sie Vorteile, Verwaltungskosten und Anwenderunterstützung.

Die DNS-Anwendungspartition

Sie werden in DNS und Active Directory mit folgenden Partitionen zu tun haben:
- Die **Domänenpartition** für alle Domänencontroller in der AD Domäne.
- Die Konfigurationspartition.
- Die Schemapartition.
- Die „**domainDNSzones**“ Partition für alle Domänencontroller in der AD Domäne, die auch DNS-Server sind.
- Die „**forestDNSzones**“ Partition für alle Domänencontroller in der Gesamtstruktur, die auch DNS-Server sind.
- Die **selbsterstellte Partition** für alle Domänencontroller in von Ihnen festgelegten Replikationsbereich.

Installieren Sie einen DNS-Dienst, werden zwei Standard Anwendungspartitionen erstellt. Es ist die **„domainDNSzones“** und die **„forestDNSzones“**.
Wenn Sie bereits DNS implementiert haben und für ein noch zu installierendes Active Directory verwenden wollen, werden bei der AD Installation die beiden Standardanwendungspartitionen nicht erstellt. In diesem Fall ist DNS nicht ins AD integriert.

Über die Standard-Anwendungspartitionen hinaus können Sie **zusätzliche Anwendungspartitionen** zum Speichern von Informationen erstellen. In dem Fall definieren Sie, welche der DCs der Gesamtstruktur an der Replikation teilnimmt. Die Erstellung von Anwendungspartitionen und die Festlegung der Replikationsserver erfolgt mit „**Dnscmd.exe**“ oder mit „**Ntdsutil.exe**“. Bei AD integrierten Zonen können Sie somit steuern, welche Domänencontroller eine Zone empfangen und welche Domänencontroller eine bestimmte Anwendungspartition empfangen. Somit wird sichergestellt, dass nur die DCs die Informationen bekommen, die diese benötigen.

Der Replikationsbereich

Die Festlegung des Replikationsbereichs kann bei der Erstellung (oder auch nachträglich) einer Active Directory integrierten Zone angegeben werden.

Folgende Möglichkeiten stehen zur Verfügung:

- Alle DNS-Server der Gesamtstruktur benötigen die Zonendaten: Die Zone wird in der Anwendungspartition „forestDNSzones" gespeichert und alle DCs mit installiertem DNS-Dienst empfangen eine Kopie der Zone und somit alle DNS-Server der AD-Gesamtstruktur. Zonen, die von allen Clients der Gesamtstruktur benötigt werden, sollten so implementiert werden.
- Nur die DNS-Server in der AD-Domäne benötigen die Zonendaten: Die Zone wird in der Anwendungspartition „domainDNSzones" gespeichert.
- Alle Domänencontroller der AD-Domäne benötigen eine Kopie der Zonendaten. Diese Zone wird in der Domänenpartition gespeichert. Die DCs müssen **nicht** gleichzeitig auch den DNS-Dienst installiert haben.
- Alle Domänencontroller, die im Replikationsbereich der von Ihnen erstellten Anwendungsverzeichnispartition aufgeführt sind, benötigen die Daten aus der Anwendungspartition.

Richtlinien und Best Practices für die Implementation von DNS-Servern in Active Directory Domänenstrukturumgebungen

1. Soweit wie möglich verwenden Sie DNS-Server, die in Active Directory integriert sind. Alle Zonendaten werden so automatisch repliziert und es werden mehrere Master für die Replikation erstellt. Das vereinfacht den DNS-Bereitstellungsvorgang:

- Jeder Domänencontroller mit DNS-Dienst in der Domäne kann für den Domänennamen Aktualisierungen in die AD-integrierte Zone schreiben, wenn er die Berechtigungen dafür hat.
- Es werden dynamische DNS-Aktualisierungen unterstützt. Durch Festlegungen durch den Administrator, welche Clients Namen aktualisieren dürfen, werden nichtautorisierte Aktualisierungen verhindert.

2. Verwenden Sie die Standard DNS-Applikationspartitionen. Durch die Standardpartitionen „forestDNSzones" und „domainDNSzones" in AD-integrierten Zonen reduziert sich der Replikationsdatenverkehr und die Menge der im globalen Katalog gespeicherten Daten.

3. Sollten Sie bereits eine DNS-Infrastruktur im Einsatz haben und diese nicht in AD integrieren können, müssen Sie die Unterstützung von Dienst (SRV)-Ressourceneinträgen sicherstellen. Diese sind für eine Active Directory Domänenstruktur erforderlich.

4. Stellen Sie sicher, dass interne und externe Namensräume auf verschiedenen DNS-Servern betrieben werden. Dadurch sind interne Einträge nicht aus dem Internet sichtbar. Die Sicherheit Ihrer DNS-Struktur wird dadurch erhöht.

3.3 Die Active Directory Domänenstruktur-Vertrauensstellung

Damit eine Domänenstruktur funktioniert, müssen sich die Objekte untereinander vertrauen. Über AD DS Domänen-Vertrauensstellungen erhalten Benutzer einer Domäne Zugriff auf die Ressourcen einer anderen Domäne. Das ist sowohl innerhalb wie auch außerhalb einer Gesamtstruktur möglich.

Vertrauensstellungen können wie folgt unterschieden werden:

- Die **Standard-Vertrauensstellung** bei mehreren Domänen in einer Gesamtstruktur. Weiter oben wurde eine Domäne in eine bestehende Gesamtstruktur eingefügt. Die Domänen innerhalb der Gesamtstruktur vertrauen sich standardmäßig.
- Die **verknüpfte Vertrauensstellung** (Vertrauensabkürzung) schafft zusätzliche Vertrauensstellungen zwischen zwei Domänen einer Gesamtstruktur. Damit lassen sich Vertrauenspfade abkürzen, wenn die Standard-Vertrauensstellung zwischen diesen zwei Domänen über mehrere andere Domänen verläuft. Dieser „normale“ Vertrauenspfad kann in großen Strukturen sehr lang sein und die Authentifizierungsabläufe verlangsamen. Verknüpfte Vertrauensstellungen können uni- oder bidirektional sein und sind immer transitiv.
- Die **externe Vertrauensstellung** schafft eine Verbindung zwischen Domänen aus separaten Gesamtstrukturen. Diese Vertrauensstellungen sind nicht transitiv und genaugenommen immer unidirektional. Eine bidirektionale Vertrauensstellung wird durch das Erstellen zweier entgegengesetzter unidirektionaler Vertrauensstellungen erreicht. Bei jeder ausgehender externen Vertrauensstellung legt AD DS für jeden Sicherheitsprinzipal in der vertrauenswürdigen Domäne ein fremdes Sicherheitsprinzipalobjekt an. Benutzer, Gruppen, Computer können so zu lokalen Gruppen der vertrauenden Domäne oder zu ACLs für Ressourcen in der vertrauenden Domäne hinzugefügt werden.
- Die **Bereichsvertrauensstellung** schafft eine plattformübergreifende Verbindung zwischen einer Domäne und einem „Nicht-Windows“-Objekt, beispielsweise einem UNIX-Server. Voraussetzung dafür ist eine Implementierung des Kerberos V5-Protokolls zur Authentifizierung. Bereichsvertrauensstellungen sind unidirektional und wie bei externen Vertrauensstellungen benötigen Sie zwei entgegengesetzte unidirektionale Vertrauensstellungen für eine bidirektionale Vertrauensstellung. Standardmäßig sind Bereichsvertrauensstellungen nicht transitiv, können aber zu transitiven Vertrauensstellungen transformiert werden. Kerberos-Tickets erhalten nicht alle Autorisierungsdaten, die für Windows-Domänen erforderlich sind. Durch Zuordnung von in der Windows-Domäne erstellten Sicherheitsprinzipalen zu vertrauenswürdigen Kerberos-Identitäten vom „Nicht-Windows“-Bereich,

erstellen Sie Proxykonten, die sich in der Domäne in Gruppen und in ACLs verwenden lassen um den Zugriff auf Domänenressourcen zu steuern.

Das kennzeichnet Vertrauensstellungen:

- **Das Konzept des vertrauenswürdigen Identitätsspeichers wird auf eine Domäne übertragen.** Ein Computer verwendet einen Identitätsspeicher in der Sicherheitskontenverwaltung (Security Access Manager, SAM), um Benutzer als Anmeldeberechtigt zu identifizieren und Systemressourcen mit den in der SAM-Datenbank abgelegten Identitäten zu sichern. So kann sich nur ein Benutzer anmelden, der über die Kontenverwaltung in der SAM-Datenbank angelegt wurde. Dieser Benutzer kann nur entsprechend seiner Rechte auf Systemressourcen zugreifen. Sobald der Computer einer Domäne beitritt, wird der Identitätsspeicher und der Authentifizierungsdienst der AD DS Domäne dafür verwendet und nicht mehr der lokale Identitätsspeicher. Die Domäne wird dadurch zum zentralen Identitätsspeicher und zum zentralen Dienst für die Authentifizierung.
- **Das Konzept der Vertrauensstellung wird auf eine andere Domäne erweitert.** Die vertrauende Domäne vertraut dem Identitätsspeicher und dem Authentifizierungsdienst einer anderen vertrauenswürdigen Domäne. Solch eine Vertrauensstellung ist eine logische Verbindung zwischen Domänen und ermöglicht eine Pass-Through-Authentifizierung. Als Mitglied einer vertrauenswürdigen Domäne ist es einem Client möglich, mit der erfolgreichen Authentifizierung auf Ressourcen einer vertrauenden Domäne zuzugreifen, obwohl die Client-Zugangsdaten nicht in deren Identitätsspeicher vorhanden sind. Der Client wird von „seiner" Domäne authentifiziert.
- Somit kann ein vertrauenswürdiger Benutzer bei der vertrauenden Domäne authentifiziert werden und Ressourcenzugriff erhalten.
- **Innerhalb der Gesamtstruktur vertrauen sich alle Domänen untereinander.** Jede Stammdomäne einer Gesamtstruktur vertraut anderen Stammdomänen dieser Gesamtstruktur und damit auch allen untergeordneten Domänen der Stammdomänen. Diese Vertrauensstellungen werden automatisch erstellt und sind transitiv sowie bidirektional.
- Es können auch **Vertrauensstellungen zu Domänen aus anderen Gesamtstrukturen bestehen.** Diese müssen manuell erstellt werden und können bidirektional oder auch unidirektional sein.

Richtlinien und Best Practices für den Entwurf von Domänenvertrauensstellungen

Zur Vereinfachung von Administrationsaufgaben, für hohe Verfügbarkeit und problemlosen Betrieb gibt es Best Practices, die Sie berücksichtigen sollten:

- **Externe Vertrauensstellungen sind Gesamtstruktur-Vertrauensstellungen vorzuziehen**, wenn Sie nur zwischen zwei bestimmten Domänen in zwei verschiedenen Gesamtstrukturen eine Vertrauensstellung benötigen. Über Gesamtstruktur-Vertrauensstellungen schaffen Sie einen längeren Vertrauenspfad und sie schaffen eventuell ungewollte Zugriffsmöglichkeiten für andere Benutzer der beteiligten Gesamtstrukturen.

- Über die **ausgewählte Authentifizierung** können Sie erreichen, dass bei Gesamtstruktur-Vertrauensstellungen explizit eine Freigabe auf den Ressourcen der vertrauenden Domäne für die vertrauenswürdigen Identitäten erfolgen muss. Vertrauenswürdig sind zwar alle Identitäten der vertrauenswürdigen Domäne, für den Zugriff auf Ressourcen der vertrauenden Domäne reicht das allerdings nicht aus.
- Mit dem **SID-Filter** verhindern Sie, dass ein Administrator der vertrauenswürdigen Domäne seine Administratorrechte verwendet, um SIDs in die SIDHistory-Attribut eines Benutzers zu laden, die den SIDs von zugriffsberechtigten Konten der vertrauenden Domäne entsprechen. Damit wäre unberechtigter Zugriff auf Ressourcen der vertrauenden Domäne möglich. Der SID-Filter filtert die vertrauende Domäne die SIDs aus der vertrauenswürdigen Domäne, sofern es sich nicht um primäre SIDs von Sicherheitsprinzipalen handelt. Es werden also alle SIDs mit Ausnahme der Domänen-SID von der vertrauenswürdigen Domäne verworfen. Diese sogenannte „Domänenquarantäne" ist standardmäßig für alle ausgehenden Vertrauensstellungen zu externen Domänen und Gesamtstrukturen aktiviert.
- Die verknüpften Vertrauensstellungen ermöglichen Ihnen die Authentifizierungsvorgänge in großen Strukturen zu beschleunigen. Dazu können Sie die Verknüpfung direkt zwischen den betroffenen Domänen implementieren, oder auch zwischen zwei Domänen auf mittlerer Ebene der Domänenhierarchie. In diesem Fall profitieren Sie auch auf den unteren Ebenen dieser verknüpften Domänen von der Vertrauensstellung.
- Allgemeine weitere Best Practices wären das Pflegen von aktuellen Listen zu den Vertrauensstellungen für besseres Nachvollziehen und die regelmäßige Sicherung der Domänencontroller um auch die Vertrauensstellungen innerhalb einer Domäne zu sichern.

3.4 Entwurf und Implementation von Organisationseinheiten

Zusammenfassung: In diesem Kapitel geht es darum, wie Sie mit der Organisation Ihrer Domäneninfrastruktur die Verwaltung dieser Struktur unterstützten und vereinfachen. Wie sollten Sie Organisationseinheiten und Gruppen planen und wie platzieren Sie darin die einzelnen Objekte wie beispielsweise Computer- und Benutzerkonten um eine effektive, sichere und überschaubare Zuteilung von Verwaltungsrechten zu ermöglichen.

In einer AD Infrastruktur müssen Sie viele Verwaltungsaufgaben berücksichtigen. Das wären beispielsweise das Delegieren von administrativen Berechtigungen, das Festlegen von Gruppenrichtlinien, das Sicherstellen der Funktionalität, das Festlegen von Prozessen für erforderliche Änderungen. Mit der Struktur der Organisationseinheiten modellieren Sie daher auch die Verwaltungsstruktur und legen damit das Delegierungsmodell für die Verwaltungsanforderungen fest. Anders herum ausgedrückt: Ihr Bedarf an zu erfüllenden Verwaltungsaufgaben und deren mögliche Delegierung sollte die Struktur der Organisationseinheiten beeinflussen.

Sie benötigen daher:

- Ein Modell für das Delegieren von administrativen Active Directory Verwaltungs-Aufgaben.
- Ein Modell der Organisationseinheiten-Struktur.
- Ein Modell für die Implementation einer Gruppenstrategie der Active Directory Domänendienste.

3.4.1 Das Modell zum Delegieren von administrativen AD Verwaltungsaufgaben

Das Modell beinhaltet die Informationen darüber, welche Administratoren bzw. welche Benutzer welche Rechte für das Verwalten von Zugriffsrechten inne haben, welche Objekte und Attribute sie verwalten dürfen und für welche Verwaltungsebenen diese Rechte gelten. Dahinter steckt der Wunsch, dass nur solche Rechte vergeben werden die zur Ausführung der zugestandenen Verwaltungsaufgaben notwendig sind und keine Rechte darüber hinaus gewährt werden.

Das Delegierungsmodell kann sich an der Gesamt- oder Domänenstruktur orientieren. Wenn dies aber nicht ausreicht um die Geschäftsanforderungen zu erfüllen, kann mit einer Struktur über Organisationseinheiten eine Trennung von Zuständigkeiten innerhalb einer Domäne erreicht werden. Jede Organisationseinheit enthält Sicherheitseinstellungen, die eine Planung über das Delegieren von Berechtigungen erfordern. Sie können einzelnen Personen oder besser ganzen Gruppen Berechtigungen erteilen, damit diese dann Objekte der Organisationseinheit verwalten können. Es ist nicht erforderlich, im Rahmen der Delegierung den Benutzern oder den Gruppen auch die Gruppenmitgliedschaft in den Sicherheitsgruppen von Domänenadministratoren oder Serveroperatoren bzw. anderen Sicherheitsgruppen mit hohen Rechten zu gewähren.

Wichtig: Regelmäßige Überprüfung ihres Modells auf notwendige Änderungen entsprechend der sich möglicherweise ändernden Anforderungen.

Mögliche Anforderungen für eine Trennung von Verwaltungsrechten wären:

- Infrastrukturverwaltung und die Verwaltung von Benutzern, Gruppen, Computern sollen getrennt werden um die AD DS und deren Replikation nicht zu gefährden.
- Dienstkonten sollen nur die Rechte erhalten, die für die Funktion erforderlich sind.
- Innerhalb einer Domäne gibt es mehrere Mandanten bzw. Kunden, deren Verwaltung strikt voneinander getrennt werden müssen.
- Gruppenmitgliedschaften für die Nutzung von Anwendungen sollen von Anwendungsadministratoren gepflegt werden und die Inhaber von Verteilerlisten sollen ihre Mitglieder selbst verwalten können.
- In AD hinterlegte Informationen zu Standorten, Telefonnummern usw. werden bestimmten Administratoren zugewiesen.

- An räumlich getrennten Standorten wie beispielsweise Zweigstellen oder Filialen sollen dortige Administratoren bestimmte Aufgaben wahrnehmen können.

Mögliche zu delegierende Aufgaben:

- Vollzugriff auf ein bestimmtes Objekt, beispielsweise Computer, Benutzer oder Gruppen.
- Erstellen von Objekten.
- Änderungsrechte nur für bestimmte Attribute eines Objekts, beispielsweise des Mitglieder-Attributs von Gruppen.
- Löschrecht nur für bestimmte Objekte.
- Gruppenrichtlinienobjekte verknüpfen mit einer bestimmten Organisationseinheit bzw. das Auflösen von Verknüpfungen.
- Leseberechtigungen festlegen für Wiederherstellungsschlüssel für mit BitLocker verschlüsselte Laufwerke.

Vereinfachen Ihres Modells

Geschäftsanforderungen oder auch technische Anforderungen bestimmen Ihr Modell. Trotzdem ist es oft sinnvoll zu überlegen, wie Ihr Modell vereinfacht werden kann. Das erleichtert nicht nur die Übersicht über vergebene Verwaltungsrechte, es vereinfacht auch mögliche Anpassungen.
Mit Administratormodellen können Sie diese Vereinfachung erreichen. Dazu fassen Sie gleiche oder ähnliche Verwaltungsanforderungen zusammen und bilden dafür Administratormodelle um diese Anforderungen abzubilden.

Mögliche Administratormodelle wären:

- **Zentralisiert**. Zentrale Administratoren sind für alle Verwaltungsaufgaben in der Gesamtstruktur verantwortlich. An dezentralisierten Standorten gibt es keine oder nur eine sehr eingeschränkte Verwaltung.
- **Dezentralisiert**. Dezentrale Standorte einer AD Domäne haben ihre eigenen Administratoren mit jeweils gleichen Rechten. Bei globalen Entscheidungen gibt es keine übergeordnete Administrationsinstanz. Es muss sich geeinigt werden.
- **Ausgelagert**. Bei Outsourcing-Szenarien können Teile oder auch die ganze AD Verwaltung ausgelagert werden. Üblicherweise wird die Verwaltung der Infrastruktur und die Verwaltung der AD Objekte getrennt, wobei es vom Szenario abhängt, welche Verwaltungsaufgaben der Outsourcing Anbieter wahrnimmt und welche der Outsourcer.
- **Zentralisiert kombiniert mit Delegierungsmodell.** Dieses Modell kombiniert die beiden bereits beschriebenen Modelle. Die übergeordneten Entscheidungen werden zentral getroffen und je nach Anforderungen erfolgt eine Delegierung von anderen Aufgaben. Die Grenze zwischen beiden ist variabel.

Besondere Überlegungen zur Rechtedelegierung für Filialen

Müssen Sie Filialen und Zweigstellen in Ihren Modellen berücksichtigen, sind einige besondere Überlegungen notwendig. Bei Problemen können Sie meistens nicht einfach mal hingehen und das Problem lösen. Eventuell müssen auch die Kosten berücksichtigt werden und so ist u. U. vor Ort kein IT-Mitarbeiter oder kein Administrator präsent. Trotzdem gibt es Anforderungen, die möglicherweise nicht von einer zentral platzierten Administration erfüllt werden können.

Ihr Modell beinhaltet daher die Delegierung von Verwaltungsrechten an geeignete Personen oder Gruppen oder auch Dienstleister für folgende Aufgaben:

- Das Benutzermanagement wie beispielsweise Zurücksetzen von Passwörtern oder das Entsperren von Accounts.
- Das Gruppenmanagement für die in der Filiale relevanten Gruppen, das Rechtemanagement von lokalen Dateiservern und Druckerberechtigungen.
- Der Anwendersupport, der lokale Administratorberechtigungen erfordert.
- Das Installieren oder Erneuern von Clientcomputern, das Berechtigungen für die Organisationseinheit der Filiale erfordert.
- Das Verwalten von lokalen Netzwerken.
- Das Verwalten von lokalen, dezentralen Backups.

Benötigte Informationen für den Modellentwurf

Strukturen

Sie wissen bereits, dass Sie Informationen zu den Geschäftsanforderungen und den technischen Voraussetzungen benötigen. Diese müssen Sie zunächst erfassen. Meistens werden Sie auch bereits vorhandene **Administrator-Strukturen** einzubeziehen haben. Darüber hinaus benötigen Sie Informationen zu gesetzlichen und behördlichen Vorschriften, zu den Organisationsanforderungen den bereits vorhandenen Strukturen und den Erwartungen an den Entwurf.
Gerade der letzte Punkt sollte nicht außer acht gelassen werden. Ihr Auftraggeber hat Ansprüche und Erwartungen an das Ergebnis. Darüber hinaus legt er möglicherweise ganz oder in Teilen die Struktur fest oder gibt die Richtlinien vor. Das müssen Sie wissen, damit Ihr Modell dem gerecht wird.

Die notwendigen Informationen im Detail:

- **Die organisatorischen Anforderungen.** Diese haben Einfluss auf den Entwurf der Domänenverwaltung und beinhalten Informationen zu der Anzahl der Benutzer und Computer, welche Domänen Server beinhalten und welche Abteilungen zu den Domänen gehören und ob es vor Ort IT-Mitarbeiter gibt.
- **Die betrieblichen Anforderungen.** Diese können beispielsweise die Anforderungen nach Isolation bestimmter Ressourcen und besondere Sicherheitsbestimmungen sein. Möglicherweise gibt es ein Umkreisnetzwerk mit Ressourcen für den Zugriff von außerhalb des Unternehmensnetzwerks und

eventuell sollen bestimmte Self-Service Möglichkeiten für Anwender geschaffen werden.

- **Rechtliche und behördliche Auflagen**. Je nach Branche sind besondere regulatorische Anforderungen einzuhalten. Beispielsweise betrifft es das Gesundheitswesen, Finanzbereich, Behörden und betrifft nicht nur den Umgang mit Daten.
- **Die Erwartungen an den zukünftigen Entwurf**. Oben ist es schon angesprochen worden. Es wird Ihnen schwerfallen, Erwartungshaltungen zu entsprechen wenn Sie diese nicht kennen. Ihr Modell soll möglicherweise Fehler korrigieren, geänderte Geschäftsanforderungen oder Organisationsänderungen unterstützen, die Sicherheit erhöhen oder einfach nur Kosten senken. Das müssen Sie daher in Erfahrung bringen denn Sie werden daran gemessen.

Ressourcen

Die Ressourcen beinhalten sowohl bereits vorhandene wie auch noch benötigte physische Geräte, Mitarbeiter und deren Organisation, Standorte, die Netzwerktopologie usw.

Diese wirken sich direkt auf AD Objekte aus und sollten entsprechend ihrer Relevanz gruppiert werden:

- Gruppen von Administratoren bzw. Gruppen von Mitarbeitern mit dem gleichen Bedarf an Rechten auf gleicher Ebene für AD Objekte.
- Gruppen von Ressourcen, die von den gleichen Personen bzw. Personengruppen verwaltet werden. Diese Ressourcen sind möglicherweise später in gleichen Organisationseinheiten zu gruppieren.
- Bereiche mit gleichen Administrationsrechten für bestimmte Gruppen. Das können beispielsweise Filialen sein oder gruppierte AD Objekte wie beispielsweise Laptops oder Desktops, Servertypen, Gruppentypen.

Prozesse

Die Prozesse beinhalten die Verwaltungs- und Administrationsprozesse und Best Practices. So können verschiedene Gruppen oder Abteilungen mit verschiedenen Aufgaben betraut sein. Eine Abteilung betreut das Netzwerk, eine andere die Server. Eine dritte Gruppe ist nur für Sicherung und Backup zuständig und möglicherweise haben bestimmte Anwender das Recht ihre Verteilerlisten oder Ressourcen selbst zu verwalten. Sie müssen daher überblicken, wer welche Ressourcen aktuell verwaltet und wer zuständig sein sollte und wer nicht. Alle diese Informationen, auch die zu Strukturen, Ressourcen, Anforderungen und Einschränkungen aus den obigen Abschnitten helfen Ihnen bei der Festlegung der Administrationsprozesse.

Die Best Practices helfen Ihnen dabei, die Informationen zu den vorhandenen und den geplanten Prozessen zu bewerten.

Die zu berücksichtigen Verwaltungsprozesse beinhalten Informationen zu:

- Wer erstellt und pflegt die Active Directory Objekte
- Wie werden die AD Objekte erstellt, gepflegt und verwaltet.

- Wie werden den AD Objekten Berechtigungen und Attribute zugewiesen.

Die Best Practices:

- Für administrative Aufgaben sollten Sie personalisierte und getrennte Konten verwenden. Wenn ein Benutzer auch administrative Rechte hat, sollte für ihn ein zweites Konto eingerichtet werden, das nur für die Ausübung der Administrationsaufgaben verwendet wird.
- Vergeben Sie Berechtigungen für die Verwaltung von Gruppen nur an Administratorkonten und vermeiden Sie nach Möglichkeit, einzelnen Benutzern Administratorrechte einzuräumen. Erstellen Sie stattdessen eine Gruppe mit den erforderlichen Rechten und fügen Sie die Benutzer als Mitglied hinzu. Das vereinfacht die Verwaltung.
- Schaffen Sie eine separate Struktur in Ihrem Organisationseinheitsmodell für Gruppen und Accounts die Sie zu Administrationszwecken verwenden. So sollte beispielsweise nur die Domänenadministratorengruppe Domänenverwaltungsaufgaben durchführen. Eine separate Struktur verhindert, dass Benutzer mit delegierten Rechten sich selbstständig höhere Rechte zuweisen können.
- Wenn Objekte von den gleichen Gruppen verwaltet werden, sollte Sie diese in einer Organisationseinheit zusammenfügen.
- Stellen Sie sicher, dass nur die Rechte zugewiesen werden, die zur Aufgabenbewältigung erforderlich sind und keine darüber hinaus.
- Weisen Sie immer Berechtigungen auf der höchstmöglichen Ebene zu. Damit profitieren Sie von der Berechtigungsvererbung in Ihrer Hierarchie. Das sollte allerdings immer nach dem Prinzip der maximal erforderlichen Rechte erfolgen.

3.4.2 Das Design von Organisationseinheiten

Mit Organisationseinheiten können Sie Active Directory Objekte zusammenfassen und organisieren. Sie schaffen eine gut überschaubare Struktur und bilden damit Ihr Delegierungsmodell für die administrativen Aufgaben ab. Darüber hinaus ermöglichen Sie das Strukturieren von Objekttypen und ihren jeweiligen Rollen in der Organisation. Das optimiert die Administrationsprozesse und spart somit Zeit und Kosten.

Die Strategien für das Design

Um die Strategien und ihren optimalen Einsatz zu verstehen, müssen Sie sich den Zweck von Organisationseinheiten vergegenwärtigen: Das Strukturieren und Zusammenfassen von AD Objekten für eine bessere Übersicht und Verwaltung, das Anwenden von Gruppenrichtlinien für die in der OE zusammengefassten Objekten und die einfache Delegierung von Verwaltungsrechten an Administratorgruppen. Die Strategien müssen daher entsprechend diesen Zwecken ausgewählt werden und darüber hinaus auch Ihre Geschäftsanforderungen und die technischen Möglichkeiten unterstützen.

Die gebräuchlichsten Strategien:

- **Die standortbasierte Strategie**. Mit dieser Strategie richtet sich das Design an den Unternehmensstandorten aus. Jeder Standort wird durch eine OE auf oberster Ebene im Domänenstramm repräsentiert. Jede Active Directory Ressource bzw. jedes Active Directory Objekt in den Standorten ist der entsprechenden OE zugeordnet. Diese Strategie ist geeignet für relativ unabhängige Standorte und dezentrale Verwaltungsaufgaben, sowie für expandierende Unternehmen denn es lassen sich einfach neue Organisationseinheiten hinzufügen. Die standortbasierte Strategie ist eher statisch und die Delegierung der Verwaltungsaufgaben kann aufwendig sein.
- **Die ressourcenbasierte Strategie**. Die Ressourcen werden nach Funktion bzw. Typ gruppiert und in Organisationseinheiten zusammengefasst. Das können OEs für Server, Benutzer, Gruppen, Laptops etc. sein. Innerhalb der OE „Server" können diese beispielsweise noch weiter aufgeteilt werden in Dateiserver, SQL-Server usw. Der Standort der Ressource spielt eine untergeordnete Rolle. Mit dieser Strategie werden die Verwaltungsrechte am Typ des Objekts bzw. der Ressource ausgerichtet und basiert nicht auf dem Standort oder der Abteilung. So gibt es Administratorengruppen für Server, für Clients, für bestimmte Anwendungen usw. Die ressourcenbasierte Strategie ist weniger statisch und die Delegierung von Verwaltungsaufgaben einfach.
- **Die organisationsbasierte Strategie**. Die Struktur der Organisationseinheiten ist der Struktur des Unternehmens angeglichen und ermöglicht eine einfache Kategorisierung. sowie Delegierung der Aufgaben nach Abteilung. Ressourcen können beliebig verschoben werden, ohne dass deren Administration angepasst werden muss. Der Standort der Ressourcen und auch der Administratoren spielt keine Rolle. Wenn allerdings Mitarbeiter häufig die Abteilung wechseln, bedeutet dies eine aufwendige Anpassung der Verwaltungsrechte.
- **Die instanzenbasierte Strategie**. Diese Strategie unterstützt mehrere Mandanten in einer gemeinsamen Struktur, die jeweils ihre eigenen und von den anderen Mandanten unabhängigen Instanzen in dieser Struktur nutzen. Jede Organisationseinheit entspricht einem Mandanten. So eignet sich die instanzenbasierte Strategie gut für Firmen, die anderen Firmen AD Strukturen als „Infrastructure as a Service" zur Verfügung stellen, also für typische Outsourcing-Szenarien. Die Delegierung der Verwaltungsrechte kann nach Wunsch bereitgestellt werden. Der Outsourcing-Anbieter kann für Kunden alles verwalten oder auch nur Teile, wie beispielsweise nur die AD-Infrastruktur während der Kunde seine AD-Objekte selbst verwaltet. Unterschiedliche Mandanten können also unterschiedlich bedient werden, neue Mandanten können einfach hinzugefügt oder von anderen Mandanten abgeschottet werden, die Rechtedelegierung ist einfach, die Struktur ist allerdings statisch. Genau genommen hat diese Strategie viel von einer hybriden Strategie, denn unterhalb der obersten und am Mandanten ausgerichteten OE kann alles untergeordnete nach den Bedürfnissen des Mandanten organisiert werden und einer anderen Strategie entsprechen.
- **Die hybride Strategie** verwendet eine Kombination aus Organisationseinheiten auf der Grundlage von Standorten, Ressourcen und der Unternehmensstruktur. Während bei der instanzenbasierten Strategie der Mandant ganz oben in der

Struktur steht, steht bei der hybriden Strategie ein anderes Kriterium ganz oben: eventuell der Standort oder die Ressourcen. Die Wahl hängt von den geschäftlichen bzw. organisatorischen Anforderungen ab. Für die untergeordneten Strukturen und Organisationseinheiten gilt das gleiche: Die Anforderungen bestimmen die Kombination.

Welche Optionen stehen für das Delegieren von Verwaltungsaufgaben zur Verfügung

Sie haben bisher gelernt, dass die Delegierung von Aufgaben im Active Directory auf Basis eines Entwurfs der Organisationseinheiten-Struktur erfolgt. Die administrativen Aufgaben werden also entsprechend der Berechtigungen für die Organisationseinheiten ausgeführt. Über das mögliche Modell für die Delegierung der administrativen Aufgaben wurde oben schon gesprochen. Den Delegierungsvorgang für Verwaltungsfunktionen in AD und die möglichen Optionen müssen Sie natürlich ebenfalls kennen.

So funktionieren administrative Berechtigungen:

- Während des Anmeldevorgangs empfangen Benutzer ihr Token. Das Token ist eine Liste von Sicherheits-IDs, den SIDs. Diese enthalten alle SIDs des Benutzerkontos. Das sind möglicherweise die SIDs von Konten, die der Benutzer früher genutzt hat, die SIDs aller Gruppen denen der Benutzer angehört und nach einer möglichen Migration von Gruppen in andere Domänen auch die historischen SIDs.
- Objekte wie beispielsweise Dateien, Ordner, Registrierungsschlüssel, Prozesse, AD Objekte enthalten Sicherheitsbeschreibungen. Diese enthalten auf Grundlage der Objekt-SID die Beschreibung, wer er Besitzer ist, welche Rechte wem gewährt oder verweigert werden, welche Zugriffe (lesen, schreiben, löschen, erzeugen) erlaubt sind und weitere Informationen zum Objekt. Bewegt sich ein Benutzer in der AD Struktur, wird sein Token mit der SID-Liste der Sicherheitsbeschreibung verglichen. Stimmen die SIDs überein, wird die Zugriffsart überprüft (ob der Benutzer beispielsweise lesen, schreiben oder löschen möchte) und der Vorgang wird entsprechend der Beschreibung erlaubt oder verweigert.

Bestandteile der Sicherheitsbeschreibung:

- Primäre Gruppe des Besitzers (SID).
- Kontrollfeld, über das angegeben wird, ob die besitzerverwaltete Zugriffssteuerungsliste (DACL) oder die Sicherheits-Zugriffssteuerungsliste (SACL) vorhanden ist und/oder die Vererbung blockiert.
- Optionale DACL: Die optionale DACL enthält Berechtigungen zum Gewähren oder Verweigern des Zugriffs.
- Optionale SACL: Die optionale SACL enthält die Überwachungs - Berechtigungen, wenn die Erfolgs- oder Fehlerüberwachung aktiviert ist.
- Die DACL und die SACL sind Container, die einen oder mehrere Zugriffssteuerungseinträge (ACEs) enthalten. Ein ACE speichert die folgenden

Informationen: Wer welcher Sicherheitsprinzipal, z. B. ein Benutzer oder eine Gruppe) Zugriff erhält und wem er verweigert wird.

- Für welche Aktion der Zugriff gilt: lesen, schreiben, erstellen oder löschen.
- Mit welchen Objekten oder Objektattributen die Aktion durchgeführt wird.
- Auf welchen Unterebenen die Aktion durchgeführt wird (nur auf der Organisationseinheitenebene, nur bei Objekten in der Organisationseinheit oder bei Objekten in einer beliebigen Unterorganisationseinheit).

So erteilen Sie administrative Berechtigungen

Information: Im folgenden Beispiel wird das „Active-Directory Verwaltungscenter" verwendet. Dieses ist mit Windows Server 2012 eingeführt worden.

In einer Active Directory Domäne werden die Sicherheitseinstellungen einer Organisationseinheit entsprechend des definierten Bereichs der Vererbung und unter Berücksichtigung möglicher Vererbungsblockierungen hierarchisch vererbt. Neue Objekte erhalten Standard-Sicherheitseinstellungen entsprechend der Schemaklasse und erben die Sicherheitseinstellungen ihrer übergeordneten Objekte. An jedem beliebigen Punkt der Struktur können zusätzliche Sicherheitseinstellungen konfiguriert werden, die dann ebenfalls in der Hierarchie vererbt werden können.

- Wichtig: Damit die folgenden Einstellungsbereiche sicht- und erreichbar werden, müssen Sie vorher im Menü „Ansicht" die „Erweiterte Features" aktivieren:

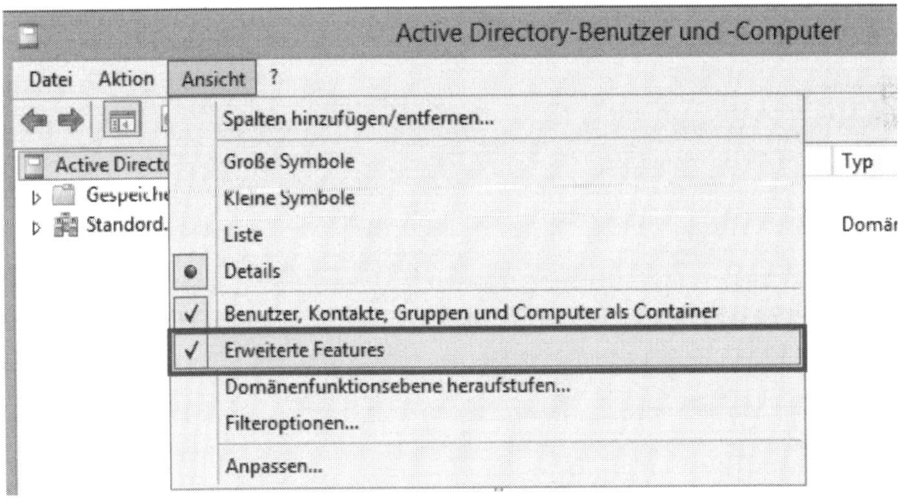

- Mit Rechtsklick auf eine Organisationseinheit in der „Active Directory-Benutzer und –Computer"-Konsole können Sie in den Eigenschaften der Organisationseinheit auf der Registerkarte „Sicherheit" die Sicherheitseinstellungen bearbeiten.

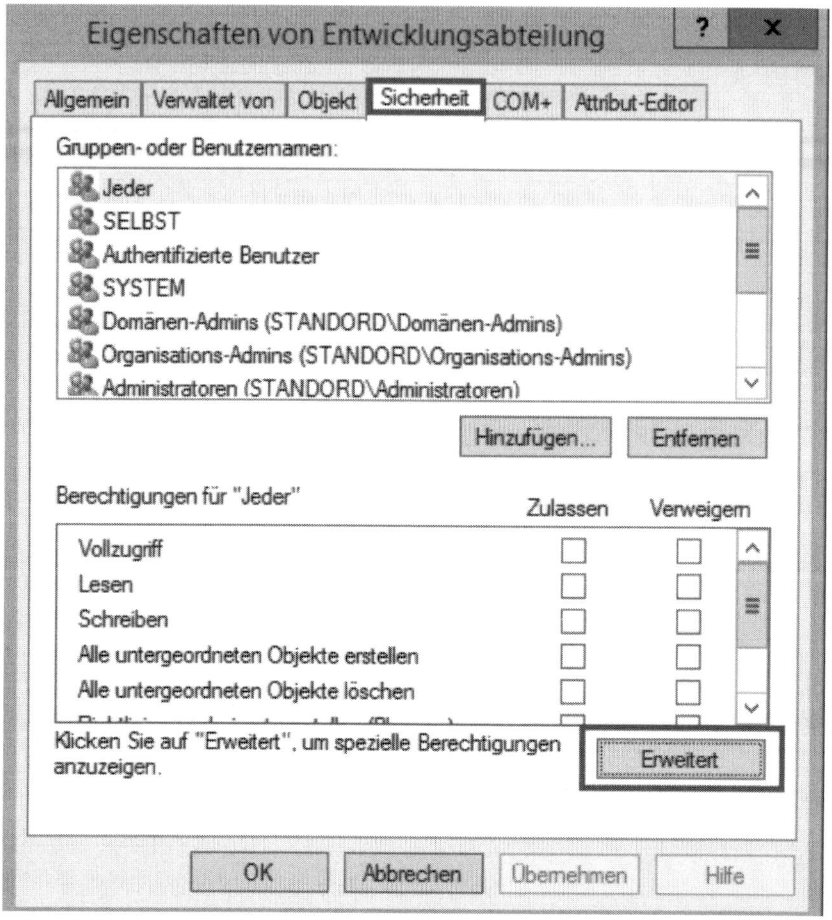

- Mit Klick auf „Erweitert" sind weitergehende Einstellungen möglich, ebenso die Deaktivierung der Vererbung, die Zugriffsüberwachung und die Analyse des effektiven Zugriffs von Benutzern oder Gruppen:

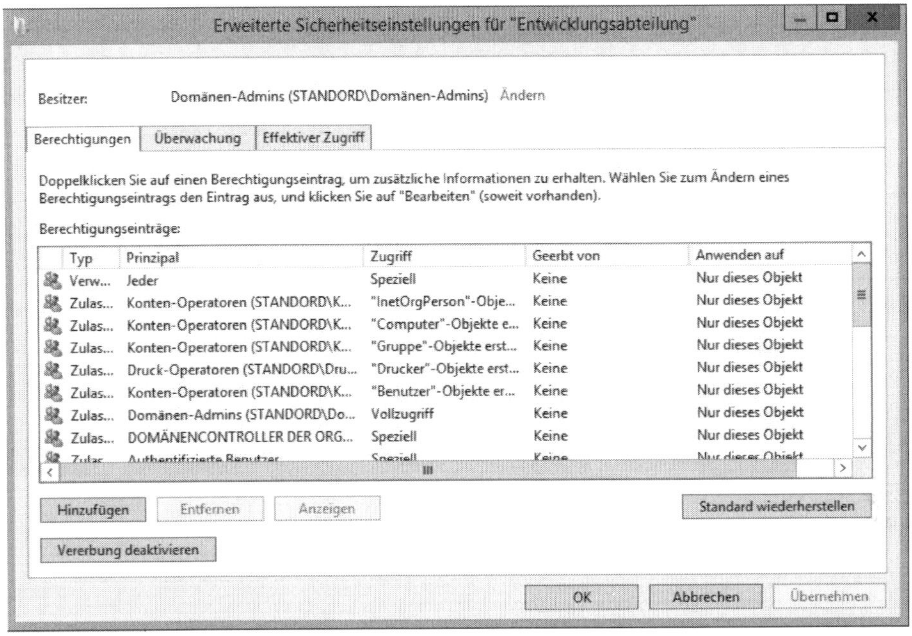

- Durch Rechtsklick auf eine Organisationseinheit können Sie mit Auswahl von „Objektverwaltung zuweisen..." den „Assistent zum Zuweisen der Objektverwaltung" starten, der Sie bei der Delegierung der Verwaltung dieser Organisationseinheit unterstützt:

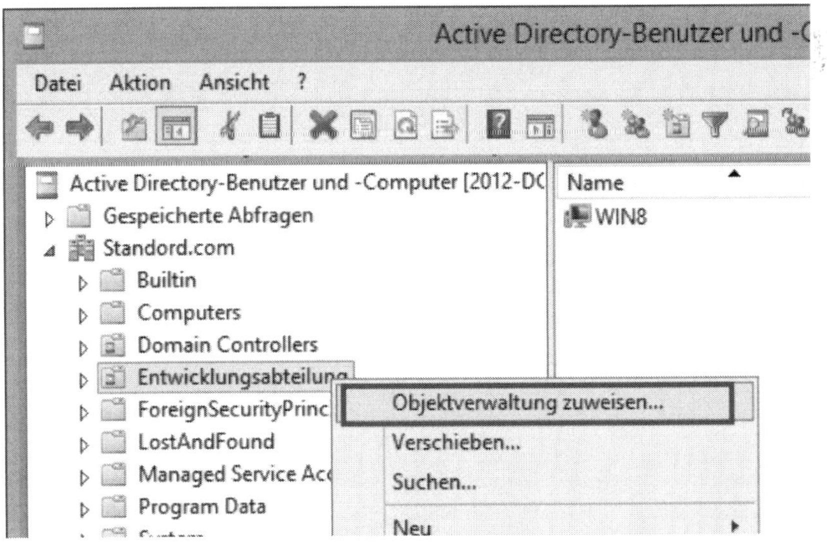

- Sie können auch das „Active Directory Verwaltungscenter" nutzen, indem Sie eine Organisationseinheit auswählen und deren „Eigenschaften" aufrufen. Im Bereich „Sicherheit" stoßen Sie dann wieder auf vertraute Bereiche:

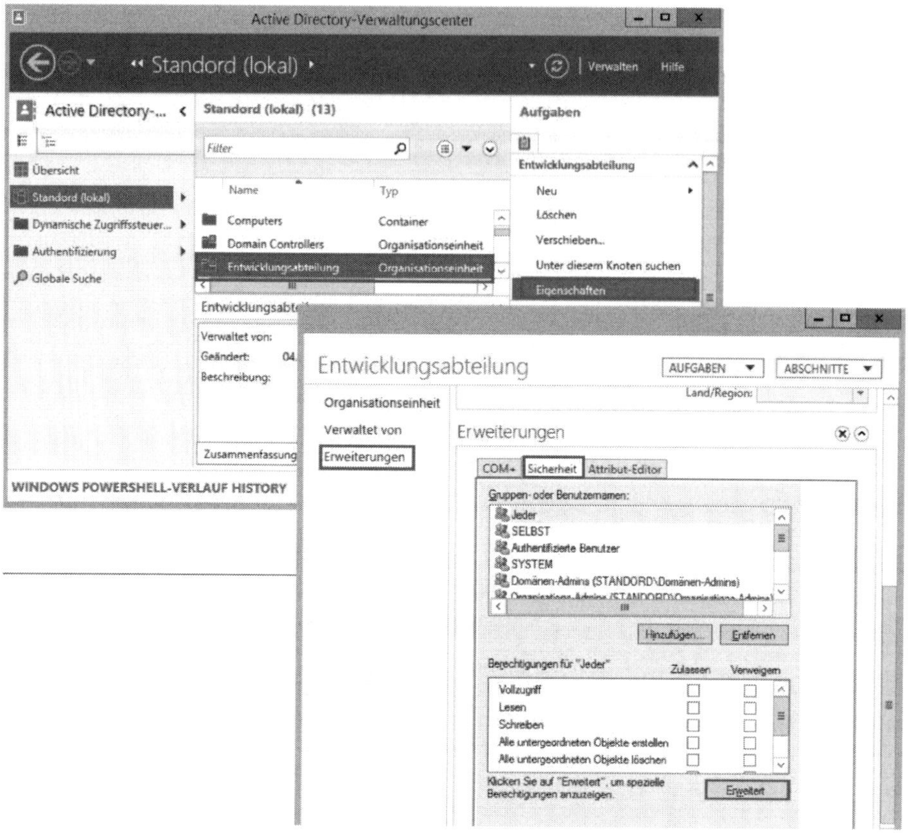

Design von Organisationseinheiten zum Delegieren von Verwaltungsfunktionen

Das Design von Organisationseinheiten ist entscheidend für eine effiziente, effektive und sichere Verwaltung der Domäne und ihrer Objekte.

Unterschieden wird in zwei Designarten bzw. Methoden zur Steuerung der Delegierung:

- **Das objektbasierte Design** ermöglicht das Delegieren von Verwaltungsrechten auf Basis von Objekttypen wie Benutzer, Gruppen und Computer. So können beispielsweise bestimmte Administratorgruppen für bestimmte Objekttypen zuständig sein, für Objekte mit bestimmten Funktionen oder für Objekte, die bestimmten Standorten zugeordnet sind. Ebenfalls ist es möglich, unterschiedlichen Gruppen verschiedene Grade der Verwaltung für das gleiche Objekt zu gewähren. Diese Art der Delegierung ist gut geeignet für viele Administratoren mit dem gleichen Bedarf an Verwaltungsrechten und weniger gut wenn unterschiedliche Verwaltungsgrade für ein Objekt erforderlich sind. Das lässt sich möglicherweise schwierig bestimmen.

- **Das rollenbasierte Design** ermöglicht das Delegieren von Verwaltungsrechten auf Basis von Verwaltungsaufgaben, die bestimmten Gruppen zugewiesen werden. Das wären beispielsweise das Passwort Management oder die Gruppenverwaltung. Die Gruppen können unterschiedliche Grade an Verwaltungsrechten innehaben. So kann eine Gruppe das Recht haben, die Passwörter von der OU „Abteilung A" zurückzusetzen, aber nicht auch das Recht für die OU „Abteilung B". Das wäre eventuell einer anderen Gruppe zugewiesen. Bewährt hat sich die Praxis, den Gruppen entsprechende Namen zu geben. So lässt sich leicht nachvollziehen, welche Verwaltungsrechte eine Gruppe hat. Darüber hinaus haben Sie schon weiter oben von der Empfehlung erfahren, möglichst nicht einzelnen Benutzern Verwaltungsrechte einzuräumen sondern die Rechtedelegierung über Gruppen zu verwalten. Das erleichtert die Verwaltung der Delegierung.

Best Practices für die Verwaltungsfunktionsdelegierung:

- Delegieren Sie die Verwaltung so weit wie möglich oben in der Struktur der Organisationseinheiten. Damit profitieren Sie von der Vererbung. Bauen Sie sich ggf. eine hierarchische Struktur von OEs auf.
- Delegieren Sie nur die Rechte, die zur Wahrnehmung der Aufgaben notwendig sind. Eventuell erfordert das die Trennung von Objekten in weitere Organisationseinheiten. Beispielsweise können Sie Laptops und Desktops mit eigenen OEs voneinander trennen, obwohl beide OEs sich innerhalb einer übergeordneten OE für Computer befinden. Ebenso könnten Sie die Computer nach ihrem Standort aufteilen.
- Benötigen Sie unterschiedliche Stufen der Verwaltungsrechte für viele Administratoren, sollten Sie die rollenbasierte Delegierung verwenden.
- Verwenden sie „sprechende" Namen für OEs und Administratorgruppen. Es hilft den Überblick zu behalten.

Design von Organisationseinheiten zur Durchsetzung von Gruppenrichtlinien

Es genügt nicht, nur die mögliche Delegierung von Verwaltungsfunktionen zu berücksichtigen. Ebenso wichtig ist die Einbeziehung von Gruppenrichtlinien und ihrer Infrastruktur.

Gruppenrichtlinienobjekte können in einer Active Directory Domänenstruktur wie folgt verknüpft werden:

- Mit dem Active Directory **Domänenobjekt**. Mit der Domäne ist automatisch die Standarddomänenrichtlinie verknüpft. Alle auf dieser Ebene verknüpften Gruppenrichtlinien gelten für alle Objekte in der Domäne.
- Mit dem Active Directory **Standortobjekt**. Alle auf dieser Ebene verknüpften Richtlinien gelten für alle Objekte an diesem Standort.
- Mit der Active Directory **Organisationseinheit**. Richtlinien können auf einer beliebigen Ebene einer OE verknüpft werden. Standardmäßig aktiviert ist die Vererbung auf alle untergeordneten OEs.

Mögliche Beschränkungen von Gruppenrichtlinien-Verknüpfungen:

- Sie können die Vererbung einschränken.
- Sie können mit der Sicherheitsfilterung in den Sicherheitseinstellungen des Gruppenrichtlinienobjekts die Übernahme der Richtlinien auf bestimmte Benutzer oder Computer einschränken.
- Sie können mit Verwaltungsinstrumentationsfilter die Übernahme der Richtlinie auf bestimmte Hardwarehersteller einschränken.

Best Practices für das OE-Design für das Anwenden von Gruppenrichtlinienobjekten:

- Verknüpfen Sie die GPOs auf OE-Ebene.
- Wenn erforderlich, erstellen Sie für GPOs weitere OEs als nur die, die Sie für die Delegierung von Verwaltungsrechten benötigen.
- Üblicherweise sind OEs, die Sie für die Unterstützung von GPOs nutzen, ressourcenbasiert.
- Nutzen Sie die Vererbung von Gruppenrichtlinien auf untergeordnete OEs.

Design von Organisationseinheiten-Hierarchien

Warum und wofür eine sorgfältige Planung der OE-Hierarchie wichtig ist, haben Sie nun kennen gelernt. Ein paar Überlegungen für die Hierarchie von OEs müssen wir noch machen. Sie werden in den folgenden Ausführungen viele der bereits genannten Best Practices wiederfinden:

- Die Strategie der Hierarchie sollte die **administrativen Anforderungen**, das **Delegierungsmodell** für Active Directory Verwaltungsaufgaben und den Einsatz von **Gruppenrichtlinien** berücksichtigen. Ideal ist es, wenn Sie eine Struktur schaffen, die auch bei Organisationsänderungen leicht anpassbar ist. Daher sollte die Geschäftslogik nur insofern in der AD-Struktur abgebildet werden, wie es für das Administratormodell vorteilhaft ist. Die Organisationseinheit dient nur administrativen Zwecken.
- Die **Vererbung** ist ein wesentlicher Teil der Funktionalität von Organisationseinheiten. Sie lässt sich sowohl für die Delegierung der Verwaltungsfunktionen wie auch für die Anwendung von Gruppenrichtlinien nutzen. Die OE-Struktur dient zum Gruppieren von Objekten mit gleichen Verwaltungsanforderungen oder gleichen Anforderungen an Gruppenrichtlinieneinstellungen. Wenn Sie möglichst weit oben in der Struktur ansetzen, arbeitet die Vererbung für Sie und erspart viel Konfigurationsaufwand auf unteren Ebenen. Mit dem Einschränken von Vererbung können Sie weiter unten das Übernehmen von Regeln und Einstellungen verhindern.
- **Berücksichtigen Sie mögliche Änderungen** in den Anforderungen, im Wachstum und in der Struktur. Hilfreich ist es, Informationen über die Unternehmensstrategie zu erfahren und Ihre AD-Struktur daran auszurichten. Der nachträgliche Wechsel beispielsweise vom organisationsbasierten Modell zum ressourcenbasierten Modell Ihrer OE-Struktur ist aufwändig.

Der Schutz von Organisationseinheiten vor versehentlichem Löschen

Information: *Diese Schutzmöglichkeit wurde mit Windows Server 2008 eingeführt.*

Die Praxis zeigt, dass versehentliches Löschen von AD-Objekten passieren kann. Das schließt OEs mit ein und kann zu aufwändigen Active-Directory Wiederherstellungen führen. Sie sichern sich folgende Vorteile durch den Schutz vor Löschen:

- Erwartungsgemäß können geschützte Organisationseinheiten nicht versehentlich gelöscht werden. Soll die OE gelöscht werden, muss vorher der Löschschutz entfernt werden.
- Der Löschschutz verhindert auch versehentliches verschieben der OE in der AD-Struktur.
- Alle in Windows Server 2008 oder neuer erstellten OEs sind automatisch mit dem Löschschutz versehen.

So schützen Sie AD Organisationseinheiten

Mit dem „Active Directory Verwaltungscenter":

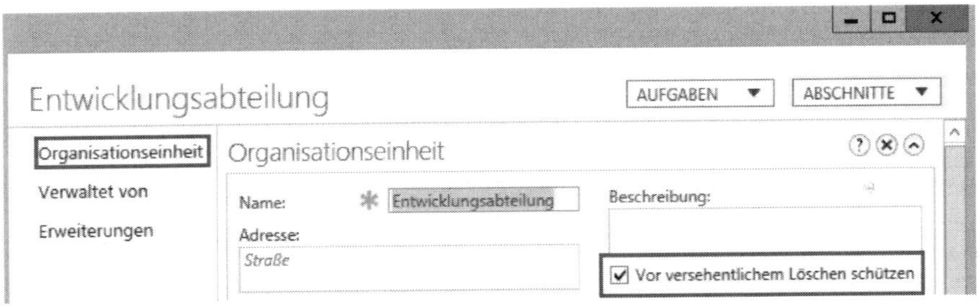

Mit der Konsole „Benutzer und Computer" in den Eigenschaften des AD Objekts:

- Auch hier müssen vorher wie weiter oben die „Erweiterte Features" ausgewählt werden.

Mit der Powershell:

- In diesem Beispiel wäre es der Befehl

Set-ADOrganisationalUnit „OU=Entwicklungsabteilung,DC=standord,DC=com“ –ProtectedFromAccidentalDeletion $true

Bedenken und Best Practices für das Schützen vor versehentlichem Löschen:

- Nutzen Sie den Windows Server 2012 Best Practices Analyzer oder die Powershell um zu überprüfen ob nicht geschützte OEs vorhanden sind. Haben Sie Domänen erfolgreich migriert, sind deren OUs nicht geschützt. Schützen Sie sie nach einer Migration.
- OEs, die mit älteren Windows Server Versionen, älteren Administratortools oder mit benutzerdefinierten Skripten erstellt wurden, sind sicherlich nicht geschützt.
- Der Schutz vor versehentlichem Löschen ist für untergeordnete OEs nicht wirksam, wenn übergeordnete ungeschützte OEs gelöscht werden. Die untergeordneten OEs sind dann trotzdem gelöscht. Daher prüfen Sie Ihre OEs bis zur höchsten Ebene und setzen Sie den Schutz.

So bearbeiten Sie Organisationseinheiten

Das Erstellen:

- Im folgenden Beispiel wird das „Active Directory Verwaltungscenter“ verwendet. Das haben Sie ja bereits beim Schützen von Objekten vor versehentlichem Löschen kennen gelernt. Neue Active Directory Objekte mit der Konsole „Active Directory-Benutzer und -Computer“ erstellen kennen Sie. Sie können im Verwaltungscenter genauso vorgehen: Mit Rechtsklick auf die Domäne. Möglich ist auch auf der rechten Seite den Befehl „Neu“ zu verwenden.

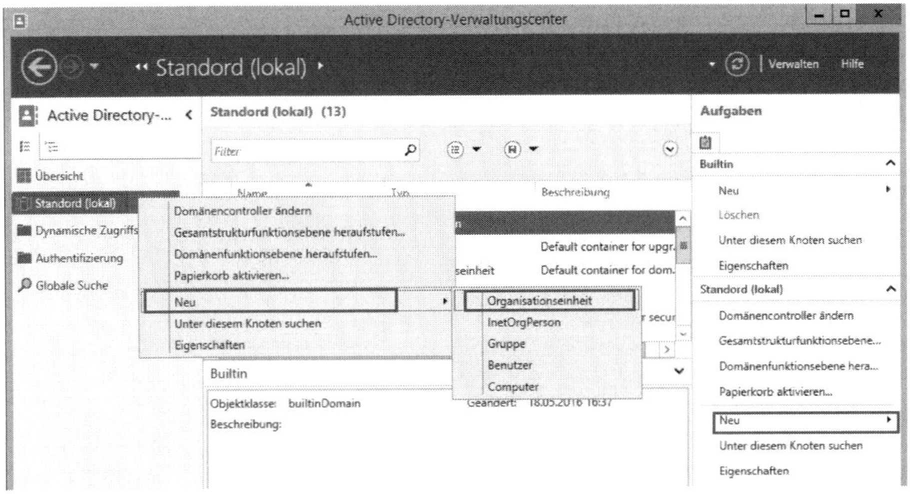

- Sie tragen den Namen ein (im Beispiel: „Verwaltung"), eventuell noch eine Beschreibung. Standardmäßig ist der Löschschutz aktiv.

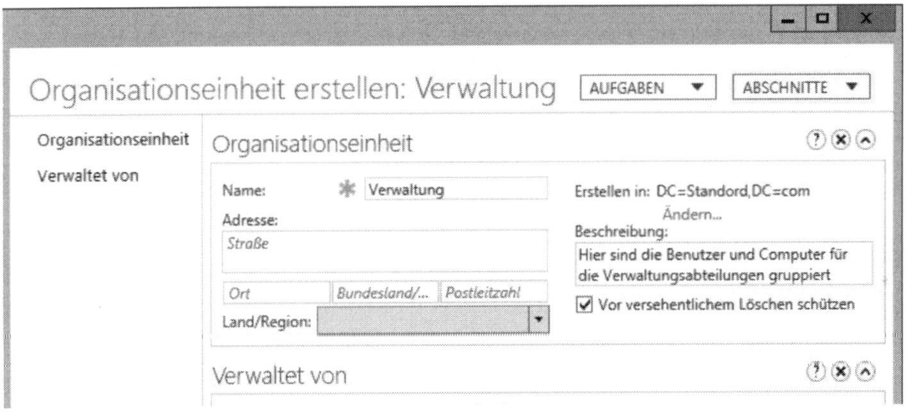

- Das Ergebnis im Verwaltungscenter: Die neue OU ist fertig. Beachten Sie den unteren Teil des Fensters. Sie können Sich dort die vom Verwaltungscenter verwendeten Powershell-Befehle anzeigen lassen. Das hilft Ihnen dabei, die Vorgänge nachzuvollziehen und ermöglicht Ihnen, die Befehle sehr einfach in eigene Skripte einzubauen.

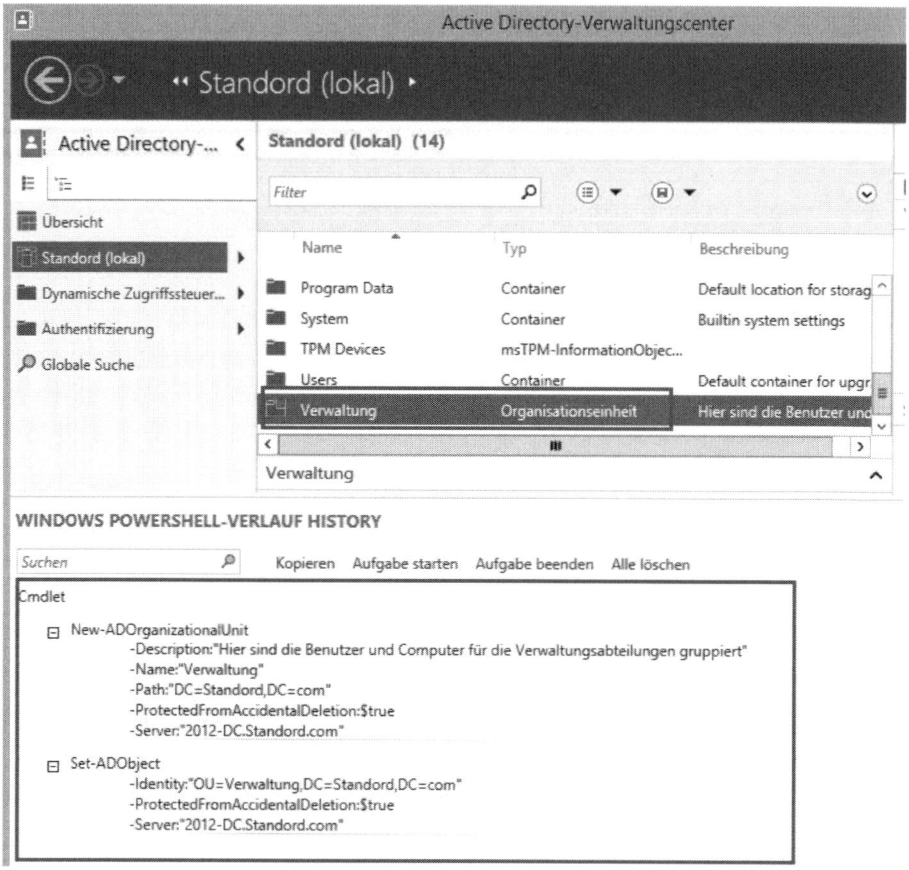

- Sie können Organisationseinheiten auch mit der Powershell erstellen mit New-ADOrganizationalUnit -Name Forschung -Path "dc=standord,dc=com"

Das Löschen:

Sie haben bereits erfahren, dass Sie den Löschschutz deaktivieren müssen um AD Objekte wie beispielsweise Organisationseinheiten löschen zu können. Wie Sie den Löschschutz deaktivieren, wissen Sie auch:

- Über die Konsole „Active Directory- Benutzer und –Computer“.
- Über das „Active Directory Verwaltungscenter“.
- Über die Powershell. Den Befehl kennen Sie bereits. Ändern Sie im Befehl „**..-ProtectedFromAccidentalDeletion $true** auf **ProtectedFromAccidentalDeletion $false**.

Nun können Sie mit den drei Optionen auch den eigentlichen Löschvorgang durchführen.
Für die Powershell wäre es der Befehl

Remove-ADObject „OU=Verwaltung,DC=standord,DC=com (mit Bestätigung).
Remove-ADObject „OU=Verwaltung,DC=standord,DC=com –Confirm:$false (ohne Bestätigung).

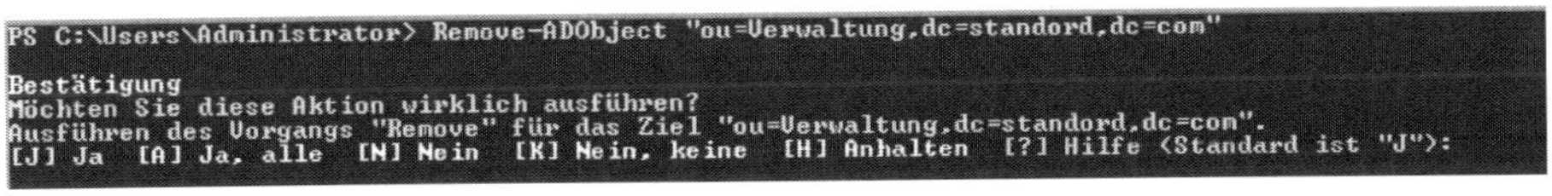

Die Standard-Sicherheitseinstellungen:

Sie müssen die Sicherheitsstrategie entsprechend der Anforderungen und der gegebenen Möglichkeiten festlegen. Es geht darum, wer welchen Zugriff auf welche Objekte erhalten soll und wer nicht. Auf den folgenden Bildern werden Sie sehen, wo Sie das steuern können und dass die Steuerung sehr ins Detail geht. Wichtig ist daher, dass Sie Konfigurationen und deren Änderungen gut dokumentieren.

Das folgende Fenster kennen Sie bereit. Sie erinnern sich, zwei Wege führten zu den erweiterten Sicherheitseinstellungen für ein AD-Objekt: Über „Active Directory-Benutzer und –Computer" sowie über das „Active Directory Verwaltungscenter". Durch den Klick auf „Bearbeiten" zu einem ausgewählten Berechtigungseintrag kommen Sie zu dem Berechtigungseintrag für das ausgewählte Objekt. Hier können Sie:

- Den Zugriff erlauben oder verweigern.
- Festlegen für welche Objekte der erlaubte oder verweigerte Zugriff gilt.
- Festlegen, wie tief Sie dabei ins Detail gehen.

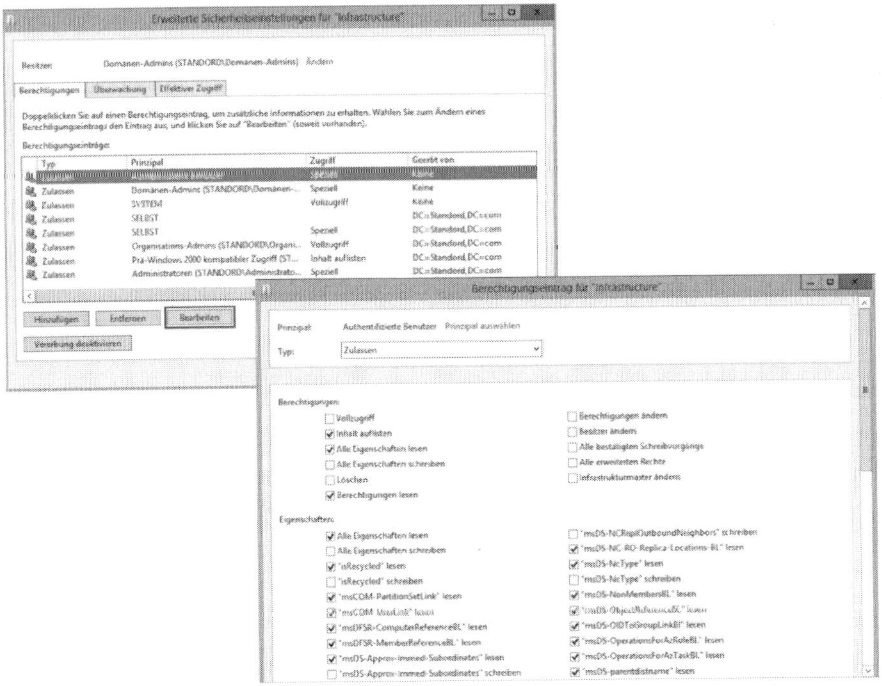

3.5 Die Active Directory Gruppenstrategie

Active Directory Gruppen sind grundlegende Objekte in einer Active Directory Domänenstruktur. Erstellen Sie ein Benutzer- oder Computerkonto, liegt es in einer Gruppe. Sie können das Konto in beliebige bereits vorhandene Gruppen verschieben oder neue Gruppen dafür erstellen. Mit diesen Gruppen steuern Sie den Zugriff auf Ressourcen in der Active Directory Domäne und in der Gesamtstruktur. Daher benötigen Sie nicht nur eine Strategie für Organisationseinheiten sondern auch für Gruppen, wenn Sie die Verwaltung der Domäne planen. Für die Gruppenstrategie müssen Sie wissen, welche Gruppen es gibt, wie sie miteinander interagieren und welche Benennung der Gruppen sinnvoll ist.

Die Active Directory Gruppen

Eine Active Directory Gruppe ist ein Objekt in einer Active Directory Domäne oder auf einem lokalen Computer. Die Gruppe enthält Benutzer und/oder Computer und ermöglicht das Gruppieren von Benutzern und Computern zwecks Vergabe von Berechtigungen auf Gruppenebene anstelle für jedes enthaltende Objekt einzeln.

Gruppentypen:

- Die **Sicherheitsgruppe** für das Zuweisen von Benutzerrechten und Berechtigungen für Benutzer- und Computergruppen.
- Die **Verteilergruppe** für bestimmte Anwendungen, wie beispielsweise Email-Anwendungen. Damit lassen sich Emails an eine Gruppe von Benutzern senden.

Wichtig: Sie können aus Sicherheitsgruppen Verteilergruppen machen und umgekehrt. Sie können aber einer Verteilergruppe keine Sicherheitsberechtigungen zuweisen. Berechtigungen von Sicherheitsgruppen werden bei einer Konvertierung in Verteilergruppen unwirksam.

Gruppenbereich:

Mit dem Gruppenbereich wird bestimmt, ob Gruppen Mitglieder anderer Domänen haben können, ob Gruppen der Zugriff auf Ressourcen von anderen Domänen gewährt werden kann und wie Gruppenmitgliedern Berechtigungen zugewiesen werden können.

- Mit **globalen Gruppen** können Sie vertrauenswürdigen Domänen Rechte gewähren. Mitglieder können aber nur Benutzer der gleichen Domäne sein.
- Mit **domänenlokalen Gruppen** gewähren Sie Rechte in der lokalen Domäne. Die lokalen Gruppen gehören zu ihrer Domäne, können aber Mitglieder aus anderen, vertrauenswürdigen Domänen enthalten.
- Die **universellen Gruppen** können Rechte in jeder vertrauenswürdigen Domäne erhalten und können Mitglieder aus allen vertrauenswürdigen Domänen enthalten. Damit lassen sich Gruppen bzw. Benutzer zusammenfassen, die aus verschiedenen Domänen stammen aber Zugriff auf die gleichen Ressourcen benötigen.

Die Benennungsstrategie für Gruppen

Wenn es darum geht, Gruppen einen Namen zu geben, sollten Sie darauf achten dass nicht nur Eingeweihte nachvollziehen können, was der Name zu bezeichnen versucht. Schaffen Sie also Konventionen, an die sich alle zu halten haben. Das hilft anderen den Zweck einer Gruppe nachzuvollziehen, stärkt die Effizienz und vermeidet Missverständnisse. Richten Sie die Namenskonventionen an den Zielgruppen aus. Ein IT-Mitarbeiter versteht gebräuchliche Kurzformen und Abkürzungen, ein Anwender möglicherweise nicht. Sollten Sie also für Anwender Self-Service-Strukturen schaffen, benötigen die dafür zugrunde liegenden Gruppen deutlichere Namen.

Beispiele für Namenskonventionen:

Typ, Gruppe und Zweck lässt sich mit einer Namenskonvention aus „Präfix_Ressourcenbezeichner_Suffix" darstellen. „ACL_OrdnerVertrieb_Lesen" besteht aus dem Präfix „ACL" und kennzeichnet die Zugehörigkeit der Gruppe zu ACLs von freigegebenen Ressourcen. Der Ressourcenbezeichner „OrdnerVertrieb" bezeichnet die freigegebene Ressource. Das Suffix „Lesen" gibt die Zugriffsrechte an, die der Gruppe auf die Ressource gewährt wird.
„Vertrieb_Deutschland" ist eine einfache Bezeichnung für Gruppen, die auch für Anwender geeignet ist. Damit wird zwischen Standorten unterschieden. Ihre Unternehmensstruktur wird sicherlich einige brauchbare Ansätze beinhalten.

Strategien für das Verwenden von Gruppen für den Ressourcenzugriff

Mit Gruppen steuern Sie den Zugriff auf Ressourcen innerhalb einer Active Directory Domäne und der Gesamtstruktur. Wie Sie schon mehrfach gelesen haben, empfiehlt es sich, den Zugriff auf Ressourcen über Gruppen zu steuern und nicht für einzelne Benutzerkonten Berechtigungen zu vergeben.
Eine Gruppe reicht aber meistens nicht. Sie müssen Gruppen innerhalb von Gruppen verschachteln, um Ihre Anforderungen zu erfüllen. Das ermöglicht Ihnen eine effiziente Verwaltung von Gruppen und Konten, denn Sie können diese gleichzeitig bearbeiten. Darüber hinaus bleibt die Gruppenstruktur modular und flexibel.

Die Antwort auf die Frage „was kann ich wie verschachteln" ist abhängig vom Gruppenbereich „lokal", „domänenlokal" und „universell". So wie sich je nach Gruppenbereich nur bestimmte Konten in der Gruppe organisieren lassen, so lassen sich auch nur bestimmte Gruppen in der Gruppe organisieren.

Gruppenbereich und integrierbare Konten bzw. Gruppen:

- Global: Konten und globale Gruppen aus der gleichen Domäne wie die globale Gruppe.
- Domänenlokal: Konten, globale Gruppen und universelle Gruppen aus beliebigen Domänen aber nur lokale Gruppen aus der gleichen Domäne wie die domänenlokale Gruppe.
- Universell: Konten, globale Gruppen und universelle Gruppen aus beliebigen Domänen aber aus der gleichen Gesamtstruktur wie die universelle Gruppe.

Best Practices für das Verschachteln von Gruppen:
Hier die gebräuchliche Eselsbrücke, mit der die Reihenfolge der Verschachtelung leicht zu merken ist: **AGDLP**

- A = Accounts. Das sind die Benutzer- und Computerkonten. Diese sind Mitglieder von
- G = globalen Gruppen. Diese stehen für Geschäftsrollen und sind Mitglieder von
- DL = Domänenlokalen Gruppen. Diese stehen für Verwaltungsregeln (beispielsweise „lesen" für einen Ordner „A"). Domänenlokale Gruppen erhalten die
- P = Permissions. Das sind die Berechtigungen für den Zugriff auf Ressourcen. Ordner „A" gewährt Zugriff, wenn die domänenlokale Gruppe zur ACL des Ordners „A" mit den entsprechenden Berechtigungen hinzugefügt wird.

Wo bleiben die universellen Gruppen?
Universelle Gruppen haben Sie, wenn in Ihrer Gesamtstruktur mehrere Domänen enthalten sind. Die Eselsbrücke erweitert sich wie folgt: AG **U** DLP

Die Mitglieder der universellen Gruppen können von überall innerhalb der Gesamtstruktur stammen. Mit ihrer Hilfe können Sie globale Gruppen aus mehreren Domänen zusammenfassen und Sie können die universellen Gruppen in lokale Gruppen von verschiedenen Domänen platzieren.

Die Planung für die Gruppenverwaltung

Gruppen sind Objekte innerhalb der Active Directory Domänenstruktur so wie es auch Computer- oder Benutzerkonten sind. Zur Planung gehört daher nicht nur zu überlegen, welche Computer-und Benutzerkonten Sie in welchen Gruppen organisieren und welche Berechtigungen Sie den Gruppen zuweisen. Sie müssen genauso planen, wie die Verwaltung der Gruppen selbst erfolgen soll. Das schließt das Erstellen und Löschen der Gruppen mit ein und natürlich auch die Verwaltung von Gruppenmitgliedschaften und Berechtigungen.

Richtlinien und Best Practices:

- Die Gruppen sollten in den gleichen Organisationseinheiten platziert werden wie die Konten, die sie in den Gruppen verwalten. Damit können Sie die Verwaltung der Benutzer und der Gruppen unter einer Organisationseinheit delegieren, beispielsweise mit einem für die Gruppe zuständigen Administrator.
- Die Gruppen sollten in der gleichen Organisationseinheit platziert werden wie die Ressource, die mit der Gruppe verwaltet wird. Damit verwalten Sie die Ressource und den Zugriff auf diese Ressource mit einer Delegierungsgruppe.
- Platzieren Sie alle Gruppen zentral an einen Ort in Ihrer Active Directory Domänenstruktur. Damit trennen Sie Gruppen von anderen Ressourcen. Damit können Sie nur die Gruppenverwaltung delegieren.
- Bei einer großen Anzahl von Gruppen oder wenn Sie die Gruppenverwaltung auf mehrere Administratorgruppen aufteilen wollen, platzieren Sie die Gruppen in separaten Organisationseinheiten.

- Ermöglichen Sie so weit wie möglich und sofern keine Sicherheitsbedenken dagegen sprechen eine Self-Service-Verwaltung, bei der Gruppenmitglieder weitere Mitglieder hinzufügen oder entfernen können, sogar sich selbst.
- Mit hybriden Szenarien können Sie je nach Anforderung die obigen Szenarien kombinieren. Sie ermöglichen Ihnen, auf den verschiedenen Ebenen Ihrer Domänenstruktur die jeweils bestmögliche Form der Gruppenplatzierung zu wählen.

So aktivieren sie die Self-Service-Verwaltung für Benutzer

Über die Eigenschaften einer Gruppe in der Konsole „Active Directory-Benutzer und –Computer“:

- Legen Sie den Benutzer fest, der die Gruppe verwalten darf und optional aktivieren Sie die Änderung der Mitgliedsliste durch den Vorgesetzten. Auf der Registerkarte „Mitglieder“ sind dann vom Benutzer die Mitglieder der Gruppe verwaltbar.

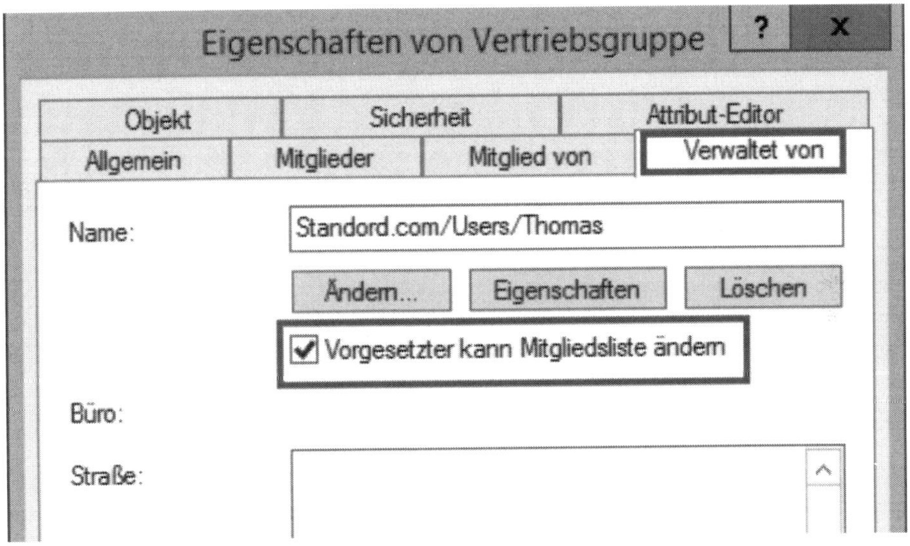

Über das Verwaltungscenter:

- Legen Sie auch hier den Benutzer fest, der die Gruppe verwalten darf. Sie können hier ebenso dem Vorgesetzten die Möglichkeit bieten, die Mitgliedsliste zu ändern:

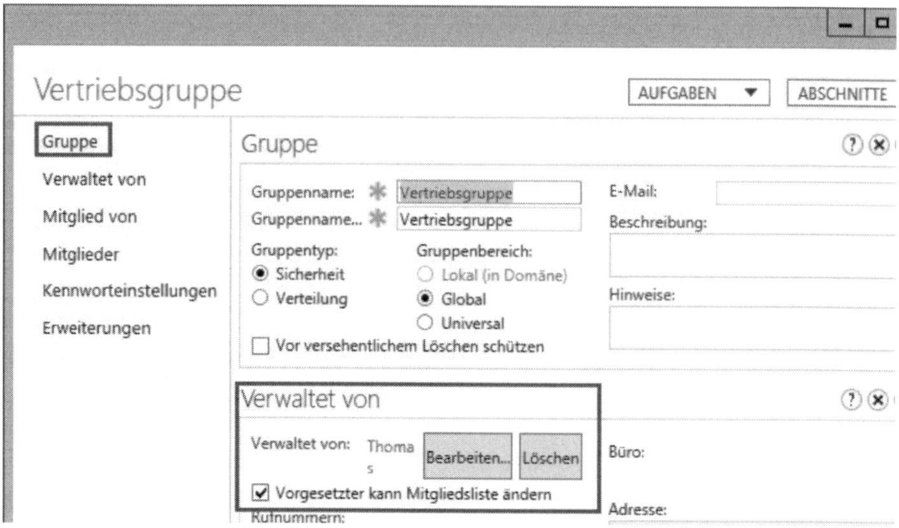

- Über den Bereich „Mitglieder" ist die Mitgliedsliste verwaltbar:

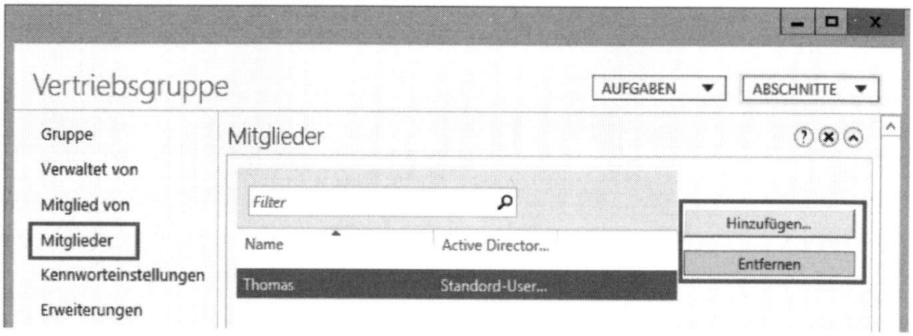

Richtlinien und Best Practices für die Active Directory Gruppenstrategie

- Sie sollten immer Gruppen und nicht einzelnen Benutzern Berechtigungen zuweisen.
- Erstellen Sie Gruppen auf Basis der Verwaltungsanforderungen. Wechseln die Personen, die diese Verwaltungsanforderungen zu erfüllen haben, müssen Sie nur die Gruppenmitgliedschaft ändern.
- Sollte es mehrere alternative Gruppen geben, denen Sie ein Benutzerkonto für die Erfüllung einer Anforderung zuweisen können, wählen Sie die Gruppe mit den geringsten Rechten.
- Vermeiden Sie die Verwendung von Windows-Standardgruppen. Diese haben meist vordefinierte und umfangreiche Rechte. Das widerspricht möglicherweise dem Grundsatz der Zuweisung von geringstmöglichen Rechten zur Erfüllung einer Aufgabe. Ein Beispiel dafür wäre die Gruppe „Kontenoperatoren", die umfangreiche Rechte für die Verwaltung von Konten inne hat.

- Verwenden Sie die Gruppenverschachtelung zur Vereinfachung der Gruppenverwaltung.
- Vermeiden Sie doppelte Gruppen. Haben Sie mehrere Gruppen mit den gleichen Mitgliedern und den gleichen Rechten, wird möglicherweise irgendwann die Verwaltung uneinheitlich.
- Verwenden Sie bevorzugt die Gruppe „Authentifizierte Benutzer“ anstelle der Gruppe „Jeder“. So beschränken Sie den Zugriff auf Ressourcen auf in der Domäne ordnungsgemäß angemeldete Benutzer. Die Gruppe „Jeder“ schließt auch anonyme Benutzer ein.
- Schränken Sie die Mitglieder der Gruppen „Administratoren“, „Domänenadministratoren“ und „Organisations-Admins“ so weit wie möglich ein. Diese Gruppen haben weitreichende Rechte und für viele Aufgaben sind solch umfangreiche Rechte nicht notwendig.

So erstellen und Verwalten Sie Gruppen mit dem Verwaltungscenter

Die Erstellung von Gruppen ist nicht schwer. Sie haben bereits Organisationseinheiten erstellt. Die Gruppenerstellung ist ebenso durchführbar.

- Nach dem Rechtsklick auf eine OU oder direkt auf der Domäne wählen Sie „Neu/Gruppe“. Im Bereich „Gruppe“ die Gruppeneigenschaften mit Name und E-Mail fest:

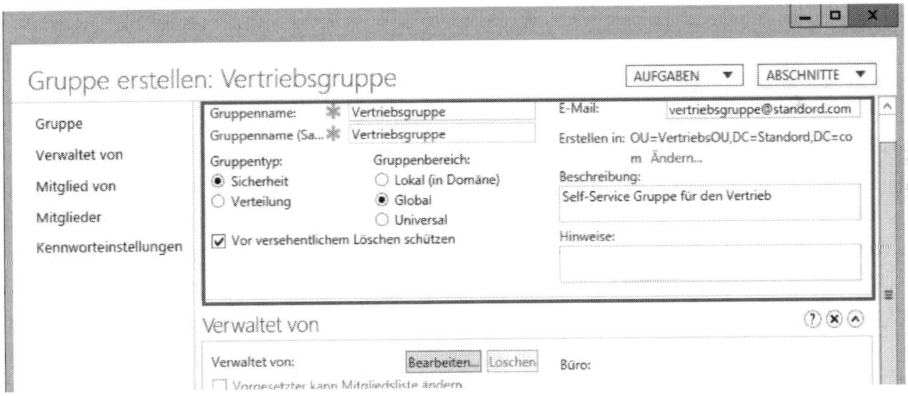

- In dem Bereich „Verwaltet von“ wählen Sie den zuständigen Mitarbeiter oder die Gruppe, der bzw. die diese Gruppe verwalten darf. Wenn Sie dafür die Gruppe verwenden wollen, die Sie momentan erstellen (das wäre für eine Self-Service Gruppe sinnvoll), müssen Sie die Erstellung erst abschließen, bevor Sie im nächsten Schritt die Gruppe auch als Verwalter für sich selbst auswählen können. Nach dem Erstellen der Gruppe rufen Sie also die Eigenschaften der erstellten Gruppe auf und setzen die Konfiguration fort:

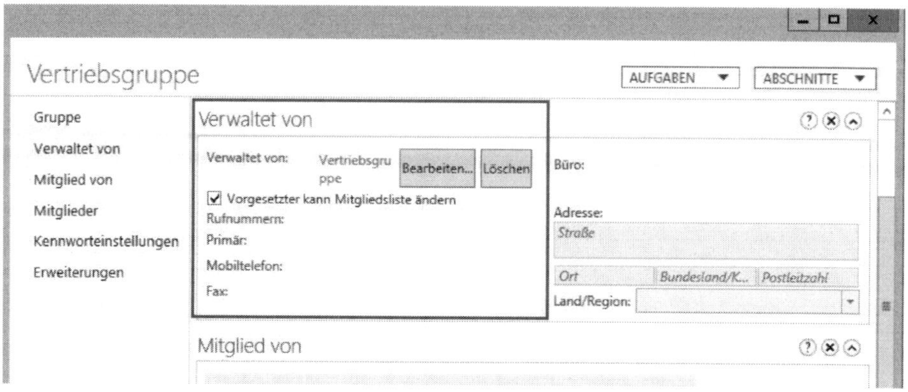

So fügen Sie einer Gruppe Mitglieder hinzu

- Rechtsklick auf den User, den Sie zu einer Gruppen hinzufügen wollen. Genauso können Sie die Befehle im rechten Teil des Fensters verwenden. Wie es dann weiter geht, wissen Sie ganz sicher. Sie wissen sicherlich auch den alternativen Weg: Über die Gruppe, der Sie den Benutzer hinzufügen wollen.

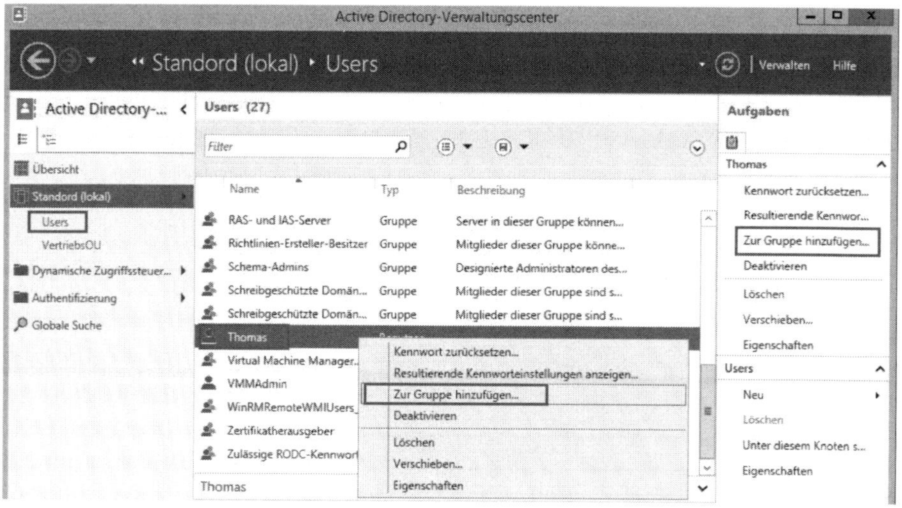

So testen Sie, ob der Benutzer „Thomas" als Mitglied der „Vertriebsgruppe" neue Mitglieder hinzufügen bzw. löschen kann:

- Melden Sie sich an einem Computer an, der Mitglied der Domäne ist und über das „Active Directory Verwaltungscenter" verfügt. Verwenden Sie dafür einen Benutzer, der Mitglied der Self-Service Gruppe ist (in diesem Beispiel ist es der Benutzer „Thomas" als Mitglied der Gruppe „Vertriebsgruppe").
- Starten Sie das „Active Directory Verwaltungscenter":

- Gehen Sie vor wie Sie es kennen: Fügen Sie einen Benutzer der Gruppe „Vertriebsgruppe" hinzu. In diesem Beispiel ist es die Benutzerin „Nicole":

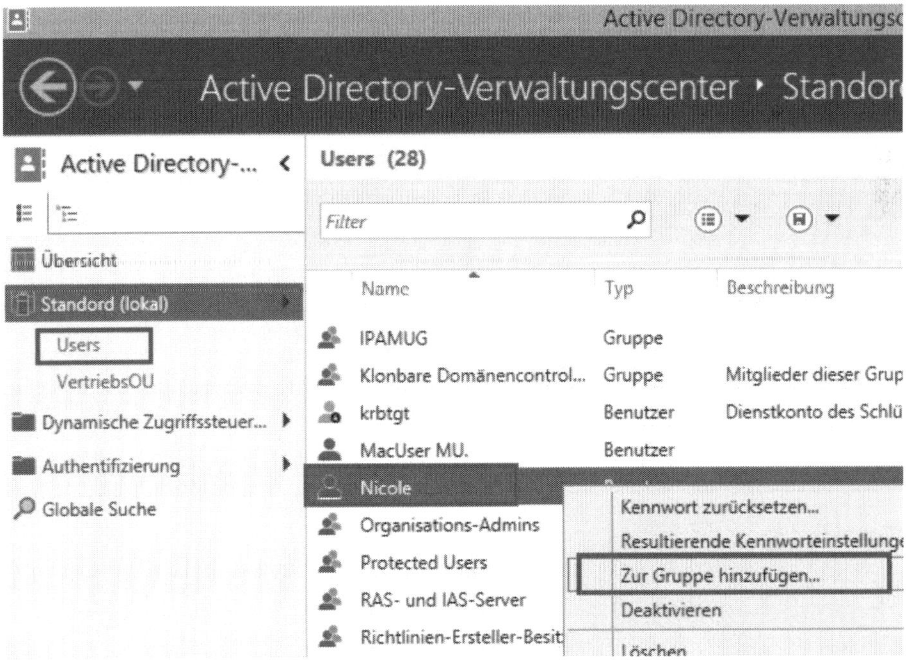

- Ergebnis: Ein neuer Benutzer wurde der Gruppe hinzugefügt durch einen anderen Benutzer, der zwar keine Administratorrechte hat, aber als Mitglied der Self-Service-Gruppe „Vertriebsgruppe" andere Benutzer hinzufügen darf. Auch der neu hinzugefügte Benutzer ist jetzt in der Lage, neue Benutzer hinzuzufügen oder Benutzer aus der Gruppe zu entfernen.

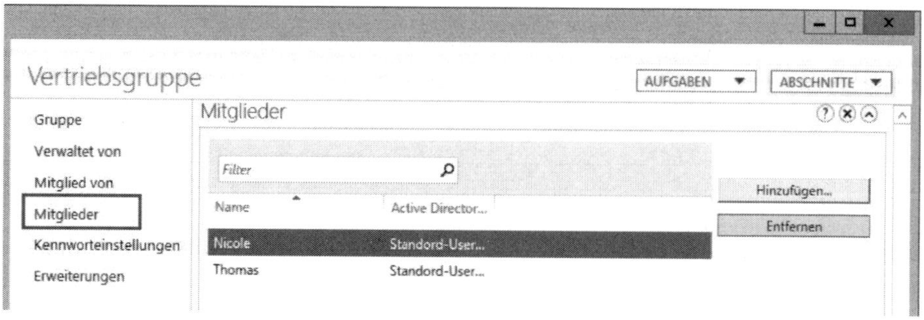

4. Die physische Active Directory-Infrastruktur

4.1 Die Strategie für Gruppenrichtlinienobjekte

Zusammenfassung: In diesem Kapitel geht es um die effektive Verwaltung und Konfiguration von Clientcomputer und Server mit Gruppenrichtlinienobjekten. Die mit den Gruppenrichtlinienobjekten auf die Computer angewendeten Richtlinien sollen Ihnen eine standardisierte und gut überschaubare Infrastruktur schaffen, die eine gute Verwaltung mit möglichst wenig Aufwand ermöglicht.

Wenn Sie Computer konfigurieren wollen, können Sie das für jedes Gerät einzeln machen. Das ist allerdings nicht effektiv. Darüber hinaus werden Sie schnell feststellen, dass sich die Aufgaben ständig wiederholen. Im vorherigen Kapitel haben Sie bereits die Gruppenstrategie kennen gelernt und Sie wissen, dass sich Gruppen geradezu aufdrängen, um gleiche Anforderungen für eine große Anzahl von Computern zusammen zu fassen und gleichzeitig zu erledigen. Die über Gruppenrichtlinienobjekte verteilten Gruppenrichtlinien ermöglichen Ihnen diese gleichzeitige Erledigung von Aufgaben für eine Gruppe von Computern und ermöglichen die Erzwingung von Anforderungen.

Die notwendigen Informationen für eine Gruppenrichtlinienstrategie

Bevor Sie Ihre Gruppenrichtlinien entwerfen, müssen Sie wissen welche Anforderungen Sie mittels der Richtlinien erfüllen müssen und Sie müssen ebenfalls wissen, ob diese Anforderungen überhaupt mit Gruppenrichtlinien zu erfüllen sind. Wichtig ist ebenfalls, welche Einstellungen Sie in Gruppenrichtlinienobjekten kombinieren können, wer die Gruppenrichtlinienobjekte verwaltet und auf welcher Ebene die Richtlinien übernommen werden. Sie benötigen daher Informationen zur Organisation, zu Sicherheitsanforderungen, zu Desktopverwaltungsanforderungen und über Verwaltungsprozesse für erste Planungen.

Benötigte Informationen zur Organisation:

- Geografische Standorte des Unternehmens und die Active Directory Domänendienst-Standorte. Ebenso wichtig ist die Netzwerktopologie, die Platzierung von Diensten und Speicher sowie die Konfiguration dieser Bereiche.
- Die Organisationsstruktur sowie Geschäftsanforderungen. Verschiedene Abteilungen können verschiedene Anforderungen haben, die mit dafür angepassten Gruppenrichtlinien erfüllt werden. Die Struktur kann Einfluss auf die Berechtigungen von Computer- oder Benutzerkonten haben. Mit Gruppenrichtlinien konfigurieren Sie geforderte Computer- und Benutzereinstellungen.
- Anforderungen an die Sicherheit. Mit Gruppenrichtlinien decken Sie Anforderungen für Kennwortrichtlinien und Kontoverwaltungssperrung ab, konfigurieren Sicherheitsmaßnahmen und die Firewall.

- Anforderungen an Netzwerk und IT. Sowohl administrative Anforderungen und technische Aspekte lassen sich mit Gruppenrichtlinien konfigurieren und vereinfachen. Ebenso können Sie anwendungsspezifische Einstellungen durchführen. Darüber hinaus benötigen Sie Informationen über die Verwaltung der Gruppenrichtlinienobjekte: Wer verwaltet sie und wer ist der Eigentümer.
- Welche Vereinbarungen zum Service Level (Service Level Agreement, SLA) sind getroffen worden. Diese Vereinbarungen umfassen üblicherweise die gesamte Organisation, über die Abteilungen bis hin zu den einzelnen Komponenten und Anwendungen. Eventuell können Sie die SLAs mit Gruppenrichtlinien unterstützen.

Benötigte Informationen zu Sicherheitsanforderungen:

- Zu sichernde Ressourcen in der Active Directory Umgebung. Das sind Computer- und Benutzerobjekte, zu denen Sie möglicherweise Gruppenrichtlinieneinstellungen benötigen.
- Sicherheitsanforderungen zu geografischen und Active Directory Standorten. Geschäftsaktivitäten und Sicherheitsanforderungen können unterschiedlich sein.
- Sicherheitsanforderungen für Benutzer und Computer. Diese haben eine direkte Auswirkung auf ihre IT-Umgebung und sie können auf Domänen-, Standort- oder Organisationseinheiten-Ebene übernommen werden. Computer und Server mit Verbindung zum Internet benötigen besondere Sicherheitsmaßnahmen.
- Prüfen Sie bereits existierende Sicherheitsrichtlinien und Sicherheitsmaßnahmen darauf, ob sie bereits berücksichtigt wurden und ob die Maßnahmen den Richtlinien entsprechen. Beachten Sie auch gesetzliche Vorgaben und Regeln.

Benötigte Informationen zur Desktopverwaltung:

- **Konfigurationsanforderungen für Organisationscomputer**. Das umfasst Richtlinien für alle Computer der Organisation. Diese verknüpfen Sie mit einem Standort in der Active Directory Domänenstruktur und Sie stellen sicher, dass die Gruppenrichtlinien in allen Domänen übernommen werden. Wenn Sie Gruppenrichtlinien auf eine Domäne anwenden, wirken sich die Richtlinien auf alle Benutzer und Computer dieser Domäne aus. Mit Filtern oder mit der „Windows Management Intstrumentation" (WMI) können Sie die Wirkung der Richtlinien auf bestimmte Gruppen von Benutzern oder Computern einschränken. Vermeiden Sie allerdings das Filtern über mehrere Ebenen.
- **Konfigurationsanforderungen für Abteilungscomputer**. Mit Organisationseinheiten können Sie Objekte für jede Abteilung, Unternehmenseinheit und jeden geografischen Standort gruppieren und verwalten. Mit Gruppenrichtlinien für die OEs können Sie dann Computer mit gleichen oder ähnlichen Konfigurationsanforderungen konfigurieren.
- **Konfigurationsanforderungen für spezielle Computer**. Möglicherweise erfordern öffentlich zugängliche Computer, Laptops oder Computer mit speziellen Aufgaben auch spezielle Konfigurationen. Über entsprechende Organisationseinheiten können Sie diese Anforderungen mit Gruppenrichtlinien erfüllen.

Benötigte Informationen über Verwaltungsprozesse:

- Ermitteln Sie die Aufgaben, die jede Gruppe von Administratoren zu erfüllen hat. Mit Gruppenrichtlinieneinstellungen können Sie die Verwaltungsaufgaben von Benutzern mit administrativen Aufgaben erlauben oder einschränken. Sie steuern damit die lokale Anmeldung an Server, den Zugriff auf Verwaltungstools und andere administrative Aufgaben.
- Ermitteln Sie die Benutzer, die Desktopverwaltungsaufgaben erfüllen müssen. Das sind nicht unbedingt alles Administratoren. Mit Gruppenrichtlinien schränken Sie den Zugriff auf die Systemsteuerung und die Registry ein oder geben diese frei. Darüber hinaus ist es eventuell erforderlich, für einige Benutzer die Desktopverwaltung so zu aktivieren, dass es nur an bestimmten Standorten möglich ist diese zu nutzen.
- Ermitteln Sie die Anforderungen der Delegierung von Verwaltungsaufgaben. In vorigen Kapiteln haben Sie die Delegierung bereits kennen gelernt. Eventuell ist es notwendig, mit Gruppenrichtlinien eingeschränkte Verwaltungsaufgaben für bestimmte Benutzer oder Gruppen freizugeben. Möglicherweise erfordert dies das Außerkraftsetzen von Gruppenrichtlinien, die an höherer Ebene Ihrer Struktur angewendet werden.

4.2 Das Entwerfen und Implementieren von Gruppenrichtlinienobjekten

Nicht nur die im vorherigen Abschnitt beschriebenen Informationen werden für den Entwurf von Gruppenrichtlinienobjekten benötigt. Sie müssen auch wissen, was Sie mit Gruppenrichtlinien steuern können, wie die Einstellungen funktionieren und welche Struktur sie haben. Weiterhin ist wichtig, wie Sie mit administrativen Vorlagen umgehen um sich die Erstellung von Gruppenrichtlinien zu erleichtern und wie Sie mit Gruppenrichtlinien-Voreinstellungen die Gruppenrichtlinienobjekte steuern.

Jedes Gruppenrichtlinienobjekt enthält Einstellungen, die es Ihnen ermöglicht das Betriebssystem von Computern oder die Benutzereinstellungen zu konfigurieren. Sie können auch Vorkonfigurationen erstellen, die vom Benutzer noch angepasst werden sollen oder die ohne Änderungsmöglichkeit erzwungen werden. In der Active Directory Domänenstruktur funktionieren Gruppenrichtlinien durch das Zusammenwirken des Gruppenrichtlinienmoduls und der clientseitigen Erweiterungen (Client-Side Extensions, CSE) der Gruppenrichtlinien. Mit Hilfe der CSEs werden vom Gruppenrichtlinienmodul die konfigurierten Änderungen an den Betriebssystemeinstellungen durchgeführt.

Kategorien der Gruppenrichtlinieneinstellungen

Die Einstellungen teilen sich auf der obersten Ebene in zwei Kategorien auf. Das ist einerseits die Benutzerkonfiguration und andererseits die Computerkonfiguration.

Benutzer- und Computerkonfiguration im GPO-Editor:

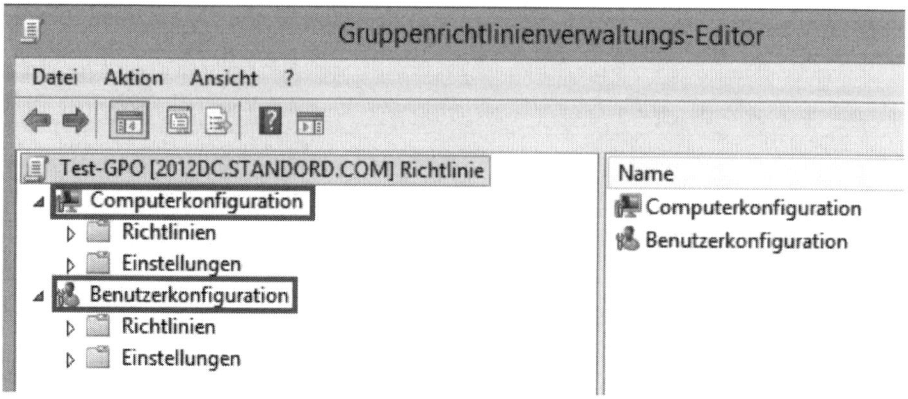

Die Benutzerkonfiguration:
Die Einstellungen in der Benutzerkonfiguration werden erst dann angewendet, wenn sich ein Benutzer auf einem Computer anmeldet. Voraussetzung ist, dass die Gruppenrichtlinie auf den Computer zutrifft. Einstellungen gelten für Benutzerobjekte wie OEs, Domänen, Standorte. In der Domänenstruktur werden die Gruppenrichtlinienobjekte mit diesen Objekten verknüpft.

Die Computerkonfiguration:
Diese Einstellungen werden angewendet, wenn der Computer gestartet wird. Sie sind damit unabhängig von der Anmeldung eines Benutzers und damit sehr gut geeignet für allgemeine, sicherheitsbezogene Richtlinien. Die Computerkonfigurationseinstellungen gelten für die Windows-Betriebssystemumgebung des Computers, sofern die Richtlinie für diesen Computer zutrifft.

Unterhalb der Benutzer- bzw. Computerkategorie:
Jede der beiden obersten Konfigurationen enthält sowohl einen Bereich für Richtlinien und einen Bereich für Einstellungen. Unterhalb der Bereiche finden sich die folgenden Knoten:

- Die Softwareeinstellungen mit den Einstellungen für die Softwareinstallation.
- Die Windows Einstellungen mit den Einstellungen für Skripte, Ordnerumleitungen, Sicherheitseinstellungen.
- Die administrativen Vorlagen enthalten die Mehrheit der einzelnen Einstellungen innerhalb der Gruppenrichtlinie. In diesem Bereich können Sie nahezu alle Aspekte der Betriebssystemumgebung steuern. Zusätzliche Knoten lassen sich mit ADM- oder ADMX-/ADML-Dateien hinzufügen, die weitere Gruppenrichtlinieneinstellungen enthalten.

Der GPO-Editor:

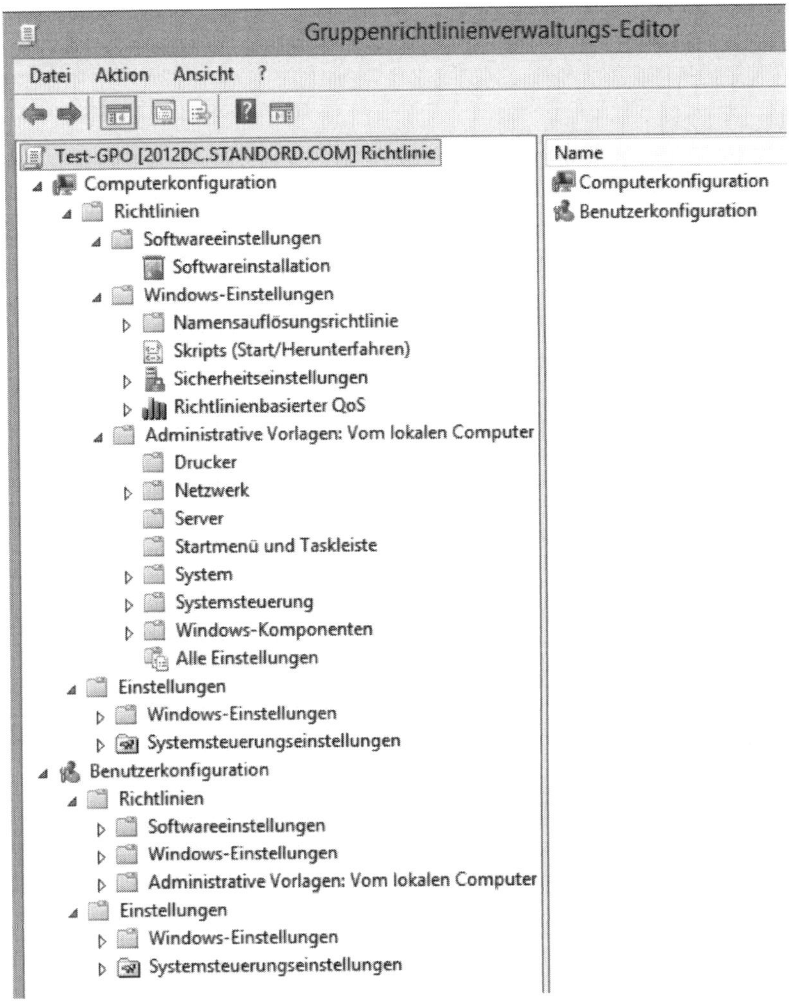

Die Einstellungen können mehrere Konfigurationsdetails enthalten und sind entweder einwertig („Aktiviert“, „Deaktiviert“, „Nicht konfiguriert“) oder mehrwertig.

Informationen und Überlegungen zum Design der administrativen Vorlagen

Die meisten konfigurierbaren Einstellungen finden sich in den administrativen Vorlagen. Dieser Knoten ist anpassbar, indem administrative Vorlagen für Anwendungen importiert werden. Das können sowohl Microsoft-Anwendungen oder auch Anwendungen anderer Hersteller sein. Ebenso sind benutzerdefinierte administrative Vorlagen möglich. Ein Beispiel für Microsoft-Anwendungen wären administrative Vorlagendateien für Microsoft Office. Mit den importierten Vorlagendateien können Sie das Verhalten dieser Anwendungen konfigurieren.

Verwendet werden ADM- und ADMX-/ADML-Dateien als importierbare Vorlagen. Das ADM-Format ist ein altes Format und wurde von Windows Server 2003 und älteren Betriebssystemversionen zum Speichern von Vorlagendateien verwendet und wird von jeder Windows Betriebssystemversion unterstützt. Beim Import dieser Dateien werde diese ein Teil der Gruppenrichtlinienstruktur und daher von jedem erstellten Gruppenrichtlinienobjekt. Die ADM-Dateien sind abhängig von der Systemsprache und werden von SYSVOL repliziert.
Das ADMX-Format wird ab Windows Server 2008 verwendet und ist eine XML-Datei. Es ist durch die Verwendung von ADML-Dateien sprachunabhängig. Diese enthalten die Sprachübersetzungen. Ältere Betriebssysteme wie Windows Server 2008 und Windows Vista können die ADMX-Dateien nicht verwenden. Der Importvorgang besteht aus dem ablegen der ADMX/ADML-Dateien im Ordner „**%SYSTEMROOT%\PolicyDefinitions**“ und zwar in einem Unterordner mit dem entsprechenden Namen für die Sprache. Dies ist der GPO-Speicher.

Die Organisation des GPO-Speichers:
Seit Windows Server 2008 werden die administrativen ADMX/ADML-Vorlagendateien im Ordner „**%SYSTEMROOT%\PolicyDefinitions**“ gespeichert und somit nicht automatisch repliziert. Damit auf verschiedenen Computern nicht unterschiedliche administrative Vorlagen verwendet werden, empfiehlt es sich, entweder für ein automatischen Kopieren auf andere Domänencontroller mithilfe eines Skripts zu sorgen, oder den zentralen Speicher für eine automatische Replikation zu nutzen.
Der zentrale Speicher ist ein Speicherort, den die Gruppenrichtlinientools beim Erstellen und Bearbeiten von Gruppenrichtlinienobjekten auf den Inhalt prüfen. Durch die Platzierung im „SYSVOL“-Ordner erfolgt eine automatische Replizierung an alle Domänencontroller der Domäne.
Erstellen Sie den zentralen Speicher an folgendem Ort: „**%SYSTEMROOT%\SYSVOL\<FQDN>\Richtlinien\PolicyDefinitions**“.

Richtlinien und Best Practices zum GPO-Speicher:

- Wenn Sie benutzerdefinierte oder beliebige zusätzliche ADMX/ADML-Dateien verwenden müssen, nutzen Sie die automatische Replizierung mit einem zentralen Speicher.
- Der zentrale Speicher für administrative Vorlagen wird von allen Computern die Einstellungen von Gruppenrichtlinienobjekte verwalten, als erstes gesucht.
- Bei der Übernahme von Gruppenrichtlinien benötigen Clients und Server einer Domäne keinen Kontakt zum zentralen Speicher.
- Ist kein zentraler Speicher vorhanden, wird der oben genannte lokale Speicherort verwendet.

Informationen und Überlegungen zum Design von Gruppenrichtlinien-Voreinstellungen

Gruppenrichtlinien-Voreinstellungen enthalten mehrfache Konfigurationsoptionen für Gruppenrichtlinienobjekte mit denen Sie den Funktionsbereich einer Anwendung eingrenzen können. Gruppenrichtlinien-Voreinstellungen und Gruppenrichtlinien-Einstellungen sind sich ähnlich in ihrer Wirkung auf die GPO-Bereiche „Computerkonfiguration" und „Benutzerkonfiguration". Der Konfigurationsvorgang und die Anwendung sind aber anders. Daher müssen Sie zwischen Gruppenrichtlinien-**Voreinstellungen** und Gruppenrichtlinien-**Einstellungen** unterscheiden:

- Durch die Gruppenrichtlinien-**Voreinstellungen** werden von AD DS keine Einstellungen erzwungen.
- Über die Gruppenrichtlinien-**Voreinstellungen** konfigurierte Einstellungen können von den Benutzern geändert werden.
- Über Gruppenrichtlinien-**Einstellungen** können Benutzeroberflächen zur Konfiguration durch den Benutzer deaktiviert werden und so Benutzeränderungen verhindert werden.
- Gruppenrichtlinien-**Voreinstellungen** überschreiben ursprüngliche Einstellungen, Gruppenrichtlinien-**Einstellungen** üblicherweise nicht.
- Bei Konflikten zwischen den Einstellungen, die durch Gruppenrichtlinien-**Voreinstellungen** und gleichzeitig durch Gruppenrichtlinien-**Einstellungen** konfiguriert wurden, gewinnen die Gruppenrichtlinien-**Einstellungen**.

Konfigurationsoptionen von Gruppenrichtlinien-Voreinstellungen:

Gruppenrichtlinien-Voreinstellungen bieten mehrere Optionen, die festlegen wie AD DS die konfigurierten Einstellungen übernimmt. Dazu zählen:

- Elementverarbeitung in dieser Erweiterung bei Fehler stoppen. Wenn beim Verarbeiten einer Gruppenrichtlinienvoreinstellung ein Fehler auftritt, werden keine anderen Voreinstellungen in diesem Gruppenrichtlinienobjekt verarbeitet.
- Im Sicherheitskontext des angemeldeten Benutzers ausführen (Benutzerrichtlinienoption). Gruppenrichtlinienvoreinstellungen können als Systemkonto für den angemeldeten Benutzer ausgeführt werden. Diese Option erzwingt den Kontext des angemeldeten Benutzers und ist daher nur im Knoten „Benutzerkonfiguration" in den Gruppenrichtlinienvoreinstellungen verfügbar.
- Element entfernen, wenn es nicht mehr angewendet wird. Im Gegensatz zu den meisten Richtlinieneinstellungen werden Gruppenrichtlinienvoreinstellungen nicht von AD DS entfernt, wenn das Gruppenrichtlinienobjekt, das sie übermittelt hat, entfernt wird. Diese Option ändert dieses Verhalten und lässt AD DS die Gruppenrichtlinienvoreinstellung entfernen, wenn das Gruppenrichtlinienobjekt entfernt wird.
- Nur einmalig anwenden. Normalerweise werden Gruppenrichtlinienvoreinstellungen von AD DS im gleichen Intervall wie Gruppenrichtlinieneinstellungen aktualisiert. Diese Option ändert dieses Verhalten, um die Einstellung nur einmal bei der Anmeldung oder beim Start anzuwenden.
- Zielgruppenadressierung auf Elementebene. Mithilfe dieser Option können Sie Kriterien angeben, mit denen Sie genau bestimmen können, welche Benutzer

oder Computer eine Gruppenrichtlinieneinstellung erhalten. Zu den Kriterien gehören die folgenden: Computername, IP-Adressbereich, Betriebssystem, Sicherheitsgruppe, Benutzer.

Best Practices für das Design von Gruppenrichtlinienobjekten

Gruppenrichtlinien sollten entweder Funktionsbasiert oder Ressourcenbasiert entworfen werden.

Gruppenrichtlinienobjekte auf Basis von Funktionen:
Diese Gruppenrichtlinienobjekte sollten weniger und spezifischere Einstellungen enthalten und nur wenige oder nur eine Funktion konfigurieren. So kann das GPO entsprechend der Funktion benannt werden und ist dadurch in seiner Wirkung gut zu identifizieren. So kann die Funktionalität der Festlegung des Desktop-Hintergrunds einfach mit dem Namen „Desktop-Hintergrund“ o. ä. für die GPO benannt werden. Nachteil von auf Funktionen basierende GPOs: Eventuell benötigen Sie viele Gruppenrichtlinienobjekte und -verknüpfungen, die Sie alle erstellen und verwalten müssen.

Gruppenrichtlinien auf Basis von Ressourcen:
Bei diesem Entwurf benennen Sie GPOs nach den Ressourcen, die mit diesen GPOs konfiguriert werden. So könnten Sie GPOs für die Konfiguration von Laptops am Standort „A“ entsprechend „Laptops_A“ o. ä. benennen. Alle Einstellungen, die für diese Gruppen relevant sind, könnten komplett über dieses Gruppenrichtlinienobjekt gesteuert werden. Die genaue Funktion wird so allerdings nicht ersichtlich. Sofern Sie eine überschaubare Anzahl von Ressourcengruppen haben, bleibt auch die Anzahl der GPOs überschaubar. Auch die Verknüpfung mit der Ressource ist einfacher, da die entsprechende Ressource bereits aus der Benennung der GPO ersichtlich ist. Ein Nachteil dieser Methode kann sein, dass eventuelle Änderungen an einzelnen Funktionen, die über diese GPO gesteuert werden, aufwändiger sind, da sie diese Funktion aus der Menge der Funktionen heraussuchen müssen.

Weiterhin ist folgendes wichtig:

- Testen Sie die Wirkung von Gruppenrichtlinienobjekten vor dem produktiven Einsatz in einer Testumgebung.
- Eine gute Struktur Ihrer Organisationseinheiten erleichtert das Benennen und Zuweisen von GPOs.
- Verwenden Sie aussagekräftige „selbst sprechende“ Namen für Ihre GPOs. Aus dem Namen sollte die allgemeine Funktion oder die dazu gehörende Ressource erkennbar oder ableitbar sein.
- Eine Richtlinie muss nicht das Wort „Richtlinie“ im Namen enthalten. Als Richtlinie ist die Richtlinie auch so erkennbar.
- Vergessen Sie nicht, Einstellungen und Verknüpfungen Ihrer GPOs zu dokumentieren. Sollten Probleme auftauchen, wird es die Problemlösung unterstützten. Mit der Gruppenrichtlinienverwaltungs-Konsole können Sie einen Bericht über die Gruppenrichtlinien-Einstellungen exportieren.

Die Verwaltung von Gruppenrichtlinienobjekten

Je mehr GPOs Sie haben und je komplexer diese sind, desto aufwändiger ist die Verwaltung der Gruppenrichtlinien-Infrastruktur.

Best Practices für die Verwaltung:

- Da sich Gruppenrichtlinienobjekte auf die Anmelde- und Startzeiten von Benutzern und Computern auswirken, ist eine kleine Anzahl von GPOs vorteilhaft.
- Fassen Sie alle Einstellungen zusammen, die für eine größere Gruppe von Clients oder Servern auf höchster Ebene gelten. Für eine kleinere Teilmenge von Computer oder Benutzer der großen Gruppe können Sie separate Einstellungen verwenden.
- Es könnte den Überblick verbessern, wenn Sie getrennte GPOs für Computerrichtlinien und Benutzerrichtlinien erstellen.

Alternativen für die Verwendung von Gruppenrichtlinienobjekten

Der „System Center 2012 R2 Configuration Manager“ ergänzt Gruppenrichtlinien, besonders in komplexen Situationen wie beispielsweise wenn Sie wissen müssen, welche Computer in Ihrer Organisation nicht den festgelegten Konfigurationen entsprechen, wenn sie die Korrektur für falsch konfigurierte Computer automatisieren wollen und wenn Sie verschiedene Stufen des Konfigurationsmanagement benötigen, um unterschiedlich strikten Sicherheitsanforderungen oder Organisationsanforderungen zu entsprechen.
Eine weitere Alternative für Gruppenrichtlinienobjekte ist die „Desired State Configuration“ (DSC). Mit diesem Feature können Sie mit der Powershell 4.0 ein automatisches Management und automatische Konfigurationen von Computern vornehmen.

4.2.1 So erstellen Sie eine Gruppenrichtlinie

Genau genommen werden Gruppenrichtlinienobjekte (GPO) erstellt, in denen Gruppenrichtlinien definiert werden. Wenn Sie also Gruppenrichtlinien erstellen wollen, benötigen Sie ein Gruppenrichtlinienobjekt. Sie können bereits ein vorhandenes GPO verwenden und darin eine Gruppenrichtlinie konfigurieren oder Sie erstellen ein neues GPO. Dies hat den Vorteil, dass Sie Ihre Gruppenrichtlinien gut organisieren können und leichter die Übersicht behalten.

Die Erstellung einer Gruppenrichtlinie ist schnell erledigt, sofern Sie wissen was Sie mit dieser Gruppenrichtlinie steuern möchten. Sie benötigen dafür die Konsole „Gruppenrichtlinienverwaltung“, die Sie aus dem Server Manager heraus starten können.

- Sie werden bereits Gruppenrichtlinienobjekte vorfinden und können nachvollziehen, wie diese verknüpft sind:

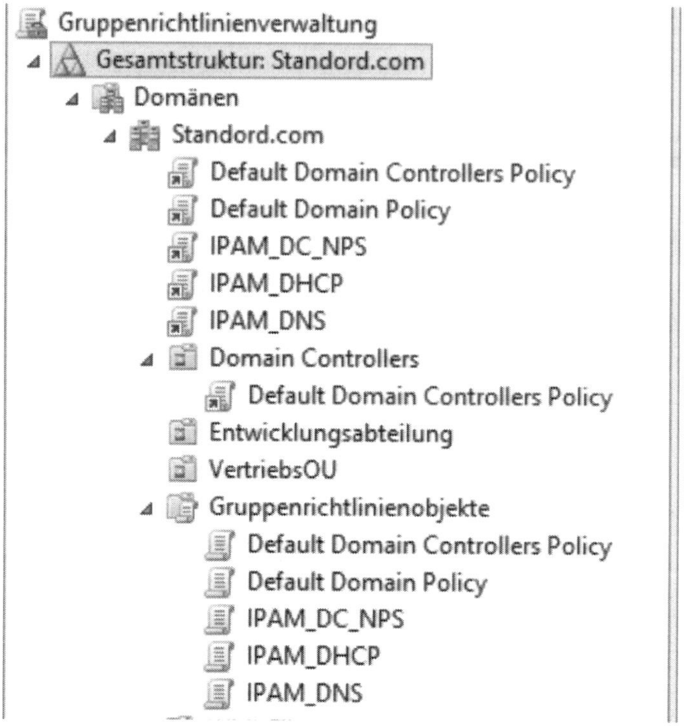

- Die beiden Default GPOs und die IPAM GPOs sind mit der Domäne verknüpft, die „Default Domain Controllers Policy" darüber hinaus auch mit der OU „Domain Controllers".

So erstellen Sie ein Gruppenrichtlinienobjekt:

Wenn Sie also ein GPO erstellen, wird es im Bereich „Gruppenrichtlinienobjekte" platziert.

- Entweder gleich mit Verknüpfung (und damit auch gleich aktiviert):

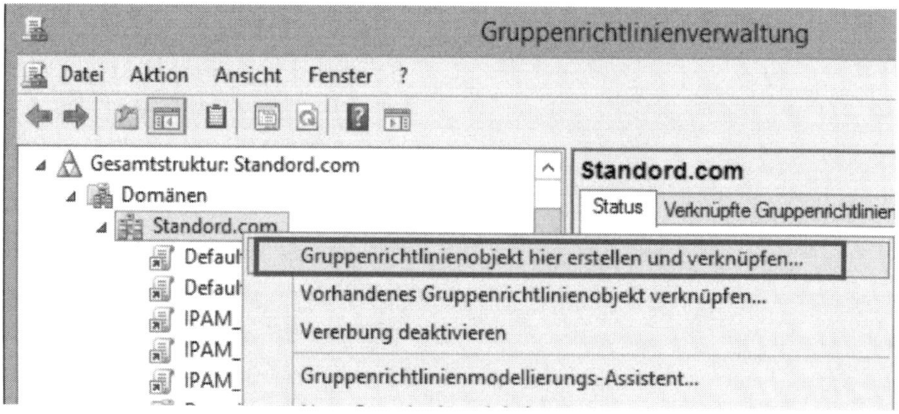

- Oder ohne Verknüpfung, die Sie dann selbst vornehmen müssen:

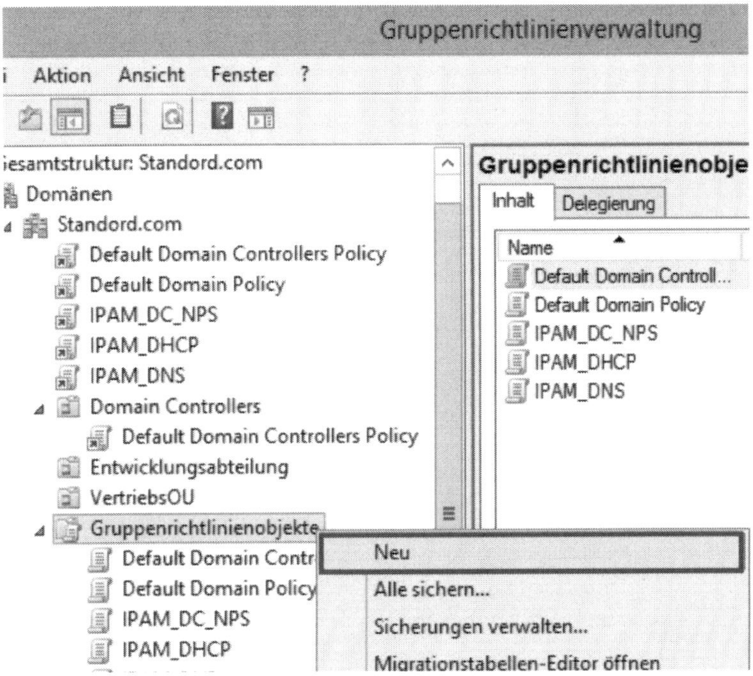

- In beiden Fällen geht es mit der Benennung der GPO weiter.
- Erstellen Sie im Bereich „Starter-Gruppenrichtlinienobjekte" ein neues Objekt, ist es wie eine Vorlage, in der Sie Grundeinstellungen festlegen können. Erstellen Sie neue GPOs, können Sie diese Vorlage als Quell-Starter-Gruppenrichtlinienobjekt einbinden. Es sind hier allerdings nur die administrativen Vorlagen in der Computer- und Benutzerkonfiguration konfigurierbar.

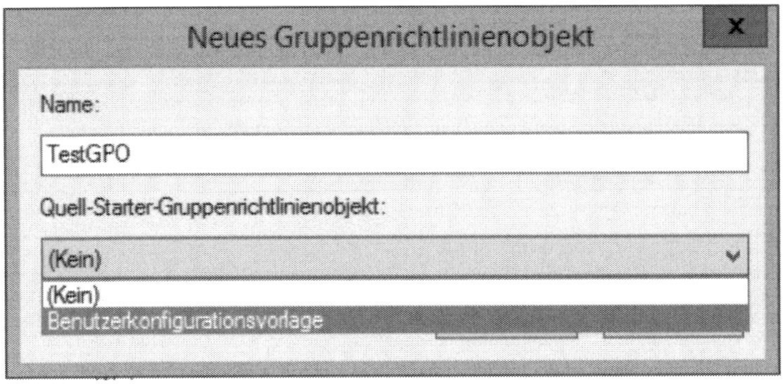

So erstellen Sie die Gruppenrichtlinie:

- Mit Rechtsklick auf die neue GPO starten Sie den „Gruppenrichtlinienverwaltungs-Editor„. Hier können Sie die eigentliche Gruppenrichtlinie konfigurieren. Im folgenden Verlauf werden AppLocker Regeln erstellt. Durch Rechtsklick auf „Ausführbare Regeln“ erstellen Sie als erstes die Standardregeln. Das führen Sie auch für die anderen drei Unterbereiche „Windows Installer-Regeln“, „Skriptregeln“ und „App-Paketregeln“ durch.

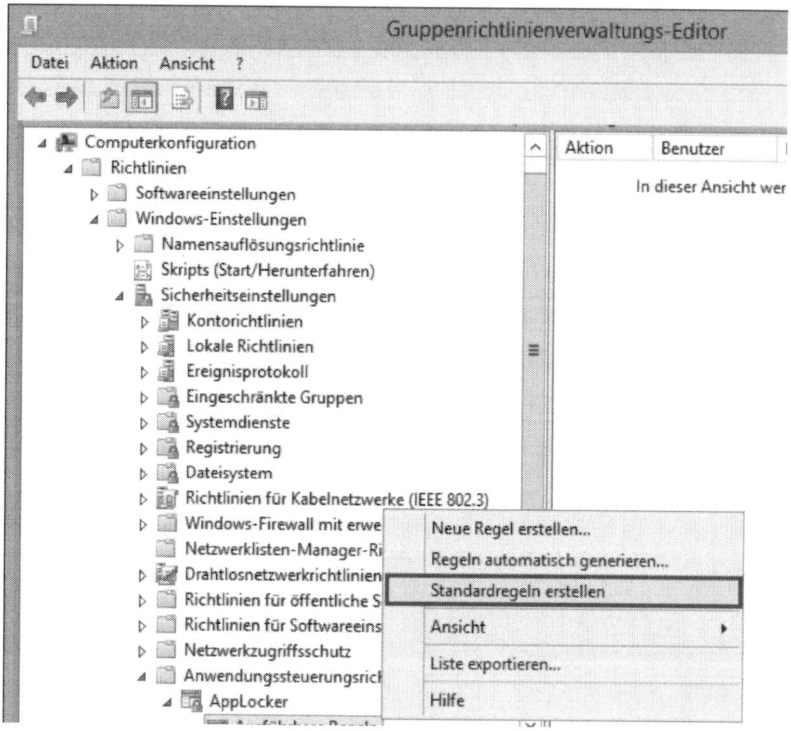

- Wenn Sie das an dieser Stelle nicht machen, werden Sie zum Abschluss der Konfiguration einer Regel dazu aufgefordert. Die entsprechende Meldung erklärt den Zweck dieser Standardregeln.

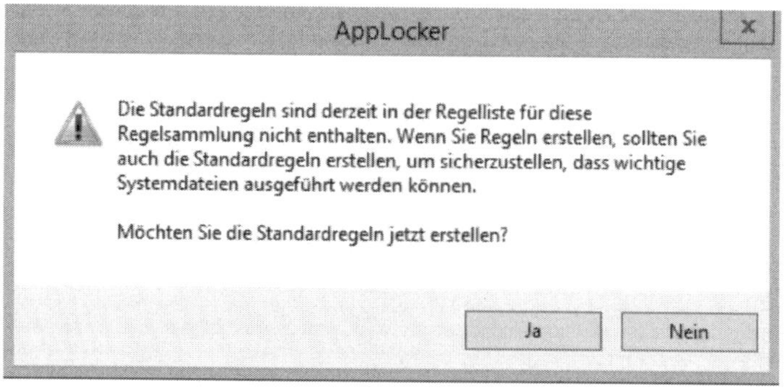

- Die erstellten Standardregeln müssen noch erzwungen werden. Das erreichen Sie durch Klick auf „Applocker“ gefolgt vom Klick auf „Regelerzwingung konfigurieren“:

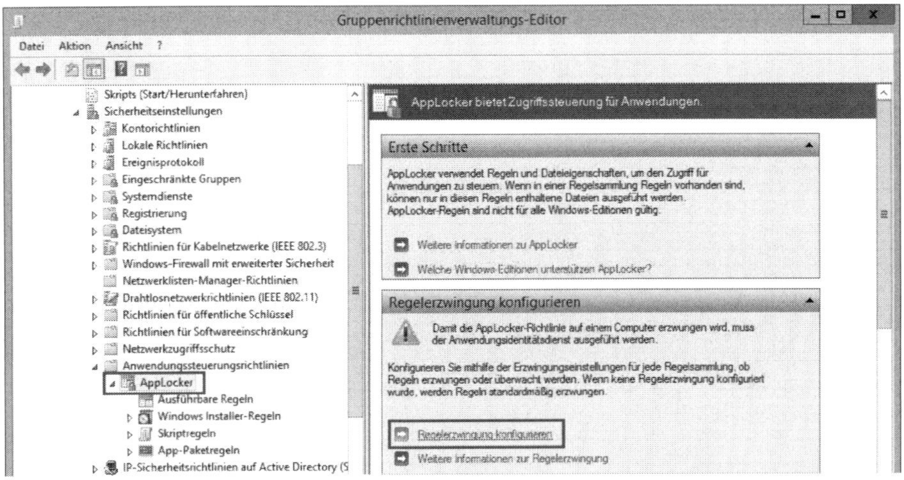

- Die Regelerzwingung:

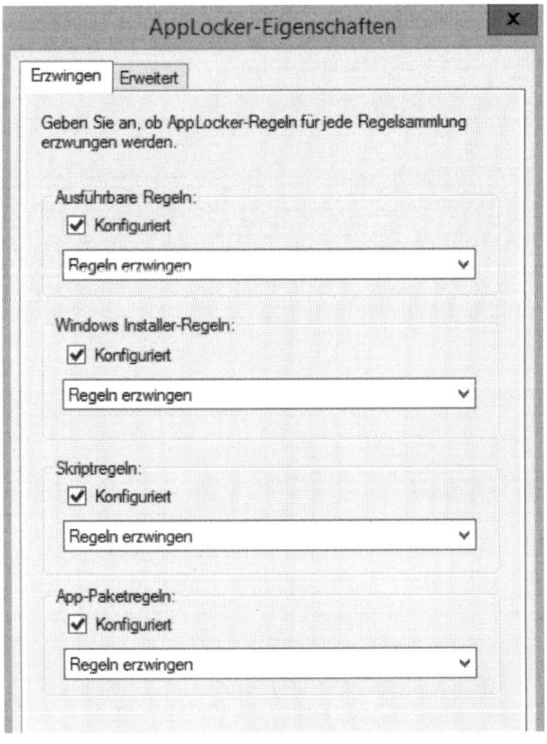

Wenn Anwendungen über eine Applocker-Regel gesteuert werden sollen, muss das System in der Lage sein, die Identität der Anwendung zu identifizieren. Dazu muss der Systemdienst „Anwendungsidentität" zukünftig automatisch gestartet werden. Sie finden die Anwendungsidentität unter „**Computerkonfiguration/Windows-Einstellungen/Sicherheitseinstellungen/Systemdienste**":

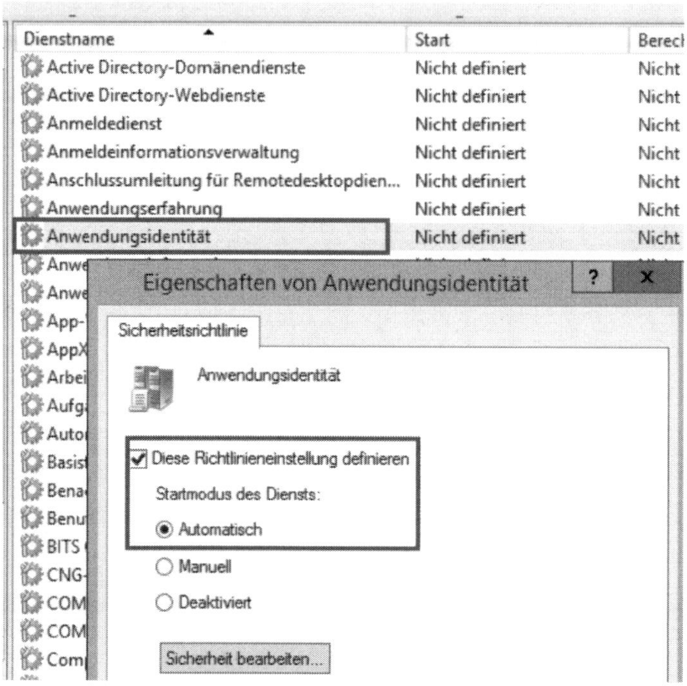

- Nach Anwendung der Gruppenrichtlinie auf einem Client ist dort die Anwendungsidentität gestartet worden. In der Computerverwaltung unter „**Dienste und Anwendungen/Dienste**" finden Sie diese Ansicht:

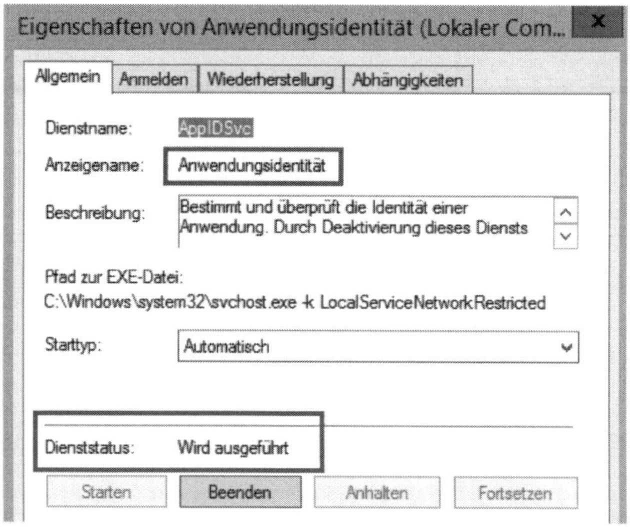

Blocken einer Anwendung anhand des Dateipfades

- Nun erstellen Sie die eigentliche Regel, im folgenden Beispiel wäre es die Ausführung von Firefox, die unterbunden werden soll. Dazu erstellen Sie eine neue ausführbare Regel unter den Anwendungssteuerungsrichtlinien:

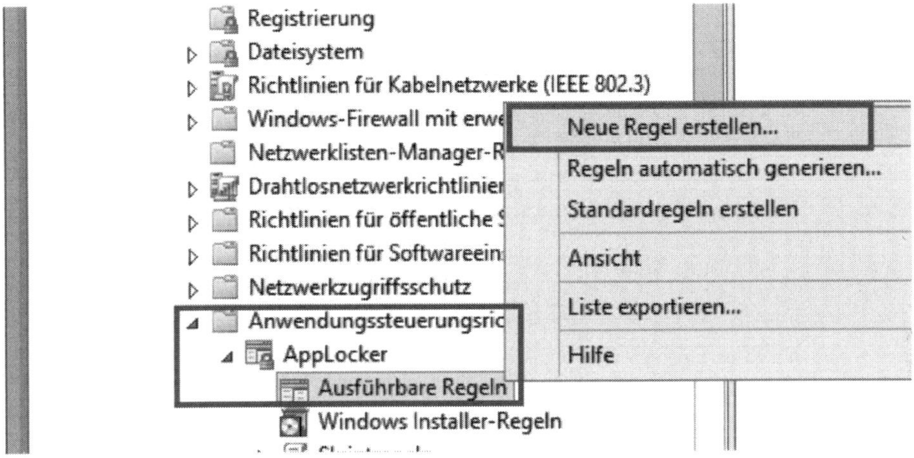

- Gehen Sie den Assistenten durch und beginnen Sie damit, die Berechtigungen festzulegen:

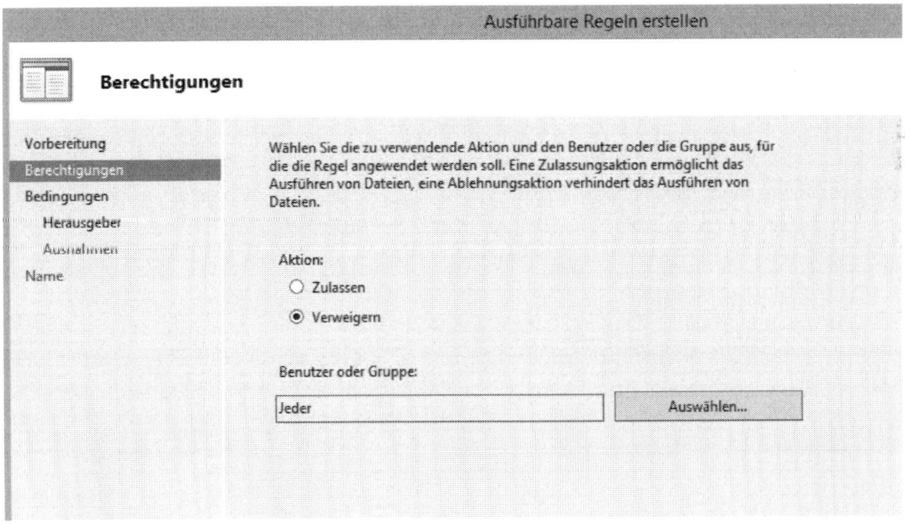

- In diesem Beispiel wird ein Pfad zur Anwendung definiert, den wir sperren wollen:

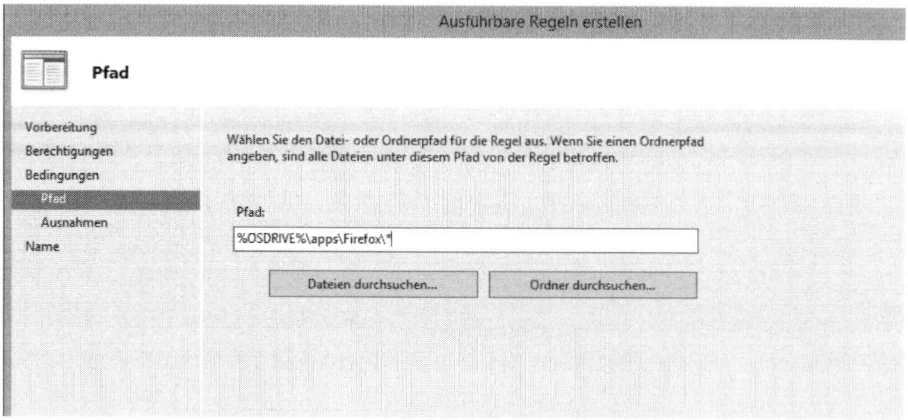

Das Ergebnis: Neben den weiter oben erstellen Standardregeln ist die Regel zum Verweigern von Firefox eingetragen und fertig konfiguriert. Mit Rechtsklick auf eine Regel können Sie die Konfiguration einsehen und ändern.

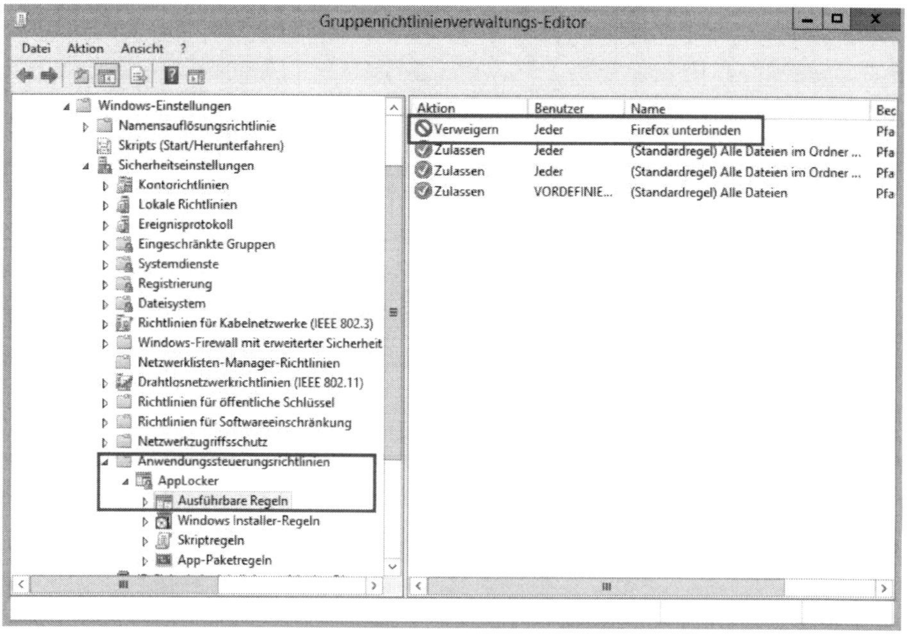

- Ausnahmen werden nicht benötigt.
- Zum Abschluss tragen Sie den Regelnamen ein und optional eine Beschreibung der Regel.

Das Gruppenrichtlinienobjekt verknüpfen:
Damit die Gruppenrichtlinie angewendet werden kann, müssen wir das Gruppenrichtlinienobjekt verknüpfen.

- Durch Rechtsklick auf die Domäne oder eine OU können wir die GPO verknüpfen. Da diese Richtlinie domänenweit wirksam werden soll, verknüpfen wir sie mit der Domäne.

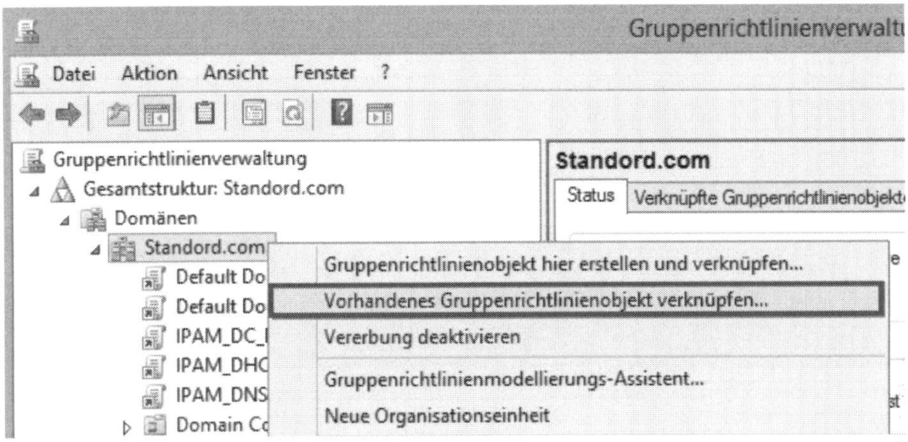

Überprüfen der Regel:

Auf einem Computer der Domänenmitglied ist, können Sie die Wirkung der erstellten Regel testen.

- Als erstes erzwingen Sie die Anwendung der Gruppenrichtlinien durch „**gpupdate /force**" in der Powershell.
- Prüfen Sie mit „**gpresult /r**", ob die neue GPO angewendet wird:

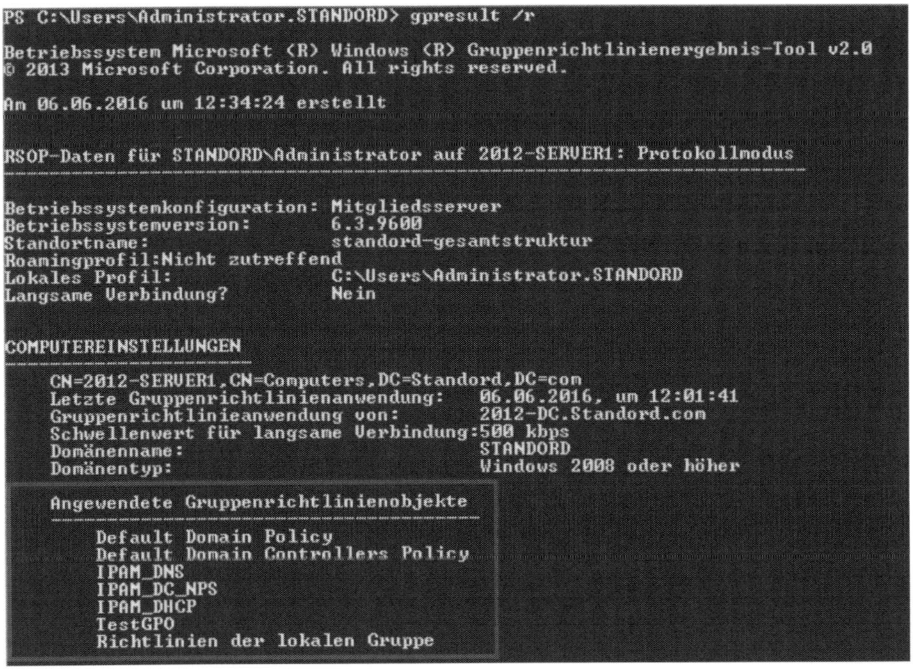

```
PS C:\Users\Administrator.STANDORD> gpresult /r

Betriebssystem Microsoft (R) Windows (R) Gruppenrichtlinienergebnis-Tool v2.0
© 2013 Microsoft Corporation. All rights reserved.

Am 06.06.2016 um 12:34:24 erstellt


RSOP-Daten für STANDORD\Administrator auf 2012-SERVER1: Protokollmodus
----------------------------------------------------------------------

Betriebssystemkonfiguration: Mitgliedsserver
Betriebssystemversion:       6.3.9600
Standortname:                standord-gesamtstruktur
Roamingprofil:Nicht zutreffend
Lokales Profil:              C:\Users\Administrator.STANDORD
Langsame Verbindung?         Nein


COMPUTEREINSTELLUNGEN
---------------------
    CN=2012-SERVER1,CN=Computers,DC=Standord,DC=com
    Letzte Gruppenrichtlinienanwendung:     06.06.2016, um 12:01:41
    Gruppenrichtlinieanwendung von:         2012-DC.Standord.com
    Schwellenwert für langsame Verbindung:500 kbps
    Domänenname:                            STANDORD
    Domänentyp:                             Windows 2008 oder höher

    Angewendete Gruppenrichtlinienobjekte
    -------------------------------------
        Default Domain Policy
        Default Domain Controllers Policy
        IPAM_DNS
        IPAM_DC_NPS
        IPAM_DHCP
        TestGPO
        Richtlinien der lokalen Gruppe
```

- Starten Sie die „verbotene“ Anwendung, in diesem Fall Firefox:

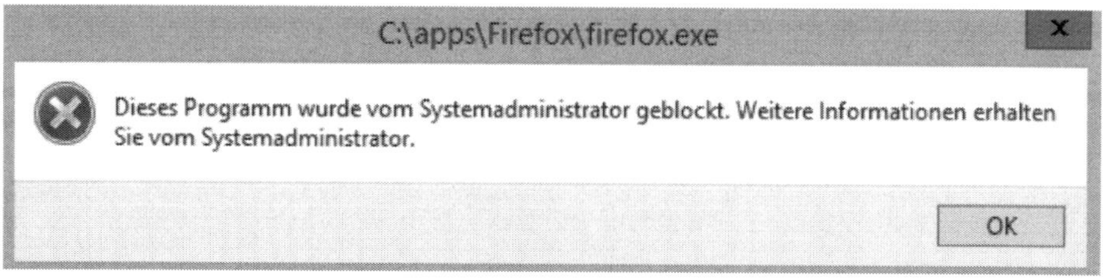

Einige Anmerkungen zu diesem Beispiel:
Dies ist eine sehr simple Regel, die einfach zu umgehen ist. Benennen Sie das „verbotene“ Programm um und schon greift die Regel nicht mehr. Ebenso könnten Sie das Programm an einen anderen Speicherort bewegen. Der in der Regel definierte Pfad ist nicht mehr korrekt und das Verbot ist ausgehebelt. Sicherer ist es, eine Datei anhand ihres Dateihashes zu identifizieren. Die Datei kann dann verschoben oder umbenannt werden, ohne dass das Verbot damit zu umgehen wäre.

Blocken einer Anwendung anhand des Dateihashes

Die grundlegenden Vorarbeiten sind ja oben bereits erledigt. Wir können daher direkt unsere GPO bearbeiten und eine weitere Regel hinzufügen. Es soll der Internet Explorer verboten werden.

- Lassen Sie sich durch die automatische Regelerstellung unterstützten:

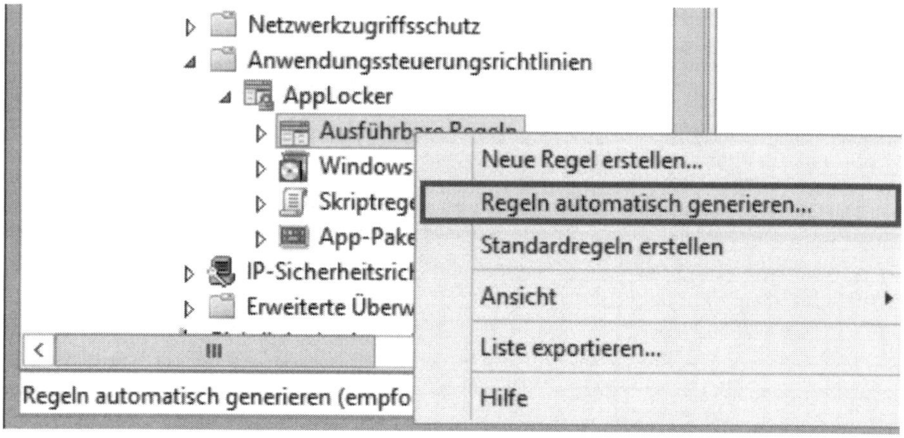

- Legen Sie die Berechtigungen fest:

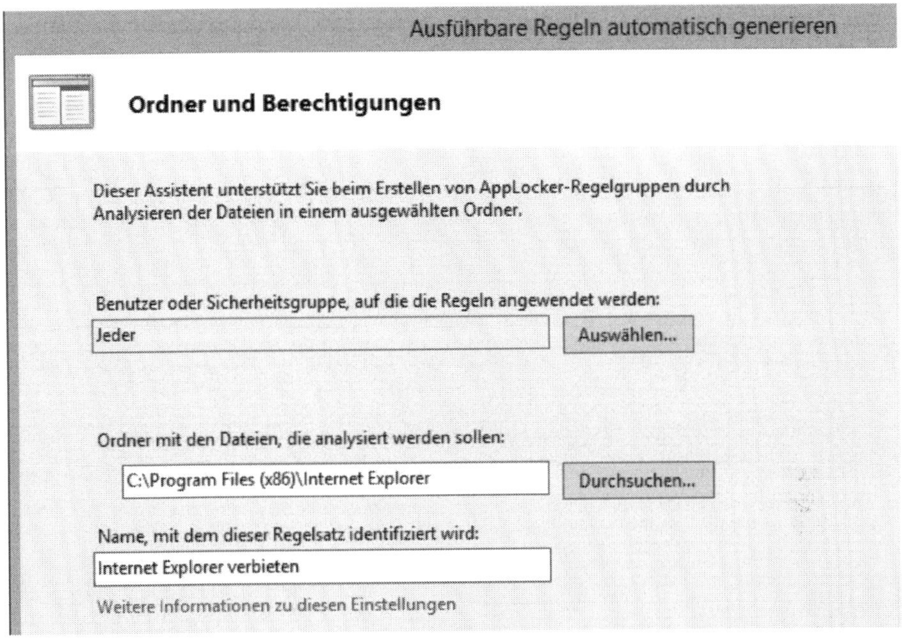

- Aktivieren Sie die Tiefe der Dateihashregeln:

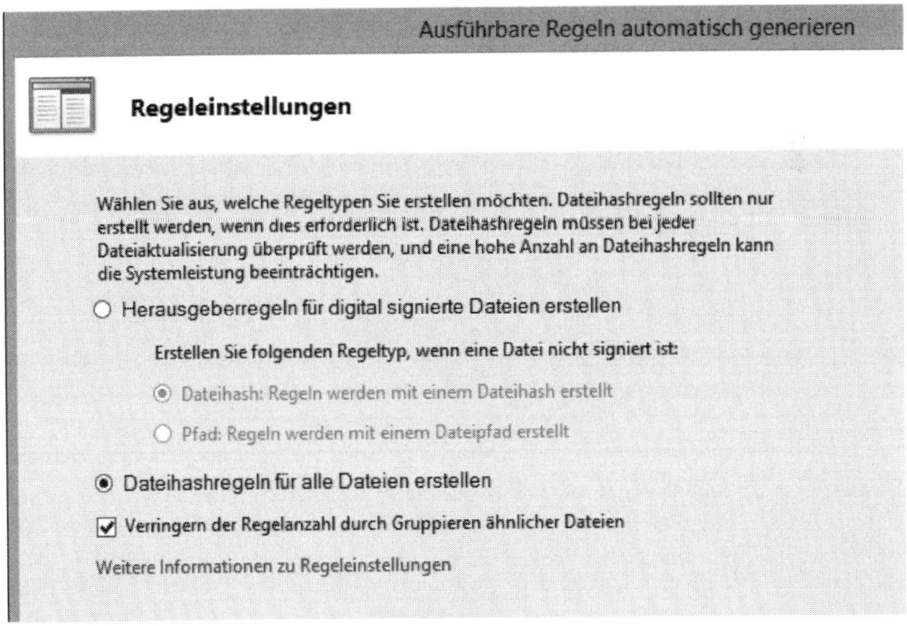

Überprüfen Sie die Regeln wenn Sie mögen und erstellen Sie danach die neue Regel. Sie werden feststellen, die Regel ist noch auf „Zulassen“ eingestellt. Die Anwendung (in unserem Beispiel der Internet Explorer) soll allerdings verboten werden. Mit Rechtsklick auf die Regel können Sie das in den Eigenschaften umstellen.

- Das Ergebnis in den Regelsätzen:

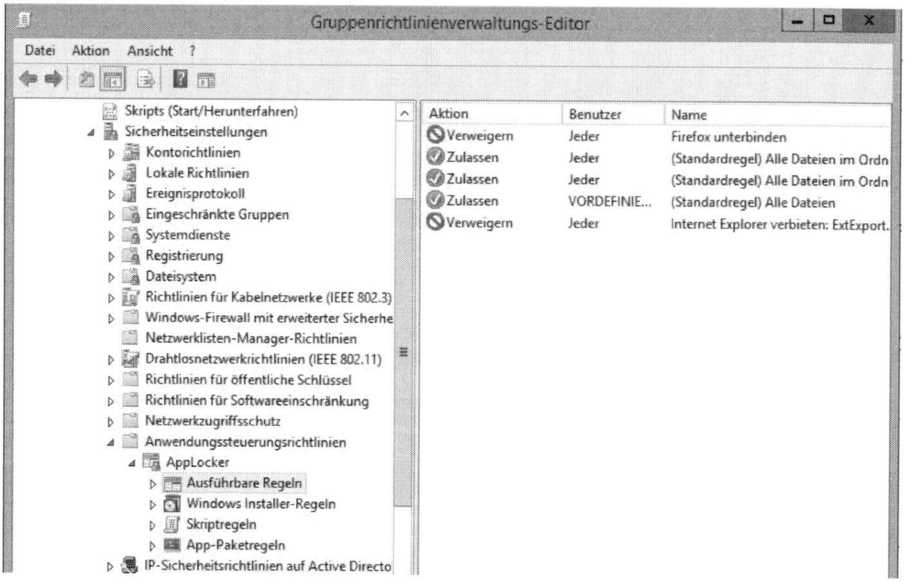

- Nachdem die betroffenen Clients die Regel verarbeitet haben, ist der Internet Explorer nicht mehr ausführbar, egal was versucht wird:

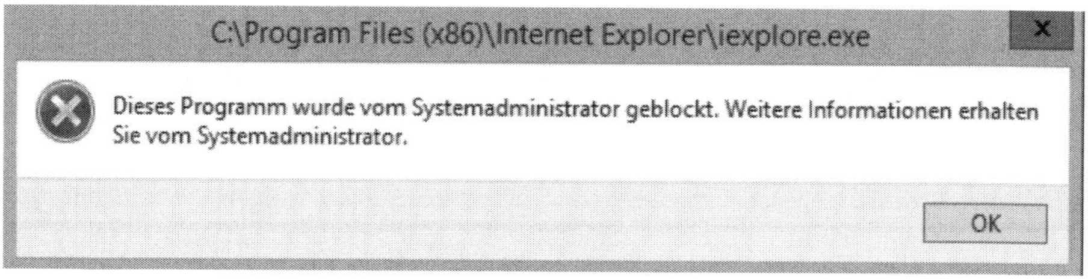

4.2.2 Die Verarbeitung von Gruppenrichtlinienobjekten

Nach dem Entwurf der Gruppenrichtlinienobjekte entsprechend Ihrer Anforderungen müssen Sie auch die Verarbeitung der Gruppenrichtlinien mit einbeziehen. Wie die über die GPOs konfigurierten Einstellungen und Voreinstellungen für Benutzer und Computer übernommen werden, wird durch die Verarbeitung der Gruppenrichtlinien-Einstellungen bestimmt. Dazu zählt die Vererbung, die Verwendung der Gruppenrichtlinienfilter, der Einfluss von langsamen Verbindungen und es zählt wie Sie diese Verarbeitungseinflüsse berücksichtigen. Eine mangelhaft entworfene Übernahme von

Gruppenrichtlinienobjekten kann eine gewünschte Auswirkung auf Benutzer und Computer verhindern und die Problembehebung erschweren.

Die Vererbung von Gruppenrichtlinien

In einer Active Directory Domänenstruktur können Sie mehrere GPOs mit einer Organisationseinheit verknüpfen bzw. in ihr erstellen. Möchten Sie Einstellungen für eine große Anzahl von Computern und Benutzern übernehmen, verknüpfen Sie die GPOs mit übergeordneten Containern. Wenn Sie Einstellungen für eine Teilmenge der Computer und Benutzer übernehmen möchten, verknüpfen Sie GPOs mit untergeordneten Containern. Durch die Gruppenrichtlinienvererbung erben die untergeordneten Container die Einstellungen der übergeordneten Container und kombinieren diese Einstellungen mit den Einstellungen aus den GPOs, die direkt mit den untergeordneten Containern verknüpft sind.

Steuern können Sie die Vererbung wie folgt:

- Mit der Deaktivierung der Vererbung können Sie die Gruppenrichtlinienvererbung für eine Domäne oder Organisationseinheit abschalten. Das verhindert die Übernahme von Einstellungen aus GPOs, die mit übergeordneten Containern verknüpft sind.
- Durch die Erzwingung legen Sie fest, dass Gruppenrichtlinien die mit übergeordneten Containern verknüpft sind, immer Vorrang vor mit untergeordneten Containern verknüpften Gruppenrichtlinien haben. Dadurch hat die übergeordnete Verknüpfung immer Vorrang bei sich widersprechenden Einstellungen. Erzwungene GPOs setzen die Deaktivierung der Vererbung außer Kraft.

Best Practices für den Einsatz von Vererbungsdeaktivierung und Erzwingung von GPOs:

- Verwenden Sie die Deaktivierung und Erzwingung nur dann, wenn es keine andere Möglichkeit gibt. Beide Steuerungsmöglichkeiten können zukünftige Problembehandlungen erschweren.
- Verknüpfen Sie GPOs möglichst weit oben in der Domänenstruktur. Einstellungen werden durch die Vererbung weit gestreut und Sie reduzieren die Anzahl der notwendigen Verknüpfungen, die Sie erstellen und verwalten müssen. Auf unterer Ebene neu hinzukommende Organisationseinheiten erhalten die Einstellungen ohne weiteren Eingriff.
- Deaktivieren Sie die Vererbung nur wenn es notwendig ist. Sie können so zwar für bestimmte Bereiche Ihrer Struktur andere GPOs nutzen, es führt allerdings schnell zu einer schwer überschaubaren Umgebung der Gruppenrichtlinienobjekte. Andere Administratoren wissen möglicherweise nicht, in welchen Bereichen die Vererbung deaktiviert ist.
- Beschränken Sie den Einsatz von Verknüpfungserzwingung auf wichtige und sicherheitsbezogene GPOs und für Einstellungen die für alle Clients gelten sollen. Sie setzen damit andere Einstellungen in tieferen Strukturbereichen außer Kraft, einschließlich Vererbungsdeaktivierungen und die GPOs, die mit ihren Einstellungen für untergeordnete OEs gelten.

- Nutzen Sie die Filterung von Sicherheitsgruppen und die WMI, um Ausnahmen für GPOs auf hoher Ebene zu konfigurieren. Damit lässt sich meistens die Anwendung von GPOs feiner steuern.
- Dokumentieren Sie den Einsatz von Vererbungsdeaktivierungen, Erzwingung und Filtern. Sie erleichtern sich und anderen den Überblick, wo GPOs deaktiviert oder gefiltert werden.

Die Filterung von Gruppenrichtlinien

Wenn Sie die Anwendung von Gruppenrichtlinienobjekten für bestimmte Benutzer oder Objekte zulassen oder verweigern wollen, verwenden Sie die Gruppenrichtlinienfilterung.
Besonders hilfreich ist sie bei Ordnerumleitungen und Softwareinstallationen, wenn Sie diese für eine große Zahl von Domänenressourcen benötigen, diese aber genauer eingrenzen müssen. Wenn die Struktur Ihrer Organisationseinheiten nicht für ausreichende Ressourcentrennung bzw. –Kategorisierung sorgt, können Sie mit der Gruppenrichtlinienfilterung auch den Anwendungsbereich einer GPO steuern.

Best Practices für den Einsatz der Gruppenrichtlinienfilterung:

- Filtern Sie GPOs, die möglichst hoch in der Domänenstruktur verknüpft sind. Besonders effektiv sind Sicherheitsgruppen- und WMI-Filter, wenn sie auf GPOs angewendet werden die für die gesamte Domäne oder zumindest einen großen Teil von der Domäne angewendet werden. So erwischen Sie auch Benutzer und Computer, welche die Filterkriterien erfüllen, aber außerhalb des Wirkungsbereichs einer tiefer in der Struktur verknüpften GPO liegen.
- Mit der Sicherheitsgruppenfilterung können Sie eine bestimmte Gruppe von Benutzern und Computern aus verschiedenen Organisationseinheiten auswählen und damit „neue" Gruppen definieren, auf die das Gruppenrichtlinienobjekt anzuwenden ist. Es ist wichtig daran zu denken, dass ein Benutzer oder Computer die Berechtigungen „Lesen" und „Gruppenrichtlinie übernehmen" für die GPO besitzt, damit diese angewendet werden kann. Standardmäßig hat die Gruppe „Authentifizierte Benutzer" diese beiden Rechte.
- Berechtigungen vom Typ „Verweigern" haben Vorrang gegenüber anderen Berechtigungen. Vermeiden Sie daher diesen Berechtigungstyp bei der Verwaltung von GPOs.
- Mit Hilfe der WMI-Filterung können Sie die Computer anhand ihrer Merkmale bestimmen, die im Bereich der Gruppenrichtlinienobjekte liegen sollen bzw. von den Gruppenrichtlinien ausgeschlossen werden sollen. So können Sie die Anwendung von Richtlinien von der Hardware und anderen Kriterien abhängig machen. Ist die Anwendung von WMI-Filtern nicht möglich, verwenden Sie die Sicherheitsgruppenfilterung.

Der Einfluss von langsamen Verbindungen

Information: *Wird es nicht über eine GPO anders definiert, gilt eine Verbindung von 500 Kbit/s oder weniger zum nächsten Domänencontroller als langsam.*

Über langsame Verbindungen lassen sich nicht alle Komponenten der Gruppenrichtlinie verarbeiten. Das lässt sich auch nur teilweise steuern.

So konfigurieren Sie die Erkennung von langsamen Verbindungen:

- Die Computerkonfiguration zur Erkennung von langsamen Verbindungen:

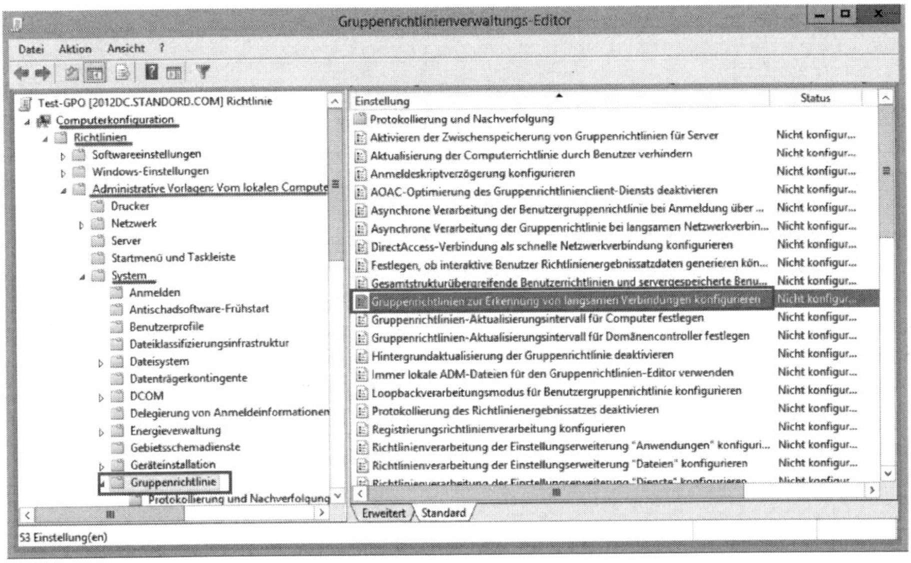

- Konfigurierbar ist es mit der Richtlinieneinstellung im Knoten „Gruppenrichtlinie" unter „Computerkonfiguration\Richtlinien\Administrative Vorlagen\System".

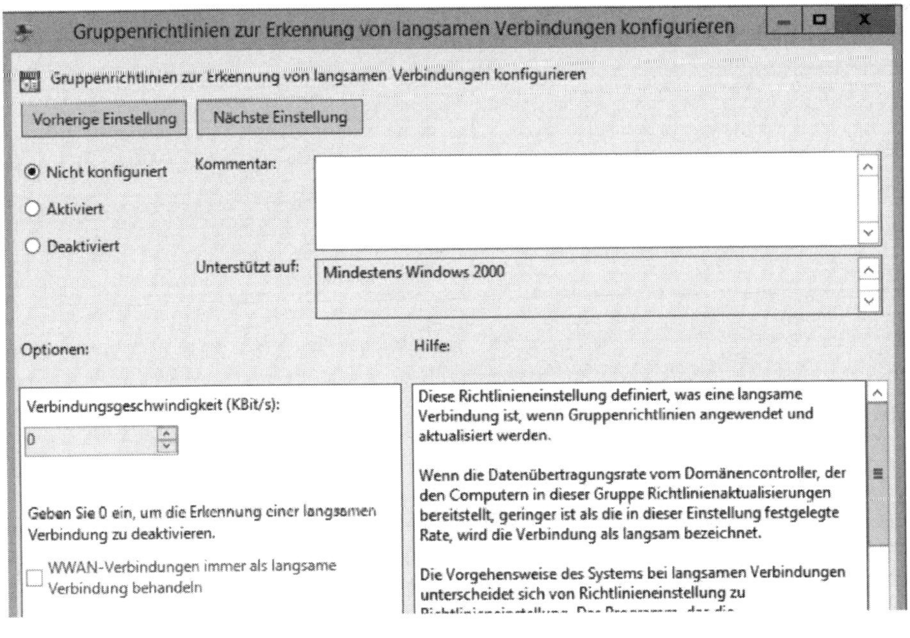

- Die Benutzerkonfiguration zur Erkennung von langsamen Verbindungen:

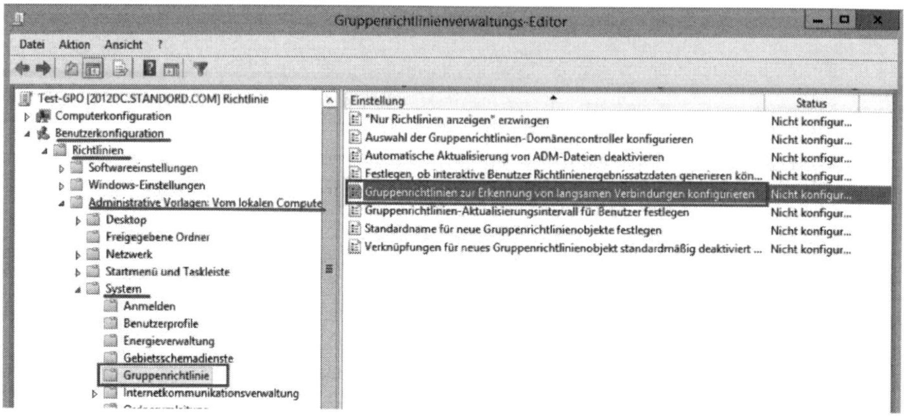

- Konfigurierbar ist es mit der Richtlinieneinstellung im Knoten „Gruppenrichtlinie“ unter „Benutzerkonfiguration\Richtlinien\Administrative Vorlagen\System“.

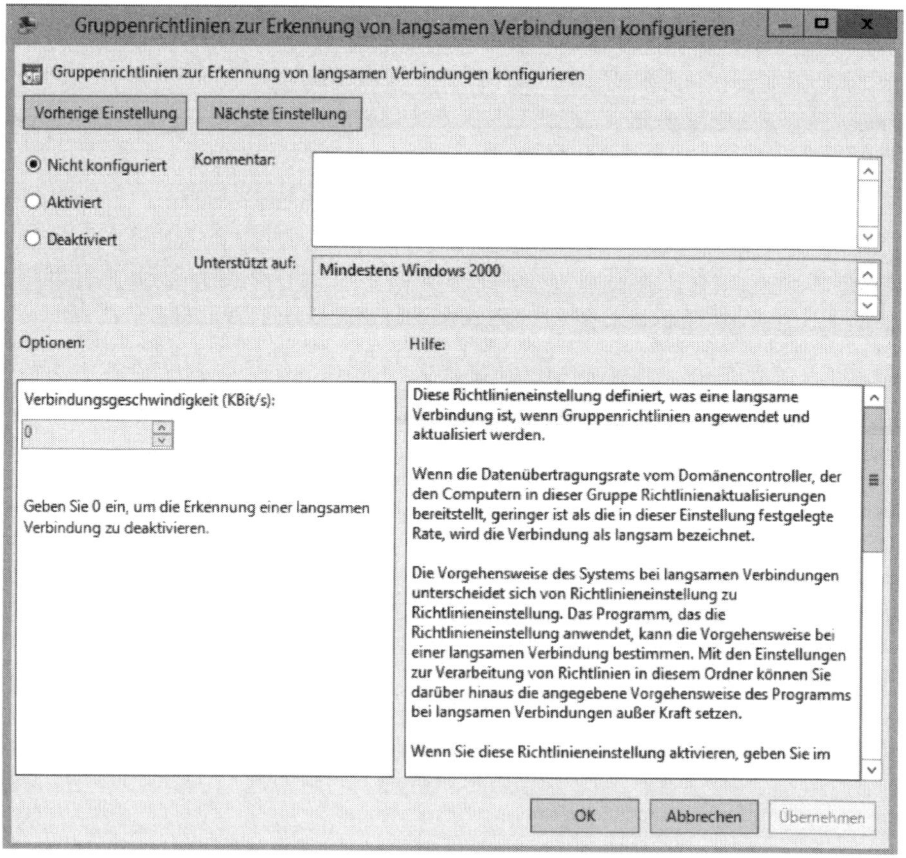

- Die Benutzerprofile zur Konfiguration eines Zeitlimits für langsame Verbindungen:

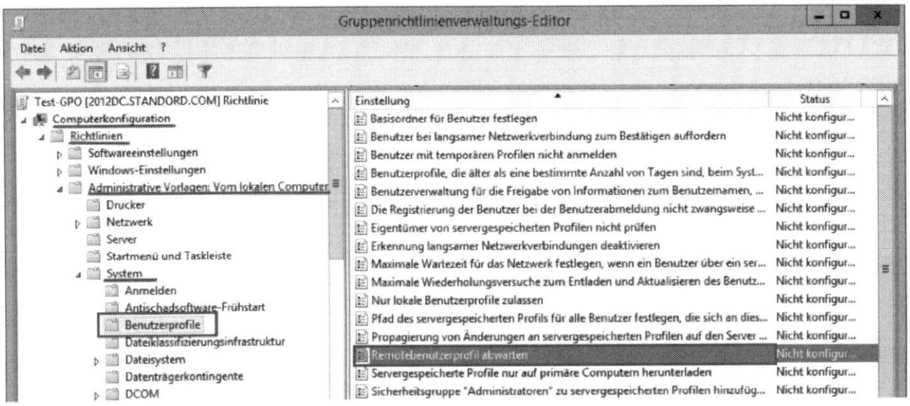

- Konfigurierbar ist es mit der Richtlinieneinstellung Knoten „Benutzerprofile“ unter Computerkonfiguration/Administrative Vorlagen/System“.

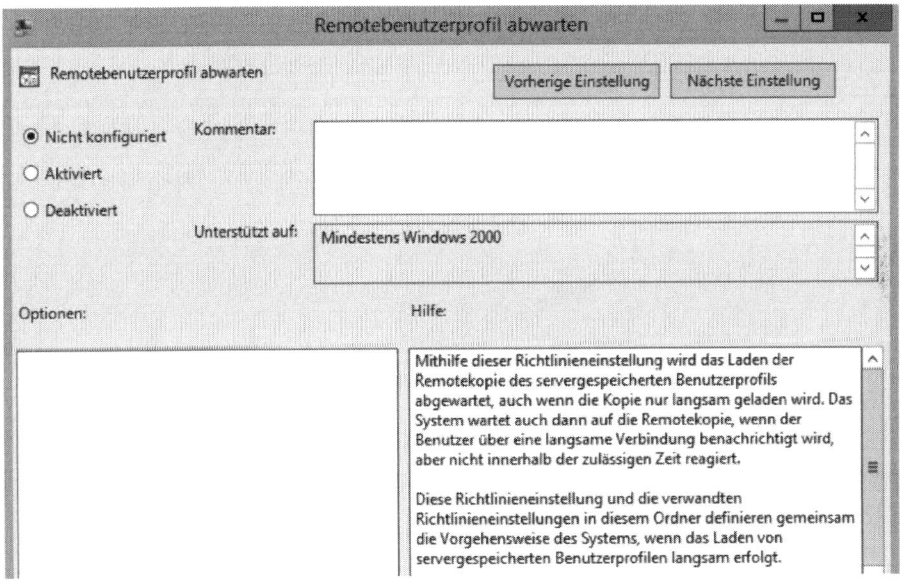

- Sicherheitseinstellungen und administrative Vorlageneinstellungen werden immer ausgeführt. Dieses Verhalten ist nicht änderbar.

Diese Einstellungen werden bei langsamen Verbindungen standardmäßig nicht ausgeführt:
Softwareinstallationen, Skripte, Orderumleitungen, Datenträgerkontingente, bereitgestellte Druckerverbindungen, Sicherheitseinstellungen in der Registry. Diese Einstellungen benötigen erhebliche Netzwerkbandbreite.

Das Abrufen und lokale Speichern von serverseitig gespeicherten Profilen wird ebenfalls nicht ausgeführt. Verwenden Sie serverseitig gespeicherte Profile und löschen die lokale Kopie auf dem Client mit der Richtlinieneinstellung „Zwischengespeicherte Kopien von servergespeicherten Profilen löschen", steht bei langsamen Verbindungen keine lokale Kopie des Profils zum Laden zur Verfügung.

Überlegungen und Best Practices für das Design der Gruppenrichtlinienverarbeitung

Allgemein fällt die Gesamtverarbeitung der GPOs in zwei Kategorien: Die Verwaltung und die Leistung.

Die Verwaltung:

- Anwendung und Verwaltung ist abhängig von der Anzahl, der Erstellung und der Benennung der Gruppenrichtlinienobjekte in einer Active Directory Domänenumgebung. Die Best Practices ähneln denen, die Sie schon an anderer Stelle kennen gelernt haben.
- Computer und Benutzer mit gleichen Konfigurationsanforderungen sollten in der gleichen Organisationseinheit gruppiert werden.
- Computer- und Benutzerobjekte sollten in separaten Organisationseinheiten voneinander getrennt werden.
- Vermeiden Sie das Verknüpfen von GPOs mit stark verschachtelten OE-Strukturen. Mehrere GPOs auf verschiedenen Ebenen erschweren die Verwaltung und können die Anmeldezeit der Benutzer verlängern.
- Dokumentieren Sie das GPO Design und schließen Sie die AD-Struktur der Organisationseinheiten mit den definierten GPOs und Verknüpfungen mit ein. Denken Sie auch an die Einstellungen, die sie mit den GPOs verteilen. Die GPMC-Konsole erstellt Ihnen Berichte für die Gruppenrichtlinienobjekte.

Die Leistung:

Mit Gruppenrichtlinienobjekten möchten Sie Einstellungen für Computer und Benutzer konfigurieren. Die Benutzerkonfigurationen werden wie die Computerkonfigurationen von den Computern verarbeitet und diese sind durch das Aktualisieren der Gruppenrichtlinie und durch die Änderung bzw. Verarbeitung von GPOs beeinflussbar.

Die Aktualisierung der Gruppenrichtlinie erfolgt in zwei Aktualisierungsphasen: Vordergrundaktualisierung und Hintergrundaktualisierung. In beiden Phasen führen die Clients die Betriebssystemänderungen entsprechend der GPOs aus.

- Die Vordergrundaktualisierung erfolgt für die Computerkonfigurationseinstellungen beim Start des Computers und für die Benutzerkonfigurationseinstellungen beim Anmelden des Benutzers. Es werden in dieser Phase alle CSEs verarbeitet.
- Die Hintergrundaktualisierung erfolgt nach der Vordergrundaktualisierung in den Intervallen, wie sie in den Gruppenrichtlinien festgelegt wurden. Für Domänenmitglieder ist das Intervall 90 Minuten und für Domänencontroller 5 Minuten. In dieser Phase werden einige CSEs nicht verarbeitet.

Bei der Änderung von GPOs wird die Verarbeitung beeinflusst durch die Einstellungen, die von den GPOs auf den Clients konfiguriert werden. Wenn Sie eine Einstellung ändern und die GPO in den Bereich von anderen Richtlinien fällt, dann werden auch die Richtlinien verarbeitet die nicht geändert wurden. Das soll sicherstellen, dass GPOs die weiter unten oder weiter oben in der AD DS Struktur verknüpft sind, die neu konfigurierte Einstellung nicht beeinflussen oder außer Kraft setzen. Daher ist es sinnvoll zu vermeiden, dass mehrere GPOs mit vielen Einstellungen innerhalb des gleichen Bereichs verwendet werden, besonders wenn ein GPO oft modifiziert wird.

4.2.3 Das Planen der Gruppenrichtlinienverwaltung

Je grösser Ihre Struktur, desto mehr Administratoren werden an der Verwaltung beteiligt sein. Das erschwert auch die Verwaltung der Gruppenrichtlinienobjekte, denn wie Sie oben bereits erfahren haben, können schlecht abgestimmte Verwaltungsaufgaben dazu führen, dass Gruppenrichtlinien nicht so wirken wie es geplant ist. Darüber hinaus müssen Sie sicherstellen, dass Sie ihre Umgebung vor unerwünschten Änderungen und Ausfällen schützen.
Ihre möglichen Maßnahmen sind das Sichern, die Wiederherstellung und die Migration von GPOs. Das Sichern und Wiederherstellen können Sie mit der Konsole zur Gruppenrichtlinienverwaltung (GPMC) durchführen.

Die Sicherung:

- Durch das Sichern eines Gruppenrichtlinienobjekts werden alle enthaltenen Daten in das Dateisystem kopiert.
- Der Vorgang des Exportierens wird ebenfalls über die Sicherungsfunktion in der GPMC durchgeführt.
- Außerhalb der Gruppenrichtlinie gespeicherte Daten lassen sich nicht sichern. Das betrifft die Verknüpfungen zu Standort, Domäne und Organisationseinheit. Es betrifft ebenfalls WMI-Filter und die IPsec-Richtlinien

Das Wiederherstellen:

- Beim Wiederherstellen wird das Gruppenrichtlinienobjekt aus den Sicherungsdaten neu erstellt.
- Es lässt sich auf diesem Weg ein gelöschtes Gruppenrichtlinienobjekt wiederherstellen und ein vorhandenes auf den gesicherten Stand zurücksetzen.
- Sie können ebenfalls die gesicherten Einstellungen aus dem Gruppenrichtlinienobjekt in einem anderen Gruppenrichtlinienobjekt wiederherstellen.

Einige Hilfreiche Powershell-Cmdlets zur Dokumentation von GPO-Einstellungen:

Wenn Sie die Verwaltung der Gruppenrichtlinien planen, sollten die Pläne auch die notwendigen Schritte zur Wiederherstellung bzw. Neuerstellung der Daten im Notfall enthalten. Eine gute Dokumentation wird Ihnen dabei helfen. Mit folgenden

Powershell Kommandos können Sie zusätzliche und nicht zu sichernde Einstellungen dokumentieren.

- So listen Sie alle für die Gruppenrichtlinienverwaltung vorhandenen Cmdlets auf: **Get-Command * -Module GroupPolicy**

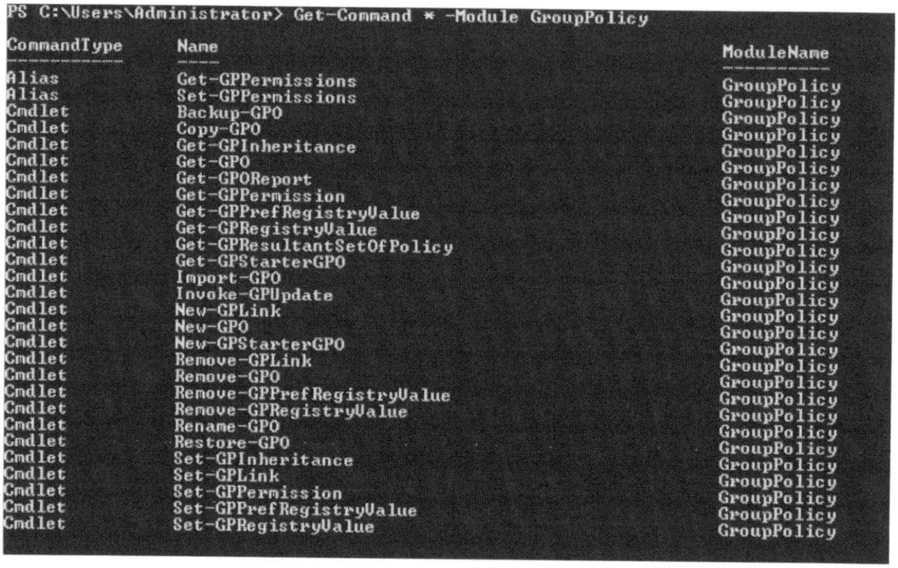

```
PS C:\Users\Administrator> Get-Command * -Module GroupPolicy

CommandType     Name                              ModuleName
-----------     ----                              ----------
Alias           Get-GPPermissions                 GroupPolicy
Alias           Set-GPPermissions                 GroupPolicy
Cmdlet          Backup-GPO                        GroupPolicy
Cmdlet          Copy-GPO                          GroupPolicy
Cmdlet          Get-GPInheritance                 GroupPolicy
Cmdlet          Get-GPO                           GroupPolicy
Cmdlet          Get-GPOReport                     GroupPolicy
Cmdlet          Get-GPPermission                  GroupPolicy
Cmdlet          Get-GPPrefRegistryValue           GroupPolicy
Cmdlet          Get-GPRegistryValue               GroupPolicy
Cmdlet          Get-GPResultantSetOfPolicy        GroupPolicy
Cmdlet          Get-GPStarterGPO                  GroupPolicy
Cmdlet          Import-GPO                        GroupPolicy
Cmdlet          Invoke-GPUpdate                   GroupPolicy
Cmdlet          New-GPLink                        GroupPolicy
Cmdlet          New-GPO                           GroupPolicy
Cmdlet          New-GPStarterGPO                  GroupPolicy
Cmdlet          Remove-GPLink                     GroupPolicy
Cmdlet          Remove-GPO                        GroupPolicy
Cmdlet          Remove-GPPrefRegistryValue        GroupPolicy
Cmdlet          Remove-GPRegistryValue            GroupPolicy
Cmdlet          Rename-GPO                        GroupPolicy
Cmdlet          Restore-GPO                       GroupPolicy
Cmdlet          Set-GPInheritance                 GroupPolicy
Cmdlet          Set-GPLink                        GroupPolicy
Cmdlet          Set-GPPermission                  GroupPolicy
Cmdlet          Set-GPPrefRegistryValue           GroupPolicy
Cmdlet          Set-GPRegistryValue               GroupPolicy
```

- So erstellen Sie eine HTML-Datei „GPOErgebnis.html“ mit Informationen über die GPO mit Namen „TestGPO“. Die HTML-Datei enthält Informationen zu Verknüpfungen, WMI-Filter, Sicherheitsfilter, Einstellungen: **Get-GPOReport -Name TestGPO -ReportType Html -Path c:\GPOErgebnis.html**

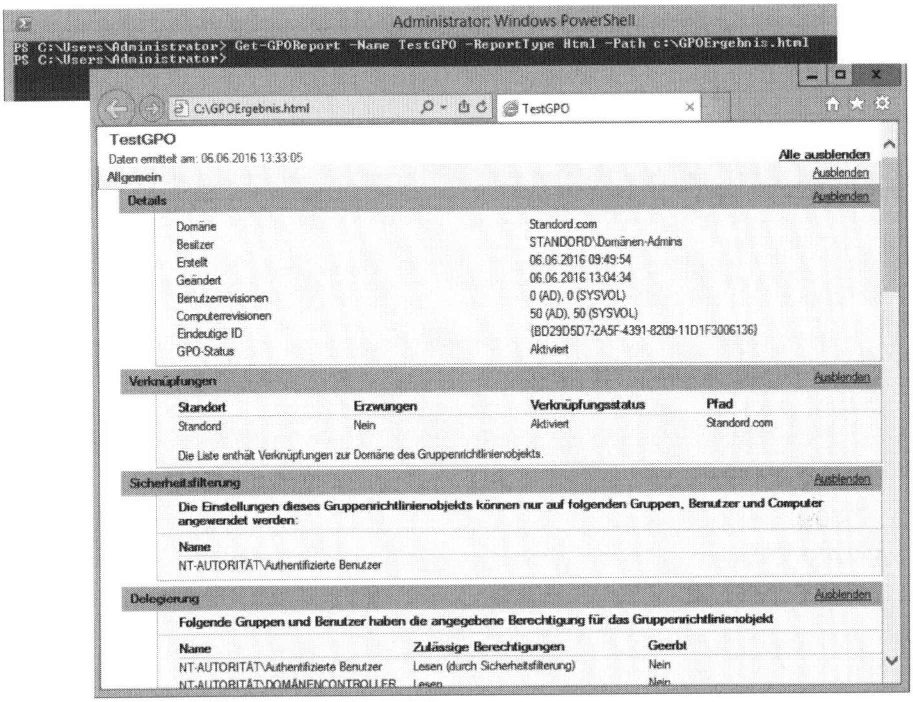

- So listen Sie für eine GPO die Sicherheitsfilter und Berechtigungen auf: **Get-GPPermissions –Name <Name der GPO> -All**

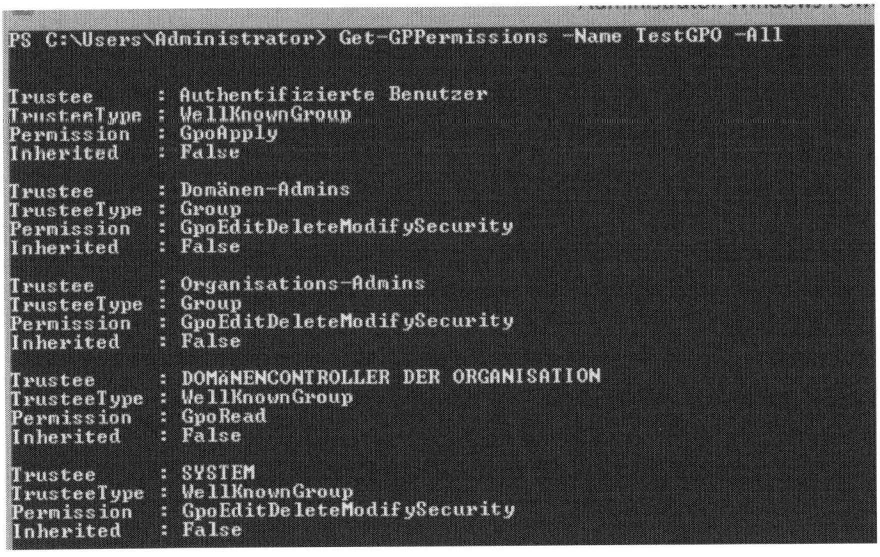

- So erzwingen Sie die Anwendung aller Gruppenrichtlinien im Kontext des Computers und des angemeldeten Benutzers: **Invoke-GPUpdate –force** oder **gpupdate /force**

Das Planen der Migration von Gruppenrichtlinienobjekten
Die Migration von GPOs bedeutet, dass Sie diese von einer Domäne in eine andere Domäne verschieben oder kopieren.

Zwei Arten der Migration sind von Bedeutung:

- Die **Test-zu-Produktion Migration**. Da Sie Ihre neuen Gruppenrichtlinienobjekte vorher testen müssen, bevor Sie sie auf die Produktionsumgebung loslassen, ist diese Migrationsart sehr wichtig.
- Die **Produktion-zu-Produktion Migration** erfolgt, wenn Sie GPOs von einer Produktionsdomäne in eine andere Produktionsdomäne migrieren. Ihre Gruppenrichtlinienobjekte sind bereits im Einsatz gewesen und daher schon erprobt.

Für den Migrationsvorgang stehen Ihnen drei Möglichkeiten zur Verfügung:

- Beim Kopieren wird ein GPO von der Quelldomäne zur Zieldomäne kopiert. Bei diesem Vorgang wird am Ziel immer ein neues Gruppenrichtlinienobjekt erstellt. Der Kopiervorgang wird in der GPMC in der Quelldomäne ausgeführt.
- Beim Importieren wird in der Quelldomäne die GPO gesichert. Die Sicherung wird auf die Zieldomäne übertragen und dort in eine bereits vorhandene GPO importiert.
- Beim Wiederherstellen wird in der Quelldomäne die GPO gesichert, die Sicherung auf die Zieldomäne übertragen und dort werden im Wiederherstellungsvorgang eine neue GPO erstellt und die Daten darin wiederhergestellt.

Steuerung des Migrationsvorgangs:
Mit Migrationstabellen können Sie den Migrationsvorgang steuern. Mit den Tabellen legen Sie fest, welche von den GPOs beeinflussten Computer und Benutzer in der Quelldomäne den Computern und Benutzern in der Zieldomäne entsprechen sollen. Haben Sie beispielsweise in der GPO der Quelldomäne Sicherheitsgruppen-Filter verwendet (die Sie bestimmten Benutzergruppen zugeordnet haben), dann werden diese nach der Migration den in der Migrationstabelle festgelegten Benutzergruppen der Zieldomäne zugeordnet und darauf angewendet. So können Sie beispielsweise steuern, dass die Sicherheitsfilterung der Gruppe „Vertrieb“ der Quelldomäne, nun auf die Gruppe „Vertrieb“ in der Zieldomäne angewendet wird.
Bearbeitet werden die Migrationstabellen mit dem Editor für Migrationstabellen in der GPMC, der durch Rechtsklick auf „Domäne“ gestartet wird.

- Start des Migrationstabellen-Editors:

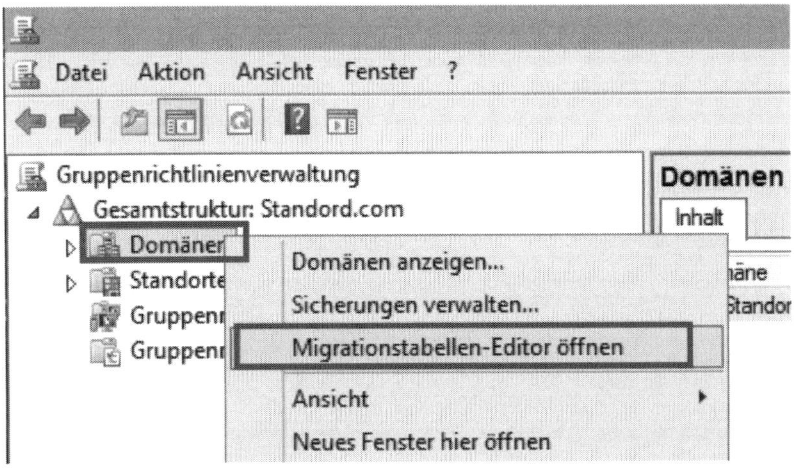

Best Practices für das Design der Gruppenrichtlinienverwaltung

Für eine effektive Verwaltung der Gruppenrichtlinienobjekte ist es erforderlich, dass Sie den Grad der Zentralisierung oder Delegierung der Verwaltungsaufgaben festlegen. Die Entscheidung darüber ist Abhängig von den zu erfüllenden Anforderungen. Sie können folgende Aufgaben delegieren:

- Das Erstellen und Löschen von Gruppenrichtlinienobjekten.
- Die Bearbeitung der Einstellungen von bestimmten Gruppenrichtlinienobjekten.
- Das Verknüpfen von Gruppenrichtlinienobjekten mit Organisationseinheiten und das Konfigurieren der Optionen.

Folgende Faktoren sollten Sie in Ihre Überlegungen einbeziehen:

- Den Prozess zur Vergabe der Freigaben.
- Die Sicherheit der Gruppenrichtlinien nach der Delegierung von Verwaltungsaufgaben.
- Mögliche Betriebssystemunterschiede. Wenn ältere Betriebssysteme zum Verwalten von Gruppenrichtlinien verwendet werden, sind Einstellungen für neuere Systeme nicht vorhanden oder werden nicht angezeigt. Alle an der Verwaltung Beteiligte sollten daher die gleichen (aktuellen) Betriebssystemversionen verwenden.
- Die zur Verfügung stehenden Testumgebungen für das Testen von Gruppenrichtlinienobjekten, damit sich Administratoren mit den Verwaltungsaufgaben und den Tools zur Gruppenrichtlinienverwaltung vertraut machen können.
- Die Festlegung, wer die Standardberechtigungen erhält, die für bestimmte vordefinierte Gruppen gelten.
- Die Berechtigungsverwaltung von Gruppenrichtlinienobjekten in der GPMC auf Aufgabenebene.

So schränken Sie die Wirkung einer Gruppenrichtlinie auf bestimmte Benutzer ein

Weiter oben wurde in einer GPO für jeden der Internet Explorer geblockt. Das ist für Administratoren nicht sehr praktisch. Daher wird im folgenden Beispiel die Wirkung der Gruppenrichtlinie auf eine bestimmte Usergruppe eingeschränkt.

- Durch einen Rechtsklick auf die Gruppenrichtlinie können Sie die Eigenschaften der Richtlinie bearbeiten. Ändern Sie den Eintrag „Jeder" auf die gewünschte Gruppe:

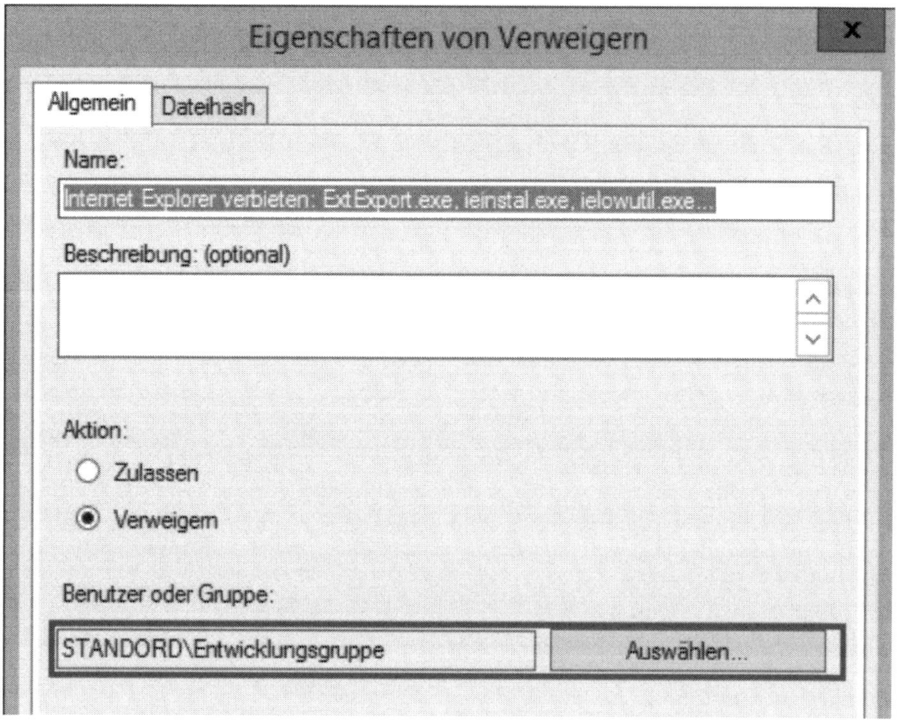

- Nach dem Update der Gruppenrichtlinien auf einem Client können alle Benutzer den Internet Explorer starten, mit Ausnahme der Benutzer in der Gruppe „Entwicklungsgruppe".

So sichern Sie eine GPO

- Durch den Rechtsklick auf eine GPO sichern Sie diese. Bestimmen Sie im weiteren Verlauf den Speicherort und den Speichernamen.

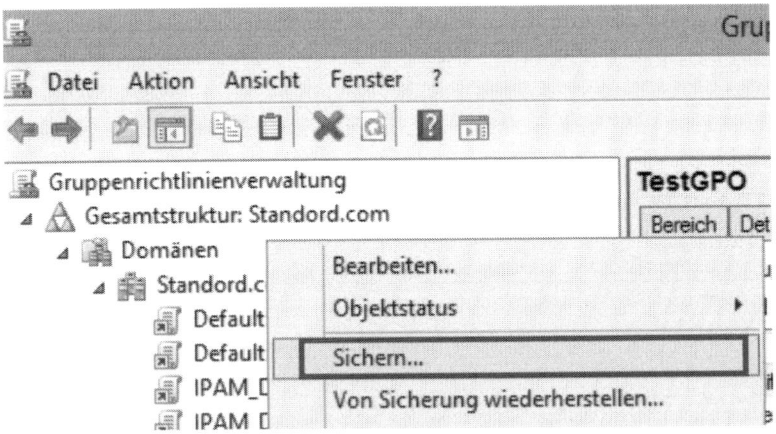

- Durch Rechtsklick auf „Gruppenrichtlinienobjekte“ sichern Sie alle GPOs:

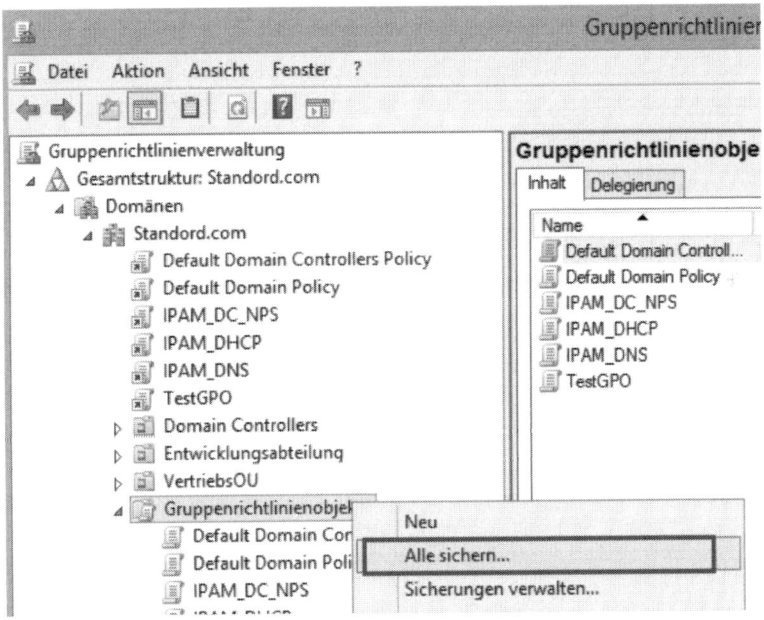

4.3 Die Standorttopologie für Active Directory Domänendienste

Im vorherigen Kapitel haben Sie die logische Active Directory-Infrastruktur kennen gelernt. Dazu gehört die Infrastruktur für die Gesamtstruktur und die Domänenstruktur, die Active Directory Domänendienste und die Organisationseinheitenstruktur.

Die in diesem Kapitel besprochene Topologie ist die logische Darstellung des physischen Netzwerks und baut auf die logische AD-Infrastruktur aus Kapitel 3 auf. Im Detail geht es um das Design der AD DS Standorte, die Platzierung der

Domänencontroller, die AD DS-Replikation sowie die hohe Verfügbarkeit der Domänencontroller. Ebenfalls ist bei diesen Überlegungen wichtig, die Virtualisierung der Domänencontroller zu planen.

Das Design von Active Directory Standorten

Domänencontroller sind die wichtigsten Komponenten in der AD DS Umgebung. Deren Platzierung und möglichst hohe Verfügbarkeit ist daher äußerst wichtig. Das Ziel ist die effiziente Authentifizierung der Benutzer und eine effiziente DC-Replikation. Standorte und Standortverknüpfungen sind logische Darstellungen einer physischen Netzwerkinfrastruktur, die den physischen Strukturen möglichst eng zugeordnet werden sollten.
Die physischen Strukturen sind die geografischen Standorte mit ihren Netzwerkverbindungen zueinander. AD Standorte und AD Verknüpfungen sind Objekte in der Verzeichnisstruktur Ihrer Domäne, die Ihnen bei der Dienstlokalisierung und der Verwaltung des Replikationsverkehrs helfen. Die physischen Strukturen sind also nicht das gleiche wie AD Standorte und deren Verknüpfungen. Es kann Abweichungen geben, falls es erforderlich ist.

Für die Standorte ist also ein durchdachter Entwurf notwendig:

- Welche Standortoptionen gibt es und welche Vorteile haben sie?
- Welche Informationen benötigen Sie für Ihre Standortentscheidungen?
- Wie funktioniert die automatische Standortabdeckung für Standorte ohne eigenen Domänencontroller?

Vorteile von AD DS Standorten

Active Directory Standorte sind die Teile Ihrer AD-Struktur bzw. die Teile des Netzwerks, die mit hoher Geschwindigkeit angebunden sind. Sie können den physischen Standorten entsprechen, sind aber nicht mit ihnen identisch.

AD-Standorte unterstützen:

- Replikation durch Standortverknüpfungen.
- Die Dienstlokalisierung mit der bestmöglichen Konnektivität zu dem gewünschten Dienst.

Die Replikation durch Standortverknüpfungen

Die Replikation sorgt für die Übertragung von Verzeichnis-Änderungen, die auf einem Domänencontroller ausgeführt wurden, zu den anderen Domänencontrollern Ihrer Domäne. Manche Änderungen sind Domänenübergreifend und werden auf alle Domänencontroller in der Gesamtstruktur übertragen. Die Änderung im Schemacontainer wäre ein Beispiel.
Der Replikationsvorgang wird durch die Konnektivität der Netzwerkverbindung geregelt. Mit den Standortverknüpfungen können Sie festlegen:

- Wann gilt eine Netzwerkverbindung als schnell?
- Wann gilt eine Netzwerkverbindung als teuer?

Bei schnellen Verbindungen erfolgt die Replikation einer Änderung praktisch umgehend. Bei langsamen, teuren oder unzuverlässigen Verbindungen ist eine schnelle Replikation möglicherweise nicht erwünscht
Durch die Konfiguration der Standortverknüpfungen bestimmen Sie den Weg, den der Replikationsvorgang nimmt. Beispielsweise werden teure Verbindungen zugunsten günstigerer Verbindungen nicht verwendet, obwohl der teure Weg schneller wäre. Das setzt voraus, das mehrere Wege nach Rom führen. Durch das Festlegen von Kosten und Replikationsintervallen legen Sie das fest.
Durch größere Replikationsintervalle werden mehrere Änderungen möglicherweise in einem Rutsch übertragen und so Kosten gespart.

Lokalisieren von Diensten mit Standorten

Die Benutzerauthentifizierung erfolgt durch den nächsten erreichbaren Domänencontroller. Bei der Anmeldung an einem Standort mit eigenem Domänencontroller erfolgt die Authentifizierung gleich auf diesem DC. Das stellt bereits eine Dienstlokalisierung dar. Wenn der DC am Standort nicht verfügbar ist oder es dort keinen DC gibt, erfolgt ein Verweis an einen DC an einen nächstgelegenen, anderen Standort. Auch dies ist eine Dienstlokalisierung.
Es werden von den Active Directory Domänenservices natürlich auch andere Dienste lokalisiert und manche dieser Dienste erfordern einen DC genau an dem Standort, an dem der Dienst bereitgestellt wird. Dazu zählt u. a. der Exchange Server, das verteilte Dateisystem DFS und „Microsoft System Center 2012 R2 Configuration Manager“.

Ihre Möglichkeiten für das Design von AD Standorten

Sie können zwischen zwei Modellen wählen, wenn Sie Ihre AD DS-Standorte entwerfen:

- Das **Einzelstandortmodell**, wenn sich alle Computer an einem physikalischen Ort befinden und die Domänencontroller mit Hochgeschwindigkeit angebunden sind oder bei mehreren physikalischen Orten, die alle ebenfalls mit Hochgeschwindigkeit angebunden sind und daher keinen eigenen logischen AD-Standort mit eigenem DC benötigen.
- Das **Mehrfachstandortmodell**, wenn physikalische Orte durch WAN-Verbindungen (Stichworte: teuer, langsam, möglicherweise unzuverlässig) angebunden sind, oder Bereiche eines einzelnen physikalischen Ortes einen eigenen Domänencontroller benötigen, um Geschäftsanforderungen zu berücksichtigen, um den Replikationsverkehr konfigurieren zu können, um Dienste zu separieren usw.

Wie Sie bei der Beschreibung der beiden Modelle erfahren haben, können Sie einen Standort über mehrere physikalische Orte mit dem Einzelstandortmodell nutzen und auch bei nur einem physikalischem Ort mit dem Mehrfachstandortmodell arbeiten. Abhängig ist es von den Anforderungen an Ihre Struktur. Ein AD DS-Standort kann

also mehr als einen Netzwerkstandort umfassen oder er kann ein Teil eines Netzwerkstandorts sein.
Weitere mögliche Gründe für die Wahl des Modells sind die Kosten, wenn Sie einen DC für wenige Benutzer bereitstellen. Das muss abgewogen werden mit den Kosten bei einem Verbindungsausfall und mit dem Datenaufkommen bei Authentifizierung bzw. Replikation.
Sie können auch mit der Wahl des Modells beeinflussen, wo sich Benutzer authentifizieren. Da immer der nächste DC gewählt wird, kann mit der Zuordnung eines IP-Subnetzes zu einem Standort dafür gesorgt werden, dass sich alle Computer an den DC des Standortes wenden.

Notwendige Informationen für das Standortdesign

Sie haben bereits viele mögliche Gründe und Anforderungen für das Standortdesign kennen gelernt und vermutlich kennen Sie noch weitere. Die notwendigen Informationen für die Festlegung auf ein Modell ergeben sich zum Teil bereits aus den Anforderungen und Gründen.

Das Standortdesign ist eng mit der Netzwerkinfrastruktur und den physischen Computern verbunden. Sammeln Sie daher alle Informationen zum vorhandenen physikalischen Netzwerk bzw. zum geplanten physikalischen Netzwerk und dokumentieren Sie die gesammelten Informationen:

- Geografische Orte, der Typ der Kommunikationsverbindungen und die verfügbare Bandbreite. Eventuell erfordern hohe Netzwerkauslastungen am Tag eine Verlagerung von Replikationsdatenverkehr in die Nacht.
- Die IP-Subnetze, die den physikalischen Standorten zugewiesen sind bzw. zugewiesen werden sollen.
- Die Anzahl der Benutzer und Computer, die in jeder Domäne und an jedem Standort vorhanden oder zu erwarten sind. Dazu zählen auch die Typen von Netzwerkdiensten, die am Standort bereitgestellt werden.
- Der benötigte oder genutzte Platzierungsort von Domänencontrollern und globalen Katalogen. Sollten Sie keinen DC platzieren wollen, sollten Sie den Standort des nächsten DC dokumentieren.
- Die Anwendungen und Dienste, die Standortabhängig sind und die bereits vorhanden oder geplant sind. Standortabhängig sind Dienste und Anwendungen, die den Standort erkennen an dem sie bereitgestellt werden und dessen Ressourcen nutzen bzw. die Ressourcen voraussetzen.

Die automatisch Standortabdeckung

Es gibt Designszenarien, bei denen zwar Standorte bereitgestellt werden, diese aber keinen eigenen Domänencontroller zugewiesen bekommen. Ein möglicher oben bereits genannter Grund könnte sein, das die Anzahl der Benutzer am Standort die Kosten für den DC nicht rechtfertigt oder die Anbindung so performant und sicher ist, dass ein DC nicht benötigt wird.
Diese Standorte werden auch ohne eigenen DC mit den Diensten versorgt, die ein Domänencontroller an einem Standort bereitstellt. Das erfolgt durch die

automatische Standortabdeckung. Sie sorgt dafür, dass für jeden Standort ein Domänencontroller festgelegt wird, auch wenn sich der Domänencontroller physisch an einem anderen Ort befindet.
Alle Domänencontroller nutzen einen allgemeinen Algorithmus zum Bestimmen von automatischer Standortabdeckung.

Der Domänencontroller geht wie folgt vor:

- Er erstellt eine Liste von Zielstandorten und welche davon keinen Domänencontroller für ihre Domäne haben.
- Er erstellt eine Liste von möglichen Standorten mit Domänencontrollern als Kandidaten für die automatische Standortabdeckung.
- Er registriert SRV-Einträge, die erforderlich wären für einen Domänencontroller am Zielstandort, wenn dieser einen DC hätte. Fügen Sie einer Domäne einen DC hinzu, gibt der hinzugefügte DC seine Dienste in Form von SRV-Einträgen im DNS bekannt.

Mit der automatischen Standortabdeckung fügen Sie sozusagen einen Domänencontroller in der Domäne des Standorts hinzu, ohne dort tatsächlich einen Domänencontroller zu platzieren. Welcher Domänencontroller die Standortabdeckung übernimmt, hängt von den Standortverknüpfungskosten ab. Sie haben bereits die Möglichkeit kennengelernt, dass Sie die Standortverknüpfungen hinsichtlich ihrer Kosten konfigurieren können um den Replikationsdatenverkehr zu beeinflussen. Gibt es mehrere Domänencontroller, die im Zuge der automatischen Standortabdeckung die Aufgaben eines Domänencontroller an einem Standort ohne eigenen Domänencontroller übernehmen können, dann wird es der Domänencontroller mit der kostengünstigsten Verbindung zu diesem Standort.

Richtlinien und Best Practices beim Design von AD DS Standorten

- Bevor Sie mit dem Design beginnen, stellen Sie alle notwendigen Informationen zusammen. Das betrifft das physische Netzwerk, die WAN-Verbindungen, die Anzahl der Benutzer, Computer, Domänencontroller.
- Möchten Sie an einem geografischen Ort eine standortabhängige Anwendung bereitstellen, erstellen Sie einen AD-Standort für diesen geografischen Ort.
- Stellen Sie so weit es Sinn macht, an jedem Standort mindestens einen Domänencontroller bereit.
- Im Verbund von mehreren Domänencontrollern sollte es mindestens einen globalen Katalog geben.
- Stellen Sie sicher, dass jedem Standortobjekt das richtige IP-Subnetz zugewiesen ist.
- Standorte sollten Sie immer dann erstellen, wenn ein Teil des Netzwerks durch eine langsame WAN-Verbindung getrennt ist, ein Teil des Netzwerks sehr viele Benutzer bzw. Computer hat, der Datenverkehr zur Verzeichnis- und Dienstabfrage einen lokalen Domänencontroller erfordert oder Sie die Dienstlokalisierung und Domänencontroller-Replikation steuern wollen.
- Verwenden Sie aussagekräftige und selbstsprechende Namen für Standorte.

- Bei der Bereitstellung von neuen Domänencontrollern können Sie diese gleich zum korrekten Standort zuordnen. Beim Erstellen von Standorten verschieben Sie gleich einen vorhandenen und dafür vorgesehenen Domänencontroller in den neuen Standort.

So erzeugen Sie Standortobjekte

- Um Standortobjekte zu implementieren, benötigen Sie die Konsole „Active Directory-Standorte und –Dienste". Um einen Standort anzulegen, genügt ein Rechtsklick auf „Sites" und der Befehl „Neuer Standort...":

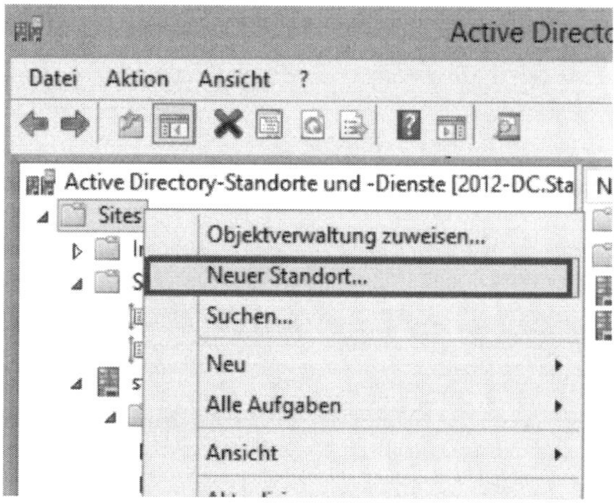

- Geben Sie den Namen für Ihren neuen Standort ein und wählen Sie das Standortverknüpfungsobjekt für den Standort:

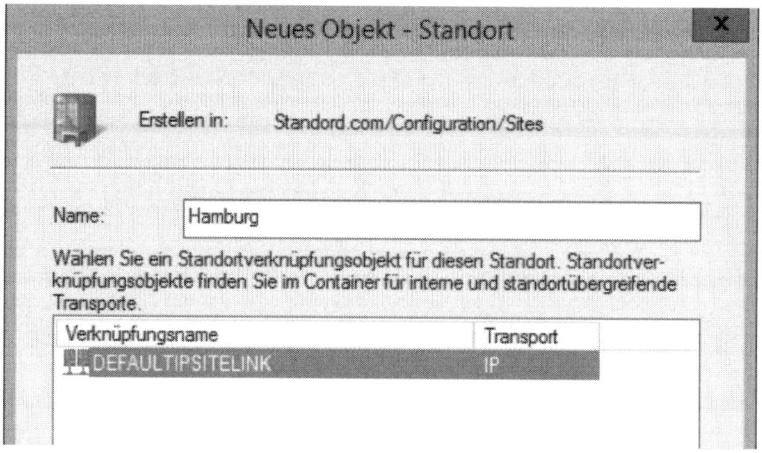

- Nach dem Erstellen ist der Standort grundsätzlich fertig. Der neue Standort benötigt noch ein Subnetz.

So erstellen Sie das Subnetz für einen Standort:

- Mit Rechtsklick auf „Subnetz“ und dem Befehl „Neues Subnetz....“ erstellen Sie ein Subnetz, dass Sie dann einem Standort hinzufügen können:

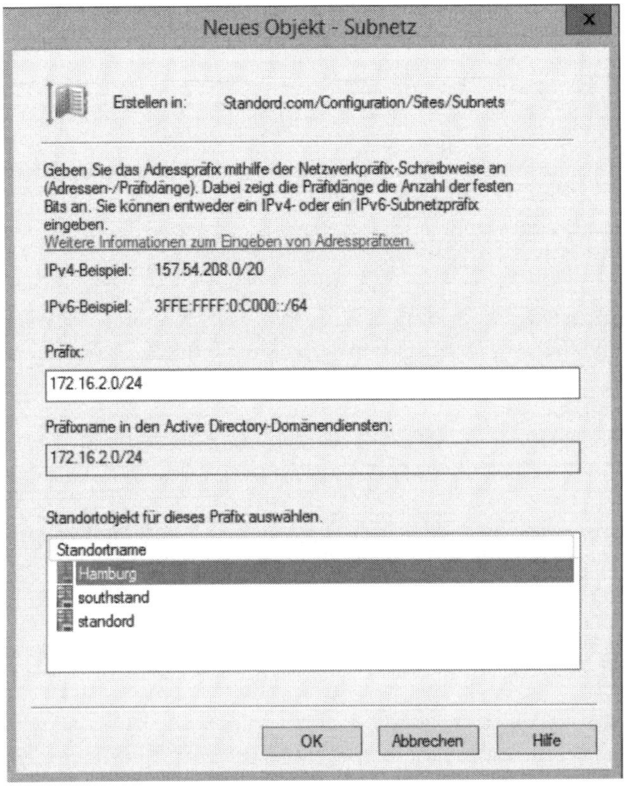

- Der Vorgang ist einfach. Sie können jetzt sowohl in den Eigenschaften des Subnetzes wie auch in den Eigenschaften des Standortes die Zuordnung von Standort und Subnetz einsehen.

4.4 Die AD DS Replikation

Standortstrukturen und die Platzierung von Domänencontrollern gehören zusammen, wie Sie oben bereits erfahren haben. Nach dem Design von Standorten und der DC-Platzierung ist das Design der Replikation an der Reihe. Da eine effiziente Replikation von der Konnektivität abhängt, wird die für Replikationskonfiguration häufig zwischen schnellstmöglicher Replikation und dem Minimieren von WAN-Bandbreite entschieden werden müssen. Auch andere Kriterien beeinflussen die Entscheidung. Dazu zählt die Topologie Ihrer AD DS-Struktur, die zur Verfügung stehenden Replikationsprotokolle und die verschiedenen zu replizierenden Bereiche, wie beispielsweise globale Kataloge, RODCs, SYSVOL usw.

Die AD DS Replikation ist einer der wichtigsten Prozesse in einer AD DS Infrastruktur. Sie sorgt für konsistente Informationen auf allen Domänencontrollern, denn AD DS nimmt ständig Verzeichnisänderungen vor und die Replikation überträgt alle Änderungen an einer Partition an alle Replikate dieser Partition. Dabei berücksichtigt die Replikation die Integrität und die Konsistenz der Daten sowie die Replikationsleistung. Die Replikationsleistung hält den Replikationsdatenverkehr auf dem notwendigen Niveau.

Die AD DS Replikationskomponenten

Die Replikation läuft automatisch, muss aber konfiguriert werden um bestimmte Anforderungen optimal abzudecken. Beispielsweise unterscheidet sich die Verwaltung der Replikation innerhalb eines Standorts von der Verwaltung zwischen Standorten. Allerdings sind die Replikationskomponenten gleich. Das sind die Verbindungsobjekte, die Benachrichtigung und der Abruf.

Verbindungsobjekte:
Ein Verbindungsobjekt ist die logische Verbindung zwischen zwei Domänencontrollern, die miteinander replizieren. Wenn Sie also Änderungen von einem Domänencontroller zu einem anderen Domänencontroller replizieren wollen, müssen Sie ein Verbindungsobjekt für diese Replikation erstellen. Auf den Bildern zum Thema Standorte haben Sie die Verbindungsobjekte sehen können. Es sind die „NTDS Site Settings". Weiter unten sind diese nochmal abgebildet.

Verbindungsobjekte können Sie in der Konsole „Active Directory-Standorte und – Dienste" einsehen, konfigurieren und erstellen. Mit Rechtsklick auf das Verbindungsobjekt lässt sich eine sofortige Replikation erzwingen. Die Replikation ist allerdings nur eingehend und damit unidirektional. Möchten Sie eine bidirektionale Replikation erzwingen, müssen Sie diesen Vorgang auch beim Verbindungsobjekt des Replikationspartners durchführen. Der empfangende Domänencontroller ist der Downstream-Replikationspartner. Der Domänencontroller, von dem die Replikationsdaten gesendet werden, ist der Upstream-Replikationspartner.

- Start der eingehenden Replikation:

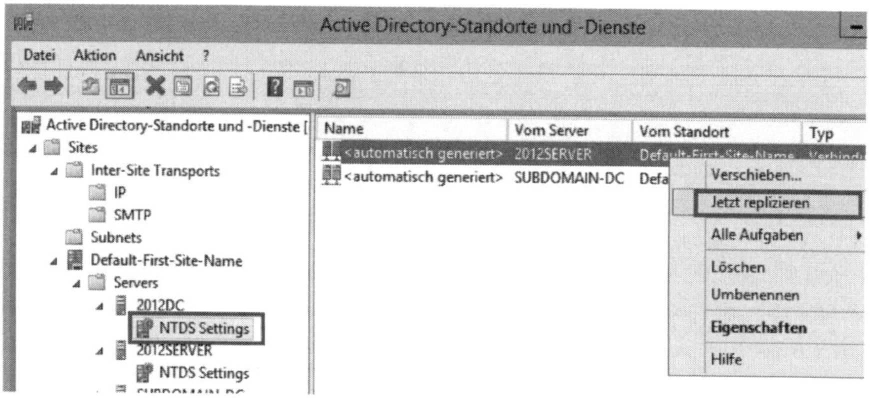

- Start der zweiten eingehenden Replikation auf dem Replikationspartner:

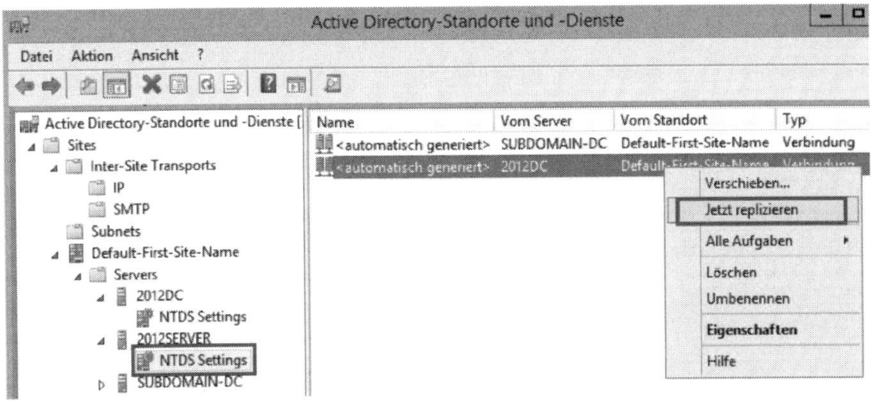

Benachrichtigung:
Die Benachrichtigung ist der Vorgang, wenn der Upstream-Partner seine Downstream-Partner darüber informiert, dass eine Änderung vorhanden ist die repliziert werden muss. Die Benachrichtigung erfolgt in Intervallen, um den Netzwerkverkehr zu verteilen. Der erste Downstream-Server wird nach 15 Sekunden informiert. Die möglichen anderen Downstream-Server des Upstream-Servers werden danach in 3 Sekunden-Intervallen benachrichtigt.

Ein Downstream-Server ist möglicherweise der Upstream-Server für andere Domänencontroller und beginnt mit der Benachrichtigung an seine Downstream-Server wie oben beschrieben. Vom ersten Upstream-Server zum ersten Downstream-Server, der dann selbst zum Upstream-Server wird und seinen Downstream-Server bedient, sind drei Schritte (drei Hops) benötigt worden. Die Replikationstopologie stellt sicher, dass alle Domänencontroller am Standort nach maximal drei Hops die zu replizierenden Daten erhalten haben. Bei ungefähr 15 Sekunden pro Hop können innerhalb einer Minute die geänderten Daten am Standort repliziert werden.

Abruf:
Der Abruf ist ein Prozess, mit dem ein Downstream-Partner vom Upstream-Partner die Information abruft, ob dort Änderungen in der Warteschlange sind, die noch nicht über die Benachrichtigung veröffentlich wurden. Diese Situation tritt dann ein, wenn der Upstream-Partner aufgrund seiner Konfiguration keine Benachrichtigung sendet, beispielsweise weil konfiguriert ist das die Replikation nur zu bestimmten Zeiten erfolgen soll. Weiterhin wird mit dem Abruf geprüft, ob der Upstream-Partner überhaupt online ist. Standardmäßig liegt das Abrufintervall bei einer Stunde.
Reagiert ein Upstream-Server nicht auf mehrfache Abrufe, startet auf dem Downstream-Server die Konsistenzprüfung (KCC). Diese überprüft die Replikationstopologie und erstellt sie ggfs. neu, um die veränderte Situation zu bereinigen.

Was sind KCC und ISTG

Mit der standortinternen Konsistenzprüfung KCC und dem Generator einer standortübergreifenden Topologie ISTG stehen dem AD DS zwei automatische Mechanismen zur Replikationsverwaltung zur Verfügung.

Die Konsistenzprüfung mit dem Knowledge Consistency Checker (KCC):

Die Komponente „Konsistenzprüfung" (Knowledge Consistency Checker, KCC) des AD DS ist auf jedem Domänencontroller innerhalb eines Standorts an der automatischen Generierung und Optimierung der Replikation beteiligt. Innerhalb eines Standorts werden die Verbindungen zwischen beschreibbaren Domänencontrollern immer in einem bidirektionalen Ring angeordnet. Dazu kommen noch zusätzliche Verknüpfungen, damit an großen Standorten die Replikationszeiten reduziert werden können.

In den beiden obigen Bildern zu den Verbindungsobjekten ist nicht nur zu sehen, wie Sie die Replikation erzwingen können. AD DS erzeugt die meisten der Verbindungsobjekte automatisch. Das sehen Sie als Verbindungsobjekt mit dem Namen „automatisch generiert".

Die KCC wertet die Domänencontroller eines Standorts aus und erstellt danach Verbindungsobjekte, um die bidirektionale Topologie zu erstellen. Sollten Domänencontroller an einem Standort hinzugefügt oder entfernt werden oder nicht reagieren, passt KCC durch Hinzufügen oder Löschen von Verbindungsobjekten die Topologie dynamisch neu an. Die Replikationstopologie wird alle 15 Minuten geprüft um die Funktionsfähigkeit sicherzustellen.

Es ist natürlich möglich, Verbindungsobjekte manuell zu erstellen. Damit erstellen Sie Replikationspfade, die von KCC nicht gelöscht werden. Manuelle Verbindungsobjekte sind nur in wenigen Szenarien notwendig, beispielsweise wenn Sie Standby-Server einrichten, die ganz gezielt nur von bestimmten Domänencontrollern replizieren müssen und deren Verbindungsobjekte daher keine dynamische Anpassung durch KCC erfahren sollen.

Der Generator für standortübergreifende Topologie (ISTG):

Die Konsistenzprüfung ist natürlich nicht nur innerhalb eines Standortes wichtig. Sie muss ebenso zwischen Standorten funktionieren. Während innerhalb eines Standortes jeder Domänencontroller an der Replikationstopologie beteiligt ist, wird die Funktion des KCC zur Generierung einer Replikationstopologie zwischen den Standorten auf einen Domänencontroller je Standort beschränkt. Dieser Domänencontroller wird zum ISTG. Sofern es andere Standorte gibt, wird mit den ISTGs der anderen Standorte die Replikationstopologie bestimmt. Der ISTG erstellt nicht nur für sich die eingehenden Verbindungen zu den Domänencontrollern der anderen Standorte, sondern auch für alle Domänencontroller am eigenen Standort.

Damit nicht jeder Domänencontroller versucht ein ISTG zu werden, benachrichtigt der aktuelle ISTG in 30 minütigen Intervallen die Domänencontroller seines Standorts von seiner Existenz. Dazu wird das Flag „interSiteTopologyGenerator" auf das Objekt „NTDS-Einstellungen" in die Konfigurationsverzeichnispartition geschrieben. Im Zuge der Replikation überwachen die KCCs der anderen Domänencontroller dieses Attribut. Nach 60 Minuten ohne Änderung übernimmt ein anderer Domänencontroller die Aufgabe des ISTG.

Zusammengefasst:

- Die KCC erzeugt die Replikationstopologie für die Active Directory Gesamtstruktur.
- Dabei arbeiten alle KCCs eines Standortes für die Erzeugung der Replikationstopologie an einem Standort zusammen.
- Mit der Erweiterung eines KCC je Standort auf die Rolle des ISTG wird die Replikationstopologie zwischen den Standorten erzeugt.
- Die Rolle des ISTG kann von Ihnen auch manuell einem Domänencontroller zugewiesen werden.
- Innerhalb eines Standorts und zwischen den Standorten handelt es sich um unterschiedliche Topologien.

Optionen für das Design der standortübergreifenden Replikation

In der standortinternen Replikationstopologie handelt es sich um einen Ring, eventuell durch zusätzliche Verknüpfungen optimiert. Dieses Verhalten sollte nicht geändert werden.

Zwischen den Standorten sollte Sie die Replikationstopologie entsprechend Ihren Anforderungen anpassen. Sie können folgende Topologien verwenden:

- Ring.
- Hub and Spoke (Nabe und Speiche).
- Full-mesh (jeder ist verknüpft mit jedem).
- Hybrid (Kombination aus Hub and Spoke und Ring).

Alle Standorte in den Topologien enthalten je einen Domänencontroller als Bridgeheadserver, über den die Replikation zum anderen verknüpften Standort erfolgt. Die Topologien sind ansonsten selbsterklärend. Nur die hybride Topologie benötigt eine zusätzliche Erklärung. Stellen Sie sich dazu einfach vor, dass Sie die Standorte einer Gesamtstruktur aufgeteilt haben. Der eine Teil ist untereinander per Ring verknüpft, der andere Teil als Hub and Spoke. Über einen Standort der Ringtopologie erfolgt die Replikationsverbindung zum Hub der Hub and Spoke Topologie. Und genauso wie zwischen den Standorten innerhalb einer Topologie Bridgeheadserver für die Verbindung genutzt werden, so werden auch Bridgeheadserver zwischen den Topologien in der hybriden Variante verwendet. Bridgeheadserver werden weiter unten genauer beschrieben.

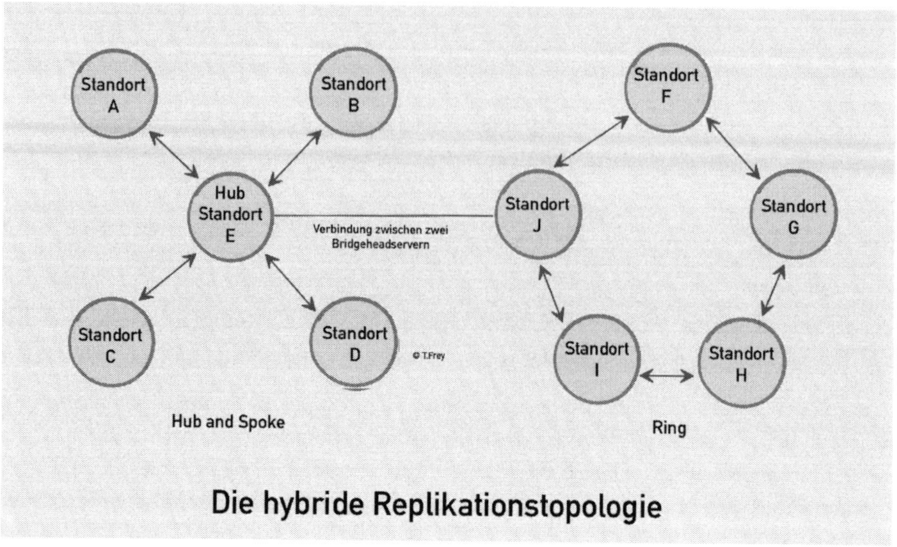

Die hybride Replikationstopologie

Richtlinien und Best Practices zur Auswahl eines Replikationsprotokolls

Die Wahl der Replikationsprotokolle ist abhängig von der Verbindungsqualität zwischen den Standorten. Generell wird unterschieden zwischen schnellen synchronen Verbindungen und langsamen synchronen oder langsamen asynchronen Verbindungen.

Das führt zu drei Ebenen für das Replizieren von AD Informationen:

- Einheitlich, schnell, synchroner Remoteprozeduraufruf (RPC) über IP innerhalb der Standorte.
- Punkt zu Punkt, langsam, synchroner RPC über IP zwischen Standorten.
- Langsam, asynchrones SMTP über IP zwischen Standorten.

Die synchrone Kommunikation erfordert schnelle und zuverlässige Verbindungen. Die asynchrone Kommunikation ist besser für langsame, unzuverlässige oder nur periodisch bestehende Verbindungen. Bei der Auswahl ist daher folgendes zu berücksichtigen:

- Die Replikation innerhalb eines Standortes nutzt immer RPC über IP.
- Die Replikation zwischen Standorten nutzen entweder RPC über IP oder SMTP über IP, je nach Verbindungsqualität.
- Die Replikation zwischen Standorten über SMTP ist nur für die Schema- und Konfigurationspartition sowie für die Replikation des globalen Katalogs möglich. Die Replikation der Domänenpartition wird nicht unterstützt. Ist für eine Standortverbindung nur SMTP möglich, muss dieser langsam angebundene Standort eine eigene Domäne sein. Daraus folgt ebenfalls, dass Domänen nur dann mehrere Standorte beinhalten können, wenn alle diese Standorte synchrones RPC unterstützen.

SMTP ist nur unter bestimmten Bedingungen möglich, die diese Replikationsverbindung aufwändig machen. KCC erstellt keine Verbindungen über SMTP, wenn nicht folgende Anforderungen erfüllt sind:

- Sie benötigen den „Internet Informationsdiensteserver“ IIS auf beiden Bridgeheadservern.
- Sie benötigen eine Unternehmenszertifizierungsstelle, die für das SMTP-Protokoll die Zertifikate und Schlüssel bereitstellt.
- Es muss ein Domänencontrollerzertifikat auf den replizierenden Domänencontrollern vorhanden sein.
- Die Standortverknüpfung der beteiligten Standorte muss mit SMTP konfiguriert sein.
- Der Verknüpfungspfad sollte niedrige Kosten haben als mögliche synchrone Verbindungen zum Standort.
- Der langsam angebundene Standort muss eine eigene Domäne sein und jeder Domänencontroller muss so konfiguriert sein, dass er Emails empfangen kann. Das SMTP Protokoll ist ein Mailübertragungsprotokoll.
- Berücksichtigen Sie eventuell vorhandene Mailgateways und konfigurieren Sie die Domänencontroller entsprechend.

Die Besonderheiten vom globalen Katalog und der RODC-Replikation

Globaler Katalog und der RODC müssen von Ihnen besonders beachtet werden.

- Der **RODC** benötigt als Replikationspartner einen Domänencontroller mit Windows Server 2008 oder neuer. Enthält Ihre Gesamtstruktur auch ältere Domänencontroller, muss der RODC so platziert werden, dass am Standort mit der kostengünstigsten Standortverknüpfung zum Standort mit dem RODC ein beschreibbarer Domänencontroller mit geeigneter Betriebssystemversion vorhanden ist.
- Der **globale Katalog** als Teil eines Domänencontrollers stellt während des Anmeldevorgangs eines Benutzers in der Domäne die Liste mit den universellen Gruppen bereit, zu denen der Benutzer gehört. Gibt es an einem Standort zwar Domänencontroller, aber keine globalen Kataloge, wird während der Benutzeranmeldung auf den globalen Katalog von einem anderen Standort zugegriffen. Also sollte je Standort mit eigenem Domänencontroller auch ein globaler Katalog vorhanden sein. Darüber hinaus enthalten die globalen Kataloge eine schreibgeschützte Kopie aller Objekte der Gesamtstruktur. Die Platzierung des globalen Katalogs stellt also nicht nur eine schnellere Benutzeranmeldung sicher, sie unterstützt auch das schnelle Auffinden von Ressourcen der Gesamtstruktur.

Die SYSVOL-Replikation

Der Ordner SYSVOL enthält u. a. Anmeldeskripte und Gruppenrichtlinienobjekte und wird auf alle Domänencontroller repliziert. Seit Windows Server 2012 wird dazu die DFS-Replikation verwendet, ein effizientes, skalierbares und zuverlässiges Replikationsprotokoll. Es gewährleistet Datenkonsistenz in Multimaster-

Replikationsszenarien, es unterstützt die differenzielle Replikation mit flexibler Planung und Bandbreitenbeschränkung, es ist selbstreparierend und unterstützt RODCs.

Das Design von Standortverknüpfungen

Eine Standortverknüpfung ist der Replikationspfad zwischen Standorten. Innerhalb von Standorten sorgt KCC automatisch für Verbindungsobjekte zwischen den Domänencontrollern.
Wenn Sie eine Gesamtstruktur erstellen, erstellt AD DS das Standard-Standortverknüpfungsobjekt „DEFAULTIPSITELINK“. Jeder neu hinzukommende Standort enthält diese automatische Verbindung. Mit manuellen Standortverknüpfungsobjekten können Sie selbst Netzwerkpfade zwischen Standorten erstellen. Ob automatisch oder manuell: Der ISTG erstellt dann die standortübergreifende Replikationstopologie, mit der alle Standorte verbunden werden und erzeugt danach die Verbindungsobjekte für die Konfiguration der Replikationspfade.

Wichtig ist zu verstehen, dass Standortverknüpfungen weder die Netzwerkrouten steuern, die von der Replikation verwendet werden noch die Routen auf Netzwerkebene beachten. Mit einer Standortverknüpfung wird dem Active Directory nur mitgeteilt, dass eine Netzwerkroute zwischen den Standorten existiert. Erst mit den Verbindungsobjekten durch den ISTG wird der tatsächliche Replikationspfad bestimmt und der kann mit dem „DEFAULTIPSITELINK“ ineffizient auf der Netzwerkebene sein. Die Erstellung von Standorten und die Standortverknüpfungen sollten daher die Routing- und Netzwerktopologie beachten. Das ist möglich, wenn Sie wie oben erwähnt die Standortverknüpfungsobjekte manuell erstellen, falls die Automatik für keine optimalen Verknüpfungsobjekte sort. Sie können auch die Verbindungsobjekte manuell erstellen. Bei effizienten Standortverknüpfungsobjekten ist das allerdings nur selten notwendig.

Die Standortverknüpfungen sind konfigurierbar. Mit den konfigurierbaren Attributen können Sie die Replikation über die Standortverknüpfungen steuern.

Die Attribute für die Standortverknüpfungen:

- **Standortverknüpfungskosten**. Häufig gibt es mehr als eine Route für den Datenverkehr. Das ist besonders bei der „Full-Mesh“-Topologie der Fall, bei der jeder Domänencontroller eines Standortes zu jedem anderen Domänencontroller eine Standortverknüpfung hat. Mit der Festlegung der Kosten für eine Verbindung, wird eine Verbindung bevorzugt oder benachteiligt: Höhere Kosten für langsame Verbindungen, niedrigere Kosten für schnelle. Die teuren Verbindungen werden erst dann verwendet, wenn die günstigen nicht zur Verfügung stehen. Mit den Kosten kann also auch bei gleichschnellen Verbindungen eine Reihenfolge festgelegt werden.
- **Replikationshäufigkeit**. Während standortintern die „Benachrichtigung“ erfolgt, erfolgt bei standortübergreifender Replikation nur der „Abruf“. Mit der

Replikationshäufigkeit lässt sich das Abrufintervall steuern. Der Standardwert ist 180 Minuten.

- **Replikationszeitpläne**. Als Standard wird die Replikation rund um die Uhr ausgeführt. Das lässt sich ändern, wenn beispielsweise zu Zeiten besonders hoher Netzwerkauslastung keine Replikation stattfinden soll oder wenn die Replikation nur zu festgelegten Zeiten ausgeführt werden soll.
- Die Attribute der Standortverknüpfungen lassen sich direkt in den Eigenschaften der Verbindungsobjekte konfigurieren, im folgenden Bild beispielsweise für die Replikationszeitpläne.

Konfiguration der Replikationszeitpläne in den Attributen der Standortverknüpfungen:

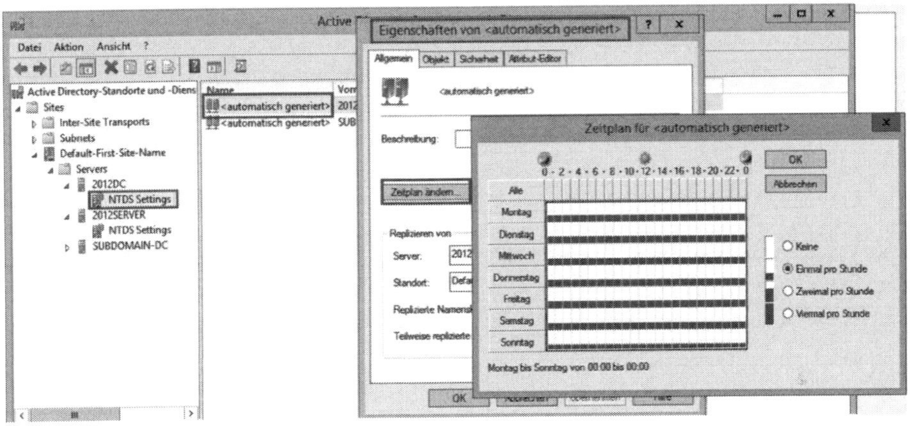

Die Bridgeheadserver

Weiter oben haben Sie schon die verschiedenen Topologien kennengelernt, die Sie für die standortübergreifende Replikation verwenden können. Dabei sind die Bridgeheadserver bereits erwähnt worden.

Der Bridgeheadserver eines Standortes ist für alle Replikationen zuständig, die für eine Partition in den Standort hineingehen und aus dem Standort hinausgehen. Er ist also der Server, der Änderungen an einer Partition von anderen Bridgeheadservern aus anderen Standorten repliziert. Da zwischen Standorten keine „Benachrichtigungen“ erfolgen, erfahren Bridgeheadserver per „Abruf“ von anderen Bridgeheadservern von zu replizierenden Änderungen. Ohne die Bridgeheadserver müssten alle Domänencontroller eines Standortes zu allen Domänencontrollern eines anderen Standortes replizieren, was zu einer ineffizienten und netzwerkbelastenden Replikation führen würde.

Der Ablauf ist wie folgt:

- Sie ändern etwas in der Domänenpartition an einem AD DS Standort. Beispielsweise fügen Sie ein Computerobjekt hinzu.
- Diese Änderung wird per Benachrichtigung allen Domänencontrollern am Standort bekanntgemacht und zu ihnen repliziert.

- Einer der Domänencontroller am Standort ist der Bridgeheadserver für die Domänenpartition. Die Auswahl, welcher Domänencontroller der Bridgeheadserver ist, trifft der ISTG automatisch.
- Nachdem ein Abruf vom Bridgeheadserver eines anderen Standortes erfolgt ist, repliziert der Bridgeheadserver die Änderung an den abrufenden Bridgeheadserver.
- Der abrufende Bridgeheadserver repliziert diese Änderung per Benachrichtigung an alle Domänencontroller an seinem Standort.
- Das ganze geht natürlich in beide Richtungen.

Richtlinien und Best Practices für die manuelle Wahl des Bridgeheadservers:

- Der Bridgeheadserver wird je Partition ausgewählt. Es ist also möglich, dass der Bridgeheadserver für die Domänenpartition nicht der gleiche ist wie beispielsweise für die Schemapartition. Meistens ist aber ein Domänencontroller der Bridgeheadserver für alle Partitionen.
- Die Automatik des ISTG funktioniert zuverlässig. Sie sollten die Auswahl der Bridgeheadserver daher nur bei einem sehr guten Grund ändern. Ein möglicher Grund wäre, einen Domänencontroller mit mehr freien Ressourcen zu wählen.
- Wenn Sie den bzw. die Bridgeheadserver selbst festlegen wollen, verwenden Sie dazu das Snap-In „Active Directory Standorte und –Dienste". Dabei ist wichtig zu wissen, dass keine Replikation zu anderen Standorten mehr stattfindet, wenn der selbst festgelegte Bridgeheadserver nicht mehr verfügbar ist. Da die Automatik abgeschaltet ist, bestimmt ISTG in diesem Fall selbsttätig keinen anderen verfügbaren Domänencontroller als Bridgeheadserver. Sie können aber mehrere Domänencontroller als Bridgeheadserver festlegen. ISTG wählt nur einen von Ihnen festgelegten Bridgeheadserver als Ersatz.
- Sofern am Standort ein globaler Katalog existiert, sollte dieser als Bridgeheadserver gewählt werden.
- Im folgenden Bild ist der Server „2012Server" am Standort „Teststandort" als bevorzugter Brigdeheadserver für alle synchronen Replikationen über IP festgelegt:

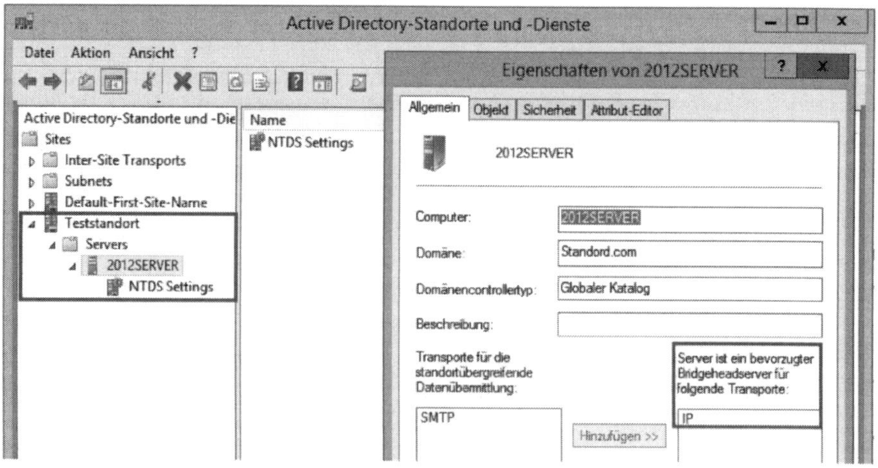

Die Überbrückung von Standortverknüpfungen

Die Verknüpfungen zwischen Standorten werden automatisch durch den ISTG erstellt. Wenn Sie mehrere Standorte haben, sind diese üblicherweise mit der Hub and Spoke- oder der Ring-Topologie miteinander verknüpft. Das hat zur Folge, dass der Replikationsweg zwischen Standorten über andere Standorte erfolgt und dadurch verlängert wird. Daher können Standortverknüpfungen überbrückt und die Wege abgekürzt werden. Das ist sowohl automatisch durch den ISTG möglich wie auch manuell durch Sie, wenn Sie die Automatik abschalten.

Die automatische Überbrückung von Standortverknüpfungen:

Die automatische Erstellung von Standortverknüpfungsbrücken bedeutet, dass der ISTG ein direktes Verbindungsobjekt zwischen zwei Standorten erstellt, die eigentlich nur indirekt über einen anderen Standort miteinander verknüpft sind. In einer Gesamtstruktur vertrauen sich die Standorte. Das führt dazu, dass dieses Vertrauen transitiv auch zwischen nur indirekt miteinander verbundenen Standorten gilt. Daher ist so eine Brücke möglich, ohne sich Gedanken über die Vertrauensstellung machen zu müssen.

Die Überbrückung von Standortverknüpfungen, ob nun automatisch oder manuell, sieht dann beispielsweise so aus:

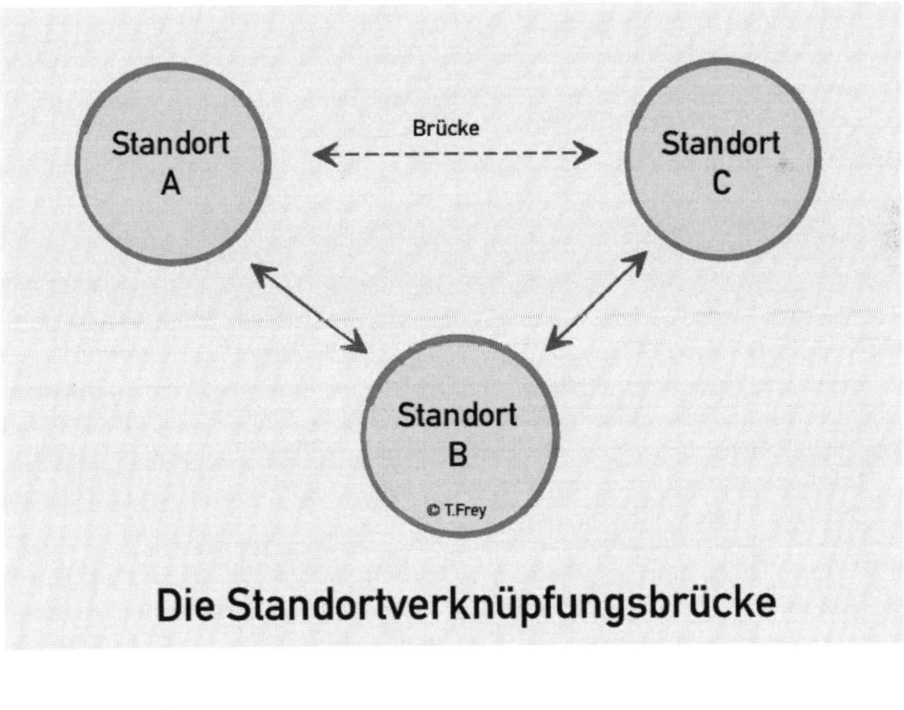

Die manuelle Überbrückung von Standortverknüpfungen:

Sie können die Brücken auch manuell konfigurieren. Ihre Standortverknüpfungsbrücken sind allerdings wirkungslos, wenn Sie die Automatik nicht abschalten.

Welche Gründe gibt es, die Automatik abzuschalten? Möglicherweise erfolgt kein Routing auf Netzwerkebene von Standort A zu Standort C. Durch manuelle Konfiguration können Sie daher die Brücken entsprechend der physischen Netzwerkverbindungen erstellen.
Abgeschaltet wird die Automatik für das Transportprotokoll in den Eigenschaften des Transportprotokolls. Standardmäßig ist die Brückenautomatik aktiv.

Die aktivierte Standortverknüpfungsbrücke:

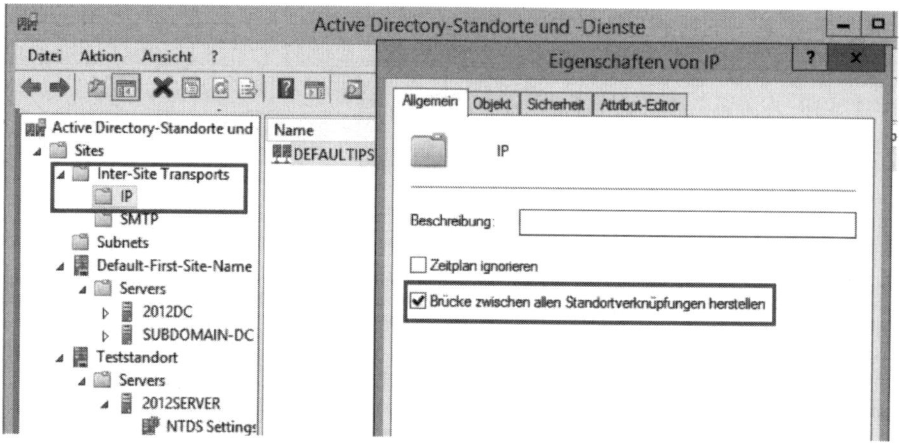

Richtlinien und Best Practices für manuelle Standortverknüpfungsbrücken:

- Erfolgt ein vollständiges Routing im Netzwerk und wenn Sie keine weiteren Gründe haben, die Active Directory Replikation zu steuern, sollten Sie die Automatik aktiviert lassen.
- Erfolgt kein vollständiges Routing, passen Sie die Standortverknüpfungsbrücken entsprechend manuell Ihren physischen Gegebenheiten an.
- Haben Sie ein bestimmtes Routingverhalten zu berücksichtigen, erstellen Sie ebenfalls die Standortverknüpfungsbrücken manuell.
- Sie können einer manuellen Standortverknüpfungsbrücke weitere Standortverknüpfungen hinzufügen, wenn es für die Transitivität des Standortvertrauens erforderlich ist.
- Wenn Sie zwei Standorte mit einer Standortverknüpfungsbrücke verbinden, müssen Sie sicherstellen dass es auch eine andere (längere) Standortverknüpfung gibt und beide Standorte damit eine Verbindung über einen gemeinsamen dritten Standort haben. Im Bild weiter oben teilen die über die Brücke verbundenen Standorte A und Standorte C einen gemeinsamen weiteren Standort B, über den sie indirekt verbunden sind. Das dient dazu, die Verbindungskosten berechnen zu können.

So richten Sie die Active Directory Replikation ein:

- Im Knoten „Inter-Site Transport“ machen Sie einen Rechtsklick auf „IP“ und wählen „Neue Standortverknüpfung“:

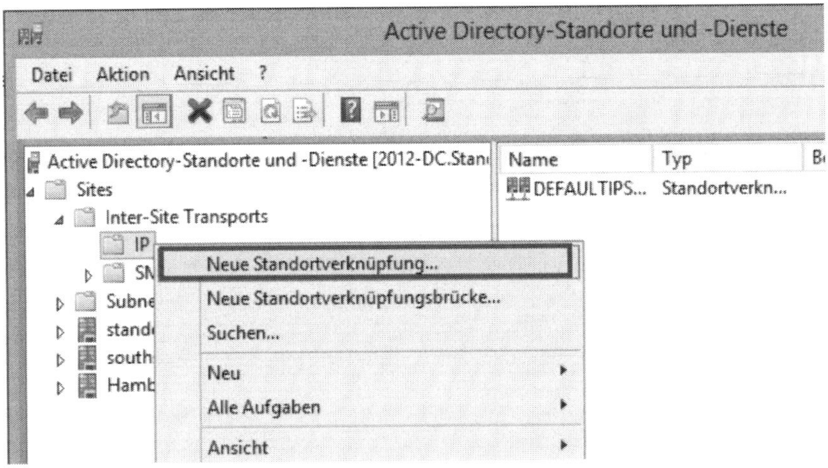

- Dann wählen Sie die Standorte aus, die Sie miteinander verknüpfen wollen. Dazu klicken Sie auf den Standort und auf den „Hinzufügen“ Knopf und wählen einen Namen für die Verknüpfung. Sie können auch mehr als zwei Standorte mit der zu erstellenden Standortverknüpfung miteinander verbinden.

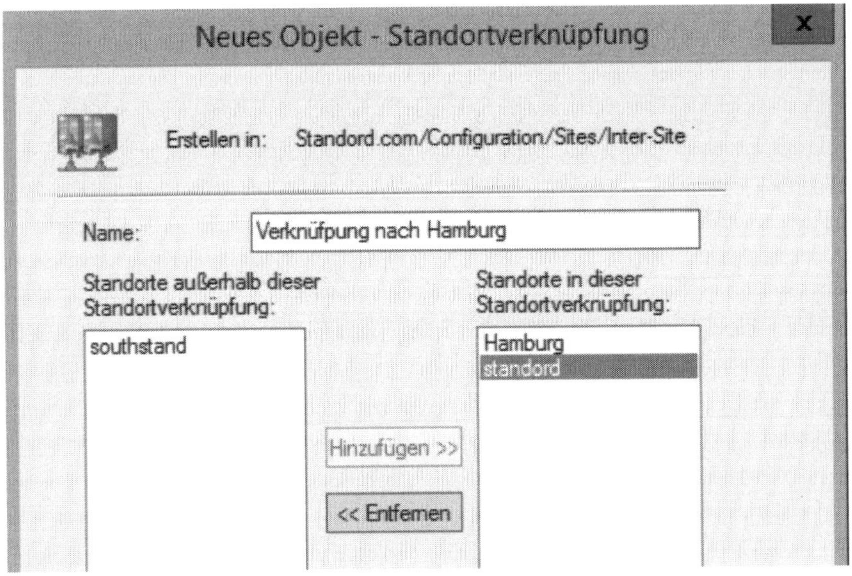

- Das Ergebnis: Neben der „DEFAUTLTIPSITELINK“-Standortverknüpfung steht Ihre erstellte Verknüpfung nun auch zur Verfügung:

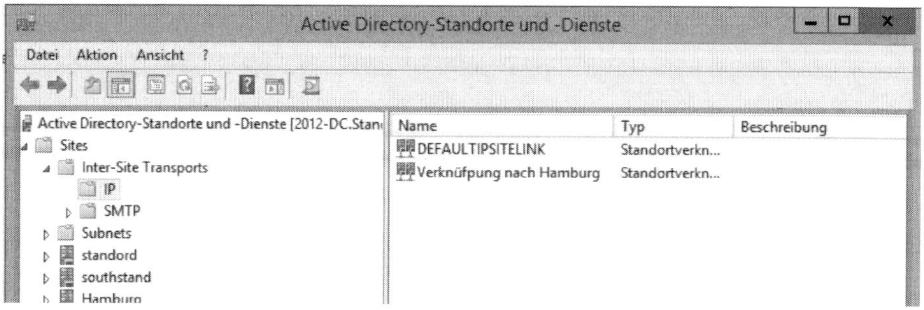

So konfigurieren Sie Standortverknüpfungen:

- Der Rechtsklick auf eine Standortverknüpfung öffnet die Eigenschaften. Sie können nun weitere Konfigurationen durchführen. Das wären beispielsweise die Kosten, mit denen Sie die Replikationswege beeinflussen können, der Replikationszeitplan usw.:

So fügen Sie einen Domänencontroller zu einem Standort hinzu:

Replikationen erfolgen zwischen den Domänencontrollern der Standorte. Bisher ist der weiter oben eingerichtete Standort „Hamburg“ noch leer, d. h. dieser Standort hat keinen eigenen Domänencontroller.

- Die Ausgangssituation:

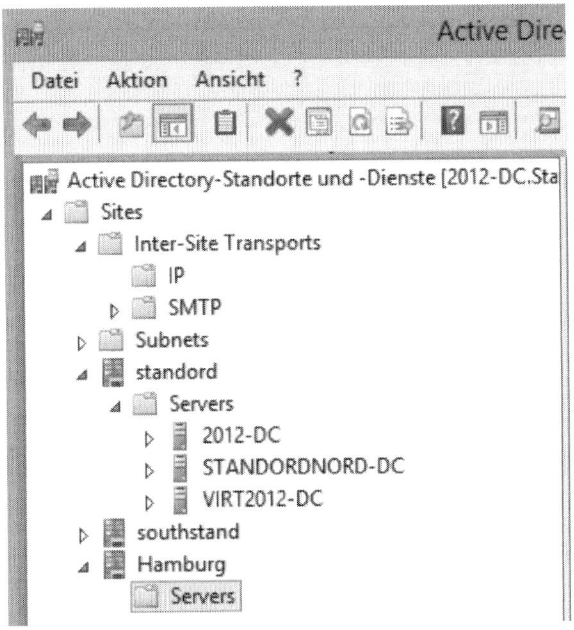

- Durch direktes Hineinziehen des gewünschten Domänencontrollers in den neuen Standort (oder Rechtsklick auf den Domänencontroller mit dem Befehl „Verschieben..." fügen Sie den Domänencontroller dem neuen Standort zu. Zur Erinnerung: Der Domänencontroller bleibt physikalisch an seinem Platz, logisch wird er aber einem neuen Standort zugeordnet.

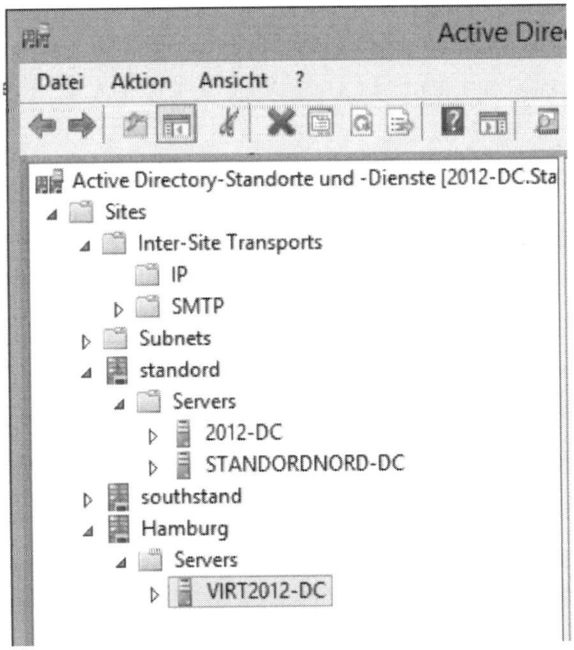

- Mit Rechtsklick auf den Domänencontroller können Sie die Eigenschaften konfigurieren, beispielsweise das verwendete Replikationsprotokoll wenn der Domänencontroller als Bridgeheadserver zu einem anderen Standort fungiert.

4.5 Platzierung der Domänencontroller

Sie haben bereits erfahren, dass es meistens empfehlenswert ist, an AD Standorten auch Domänencontroller zu platzieren. Das ist im vorherigen Beispiel exemplarisch gezeigt worden.

In Ihre Überlegungen sollten Sie auch die Verteilung der verschiedenen Betriebsmasterrollen einbeziehen, ob ein RODC sinnvoll wäre oder wie globale Katalogserver platziert werden sollten. Weiterhin ist es wichtig, an die Hardwareanforderungen zu denken, an die Sicherheit und an andere Ressourcen in den Standorten, wie beispielsweise die Anzahl und Qualifikation der IT-Mitarbeiter.

Die Hardwareanforderungen für Domänencontroller

Für virtuelle oder physikalische Domänencontroller sind die Anforderungen etwa gleich. Wenn Sie von älteren Windows Serverversionen aktualisieren, muss die Hardware selbstverständlich ebenso die Anforderungen erfüllen.

- Sie benötigen für Windows Server 2012 R2 eine 64-Bit Hardware.
- Die Active Directory Datenbank (ndts.dit) benötigt etwa 400MB Speicherplatz je 1000 User. Bei aktiviertem AD Papierkorb mit den Standartwerten von 180

Tagen Aufbewahrungszeit von Objekten im Papierkorb wird die Datenbank um etwa 20% vergrößert.

- Die AD Logs und der SYSVOL-ordner benötigen jeweils mindestens 500 MB Speicherplatz.
- Die Betriebssystemdateien für das Setup des Domänencontroller belegen etwa 1.25 – 2 GB Speicherplatz.
- Ist der Domänencontroller auch gleichzeitig globaler Katalog, benötigen Sie zusätzlichen Speicherplatz.

Bereitstellen von Domänencontrollern auf dem Server Core

Ob Sie den Domänencontroller unter der vollständigen grafischen Benutzeroberfläche installieren oder auf einem Server Core, ist abhängig von Ihren Sicherheitsanforderungen. Da auf Domänencontrollern wichtige und vertrauliche Informationen gespeichert werden, sollten Sie eine maximale Sicherheit gewährleisten. Die Installation auf einem Server Core reduziert die Angriffsfläche.

- Der Server Core ist eine minimale Installation von Windows Server 2012 R2. Somit können Sie nicht alle Serverrollen und Funktionen installieren, denn es fehlt die grafische Benutzeroberfläche. Das führt zu weiteren zu berücksichtigenden Einschränkungen:
- Sie müssen die Binärdateien für die Installation der Domänencontroller-Rolle mit der Powershell installieren.
- Die Verwaltung des Server Core erfolgt ebenfalls per Powershell oder remote.
- Die Verwaltung von AD DS erfordert die Installation der notwendigen Tools auf einem anderen Computer. Diese müssen Sie dann ebenfalls remote einsetzen.

Richtlinien und Best Practices für die Platzierung von Domänencontrollern

- Haben Sie nur einen Standort in Ihrer Gesamtstruktur, ist die Platzierung einfach. Sie müssen nur sicherstellen, dass alle Clients und alle Server den, bzw. die Domänencontroller schnell erreichen können.
- Bei mehreren Standorten ist die Platzierung wichtig. Eine falsche Platzierung könnte für übermäßigen Replikationsverkehr sorgen oder die Benutzeranmeldung verlängern. Eventuell werden Teile Ihrer Infrastruktur bei Netzwerkausfällen nicht mehr nutzbar sein.
- Nicht jeder Standort benötigt einen Domänencontroller. Standorte mit schnellen und stabilen WAN-Anbindungen oder mit wenigen Benutzern benötigen möglicherweise keinen eigenen DC. Umgekehrt sollten Sie DCs in Standorten mit vielen Benutzern platzieren, damit die Benutzerauthentifizierung lokal möglich ist.
- Platzieren Sie einen Domänencontroller an einem geografisch getrennten Ort, beispielsweise einer Filiale, sollten Sie für diesen Ort einen AD DS Standort erstellen, ein IP-Subnetz zuweisen und den DC diesem AD Standort zuordnen.
- Standorte mit eingeschränkter Sicherheit sollten einen RODC bekommen.

- An Standorten, an denen AD intensive Dienste und Anwendungen bereitgestellt werden, sollte ein DC platziert werden.
- Um die Redundanz zu sichern, sollten Sie für jede Domäne in jedem Standort mindestens zwei DCs platzieren. Mindestens einer von beiden sollte auch globaler Katalog sein.

Richtlinien und Best Practices für die Platzierung von globalen Katalogen

Der globale Katalog als Teil eines Domänencontrollers stellt während des Anmeldevorgangs eines Benutzers in der Domäne die Liste mit den universellen Gruppen bereit, zu denen der Benutzer gehört. Gibt es an einem Standort zwar Domänencontroller, aber keine globalen Kataloge, wird während der Benutzeranmeldung auf den globalen Katalog von einem anderen Standort zugegriffen. Also sollte je Standort mit eigenem Domänencontroller auch ein globaler Katalog vorhanden sein.
Darüber hinaus enthalten die globalen Kataloge eine schreibgeschützte Kopie aller Objekte der Gesamtstruktur. Die Platzierung des globalen Katalogs stellt also nicht nur eine schnellere Benutzeranmeldung sicher, sie unterstützt auch das schnelle Auffinden von Ressourcen der Gesamtstruktur. Weiterhin gibt es Anwendungen wie beispielsweise Exchange, die einen globalen Katalog erfordern.

Wichtig:

- Wenn jeder Domänencontroller in der Domäne auch globaler Katalog ist, benötigen Sie keinen Infrastruktur-Betriebsmaster mehr. Dafür gibt es mit dem globalen Katalog eine Partition mehr, die zu replizieren ist. Die Vorteile überwiegen allerdings meistens die Nachteile.
- Stellen Sie mindestens einen globalen Katalog je AD DS Standort bereit, besonders wenn die Verbindung zu einem globalen Katalog an einem anderen Standort langsam oder teuer ist.
- Erhöhen Sie die Redundanz durch zwei globale Kataloge.
- Die Leistung kann an Standorten mit vielen Benutzern durch mehrere globale Kataloge verbessert werden.
- Berücksichtigen Sie Anwendungen, die einen globalen Katalog am gleichen Standort erfordern.

Richtlinien und Best Practices für die Platzierung der Betriebsmaster

In einer Active Directory Gesamtstruktur werden verschiedene Betriebsmaster-Rollen ausgeführt, die bei der Erstellung des ersten Domänencontrollers in der Stammdomäne diesem zugewiesen werden. Das sind:

- Der Schemamaster.
- Der Domänennamensmaster.
- Der Infrastrukturmaster.
- Der Relative-ID (RID) Master.
- Der PDC-Emulationsmaster (primäre Domänencontrolleremulation).

Sobald Sie mehr als einen Domänencontroller bereitgestellt haben, können Sie die Betriebsmasterrollen auf andere Domänencontroller verschieben. Damit lässt sich die Last verteilen.

Wichtig:

- Betreiben Sie Schemamaster und Domänennamenmaster zusammen mit dem globalen Katalog auf einem Domänencontroller. Dadurch sind beide an einem Standort und durch den globalen Katalog kann der Domänencontroller prüfen, ob der Name einer neu erstellen Domäne nicht bereits für ein anderes Objekt verwendet wird.
- Betreiben Sie PDC-Emulationsmaster und RID-Master zusammen auf einem Domänencontroller. Sollte das aus Lastausgleichsgründen nicht möglich sein, müssen die beiden Betriebsmasterrollen auf physisch verbundenen Systemen betrieben werden, die mit expliziten Verbindungsobjekten im Active Directory verbunden sind, damit sie direkte Replikationspartner sind.
- Der Infrastrukturmaster darf nicht auf einem Domänencontroller platziert werden, der auch gleichzeitig globaler Katalog ist. Allerdings muss er mit einem globalen Katalog direkt replizieren können. Sie können den Infrastrukturmaster auch mit dem PDC-Emulationsmaster und dem RID-Master auf einem Domänencontroller betreiben. Folgen Sie der Best Practice Empfehlung und machen aus jedem Domänencontroller der Domäne einen globalen Katalog, ist der Infrastrukturmaster nicht mehr notwendig. Aktivieren Sie den Active Directory Papierkorb, benötigen Sie den Infrastrukturmaster ebenfalls nicht mehr.
- Sie sollten die Übertragung von Betriebsmasterrollen planen. Mit diesem Failover-Plan können Sie beim Ausfall eines Betriebsmasters die Rolle auf einen anderen Domänencontroller übertragen.

Richtlinien und Best Practices für die Überwachung von Domänencontrollern

Sie sollten Ihre Domänencontroller überwachen. Das lässt Probleme schon im Ansatz erkennen und Sie können reagieren, bevor es zu ernsten Störungen in Ihrer Struktur kommt.

Dazu empfiehlt sich:

- Legen Sie Baselines fest. Diese bekommen Sie, wenn Sie die Leistung ihres Systems im Normalbetrieb überwachen. Dazu messen Sie während ruhiger Phasen und unter hoher Last. Sie haben nun eine Vergleichsmöglichkeit, sollten sich Ihre Messwerte ändern.
- Überwachen Sie regelmäßig. Je wichtiger ein System, desto öfter. Verwenden Sie Datensammlersätze. Die Protokolle und Berichte können Sie mit Ihren Baselines vergleichen.
- Damit Sie vor dem Eintritt von Problemen wissen was zu tun ist, machen Sie sich vertraut mich den Mess-Tools und wie Sie Leistungsindikatoren und Ereignisse aufzeichnen und interpretieren.

- Finden Sie ein Gleichgewicht zwischen angemessener Überwachung mit den notwendigen Indikatoren und den umfangreichen Möglichkeiten zur Überwachung. Es muss nicht alles überwacht werden. Zu viele erhobene Daten sind schwer zu verarbeiten und Überwachung kostet Systemleistung.

Tools zur Überwachung:
- Task-Manager.
- Ressourcenmonitor.
- Ereignisanzeige.
- Zuverlässigkeitsüberwachung.
- Leistungsüberwachung.
- Repadmin.

Beispiele für wichtige Leistungsindikatoren:
NTDS\ DRA eingehende Bytes insgesamt/s
NTDS\ DRA eingehendes Objekt
NTDS\ DRA ausgehende Bytes insgesamt/s
NTDS\ DRA ausstehende Replikationssynchronisierungen
NTDS\ Kerberos-Authentifizierungen/s
NTDS\ NTLM-Authentifizierungen

Der Best Practices Analyzer:
Information: Der BPA wurde mit Windows Server 2008 R2 eingeführt.

Der Best Practices Analyzer ist ein Serververwaltungstool, das Ihnen dabei helfen soll Best Practices zu implementieren. Der BPA vergleicht Ihre Active Directory Umgebung mit den Best Practices für die Betriebsvoraussetzungen, die Konfiguration und den Betrieb. Er kann periodisch ausgeführt werden um Änderungen aufzuzeigen. Es werden die Serverrollen AD DS, AD CS, DNS-Server und Remotedesktopdienste unterstützt. Die Berichte können Sie filtern. Ausgeführt wird der BPA über den Server-Manager oder die Powershell.
Im folgenden Bild sehen Sie die Analyse des BPA für AD DS. Es werden sowohl Problem und Auswirkung aufgezeigt.

Der Best Practice Analyzer:

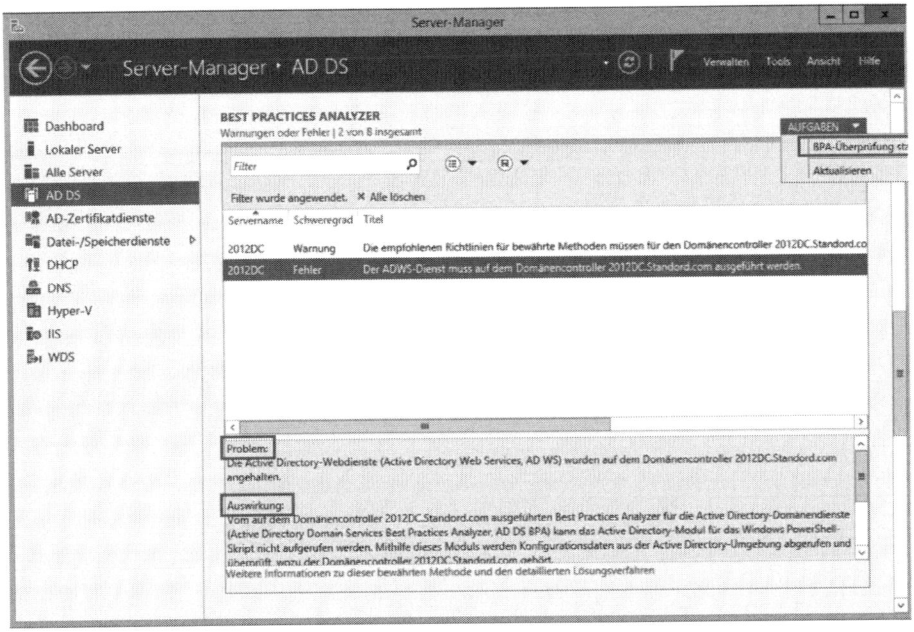

Das Platzieren von RODCs in Zweigstellen:

Platzieren Sie keinen Domänencontroller in einer Zweigstelle, werden Authentifizierung- und Dienstticketaktivitäten über die WAN-Verbindung weitergeleitet. Das kann langsam oder unzuverlässig sein.

Die Platzierung eines Domänencontrollers erfordert einige Überlegungen:

- Es könnte unsicher sein, einen DC in der Zweigstelle zu platzieren.
- Änderungen und Fehler an der AD Datenbank auf dem Domänencontroller werden an die anderen Domänencontroller repliziert.
- Ein Domänencontroller erfordert möglicherweise für die Wartung Administrator-Berechtigungen für Personal vor Ort.

Diese Risiken können mit einem RODC umgangen werden denn dieser Domänencontroller ist nicht beschreibbar. Es finden also keine Änderungen im AD auf ihm statt. Anmeldeinformationen leitet er an einen schreibbaren Domänencontroller weiter oder Sie konfigurieren eine Replikationsrichtlinie für Kennwörter, die auf dem RODC zwischengespeichert werden sollen. Benutzer, die in der Kennwort-Replikationsrichtlinie enthalten sind, können vom RODC direkt authentifiziert werden.

Gründe für den RODC:

- Benötigt wenig Personal bzw. eingeschränkte Rechte vor Ort zur Wartung.
- Weniger Sicherheitsprobleme.
- Verbessert die lokale Authentifizierung im Vergleich zu keinem vorhandenen Domänencontroller.

- Verbessert die Integrität des Active Directory.
- Die Replikation erfolgt unidirektional in Richtung des RODC.
- Der DNS-Serverdienst ist auch auf einem RODC installierbar.

Einschränkungen:
- Es ist nur ein RODC je Standort möglich.
- Applikationen die Schreibzugriff ins AD DS benötigen, können den RODC nicht verwenden.
- Sie benötigen eine Policy für die Kennwort-Replikationsrichtlinie.
- RODCs können nicht auch Betriebsmaster-Rollen innehaben. Diese erfordern Schreibzugriff auf die AD-Datenbank.
- RODCs können nicht als Bridgeheadserver genutzt werden. Die Replikation ist nur eingehend.

Die Nutzung von Microsoft Azure für Domänencontroller

Mit der Nutzung von Microsoft Azure erhöhen Sie die Redundanz in Ihrer AD DS-Struktur.
Darüber hinaus gibt es immer eine Kopie Ihrer AD-Datenbank, sollte Ihre lokale AD DS-Struktur beschädigt sein. Das Disaster Recovery wird dadurch erleichtert. Zweigstellen und Remotearbeitsplätze können schneller auf Active Directory Informationen zugreifen, wenn diese keinen eigenen Domänencontroller haben und die Anbindung an Ihren Domänencontroller langsam sein sollte. Mit der Nutzung der Microsoft Azure Cloud unterstützen Sie Applikationen, die auf Azure basieren.

Weitere Überlegungen:
- Sie können überlegen, ob Sie einen beschreibbaren Domänencontroller platzieren oder einen RODC.
- Sie können Standorte in der Azure Cloud platzieren und Replikationskosten senken, obwohl die Replikation in der Cloud ununterbrochen durchgeführt wird.

4.5.1 Das Virtualisieren von Domänencontrollern

Da Domänencontroller eine entscheidende Rolle in Ihrer Struktur einnehmen, erfordert deren Virtualisierung einige Überlegungen, die für andere Serverrollen nicht notwendig sind.

Überlegungen zur Virtualisierung

Das Virtualisieren von Domänencontroller hat Vor- wie auch Nachteile. Diese müssen Sie kennen, damit Sie Ihre Infrastruktur durch die Virtualisierung stärken und nicht schwächen.

Vorteile:

- Die **Konsolidierung** ermöglicht Ihnen das Zusammenfassen von Domänencontrollern mit anderen Servern mittels Hyper-V auf wenigen physikalischen Maschinen. Sie können so mehr Domänencontroller implementieren und haben die Möglichkeit, mehrere Standorte in einer Domäne mit Domänencontrollern zu versorgen, ohne mehr physikalische Server für Redundanz und für Bridgeheadserver implementieren zu müssen.
- Sie schaffen sich Möglichkeiten für das **Testen** von geplanten Änderungen. Durch weniger Einsatz von Hardware durch Virtualisierung können Sie kostengünstig Ihre Produktivumgebung nachstellen und erhalten aussagekräftige Testergebnisse.
- Die **Bereitstellung** von Serverrollen und Anwendungen wird vereinfacht. Die virtualisierte Hardware bleibt unverändert, auch wenn Sie die Abbilder auf physikalische Server mit anderer Hardware verschieben. Die Abbilderstellung und der Abbildtest ist nicht von der Serverhardware abhängig.
- Die **Leistung** der virtuellen Domänencontroller wird sich auch dann nicht kritisch von einem physikalischen Domänencontroller unterscheiden, wenn der Host auf dem die virtuelle Maschine läuft unter hoher Last steht.

Nachteile:

- Bei falscher Handhabung von vhd oder vhdx Abbilddateien können Sie **Beschädigungen der Active Directory Datenbank** in der Gesamtstruktur hervorrufen. Beispielsweise führt das Starten einer alten Abbilddatei oder das Kopieren einer Abbilddatei an eine andere Netzwerkadresse mit gleichzeitiger Ausführung beider Kopien möglicherweise zur Replikation alter AD-Stände oder zur Beschädigung der AD-Datenbank.
- Die **Sicherheit** ist größeren Risiken ausgesetzt. Alle mit Zugriff auf Abbilddateien haben Zugriff auf die Gesamtstruktur und ihre Daten. Illegales kopieren von Abbilddateien ist schwerer festzustellen als der Diebstahl eines Computers. Es ist daher erforderlich, Abbilddateien sowohl für Hosts wie auch für virtualisierte Gastmaschinen mindestens genauso zu sichern, wie Sie physische Domänencontroller sichern würden.

Das Sichern von virtuellen Domänencontrollern.

Virtuelle Domänencontroller sind auf zwei Ebenen zu sichern: Der Hardware-Ebene des Hosts und der Software-Ebene des Gasts.

Der Host muss also genauso gesichert werden wie ein physischer schreibbarer Domänencontroller. Das beginnt mit einer soliden Tür und endet mit einem guten Rechtemanagement auf Hostebene. Ein potentieller Angreifer hätte sonst Zugriff auf alle virtuellen Computer, die Domänen und die Gesamtstruktur.

Best Practices für die Sicherheit auf Hostebene:

- Auf dem Host muss der lokale Administrator-Account geschützt werden. Er sollte nur die Rechte für den Standard-Domänenadministrator der Domänen und Gesamtstrukturen haben, zu denen die virtuellen Domänencontroller auf diesem Host gehören.

- Sie können einen Server Core als Hyper-V Host verwenden. Damit reduzieren Sie mögliche Angriffsflächen, denn es lassen sich nicht alle möglichen Anwendungen auf einem Server Core installieren.
- Sie können den Host mit einem Verwaltungsnetzwerk verbinden, sofern eines vorhanden ist. Damit trennen Sie den Host vom Netzwerk mit den Computer- und Benutzerobjekten.
- Sichern Sie den Zugriff auf die Abbilddateien wie Sie den Zugriff auf physikalische Festplatten sichern würden, indem nur vertrauenswürdige Administratoren darauf zugreifen können.
- Ist die physische Sicherheit an einem Standort nicht gewährleistet, würden Sie dort einen RODC bereitstellen. Mit der Bitlocker-Laufwerksverschlüsselung können Sie Abbilddateien schützen, falls aus einem Host die Festplatte gestohlen wird.

Best Practices für die Sicherheit auf Gastebene:

- Schützen Sie die virtuelle Domänencontroller-Rolle genauso vor unberechtigtem Zugriff wie einen physikalischen Domänencontroller.

Richtlinien und Best Practices für das Bereitstellen von virtuellen Domänencontrollern

- Hyper-V enthält eine Reihe von Funktionen, die Sie für Verwaltung, Wartung, Sicherung und Migration von virtuellen Maschinen nutzen können. Für virtuelle Domänencontroller sind einige allerdings nicht verwendbar. Vermeiden Sie folgende Einschränkungen:
- Vermeiden Sie die Verwendung von differenzierenden Datenträgern. Das verringert die Leistung von virtuellen Domänencontrollern.
- Verwenden Sie zum Klonen von Domänencontrollern unter Windows Server 2008 R2 und älter nicht das Tool „Sysprep“. Die SID des Computers wird nicht aktualisiert. Sicheres Klonen wird weiter unten beschrieben.
- Virtuelle Domänenkontroller dürfen nicht exportiert, Abbilddateien nicht kopiert und Hyper-V Snapshots dürfen nicht verwendet werden. Das verhindert ein potentielles USN-Rollback.
- Deaktivieren Sie die Zeitsynchronisierung zwischen Host und virtuellem Domänencontroller. Domänencontroller haben ihren eigenen Zeitsynchronisierungsmechanismus, beispielsweise mit einem Zeitserver im Netzwerk. Das würde mit der Host-Zeit interferieren.

Die VM-Generation-ID:

Die VM-Generation-ID ist ein Windows 2012 Attribut, das Replikationsfehler bei Rollbacks von Snapshots oder der Wiederherstellung verhindert.

Sowohl der Host wie auch die virtuelle Maschine pflegen und nutzen die VM-Generation-ID.

Wird beim Start der VM festgestellt, dass die Generation-ID nicht stimmt, wird von einem Rollback von Snapshots oder einer Wiederherstellung ausgegangen. Der virtuelle Domänencontroller fordert dann einen neuen RID-Pool und ein USN Informationsupdate an.

Klonen von virtuellen Domänencontrollern

Information: Das Klonen von Domänencontrollern wird ab Windows Server 2012 unterstützt.

Ab Windows Server 2012 wird das sicher Klonen von virtuellen Domänencontrollern unterstützt:

- Sie müssen eine „DcCloneConfig.xml" Datei erstellen und am Speicherort der Active Directory Datenbank speichern. Standardmäßig ist das „C:\Windows\NTDS". Die xml-Datei enthält die eindeutige Serverkonfiguration.
- Der virtuelle Domänencontroller wird Offline genommen und exportiert oder kopiert.
- Mit der Kopie bzw. der Exportdatei wird durch Import ein neuer virtueller Computer erstellt. Dieser wird automatisch zu einem Domänencontroller hinaufgestuft.

4.5.2 Das Design von hochverfügbaren Domänencontrollern

Die Domänencontroller stellen die wichtigsten Dienste in einer Active Directory Domäne bereit. Fallen die Domänencontroller aus und es sind keine oder ungenügende Maßnahmen getroffen worden, für Hochverfügbarkeit und Redundanz zu sorgen, wird Ihre AD Struktur nicht mehr funktionsfähig sein. Es liegt daher nahe, sich darüber Gedanke zu machen, wie für Hochverfügbarkeit und Redundanz gesorgt werden kann.
Sie müssen also wissen, welche Komponenten Sie für hohe Verfügbarkeit benötigen und wie Sie mit diesen Komponenten planen. Das schließt auch Infrastrukturkomponenten mit ein. Ein hochverfügbarer Domänencontroller ist nutzlos, wenn das Netzwerk ausfällt.

Wichtig sind folgende Dienste:

- Domänencontroller.
- Globale Kataloge.
- DNS.

Wichtig sind folgende unterstützende Bereiche:

- Netzwerk-Infrastruktur.
- Sicherung und Wiederherstellung.

Richtlinien und Best Practices für das Planen der hohen Verfügbarkeit

Bevor Sie sich darüber Gedanken machen, welche Komponenten Sie einsetzen, müssen Sie wissen was für Anforderungen Sie zu erfüllen haben.

- Bestimmen Sie daher die zu **erfüllenden Service Level**. Die Verfügbarkeit ist abhängig von den Anforderungen, die in den Service Level festgelegt sind. Hochverfügbare Systeme haben eine minimale Ausfallzeit, egal ob geplant oder ungeplant. Sie sind mehr als 99 Prozent der Zeit verfügbar. Eine Ausfallzeit von 8.75 Stunden im Jahr entspricht einer Verfügbarkeit von 99,9 Prozent. Der Grad der Verfügbarkeit ist vom Budget abhängig. Je höher die gewünschte Verfügbarkeit, desto höher der finanzielle Aufwand. Ebenso ist wichtig zu berücksichtigen, wie viele Benutzer, Kunden oder Dienste von Ausfällen betroffen sind, und wie schwer der Ausfall sich auswirkt.
- Sie müssen das **Risiko für die Service Level** erkennen. Es macht einen Unterschied, ob ein Dienst 8 Stunden am Stück ausfällt, dafür nur einmal im Jahr oder ob es 96 Ausfälle zu je 5 Minuten gibt, die eventuell auch nur in der Nacht auftreten, wenn der Dienst nicht benötigt wird. Daher müssen Sie wissen, welche Risiken am wahrscheinlichsten sind. Legen Sie fest, wie Sie die Wahrscheinlichkeit für den Eintritt eines Risikos verringern können.
- Sie müssen die **„Single Points of Failure“ erkennen** und beseitigen. Diese SPOFs stellen zentrale Fehlerquellen dar, die bei Ausfall auch andere Dienste beeinträchtigen. Wenn beispielsweise ein Domänencontroller ausfällt, benötigen Sie **Kapazitäten** die gewährleisten, dass der Ausfall kompensiert wird.
- Planen Sie die **Unterstützung von Lieferanten und Dienstleistern** ein. Wie schnell bekommen Sie Ersatzteile oder Know How und wie sind die Reaktionszeiten. Eventuell ist es sinnvoll, mit Lieferanten Service Level zu vereinbaren um das Risiko von fehlender Unterstützung zu minimieren.

Benötigte Komponenten für hohe Verfügbarkeit von AD DS

- **Platzieren Sie mehrere Domänencontroller und globale Kataloge**. In vorherigen Kapiteln wurde bereits über die richtige Auswahl des Platzierungsortes gesprochen. Es ist empfehlenswert, bei der Platzierung nicht nur Redundanz und hohe Verfügbarkeit sicherzustellen. Denken Sie auch an eine effektive Replikation und daran, dass die Beeinträchtigungen durch den Ausfall nicht die zu erfüllenden Service Level gefährden. Lokale Domänencontroller können einen Ausfall effektiver kompensieren als ein Domänencontroller, der sich an einem anderen Standort befindet und darüber hinaus noch langsam angebunden ist. Darüber hinaus sollten Sie beachten, wie sich weitere Dienste oder Rollen verhalten, die auf einem Domänencontroller installiert sind. Microsoft Exchange auf einem Domänencontroller oder globalen Katalog verhindert ein automatisches Failover.
- **Verteilen Sie die Betriebsmasterrollen**. Das verhindert, dass Sie alle Betriebsmasterrollen verlieren, wenn der Domänencontroller ausfällt, der Rolleninhaber für alle Betriebsmasterrollen ist.
- Platzieren Sie **mehrere DNS-Server**. Üblicherweise sind in einer Active Directory Umgebung die DNS-Zonen in AD integriert und werden so zu allen DNS-Servern in der Gesamtstruktur repliziert. Denken Sie daran, dass die Clients entsprechend konfiguriert sein müssen um mehrere DNS-Server nutzen zu können. Das erreichen Sie über eine entsprechende DHCP-Konfiguration.

- Halten Sie eine **redundante Netzwerk-Infrastruktur** vor. Das beinhaltet Fallback-Verbindungen, redundante Switche und Router sowie die entsprechende redundante Kühlung der Komponenten.

Richtlinien und Best Practices für das Design von hochverfügbaren Domänencontrollern

- Die Active Directory Serverrolle sollten Sie auf Geräten mit redundanter Hardware installieren. Ein Ausfall von bestimmten Komponenten führt dann nicht zum Ausfall des Dienstes. Ist das nicht möglich, halten Sie Ersatzteile vor.
- Platzieren Sie mindestens einen Domänencontroller je Active Directory Standort. In einer „Hub and Spoke“ Topologie benötigen Sie mindestens zwei am Hub-Standort.
- Mit der Aktivierung der Gruppenrichtlinieneinstellung „TryNextClosestSite“ können Sie ab Server Version 2008 und ab Client Version Vista die Suche nach Domänencontroller effizienter machen. Die Einstellung verbessert den Domänencontroller-Locator und rationalisiert so den Netzwerkdatenverkehr, besonders bei vielen Filialen und Standorten. Für die deutsche Version von Windows Server 2012 R2 ist es die Gruppenrichtlinieneinstellung „Am nächstgelegenen Standort suchen“.

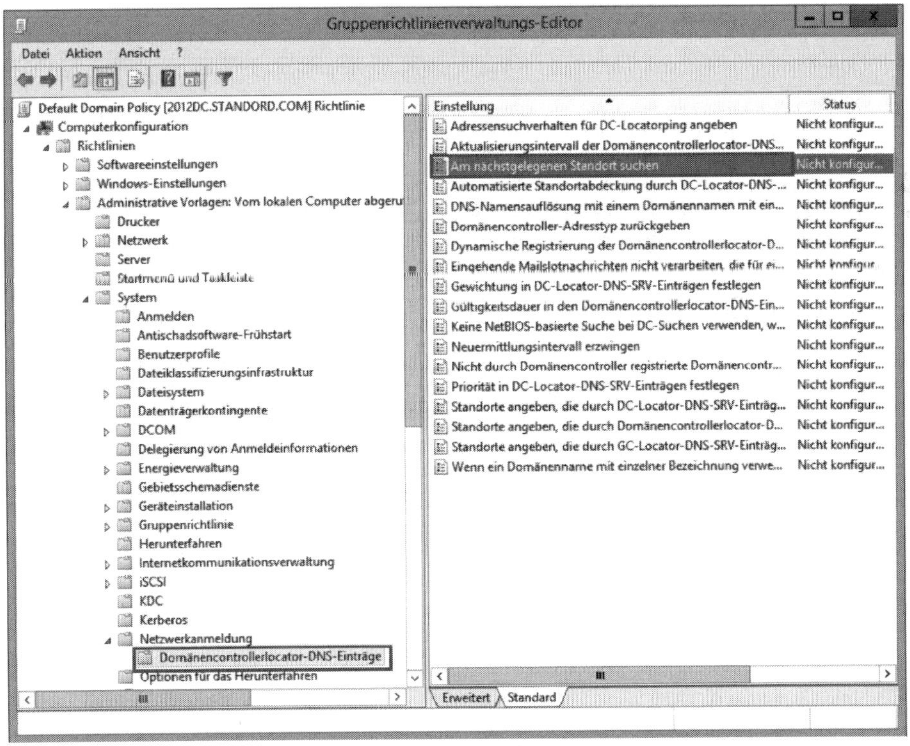

- Stellen Sie sicher, dass alle Sicherheitsupdates installiert sind und die Antivirussoftware aktuell ist.

Richtlinien und Best Practices für das Design von hochverfügbaren globalen Katalogservern

Jeder Domänencontroller kann auch gleichzeitig globaler Katalog sein. Eine hohe Verfügbarkeit des globalen Katalogs ist daher relativ einfach zu erreichen.

- In einer Einzeldomänen-Struktur sollten alle Domänencontroller gleichzeitig globaler Katalog sein. Es gibt nur eine Domänenpartition. Diese wird auf alle Domänencontroller repliziert und diese können auf alle Authentifizierungs- und Dienstanfragen reagieren. Der globale Katalog erfordert daher keine zusätzlichen Ressourcen.
- In einer Mehrdomänen-Struktur sollte jede Domäne mindestens einen globalen Katalog haben. Ansonsten hängt die Menge der globalen Kataloge ab von der Anzahl der Benutzer, der Anzahl der Standortverbindungen, den Applikationen die Active Directory intensiv nutzen und weitere Faktoren.

Richtlinien und Best Practices für das Design einer hochverfügbaren DNS-Infrastruktur

Mit dem DNS-Dienst suchen Clients nach Domänencontrollern und weiteren Ressourcen im Netzwerk. Weiterhin erfolgt eine Namensauflösung von internen und externen Namen.

- Implementieren Sie mindestens zwei DNS-Server je Standort mit vollständigen Kopien aller Hosteinträge.
- Wenn Sie Ihr DNS ins Active Directory integrieren, führt die Active Directory Replikation die DNS-Übertragungen aus. Sie müssen dann keine primären und sekundären DNS-Server festlegen.
- Verstärken Sie die Sicherheit Ihrer DNS-Infrastruktur. Das erreichen Sie mit DNSSEC und dem Sichern des DNS-Cache vor Manipulationen.
- Sorgen Sie dafür, dass primäre und sekundäre DNS-Adressen über DHCP an Clients verteilt werden.

Richtlinien und Best Practices für das Design einer hochverfügbaren Netzwerk-Infrastruktur

Ihr Netzwerk wird sich möglicherweise in zwei Bereiche aufteilen: Das lokale LAN und das WAN für Filialen und geografisch entfernte Standorte. Beide Bereiche haben andere Anforderungen an die hohe Verfügbarkeit.

Hochverfügbare LANs:

Damit das Netzwerk betriebsbereit bleibt, benötigen Sie redundante Switche, Router, Gateways usw. Deren Konfiguration muss dokumentiert und gesichert sein. In den Computern benötigen Sie redundante Netzwerkschnittstellenkarten. Alle diese Komponenten müssen mit redundanten Verbindungen miteinander verbunden sein.

Hochverfügbare WANs:
Für WANs ist der Aufwand höher. Das hängt auch damit zusammen, dass die Strecke über das WAN höchstwahrscheinlich von einem Dienstleister zur Verfügung gestellt wurde. Die Verfügbarkeit wird über Service Level Verträge geregelt, die Ihre Anforderungen an Verfügbarkeit definieren.

- Grundsätzlich sollten Sie für WAN-Verbindungen die häufig ausfallen oder langsam sind, einen Domänencontroller am Standort platzieren. Bei schnellen und stabilen Verbindungen ist das eventuell nicht notwendig.
- Stellen Sie eine Fallback-Verbindung bereit, die über den gleichen oder einen anderen Dienstleister läuft.
- Arbeiten Sie mit Dienstleistern, sollten die Verträge die garantierte Verfügbarkeit enthalten. Das sind die vereinbarten Service Level. Diese sollten sich an Ihren Anforderungen orientieren.

Richtlinien und Best Practices für Sicherung und Wiederherstellung in AD DS

Nicht immer muss ein technischer Defekt für einen Ausfall verantwortlich sein. Redundanz löst also nicht das Problem der möglichen Fehlbedienung durch den Menschen.
Es ist also wichtig zu überlegen, wie die Active Directory Domänenstruktur gesichert und bei Bedarf wieder hergestellt werden kann.

- Nutzen Sie entweder Windows Server-Sicherung oder das Befehlszeilenprogramm „WBadmin.exe“. Eventuell müssen Sie die Windows Server-Sicherung erst installieren. Start der Windows Server Sicherung im Server Manager:

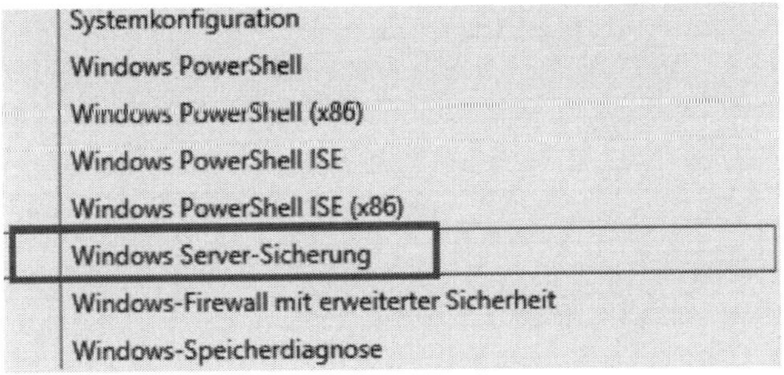

- Die Backups können manuell oder automatisiert durchgeführt werden.
- Sichern sollten Sie alle kritischen Volumen für das Active Directory. Das wären das System Volume, das Boot Volume und das Speichervolumen mit SYSVOL, dem NTDS.dit und den Logdateien.

Der Active Directory-Papierkorb

Information: Der Active Directory Papierkorb wurde in Windows Server 2008 R2 eingeführt. Ab Windows Server 2012 muss er nicht mehr über die Powershell und dem LDAP-Tool aktiviert werden. Das funktioniert jetzt über das Active Directory Verwaltungscenter

Die Eigenschaften des AD-Papierkorb:

- Die Aktivierung erfolgt manuell. Nach der Aktivierung ist er nicht mehr zu deaktivieren.
- Erforderlich ist eine Gesamtstruktur-Funktionsebene von Windows Server 2008 R2 oder neuer.
- Es gibt ein User-Interface für das Wiederherstellen von gelöschten Objekten. Der Zugriff erfolgt über das Active Directory Verwaltungscenter.
- Gelöschte und wiederherstellbare Objekte werden im Ordner mit den gelöschten Objekten angezeigt.
- Beim Wiederherstellen ist zu beachten, das untergeordnete Objekte die zu gelöschten übergeordneten Objekten gehört haben, nicht in einem Rutsch mit wiederhergestellt werden können. Diese müssen in nachfolgenden Schritten wiederhergestellt werden.
- Für die Verwendung des AD-Papierkorbs ist die Mitgliedschaft in der Gruppe „Unternehmensadministratoren“ erforderlich.
- Über die Tombstone-Lebensdauer wird konfiguriert, wie lange Objekte im AD-Papierkorb aufbewahrt werden. Der Standardwert liegt bei 180 Tagen.
- Der AD-Papierkorb vergrößert die NTDS.dit Datenbank zu jedem Domänencontroller in der Gesamtstruktur.

So aktivieren Sie den Active Directory Papierkorb:

- Im Verwaltungscenter:

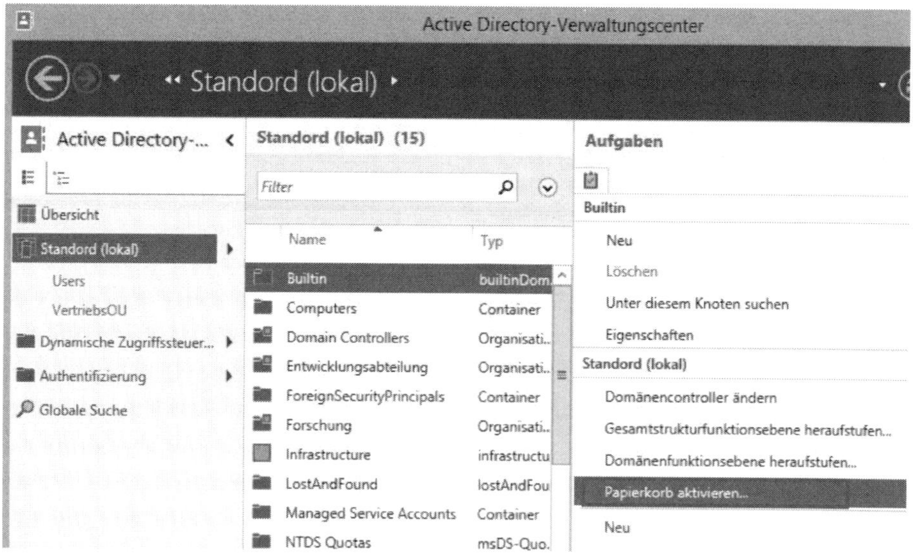

Die Active Directory-Wiederherstellung

Bei beschädigten und fehlerhaften AD-Verzeichnissen haben Sie mehrere Möglichkeiten, um das System wiederherzustellen:

- Typische (nicht autorative) Wiederherstellung. Wenn sich das Problem nicht auf andere Domänencontroller repliziert hat, können Sie diese Wiederherstellung durchführen. Dazu wird eine als funktionsfähig bekannte Active Directory-Sicherung wiederhergestellt. Das entspricht einem zeitlichen Rollback des Domänencontrollers. Nach dem Start des Domänencontrollers kontaktiert dieser seinen Replikationspartner und fordert alle Änderungen an, die seit dem erstellen der Sicherung erfolgt sind.
- Autorisierende Wiederherstellung. Es gibt Situationen, in denen die typische Wiederherstellung nicht funktioniert. Das ist dann der Fall, wenn der Grund für die Wiederherstellung bereits auf andere Domänencontroller repliziert wurde. In dem Fall stellen Sie zuerst den Sicherungsstand auf dem betroffenen Domänencontroller wieder her wie bei einer typischen Wiederherstellung. Dann werden allerdings vor dem Start des Domänencontrollers die vorher gelöschten und nun wiederhergestellten AD-Objekte als autorativ gekennzeichnet. Das führt zu einer drastischen Erhöhung der Versionsnummer der Objektattribute. Die Objekte gelten jetzt als neuer und werden vom wiederhergestellten Domänencontroller an die anderen Domänencontroller repliziert. Alle in der Zwischenzeit erfolgten Änderungen, die auf dem wiederhergestellten Domänencontroller nicht als autorativ gekennzeichnet wurden, werden von den anderen Domänencontrollern abgerufen und zum wiederhergestellten Domänencontroller repliziert.
- Vollständige Serverwiederherstellung. Diese Serverwiederherstellung ist der typischen sehr ähnlich. Der Unterschied ist, dass nicht nur AD-Sicherungen zurückgespielt werden. In diesem Szenario wird der gesamte Domänencontroller wiederhergestellt. Das erfolgt über die Windows Wiederherstellungsumgebung mit einer vollständigen Wiederherstellung des Servers. Sie können auch Objekte als autorativ kennzeichnen. Dazu müssen Sie den Server im Wiederherstellungsmodus für Verzeichnisdienste neu starten, die Objekte kennzeichnen und erst dann den Server im Normalbetrieb starten.
- Wiederherstellung an einem anderen Speicherort. In diesem Szenario haben Sie die Möglichkeit, die wiederhergestellten Daten zu untersuchen und die NTDS.dit Datenbank für andere Zwecke bereitzustellen. Beispielsweise können Sie die Datenbank auf Änderungen zur aktuellen und von den Domänencontrollern benutzten Datenbank untersuchen.

5. Remote Access und Netzwerkzugriffschutz

Zusammenfassung: In diesem Kapitel geht es um die Implementation und den Schutz von Fernzugriffen auf die Infrastruktur. Dabei werden die verschiedenen Technologien beschrieben und wie diese am effektivsten eigesetzt werden können. Das Thema Sicherheit ist ebenfalls Teil dieses Kapitels.

Bisher sind wir davon ausgegangen, dass sich alle Benutzer innerhalb Ihrer Domäne oder Gesamtstruktur befinden und ihre Ressourcenzugriffe über die von Ihnen kontrollierte Firmeninfrastruktur abwickeln. Das ist heutzutage aber nicht mehr der Fall. Mitarbeiter machen Homeoffice, sind auf Reisen, befinden sich bei Kunden oder Partnern oder ein Team existiert nur noch virtuell und ist in der ganzen Welt verstreut. Trotzdem müssen alle auf interne Ressourcen zurückgreifen können. Möglicherweise möchten Sie auch anderen Firmen beschränkten Zugriff gewähren. Dafür werden Infrastrukturen genutzt, die nicht unter Ihrer Kontrolle stehen, beispielsweise das Internet. Diese Szenarien müssen berücksichtigt und gut geplant werden, um die Integrität Ihrer internen Strukturen nicht zu gefährden.

5.1 Die Remote Access Dienste

Wenn Sie die Implementierung von Remote Access Diensten planen, müssen Sie verschiedene Anforderungen berücksichtigen, die an Sie gestellt werden und die Ihre Auswahl bestimmen. Dabei geht es um:

- **Geschäftsanforderungen**, die festlegen wie Benutzergruppen den Remotezugriff auf Ihr Netzwerk nutzen werden. Die Benutzergruppen können zu Ihrer Organisation gehören, sie können aber auch von außerhalb kommen. Die Daten, auf die zugegriffen werden soll, bestimmen ebenfalls die Auswahl der Zugriffsmethode.
- **Benutzeranforderungen**, die festlegen wie die Benutzer arbeiten, womit sie arbeiten und welche Arbeiten sie ausführen. Ebenfalls wichtig ist die Dauer der Benutzerverbindung.
- **Sicherheitsanforderungen**, die festlegen wie der Netzwerkzugriff und die Netzwerkressourcen zu schützen sind. Das schließt das Wissen über die Clientcomputer und deren Betriebssysteme mit ein, ebenso das Wissen über den Verschlüsselungsbedarf und die Netzwerkbereiche, die betroffen sind.

Best Practices für die Bedarfsanalyse:

- Analysieren und dokumentieren Sie die vorhandene Infrastruktur für den Netzwerkzugriff. Dazu sollten Sie auch Informationen über Anzahl und Typen der Benutzer sammeln, über deren Verbindungstypen und die Verbindungsdauer. Ebenso gehören Informationen über Server und Clients und die möglichen Verbindungsprotokolle dazu.
- Beziehen Sie alle Gruppen mit ein, die an Planung, Pflege und Weiterentwicklung der Infrastruktur und besonders des Netzwerkzugriffs beteiligt sind. Diese werden Informationen bereitstellen können, die für den Erfolg Ihres Designs entscheidend sind.

- Eventuell ist in Ihrer Organisation bereits definiert worden, was an Sicherheitsanforderungen berücksichtigt werden muss. Bringen Sie diese Informationen in Erfahrung. Die Sicherheitsanforderungen müssen auch von Ihrer Remotezugriffslösung eingehalten werden bzw. Sie müssen überlegen, was davon wie umsetzbar ist. Weiterhin wird es Pläne für die Zukunft geben. Planen Sie das Unternehmenswachstum mit ein.

Weiterhin müssen Sie wissen, wie der Zugriff geschützt werden kann. Dazu zählen:
- Tunnelprotokolle.
- Verschlüsselung und Authentifizierung.
- Netzwerkzugriffsrichtlinien.

Die Implementation der RAS-Dienste läuft in etwa wie folgt ab:
- Erstellen einer RAS-Dienst Strategie unter Berücksichtigung der Anforderungen.
- Auswahl zwischen verschiedenen Remotezugriffsmethoden.
- Auswahl eines geeigneten VPN Tunnelprotokolls.
- Auswahl der Authentifizierung und Verschlüsselungsmethoden.
- Planen und konfigurieren der Netzwerkzugriffsrichtlinien.

Methoden für den Remotezugriff
Es stehen Ihnen verschiedene Möglichkeiten zur Verfügung, den Zugriff auf Ihr Netzwerk zu implementieren:
- DirectAccess
- VPN
- Web Application Proxy

5.1.1 DirectAccess
***Information**: DirectAccess wurde von Microsoft mit Windows Server 2008 R2 und Windows 7 eingeführt. Mit der Version 2012 sind neue Funktionen hinzugekommen.*

DirectAccess ermöglicht eine nahtlose Integration von Clients über ein öffentliches Netz in ein internes Netz. Als Funktion in Windows-Betriebssystemen steht es anderen Betriebssystemen nicht zur Verfügung. Die Verwendung von internen Ressourcen wird so transparent ermöglicht, dass es für den Benutzer keinen Unterschied macht, ob er sich im internen Netz oder außerhalb befindet (abgesehen von möglichen Zugriffsgeschwindigkeiten). Darüber hinaus erkennt DA, ob der Benutzer sich von intern oder von extern mit den Ressourcen verbindet. Die Verbindung muss durch den Benutzer nicht initiiert werden und kann so konfiguriert werden, dass der Ressourcenzugriff eingeschränkt wird.
Für den Administrator ist der Clientcomputer wie ein lokaler Computer zu verwalten. Das vermeidet die Nachteile von herkömmlichen VPN-Verbindungen.

Weitere Vorteile:

- Es besteht mit DA eine permanente und nahtlose Verbindung.
- Der Zugriff ist Bidirektional.
- Die Sicherheit wird verbessert.
- DA ist bereits in Windows integriert.

Nachteil:

- Die Implementation erfordert Planungsaufwand und möglicherweise Änderungen an der Netzwerkinfrastruktur.

DirectAccess-Komponenten

Die für DirectAccess notwendigen Komponenten sind:

- Der **DirectAccess-Server** in Ihrem internen Netzwerk. Diese Serverrolle kann jeder Windows Server 2012 R2 in der Domäne übernehmen, nur nicht ein Domänencontroller. Der DA-Server nimmt die Verbindungen der DirectAccess-Clients entgegen, authentifiziert diese und ist der Endpunkt für den IPsec-Tunnel vom DA-Client zum DA-Server. Als Remote Access-Serverrolle ermöglicht der DA-Server die zentrale Verwaltung, Konfiguration und Überwachung von DA- und VPN-Verbindungen. Der DA-Server ist damit der Verbindungspunkt vom externen Client ins interne Netzwerk.
- Die **DirectAccess-Clients**. Die DA-Clients müssen der Domäne angehören. DA ermöglicht das Hinzufügen der Clients zu der Domäne über die DA Verbindung. Da DirectAccess eine Microsoft-Technologie ist, müssen die Clientbetriebssysteme mindestens Version Windows 7 Enterprise/Ultimate sein. Die Verbindung zwischen DA-Client und DA-Server erfolgt über IPv6 und IPsec. Ist in Ihrer Infrastruktur kein IPv6 implementiert, wird IPv6 über IPv4 getunnelt (z. B. Teredo). Verhindert eine Firewall oder ein Proxy einen IPv6 Tunnel, wird über HTTPS eine Verbindung hergestellt. Der DA-Client stellt automatisch eine Verbindung her. Ein Benutzer muss nicht angemeldet sein.
- Der **Network Location Server (NLS)** in Ihrem internen Netzwerk. Der NLS wird vom DA-Client dazu verwendet um festzustellen, ob er sich physisch bereits im internen Netzwerk befindet oder die Verbindung von außerhalb (über das Internet) aufbauen muss. Dazu muss dem Client die URL des NLS über ein Gruppenrichtlinienobjekt bekannt gemacht werden. Kann der DA-Client den NLS nicht kontaktieren, geht er davon aus dass er sich von außen verbinden muss. Kann der NLS kontaktiert werden, geht der Client davon aus sich im internen Netzwerk zu befinden und deaktiviert DirectAccess. Der NLS ist ein Teil der Webserverrolle.
- **Interne Netzwerk-Ressourcen**. Die internen Netzwerk-Ressourcen sind letztendlich das Ziel, das der DA-Client nutzen möchte. Jede IPv6-fähige Anwendung lässt sich für DA-Clients verfügbar machen. IPv4-Anwendungen werden vom Windows Server 2012 R2 über seine systemeigenen Gateways zur Protokollübersetzung und Namensauflösung den DA-Clients zugänglich gemacht.

- Eine **Active Directory-Domäne** mit der Domänenfunktionsebene von mindestens Windows Server 2008 R2. Der Domänencontroller ist für den DA-Client genauso wichtig wie für Clients, die sich im internen Netzwerk befinden.
- **Gruppenrichtlinien** für die zentrale Bereitstellung und Verwaltung der DA-Einstellungen für Clients und Server. Die Gruppenrichtlinien werden vom DirectAccess-Setup-Assistenten automatisch erstellt.
- Eine **Public Key Infrastruktur (PKI)** in Ihrem internen Netzwerk. Diese kann für eine einfache DA-Konfiguration und für eine vollständige Konfiguration vorgenommen werden. Im ersten Fall ist zwischen DA-Client und Domänencontroller ein Kerberos-Authentifizierungsproxy platziert, der für den Client die Kerberos-Authentifizierungsanfragen an den Domänencontroller sendet und die Antworten an den Client zurückliefert. Die Kommunikation zwischen Client und Proxy erfolgt über HTTPS. Im zweiten Fall, der vollständigen DA-Konfiguration, werden über die PKI bereitgestellte Zertifikate für jeden Client benötigt. Das ermöglicht NAP-Integration, zweistufige Authentifizierung und erzwungene Tunnel.
- Der **DNS-Server** in Ihrem internen Netzwerk. Kein Active Directory Domänencontroller ohne DNS. Auch ein Nicht-Microsoft DNS-Server ist möglich, sofern dieser ISATAP unterstützt.
- Der **NAP-Server** in Ihrem internen Netzwerk. Bei der oben beschriebenen optionalen vollständigen DA-Konfiguration mit PKI können Sie mit NAP die Clients auf ihre Kompatibilität zu den Richtlinien prüfen und Sicherheitsrichtlinien erzwingen. Die NAP-Integritätsprüfung lässt sich direkt von der Setup-Benutzeroberfläche konfigurieren. Die Gruppenrichtlinienobjekte müssen nicht mehr manuell bearbeitet werden.

Der Authentifizierungsablauf:

1. Der DirectAccess Client versucht den NLS zu kontaktieren.

Das klappt: Der Client befindet sich physisch im internen Netzwerk und benötigt kein DirectAccess.

Das klappt nicht: Der Client befindet sich nicht im internen Netzwerk. Er kontaktiert den DirectAccess Server über das Internet (über IPv6 oder über ein mit IPv4 getunneltes IPv6).

2. Der DirectAccess Server prüft die Berechtigung des Clients.

In Strukturen ohne PKI: Wird der Client zugelassen, fungiert der Kerberos-Authentifizierungsproxy als Vermittler zwischen Client und Domänencontroller. Der Domänencontroller authentifiziert den Client, macht die Netzwerkressourcen bekannt und je nach Berechtigung wird dem Client der Zugriff auf die Ressourcen ermöglicht.

In Strukturen mit PKI: Wird der Client vom DA-Server zugelassen, wird mit dem Clientzertifikat die direkte Kommunikation mit dem Domänencontroller ermöglicht. Dieser authentifiziert den Client und ermöglicht den Ressourcenzugriff.

Der Planungsumfang der DirectAccess Implementierung

Sie wissen bereits, welche Komponenten Sie für die Infrastruktur benötigen. Allerdings benötigen Sie noch weitere Informationen, die beispielsweise Ihre betroffene Infrastruktur, die Netzwerkanforderungen und die möglichen Konfigurationsoptionen des DA-Servers betreffen. Zu Berücksichtigen sind auch die Anforderungen an die DA-Komponenten.

Die DirectAccess Infrastruktur

DirectAccess kann generell für zwei Anforderungen bereitgestellt werden:
Die einfache Bereitstellung für kleine bzw. mittlere Umgebungen und die vollständige Bereitstellung für große Umgebungen. Entsprechend der Bereitstellung unterscheiden sich die Anforderungen an die Infrastruktur.
Die einfache Bereitstellung benötigt keine PKI und kein NAP. Die erforderliche Infrastruktur besteht also nur aus DA-Server mit NLS, Domänencontroller mit DNS-Server und den internen Netzwerkressourcen. Die Clients erhalten über die GPO die Network Resolution Policy Table (NRPT) und die Regeln zur Verbindungssicherheit. Über den FQDN erfolgt die Lokalisierung des NLS. Dieser ist von außerhalb nicht erreichbar und der Client verwendet die IP Adresse des DA-Servers um die Verbindung aufzubauen. Dazu wird zum DA-Server ein Infrastrukturtunnel erstellt und über den Intranet Tunnel ermöglicht der DA-Server dem Client den Zugriff auf die internen Ressourcen.
Für große Umgebungen ist also eine PKI erforderlich. Weiter unten wird auf die Anforderungen zu PKIs noch eingegangen.

Ermittlung der betroffenen Bereiche:

- Welche Teile Ihrer Organisation sind beteiligt.
- Wie ist die geografische Struktur der betroffenen Teile.
- Wie viele Benutzer sollen über DA angebunden werden, wann sind Auslastungsspitzen und wie viele gleichzeitige Verbindungen sind zu erwarten.
- Auf welche internen Ressourcen soll zugegriffen werden und welche Zugriffsebenen sind zu berücksichtigen.
- Die Betriebssystemversionen auf Domänencontroller, DNS-Servern und den Servern der internen Ressourcen.
- Gibt es Anforderungen an Sicherheit und Überwachung.
- Sind die Clientcomputer für Sie nur über DirectAccess zur Verwaltung erreichbar.
- Sind für DA-Verbindungen Änderungen an der Netzwerkkonfiguration Ihrer Infrastruktur notwendig.
- Sind die internen Ressourcen über IPv6 erreichbar oder müssen Sie den Zugriff über beispielsweise ISATAP sicherstellen.

Die Anforderungen an die Infrastruktur:

- Sie benötigen eine Active Directory Domäne für DirectAccess. Diese muss mindestens einen Domänencontroller und DNS-Server mit der Betriebssystemversion Windows Server 2008 SP2 oder neuer enthalten.

- Die Steuerung von Bereitstellung, Verwaltung und Konfiguration erfolgt mit Gruppenrichtlinien, die vom DA-Assistenten automatisch für DA-Server, die Verwaltungsserver und die DA-Clients erstellt werden.
- Wollen Sie NAP bereitstellen, benötigen Sie öffentliche Zertifikate. Dafür ist eine PKI erforderlich.
- DirectAccess benötigt IPv6 bzw. über IPv4 getunneltes IPv6. Die entsprechenden Tunneltechnologien wie Teredo, ISATAP, IPv6-to-IPv4 müssen verwendbar sein. Für IPv6 und IPsec und müssen sowohl DNS wie die Windows Firewall entsprechend konfiguriert sein.

Die mögliche Konfiguration des DirectAccess Servers:

Der DA-Server ist die entscheidende Verbindung zwischen den einwählenden DA-Clients und den internen Ressourcen. Der DA-Server wird daher entsprechend der Clientanforderungen konfiguriert und bietet die folgenden Tunnelprotokolle, um den Clients die Verbindung zu ermöglichen:

- **Teredo-Server und Relay**. DA-Clients nutzen Teredo mit einer privaten IP-Adresse hinter einem NAT-Gerät. Das betrifft also Clients die von außen über DA auf interne Ressourcen zugreifen, wenn die Ressourcen hinter einem NAt-
- **IPv6 zu IPv4 Relay**. DA-Clients nutzen 6to4 mit einer öffentlichen IP-Adresse. Das betrifft also alle Clients die von außen über DA auf interne Ressourcen zugreifen.
- **ISATAP-Router**. ISATAP tunnelt IPv6 über das interne IPv4 Netzwerk, betrifft also interne Clients. DNS ist entsprechend zu konfigurieren und auf den Clients muss IPv6 aktiviert sein.
- **IP-HTTPS-Server**. DA-Clients nutzen IP-HTTPS, wenn ISATAP, 6to4 oder Teredo nicht zur Verfügung steht. Eventuell erlaubt eine Sicherheitsrichtlinie nicht die Nutzung der Ports, die für die obigen Tunnelprotokolle benötigt werden.

Anforderungen an den DirectAccess Server:

- Der Server benötigt eine Domänenzugehörigkeit.
- Je nach Bereitstellungsszenario sind ein oder auch mindestens zwei Netzwerkadapter notwendig. Ein Adapter ist notwendig, wenn Sie den DA-Server über eine Microsoft Forefront Server mit dem Internet verbinden. Zwei Adapter benötigen Sie, wenn Sie den DA-Server als Edge-Server verbinden. Ein Adapter ist mit dem internen Netz verbunden, der andere mit dem Internet.
- Für hohe Verfügbarkeit und Skalierfähigkeit von DA und RAS kann der Netzwerklastenausgleich verwendet werden.
- Es ist mindestens Windows Server 2008 R2 als Betriebssystem notwendig. Wenn Sie Windows Server 2012 R2 oder neuer einsetzen, profitieren Sie von der Möglichkeit, mehrere Endpunkte bereitzustellen, d. h. wenn mehrere DA-Server an verschiedenen Netzwerkstandorten platziert wurden, wählen Clients ab Windows 8 automatisch den nächstgelegenen Endpunkt für den Verbindungsaufbau.

Weitere Vorteile von Windows Server 2012 R2:

- Es werden **mehrfache Domänen unterstützt**, die nun nicht mehr manuell konfiguriert werden müssen.
- Sie können den **DA-Server hinter einem NAT-Gerät** einsetzen. In diesem Fall erfolgt die Verbindung zwischen Client und Server über HTTPS. Dafür ist nur ein Netzwerkadapter im DA-Server erforderlich und es wird auch nur eine IP-Adresse benötigt.
- Das **interne Netz kann mit IPv4 betrieben werden**, obwohl DA IPv6 erfordert. Mit NAT64 und DNS64 ist trotzdem ein Zugriff auf IPv4 Ressourcen möglich.
- Sie können **durch NIC-Teaming mehr Bandbreite** und eine höhere Redundanz der Netzwerkanbindung erreichen.
- Es wird die **Authentifizierung mit einem einmalig gültigen Passwort unterstützt** (One Time Password, OTP). Es können auch Smartcards verwendet werden.
- Die **Konfiguration von Clients wird unterstützt**, die nie im lokalen Netz sein werden. Dazu können Konfigurationsdateien erstellt und weitergegeben werden. Nach der Anwendung der Konfigurationsdateien können sich die Clients per DA mit dem Netzwerk verbinden. Das wird als „Off Premise Provisioning“ bezeichnet.
- Die **Integrität von Clients und Server lässt sich anzeigen** und überwachen, ebenso die Clientaktivität und der Zugriff auf Ressourcen. Die Kontoführung und die Erstellung von Berichten ist integriert. Für DA-Konfiguration, die Verwaltung und die Überwachung ist nur eine Konsole notwendig.
- Der **Setup-Assistent erstellt die notwendigen GPOs** und ermöglicht eine vereinfachte DA-Bereitstellung für kleine und mittlere Bereitstellungen. Das kennzeichnet auch gleich die Einschränkungen des Setup-Assistenten: Es werden nur selbstsignierte Zertifikate unterstützt. Daher ist eine Verwendung von mindestens Windows Server 2012 für den Server und Windows 8 für Clients erforderlich. Ältere Versionen benötigen eine PKI mit öffentlichen Zertifikaten. Weiterhin ist nur ein Standort für den DA-Server möglich, mit dem sich die Clients verbinden. Wie für kleine und mittlere Bereitstellungen üblich, muss der DA-Server und der NLS auf dem gleichen Server betrieben werden.

Webserver und PKI

Oben in der Liste der benötigten Komponenten haben Sie den Network Location Server (NLS) bereits kennen gelernt. Er dient dem DA-Client dazu festzustellen, ob er sich im lokalen Netz befindet (und somit kein DA benötigt wird) oder ob er sich außerhalb des Netzwerks befindet und daher eine Verbindung über DirectAccess aufbauen muss.
Der DA-Server kann die Rolle des NLS übernehmen oder ein IIS-Webserver.

Die PKI benötigen Sie für große DA-Implementationen. Sie Sichern sich mit der PKI die Verteilung von Zertifikaten. Das SSL-Zertifikat auf dem DA-Server benötigt Informationen über den Verteilungspunkt für die Zertifikatssperrliste

(CRL). Diese CRL muss aus dem Internet erreichbar sein, damit die Clients prüfen können ob das Zertifikat des NLS gültig ist.

- Sie benötigen also eine Unternehmens-Zertifizierungsstelle.
- Sie müssen sicherstellen, dass die CRL sowohl von außen wie auch von innen erreichbar ist.
- Sie benötigen öffentliche Zertifikate. Selbstsignierte Zertifikate sind nicht ausreichend.
- Sie müssen die notwendigen Zertifikat-Vorlagen erstellen und den Zertifikatabruf bzw. die Verteilung der Zertifikate mittels der GPOs sicherstellen.

DA mit PKI ist deutlich teurer als ohne. In großen Strukturen ist die PKI allerdings i. d. R. schon vorhanden und kann von DA mitgenutzt werden.

Der Network Location Server

Welchen Zweck der NLS in der DA-Infrastruktur erfüllt, ist bereits mehrfach erwähnt worden. Zusammengefasst:

- Der NLS kann entweder auf dem DA-Server oder auf einem IIS-Webserver installiert werden.
- Er muss von internen Clients erreicht werden können, allerdings darf er nicht von externen Clients gefunden werden. Da der NLS eine zentrale Rolle innehat, muss er hochverfügbar sein.
- Sie benötigen für den NLS ein Webseiten-Zertifikat. Die Clients müssen der ausstellenden Zertifizierungsstelle vertrauen und die Zertifikatssperrliste muss konfiguriert und öffentlich zugänglich sein. Da die PKI-Bereitstellung optional ist, sind ohne PKI auch keine Zertifikatsperrlisten notwendig. Der DA-Assistent erstellt ein selbstsigniertes Zertifikat. Der in Windows 2012 R2 integrierte Kerberos-Proxy nimmt die Client-Authentifizierungsanforderungen an und reicht sie an den Domänencontroller weiter.

Die Optionen für die Netzwerkkonfiguration

Die Netzwerkkonfiguration ist abhängig von der Platzierung und der Konfiguration der DA-Komponenten und ihren jeweiligen Eigenschaften.

- So ist es wichtig, ob der DA-Server als Edgeserver implementiert wird, im Umkreisnetzwerk steht oder im internen Netz. Ein Edgeserver benötigt beispielsweise mehrere Netzwerkadapter. Im Umkreisnetzwerk wird möglicherweise ein Proxy verwendet, wie beispielsweise ein „Microsoft Forefront Server“. Ihr Netzwerk muss also dementsprechend mit der geeigneten IP Adresszuweisung konfiguriert sein und die Firewall muss das gewählte Szenario mit entsprechenden Regeln unterstützen.
- Ihre Active Directory Struktur muss bei mehreren Domänen die notwendigen bi-direktionalen Vertrauensstellungen konfiguriert haben, wenn in einer Domäne ein DA-Server platziert wird.
- Ihr Netzwerk muss die Konfiguration der Clients unterstützten. Diese benötigen die DA-Konfiguration. Das schließt auch das Off Premise Provisioning mit ein.

- Eventuell möchten Sie neben DA auch VPN unterstützen, damit auch andere Betriebssysteme eine Verbindung herstellen können.
- Die Network Resolution Policy Table (NRPT) muss entsprechend der Komplexität Ihrer Infrastruktur konfiguriert werden, damit die Clients die Netzwerkressourcen finden und nutzen können.

Richtlinien und Best Practices für die DirectAccess Implementation

Nach den Überlegungen zu möglichen Konfigurationen, Optionen, Komponenten und Szenarien ist die Implementation an der Reihe.

Es ist erst einmal die Infrastruktur notwendig:

- Sie sollten auf dem Domänencontroller eine Sicherheitsgruppe anlegen, zu der sie alle Clientcomputer hinzufügen, die einen DA Zugriff benötigen.
- Installieren Sie die DA-Serverrolle, fügen Sie den Server Ihrer AD Domäne hinzu und installieren Sie die Remotezugriffsrolle. Konfigurieren Sie den DA-Server entsprechend seiner Platzierung (Edgeserver, im Umkreisnetzwerk oder im internen Netz).
- Optional erstellen Sie eine PKI. Dazu installieren Sie die Zertifizierungsstellen-Serverrolle und konfigurieren diese. Erstellen Sie eine geeignete Zertifikatvorlage, veröffentlichen Sie die Zertifikatsperrliste und verteilen Sie die Zertifikate.
- Alternativ zur PKI verwenden Sie den „Assistenten für erste Schritte“.
- Prüfen Sie die Firewall daraufhin, ob die für DA notwendigen Ports und Protokolle aktiviert sind. Nutzen sie gestaffelte Firewalls, muss das auf allen Firewalls erfolgen, die der DA-Server bis zum Internet zu passieren hat.
- Aktivieren Sie auf allen beteiligten Servern und Clients IPv6.
- Installieren Sie für den NLS entweder die IIS-Webserverrolle auf dem DA-Server oder nutzen Sie einen bereits vorhandenen IIS-Webserver.
- Legen Sie die Internetverbindung des DA-Servers entsprechend seines Einsatzes fest. Entweder haben Sie nur eine Netzwerkschnittstelle und stellen ihn hinter einem NAT-Gerät bereit oder Sie nutzen zwei Schnittstellen: Eine zum Internet, die andere ins interne Netz.

Nach der Infrastruktur sind die Clients an der Reihe:

- Sorgen Sie dafür, dass die Clients die notwendige Konfiguration erhalten. Interne Clients über die GPO, externe Clients über eine Konfigurationsdatei mit dem „Off Premises Provisioning“.
- Stellen Sie sicher, dass die GPOs angewendet wurden und die Zertifikate verteilt wurden.
- Ist alles korrekt konfiguriert, sollten Sie von außerhalb Ihres Netzwerks eine DA-Verbindung aufbauen und die internen Ressourcen erreichen können.

So nutzen Sie für den DA-Server den Assistenten für erste Schritte

So bereiten Sie die Struktur vor:
Für eine gute und übersichtliche Struktur sollten Sie eine Organisationseinheit einrichten, in der Sie alle DA-Clients übersichtlich verwalten können. Die Einrichtung einer OU haben Sie weiter oben bereits kennen gelernt.

- In der Konsole „Active Directory-Benutzer und -Computer“ legen Sie eine OU in der Domäne an. In diesem Beispiel ist es die OU „DA_Clients“:

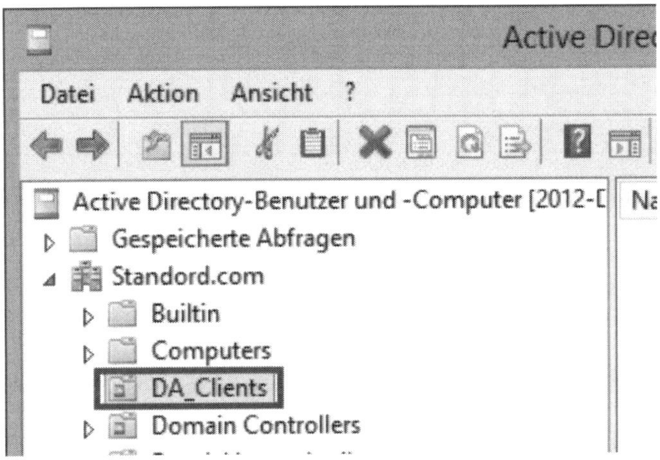

- In der neuen OU legen Sie eine globale Sicherheitsgruppe an:

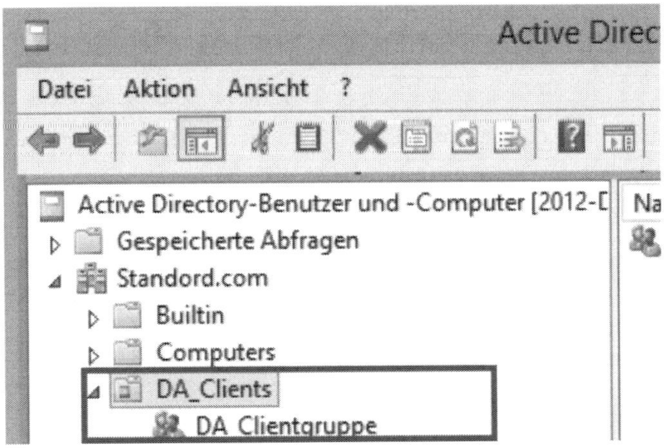

- In diese Gruppe nehmen Sie die Clients auf, denen Sie DA-Zugriff gewähren wollen. Dazu öffnen Sie die Eigenschaften der Gruppe. Auf der Registerkarte „Mitglieder“ klicken Sie auf „Hinzufügen“ und dann auf „Objekttypen“:

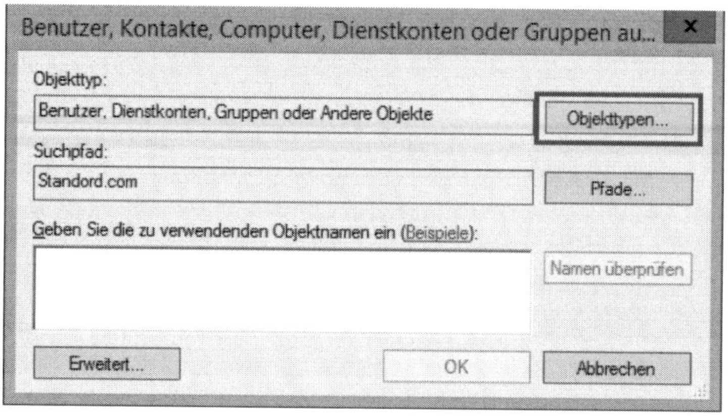

- Da Sie Computer hinzufügen wollen, selektieren Sie den Objekttyp „Computer“. Alle anderen Objekttypen können Sie deaktivieren, müssen Sie aber nicht.

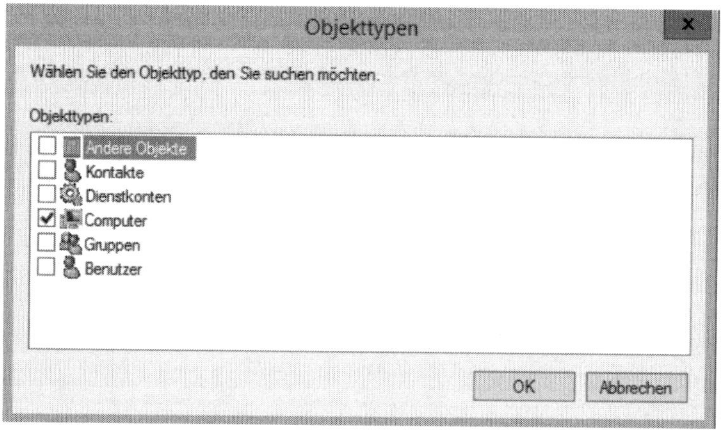

- Nun wählen Sie die Clients aus, die Sie über diese Gruppe verwalten wollen.

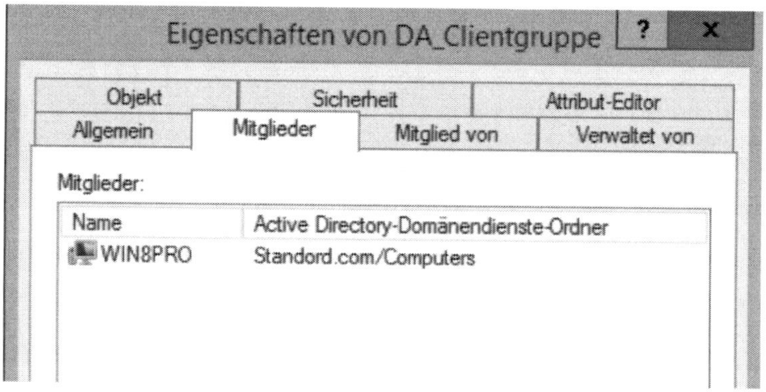

So konfigurieren Sie DirectAccess:

Sie benötigen einen Edge Server mit installierten Remotezugriffs Rollen und Features. Dieser fungiert als Router zwischen dem internen Netz und dem externen Netz. Wie Sie auf einem Windows Server 2012 R2 die Router-Funktionalität installieren und konfigurieren, können Sie im Anhang D nachvollziehen.

- Starten Sie im Server Manager im Menü „Tools“ durch den Befehl „Remotezugriffsverwaltung“ die „Remotezugriffs-Verwaltungskonsole“, damit Sie den „Assistent für erste Schritte“ verwenden können. Klicken Sie dazu in der Verwaltungskonsole auf „DirectAccess und VPN“:

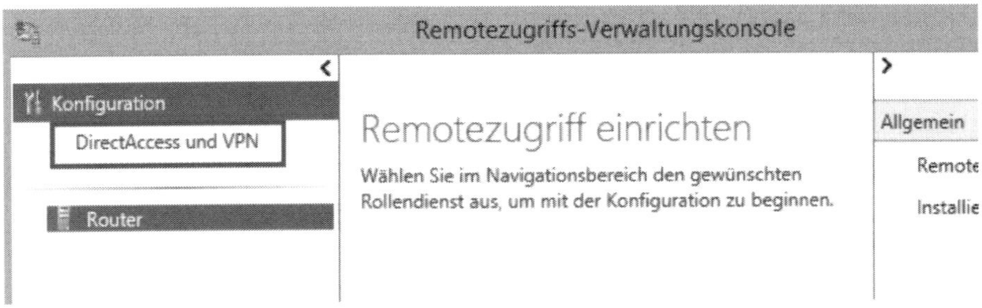

- Der Assistent kann jetzt gestartet werden:

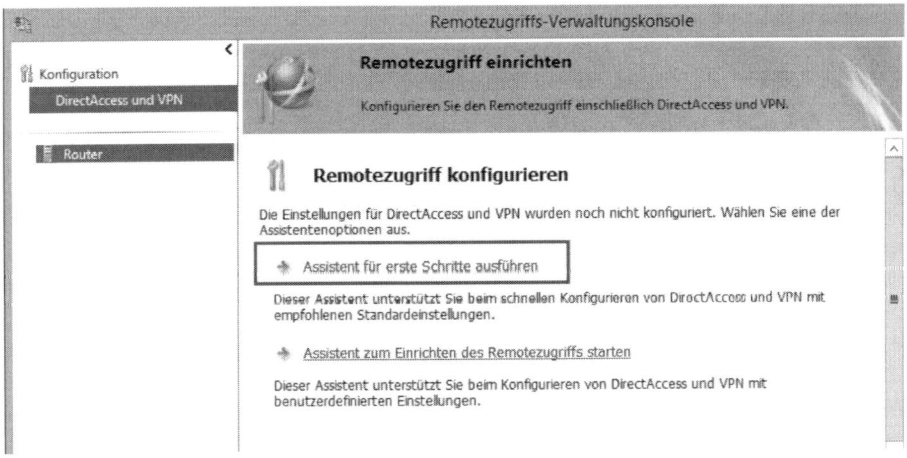

- Der Assistent. Hier stellen Sie die Weichen für die folgende Konfiguration. In diesem Fall stellen wir nur DirectAccess bereit:

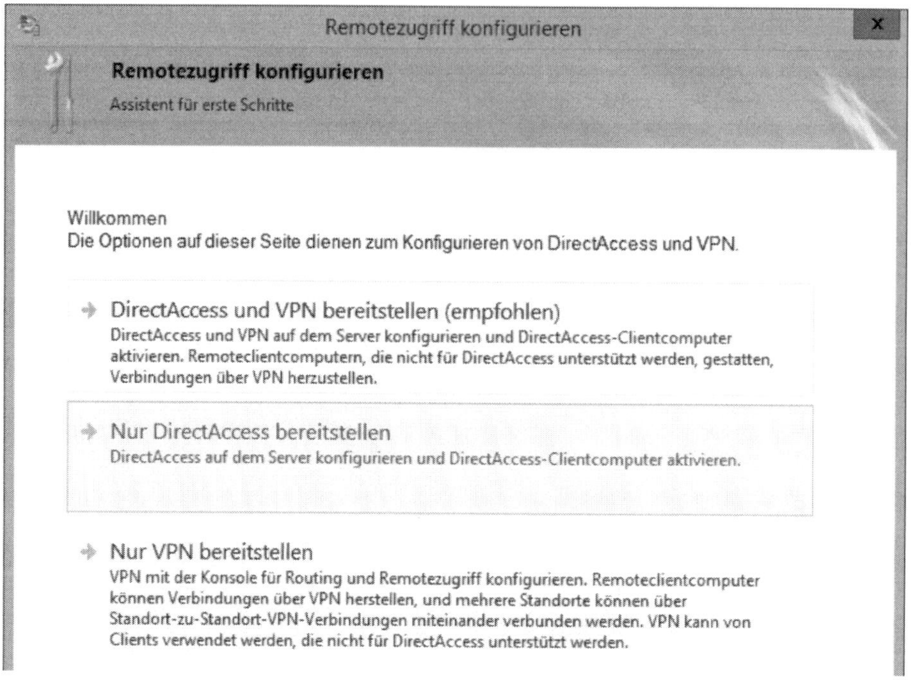

- Der Assistent überprüft die Voraussetzungen für DA und bietet Ihnen dann im RAS-Serversetup die Möglichkeit, eine Auswahl entsprechend der Netzwerktopologie zu treffen. In diesem Beispiel wird es ein Edge Server. Dazu geben Sie weiter unten die öffentliche IPv4 Adresse bzw. den öffentlichen Namen des Servers ein, mit dem die Clients eine Verbindung aufbauen werden.

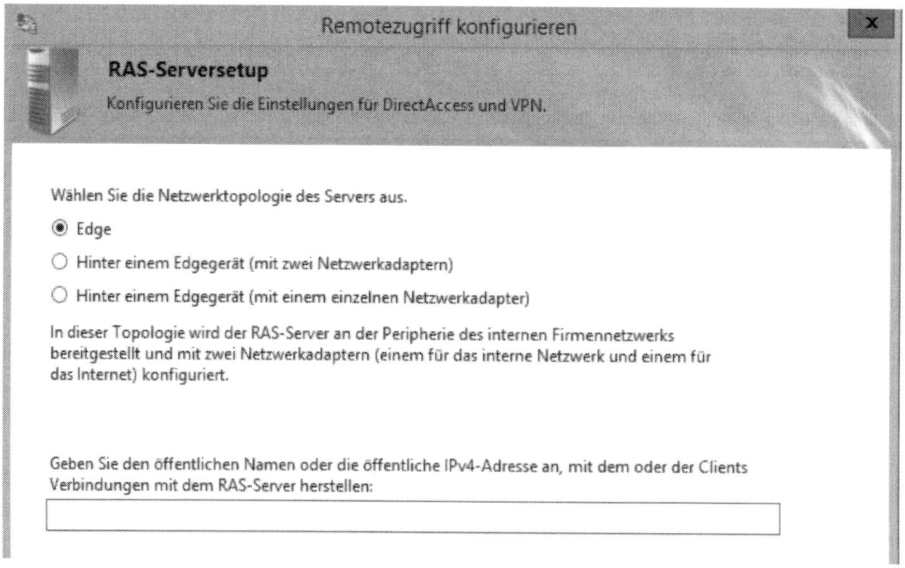

- Zum Anwenden der Konfiguration können Sie im nächsten Schritt auf „Fertig stellen“ klicken oder mit dem Klick auf „hier“ die Konfiguration überprüfen und ggf. ändern.

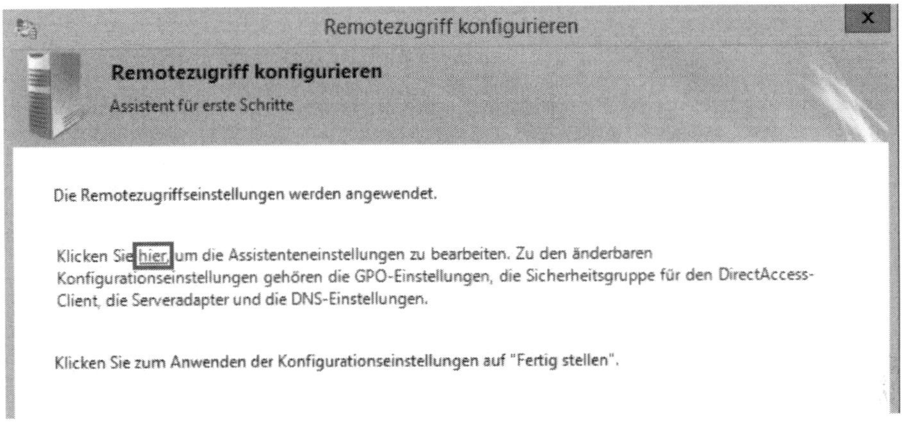

- Die Änderung der Konfiguration ist an der Stelle „Remoteclients notwendig.

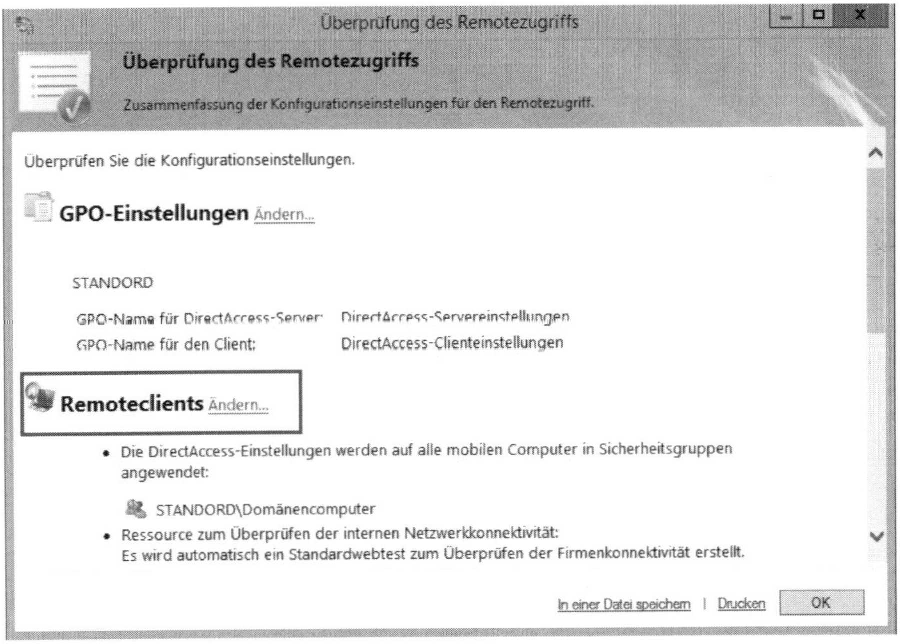

- Im folgenden Bild sehen Sie warum. Die einfache Konfiguration über den Assistenten führt dazu, dass alle Domänencomputer berechtigt wären eine DA-Verbindung aufzubauen. In den Vorbereitungen z DA wurde allerdings eine OU angelegt und darin eine Gruppe erzeugt, die alle DA-Clients bündeln soll. Also muss der Standardeintrag entfernt und die Gruppen hinzugefügt werden.

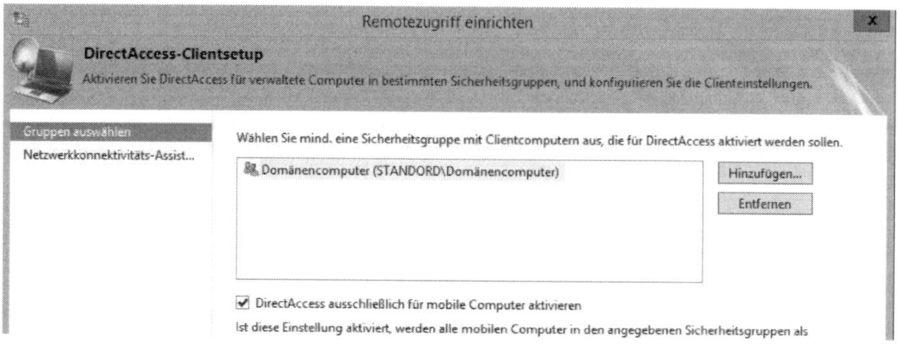

- So sieht es aus, nachdem das korrigiert wurde:

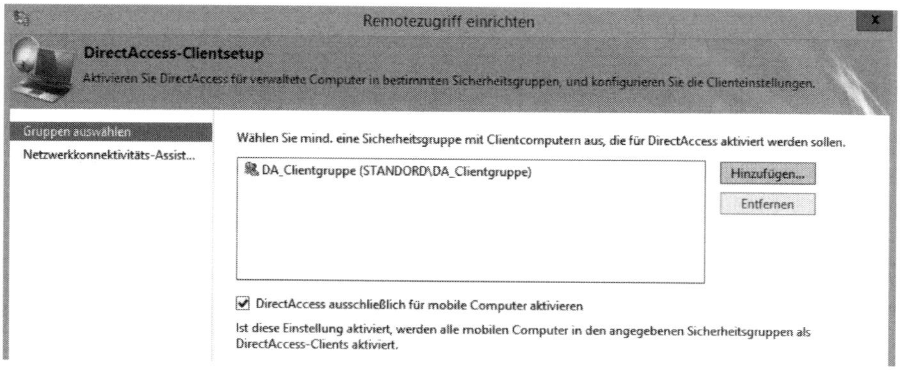

- Sofern Sie keine weiteren Änderungen an der DA-Konfiguration vornehmen müssen, können Sie die Konfiguration beenden:

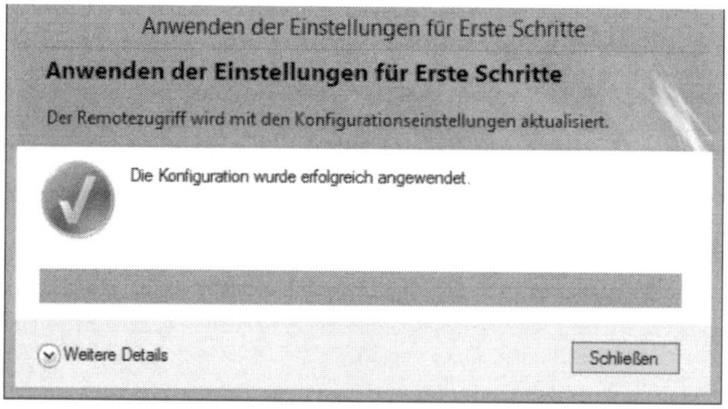

- Nun sind Sie zurück in der „Remotezugriffs-Verwaltungskonsole". Sie haben bis zu diesem Punkt die grundlegende DirectAccess Konfiguration mit dem „Assistenten für erste Schritte" durchgeführt. Es wäre natürlich ebenso möglich, diese Einstellungen „zu Fuß" zu machen. Die Verwaltungskonsole zeigt Ihnen nun den Verlauf der weiteren Konfiguration in grafischer Darstellung:

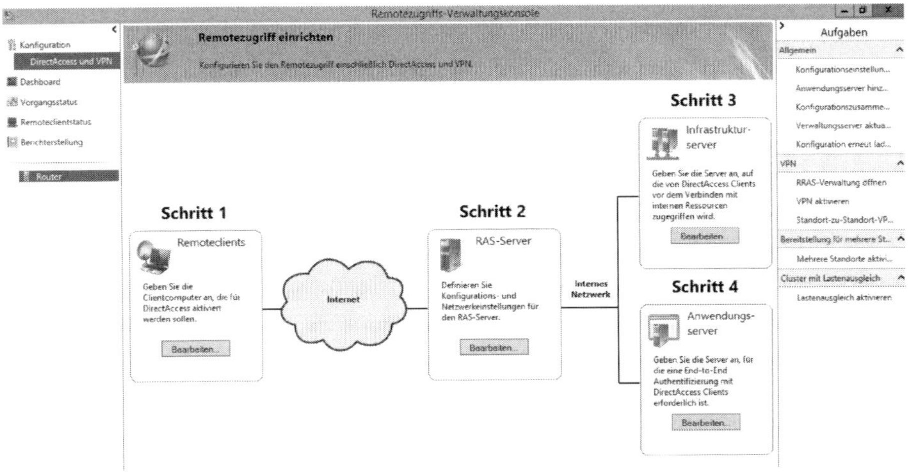

- Die Remotezugriffs-Verwaltungskonsole bietet über ein Dashboard einen zentralen Überblick über den Status von Server und Clients:

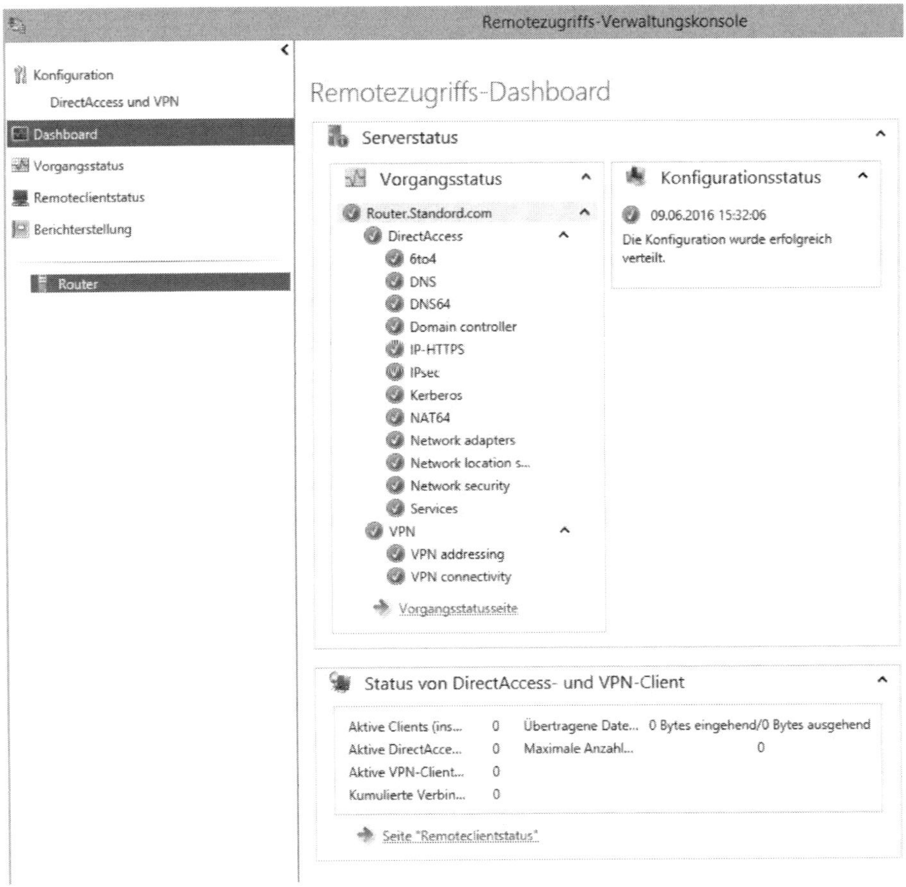

- Der Assistent hat Gruppenrichtlinien erstellt und mit der Domäne verknüpft. In der Gruppenrichtlinienverwaltung ist das nachvollziehbar:

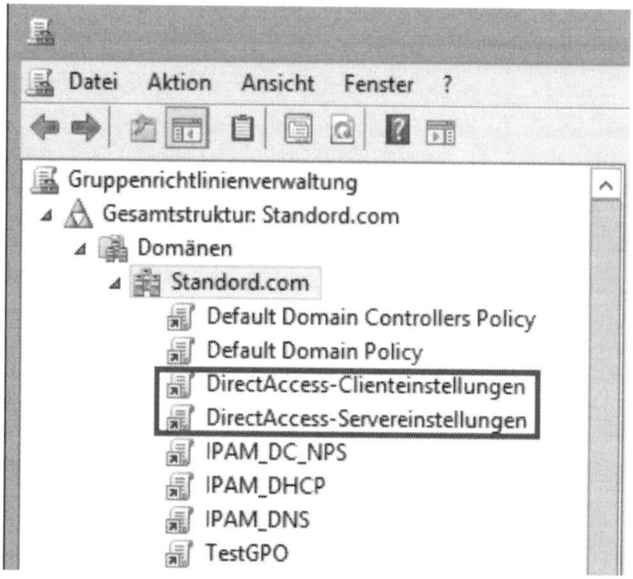

Wie geht es weiter?
Mit Hilfe dieser grafischen Darstellung führen Sie Schritt für Schritt und je nach Anforderung bzw. Bedarf die Feineinstellungen durch. In jedem Schritt öffnet sich durch Klick auf „Bearbeiten..." jeweils ein weiterer Assistent. Wenn Sie beispielsweise in Schritt 1 oder Schritt 2 den Assistenten starten, werden Sie auf Konfigurationsmöglichkeiten treffen, die Sie bereits mit dem „Assistenten für erste Schritte" durchgeführt haben. Sie können also auch an dieser Stelle in die DA-Grundkonfiguration eingreifen bzw. diese ändern.

5.1.2 VPN

Clients, die nicht mit DirectAccess bedient werden können, werden mit VPN bedient.
VPN bietet Sicherheit und Flexibilität und wird von allen Betriebssystemen unterstützt. „Virtual Private Network" VPN ist eine Punkt-zu-Punkt Verbindung zwischen zwei privaten Netzwerken über ein öffentliches Netzwerk. Private Netzwerke müssen nicht unbedingt Strukturen mit mehreren Computern sein. Ein einzelner Computer ist bereits ein (kleines) privates Netzwerk. Das öffentliche Netzwerk ist üblicherweise das Internet.
Die Verbindung zwischen den privaten Netzwerken wird über das öffentliche Netzwerk getunnelt. Dabei ist die Verbindung verschlüsselt und die Daten bekommen einen Header mit den Routinginformationen, um das Ziel erreichen zu können.

Entsprechend der beteiligten Partner, wird über zwei Arten von VPN-Verbindungen gesprochen:

- Der Remotezugriff für den Zugriff auf Ressourcen im privaten Netzwerk. Dieser wird üblicherweise nur nach Bedarf aufgebaut.
- Der standortübergreifende Zugriff für die Verbindung zwischen zwei Unternehmensstandorten für gegenseitigen Ressourcenzugriff. Diese Verbindung besteht möglicherweise permanent.

Die Planung einer Strategie für VPN-Dienste

Wenn Sie die Strategie festlegen wollen und Ihre Planungen machen, müssen Sie drei Bereiche berücksichtigen: Die zu verwendende Hardware, die Platzierung von VPN-Server und die Anforderungen für Benutzer bzw. Clients und deren Verwaltung.

Die Hardware:

Welche Kapazität ist erforderlich?
Das ist abhängig von der Anzahl der Benutzer, deren auszuführenden Arbeiten und deren Standort sowie die erforderliche Sicherheitsstufe. Es liegt auf der Hand, dass die Kapazität nicht zu gering sein darf. Sie sollte allerdings auch nicht überdimensioniert sein um Kosten zu sparen. Die Kapazität ist sowohl für die Kommunikationsverbindungen wie für den Einwahlserver zu berücksichtigen.
Welcher Service Provider ist erforderlich?
Da Ihre Kommunikationsverbindung höchstwahrscheinlich über das Internet aufgebaut wird und der Internetzugang oder die direkten Verbindungen von einer anderen Firma bereitgestellt werden, müssen Sie so weit wie möglich Servicelevel vereinbaren, die Ihre Anforderungen abdecken und vom Service Provider erfüllt werden können. Das trifft auch auf die verwendete Hardware zu.
Wie müssen die Clients ausgestattet sein?
Die Clients müssen die ausgewählte Zugriffsmethode unterstützen. Das betrifft nicht nur die Computer. Auch die Technik die für den Zugang zum Internet notwendig ist, sollte bedacht werden.
Welche Servertechnologie ist erforderlich?
Eventuell verwenden Sie ein Gerät, das nur für diesen Zweck bereitgestellt wurde oder Sie verwenden eine Software, wie beispielsweise Windows Server 2012 R2 Routing- und RAS-Dienste auf einem Server, der auch noch für andere Aufgaben verwendet werden kann.

Die Platzierung des VPN-Servers:

- Eventuell können Sie Ihre Firewall-Hardware auch für die Nutzung als VPN-Server verwenden, sofern diese die Funktion unterstützt und auch genügend Kapazität zur Verfügung stellt.
- Eine Möglichkeit ist das Platzieren des VPN-Servers vor der Firewall. Das ist einfach zu realisieren. Die Firewall regelt dann den Zugriff der eingewählten Clients auf das interne Netzwerk. Der VPN-Server ist allerdings ungeschützt.
- Eine weitere Möglichkeit ist das Platzieren des VPN-Servers zwischen zwei Firewalls. Die im Umkreisnetzwerk befindliche Firewall schützt den VPN-

Server und wendet seine Regeln auf die eingehenden Clients an. Die zweite Firewall schützt das interne Netzwerk und wendet seine Regeln für die am VPN-Server authentifizierten Clients an. Bei dieser Lösung ist die Konfiguration deutlich komplexer.

Die Benutzer und Clients:
Sind Benutzer häufig an verschiedenen geografischen Standorten?
Dann benötigen diese eventuell unterschiedliche Konfigurationen.
Wie ist die Sicherheit der Clientcomputer zu gewährleisten?
Sie müssen sicherstellen, dass nur der autorisierte Benutzer das Gerät verwenden kann, beispielsweise mit einem Gerätekennwort und Sie müssen bei Geräten, die von mehreren Benutzern verwendet werden sicherstellen, dass nur berechtigte Benutzer die Remote Access Verbindung aufbauen können.
Wie unterstützen Sie eine große Anzahl an Benutzern?
Berücksichtigen Sie den Verwaltungsaufwand für das Einrichten der Computer aller Benutzer für den Remotezugriff.
Wie planen Sie die Verteilung der Konfigurationseinstellungen?
Das könnte über eine Gruppenrichtlinie erfolgen. Sie können aber auch eine Webseite einrichten, auf der die Konfiguration heruntergeladen werden kann. Möglich ist auch ein USB-Stick o.ä.

Die Auswahl eines geeigneten Tunnel-Protokolls für VPN

***Information**: Windows Server 2012 R2 unterstützt die folgenden 4 VPN Tunnel-Protokolle.*

Die Auswahl des geeigneten Tunnel-Protokolls ist abhängig von den verwendeten Betriebssystemen und den Sicherheitsanforderungen. Zur Verfügung stehen Ihnen:

- **PPTP**, das Point-to-Point-Tunneling-Protokoll. PPP-Frames werden mit Microsoft Point-to-Point Encryption (MPPE) unter Verwendung von Verschlüsselungsschlüsseln verschlüsselt, die mit dem Authentifizierungsprozess MS-CHAPv2 (Microsoft Challenge Handshake Authentication Protocol, Version 2) oder EAP-TLS (Extensible Authentication Protocol-Transport Layer Security) generiert werden. VPN-Clients müssen das MS-CHAPv2- oder EAP-TLS-Authentifizierungsprotokoll verwenden, damit die Nutzlasten der PPP-Frames verschlüsselt werden können.
- **L2TP/IPSec**, das Layer Two Tunneling Protokoll über IPSec. L2TP verwendet IPsec im Transportmodus für Verschlüsselungsdienste. Die Kombination aus L2TP und IPsec wird als L2TP/IPsec bezeichnet. Die L2TP-Nachricht wird mit einem der folgenden Protokolle unter Verwendung von Verschlüsselungsschlüsseln verschlüsselt, die bei der IKE-Aushandlung (Internet Key Exchange) generiert werden: Verschlüsselungsalgorithmen AES (Advanced Encryption Standard) 256, AES 192, AES 128 und 3DES (Triple Data Encryption Standard).
- **SSTP**, das Secure Socket Tunneling-Protokoll. Bei SSTP handelt es sich um ein Tunnelprotokoll, dass das HTTPS-Protokoll über den TCP-Port 443 verwendet, um Datenverkehr durch Firewalls und Webproxys zu übertragen,

die PPTP- und L2TP/IPsec-Datenverkehr möglicherweise blockieren. SSTP stellt einen Mechanismus zum Kapseln von PPP-Datenverkehr (Point-to-Point Protocol) über den SSL-Kanal von HTTPS bereit. Die Verwendung von PPP ermöglicht die Unterstützung von Authentifizierungsmethoden wie EAP-TLS. SSL bietet Sicherheit auf Transportebene mit verbesserter Schlüsselaushandlung, Verschlüsselung und Integritätsprüfung.

- **IKEv2**, das Internet Key Exchange Version 2. IKEv2 wird ab Windows 7 bzw. Windows Server 2008 R2 unterstützt. Da IKEv2 Mobilität (MOBIKE) unterstützt, ist das Protokoll in Bezug auf sich ändernde Netzwerkkonnektivität viel stabiler. Es ist eine gute Wahl für mobile Mitarbeiter, die zwischen Zugriffspunkten und sogar zwischen verkabelten und drahtlosen Verbindungen wechseln. Ein IKEv2-VPN bietet dem VPN-Client Stabilität, wenn der Client von einem drahtlosen Hotspot zu einem anderen oder von einer drahtlosen zu einer verkabelten Verbindung wechselt. IKeV2 kann unterbrochene Verbindungen automatisch wieder aufnehmen. Die Verwendung von IKEv2 und IPsec ermöglicht die Unterstützung strenger Authentifizierungs- und Verschlüsselungsmethoden.

Vor- und Nachteile der VPN Tunnel-Protokolle:
Wenn Sie sich für das Tunnel-Protokoll entscheiden, ziehen Sie folgendes in Betracht.

- PPTP unterstützt auch ältere Windows Betriebssysteme bis zurück zu Windows XP oder Windows Server 2000. Für PPTP ist keine Public Key Infrastruktur (PKI) erforderlich. Die Daten sind während der Übertragung geschützt, die Datenintegrität aber nicht. Der Absender der Daten kann nicht verifiziert werden.
- L2TP wird ab Windows XP und Windows Server 2000 unterstützt. Für L2TP können Sie zur Authentifizierung einen Schlüssel versenden oder ein Computerzertifikat. Dafür benötigen Sie allerdings eine PKI, die das Zertifikat auch für den VPN-Server ausstellt. Die Kombination mit IPsec sichert die Vertraulichkeit und Integrität der Daten sowie die Authentifizierung des Absenders. Möglicherweise lässt sich L2TP/IPsec nicht hinter NAT-Geräten verwenden.
- SSTP wird ab Windows Vista SP1 und Windows Server 2008 unterstützt. Die Firewall muss üblicherweise nicht dafür angepasst werden. Die SSL-Verschlüsselung sichert Vertraulichkeit und Integrität der Daten sowie die Authentifizierung des Absenders. Standortverbindungen sind damit nicht möglich. Nur der VPN-Server benötigt ein Zertifikat.
- IKEv2 wird ab Windows 7 und Windows Server 2008 R2 unterstützt. Es ermöglicht die automatische Wiederaufnahme von unterbrochenen Verbindungen.

Die Auswahl der Authentifizierungs- und Verschlüsselungsmethode

Sie haben oben kennengelernt, wie eine VPN-Verbindung getunnelt werden kann. Sie müssen aber auch festlegen, wie die Authentifizierung und Verschlüsselung zu erfolgen hat. Grundsätzlich sollten Sie immer die stärkste und sicherste

Authentifizierung und Verschlüsselung auswählen, die von allen beteiligten Komponenten unterstützt wird. Passwortbasierte Authentifizierung ist eine schwache Möglichkeit der Sicherung und die Verschlüsselung für die Übertragung der Daten ist abhängig vom verwendeten Typ der Netzwerkverbindung.

Authentifizierungsmethoden:

- **Password Authentication Protokoll (PAP)** verwendet Klartextkennwörter und ist damit das unsicherste Authentifizierungsprotokoll. Es sollte nur für Clients verwendet werden, die keine andere Authentifizierung zulassen.
- **Callenge Handshake Authentication Protokoll (CHAP)** verschlüsselt das Kennwort. Allerdings muss die Verschlüsselung umkehrbar sein. Damit ist es zwar sicherer als PAP, aber sollte trotzdem nicht verwendet werden.
- **MS-CHAP v2** ist für die gegenseitige Authentifizierung der beteiligten Verbindungspartner. Die Kennwortverschlüsselung ist nicht umkehrbar. MS-CHAP v2 ist daher eine gute Wahl.
- **Extensible Authentication Protokoll (EAP)** authentifiziert die Remoteverbindung mithilfe eines beliebigen Authentifizierungsmechanismus, der von den Verbindungspartnern ausgehandelt wird. Standardmäßig wird TLS verwendet. Es können von Ihnen aber auch andere Module auf dem Einwahl-Server eingebunden werden. Das macht EAP sehr flexibel.

Die vorgestellten Authentifizierungsmethoden lassen sich mit zwei Optionen erweitern. Mit dem „nicht authentifizierten Zugriff" wird eine Verbindung ohne Authentifizierung hergestellt. Das sollte möglichst nicht aktiviert werden, kann zur Problembehebung aber durchaus mal nützlich sein. Mit der Option „Computerzertifikat für IKEv2" wird die VPN-Verbindungswiederherstellung unterstützt.

Verschlüsselungsmethoden:

Um die Datenübertragung zu verschlüsseln, müssen Sie eine geeignete Methode auswählen. Diese hängt von Typ der Netzwerkverbindung ab.

- **MPPE** kann mit PPTP Verbindungen genutzt werden. Die Authentifizierung erfolgt dabei mit MS-CHAP, MS-CHAPv2, EAP-MD5 (bereits kompromittiert) oder EAP-TLS.
- **IPsec** wird von L2TP und kann von IKEv2 verwendet. Die Authentifizierung kann mit einem Schlüssel, der Kerberos-Authentifizierung oder mit Zertifikaten erfolgen. Empfohlen werden Zertifikate. Die Benutzerauthentifizierung erfolgt mit MS-CHAP, MS-CHAPv2, EAP-MD5 (bereits kompromittiert) oder EAP-TLS. Mit IPsec ist eine computerbasierte Authentifizierung.
- **SSL** wird von SSTP VPN-Verbindungen zur Verschlüsselung verwendet. Dafür wird ein Zertifikat auf dem Einwahlserver verwendet. Da SSL ein Webprotokoll ist, geht es durch Firewalls.

Best Practices für die Wahl von Authentifizierungs- und Verschlüsselungsmethoden:

- Wählen Sie wenn möglich immer die stärkste und sicherste Methode.

- Implementieren Sie eine mehrstufige Authentifizierung für höhere Sicherheit. Dabei werden zusätzlich zu Benutzername und Kennwort weitere Komponenten verwendet, beispielsweise eine Smartcard.

Planen der Richtlinien für den Netzwerkzugriff

Die Richtlinien für den Netzwerkzugriff bestimmen, ob ein Verbindungsversuch erfolgreich ist oder nicht. Danach bestimmt dann die Netzwerkrichtlinie die Verbindungsoptionen wie beispielsweise die erlaubten Verbindungszeiten und wann eine automatische Trennung erfolgt.
Mit **Netzwerkrichtlinien legen Sie also die Bedingungen, Einschränkungen und Einstellungen fest,** mit denen Sie regeln, wer eine Netzwerkverbindung herstellen kann und wann das möglich bzw. nicht möglich ist. Mit Netzwerkzugriffsschutz (NAP) können Sie der Netzwerkrichtlinie noch Integritätsrichtlinien hinzufügen, mit denen die Integrität der Clientcomputer nach definierten Kriterien geprüft wird.
Sie müssen also **unterscheiden zwischen der Netzwerkzugriffsrichtlinie und der Netzwerkrichtlinie**. Die Netzwerkzugriffsrichtlinie steuert, wer erfolgreich eine Verbindung zum VPN-Server aufbauen könnte, sofern eine eventuell vorhandene Netzwerkrichtlinie dem nicht entgegensteht. Die Netzwerkrichtlinie steuert, was erlaubt bzw. verboten ist, wenn die erste Hürde überwunden wurde. Also könnte trotz vorhandener Berechtigung zum Verbindungsaufbau danach bereits wieder Schluss sein, wenn die Netzwerkrichtlinie das verhindert.

Der Steuerung des Zugriffs mit Netzwerkrichtlinien und NPS

Netzwerkrichtlinien sind eine Sammlung von Regeln. Jede Regel enthält eine Reihe von Bedingungen und Einstellungen. NPS vergleicht die definierten Bedingungen der Regel mit den Eigenschaften der Verbindungsanforderung. Besteht eine Übereinstimmung, werden die in der Regel festgelegten Einstellungen auf die Verbindung angewendet.

Konfigurieren Sie mehrere Netzwerkrichtlinien in NPS, haben Sie eine Gruppe von Regeln, die von oben nach unten abgearbeitet werden, bis die erste Übereinstimmung gefunden wurde. Alle noch folgenden Regeln werden ignoriert. Die Sortierung ist daher wichtig.

Jede Netzwerkrichtlinie kann im aktivierten Zustand etwas zulassen oder verweigern. Wird eine Richtlinie deaktiviert, wird sie nicht ausgewertet.

- Im folgenden Bild sehen Sie einige Netzwerkrichtlinien und wie Sie diese aktivieren bzw. deaktivieren und wie Sie die Reihenfolge der Richtlinien ändern können:

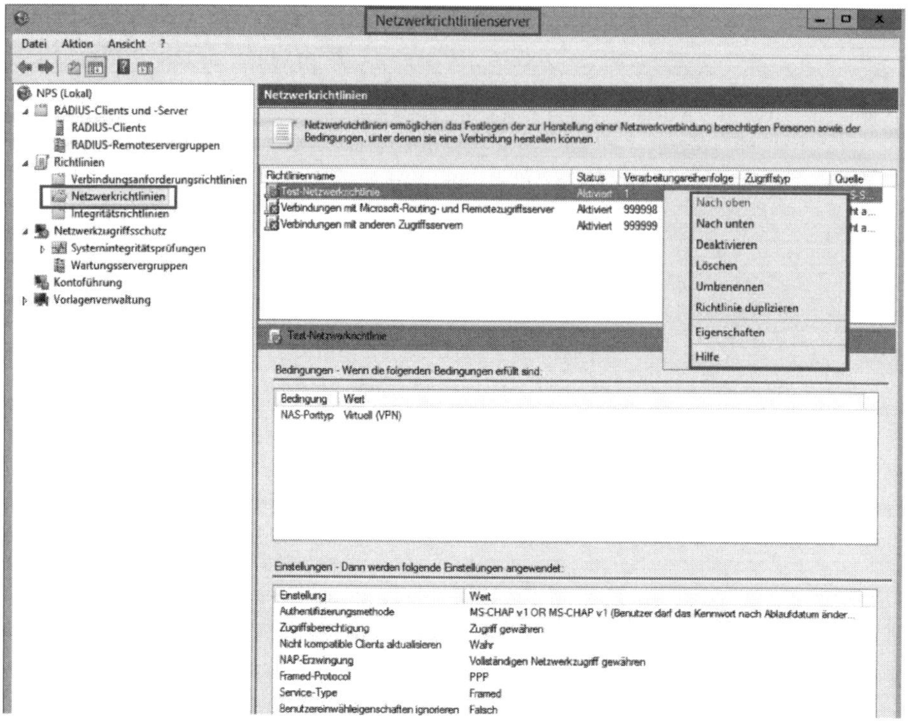

- Das Bild zeigt darüber hinaus auch die Standardnetzwerk-Richtlinien (hier an zweiter und dritter Position). Diese verweigern allen Benutzern den Zugriff. Daher sollte diese deaktiviert werden oder an das Ende der Liste rutschen, wenn Sie eigene Netzwerkrichtlinien anwenden wollen.

Wenn NPS im laufe der Richtlinienabarbeitung eine Richtlinie findet, deren Bedingungen in der Verbindungsanforderung erfüllt werden, wird von NPS die Autorisierung ausgeführt. Dazu müssen die DFÜ-Eigenschaften des Benutzerkontos von Ihnen so konfiguriert werden, dass die Autorisierung über die Netzwerkrichtlinien erfolgen soll. Ansonsten werden keine Netzwerkrichtlinien angewendet, es sei denn Sie erzwingen es in der Netzwerkrichtlinie.
Die entsprechenden Einstellungen sehen Sie in den folgenden Bildern.

- Die Konfiguration der Netzwerkzugriffsberechtigung im Benutzerkonto:

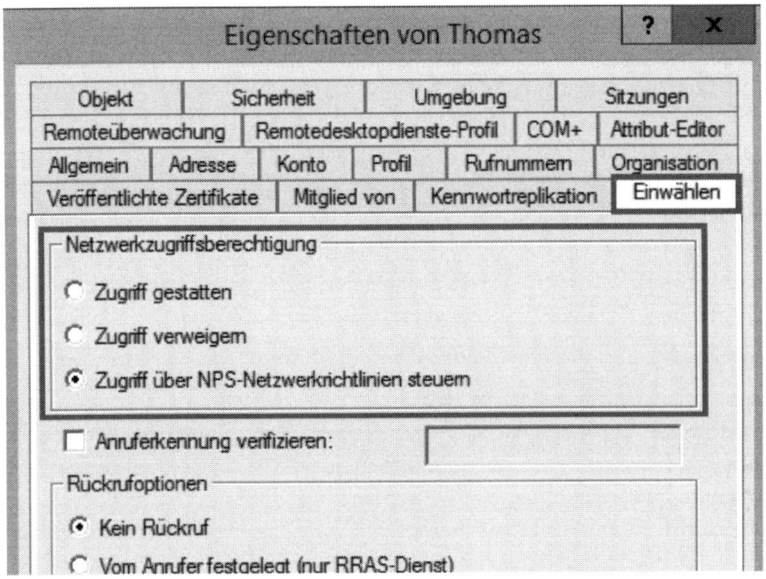

- Das Erzwingen der Netzwerkrichtlinie:

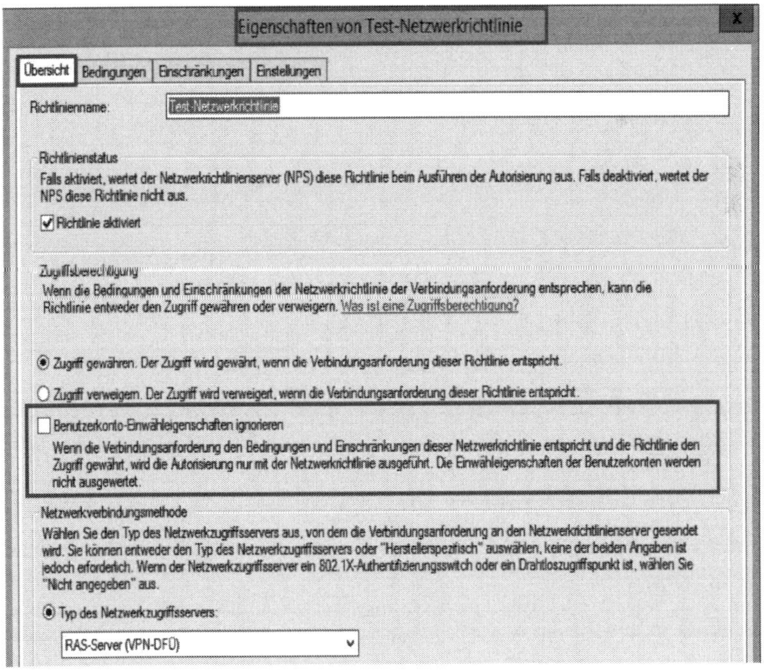

Der Ablauf bei der Anwendung der Netzwerkrichtlinien:

- Ist in den Einwahleigenschaften des Benutzerkontos der Zugriff verweigert worden, wird die Verbindung zurückgewiesen. Die Netzwerkrichtlinien werden nicht mehr geprüft.

- Stimmt keine Netzwerkrichtlinie mit der Verbindungsanforderung überein, wird die Verbindung zurückgewiesen, es sei denn es ist in den Einwahleigenschaften des Benutzerkontos der Zugriff gestattet.
- Wenn die Standardnetzwerkrichtlinien aktiviert sind, wird allen Benutzer der Zugriff verweigert. Sie müssen eigene Netzwerkrichtlinien erstellen, die zu den Benutzern passen müssen, denen Sie den Zugriff erlauben wollen. Wenn Sie die Netzwerkrichtlinien planen, überlegen Sie, wie die Einschränkungen und Bedingungen die Verbindung von bestimmten Gruppen von Benutzern steuern sollen, und wählen Sie dann die entsprechenden Bedingungen aus, um diese Einstellungen auf die entsprechenden Benutzer anzuwenden.

Planungen für die Clientverbindungen mit VPN

Für die Clientverbindungen wurden bereits viele der nun folgenden Überlegungen besprochen. Zusammengefasst benötigen Sie für die Clientverbindungen Informationen über:

- Die **Client Betriebssysteme**, damit Sie wissen welche Verbindungsarten verwendet werden können. Das ist besonders in heterogenen Umgebungen wichtig, bei denen VPN-Verbindungen mit Nicht-Microsoft Clients aufgebaut werden sollen die andere VPN-Profile benötigen.
- Die Möglichkeiten um **VPN-Verbindungen automatisch aufbauen** zu lassen, beispielsweise durch die Steuerung mit Skripten.
- Die Möglichkeiten die Ihnen vom **CMAK** (Connection Manager Administration Kit) geboten werden. Damit können Sie die Verbindungseigenschaften mit einem Assistenten zusammenstellen und als Datei (.msi) exportieren. Diese Datei kann dann verteilt und von Microsoft Betriebssystemen importiert werden. Somit ist die Konfiguration der VPN Verbindung durch Start der Datei sehr einfach möglich.

So implementieren Sie VPN

So installieren Sie die notwendigen Serverrollen für den VPN Server

Der Einwahlserver über den die Clients eine VPN Verbindung aufbauen werden, ist die Maschine mit den installierten Routing und RAS Serverdiensten, den wir schon für DirectAccess benötigt haben. Wie Sie auf einem Windows Server 2012 R2 die Router-Funktionalität installieren und konfigurieren, können Sie im Anhang D nachvollziehen.

- Um den Zugriff über VPN reglementieren zu können, benötigen Sie die Serverrolle „Netzwerkrichtlinien- und Zugriffsdienste“, die ggfs. noch installiert werden muss. Durch die Auswahl dieser Rolle und der dafür notwendigen Features werden der Assistentenliste die „Netzwerkrichtlinien- und Rollendienste“ hinzugefügt:

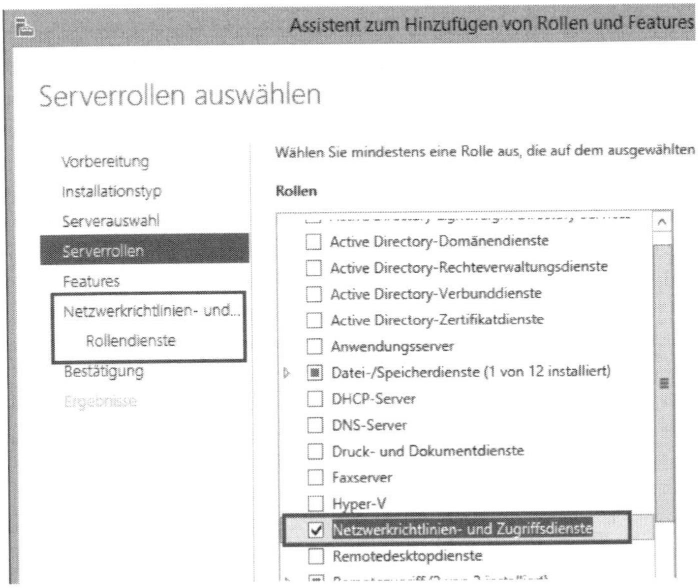

- Um die VPN-Clients im Zugriff einschränken zu können und um damit die VPN-Zugänge abzusichern, ist der Netzwerkrichtlinienserver notwendig:

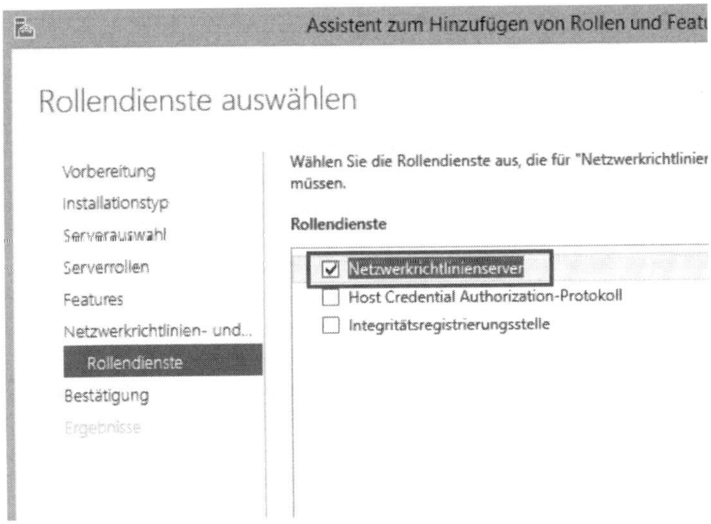

- Nach der Installation starten Sie den Netzwerkrichtlinienserver im „Tools“ Menü des Server Managers und registrieren ihn im Active Directory durch Rechtsklick auf „NPS (lokal)“:

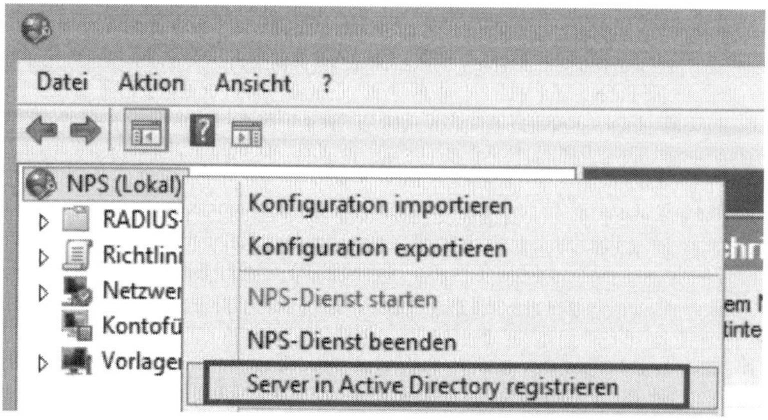

- Den Grund für die Registrierung erläutert die folgende Meldung:

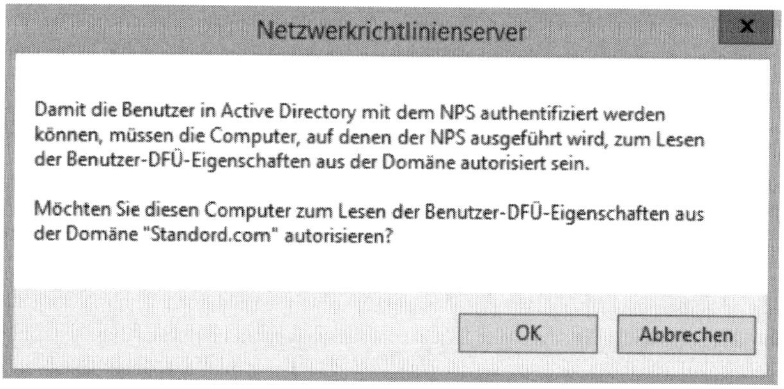

- Wenn Sie den Server auch für andere Domänen nutzen wollen, erläutert die nachfolgende Meldung wie dann das weitere Vorgehen wäre. Die Trennung nach Domänen ermöglicht es mehrere Netzwerkrichtlinienserver zu implementieren, die jeweils nur für die eigene Domäne zuständig sind und sich nicht gegenseitig durch eventuell widersprechende Regeln stören.

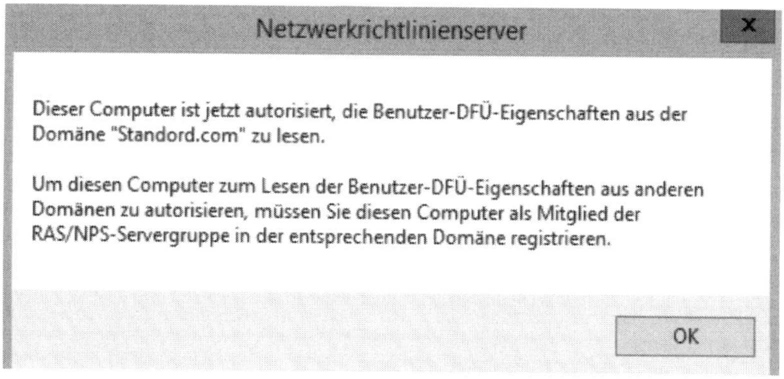

So aktivieren Sie VPN, wenn bereits DirectAccess konfiguriert wurde

- Die folgenden Schritte hängen davon ab, wie die Routing und RAS-Dienste bereits eingerichtet worden sind. Im vorigen Abschnitt wurde DirectAccess eingerichtet. In dem Fall können Sie in der Remotezugriffs-Verwaltungskonsole einfach VPN aktivieren:

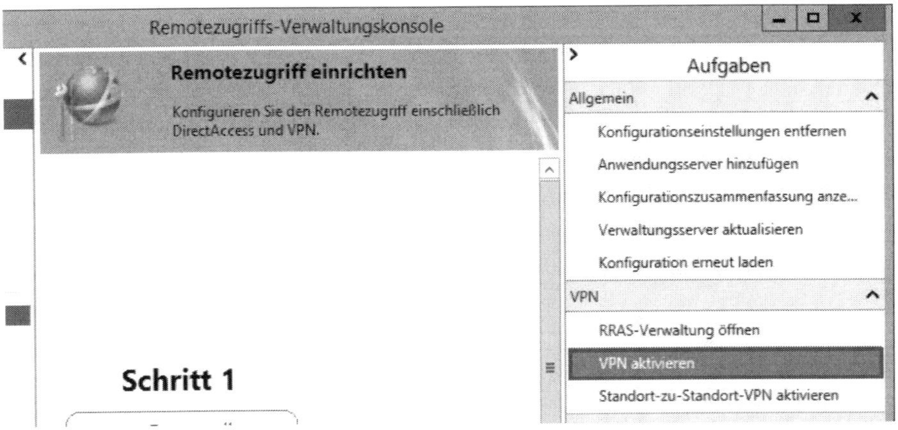

- Nach der VPN Aktivierung können Sie aus der Remotezugriffs-Verwaltungskonsole die Routing- und RAS Konsole und die Netzwerkrichtlinienserver Konsole starten. Zu beiden kommen wir im weiteren Verlauf der VPN-Konfiguration.

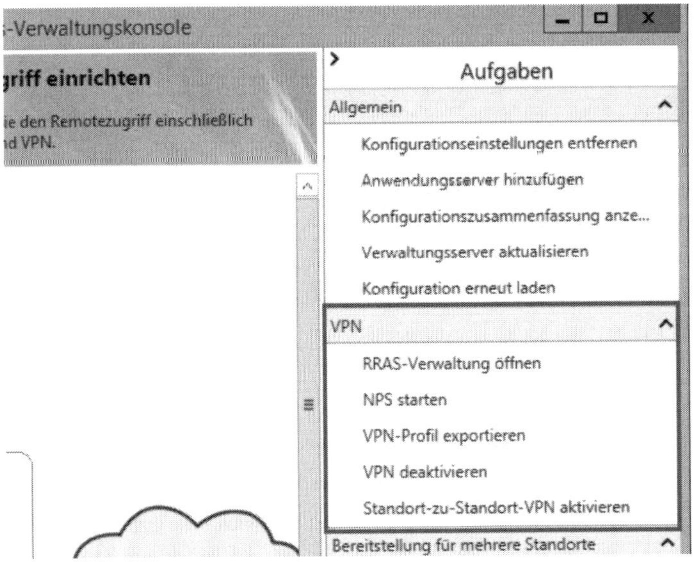

So aktivieren Sie VPN, wenn noch keine RAS-Konfigurationen durchgeführt wurden

- Ist noch gar nichts implementiert, ist die Remotezugriffs-Verwaltungskonsole nicht konfiguriert:

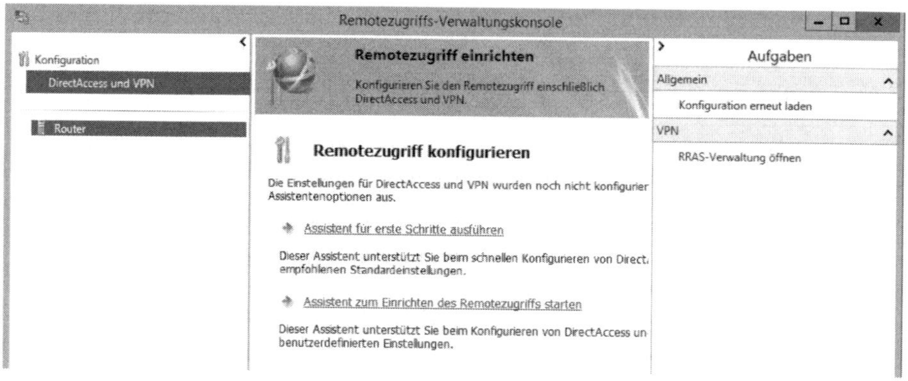

- Die Routing- und RAS Konsole ist ebenfalls leer. Hier werden wir unsere Konfiguration durchführen:

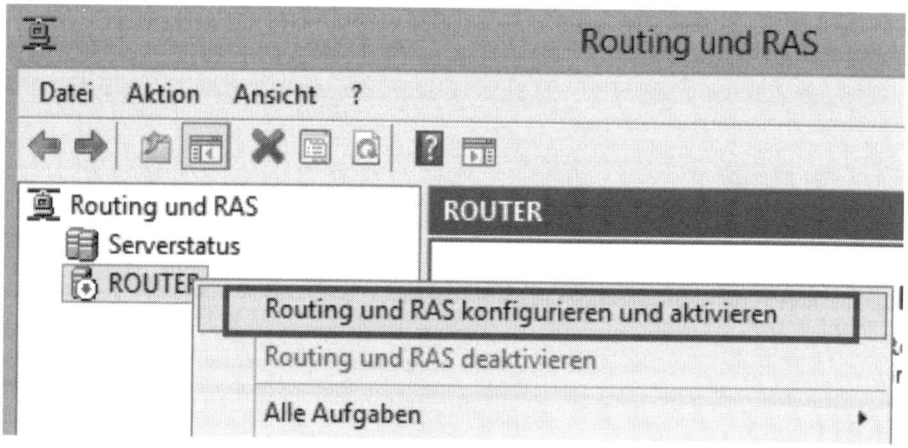

- Der „Setup-Assistent für den Routing- und RAS-Server“ führt Sie durch die Konfiguration. Es geht um Remote Access, daher wählen Sie „RAS (DFÜ oder VPN):

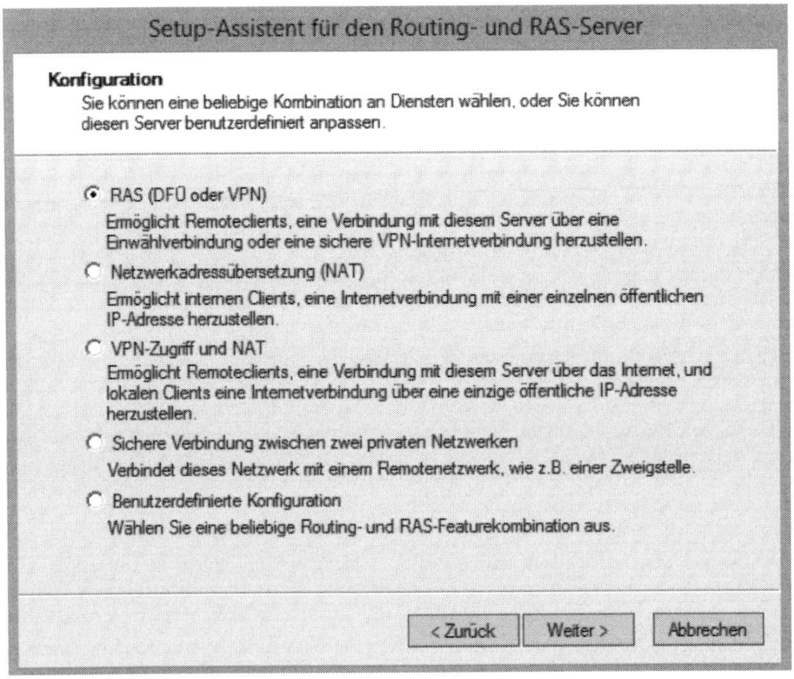

- Im nächsten Schritt beschränken wir uns auf VPN.
- Danach werden Ihnen die Netzwerkschnittstellen angeboten, die auf dem Computer für RAS-Dienste zur Verfügung stehen. Sie erinnern Sich: Ein Router steht mit einem Bein im externen und mit dem anderen Bein im internen Netz. Sie wählen daher an dieser Stelle die Netzwerkschnittstelle mit der Verbindung nach außen.

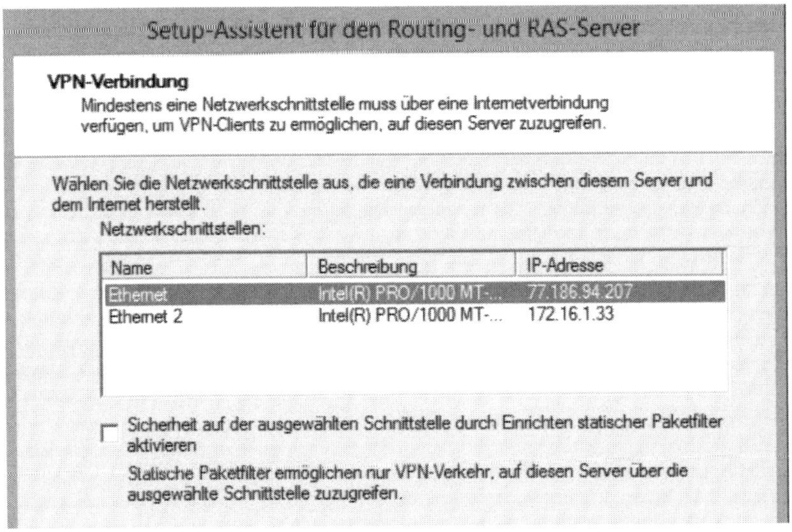

- Die Adresszuweisung an die Clients überlassen wir der Automatik. Etwas später wird im DHCP der Relay Agent eingebunden.
- Radius-Authentifizierung verwenden wir in diesem Fall nicht.
- Es folgt die Zusammenfassung in der Sie die Konfigurationseinstellungen noch einmal überprüfen können. Danach wird der Vorgang mit Klick auf „Fertig stellen“ abgeschlossen. Der Assistent warnt uns bezüglich der Verbindungsanforderungsrichtlinien. Das werden wir etwas später überprüfen.

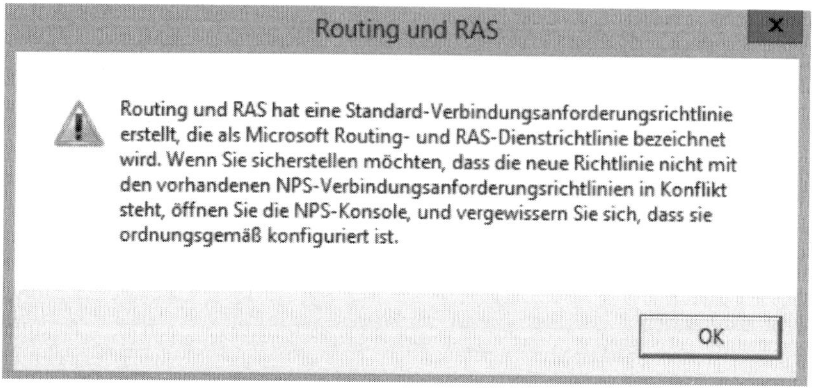

- Der Hinweis auf die Einbindung des Relay Agent in DHCP:

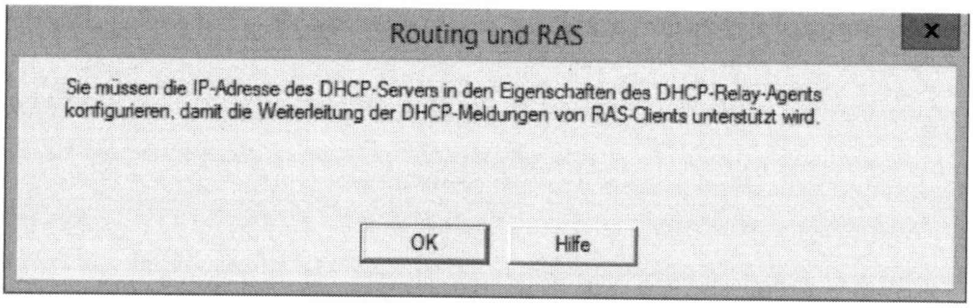

- Nun erfolgt die Konfiguration des Routing und Remote Access Servers. Nach Fertigstellung ist die entsprechende Konsole konfiguriert und unser Edge-Server ist betriebsbereit. Im folgenden Bild sehen Sie die Konsole, auf die weiter oben Bezug genommen wurde:

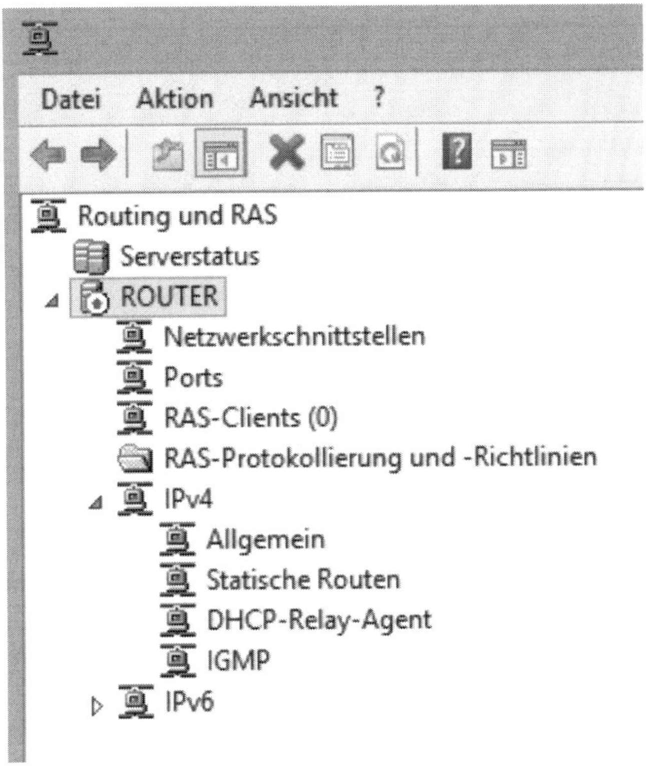

So erstellen Sie Netzwerkrichtlinien auf dem Netzwerkrichtlinienserver

Nun sind wir mit dem Netzwerkrichtlinienserver an der Stelle, auf die wir weiter oben Bezug genommen haben. Ob Sie nun VPN ganz neu konfiguriert haben oder ob Sie VPN zusätzlich zu DirectAccess konfiguriert haben: Hier geht es wieder gemeinsam weiter.

- Die automatisch erstellen Netzwerkrichtlinien verbieten jegliche VPN Verbindung. Daher werden die beiden Richtlinien deaktiviert.

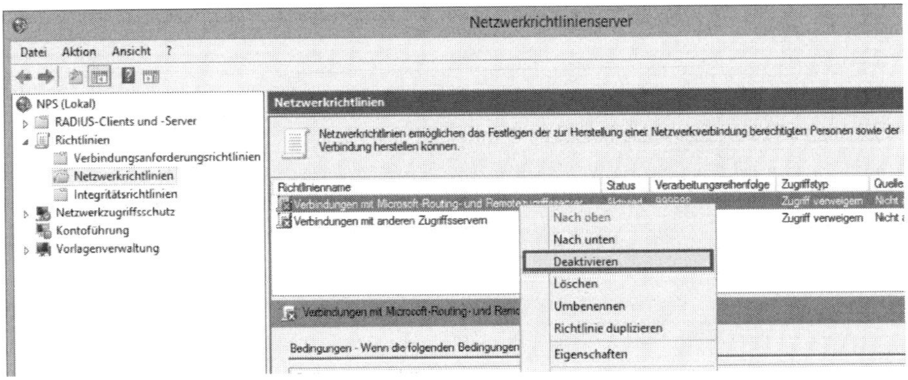

- Im Anschluss erstellen wir eine neue Richtlinie:

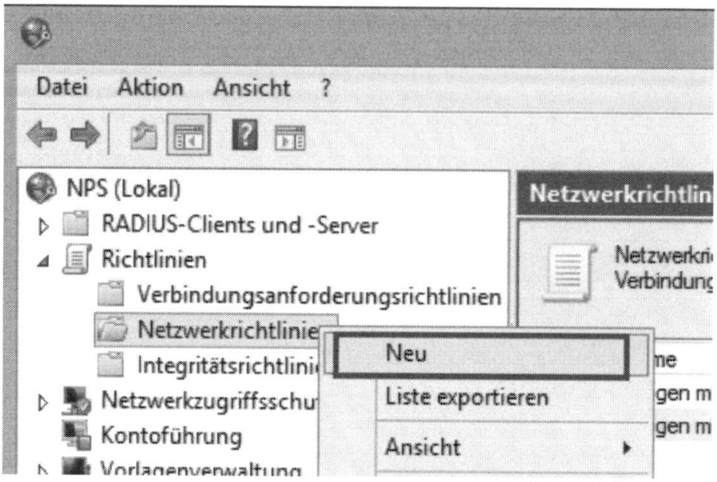

- Der Assistent benötigt den Namen der neuen Richtlinie und den Typ des Netzwerkzugriffsservers. Das ist in diesem Fall ein RAS-Server:

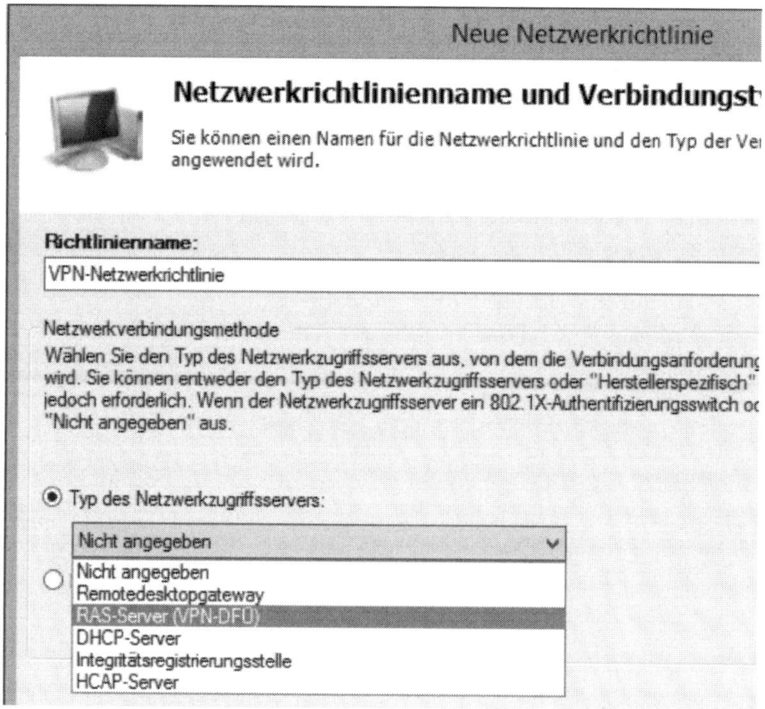

- Es werden Bedingungen hinzugefügt. Die Auswahl ist groß. In diesem Fall werden wir eine einfache Bedingung erstellen: Den NAS-Porttyp.

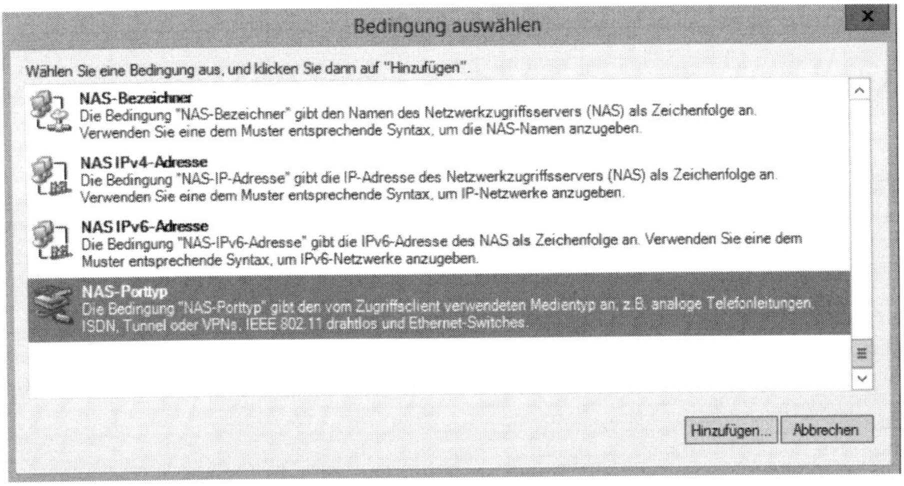

- Der NAS-Porttyp ist „Virtuell (VPN)“.
- Nun ist die Bedingung erstellt:

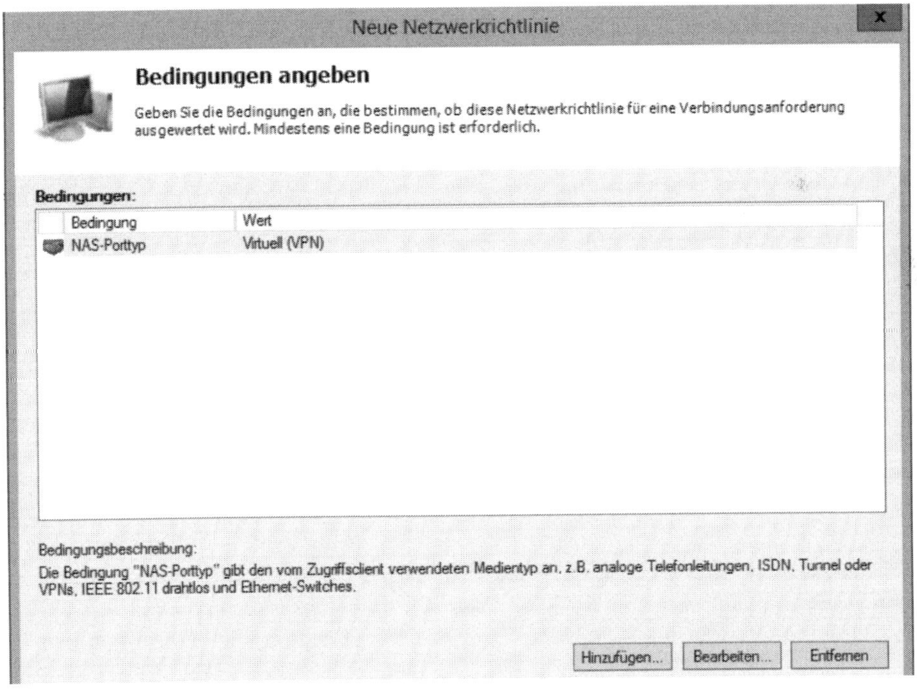

Die nächsten Schritte, die in diesem Beispiel auf den Vorgaben belassen werden:

- Im nächsten Schritt „Zugriffsberechtigungen gewähren“ wird der Zugriff gewährt, sofern die Clients der Bedingung entsprechen.
- Es können dann weitere Zugriffsmethoden festgelegt werden.

- Jetzt können weitere Einschränkungen konfiguriert werden.
- Nun können weitere Einstellungen konfiguriert werden.
- Nach der nun folgenden Zusammenfassung kann die Richtlinie erstellt werden. Wir haben die vorgegebenen Richtlinien deaktiviert. Die neue Richtlinie ist somit die einzig aktivierte Richtlinie:

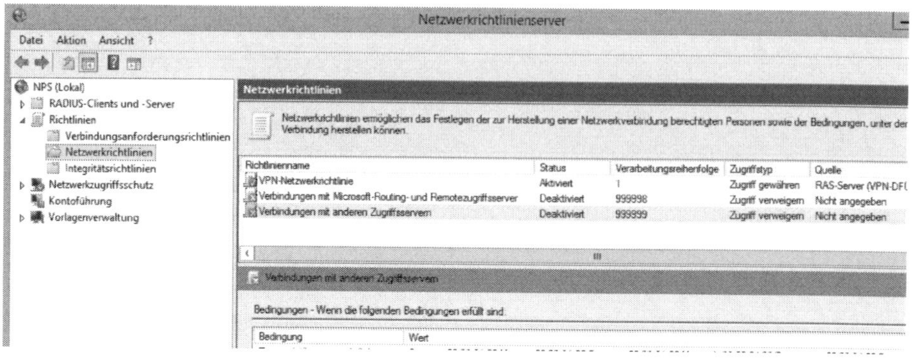

So konfigurieren Sie die VPN Clients

- Auch die Clients benötigen eine Konfiguration. Dazu öffnen Sie Systemsteuerung und klicken auf „Netzwerk und Internet“ und weiter auf das „Netzwerk- und Freigabecenter“. Klicken Sie auf „Neue Verbindung oder neues Netzwerk einrichten“, um die VPN Konfiguration zu starten:

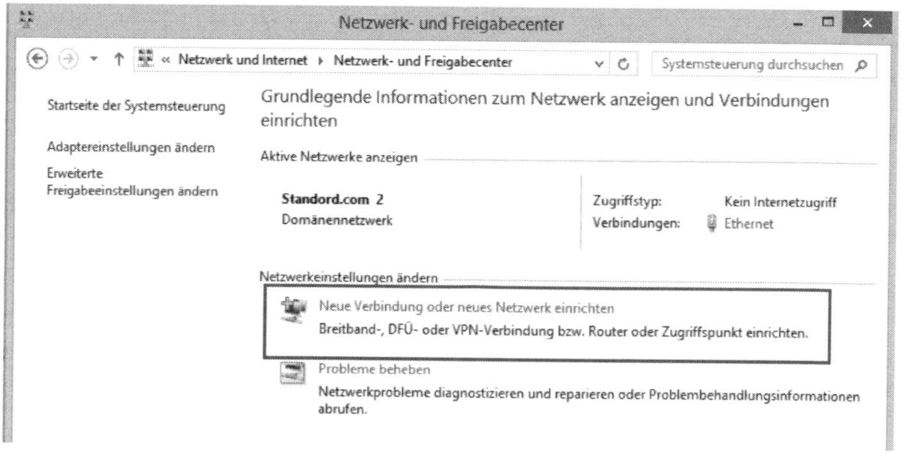

- Die Verbindungsoption:

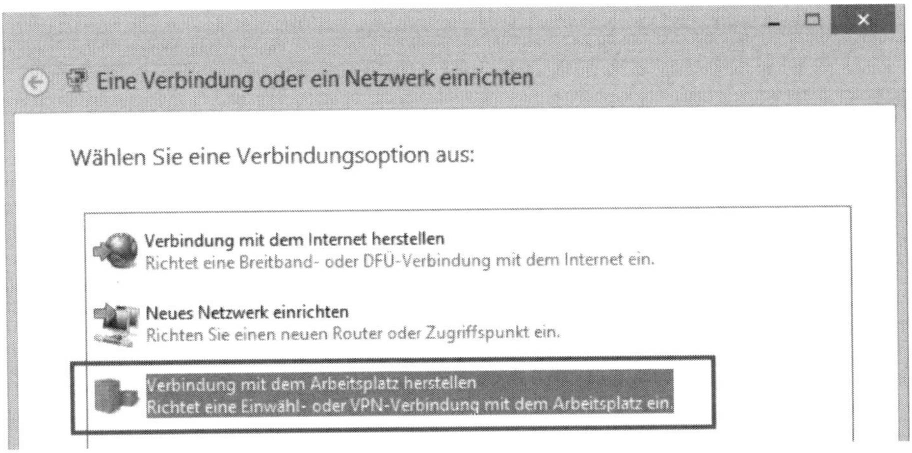

- Es wird die Internetverbindung verwendet:

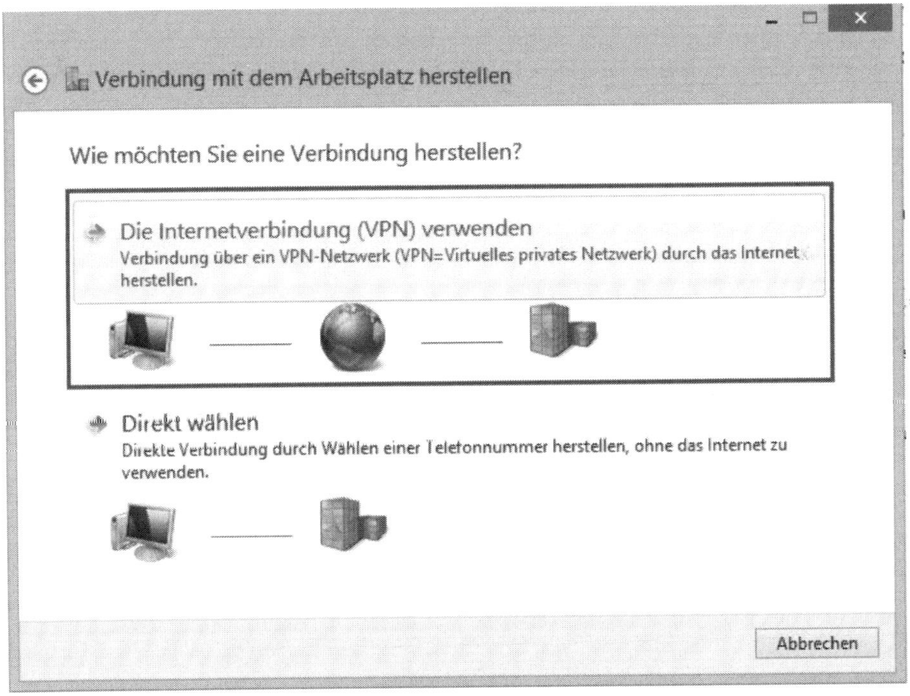

- Die Internetverbindung wird später erstellt.
- Nun benötigen wir die öffentliche Adresse, unter der unser Edge-Server erreichbar ist. An dieser Stelle können sie den Namen der VPN-Verbindung ändern und den erstellen Zugang auch anderen Benutzern zur Verfügung stellen.

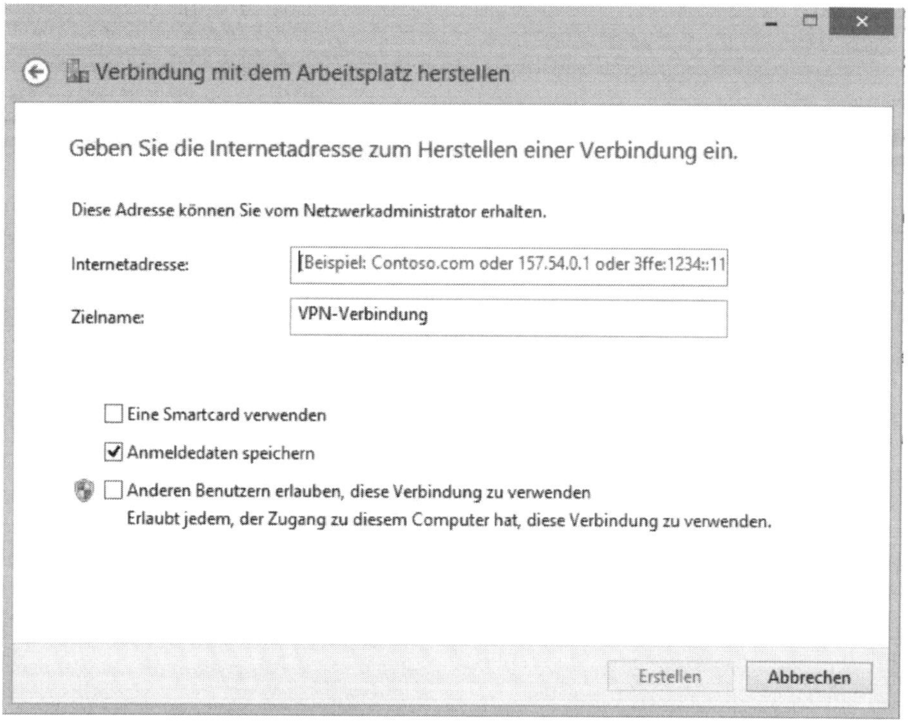

- Die Verbindung ist eingerichtet:

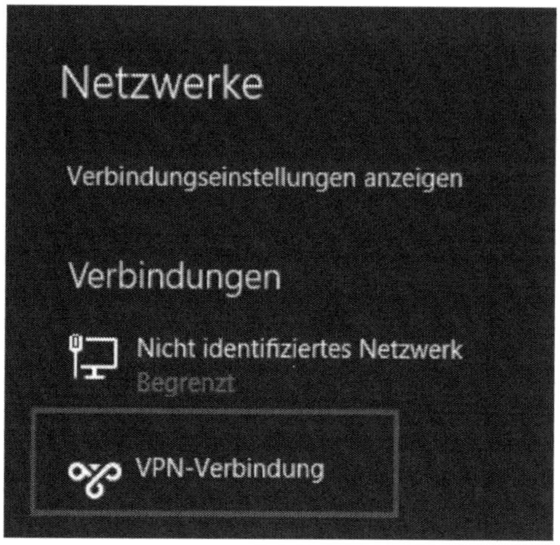

- In den Netzwerkverbindungen ist die neu eingerichtete VPN-Verbindung enthalten. Wir müssen diese noch ein wenig anpassen, damit sie zu den Richtlinien passt die weiter oben auf dem Edgeserver festgelegt wurden.
- In der Registerkarte „Sicherheit“ muss noch der Protokolltyp ausgewählt werden, den wir auf dem Edgeserver im Netzwerkrichtlinienserver in der Netzwerkrichtlinie ausgewählt haben.

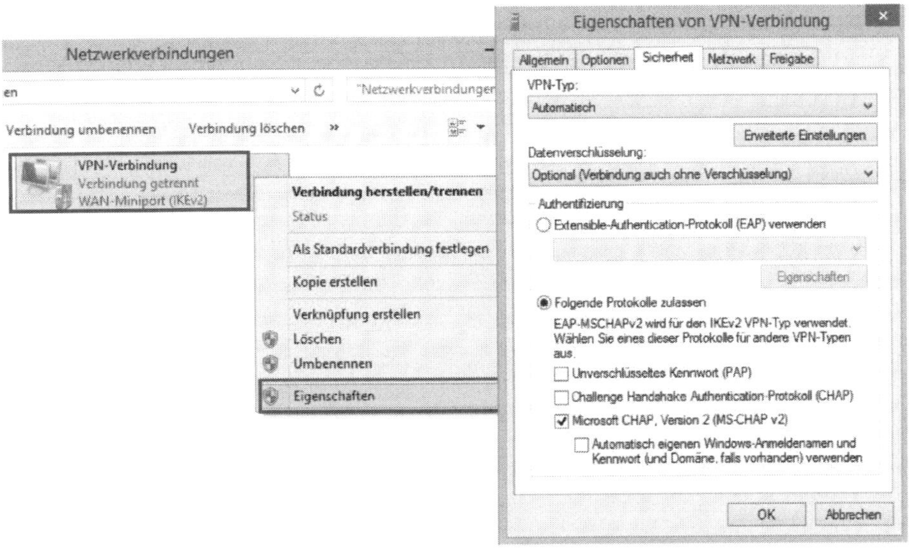

- Die Verbindung kann nun aufgebaut werden:

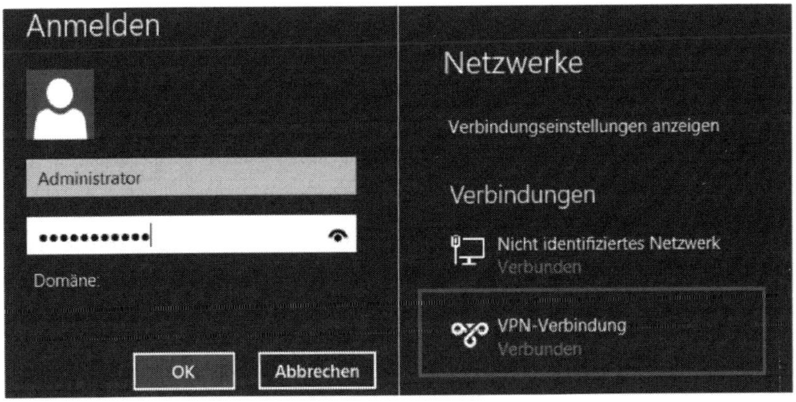

- Auf dem Edgeserver können Sie in der Remotezugriffs-Verwaltungskonsole das Dashboard nutzen, um die Anzahl der verbundenen Clients zu prüfen.

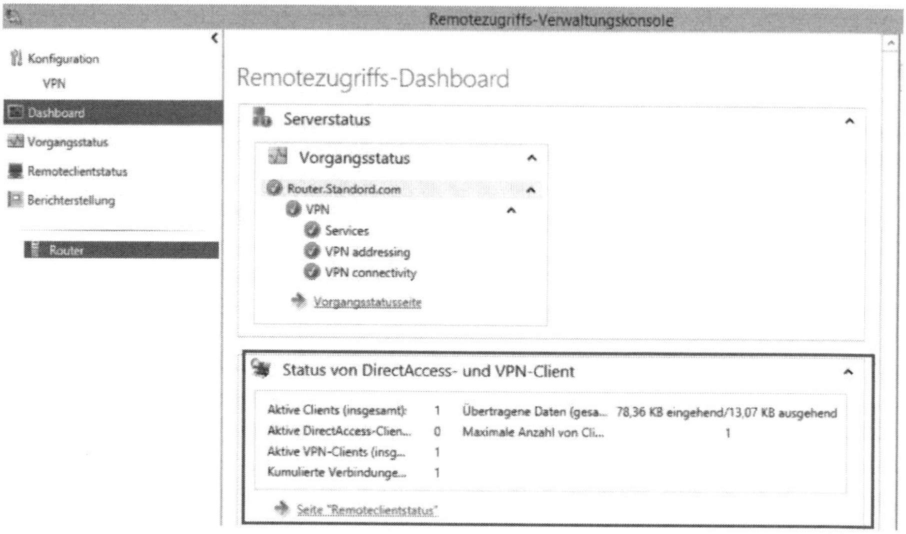

- Im Bereich „Remoteclientstatus" werden genauere Zugriffs- und Verbindungsdetails sowie der angemeldete Benutzer angezeigt:

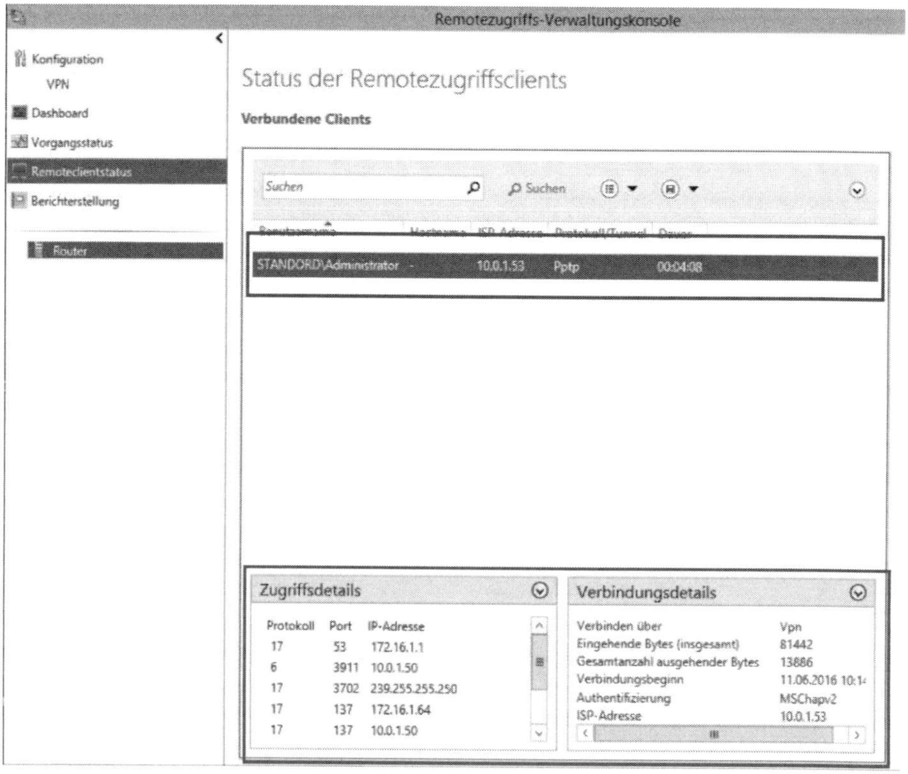

5.1.3 Web Application Proxy

***Information**: Der Web Application Proxy ist in Windows Server 2012 R2 eingeführt worden.*

Der Web Application Proxy ist ein neuer Rollendienst innerhalb der Remote and Access Services (RAS). Mit dem Web Application Proxy werden Informationen über freigegebene Applikationen über das Internet zugänglich. Dazu wird der Proxy im Umgebungsnetzwerk platziert und nimmt die Anfragen aus dem Internet entgegen. Verwendet werden dazu die Active Directory Verbunddienste (AD FS).

Die Optionen für die Authentifizierung

Die Active Directory Verbunddienste werden für die Konfiguration des Web Application Proxy benötigt. Die Benutzerauthentifizierung erfolgt über zwei Optionen:

Vorauthentifizierung über „Pass-through“:
Dabei wird der Web Application Proxy genutzt, um über die Authentifizierung der Applikation auf die Applikation zuzugreifen. Der Zugriff muss über Clients erfolgen, die Mitglieder der Domäne sind. Das ist eine sehr eingeschränkte Möglichkeit.

Vorauthentifizierung über AD FS:
Hier wird eine anspruchsbasierte Authentifizierung verwendet. Dazu erfolgt auf dem Proxy eine erste Authentifizierung. Mit den Ansprüchen wird festgelegt, welche Möglichkeiten wir dann für den Zugriff auf die Applikation haben.

Vorteile der AD FS Authentifizierung:

- **Workplace Join**. Das ermöglicht auch den Zugriff von Clients, die nicht Mitglied der Domäne sind.
- **Single Sign On (SSO).** Dadurch wird durch einmaliges Authentifizieren auch der Zugriff auf andere Ressourcen oder Applikationen ermöglicht.
- **Multifaktor Authentifizierung**. Sicherheit wird durch verschiedene Sicherheitsebenen erhöht, beispielsweise Smartcards, Tokens usw., die mit der anspruchsbasierten Authentifizierung durch AD FS kombiniert werden.
- **Multifaktor Zugriffskontrolle**. Das ermöglicht direkt auf den Applikationen verschiedene Ebenen von Berechtigungen.

Richtlinien und Best Practices für SSO

- Wenn Sie eine homogene Struktur haben und alle Benutzer und Applikationen sich innerhalb Ihrer Gesamtstruktur befinden und von dort die Zugriffe erfolgen, nutzen Sie die Active Directory Domänendienste für SSO.
- Wenn Sie den Zugriff für externen Benutzer und Clients ermöglichen wollen, die nicht zur Domäne gehören oder wenn Applikationen auf Servern bereitgestellt werden, die nicht zur Gesamtstruktur gehören, dann nutzen Sie die Active Directory Verbunddienste.

Das Veröffentlichen von Applikationen

Für die Veröffentlichung müssen Sie den geforderten Authentifizierungstyp beachten. Oben wurden diese schon genannt. Es sind die anspruchsbasierte Authentifizierung, die in Windows integrierte Authentifizierung und die Pass-through-Authentifizierung.

Ebenso ist wichtig ist, wie der Zugriff auf die Applikation erfolgen soll: Mit dem Browser, über eine Applikation aus dem Windows Store oder beispielsweise über Microsoft Office.

Richtlinien und Best Practices für Workplace Join

- Verteilen Sie Zertifikate auf die Clientgeräte.
- Nutzen Sie gruppenverwaltete Service Accounts für die über die AD Verbunddienste verwaltete Applikationen. Das sichert ein regelmäßiges und automatisches Erneuern der Account Passwörter.
- Beachten Sie, dass Geräte die über den Workplace Join integriert wurden, auch Zugriff auf AD DS Informationen haben. Mit weiteren Berechtigungen wie beispielsweise über die anspruchsbasierte Authentifizierung können Sie das potentielle Risiko mindern. Es soll auch möglicherweise nur auf bestimmte Applikationen zugegriffen werden und nicht auf alle bereitgestellten.

5.1.4 Planen einer hochverfügbaren und komplexen Remote Access Infrastruktur

Ihre Remote Access Infrastruktur ist dann komplex, wenn viele Standorte enthalten sind und die Anzahl von Remote Access Zugriffen sehr groß ist. In dem Fall ist davon auszugehen, dass die Zugriffe über Remote Access eine kritische Geschäftsaktivität darstellt, die hochverfügbar sein muss.

Zur Hochverfügbarkeit gehört nicht nur Redundanz. Sie müssen auch den Lastenausgleich planen. Eine hochverfügbare Infrastruktur ist nur dann effektiv, wenn die Zugriffsgeschwindigkeit die Geschäftsanforderungen nicht einschränkt. In den Service Level Vereinbarungen sind die Geschäftsanforderungen üblicherweise festgelegt.

Richtlinien und Best Practices für den Lastenausgleich

- Sie können für Remote Access den Lastenausgleich (load balancing) intern oder extern planen.
- Der externe Lastenausgleich kann über das Implementieren von mehreren Zugangspunkten erfolgen. Das könnten Einwahlserver sein, die eine Vorauthentifizierung durchführen.
- Der interne Lastenausgleich kann hinter der Vorauthentifizierung durch ein Cluster erfolgen, in dem der Lastenausgleich implementiert ist.
- Bei der Nutzung eines Clusters können virtuelle Maschinen in einem Hyper-V Cluster verwendet werden.

- Wichtig ist, dass alle Server sich in der gleichen Domäne und im gleichen Subnetz befinden und dass für die VPN Clients ein statischer IP-Adressenpool reserviert wird.

Die Remote Access Kapazität

Die notwendige Kapazität wird durch die erwartete Anzahl von gleichzeitig stattfindenden Verbindungen bestimmt. Denken Sie an möglicherweise auftretende Lastspitzen. Diese dürfen nicht Ihre Service Level Vereinbarungen gefährden. Unterschieden wird zwischen Low End und High End Server.

Der Low End Server:
4 Core CPU mit 4 GB RAM und einem Netzwerkdurchsatz von 75Mbyte/Sekunde ermöglicht etwa 750 bis 1000 gleichzeitige Verbindungen. CPU und Speicherauslastung sollten dabei bei ca. 50% liegen.

Der High End Server:
8 Core CPU mit 8GB RAM und einem Netzwerkdurchsatz von 150Mbyte/Sekunde ermöglicht etwa 1500 gleichzeitige Verbindungen. CPU und Speicherauslastung sollte auch hier bei ca. 50% liegen.

Betrachten Sie die Angaben als Faustformel. Die zugrundeliegenden Verbindungen für diese Angaben liegen bei 1/3 HTTPS und 2/3 DirectAccess Verbindungen.

Remote Access bei verschiedenen Standorten

Entscheidend ist die Information, wie viele Clients zu unterstützen sind, an welchen Standorten sich diese befinden und welche Betriebssysteme unterstützt werden müssen. Je nachdem welche Betriebssysteme zum Einsatz kommen, können unterschiedlich konfigurierte Einwahlpunkte bereitgestellt werden, die bestimmte Betriebssysteme unterstützten. Windows 8 und neuer kann die bestmöglichen Zugangspunkte erkennen. Windows 7 nicht. Für Windows 7 und andere Betriebssysteme sollte daher ein globaler Netzwerklastenausgleich erfolgen.

Weiterhin wichtig:

- Konfigurieren Sie die Richtlinien in der Direct Access Managementkonsole oder in der Windows Powershell.
- Sichern Sie sich durch Zertifikate ab. Sie benötigen dazu eine Public Key Infrastruktur (PKI).
- Verwenden Sie IPv6. DirectAccess ist darauf angewiesen.
- Für jede Domäne in Ihrer Gesamtstruktur sollten Sie eigene GPOs verwenden, um die Konfiguration der Clients durchzuführen. Das sichert Ihnen größtmögliche Flexibilität bei Änderungen.

Zusätzliche Authentifizierungsoptionen:

- Wenn Sie zusätzliche Authentifizierungsoptionen einsetzen wollen, ziehen Sie folgendes in Betracht:

- Möglich wäre ein einmaliges Passwort (One Time Password, OTP). Das ist für temporäre oder einmalige Verbindungen verwendbar.
- Windows 7 Clients benötigen für DirectAccess Verbindungen den „DirectAccess Connectivitiy Assistant 2.0".

Remote Access über mehrere Gesamtstrukturen

Wenn Sie Remote Access über mehrere Gesamtstrukturen bereitstellen müssen, ist folgendes zu bedenken:

- Sie benötigen eine bidirektionale Vertrauensstellung zwischen den Gesamtstrukturen.
- Der für das Remote Access zuständige Administrator muss die Rechte zum Verwalten von GPOs über alle beteiligte Gesamtstrukturen innehaben. Es wird eine zentralisierte Verwaltung benötigt, die dadurch sichergestellt wird.
- Unterschiedliche Clientbetriebssysteme benötigen unterschiedliche Behandlung. Für Windows 10, Windows 8.1, Windows 8 und Windows 7 wird daher je eine eigene Sicherheitsgruppe benötigt. Diesen Sicherheitsgruppen müssen eventuell eigene Zugangspunkte zugeordnet werden.
- Jede Gesamtstruktur muss so konfiguriert werden, dass zwar alle die gleiche Zertifikatsvorlage verwenden, diese aber mit jeweils anderen OIDs für die OTP Authentifizierung versehen sind.

5.1.5 Das Planen der RADIUS Implementierung

Information: RADIUS = Remote Access Dial In User Service.

RADIUS ist ein Client-Server Protokoll, das zur Authentifizierung, Autorisierung und zum Accounting (Kontoführung) von Benutzern bei der Einwahl in ein Computernetzwerk dient. Es stellt eine zentrale Authentifizierung von Einwahlverbindungen dar, die beispielsweise über VPN, WLAN, DSL usw. erfolgen können. Die NPS-Rolle unterstützt das RADIUS-Protokoll.

Die RADIUS Rollen von Windows Server 2012 R2

Der Netzwerkrichtlinienserver NPS ist die Microsoft-Implementierung des RADIUS-Servers.

Innerhalb Ihrer Infrastruktur können Sie NPS verwenden, um RADIUS-Funktionen bereitzustellen. Ein NPS unter Windows Server 2012 R2 kann sowohl RADIUS-Server wie auch RADIUS-Proxy sein.

Der RADIUS Server:

- Dieser ist zuständig für die zentrale Verbindungsauthentifizierung, Autorisierung und Kontoführung für Verbindungen über WLAN, Einwähl- und VPN-Verbindungen. Durch den Zugriff auf Benutzerkontoinformationen kann der RADIUS-Server die Anmeldeinformationen überprüfen und den Zugriff entsprechend der definierten Bedingungen zulassen. Durch die Zentralisierung mit RADIUS erfolgt die Erfassung der Daten über Authentifizierung, Autorisierung und Kontoführung an einem Speicherort und nicht auf jedem einzelnen Zugriffsserver. Ist der NPS als RADIUS konfiguriert, greifen VPN-Server oder WLAN-Hotspots als RADIUS-Clients auf den RADIUS-Server zu um Verbindungsversuche authentifizieren zu lassen. Da RADIUS ein Industriestandard ist, können auch Nicht-Microsoft Einwahlserver als RADIUS-Clients den NPS als RADIUS-Server nutzen. Ist der NPS Mitglied einer Active Directory Domäne, wird die AD DS als Benutzerkontodatenbank verwendet. Dadurch ist Single Sign-On (SSO) möglich. SSO ist eine einmalige Anmeldung, die innerhalb der AD-Domäne sowohl den Zugriff auf ein Netzwerk wie auch den Zugriff auf die Ressourcen ermöglicht, bei der dann die gleichen Anmeldeinformationen verwendet werden.

Der RADIUS Proxy:

- Dieser leitet Authentifizierungs- und Kontoführungsmeldungen an andere RADIUS-Server weiter. Versenden Sie den NPS als RADIUS-Proxy, geben die auf dem NPS konfigurierten Verbindungsanforderungsrichtlinien an, welche Verbindungsanforderungen dieser NPS an welche RADIUS-Server weitergeleitet werden. Ebenso können Sie konfigurieren, welcher RADIUS-Server die Protokolldaten verwaltet. Der RADIUS-Proxy ermöglicht es ihnen ebenfalls, die Remotezugriffsinfrastruktur auszulagern und nur die Benutzerauthentifizierung, Autorisierung und Kontoführung selbst durchzuführen.

Der RADIUS-Client:

- Eine wichtige und oben bereits kurz erwähnte Komponente in einer RADIUS-Infrastruktur ist der RADIUS-Client. Das sind keine Client-Computer sondern Netzwerkzugriffserver, WLAN-Hotspots, Einwahlrouter, VPN-Server, DFÜ-Server o.ä, die ihre Benutzerauthentifizierung nicht selbst übernehmen, sondern dafür einen RADIUS-Server verwenden. Verwenden Sie NPS als RADIUS-Server oder –Proxy, müssen die RADIUS-Clients in NPS konfiguriert werden.

Verbindungsanforderungsrichtlinien

Die Verbindungsanforderungsrichtlinie gibt an, welcher RADIUS-Server den Verbindungsversuch autorisiert. Es wird nicht bestimmt, ob die Verbindung erlaubt wird. Bei der NPS-Installation wird eine Standard-Verbindungsanforderungsrichtlinie erstellt, die NPS als RADIUS-Server verwendet. Möchten Sie NPS als RADIUS-Proxy verwenden, müssen Sie eine RADIUS-Remoteservergruppen konfigurieren und eine neue Verbindungsanforderungsrichtlinie erstellen. Die Standard-Verbindungsanforderungsrichtlinie sollte dann entweder gelöscht werden oder in der Verarbeitungsreihenfolge die letzte Richtlinie sein.

In einer Verbindungsanforderungsrichtlinie können Sie Bedingungen und Einstellungen konfigurieren:

- Die **Bedingungen** umfassen u. a. das Protokoll, den Diensttyp, den Tunneltyp oder Tag- bzw. Uhrzeiteinschränkungen. Das sind alles RADIUS-Attribute, die mit den Attributen der eingehenden Authentifizierungswünsche vom RADIUS-Server verglichen werden und übereinstimmen müssen.

- Die **Einstellungen** umfassen beispielsweise die Authentifizierung, die Kontoführung, die Attributbearbeitung und weitere Einstellungen. Sie sind die Eigenschaften, die vom RADIUS-Server auf eingehende Authentifizierungswünsche angewendet werden.

Die Konfiguration der Verbindungsanforderungsverarbeitung

Grundsätzlich unterscheiden Sie zwischen drei Authentifizierungen:

- Die **lokale Authentifizierung**. Hier erfolgt die Authentifizierung mit der lokalen Sicherheitskonto-Datenbank oder mit AD DS. Verbindungsanforderungsrichtlinien sind ebenfalls lokal.
- Die **RADIUS Authentifizierung**. Hier erfolgt eine Weiterleitung der Verbindungsanforderung von RADIUS-Client an RADIUS-Server. Auf dem Server liegt die Sicherheitsdatenbank oder es erfolgt eine Authentifizierung mit AD DS. Der Server verwaltet den zentralen Speicher der Verbindungsanforderungsrichtlinien.
- Die **RADIUS Servergruppe**. Hier können mehrere RADIUS-Server Verbindungsanforderungen bearbeiten. Die Verbindungsanforderungsrichtlinie des RADIUS-Proxy gibt an, welcher Server der RADIUS-Servergruppe welche Verbindungsanforderungen zugeleitet bekommt.

Richtlinien und Best Practices für die RADIUS-Implementierung

- Beachten Sie die Ports, die für RADIUS benötigt werden. Die Firewall muss entsprechend konfiguriert werden. Die Ports sind die UDP 1812, 1813, 1645, 1646.
- Denken sie an das Protokollieren und welche Daten wichtig sind. Das können die akzeptierten Verbindungen sein, die abgelehnten Verbindungen oder beide.
- Sichern Sie die Verfügbarkeit des RADIUS-Dienstes durch mehrfach vorhandene RADIUS-Server und –Proxies.
- Erstellen sie Servergruppen für jede Domäne oder jeden Standort.
- Überlegen Sie, ob Sie auf RADIUS-Proxy oder RADIUS-Server Ebene die Kontoführung protokollieren.

So implementieren Sie RADIUS

Mit RADIUS können Sie u. a. VPN-Verbindungen autorisieren. Unter Windows übernimmt der Netzwerkrichtlinienserver (NPS) die Funktion des RADIUS-Servers oder des RADIUS-Proxy. Es empfiehlt sich, den VPN-Server als RADIUS-Client auf dem NPS zu konfigurieren. Das zentralisiert die Authentifizierung und vereinfacht die Verwaltung der Netzwerkrichtlinien besonders dann, wenn VPN-Server und NPS nicht auf der gleichen Maschine betrieben werden. Andernfalls wäre es erforderlich die Netzwerkrichtlinien sowohl auf dem VPN- wie auf dem RADIUS-Server zu verwalten.

Weiter oben haben Sie VPN ohne RADIUS-Authentifizierung eingerichtet. An dieser Stelle richten Sie die RADIUS Unterstützung ein.

So legen Sie eine NPS-Vorlage an:

- Starten Sie im „Tools“ Menü des Server Managers den Netzwerkrichtlinienserver, geben Sie der Vorlage einen Namen und tragen Sie den Zugangsschlüssel ein:

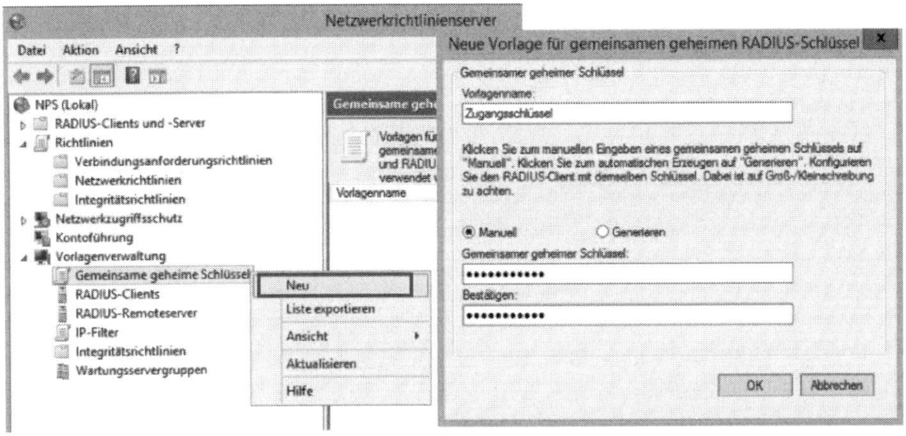

- Geben Sie als nächstes den RADIUS-Client an. Das ist der VPN-Server. Vergeben Sie dazu einen Anzeigennamen, tragen Sie die Adresse des Servers ein und wählen Sie die eben erstelle Schlüsselvorlage aus. Damit haben Sie eine Vorlage für den RADIUS-Client erstellt.

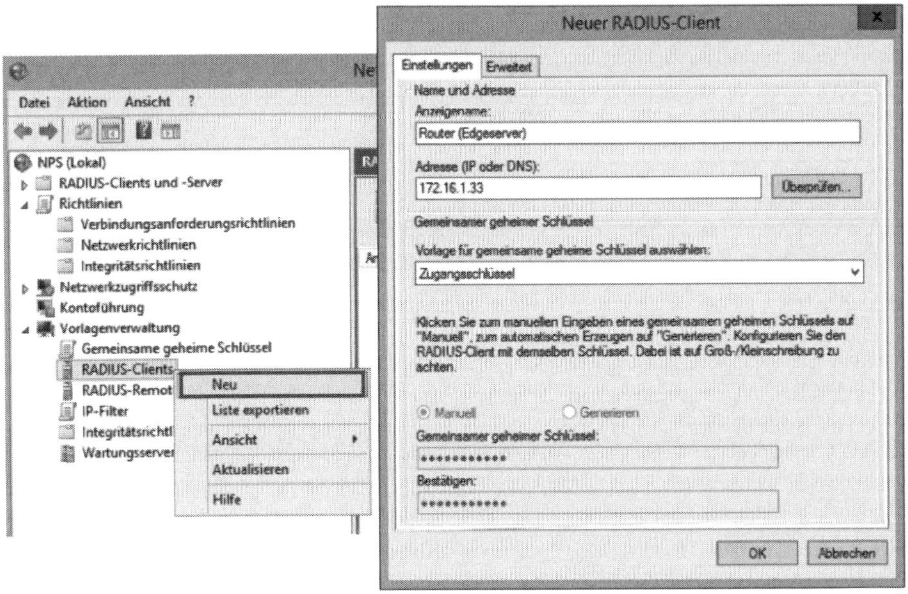

So richten Sie die Kontoverwaltung ein:

- Klicken Sie auf den Bereich „Kontoführung“ und starten Sie durch Klick auf „Kontoführung konfigurieren“ den Assistenten:

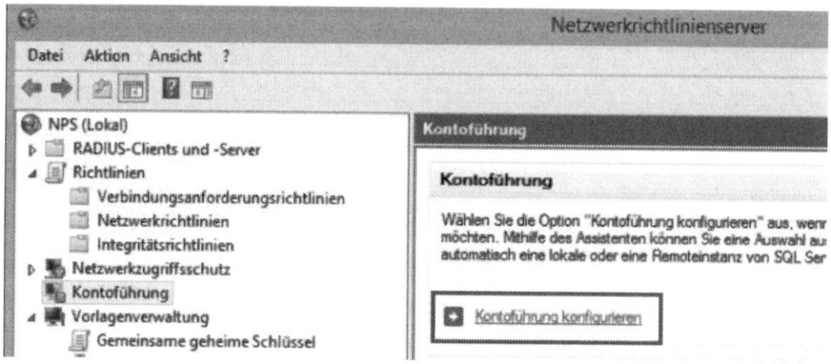

- Je nach Anforderung wählen Sie in den Kontoführungsoptionen die Protokollierung aus, beispielsweise in eine Textdatei auf dem lokalen Computer.
- Gehen Sie den Assistenten weiter durch und erstellen Sie die Kontoführungsoption.

So konfigurieren Sie den RADIUS-Client

Zur Erinnerung: Ein RADIUS-Client ist ein VPN-Server, der die Authentifizierung von Verbindungsversuchen an einen RADIUS-Server weiterreicht. Er ist kein Clientcomputer, der sich per VPN mit Ihrem Netzwerk verbinden will

- Erstellen Sie einen RADIUS-Client durch Rechtsklick und Auswahl von „Neu“ im Bereich „RADIUS-Clients und –Server“.
- Vorausgewählt ist „Diesen RADIUS-Client aktivieren“. In diesem Fall werden RADIUS-Client und RADIUS-Server auf einer Maschine betrieben und diese Option wäre in Ordnung. Werden die beiden Dienste auf getrennten Maschinen betrieben, benötigen Sie die Option „Vorhandene Vorlage auswählen“. Wählen Sie diese Option, damit Sie die erstellte Client-Vorlage auswählen können. Das ist auch bei einem gemeinsamen Betrieb eine mögliche Wahl. Erstellen Sie den RADIUS-Client durch Klick auf „OK“.

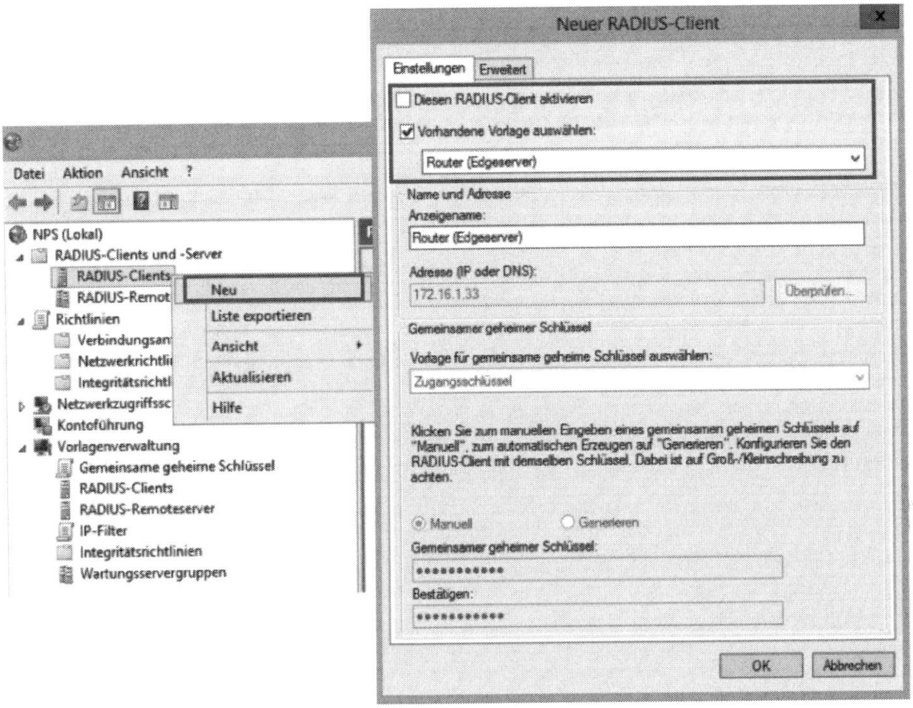

- Starten Sie über das „Tools“ Menü im Server Manager auf dem Edgeserver die Konsole „Routing und RAS“. Deaktivieren Sie „Routing und RAS“, damit Sie es erneut konfigurieren und aktivieren können:

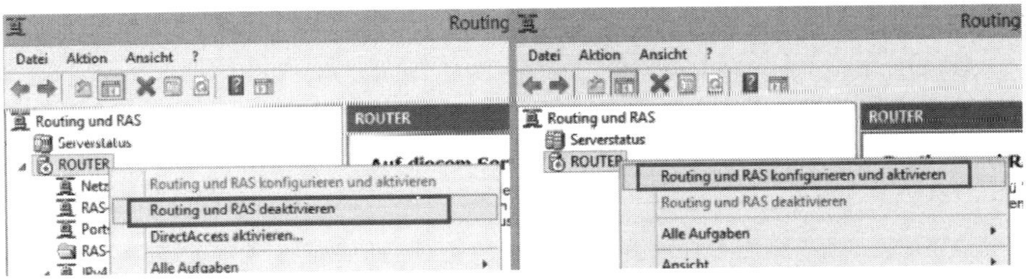

Den „Setup-Assistent für den Routing- und RAS-Server“ haben Sie in dem Abschnitt kennen gelernt, in dem es um die Einrichtung des VPN-Servers ging. Es werden im folgenden Verlauf zum Teil andere Optionen konfiguriert. Nur die Unterschiede zu oben werden in den Bildern gezeigt.

- Wählen Sie in der Konfiguration „RAS (DFÜ oder VPN“.
- Beschränken Sie sich im nächsten Schritt auf „VPN“.
- Die VPN-Verbindung erfolgt über die Schnittstelle, die mit der Außenwelt verbunden ist. Deaktivieren Sie die Sicherheit durch statische Paketfilter.
- Die Adresszuweisung erfolgt nicht automatisch.

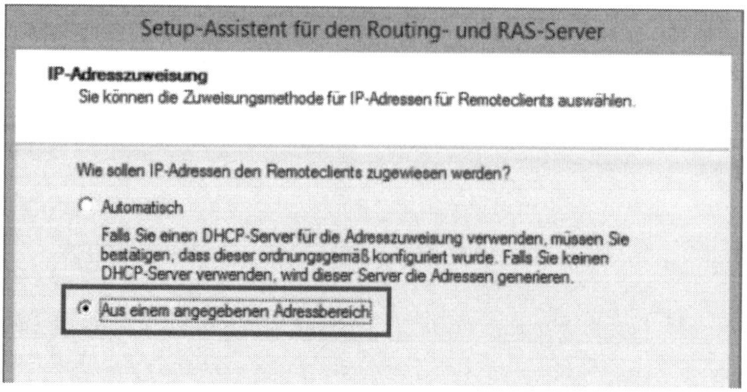

- Legen Sie durch Klick auf „Neu" den Adressbereich fest, aus denen die Remoteclients bedient werden sollen:

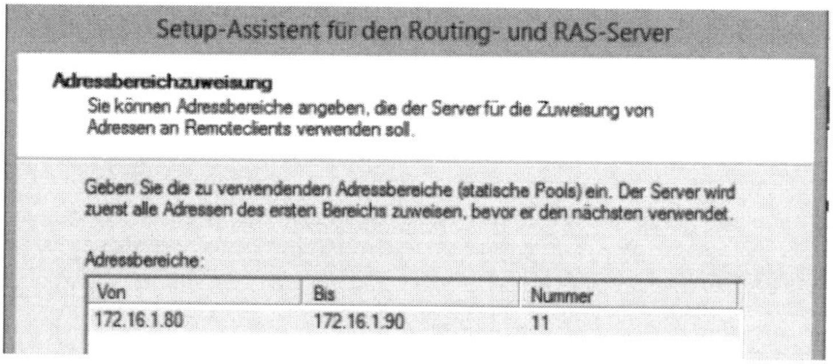

- Im nächsten Schritt unter „Mehrere RAS-Server verwalten" richten Sie den Server für die Verwendung eines RADIUS-Servers zur Authentifizierung ein. Eingehende Verbindungswünsche werden dann zur Authentifizierung an den RADIUS-Server weitergeleitet.

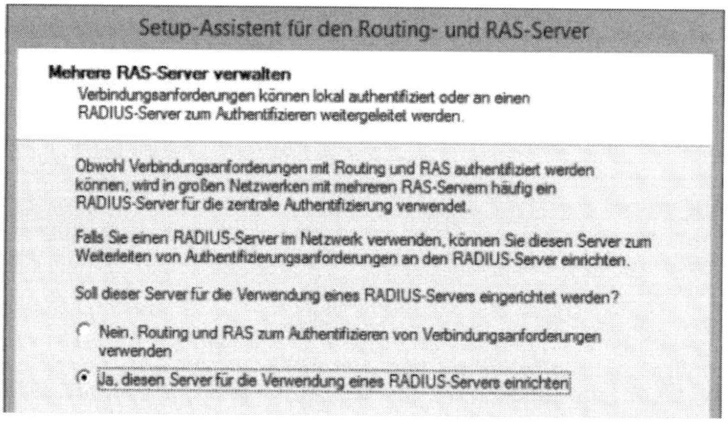

- Legen Sie im folgenden Schritt den RADIUS-Server fest, eventuell auch einen zweiten. Geben Sie den gemeinsamen Schlüssel ein, so wie Sie ihn bereits auf dem Netzwerkrichtlinienserver in der Vorlagenverwaltung eingegeben haben.

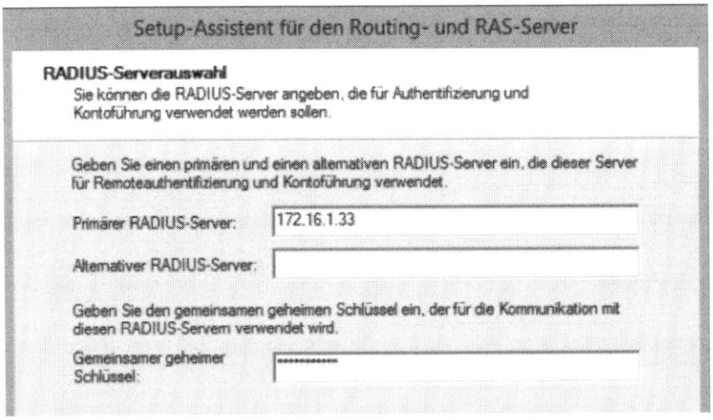

- Klicken Sie in der Zusammenfassung auf „Fertig stellen“. Die nun folgenden Meldungen bezüglich der Standard-Verbindungsanforderungsrichtlinie und des DHCP-Relay Agenten haben Sie bereits bei der VPN-Konfiguration kennen gelernt. Nach dem Schließen der Meldungen startet der Routing und RAS-Dienst.

So erstellen Sie die Netzwerkrichtlinien auf dem Netzwerkrichtlinienserver

Die folgenden Schritte unterscheiden sich nicht von den Schritten, die Sie bereits in der VPN-Konfiguration kennen gelernt haben. Sie starten die Konsole „Netzwerkrichtlinienserver“ und deaktivieren die durch die Konfiguration des Routing- und RAS-Servers als VPN-Server und RADIUS-Client automatisch erzeugten Standard-Netzwerkrichtlinien. Wenn Sie bereits die vorherige VPN-Konfiguration (mit Namen „VPN-Netzwerkrichtlinie“) durchgeführt haben, ist die Deaktivierung der Standard-Richtlinien bereits durchgeführt und nur die alte VPN-Konfiguration ist aktiv. Diese benötigen wir nicht. Sie können diese löschen oder ebenfalls deaktivieren.

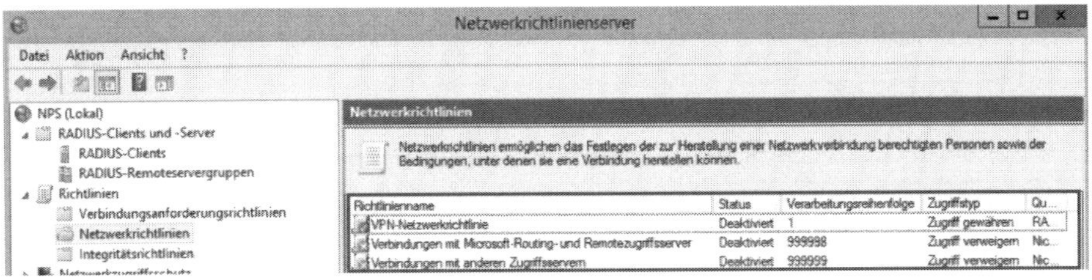

- Für das weitere Vorgehen benötigen wir eine neue Netzwerkrichtlinie. Starten Sie den Assistenten und konfigurieren Sie die neue Richtlinie. Beginnen Sie mit dem Richtliniennamen und dem Typ des Netzwerkzugriffsservers:

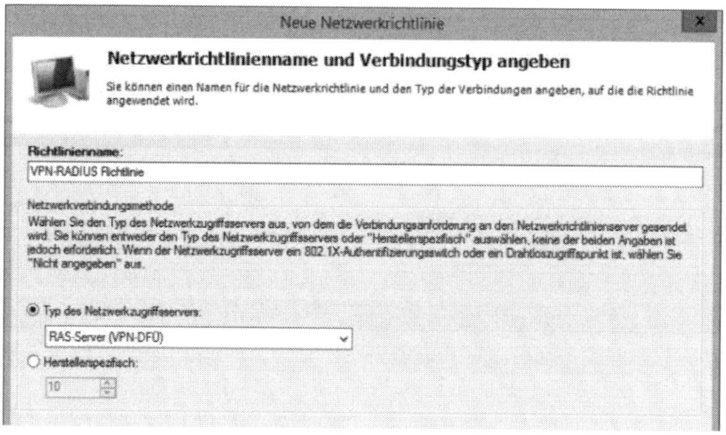

- Fügen Sie eine für RADIUS notwendige Bedingung hinzu. Wie oben wählen Sie den NAS-Porttyp und „Virtuell (VPN)".
- In den Zugriffsberechtigungen gewähren Sie den Zugriff.
- Die Authentifizierungsmethoden bleiben auf den Vorgaben.
- Die Einschränkungen bleiben ebenfalls auf den Vorgaben.
- Die Einstellung übernehmen Sie auch unverändert.
- Nach der Zusammenfassung erstellen Sie die Richtlinie.

So konfigurieren Sie die VPN Clients

Für VPN-Verbindungen ohne RADIUS haben wir oben bereits einen Client konfiguriert. Diese Einstellung passt allerdings nicht mehr. Sie können eine neue Verbindung erstellen oder die vorhandene anpassen.

Wenn Sie eine neue Verbindung erstellen, gehen Sie in den ersten Schritten vor wie oben.

Wenn Sie die vorhandene Einstellung anpassen bzw. eine neue erstellt haben, ändern Sie in den Eigenschaften der Verbindung die Einstellungen:

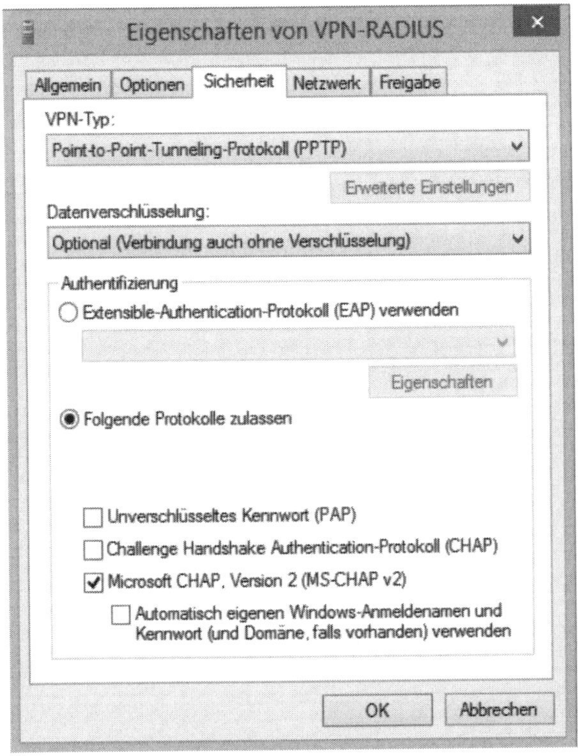

5.2 Der Schutz Ihres Netzwerks

Sie haben in den vorherigen Abschnitten bereits einiges über Sicherheitsprobleme und Sicherheitsrisiken erfahren. Zu diesen Risiken gehören u. a. Datenverluste durch Defekte oder Fehlbedienungen, denen Sie mit Redundanz und Datensicherheit begegnen, es gehört aber auch die Vertraulichkeit von Informationen und die Zugriffsbeschränkung dazu, die Sie beispielsweise mit Verschlüsselung, Zertifikaten, Mehrfachautorisierung, Smartcards usw. sicherstellen können. In diesem Abschnitt geht es um Risiken durch vorsätzliche Angriffe auf die Integrität Ihres Netzwerks und den Strategien um diese abzuwehren. Nicht vergessen sollten Sie Situationen, in denen Ihre Infrastruktur nicht einsatzbereit ist, denn manche Angriffe haben nicht den Datendiebstahl als Zweck sondern sollen nur für Betriebsausfälle sorgen.

Um Ihr Netzwerk zu sichern, müssen Sie also wissen mit welchen Risiken Sie umgehen müssen und wie Sie diese erkennen und minimieren. Dazu stehen Ihnen Möglichkeiten wie beispielsweise die Windows Firewall, NAP oder die dynamische Zugriffsteuerung zur Verfügung.

Mögliche Bedrohungen

Bevor Sie sich die Frage stellen, mit welchen Bedrohungen Sie es zu tun haben könnten, denken Sie einen Moment darüber nach, von welchem Ort die Bedrohungen ausgehen.

Von außen selbstverständlich. Allerdings auch von innen. Das können Mitarbeiter sein aber auch Fremde bzw. Gäste, die sich einfach an einen Ihrer Computer setzen oder mitgebrachte Geräte in eine freie Netzwerkdose stöpseln. Sie sollten also Ihr Augenmerk nicht nur auf äußerliche Bedrohungen richten.

Viele weitere Bedrohungen sind Ihnen sicherlich bekannt. Die nun folgenden Listen sind bei weitem nicht vollständig:

- Schadsoftware per Mail oder durch den Besuch von präparierten Webseiten.
- Denial of Service, also den Versuch Ihre Services zu unterbrechen.
- Passwortphishing, also der Versuch Mitarbeiter zur Herausgabe von Zugangspasswörtern zu bewegen.
- Brute-Force Versuche um Passwörter zu erraten.
- Das Aufzeichnen und Auswerten von Datenübertragungen.
- Verlust von Speichergeräten, mobilen Geräten oder Computern.
- DNS Cache Poisoning zur unbemerkten Umleitung von Serverzugriffen.

Welche Angriffsstufen gibt es:

- Das Untersuchen Ihrer Infrastruktur nach möglichen Schwachstellen.
- Das Ausnutzen von erkannten Schwachstellen.
- Das Kompromittieren von Netzwerkressourcen.
- Das Ausweiten des Zugriffs auf andere Bereiche.
- Das Verwischen der Spuren.

Häufig verwendete Angriffsmethoden:

- Einfach „Mithören".
- Datenmanipulation, beispielsweise des DNS Cache.
- Identitätsdiebstahl bei Zertifikaten oder Zugangsdaten.
- Passwortdiebstahl.

Die wichtigsten vier Prinzipien für die Netzwerksicherheit

Wenn Sie Ihre Sicherheitsmaßnahmen planen und umsetzen, dürfen Sie die Anforderungen der Benutzer nicht außeracht lassen. Der Aufwand für den erlaubten Zugriff auf Ressourcen muss in einem gesunden Verhältnis zum Schutz vor unerlaubten Zugriff stehen. Ein Beispiel: Passwörter die schwer zu merken sind, führen oft dazu dass diese einfach notiert und irgendwo platziert werden wo sie leicht zu finden sind. Richtlinien können dies zwar untersagen, die Einhaltung ist aber nur schwer zu kontrollieren. Etwas weniger komplizierte Passwörter könnten daher sicherer sein.

1. Schaffen Sie mehrere Sicherheitsebenen und damit eine abgestufte und tiefe Verteidigung:

Diese besteht aus Maßnahmen in verschiedenen Ebenen:

- Es beginnt mit **Richtlinien, Regeln und Vorschriften**. Alle Beteiligten, sowohl die Mitarbeiter wie auch die Administratoren müssen wissen, was erlaubt ist und was nicht. Ebenso wichtig sind mögliche Konsequenzen bei Missachtung. Es ist allerdings auch entscheidend, dass diese Regeln anwendbar sind und ihre Einhaltung nicht die Service Level beeinträchtigen.
- Weiter geht es mit der **physischen Sicherheit**. Das beinhaltet eine stabile Tür und eine Zugangskontrolle zu den Server- und Arbeitsplatzräumen. Denken Sie auch daran, den Zugang zu Netzwerkdosen für unberechtigte Personen zu erschweren.
- Nun beginnt die technische Absicherung in Ihrer Umgebung. Da viele Dienste aus dem Internet erreicht werden müssen (Kommunikation, Remote Access usw.), benötigen Sie ein **Umkreisnetzwerk**. Dieses markiert die Grenze zwischen Ihrem privaten Netz und dem Internet. Mit Firewalls, Routern, Intrusion Detection Systemen usw. können Sie diese Bereiche entsprechend der Anforderungen unterschiedlich absichern. Das Umkreisnetzwerk steht zwischen unserem internen privaten Netz und dem öffentlichen Internet. Es beherbergt die Dienste und Funktionen, die von außen aus dem Internet erreichbar sein müssen bzw. die uns den Weg zu den internen Ressourcen ermöglichen. Zwischen Internet und Umkreisnetzwerk steht eine Firewall und zwischen dem Umkreisnetzwerk und dem internen Netz ebenfalls. Weitere Staffelungen sind möglich, die mit weiteren Umkreisringen erreicht werden. Über Firewalls, Proxies und Gateways können Sie eine Abstufung nach Bedarf erreichen.
- Auf der **Netzwerkebene** geht es um den Schutz der Datenübertragungen. In den vorherigen Kapiteln wurde über Verschlüsselung, Zertifikate und die entsprechende Infrastruktur bereits gesprochen. Die Stichwörter sind IPsec, SSL, PKI.
- Die **Hostebene** ist Ihnen sicherlich vertraut. Hier geht es um Updates und Sicherheitspatches für Server und Computer und wie diese an die Geräte zügig verteilt und die Anwendung kontrolliert werden (z. B. mit WSUS). Weiterhin sollten Sie an die Firewall auf den Geräten denken und auch Antiviren- und Malwaresoftware verwenden und aktuell halten.
- Für die **Anwendungsebene** gilt das gleiche. Das ist nicht nur die Aktualisierung von Antiviren-Software sondern auch die Aktualisierung von Applikationen, Tools, Treiber usw. Ein gutes Beispiel dafür ist das Flash Browser Plug-In. Selbst entwickelte Software gehört ebenfalls mit ihren Sicherheitsmerkmalen dazu.
- Die letzte Ebene ist die **Datenebene**. Das beinhaltet nicht nur die Nutzdaten, auch die Daten mit Berechtigungs- und Freigabeinhalten sind gemeint. Dazu zählen die NTFS Berechtigungen und die Freigabeberechtigungen für Ordner. Den Zugriff auf alle diese Daten können Sie durch Laufwerksverschlüsselung und verschlüsselnde Dateisysteme sicherstellen. Seit Windows Server 2012 können Sie auch die dynamische Zugriffskontrolle (Dynamic Access Control, DAC) verwenden, um den Zugriff auf Datenobjekte auf Attributebene anhand der Eigenschaften der Datenobjekte zu reglementieren.

2. Halten Sie die Benutzerrechte klein:

- Die Account-Passwörter sollten sicher und nicht zu einfach sein, müssen aber handhabbar bleiben. Die Weitergabe von Passwörtern sollte untersagt sein.
- Überwachen Sie die Einhaltung der Vorschriften und überwachen Sie Ihre Infrastruktur auf Angriffe.
- Beschränken Sie die Rechte der Anwender auf das notwendige.

3. Verkleinern Sie die mögliche Angriffsfläche in Ihrem Netzwerk:

- Beispielsweise dadurch dass Sie nur notwendige Rollen und Funktionen bereitstellen oder Dienste auf Server Core Systemen betreiben.

4. Wecken Sie das Sicherheitsbewusstsein der Anwender:

- Beispielsweise durch Schulungen. Diese müssen wissen warum Sicherheit wichtig ist und wie sie die Sicherheitsanforderungen in die Abläufe integrieren können.

Der Prozess für das Designen der Sicherheit

- **Bilden Sie ein Team für die Planung der Sicherheit**. Wenn Sie die Sicherheitskonzepte planen, beziehen Sie alle relevanten Informationsquellen mit ein. Das schließt Mitarbeiter mit ein, die Vorschläge machen können und durch Ihre Beteiligung eine höhere Motivation erhalten, sich an Sicherheitsregeln zu halten. Dazu gehört auch die Planung der Rollen, die an Mitarbeiter delegiert werden.
- **Modellieren Sie mögliche Bedrohungen**, um das Bedrohungspotential auf Ressourcen, Rollen, Funktionen und Diensten einschätzen zu können. Ihr Sicherheitsteam unterstützt Sie in der technischen Realisierung wie auch in der Kommunikation nach außen.
- **Führen Sie ein Risikomanagement ein** oder ziehen Sie die entsprechenden Ansprechpartner hinzu, die für das Risikomanagement verantwortlich sind. Sie müssen die Eintrittswahrscheinlichkeit der Risiken bewerten, den möglichen Schaden beurteilen und den notwendigen Aufwand abschätzen, der für das Minimieren oder vermeiden von Risiken erforderlich ist. Der mögliche Aufwand umfasst Technik, Kosten und Budget. Es kann durchaus sinnvoll sein, ein gewisses Risiko in Kauf zu nehmen wenn die Kosten für die Minimierung deutlich höher sind als der mögliche Schaden und dessen Beseitigung. Bedenken Sie auch immaterielle Schäden wie beispielsweise einen Imageverlust für Ihre Organisation. Um mögliche Auswirkungen beurteilen zu können, implementieren Sie Messmethoden.
- Sie müssen für die Netzwerkelemente die **Sicherheitsmaßnahmen planen**. Dazu zählen Richtlinien und Verfahren auf der Grundlage der oben besprochenen möglichen Bedrohungen und auf der Grundlage des Risikomanagements. Zur Planung gehört auch das Team, das die Maßnahmen implementiert und überwacht.
- Sie müssen in der Lage sein, **Angriffe möglichst frühzeitig zu erkennen und darauf zu reagieren.** Je früher Sie das schaffen, desto kleiner ist der Schaden. Dabei helfen Ihnen Prozeduren und Abläufe, die das Erkennen unterstützen, die

Reaktion erleichtern und dafür sorgen, dass eine Wiederherstellung ohne Schadensvergrößerung erfolgt.

- Sorgen Sie für eine **ständige Überprüfung und Verbesserung** Ihrer Maßnahmen. Prüfen und überarbeiten Sie Nutzungsrichtlinien und Verwaltungsrichtlinien sowohl Proaktiv wie auch nach eingetretenen Angriffen. Lernen Sie aus Ihren Erfahrungen und von den Erfahrungen anderer.

Prozeduren und Richtlinien für die Netzwerksicherheit

Die Prozeduren legen die Schritte fest, die zur Umsetzung der Richtlinien eingehalten werden müssen, während die Richtlinien festlegen, was Sie implementieren müssen um Ihr Netzwerk abzusichern

Die Richtlinien im Überblick:

- Dazu zählen die administrativen Richtlinien vom oberen Management. Letztendlich entscheidet das Management auf Grundlage Ihrer Vorschläge und der zu erfüllenden Geschäftsanforderungen. Daher ist wichtig, dass auch Sie diese im Blick behalten.
- Dazu zählen die technischen Richtlinien. Das sind beispielsweise GPOs oder Sicherheitsvorlagen, die durch das Betriebssystem oder den Anwendungen erzwungen werden können.
- Letztendlich gehören auch die physischen Richtlinien dazu: Wie sind die Türen gesichert, werden Schlüssel oder Smartcards benötigt, wer kontrolliert den Zugang und wie.

Best Practices für Richtlinien und Prozeduren:

- Machen Sie den Grund für die Sicherheitsrichtlinien deutlich, formulieren und kommunizieren Sie diese Zielgruppengerecht.
- Keep it simple. Auch die Verfahren und Richtlinien sollten für die Zielgruppe geeignet sein, damit sie eingehalten werden können.
- Das Management legt Governance und Compliance fest. Sie müssen sich deren Unterstützung sichern. Dazu gehören auch mögliche Konsequenzen bei Missachtung durch die Anwender.
- Die Bekanntmachung der Richtlinien muss so erfolgen, dass auch später noch problemlos darauf zugegriffen werden kann.
- Prüfen Sie die geschäftlichen Anforderungen daraufhin, ob diese mit den Sicherheitsrichtlinien kompatibel sind. Die Geschäftsanforderungen werden sich nicht ändern können, die Richtlinien allerdings schon.
- Die Technologie muss in der Lage sein, die Richtlinien unterstützten zu können.

5.2.1 Windows Firewall Strategien

Sie haben bereits erfahren, dass viele mögliche Sicherheitsrisiken für Ihre Infrastruktur zu berücksichtigen sind. Sofern Ihr Netzwerk keinerlei Verbindung zu anderen Netzwerken hat, also nicht mit dem Internet oder anderen Strukturen verbunden ist, sind Sie vor Angriffen von außen natürlich sicher. Sobald Sie allerdings Verbindungen zulassen müssen, benötigen Sie eine Strategie um den Übergang von einem Netzwerk zum anderen zu reglementieren und zu schützen. Für die von innen ausgehenden Bedrohungen ist das natürlich ebenfalls relevant. Die Windows Firewall ist dafür eine gute Möglichkeit. Sowohl bei Windows Server wie auch bei Windows Client Betriebssystemen ist sie eingebaut und kann entsprechend Ihrer Vorgaben konfiguriert werden. Sie schafft damit eine zusätzliche Schutzebene für Ihr Netzwerk.

Szenarien für die Windows Firewall

Was können Sie mit der Windows Firewall ermöglichen? Das wäre die Kontrolle und die Einschränkung des IP-Traffic, die Aktivierung bzw. Deaktivierung von Ports, die voneinander getrennte Verwaltung von eingehendem und ausgehendem Datenverkehr. Eine weitere Möglichkeit ist die Unterstützung der Authentifizierung durch zusätzliche Verschlüsselung mit IPsec.

Das Konfigurieren von eingehenden und ausgehenden Regeln auf der Windows Firewall

- Überblick über die Windows Firewall:

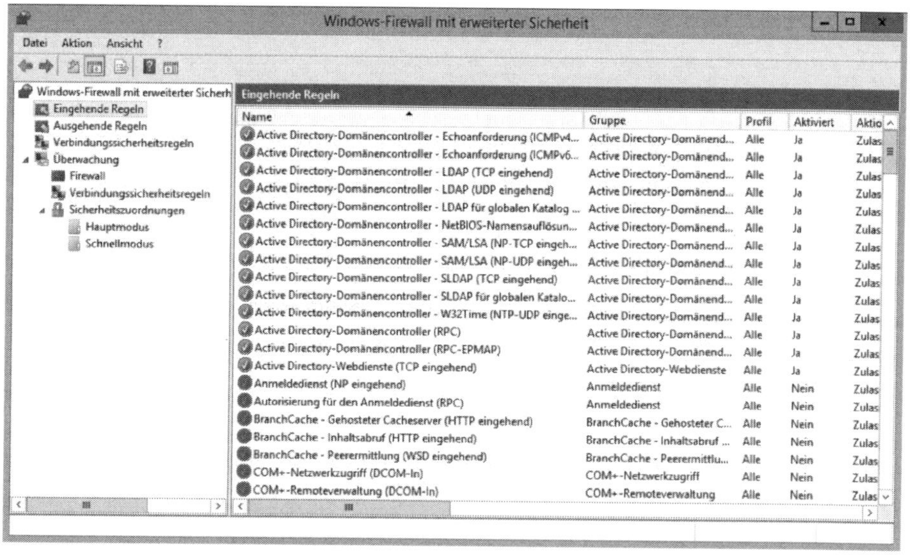

Grundsätzlich besteht sicherlich Einigkeit darin, dass die Windows Firewall in kaum einen Szenario ausgeschaltet bleiben sollte. Die einzige Ausnahme wäre ein isoliert betriebener Computer ohne jegliche Verbindung zu anderen Computern. Sobald auch nur zwei Computer miteinander verbunden werden, sollten beide die Firewall aktivieren.

Durch die Unterscheidung zwischen eingehenden und ausgehenden Regeln können Sie die Anforderungen an den Datenaustausch nach Bedarf unterschiedlich reglementieren.

Firewall Regeln lassen sich mit Gruppenrichtlinienobjekten auf viele Computer anwenden. Alternativ dazu steht die manuelle Konfiguration auf jedem Computer. Das lässt sich mit dem Export und Import von Regeln etwas erleichtern.

Die Windows Firewall ermöglicht die Regelkonfiguration nach Rollen. Ein Beispiel wäre das Zulassen oder Blockieren des Datenverkehrs von Anwendungen, beispielsweise durch das Festlegen welche Ports die Anwendung nutzen darf.
Weiterhin können Sie festlegen, welche Ports mit welchen Protokollen genutzt werden können und welche Funktionalitäten damit erlaubt sind.
Die Windows Firewall enthält auch vordefinierte Rollen, entsprechend der installierten Microsoft Anwendungen. Wenn Sie beispielsweise einen Dienst auf einem Computer installieren, enthält die Firewall die für diesen Dienst die entsprechenden Rollen, in denen die für diesen Dienst notwendigen Regeln bereits vorkonfiguriert sind. Sie können nach Bedarf diese Regeln modifizieren und die Firewall einfach nach Ihren Anforderungen anpassen. Sollte das alles nicht genug sein, können Sie auch ganz individuell Regeln nach Bedarf erstellen.

Im folgenden Bild sehen Sie ein Beispiel für eine vordefinierte Regel

- Die Eigenschaften der eingehenden Regel für BranchCache:

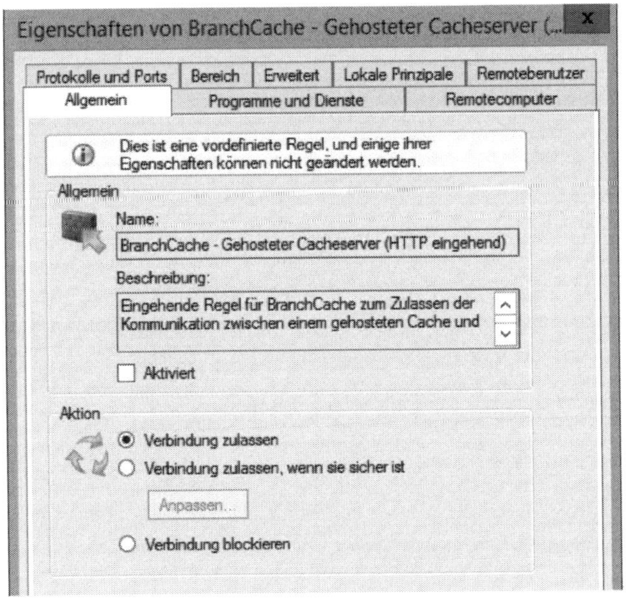

Eingehende Regeln:
Standardmäßig ist nicht angeforderter eingehender Datenverkehr gesperrt. Sie können das für bestimmten Datenverkehr lockern. Ein Beispiel wäre das

Beantworten von eingehenden Pings oder das Zulassen von Remote Desktop-Verbindungsversuche. Allgemein gesagt, können sie eingehenden Datenverkehr blockieren oder zulassen.

Ausgehende Regeln:
Für ausgehenden Datenverkehr gilt allgemein das gleiche wie für eingehenden Datenverkehr: Sie können diesen blockieren oder zulassen. Standardmäßig ist allerdings jeder ausgehende Datenverkehr erst einmal erlaubt.

Die Verwendung von IPsec mit der Windows Firewall

IPsec haben wir bereits beim Thema VPN kennen gelernt. Es ermöglicht uns das unter anderem das Verschlüsseln von Datenübertragungen und verwendet dazu offene Standards.
IPsec ist ein Framework und besteht aus diversen Protokollen mit diversen Möglichkeiten.

IPsec bietet:

- Eine „Peer to Peer"-Authentifizierung auf Netzwerkebene. Damit wird eine gegenseitige Authentifizierung erzwungen, die den Ursprungsort der Daten eindeutig identifiziert. Es können Ihnen also keine gefälschten Quellen untergeschoben werden. Die Windows Firewall unterstützt mit IPsec also die Authentifizierung von Datenquellen vor und während der Kommunikation.
- Die Integritätssicherung der Daten. Es wird eine Manipulation der übertragenden Daten verhindert bzw. eine Manipulation erkannt.

Einsatzmöglichkeiten von IPsec:
Basierend auf den Möglichkeiten von IPsec gibt es besonders gut geeignete Einsatzmöglichkeiten.

- Die Paketfilterung ermöglicht das Blockieren oder Zulassen von Datenverkehr über NAT. NAT wird dadurch in die Firewall eingebunden und kann mit IPsec genutzt werden.
- Der Datenverkehr von Host zu Host ist mit IPsec auch über öffentliche Netze gut zu sichern. Ein Beispiel wäre der Replikationsverkehr von Domänencontrollern zwischen verschiedenen Standorten.
- Der Datenverkehr zwischen Client und Server kann durch die Erzwingung von IPsec geschützt werden.
- Für VPN Verbindungen kann IPsec mit L2TP kombiniert werden.
- Für eine Verbindung zwischen Standorten können Sie IPsec für die Kommunikation zwischen den Standort-Gateways verwenden und diesen Datentransfer somit über öffentliche Netze tunneln. Dies ist besonders dann nützlich, wenn L2TP oder PPTP nicht möglich ist.
- Mit IPsec lassen sich innerhalb eines physikalischen Netzwerks logische Netzwerke einrichten, die nur den Zugriff durch authentifizierte Computer zulassen. So können Sie Server, Domänen oder andere Ressourcen isolieren, die besonderen Schutz bedürfen. Beim Thema AD-Standorte haben Sie dieses Szenario bereits kennen gelernt.

Einschränkungen von IPsec:

- IPsec erfordert statische IP-Adressen. Sollten in großen Netzwerkumgebungen mit mobilen Benutzern dynamische Adressen notwendig sein, kann dies für komplexe IPsec-Implementationen sorgen.
- IPsec erfordert mehr Bandbreite und Rechenkapazität für Datenverkehr. Möglicherweise eignet sich auch nicht jede Applikation dafür. Bei der Kommunikation zwischen Domänenmitgliedern und Domänencontrollern erhöht IPsec die Komplexität der Richtlinienkonfiguration. Vermeiden Sie solche Szenarien.
- Multicast- und Broadcastdatenverkehr können nicht mit IPsec verwendet werden. Echtzeitkommunikation ist ebenfalls nicht möglich.
- Verwaltungstools für Netzwerke können IPsec-verschlüsselten Datenverkehr möglicherweise nicht analysieren.
- Für WLAN empfiehlt sich WPA2 und nicht IPsec. Für VPN Verbindungen und Remotezugriff sollte L2TP mit IPsec verwendet werden, da IPsec ohne L2TP keine dynamischen Adressen und keine Benutzerauthentifizierung über VPN unterstützt.
- Verwendung von Verbindungssicherheitsregeln zum Authentifizieren und Verschlüsseln des Netzwerkdatenverkehrs.
- Authentifizierungsoptionen und –Methoden.
- Best Practices beim Aufstellen der Netzwerksicherheitsregeln.
- Die Konfiguration von Verbindungssicherheitsregeln.

Die Verbindungssicherheitsregeln

Die Windows Firewall ermöglicht das Definieren von Verbindungssicherheitsregeln, die mit einem Assistenten erstellt werden.
Da die Firewallregeln den Datenverkehr entweder zulassen oder blockieren aber nicht sichern, können Sie Verbindungssicherheitsregeln erstellen um den Netzwerkdatenverkehr zu überprüfen. Das Überprüfungsergebnis wird mit den in den Verbindungssicherheitsregeln definierten Kriterien verglichen und auf Grundlage des Vergleichs entweder blockiert oder zugelassen.

Der Assistent für neue Verbindungssicherheitsregeln

Regeltyp:

- Isolierung. Die Einschränkung des Zugriffs erfolgt nach Kriterien wie Domänenmitgliedschaft oder Integritätsstatus. Sie legen somit eine Isolationsstrategie für Server oder Domänen fest.
- Authentifizierungsausnahme. Hier definieren Sie Ausnahmen von den Authentifizierungsregeln. Es werden über IP-Adresse, IP-Adressbereiche, Subnetz oder Gruppen wie beispielsweise Gateways die Ausnahmen festgelegt, die sich ohne Authentifizierung verbinden können.
- Server zu Server ermöglicht das Schützen von Verbindungen zwischen Netzwerkendpunkten.

- Tunnel ermöglicht das Sichern von Verbindungen zwischen zwei Computern oder Gateways über öffentliche Netzwerke.
- Benutzerdefiniert. Hier erstellen Sie sich Regeln nach Ihren Anforderungen.

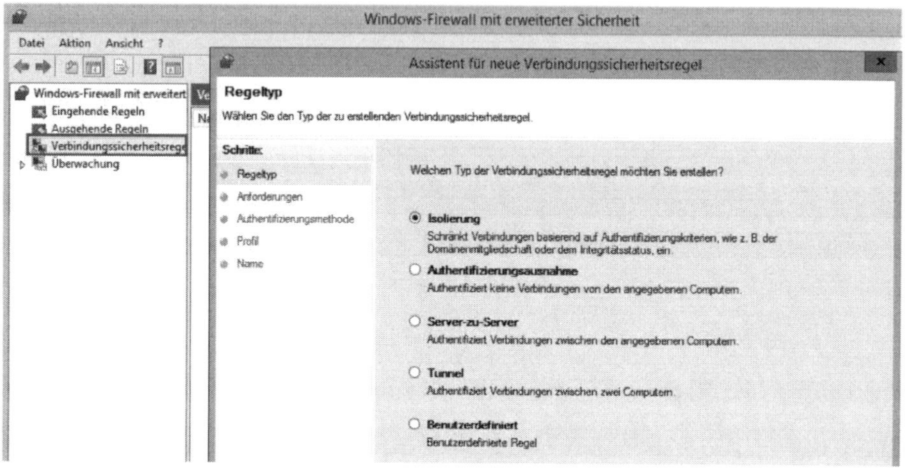

Richtlinien und Best Practices für das Design der Netzwerksicherheitsregeln

- Wenn Sie zwei Hosts per IPsec verbinden wollen, müssen auf beiden Geräten die gleichen Verbindungssicherheitsregeln in der Windows Firewall vorhanden sein. Damit wird sichergestellt, dass die Authentifizierung auf beiden Seiten übereinstimmend konfiguriert ist.
- Mit Verbindungssicherheitsregeln können Sie Kriterien nicht nur aufgrund von IP-Adressen festlegen. Es ist auch möglich, anhand des Benutzers oder des Computers den Zugriff zu reglementieren. Strukturen mit DHCP und sich ändernden Adressen sind so kein Problem.
- In homogenen Windowsumgebungen können Sie für Domänenmitglieder Kerberos V5 zur Authentifizierung verwenden. Das reduziert den Konfigurationsaufwand. Die Domänencontroller sollten allerdings nicht mit einbezogen werden.
- Es sollten nicht gleichzeitig IPsec Richtlinien und Verbindungsrichtlinien auf einem Computer verwendet werden. Bei Konflikten ist der Verursacher mühsam zu identifizieren.
- Testen Sie die IPsec-Authentifizierung vor dem Einsatz in Produktivumgebungen und verwenden Sie es nur, wenn Ihre Sicherheitsstrategie den Einsatz vorschreibt. IPsec erhöht die Komplexität deutlich. IPsec-Richtlinien, die über Verbindungssicherheitsregeln angewendet werden, haben Vorrang vor IPsec-Richtlinien, die über GPOs angewendet werden.
- Eine große Anzahl von Computern versorgen Sie am besten über Gruppenrichtlinien mit den Regeln. Das ermöglicht eine zentrale Verwaltung und eine automatische Bereitstellung für neue Computer. GPOs setzen darüber

hinaus lokale Regeln im Konfliktfall außer Kraft. Sind GPOs nicht verwendbar, erstellen Sie Skripte zur Verwaltung von Firewallregeln mit der Powershell oder mit dem Befehlszeilentool „**Netsh**“.

So erstellen Sie Firewall- und Verbindungssicherheitsregeln

Im folgenden Beispiel geht es darum, das „Internet Control Message Protocol“ (ICMP) auf der Firewall zu aktivieren, um zwei Computer über eine Endpunkt zu Endpunkt Regel miteinander kommunizieren zu lassen. Sie benötigen auf beiden beteiligten Computern die Konsole „Windows-Firewall mit erweiterter Sicherheit“. Die Verbindung zwischen den beiden Computern wird über eine Verbindungssicherheitsregel gesteuert, mit der Sie den Datenverkehr auf die in der Verbindungssicherheitsregel definierten Kriterien überprüfen. Die Verbindungssicherheitsregel muss auf beiden beteiligten Computern konfiguriert werden.

So erstellen Sie eine eingehende Regel auf der Windows Firewall:

- Durch Rechtsklick auf „Eingehende Regeln“ können Sie mit dem Befehl „Neue Regel...“ den Assistenten starten. Erstellt wird eine benutzerdefinierte Regel, da wir kein Programm oder einen installierten Windows-Dienst freigeben wollen.

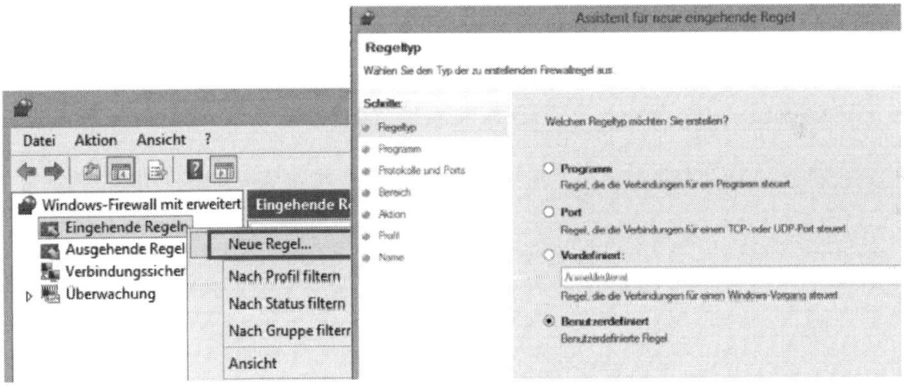

- Den Schritt „Programm“ können wir übergehen, da eine benutzerdefinierte Regel erstellt werden soll, in der es nicht um ein Programm o. ä. geht.
- Der Schritt „Protokolle und Ports“ ist jetzt zu konfigurieren, denn ICMP ist das Protokoll um das es geht:

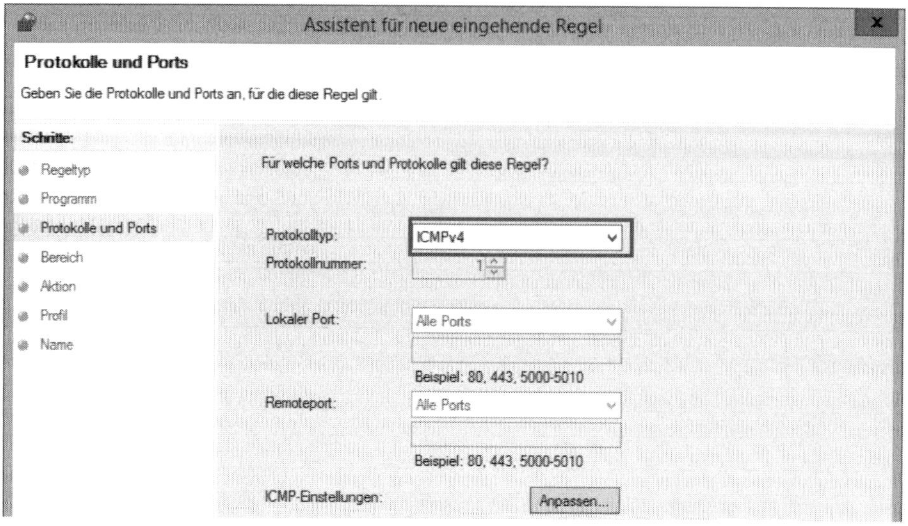

- Den „Bereich“ wird in diesem Beispiel nicht eingeschränkt.
- Im Schritt „Aktion“ wird die Verbindung ohne weitere Anpassung zugelassen, wenn sie sicher ist.
- In den drei folgenden Schritten „Benutzer“, „Computer“, „Profil“ werden die Standardvorgaben unverändert übernommen.
- Im letzten Schritt wird nur noch der Regelname eingetragen und der Assistent abgeschlossen:

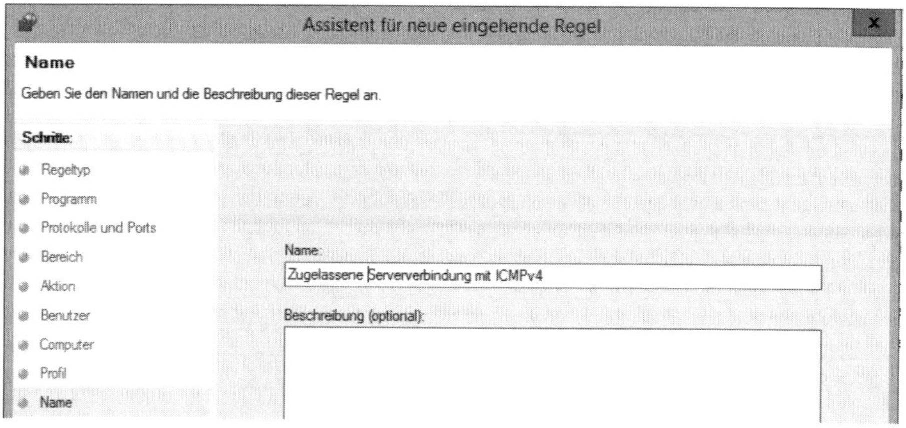

- Die eingehende Firewall-Regel ist damit erstellt:

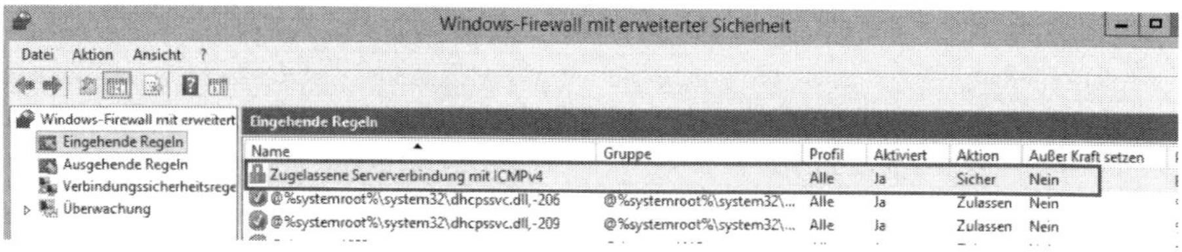

So erstellen Sie eine Verbindungssicherheitsregel:

- Sie haben zu Beginn des Kapitels den Assistenten für eine neue Verbindungssicherheitsregel bereits kennen gelernt. Mit dem Assistenten wird jetzt eine Server-zu-Server Verbindung erstellt.

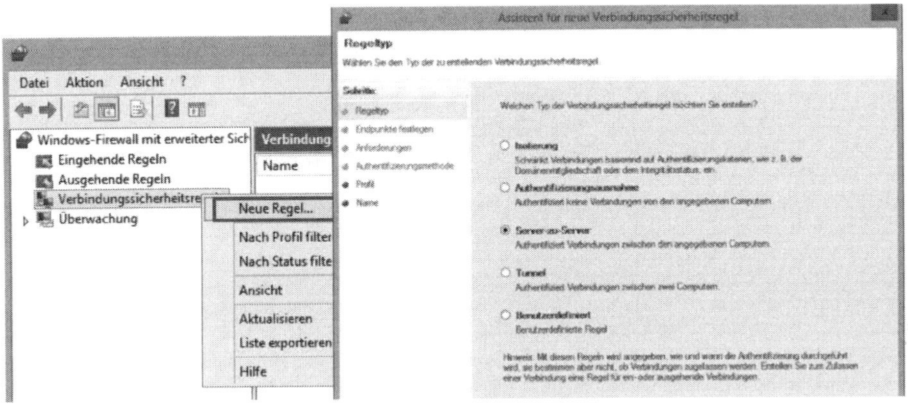

- Im Schritt „Endpunkte festlegen“ wäre es möglich, die IP-Adressen der beteiligten Computer einzutragen. Das lassen wir in diesem Beispiel unkonfiguriert. Im weiteren Verlauf des Assistenten wird die Authentifizierung mit einem gemeinsamen Schlüssel erfolgen.
- Im Schritt „Anforderungen“ legen Sie fest, ob die Authentifizierung für beide Richtungen nur angefordert wird und damit eine Verbindung auch ohne Authentifizierung erlaubt ist (Option 1) oder ob die Authentifizierung für beide Richtungen erzwungen wird (Option 3). Für größtmögliche Sicherheit wählen Sie Option 3.

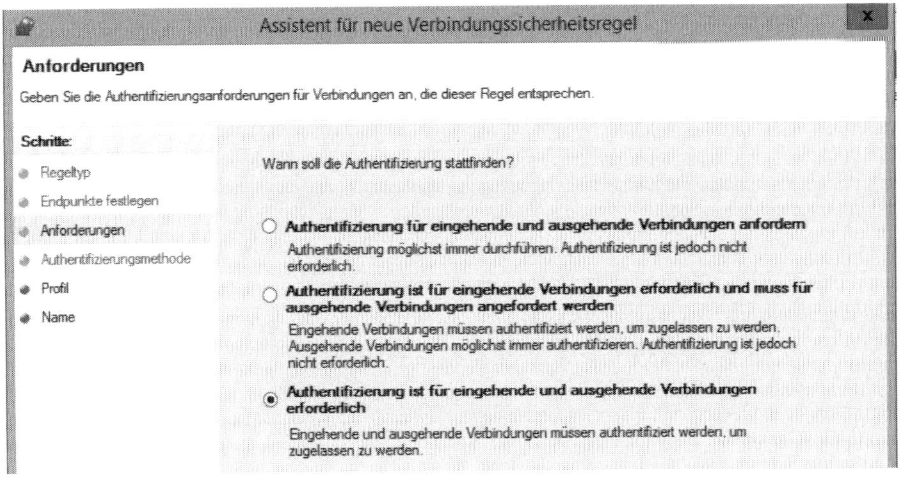

- Jetzt müssen Sie die Authentifizierungsmethode festlegen. Zertifizierungsstellen sind nicht in unserer Infrastruktur implementiert. Sie können daher nur über die Option „Erweitert“ eine Authentifizierungsmethode auswählen. Durch Klick auf „Anpassen“ öffnen Sie das Konfigurationsfenster „Erweiterte Authentifizierungsmethode anpassen“.

- Durch Klick auf „Hinzufügen“ können Sie den vorinstallierten Schlüssel eintragen.

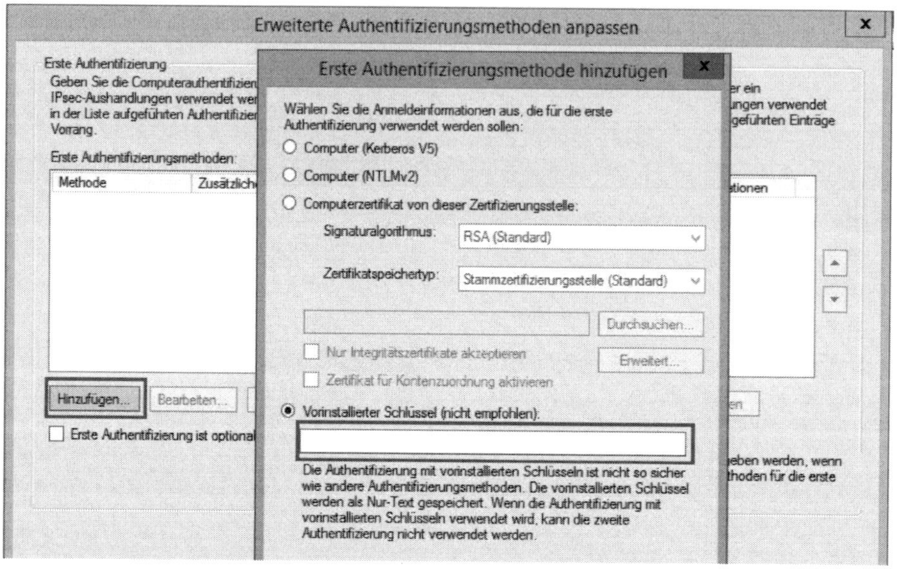

- Der Schlüssel ist eingetragen:

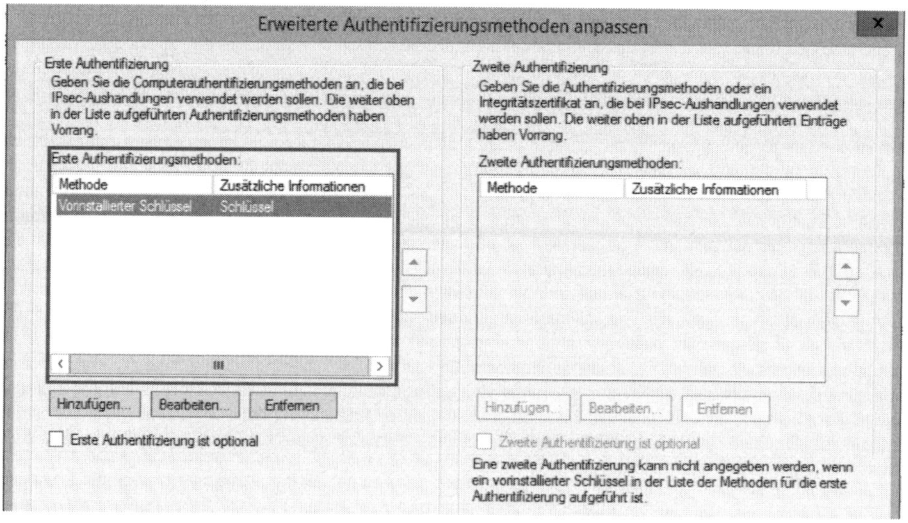

- Im Schritt „Profil“ bleiben alle drei Bereiche aktiviert.
- Nun tragen Sie einen Namen ein und erstellen die Verbindungssicherheitsregel.
- In der Firewall Konsole ist die neue Regel nun verfügbar:

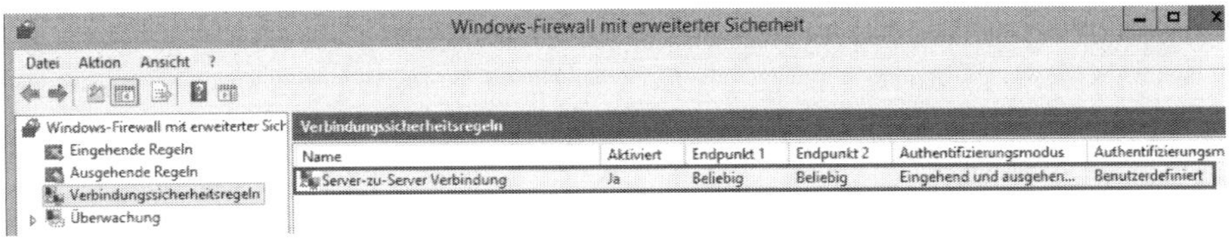

Das Erstellen der Verbindungssicherheitsregel auf dem zweiten Computer:
So wie Sie auf dem ersten Computer die Verbindungssicherheitsregel erstellt haben, müssen Sie es auch auf dem Kommunikationspartner durchführen. Danach können Sie den ersten Computer pingen. Die Verbindung steht.

5.2.2 Die Netzwerkzugriffschutz-Infrastruktur

***Information**: Netzwerkzugriffschutz (Network Access Protection, NAP) wurde mit Windows Server 2008 und Windows Vista eingeführt. Mit der Einführung von Windows Server 2012 R2 gilt NAP als veraltet, wird aber von dieser Serverversion und von Windows 8.1 noch vollständig unterstützt. Daher ist es hier noch beschrieben. Als Ersatz empfiehlt Microsoft die Verwendung von System Center Configuration Manager.*

Der Netzwerkzugriffschutz ermöglicht die Autorisierung von Netzwerkzugriffen in Abhängigkeit des Zustands vom zugreifenden Computer. Ist ein Computer falsch konfiguriert, entspricht die Betriebssystemversion nicht den Anforderungen, fehlen Updates und Aktualisierungen oder ein Virenschutz, kann nach entsprechender Konfiguration der NAP-Richtlinien ein Zugriff unterbunden werden bzw. es kann der Computer in Netzbereiche verwiesen werden, in denen zuerst eine automatische Wartung stattfindet. Mit NAP-Richtlinien legen Sie also fest, welche Mindestanforderungen ein Client für den Netzwerkzugriff zu erfüllen hat. Die Systemintegritätsprüfung erfolgt auf dem Netzwerkrichtlinienserver (Network Policy Server, NPS). Dies ist eine Serverrolle. Über SHVs und SHAs von Drittanbietern lassen sich weitere Einstellungen und Applikationen überwachen.
Die Integritätsrichtlinien sind also die Bedingungen, die ein Computer für einen erfolgreichen Netzwerkbeitritt zu erfüllen hat. Der System Health Validator (SHV) überprüft diese Bedingungen.
Mit den Netzwerkrichtlinien legen Sie letztendlich fest, was passieren soll wenn die Bedingungen erfüllt werden, nicht erfüllt werden oder gar nicht anwendbar sind. Integritätsrichtlinien, SHV, SHA und Netzwerkrichtlinien ergeben die NAP-Infrastruktur.

Die Richtlinien müssen die Geschäftsanforderungen unterstützten. Damit die Einführung nicht zu Störungen im Betriebsablauf führt, können Sie durch entsprechende Design- und Implementationsüberlegungen dafür sorgen, dass die Einführung reibungslos abläuft. Dazu können beispielsweise die NAP-

Anforderungen nach und nach restriktiver werden, damit nicht alle Clients auf einmal bei der Integritätsprüfung abgewiesen werden.

Die Systemintegritätsprüfung erfolgt mit zwei Komponenten:

1. Der **Systemintegritäts-Agent** (System Health Agent, SHA) auf dem Clientcomputer, der den Integritätsstatus des Computers ermittelt und zum Abruf bereitstellt. Ab Windows Server 2008 und Windows Vista ist der SHA im Betriebssystem implementiert.
2. Der **Systemintegritäts-Validator** (System Healtz Validator, SHV), der auf dem NPS-Server die Daten vom clientseitigen SHA abruft und mit den Anforderungen in den Richtlinien vergleicht.

Der SHV:

Mit dem SHV können Einstellungen überprüft werden, die auch vom Windows-Sicherheitscenter im Betriebssystem überprüft werden. Im Detail sind es standardmäßig folgende Prüfungen, mit jeweils einem SHV:

- Firewall ist aktiv. Das schließt auch die Überprüfung ein, welches Firewallprofil aktiv ist: Öffentlich, Domäne oder Privat.
- Antivirensoftware ist aktiv und aktuell. Das umfasst den Versionsstand der Software und der Virensignatur sowie eine aktuelle Überprüfung auf Viren.
- Antispywaresoftware ist aktiv und aktuell.
- Automatische Aktualisierung ist aktiviert.
- Alle verfügbaren Updates und Patches sind installiert. Das schließt auch eine Konfiguration des Überprüfungsintervalls der automatischen Aktualisierung mit ein.
- Der Client hat eine Liste von Downloadquellen, von denen er seine Sicherheitsupdates bekommt und welche Quellen verwendet werden: Windows Update, WSUS oder beide.

Die Integritätsrichtlinien

Die Integritätsrichtlinien richten sich nach Ihren Anforderungen. Sie können aber Sie müssen nicht alle möglichen der oben aufgezählten Einstellungen überprüfen. Also besteht eine NAP-Richtlinie aus dem was Sie konfigurieren. Sie können somit für verschiedene Netzwerkbereiche unterschiedlich NAP-Anforderungen festlegen. Die möglichen Überprüfungsergebnisse können sein:

- Der Client besteht alle SHV Prüfungen.
- Der Client besteht keine SHV Prüfungen
- Der Client besteht mindestens eine SHV Prüfung.
- Der Client besteht mindestens eine SHV Prüfung nicht.
- Der Client meldet einen Übergangsstatus bei einem oder mehreren SHVs. Das kann möglich sein, wenn der Client während der SHV Prüfung aktuell gerade etwas aktualisiert.
- Der Client meldet einen Fehler bei einem oder mehreren SHVs.
- Der Client wird von einem oder mehreren SHVs als unbekannt gemeldet.

Die Netzwerkrichtlinien

Die Integritätsrichtlinien sind die Bedingungen, die ein Computer für einen erfolgreichen Netzwerkbeitritt zu erfüllen hat. Der System Health Validator überprüft diese Bedingungen.

Mit den Netzwerkrichtlinien legen Sie fest, was passieren soll wenn die Bedingungen (die definierten Integritätsrichtlinien) erfüllt werden, nicht erfüllt werden oder gar nicht anwendbar sind. Wenn Sie also für die NAP-Implementation die Regeln für die Netzwerkrichtlinien erstellen, müssen Sie erst die Integritätsrichtlinien als Bedingung definieren und dann festlegen, was nach der Überprüfung (erfolgreich oder nicht erfolgreich) mit den Computern passieren soll.

Best Practices für Netzwerkrichtlinien:

- Legen Sie mindestens zwei Netzwerkrichtlinien fest: Eine für fehlerfreie (richtlinienkonforme) und eine für fehlerhafte (nicht richtlinienkonforme) Computer. Sie sollten entsprechend Ihrer Anforderungen überlegen, wie Sie die Konfiguration durchführen. Sie müssen also festlegen, wie Sie mit Computer umgehen wollen, die nicht richtlinienkonform sind. Sollen diese am Netzwerkbeitritt gehindert werden? Dürfen diese ungehindert ins Netzwerk, eventuell nur für einen bestimmten Zeitraum? Werden diese Computer in ein Wartungsnetzwerk umgeleitet, wo sie entsprechend aktualisiert werden um Richtlinienkonform zu werden und soll diese Wartung automatisch stattfinden?
- In heterogenen Umgebungen oder wenn ältere Windows Betriebssysteme unterstützt werden müssen, benötigen Sie eventuell eine Richtlinie für nicht unterstützte Computer. Entweder werden diese am Zugriff gehindert, sie werden in einem anderem Netzwerk platziert oder haben Vollzugriff. „Nicht Richtlinienkonform" und „Nicht Unterstützt" ist nicht das gleiche. Das erste bedeutet, der Computer ist zwar überprüfbar, entspricht aber nicht den Richtlinien. Das zweite bedeutet, der Computer ist nicht mit einer SHV-Überprüfung kompatibel. Das wird für alle Betriebssysteme zutreffen, die nicht von Microsoft sind.
- Üblicherweise erstellen Sie für jede definierte Integritätsrichtlinie eine Netzwerkrichtlinie. Die Integritätsrichtlinie ist die Bedingung der Netzwerkrichtlinie.
- Eine gut überlegte Verwendung von SHV-Einstellungen kann Sie dabei unterstützen, die Computer vor netzwerkbasierten Sicherheitsrisiken zu schützen. Die Integritätsprüfung stellt nicht nur die Mindestintegrität der Computer beim Netzwerkbeitritt sicher, sie sorgt indirekt auch dafür, dass nicht konforme Geräte identifiziert werden, damit automatische oder auch manuelle Wartungsmaßnahmen ergriffen werden können. Denken Sie aber daran, dass fehlerfreie SHV-Überprüfungen keine Garantie für gesunde Computer sind. Wenn Schadsoftware von der Antiviren- oder Antimalwaresoftware nicht entdeckt wurde, kann so ein infizierter Computer die SHV-Überprüfung überwinden.

Die NAP-Erzwingung

Sie wissen jetzt, woraus eine NAP-Infrastruktur besteht und wie die einzelnen Komponenten miteinander interagieren. Auf Grundlage der Computerintegrität kann NAP den Zugriff gewähren, den Zugriff verweigern oder den Computer auf eingeschränkte Netzwerkbereiche verweisen wie beispielsweise Wartungsnetzwerke. Damit das funktioniert, muss NAP entsprechend für die verschiedenen Verbindungsmethoden erzwungen werden. Die Verbindungsmethoden haben unterschiedliche Vor- und Nachteile. Sie können mehrere Erzwingungsmethoden kombinieren, um Vorteile zu kombinieren oder Nachteile auszugleichen. Das führt allerdings zu komplexeren Implementationen und zu höherem Verwaltungsaufwand.

Die zu erzwingenden Verbindungsmethoden sind:

- **IPsec**. Computer müssen den definierten Richtlinien entsprechen, um mit anderen richtlinienkonformen Computern eine Verbindung herstellen zu können. Bei der IPsec Erzwingung ist für diese Verbindung nur IPsec möglich. Eine Verbindung zu nicht konformen Computern ist ausgeschlossen. Daher ist die IPsec Erzwingung die strengste Form der NAP Erzwingung und bedeutet den größten Implementations- und Verwaltungsaufwand. Sie benötigen eine Integritätsregistrierungsstelle (Health Registration Authority, HRA) als Erzwingungspunkt und eine Integritätszertifizierungsstelle für die Erzeugung von Integritätszertifikaten. Sie erinnern sich: Für IPsec benötigen Sie Zertifikate. Das ist hier natürlich auch der Fall. IPsec ist sehr sicher und erlaubt eine Verschlüsselung der Kommunikation. Unterstützt wird IPv4 und IPv6. Zusätzliche Hardware in Form von Switchen usw. ist nicht erforderlich.
- **802.1X**. Diese Verbindungsmethode wird beim Netzwerkzugriff über Zugriffshardware wie Wifi-Accesspoints oder Netzwerkswitche verwendet. Diese müssen natürlich die 802.1X Authentifizierung unterstützen. Die Erzwingung bedeutet, dass der Integritätsstatus des Computers als zusätzliches Authentifizierungsmerkmal hinzugezogen wird. Nicht konforme Computer werden direkt an diesen Komponenten entsprechend der NAP-Konfiguration und dem Status des Computers in separaten VLANs platziert oder über Paketfilter im Zugriff auf das Netzwerk eingeschränkt. Das ist sehr sicher und auch für drahtlose Verbindungen möglich. Sie benötigen dafür allerdings geeignete Komponenten.
- **VPN**. Diese Erzwingung ist für Remoteverbindungen über VPN. Der Integritätsstatus des einwählenden Computers wird als Authentifizierungsmerkmal verwendet. Auch nicht richtlinienkonforme Computer können sich verbinden. Diese werden allerdings über IP-Filter auf bestimmte Ressourcen beschränkt, beispielsweise Wartungsserver. Besonders für private und für unterwegs verwendete Computer ist diese Erzwingung sinnvoll.
- **DHCP**. Wird NAP für DHCP erzwungen, bekommen Clients je nach Integritätsstatus unterschiedliche IP-Adressen zugewiesen, die entsprechenden Netzwerken zugeordnet sind. Das funktioniert nur mit IPv4 und ist leicht zu überlisten. Dazu muss im Client nur eine statische Adresse hinterlegt werden und es muss eine statische Route zu einem Server eingetragen werden, zu dem

der Client eine Verbindung aufbauen möchte, ohne von NAP daran gehindert zu werden. Diese Erzwingungsmethode ist dann gut geeignet, wenn Sie mit entsprechenden Gruppenrichtlinien den Benutzern die Möglichkeit zur IP-Konfiguration am Computer verwehren und es ausgeschlossen ist, das sich fremde Computer mit Ihrem Netzwerk zu verbinden.

Anmerkungen zur IPsec Erzwingung:
Die IPsec Erzwingung ist die aufwendigste und sicherste Form, den Netzwerkzugriff zu reglementieren. Es gibt Ihnen aber die Möglichkeit, verschiedene Sicherheitsbereiche im Netzwerk zu schaffen, die je nach Integritätszustand und Zugriffsrechten des verbindenden Computers für diesen zugänglich sind bzw. nicht zugänglich sind.
Sie können daher Ihre physikalischen Netzwerke in drei logische Bereiche mit unterschiedlicher Sicherheitsstufe aufteilen:

1. Das **sichere Netzwerk**, zu dem alle die Computer Zugang erhalten, die sowohl den Integritätscheck bestanden haben und ein Gesundheitszertifikat ausgestellt bekommen haben als auch erfolgreich authentifiziert wurden.
2. Das **Umkreisnetzwerk**, zu dem alle die Computer Zugang erhalten, die den Integritätscheck bestanden haben und ein Gesundheitszertifikat vorweisen können, die aber nicht erfolgreich authentifiziert wurden. Genauso gut können hier auch die Computer Zugang erhalten, bei denen es genau umgekehrt ist: Sie haben kein Gesundheitszertifikat, sind aber autorisiert. Im Umkreisnetzwerk stehen dann u. U. die Wartungsserver, die für die Aktualisierung dieser Computer herangezogen werden, bis der Integritätstest erfolgreich ist und ein Gesundheitszertifikat ausgestellt werden kann.
3. Das **Isolationsnetzwerk**, in dem alle Computer landen, die weder das Gesundheitszertifikat vorweisen können noch autorisiert sind.

Die Zuordnungen zu den logischen Netzwerken sind beispielhaft. Sie können diese nach Ihren Anforderungen anpassen.

Der Netzwerkbereich mit den Wartungsservern

Durch die NAP-Erzwingung können Sie festlegen, was mit Computern passieren soll, die richtlinienkonform bzw. nicht richtlinienkonform sind. Das ist oben bereits beschrieben worden. Es wurde auch bereits erwähnt, dass sie nicht richtlinienkonforme Computer in einen Netzwerkbereich bringen können, in denen Wartungsserver die Computer aktualisieren, bis diese den Richtlinien entsprechen. Dieses Netzwerk wäre das Isolationsnetzwerk bzw. das Wartungsnetzwerk.

Welche Serverdienste benötigen Sie für das Isolationsnetzwerk?
Die Frage ist schnell beantwortet: Alle Dienste, die zur Aktualisierung der Computer notwendig sind und eventuell Infrastrukturdienste, die für den Betrieb der Aktualisierungsserver erforderlich sind. Sie legen fest, was alles aktualisiert werden soll, damit die Computer richtlinienkonform werden. Beispielsweise könnten das folgende Server sein:

- Der WSUS, der den Computern die notwendigen System- und Anwendungsupdates zur Verfügung stellt.

- Server für Antivirus-Updates.
- Domänencontroller, wenn auf Domänendienste im Isolationsnetzwerk zugegriffen werden soll.
- DNS, damit die Computer Hostnamen auflösen können.
- DHCP Server für die Zuteilung von IP-Konfigurationen.
- Server, die über eine URL Hilfestellungen geben, wie vorzugehen ist um den Computer richtlinienkonform zu bekommen.
- Infrastrukturdienste wie beispielsweise „Microsoft System Center Configuration Manager".
- Dienste die für den Internetzugriff notwendig sind, wenn Sie beispielsweise Systemaktualisierungen nicht selbst per WSUS zur Verfügung stellen wollen.

So implementieren Sie Netzwerkzugriffschutz

Um Netzwerkzugriffschutz (Network Access Protection, NAP) nutzen zu können, benötigen Sie den Netzwerkrichtlinienserver. Dieser fungiert als SHV und vergleicht den Integritätsstatus der Clients mit den definierten Regeln. Die Installation des Netzwerkrichtlinienservers haben Sie schon bei der Einrichtung von VPN kennen gelernt.

- Ist der Netzwerkrichtlinienserver installiert, können Sie Einstellungen zum Netzwerkzugriffschutz bearbeiten. In der „Standardkonfiguration" auf der rechten Fensterseite sind alle zur Verfügung stehenden Richtlinieneinstellungen aktiviert. Durch Rechtsklick auf „Standardkonfiguration" und dem Befehl „Eigenschaften" können Sie diese bearbeiten.

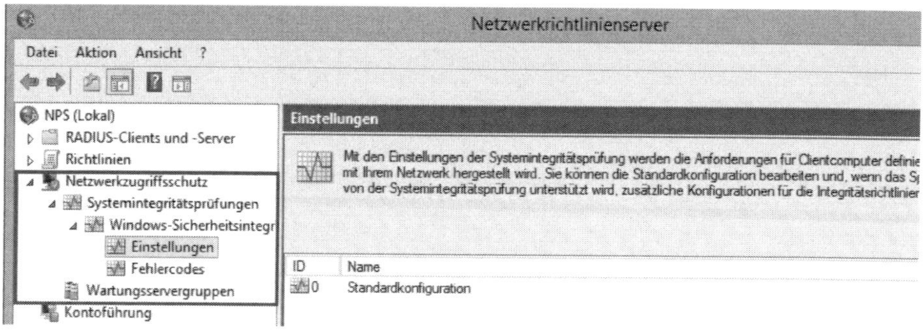

- Für dieses Beispiel werden die Einstellungen in der Standardkonfiguration bis auf die Firewall-Richtlinie deaktiviert.

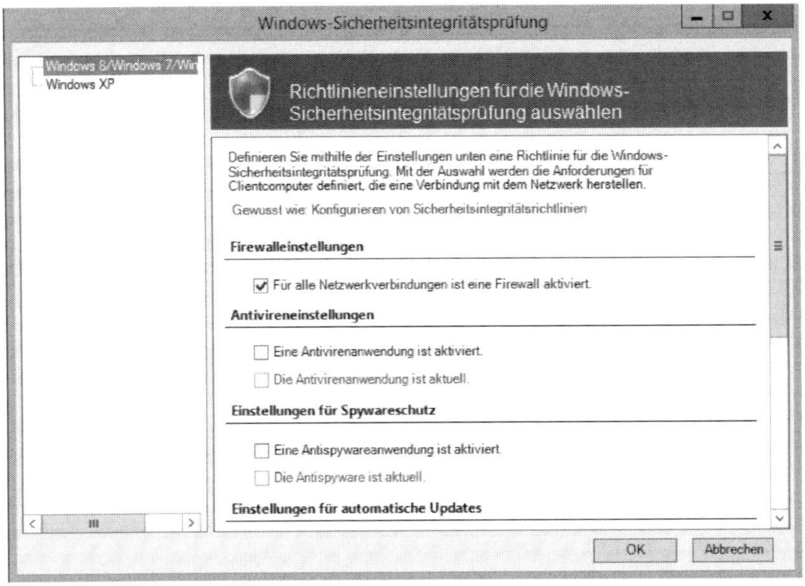

So erstellen Sie Integritätsrichtlinien:
Es wurde weiter oben bereits erwähnt, dass Sie zwei Integritätsrichtlinien benötigen. Eine Richtlinie behandelt die Computer, die den Richtlinien entsprechen und die andere Richtlinie behandelt die Computer, die den Richtlinien NICHT entsprechen.

- Durch Rechtsklick auf „Integritätsrichtlinien" und dem Menübefehl „Neu" erstellen Sie eine neue Richtlinie. Vergeben Sie einen Namen, legen Sie die Stufe der Client-Systemintegritätsprüfungen fest und aktivieren Sie den SHV. Den haben wir im vorherigen Schritt auf die Firewalleinstellungen beschränkt. Demzufolge gibt es in diesem Beispiel nur eine Integritätsprüfung. Sie hätten selbstverständlich auch eine neue SHV-Einstellung erstellen können und diese dann hier ausgewählt.

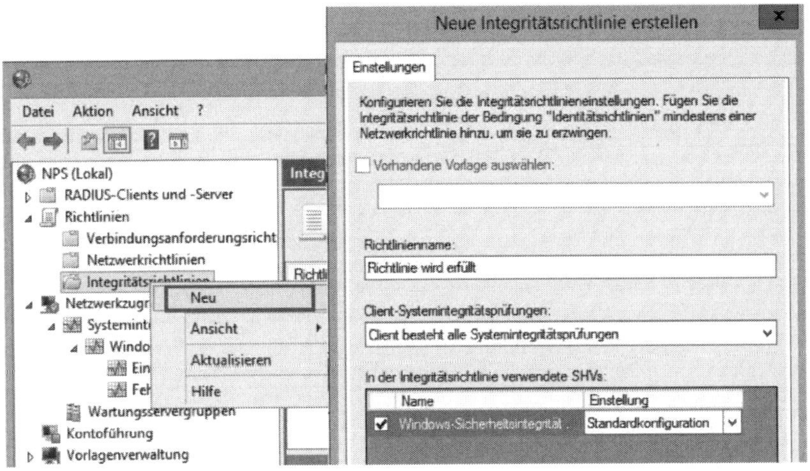

- Erstellen Sie eine zweite Regel, die definiert wann ein Computer nicht Richtlinienkonform ist. Der Vorgang ist der gleiche wie bei der anderen Regel.

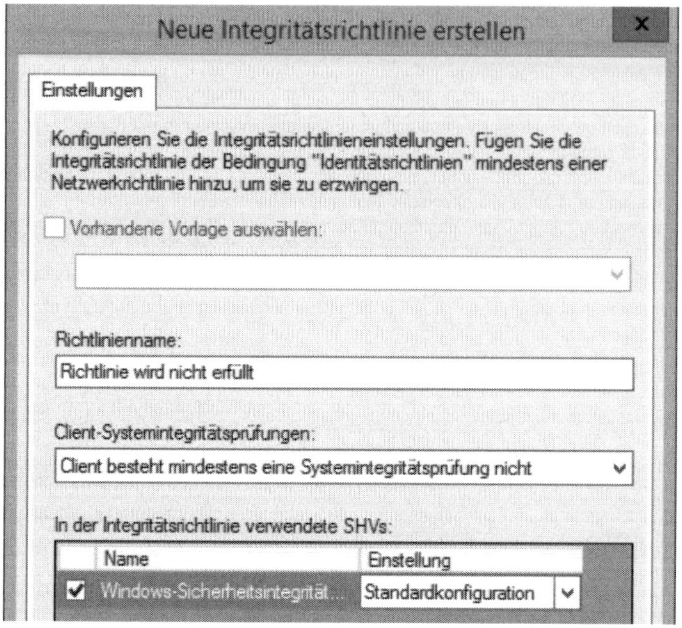

- Sie haben nun zwei Integritätsregeln erstellt, die beide möglichen Fälle abdecken: Richtlinie erfüllt und Richtlinie nicht erfüllt.

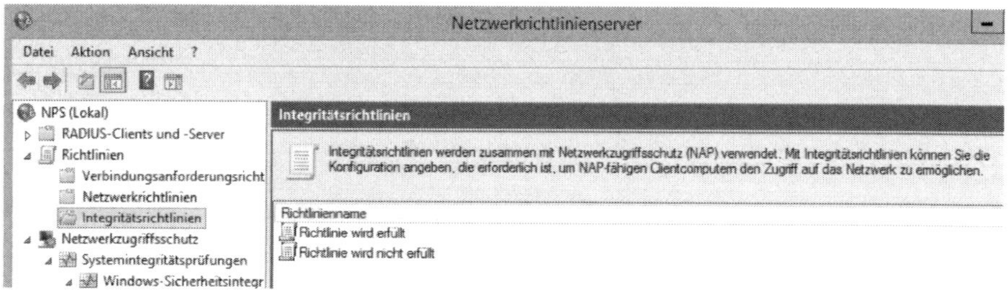

So erstellen Sie Netzwerkrichtlinien:

Nachdem Sie mit den Integritätsrichtlinien festgelegt haben, was auf den Clientcomputern überprüft wird, müssen Sie mit den Netzwerkrichtlinien festlegen was passieren soll wenn die Clients die Prüfung bestehen bzw. nicht bestehen.

- Erstellen Sie eine neue Netzwerkrichtlinie. Die beiden bereits vorhandenen Standard-Netzwerkrichtlinien deaktivieren Sie. Diese verbieten alles. Vergeben Sie im Assistenten einen Namen für die Richtlinie:

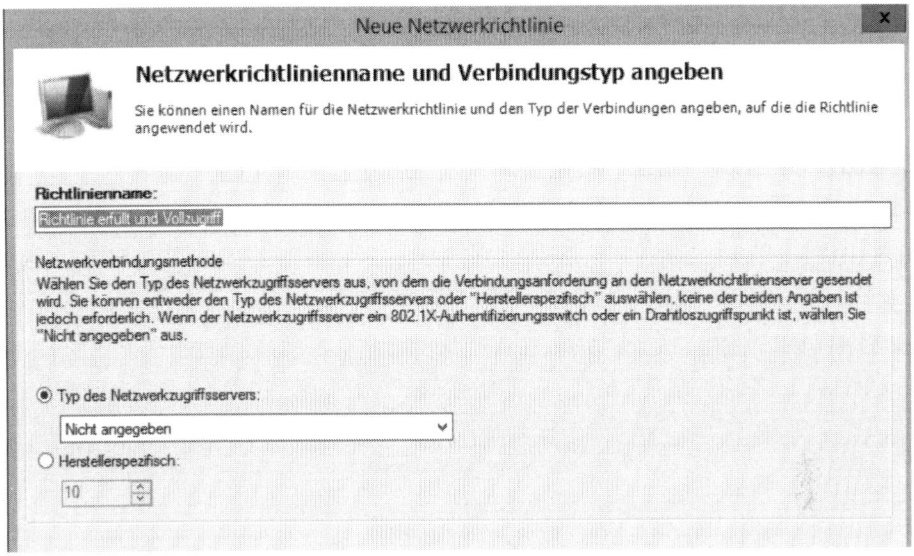

- Im nächsten Schritt „Bedingungen" klicken Sie auf „Hinzufügen" und legen die Bedingung fest. Es sind die Integritätsrichtlinien, denn diese haben Sie für konforme Computer und nicht konforme Computer erzeugt.

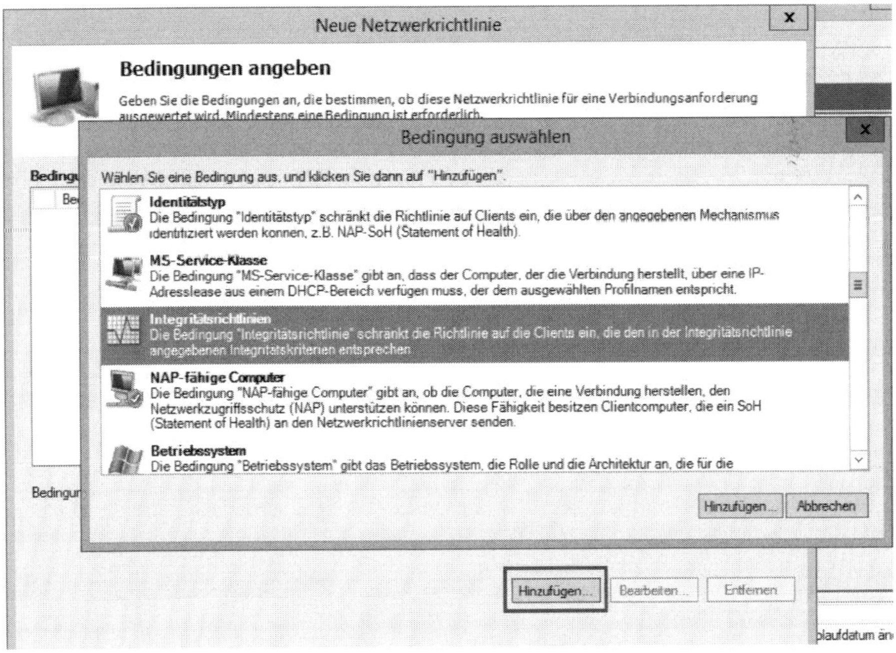

- Wenn Sie jetzt die Bedingung „Integritätsrichtlinien" hinzufügen, stehen die beiden definierten Integritätsrichtlinien zur Auswahl. Diese Netzwerkrichtlinie die jetzt erstellt wird, ist für konforme Computer, die alle Integritäts-Checks bestehen.

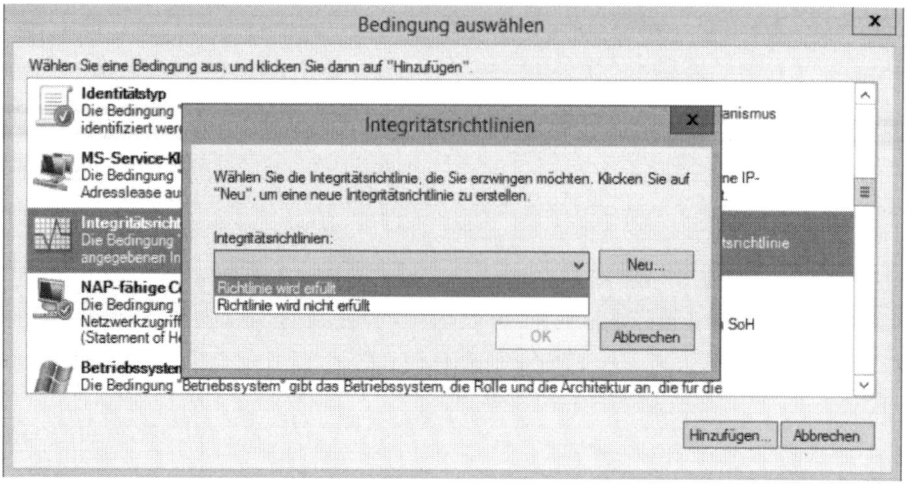

- Im nächsten Schritt unter „Zugriffsberechtigung angeben" wird der Zugriff gewährt.
- Die Authentifizierungsmethoden begrenzen wir auf die Client-Integritätsprüfungen.

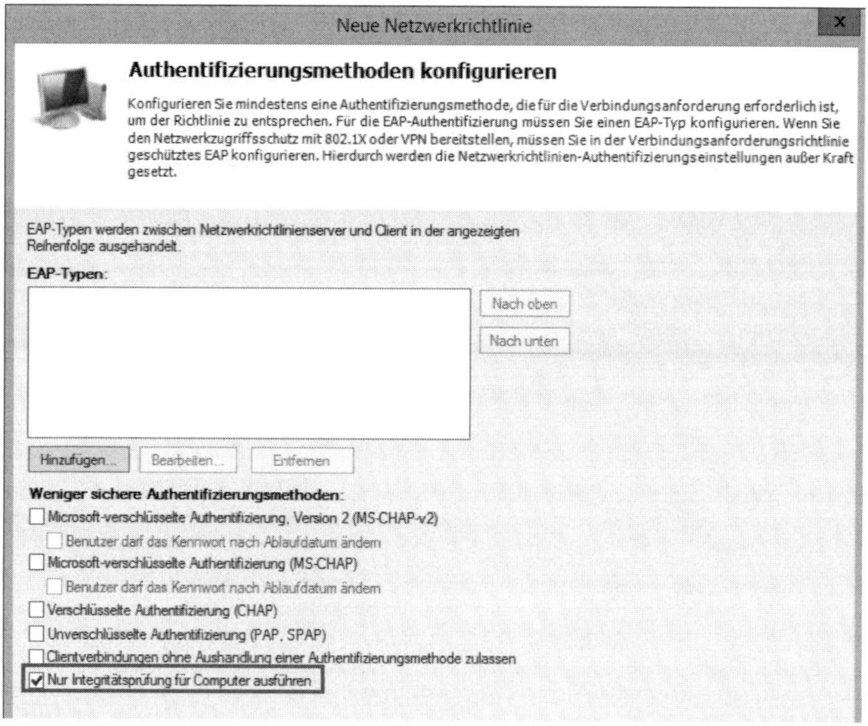

- Einschränkungen werden nicht festgelegt.
- Im Schritt „Einstellungen konfigurieren" legen Sie fest, wie NAP auf die Integritätsrichtlinien zu reagieren hat: Konforme Computer erhalten Vollzugriff

auf das Netzwerk. Sie haben an dieser Stelle wie auch unter „Zugriffsberechtigung angeben“ die Möglichkeit, den Zugriff zu reglementieren.

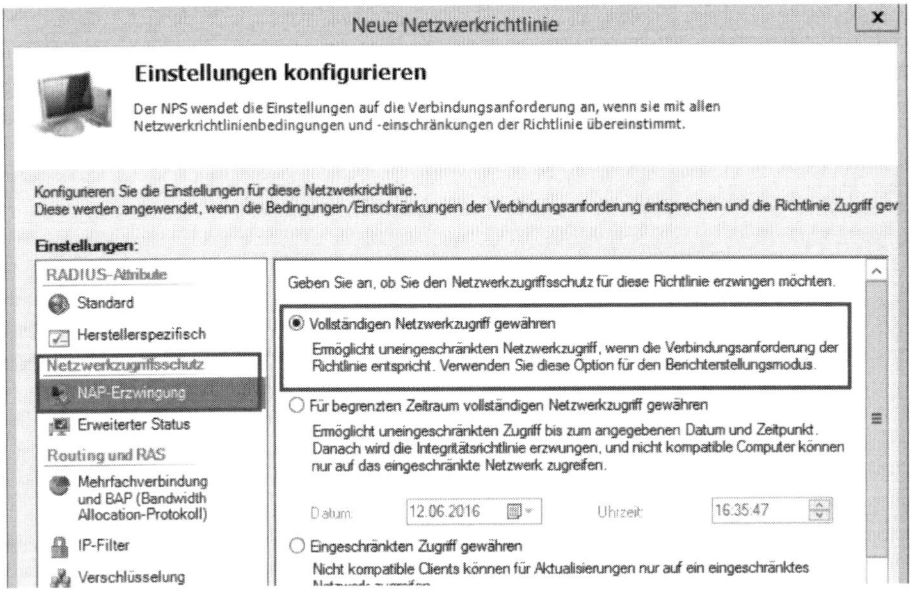

- Nach der Zusammenfassung wird die Netzwerkrichtlinie erstellt.

Der Vorgang wiederholt sich für nicht richtlinienkonforme Computer. Die zu konfigurierenden Bedingungen unterscheiden sich natürlich ein wenig.

- Es wird die Richtlinie ausgewählt, die für nicht richtlinienkonforme Computer erstellt wurde

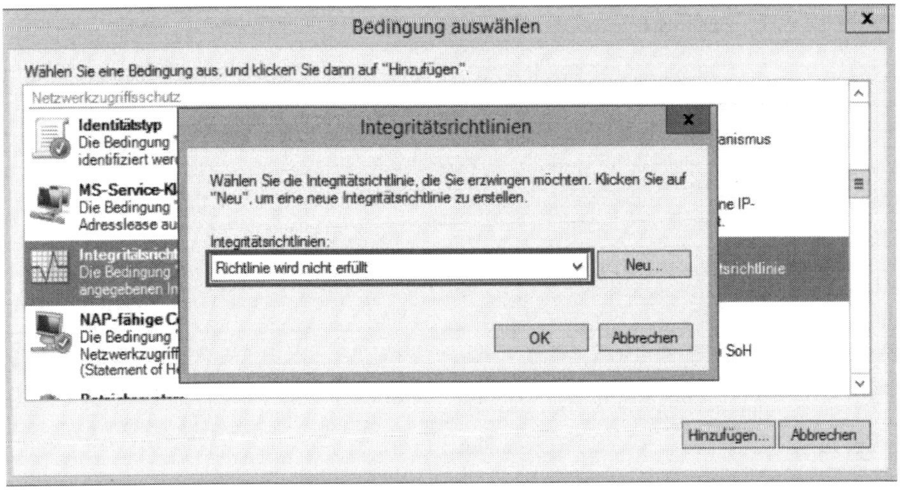

- Sie können im nächsten Schritt den Zugriff verweigern. Wie Sie aber sicherlich bei der vorigen Netzwerkrichtlinie festgestellt haben, gibt es auch in der NAP-Erzwingung die Möglichkeit, den Zugriff zu reglementieren. An dieser Stelle des Assistenten gewähren Sie daher den Zugriff. Die Einschränkung erfolgt dann in der NAP-Erzwingung.
- Unter „Authentifizierungsmethoden konfigurieren" beschränken Sie sich wie oben auf die Integritätsprüfung.
- Einschränkungen werden nicht konfiguriert.
- Im Schritt „Einstellungen konfigurieren" wird jetzt die NAP-Erzwingung konfiguriert. Nicht konforme Computer erhalten Zugriff auf ein eingeschränktes Netzwerk zu Wartungszwecken. Nun wird sicherlich deutlich, warum der Zugriff einige Schritte vorher nicht verweigert wurde. In dem Fall hätten Sie nicht die Möglichkeit, die nicht richtlinienkonformen Computer in ein Wartungsnetz umzuleiten. Sie wären komplett blockiert worden. In diesem Beispiel haben wir allerdings keine Wartungsserver. Die Option wird daher deaktiviert und die nicht richtlinienkonformen Client werden in einem eingeschränkten Netzwerk ohne weitere Wartungsfunktion platziert.

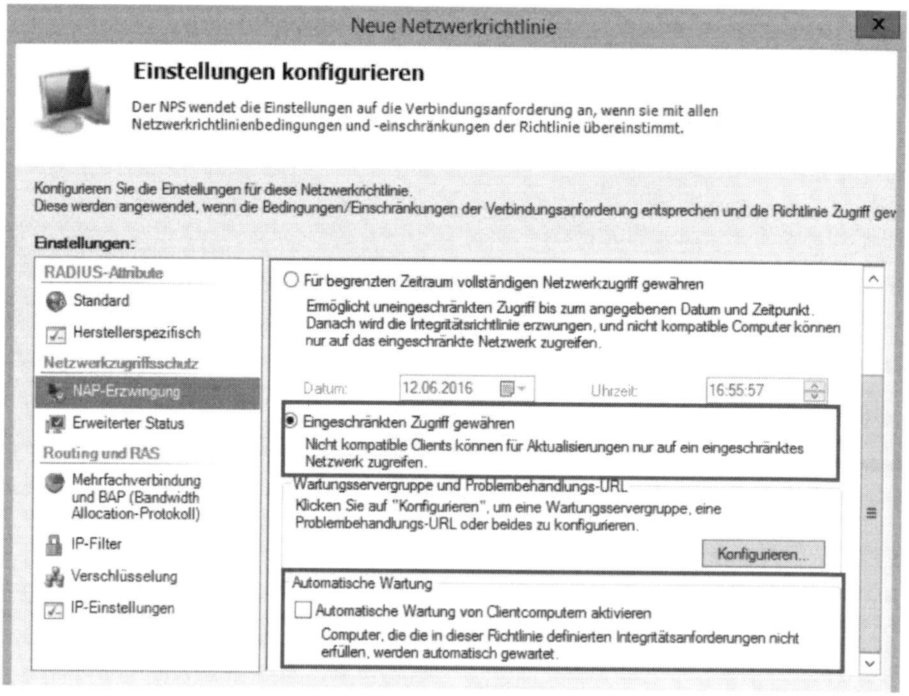

- Nach der Zusammenfassung erfolgt die Erstellung der Netzwerkrichtlinie. Die zwei erstellten Richtlinien:

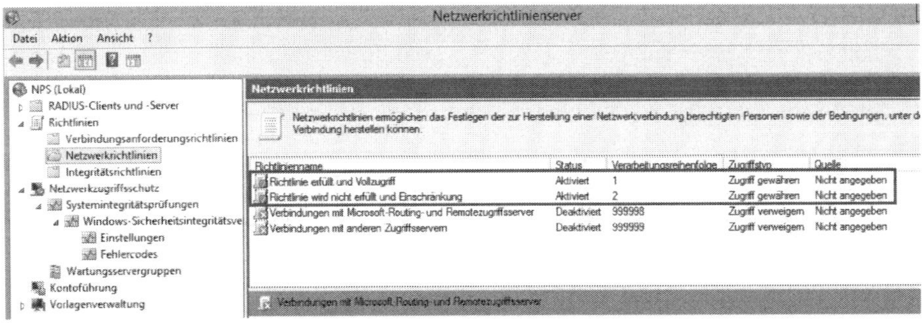

So passen Sie DHCP für NAP an:
In der erstellten Netzwerkrichtlinie für nicht richtlinienkonforme Computer wird ein eingeschränkter Zugriff gewährt. Es muss also sichergestellt werden, dass diese Computer eine andere Netzwerkkonfiguration vom DHCP-Dienst erhalten als die richtlinienkonformen Computer. Dazu muss eine Anpassung des DHCP-Servers erfolgen.

Auf dem DHCP-Server können zu jedem IP-Adressbereich Richtlinien konfiguriert werden.

- Sie beginnen damit, für den gewünschten IP-Adressbereich den Netzwerkzugriffschutz zu aktivieren, in dem Sie die Eigenschaften des Bereichs öffnen und in der Registerkarte „Netzwerkzugriffschutz" diesen aktivieren.

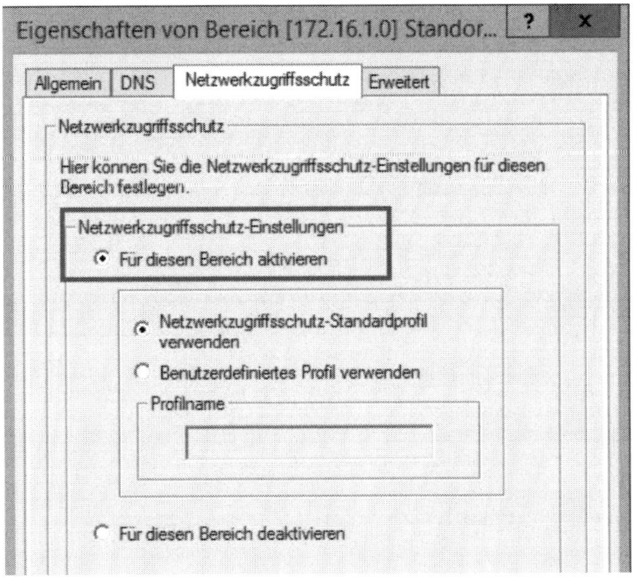

- Nun erstellen Sie die Richtlinie. Durch Rechtsklick auf „Richtlinien" und dem Befehl „Neue Richtlinie..." in dem DHCP-Bereich, für den Sie soeben den Netzwerkzugriffschutz aktiviert haben, öffnen Sie den „Konfigurations-Assistenten für DHCP-Richtlinien":

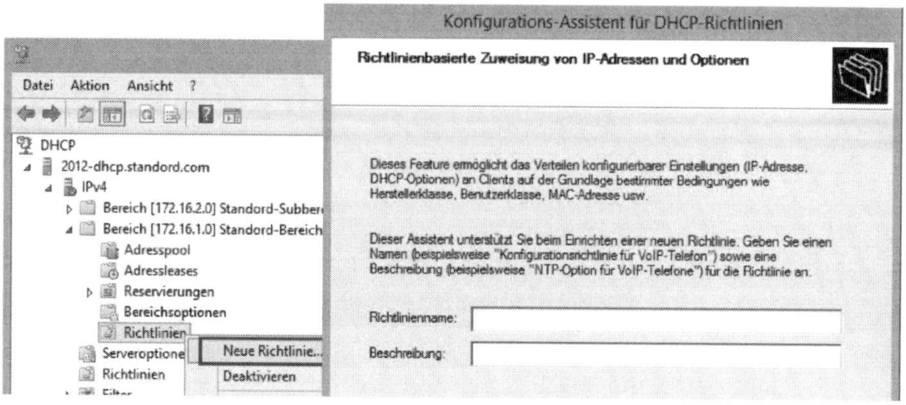

- Geben Sie der Richtlinie einen Namen und folgen Sie dem Assistenten.
- Unter „Bedingungen für die Richtlinie konfigurieren“ erstellen Sie durch Klick auf „Hinzufügen“ eine neue Bedingung.
- Die Bedingung basiert auf dem Kriterium „Benutzerklasse“, dem Operator „ist gleich“ und dem Wert „standardmäßige Netzwerkzugriffschutz-Klasse“. Mit dem Klick auf „Hinzufügen“ wird die Bedingung hinzugefügt und steht weiter unten im Fenster „Bedingung hinzufügen/bearbeiten“ in der Liste:

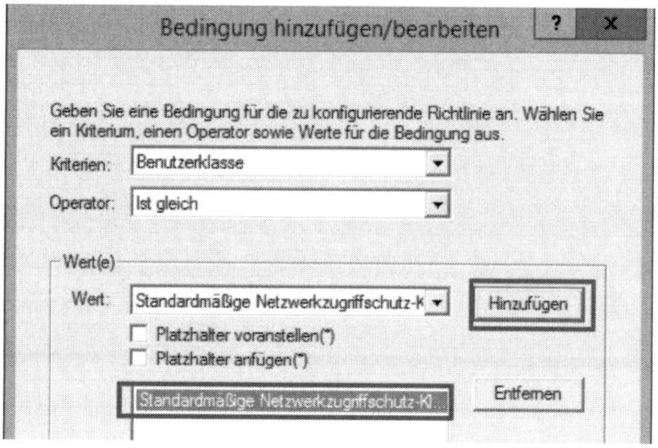

- Mit Klick auf „OK“ ist diese Bedingung erstellt:

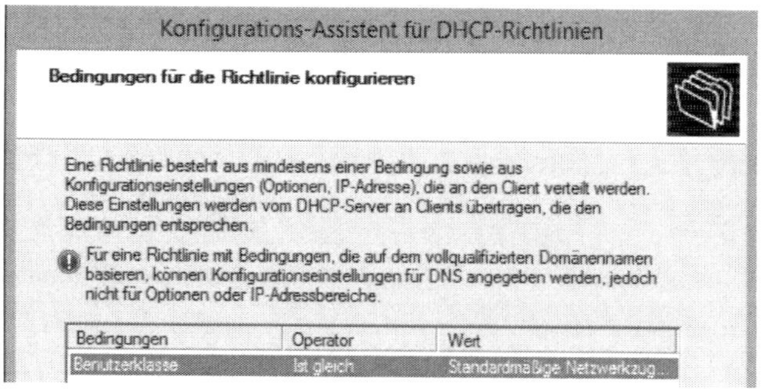

- Im folgenden Schritt „Einstellungen für die Richtlinie konfigurieren“ wählen wir in diesem Beispiel „Nein“ und beschneiden den Adressbereich nicht.
- Im nächsten Konfigurationsschritt wird definiert, welche DHCP-Daten der Server an die Clients weitergibt. Diese weichen möglicherweise von den Standard-DHCP Optionen ab. Sie könnten einen anderen DNS-Server konfigurieren. Die Bewegungsmöglichkeit der nicht richtlinienkonformen Computer wird dann eventuell auf eine Subdomäne eingeschränkt.

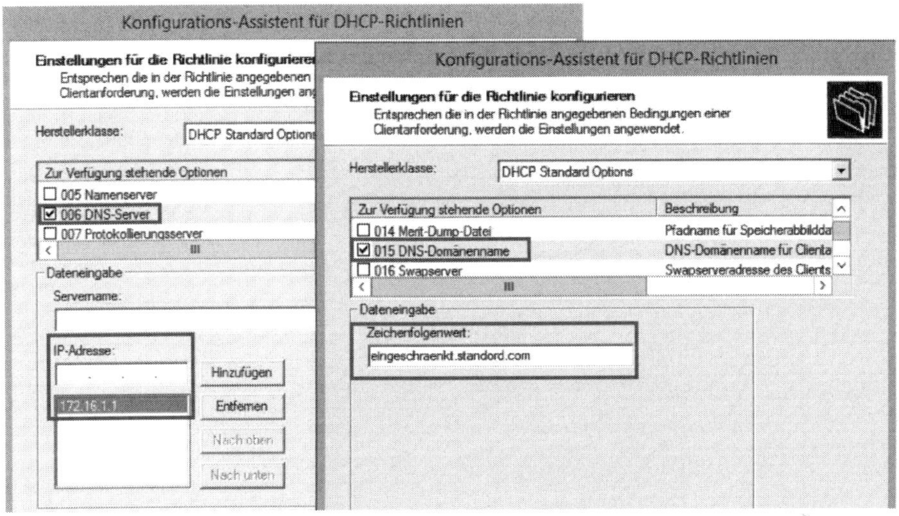

- Es folgt die Zusammenfassung und die Fertigstellung der DHCP-Richtlinie. Diese ist jetzt unter den Richtlinien aufgelistet. Durch Rechtsklick auf eine erstellte Richtlinie können Sie diese über die Eigenschaften einsehen bzw. bearbeiten.

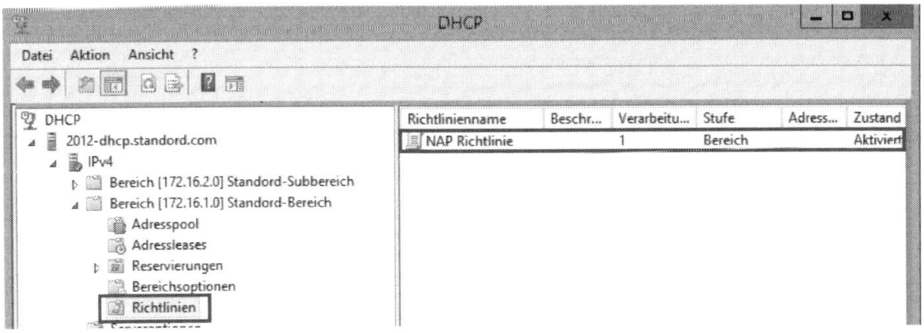

- Auf dem DHCP-Server sind die Bereichsoptionen um die Einträge erweitert, die von der NAP-Richtlinie an nicht richtlinienkonforme Clients verteilt werden:

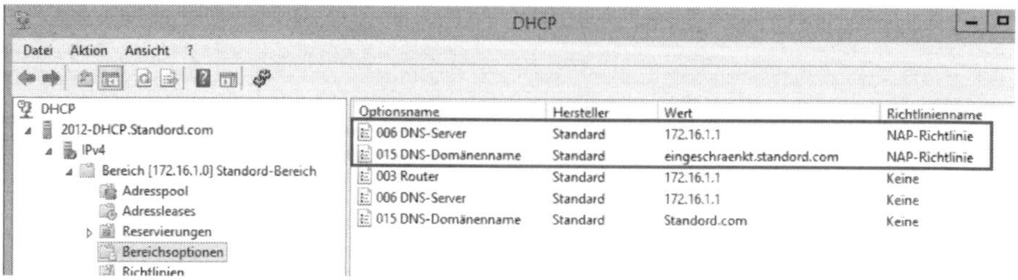

So konfigurieren Sie einen Client-Computer manuell:

Auf dem Netzwerkrichtlinienserver haben Sie den SHV konfiguriert. Nun müssen Sie auf den Clients den SHA konfigurieren. Dieser ermittelt den Integritätsstatus des Clients und stellt ihn dem SHV zur Überprüfung zur Verfügung. Üblicherweise wird der SHA per Gruppenrichtlinie konfiguriert. In diesem Beispiel wird es manuell ausgeführt.

- Sie benötigen auf dem Client-Computer den „DHCP-Quarantäneerzwingungsclient". Dieser ist Standardmäßig deaktiviert. Zum Aktivieren starten Sie den „**napclcfg.msc**".

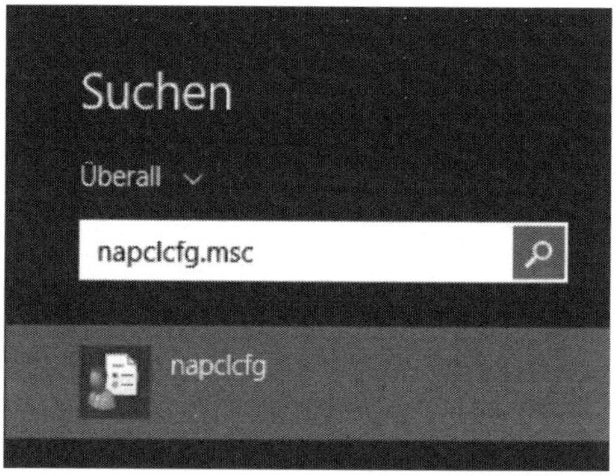

- In der geöffneten Konsole aktivieren Sie den Erzwingungsclient:

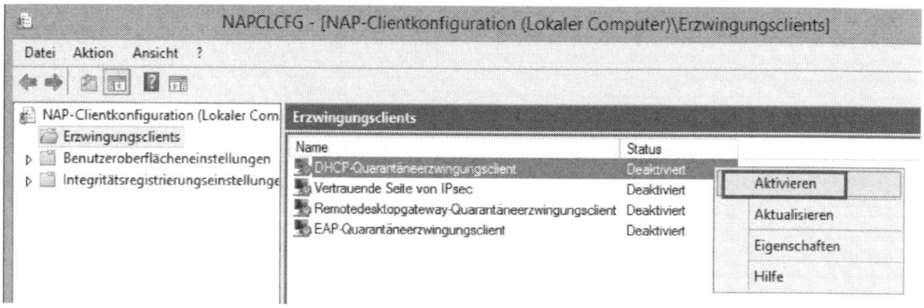

Der aktivierte Erzwingungsclient genügt nicht. Es muss der entsprechende Dienst aktiviert werden. Das ist der NAP-Agent.

- Die Dienste auf einem Computer erreichen Sie beispielsweise über die „Computerverwaltung", Bereich „Dienste und Anwendungen/Dienste". Der

NAP-Agent soll zukünftig automatisch starten und den Start können Sie mit Klick auf „Starten“ ohne Neustart durchführen. Danach ist der Agent gestartet.

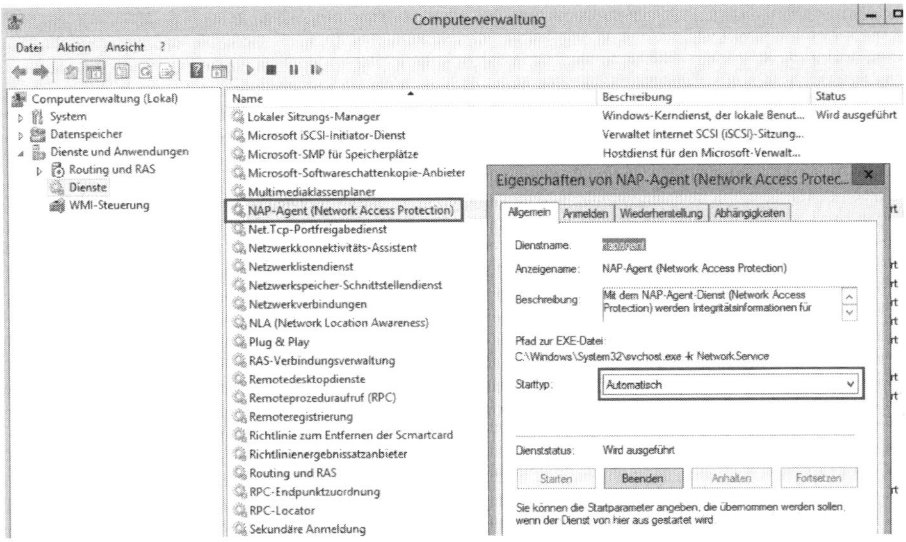

- Es ist als weiterer Schritt noch die Aktivierung des Sicherheitscenters notwendig. Sie benötigen dafür den „Editor für lokale Gruppenrichtlinien“:

- Unter „**Computerkonfiguration/Administrative Vorlagen/Windows-Komponenten/Sicherheitscenter**“ können Sie durch Doppelklick auf „Sicherheitscenter aktivieren“ die Aktivierung durchführen.

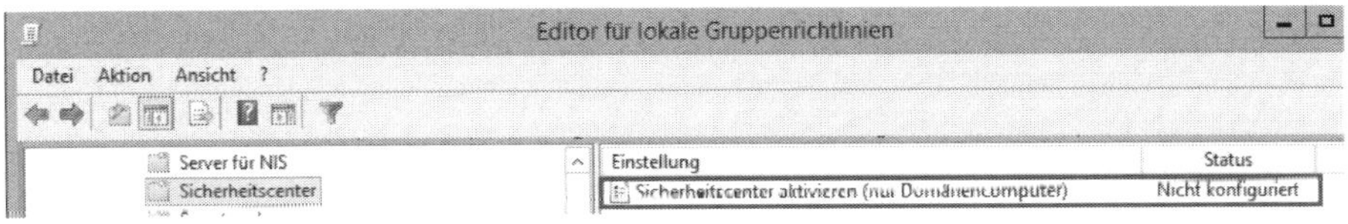

- Jetzt sollte mit „**gpupdate /force**“ die geänderte lokale Gruppenrichtlinie erzwungen werden.

- Stellen Sie sicher, dass der Client-Computer seine IP-Konfiguration per DHCP erhält.
- Die auf dem SHV konfigurierte Integritätsrichtlinie ist eine aktivierte Firewall. Wenn Sie jetzt die Firewall deaktivieren, beispielsweise über die „Computerverwaltung", wird der Client in den eingeschränkten Bereich verwiesen.

5.2.3 Netzwerkzugriffschutz durch dynamische Zugriffssteuerung

Information: *Die dynamische Zugriffssteuerung (Dynamic Access Control, DAC) wurde mit Windows Server 2012 eingeführt.*

Die bisherigen NTFS-Dateisystemberechtigungen und ACLs ermöglichen einen Zugriff auf Basis der SID und der Gruppenmitgliedschafts-SID des Benutzers beziehungsweise anhand der Zugriffsebene (nur Lesen, Ändern, Vollzugriff). Es ist damit nicht möglich, mehrere Zugriffsbedingungen mit einem logischen AND zu verknüpfen, beispielsweise die Bedingung der Mitgliedschaft in zwei Sicherheitsgruppen. Eigene Bedingungen zu erstellen ist ebenfalls nicht möglich.

DAC füllt diese Lücke. Es integriert eine zusätzliche Ebene, mit der ein Zugriff innerhalb der Anwendung gesteuert werden kann, mit der ein Benutzer ein Dokument öffnet. So kann beispielsweise das Lesen eines Dokuments erlaubt sein, aber das Kopieren, Speichern oder Drucken unterbunden werden. Diese zusätzlichen Richtlinien können als übergeordnete Richtlinien auf alle Dateiserver angewendet werden und bleiben auch dann wirksam, wenn die NTFS-Berechtigungen geändert werden. Mit DAC werden also nicht nur die SIDs für die Zugriffsautorisierung auf Ressourcen verwendet.

DAC bietet:

- **Datenklassifizierung**, automatisch und bzw. oder manuell für alle Dateiserver Ihrer Organisation.
- **Zentrale Zugriffssteuerung** für den Zugriff auf Dateien anhand zentraler Zugriffsrichtlinien. Damit können Sie festlegen wer auf bestimmte Dateien zugreifen darf.
- Automatischer (optionaler) **Schutz durch die Active Directory Rechteverwaltungsdienste** (AD RMS). Damit können Sie RMS-Verschlüsselung für Microsoft Office Dateien bereitstellen.
- **Sicherheit** für alle von Dateiservern bereitgestellten Ressourcen durch zentrale Überwachungsrichtlinien. So können Sie analysieren, wer auf bestimme Dateien zugegriffen hat.

Damit werden vier Szenarien abgedeckt:

- Zentrale Zugriffsrichtlinien für den Zugriff auf Dateien durch von Ihnen definierte Sicherheitsrichtlinien, die sich an geschäftliche oder gesetzliche Anforderungen orientieren.

- Überwachung des Dateizugriffs und die Zugriffsanalyse aus Sicherheitsgründen.
- Schützen von vertraulichen Informationen innerhalb Ihrer Infrastruktur und auch dann wenn diese Informationen Ihre Umgebung verlassen.
- Unterstützung wenn der Zugriff auf Dateien verweigert wird. Dadurch werden Selbsthilfe-Szenarien ermöglicht.

DAC basiert auf:
- AD DS.
- Kerberos V5.
- Dateiklassifizierung.
- AD Rechteverwaltungsdienste (RMS).
- Windows-Sicherheit und –Überwachung.

Vorteile von DAC:
- Es stehen mehr Kriterien für die Zugriffsentscheidung zur Verfügung. NTFS-ACLs und Freigabeberechtigungen werden durch die DAC-Zugriffsrichtlinien ergänzt. DAC kann allerdings auch unabhängig von NTFS verwendet werden.
- DAC ist flexibel, da es „**Ansprüche**" für Benutzer- und Computerobjekte, „**Ressourceneigenschaften**" für die Dateiressource und bedingte Ausdrücke innerhalb der Berechtigungs- und Überwachungseinträge verwendet.
- Außer für flexible Zugriffssteuerung kann DAC auch zur Überwachung des Dateizugriffs verwendet werden.
- DAC schützt vertrauliche Informationen.
- DAC bietet Unterstützung nach „Zugriff verweigert".

Ansprüche

Ansprüche sind Anweisungen bzw. Aussagen des AD DS über ein bestimmtes Benutzer- oder Computerobjekt. Sie können Informationen über Name, Identität, Schlüssel, Gruppe, Berechtigungen, Funktion, Sicherheitsüberprüfung eines Benutzers oder die Integrität eines Computers enthalten. Diese Informationen stammen von einer vertrauenswürdigen Quelle (AD DS) und beschreiben autorisierend die Identität einer Entität (Benutzer, Computer).

Durch die Definition eines Anspruchs legen Sie fest, welche der Attribute in DAC-Bedingungen verwendet werden. Um diese bedingten Ausdrücke zu definieren oder die Zugriffsregeln für DAC verwenden zu können, müssen Sie mindestens einen Anspruch definieren.

Da wir zwei Entitäten haben, haben wir zwei grundlegende Typen von Ansprüchen:
- **Benutzeransprüche** sind von einem Domänencontroller (als autorisierende Quelle) bereitgestellte Information über einen Benutzer, die für Konfiguration und Verwendung von Ansprüchen für die Zugriffssteuerung verwendet werden können. Vor der Festlegung von Benutzeransprüchen sollten die zu verwendenden Attribute mit Werten gefüllt werden. Alle Domänen einer

Gesamtstruktur-Vertrauensstellung benötigen mindestens Windows Server 2012 Domänencontroller zur Verwendung von Ansprüchen.

- **Geräte- bzw. Computeransprüche** umfassen die Informationen über ein Gerät, die ein Domänencontroller durch das Computerkonto bereitstellt. So kann auch das Gerät für die Zugriffssteuerung berücksichtigt werden, das für den Zugriff auf die Ressourcen verwendet wird. Geräteansprüche werden von Clients erst ab Windows 8 unterstützt.

Ansprüche über Gesamtstrukturen:
Alle in einer Gesamtstruktur definierten Anspruchstypen sind auf der Ebene der AD DS-Gesamtstruktur definiert. Müssen Vertrauensgrenzen überschritten werden um auf Ressourcen zuzugreifen, ermöglicht Windows Server 2012 ein- und ausgehende Ansprüche zu transformieren, damit die Ansprüche in den vertrauenden und vertrauenswürdigen Gesamtstrukturen erkannt und akzeptiert werden. Standard ist, dass eine vertrauenswürdige Gesamtstruktur alle ausgehenden Ansprüche weiterleitet und eine vertrauende Gesamtstruktur alle eingehenden Ansprüche löscht.

Identität

Die Identität ist eine von einer vertrauenswürdigen Quelle bereitgestellte Information zu einer Entität, beispielsweise einem Benutzer. Da der Identitäts-Quelle vertraut wird, wird die Information als autorisierend gewertet.
Die Identität kann beispielsweise in Form eines Tokens beschrieben sein, ausgestellt von einem Domänencontroller. Der Token enthält alle SIDs eines Benutzers (das Sicherheitsprinzipal und die Gruppen SIDs, in der der Benutzer Mitglied ist). Da alle Domänenmitglieder dem Domänencontroller vertrauen, ist die Identität autorisierend.
Es können aber auch andere Merkmale als die Benutzer-SID als autorisierend gewertet werden, sofern die Identität von einer vertrauenswürdigen Quelle stammt.

Dateiklassifizierung bzw. die Ressourceneigenschaften

So wie Sie Benutzer- oder Computeransprüche definieren, müssen auch die **Ressourceneigenschaften** definiert werden. Diese definieren die Eigenschaften, die den Dateien und Ordnern zugewiesen werden können und das passiert üblicherweise während einer automatischen oder manuellen **Dateiklassifizierung**.

Zwei Dateiklassifizierungen mit Typ und möglichen Werten:

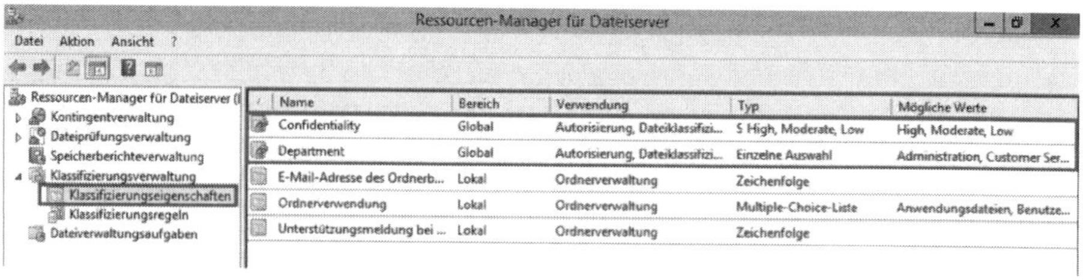

Zusammengefasst werden die Ressourceneigenschaften in **Ressourceneigenschaftslisten**. Bei der Erstellung können der Eigenschaftstyp und die zulässigen oder vorgeschlagenen Werte angegeben werden. Es können auch vorkonfigurierte Eigenschaften verwendet werden, die standardmäßig deaktiviert sind.

Die Ressourceneigenschaften fließen in die Zugriffsverwaltungsregeln ein wie die Ansprüche und werden ebenso bei der Auswertung der Zugriffsautorisierung und –Überwachung verwendet.

Die zentrale Zugriffsrichtlinie

Möchten Sie nur bestimmte Ordner mit Benutzer- und Geräteansprüchen und Ressourceneigenschaften schützen, können Sie die Bedingungen in der Sicherheitsbeschreibung direkt mit Hilfe des „Editors für erweiterte Sicherheitseinstellungen" erstellen.
Möchten Sie allerdings mehrere Dateiserver einschließen, empfiehlt sich die Erstellung einer **zentralen Zugriffsrichtlinie**.

Die zentrale Zugriffsrichtlinie besteht aus einer oder mehreren **Zugriffsregeln**.
Die Regeln legen die Bedingungen fest, unter denen der Zugriff erfolgt.

Zentrale Zugriffsrichtlinien der dynamischen Zugriffssteuerung:

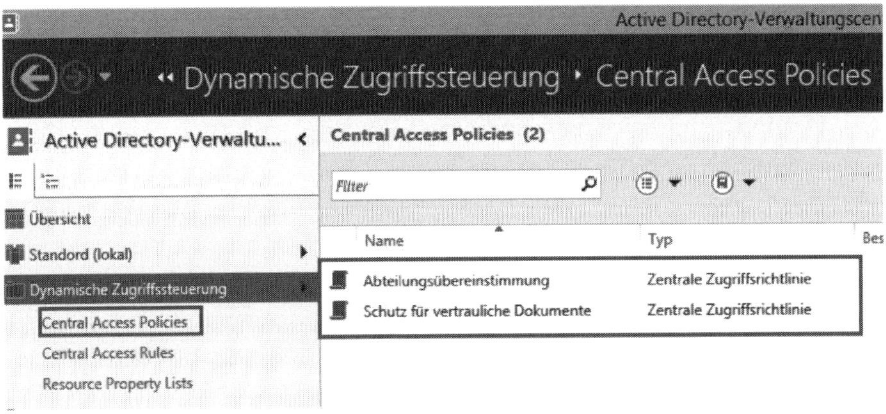

Im wesentlichen besteht der Vorgang aus folgenden Schritten:

- Erstellen von Ansprüchen und das verknüpfen der Ansprüche mit Attributen zu Benutzer- oder Computerobjekten.
- Erstellen von Dateiklassifizierungsdefinitionen.
- Erstellen von zentralen Zugriffsregeln. Die zentrale Zugriffsregel definiert alle Parameter und Bedingungen, mit denen der Zugriff auf bestimme Ressourcen gesteuert wird.
- Erstellen von zentralen Zugriffsrichtlinien. Die erstellten zentralen Zugriffsregeln werden den zentralen Zugriffsrichtlinien hinzugefügt.

- Verteilen der zentralen Zugriffsrichtlinie an die Dateiserver über Gruppenrichtlinienobjekte.
- Verwendung der Zugriffsrichtlinie auf den Dateiservern.
- Zugriff (oder Verweigerung des Zugriffs) durch den Benutzer und des Benutzercomputers.

Die Gründe für den Einsatz von DAC

Sie haben bereits die Vorteile von DAC kennen gelernt. Die Gründe erschließen sich daraus fast wie von selbst:

Mit DAC können Sie die Grenzen von NTFS-Berechtigungen und Freigabeberechtigungen überwinden. Diese verwenden nur Benutzer- oder Gruppenobjekte. Das kann zu vielen Sicherheitsgruppen führen, die schwer zu überblicken sind. Eine feinere Berechtigungssteuerung ohne Zunahme der Komplexität ist nur mit DAC möglich.

Darüber hinaus können Sie so die Geschäfts- und gesetzlichen Anforderungen besser abbilden und die Nutzung von vertraulichen Informationen besser regulieren. Durch Aktualisierung von Attributen aktualisieren Sie auch die Zugriffsteuerung.

Planung der zentralen Zugriffsrichtlinie

Die zentrale Zugriffsrichtlinie besteht aus einer oder mehreren **Zugriffsregeln**. Die Regeln legen die Bedingungen fest, unter denen der Zugriff erfolgt.

Beispiel einer zentralen Zugriffsregel:

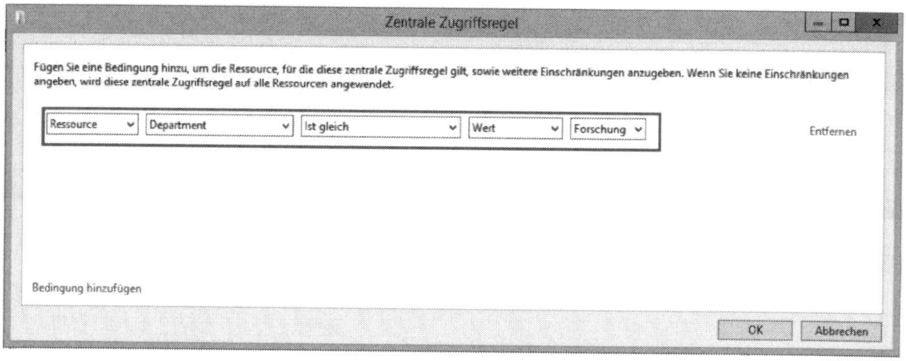

Die Zugriffsrichtlinien müssen Ihren Anforderungen entsprechen. Da Ihre Anforderungen sich nach den Geschäftsanforderungen richten, müssen Sie diese kennen und verstehen:

- Das beginnt mit der Identifikation der Ressourcen, die geschützt werden sollen. Sind diese über mehrere Server verteilt, sollten Sie eine zentrale Zugriffsrichtlinie erstellen, um nicht jeden Server manuell konfigurieren zu müssen.
- Die Geschäftsanforderungen legen fest, wer worauf Zugriff erhalten soll und wer nicht. Beispielsweise möchten Sie Finanzdaten nur dem Controlling zur

Verfügung stellen oder Sie müssen verhindern dass Filialen im Ausland Zugriff auf Dokumente außerhalb ihrer Region erhalten.

- Anhand dieser Informationen können Sie die Attribute für die Zugriffsteuerung definieren, die den zu schützenden Ressourcen wie auch den Benutzern oder den Computern zugeordnet werden können. Beispielsweise definieren Sie Attribute, die den Zugriff auf Finanzdaten nur dem oberen Management ermöglichen und nur dann wenn deren Computer mindestens Systemversion Windows 8.1 enthalten. Die Attribute enthalten daher eine Kennzeichnung der betroffenen Dateien, also die Ressourceneigenschaften (Finanzdaten), die Sicherheitsgruppe (oberes Management), die Geräteansprüche (Computer mit Windows 8.1). Die Attribute dienen also der Zugriffsfilterung.

Die Dateiklassifizierungen

Wenn Sie Ihre Dateien klassifizieren, können Sie Ihnen Vertraulichkeits-Klassifizierungen zuordnen, die den Zugriff anhand dieses Attributs steuern. Im Beispiel oben für die Finanzdaten wäre es die Klassifizierung „Vertraulich". Sie können also auch innerhalb eines Dateityps verschiedene Klassifizierungsstufen ermöglichen. Nicht alle Finanzdaten sind nur für das obere Management gedacht. Einige Finanzdaten müssen eventuell von den Buchhaltern eingesehen werden können.
Es kommt auch noch das Problem auf Sie zu, dass Sie erkennen müssen, welche Dateien wie zu klassifizieren sind, also wie ähnliche Daten zu unterscheiden sind. Weiterhin kann es sein, dass sich die Daten über mehrere Speicherorte erstrecken. Vertrauliche Finanzdaten können sowohl für Standort A wie auch für Standort B existieren.

Um diese Problem zu lösen, bietet Ihnen Das Server-Feature Dateiklassifizierungsinfrastruktur die Klassifizierungsregeln, um Dateien inhaltlich automatisch zu überprüfen und zu klassifizieren. Die Klassifizierungseigenschaften werden im AD DS erstellt und stehen damit Organisationsweit für alle Dateiserver zur Verfügung.

- Dateiklassifizierungsregel:

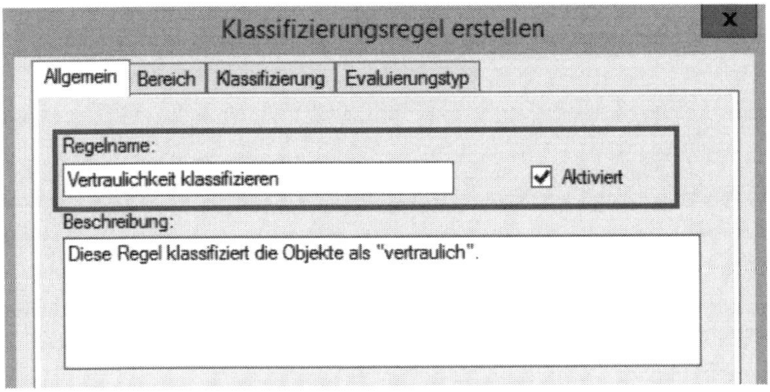

Die Inhaltsklassifizierung erfolgt durch den Vergleich der von Ihnen definierten Parameter mit dem Inhalt der Datei. Dabei können Standardzeichenfolgen herangezogen werden oder Zeichenfolgen, die mit einem definierten Muster verglichen werden. Ist die Überprüfung erfolgreich, wird die Datei als klassifiziert gekennzeichnet.

Im Detail gehen Sie folgendermaßen vor:

- Legen Sie die Klassifizierungen für die Dateien fest. Beispielsweise können Dateien aus der Buchhaltung automatisch als „Vertraulich" klassifiziert werden, so dass der Zugriff darauf beschränkt werden kann, die Dateien verschlüsselt werden oder ein Ablaufdatum haben. Dateieigenschaften können die Herkunft, der Dateityp, der Inhalt oder auch andere Merkmale sein.
- Legen Sie fest, mit welcher Methode die zu klassifizierenden Dateien identifiziert werden sollen.
- Legen Sie den Zeitplan für die automatische Klassifizierung fest. Die Regeln können entweder nach einem Zeitplan oder manuell nach Anforderung angewendet werden. Es werden dann alle Regeln angewendet, die aktiviert wurden. Im Anschluss ist es möglich sich eine Ergebnisübersicht anzeigen zu lassen.
- Überprüfen Sie den Erfolg Ihrer Maßnahmen.

Die manuelle Dateiklassifizierung:

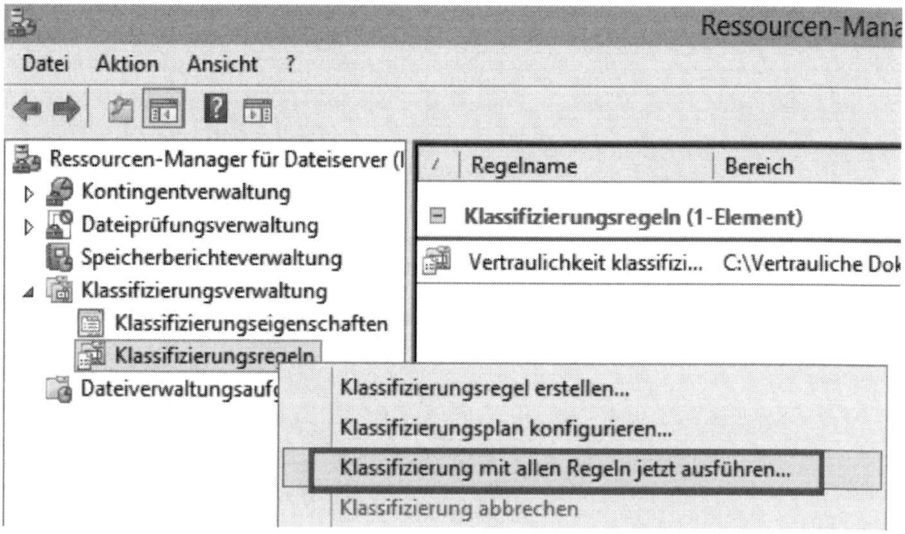

Faktoren die bei der Nutzung der Dateiklassifizierung zu beachten sind:

- Wie Klassifizierungseigenschaften zusammen mit den Dateien gespeichert werden. Bei Microsoft Office werden die Klassifizierungseigenschaften als benutzerdefinierte Eigenschaften in den Dateieigenschaften und im NTFS-Datenstrom gespeichert. Bei anderen Dateitypen nur im NTFS-Datenstrom. In den Dateiinhalten sind die Klassifizierungseigenschaften daher nicht zu sehen.

- Das Verschieben von Dateien kann sich auf die Klassifizierung auswirken. Wenn Dateien von einem NTFS-Dateisystem auf ein Nicht-NTFS-Dateisystem verschoben werden, gehen die Klassifizierungseigenschaften verloren. Ausnahme sind Microsoft Office Dokumente, da dort wie oben beschrieben die Eigenschaften in den Dateieigenschaften gespeichert sind.
- Da Klassifizierungseigenschaften erst ab Windows Server 2008 R2 verfügbar sind, gehen die Eigenschaften beim Ablegen auf älteren Windows Server Versionen verloren. Ausnahme: Office Dokumente aus bereits oben genanntem Grund.
- Klassifizierungsregeln können sich widersprechen. Die Dateiklassifizierungsinfrastruktur versucht dann die Eigenschaften zu kombinieren: Bei Ja und Nein hat Ja Priorität. Bei sortierten Listen hat der höchste Wert Priorität. Bei Multiple Choise Eigenschaften werden die Eigenschaften kombiniert. Bei Eigenschaften mit mehreren Zeichenfolgen wird ein Wert gebildet, der alle eindeutigen Zeichenfolgen enthält. Bei anderen Eigenschaftstypen tritt ein Fehler auf.
- Bestimmte Dateitypen sind nicht klassifizierbar. Das betrifft ZIP-Komprimierte Dateien, verschlüsselte Dateien, VHD und VHDX Dateien.

Die Dateizugriffsüberwachung

Wenn Sie Dateizugriffe steuern, müssen Sie Dateizugriffe auch überwachen. Dabei geht es nicht nur darum festzustellen, wer auf Dateien zugegriffen hat. Genauso wichtig ist die Überwachung, wer es (erfolglos) versucht hat. Erfolglose Zugriffsversuche müssen nicht unbedingt auf ein Sicherheitsproblem hinweisen. Es kann auch ein Hinweis auf Fehler in der Benutzerverwaltung oder in der Klassifizierung sein. Darüber hinaus ermöglicht Ihnen die Überwachung die Verfolgung von Änderungen an Benutzer- oder Computerattributen oder an Zugriffsrichtlinien und Zugriffsregeln.

Die globale Objektzugriffsüberwachung ermöglicht Ihnen die Definition von System-ACLs (SACLs) nach dem Objekttyp für jeden Computer in Ihrer Infrastruktur. Die definierter SACL wird dann für jedes Objekt dieses Typs automatisch übernommen. Mit einer Objektzugriffs-Überwachungsrichtlinie lässt sich die Objektüberwachung für Computer, Dateifreigaben oder Registrierungen erzwingen. Das ist relativ einfach über den Inhalt der Richtlinieneinstellungen zu überprüfen. So kann sichergestellt werden, dass jede erforderliche Ressource durch eine Überwachungsrichtlinie geschützt ist.

Der Überwachungsplan richtet sich nach den Anforderungen und den abzudeckenden Szenarios wie beispielsweise Überwachung von Zugriffsvorgängen oder der Verfolgung von Änderungen, wie im vorletzten Absatz schon kurz erwähnt.

Unterstützung nach „Zugriff verweigert“

Information: *Unterstützung nach „Zugriff verweigert“ ist nur ab Windows 8 oder Windows Server 2012 oder neuer möglich.*

Eine angenehme Eigenschaft von DAC ist die Möglichkeit, den Benutzern Hilfestellungen anzubieten, wenn diese erfolglos versuchen auf Ressourcen zuzugreifen. Ihnen selbst hilft es möglicherweise bei der Problemanalyse und – lösung, in dem Sie dadurch auf Probleme bei der DAC-Implementation aufmerksam gemacht werden.

Für die Anwender können Sie eine Meldung formulieren, die ihnen angezeigt wird. Die Meldung enthält beispielsweise den Grund für die Zugriffsverweigerung oder Anweisungen, wie der Anwender vorzugehen hat um für den Zugriff freigeschaltet zu werden.
Weiterhin können Sie konfigurieren, ob der Anwender den Versand einer Email auslösen kann und welchen Text die Email enthalten soll. Die Empfänger der Email legen Sie fest. Das kann der Verantwortliche für diese Ressource sein, ein Ordnerbesitzer, ein Administrator oder jeder andere relevante Empfänger. Mit den geeigneten Help-Desk Tools kann eventuell aus dieser Mail automatisch ein Ticket erzeugt werden.

- Meldung nach „Zugriff verweigert“ anpassen

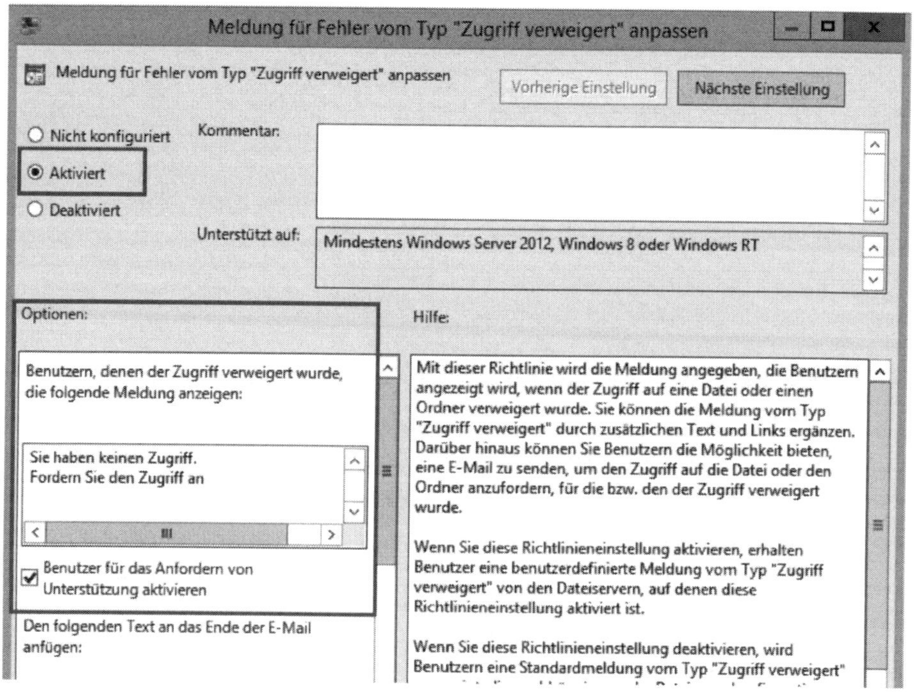

Was wird für die Bereitstellung von DAC mindestens benötigt

- Mindestens ein Windows Server 2012 Domänencontroller zur Speicherung der zentralen Definition von Ressourceneigenschaften und Richtlinien und zur Bereitstellung für Ansprüche, die vom Dateiserver im Namen des Benutzers abgerufen werden müssen.
- .1.Mindestens Windows 2012 Dateiserver mit aktivierter „Ressourcen Manager für Dateiserver" Rolle (FSRM), damit die Dateien auf diesem Server geschützt werden können.
- Mindestens Windows 8 Clients für Geräteansprüche.
- Ansprüche über eine Gesamtstruktur-Vertrauensstellung erfordert in allen Domänen Domänencontroller mit mindestens der Version 2012 und der entsprechenden Domänen- und Gesamtstruktur-Funktionsebene.
- Bei Benutzeransprüchen innerhalb einer Gesamtstruktur (wenn also Ansprüche nicht auch über Vertrauensstellungen in anderen Gesamtstrukturen gelten sollen), wird keine Windows Server 2012 Domänen- und Funktionsebene benötigt. Das bedeutet, dass Sie in Ihrer Infrastruktur auch Domänencontroller unter Windows Server 2008 und Windows Server 2008 R2 betreiben können, sofern mindestens ein Domänencontroller unter 2012 oder neuer betrieben wird.

Best Practices für die Implementation von DAC

- Bestimmen Sie die Geschäftsanforderungen. Eventuell reicht die Verwendung von NTFS-Dateiberechtigungen oder dem Active Directory Rechteverwaltungsdienst (AD RMS) für Teile oder auch für Ihre gesamte Infrastruktur aus. Das vereinfacht die Verwaltung. Implementieren Sie DAC nur dort wo es notwendig ist.
- Planen Sie die Implementierung sorgfältig und konfigurieren Sie die Komponenten und Richtlinien entsprechend Ihrem Plan. Das schließt ein: Die Definition der Zugriffsrichtlinie und die „Übersetzung" in Zielgruppen, Zugriffsregeln, Dateieigenschaften, Anspruchstypen, Benutzergruppen.
- Legen Sie die Server fest, für die Ihre Richtlinie gelten soll.

5.2.4 So erstellen Sie zentrale Zugriffsregeln und –Richtlinien

Die Einrichtung von DAC gliedert sich in vier Bereiche:

- Vorbereitung.
- Konfiguration.
- Implementation.
- Überprüfung und Fehlerbehebung.

Sie können darüber hinaus weitere Maßnahmen festlegen. So ist es möglich, einem Benutzer Hilfestellung zu geben, wenn diesem beim Versuch Zugriff auf Ressourcen zu erhalten, der Zugriff verweigert wird.

So bereiten Sie alles für DAC vor

DAC erfordert die Rolle „Ressourcenmanager für Dateiserver“ (FSRM) und eine Mindest-Domänenfunktionsebene „Windows Server 2012“. Weiterhin müssen Sie eine Gruppenrichtlinie erstellen bzw. anpassen und für eine übersichtliche Struktur durch Organisationseinheiten und Gruppen sorgen.

Installation des Ressourcen-Managers für Dateiserver:

- Sofern der FSRM noch nicht auf Ihrem Dateiserver installiert ist, installieren Sie die Rolle wie folgt:

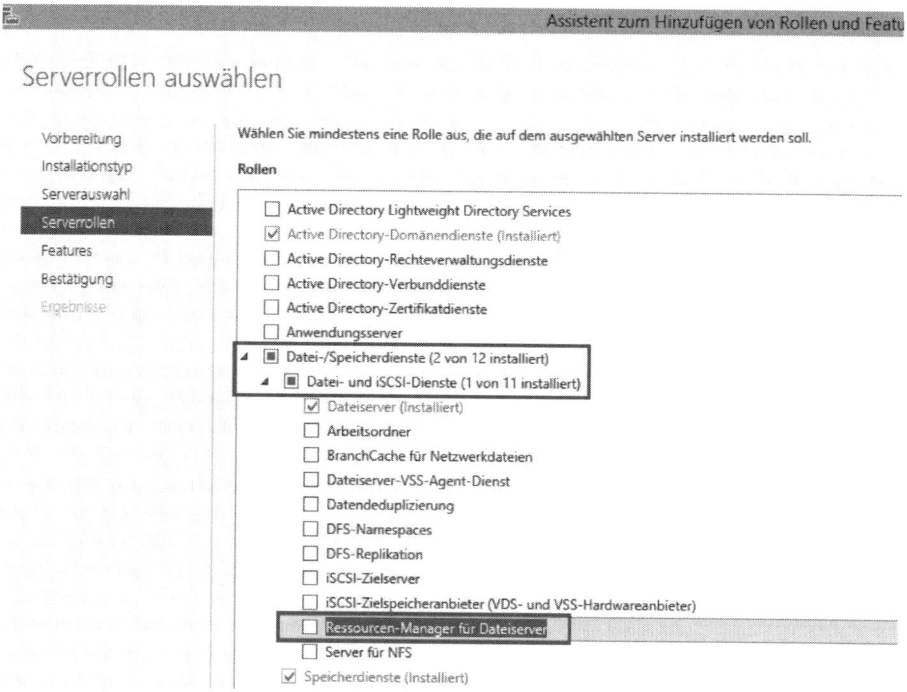

Prüfen der Domänenfunktionsebene und Aktivieren von DAC in AD DS:

- Um Ansprüche nutzen zu können, benötigen wir mindestens eine 2012 Domänenfunktionsebene, die wir wie folgt anzeigen und heraufstufen können:

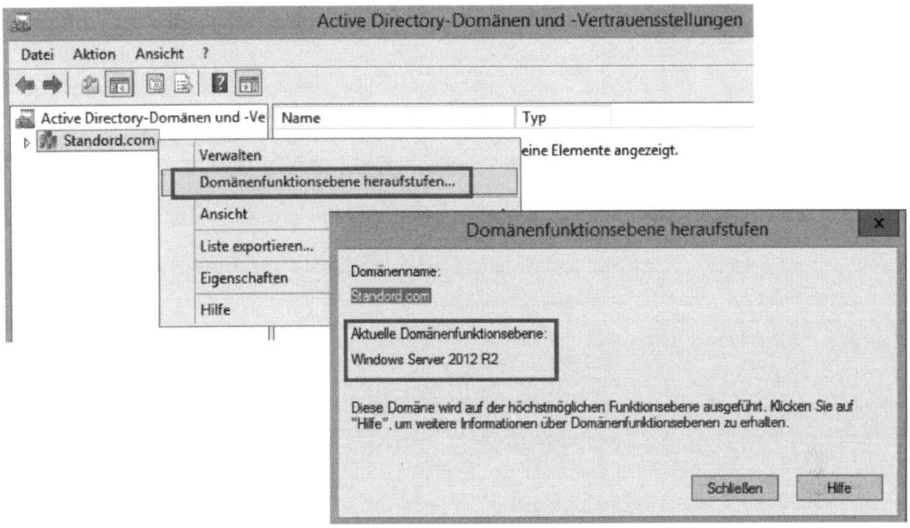

- Domänenfunktionsebene mit der Powershell und dem Commanlet **„Get-AdDomain“**:

```
Windows PowerShell
Copyright (C) 2013 Microsoft Corporation. Alle Rechte vorbehalten.

PS C:\Users\Administrator> Get-ADDomain

AllowedDNSSuffixes                 : {}
ChildDomains                       : {}
ComputersContainer                 : CN=Computers,DC=Standord,DC=com
DeletedObjectsContainer            : CN=Deleted Objects,DC=Standord,DC=com
DistinguishedName                  : DC=Standord,DC=com
DNSRoot                            : Standord.com
DomainControllersContainer         : OU=Domain Controllers,DC=Standord,DC=com
DomainMode                         : Windows2012R2Domain
DomainSID                          : S-1-5-21-1746724098-3235930271-1682181325
ForeignSecurityPrincipalsContainer : CN=ForeignSecurityPrincipals,DC=Standord,DC=com
Forest                             : Standord.com
InfrastructureMaster               : 2012DC.Standord.com
LastLogonReplicationInterval       :
LinkedGroupPolicyObjects           : {cn={C01D848F-B7B2-4064-B0EB-9F50A01DC4E8},cn=po
                                     m, cn={139025F6-C2F2-456A-9FA2-8109693AC85C},cn=p
                                     com, cn={77EE10E8-A3E0-400A-BD3A-521D3A20945A},c
                                     C=com, cn={AD0EBF87-2AC7-4607-9EF0-311725F2CCEA}
```

Erstellung und Verknüpfung einer GPO mit einer OU:

Für die Zugriffsüberprüfung der Identität muss DAC in AD DS aktiviert werden, damit die Kerberos-Protokollunterstützung die Benutzeranspruchs- und Geräteautorisierungsinformationen in den Windowsautorisierungstoken einschließen kann.

Dazu sollte eine Gruppenrichtlinie verwendet werden, die mit den Domänencontrollern verknüpft wird. Es kann ebenso die „Default Domain Controllers Policy“ verwendet und angepasst werden.

- In der Gruppenrichtlinienverwaltung ist jetzt eine GPO mit der OU „Domain Controllers“ verknüpft. Im Bild ist es die GPO „DAC-Aktivieren“.

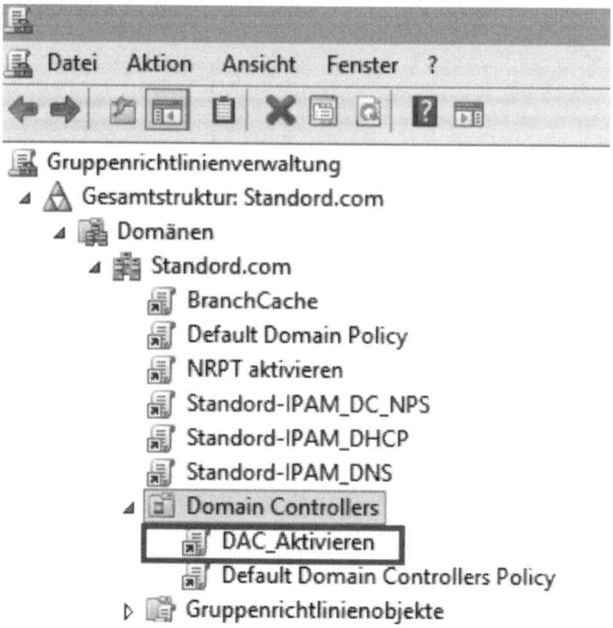

- Diese GPO bearbeiten Sie wie folgt und aktivieren die Regel „Unterstützung die Kerberos-Domänencontrollers...“ im Knoten **„Computerkonfiguration/Richtlinien/Administrative Vorlagen/System/KDC“**:

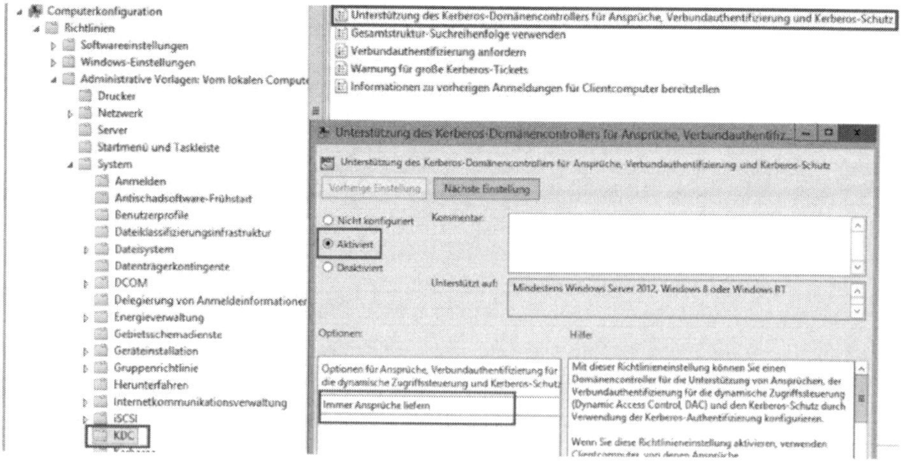

- Erzwingen Sie die Anwendung der GPO mit „**gpupdate /force**“ auf dem/den Domänencontroller(n).

Erstellen einer Organisationseinheit zum Zusammenführen von DAC-Clients und des DAC-Dateiservers:

Zum Zusammenführen von DAC-Clients und des DAC-Dateiservers erstellen Sie eine OU. Das erleichtert den Überblick und ermöglicht einfaches Hinzufügen von weiteren Clients oder Servern.

- Die erstellte OU mit hinzugefügten Computerkonten:

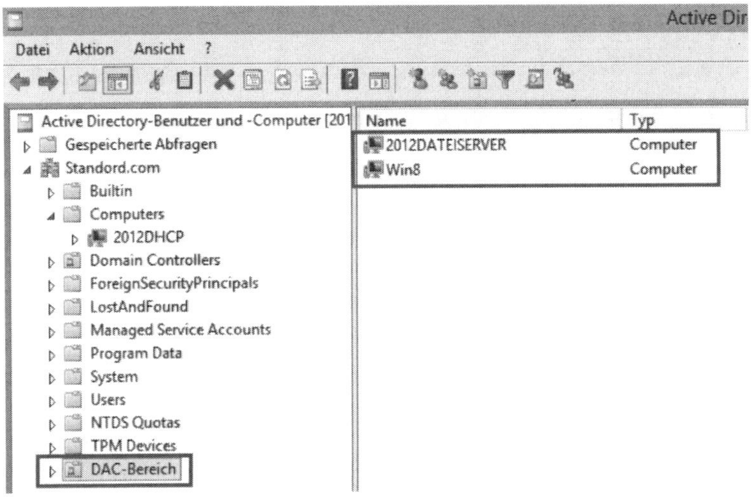

Erstellen einer Sicherheitsgruppe zum Gruppieren von DAC-Clients:

- Der DAC-Client ist Mitglied:

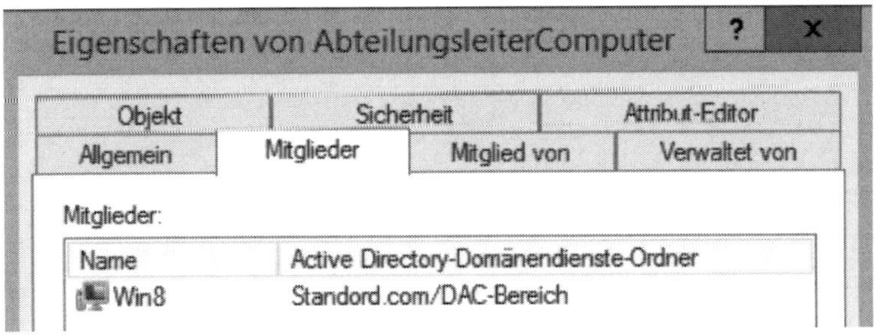

So konfigurieren Sie DAC

Sie benötigen eine dynamische Zugriffsteuerung mit Ansprüchen, Ressourceneigenschaften, und Dateiklassifizierungen. Damit wird festgelegt, wer worauf welchen Zugriff hat.

Schritt 1: Benutzer- und Geräteansprüche

Um attributbasierte Ansprüche zu erstellen, können Sie das AD Verwaltungscenter verwenden oder die Powershell für zertifikatsbasierte Ansprüche.

Ansprüche werden erstellt für Benutzer und Computer. Sie verfügen über Attribute als Quelle.

Im Verwaltungscenter gehen Sie wie folgt vor:

- Unter „**Dynamische Zugriffssteuerung/Claim Types**“ erstellen Sie einen neuen Anspruchstyp für Benutzeransprüche.

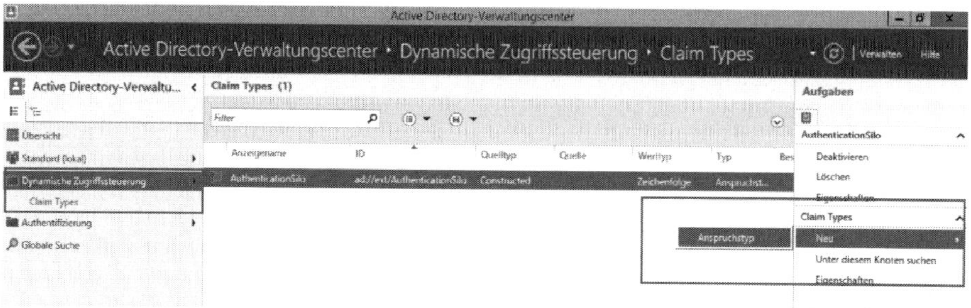

- Das führen Sie zweimal durch. Einmal für Benutzeransprüche und einmal für Computeransprüche:

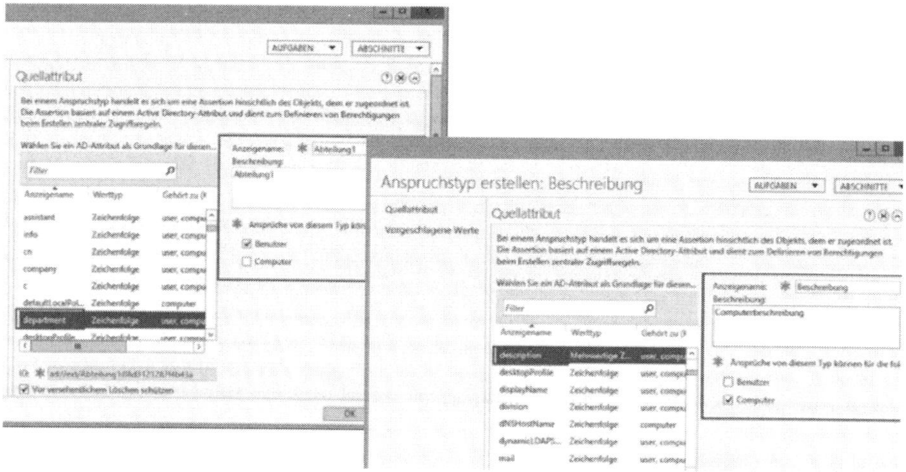

Schritt 2: Ressourceneigenschaften und Ressourceneigenschaftenlisten

Ressourceneigenschaftenobjekte werden erstellt für Ressourcen. Diese verfügen über Eigenschaften als Quelle.

- Unter „**Dynamische Zugriffssteuerung/Resource Properties**“ aktivieren Sie die Ressourceneigenschaften „Department“ und „Confidentiality“:

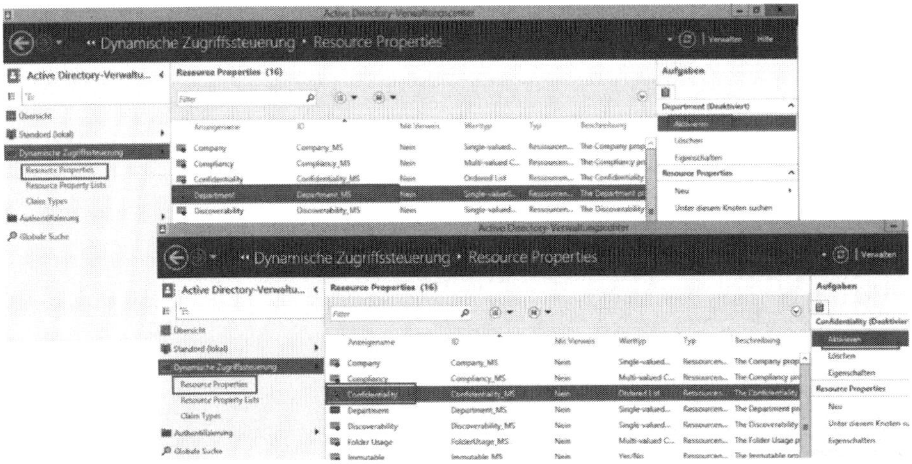

• In den Eigenschaften von „Department“ fügen Sie als vorgeschlagener Wert beispielsweise „Forschung“ hinzu.

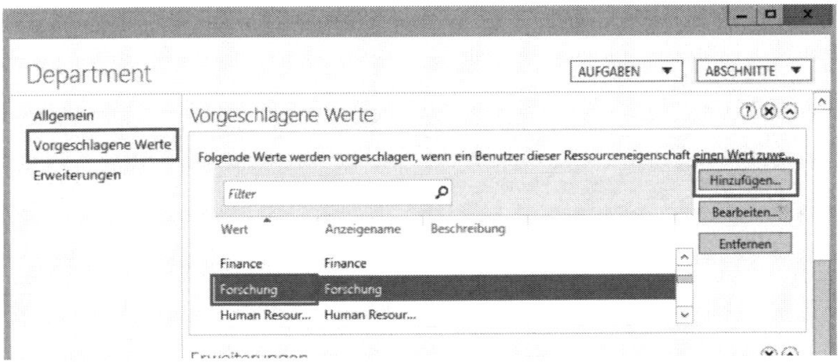

• Wichtig ist, das die aktivierten Ressourceneigenschaften „Department“ und „Confidentiality“ in der „Global Resource Property List“ enthalten sind. Durch Doppelklick können Sie die Liste prüfen.

Schritt 3: Dateiklassifizierungen

Mit Dateiklassifizierungen fügen Sie Objekten mit einer **Klassifizierungsregel** die **Klassifizierungseigenschaften** hinzu. Mit der Klassifizierungsverwaltung kann das automatisiert werden. Das erfolgt auf dem Dateiserver, denn dort werden die Freigabeordner für die Benutzer bereitgestellt, die wir klassifizieren wollen und dort werden die Dateien von den Benutzern gespeichert. Die Klassifizierung selbst erfolgt im „**Ressourcenmanager für Dateiserver**“.

• Das Öffnen der Klassifizierungseigenschaften zeigt, dass die Ressourceneigenschaften „Confidentiality“ und „Department“ zur Verfügung stehen, die wir im vorherigen Schritt aktiviert haben:

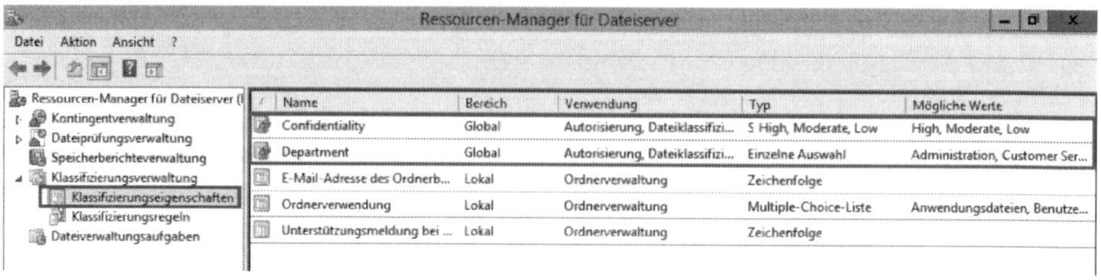

- Das Erstellen von Klassifizierungsregeln kennen Sie. Gehen Sie einfach die Registerkarten der Reihe nach durch: Sie legen den Namen fest und Sie konfigurieren den Bereich auf den die Regel angewendet werden soll. Das ist der freigegebene bzw. freizugebende Ordner.

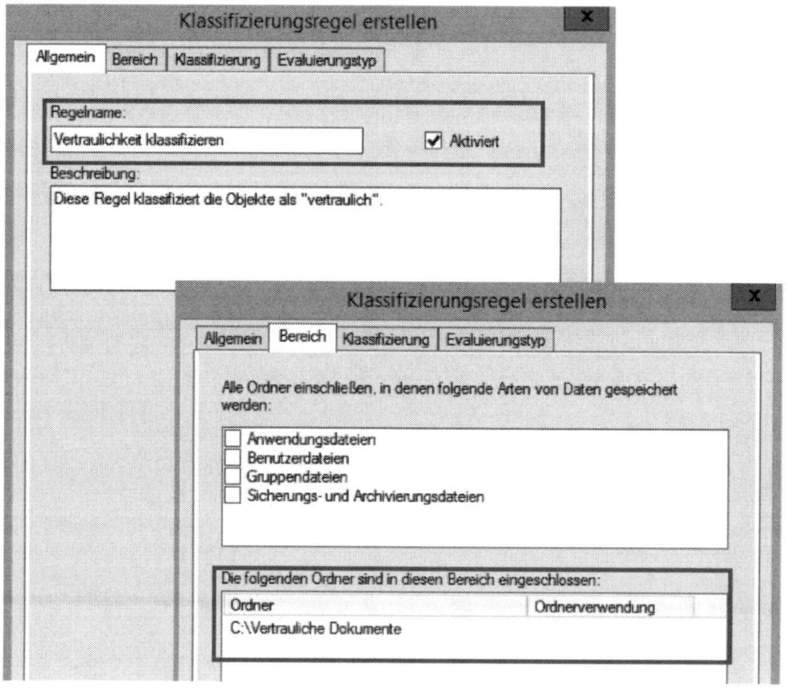

- Sie bestimmen die Klassifizierungsmethode. Wir prüfen in diesem Beispiel den Inhalt von Textdokumenten. An dieser Stelle stehen uns die Klassifizierungseigenschaften „Confidentiality“ und „Department“ zur Verfügung, die Sie im vorherigen Schritt dafür aktiviert haben.
- Die Klassifizierungsparameter benötigen noch ein wenig Aufmerksamkeit, denn wir müssen angeben, was die Regel prüfen muss um die gewünschte Klassifizierung zu erhalten.
- Als letztes konfigurieren wir im Evaluierungstyp dass das erneute Auswerten der Regel zu einer erneuten Klassifizierung führt. Änderungen an den klassifizierten Objekten führen also zu einer Änderung der klassifizierten Eigenschaft, sofern die Bedingungen der Regel nicht mehr zutreffen.

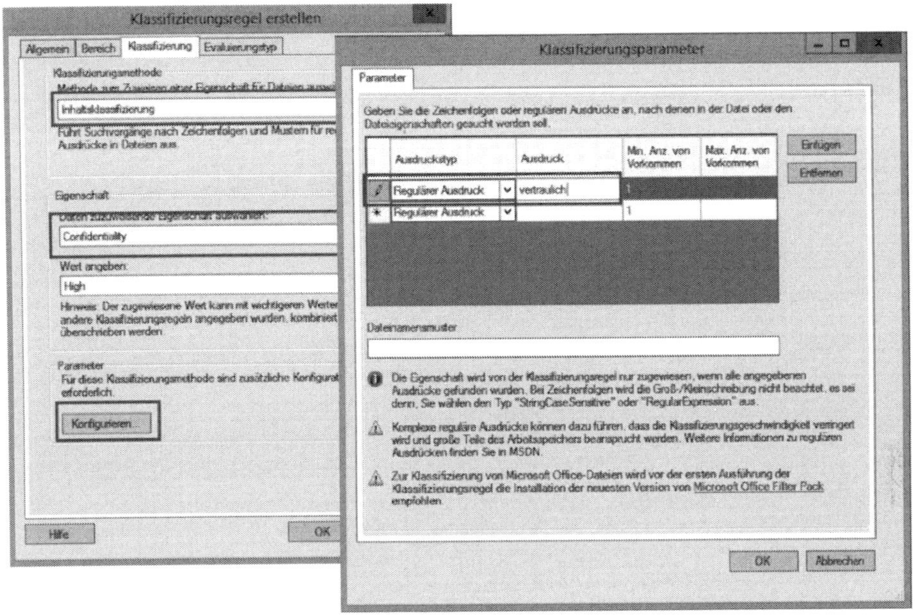

- Nun erfolgt das Ausführen der Regel mit der Prüfung, ob die Klassifizierung wie erwartet geklappt hat. Sie erhalten einen Klassifizierungsbericht.

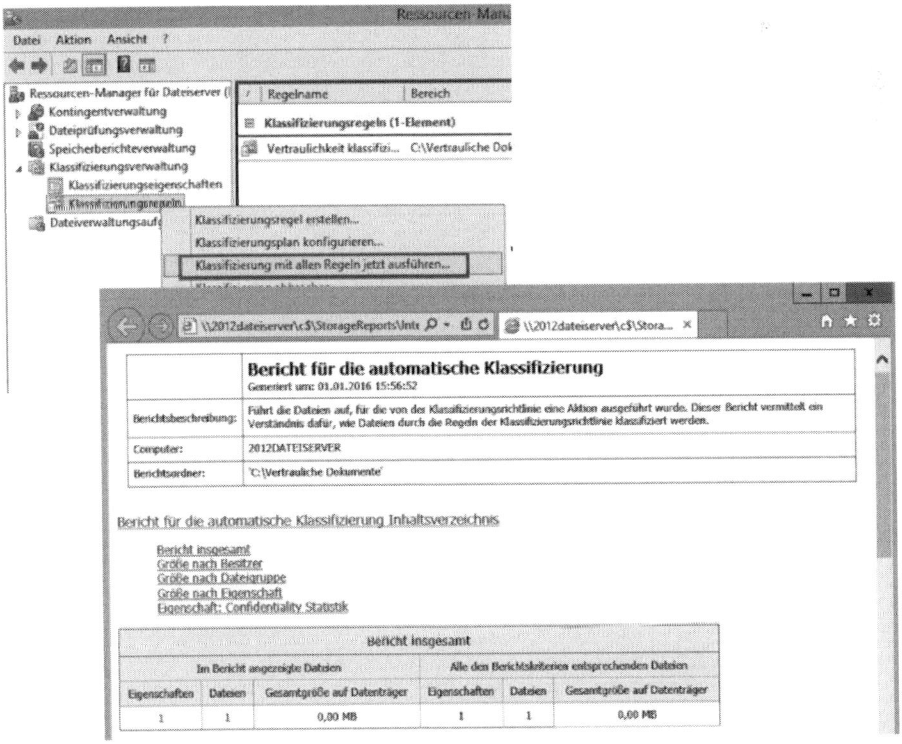

- Jetzt können Sie sich die Eigenschaften der geprüften Dokumente ansehen:

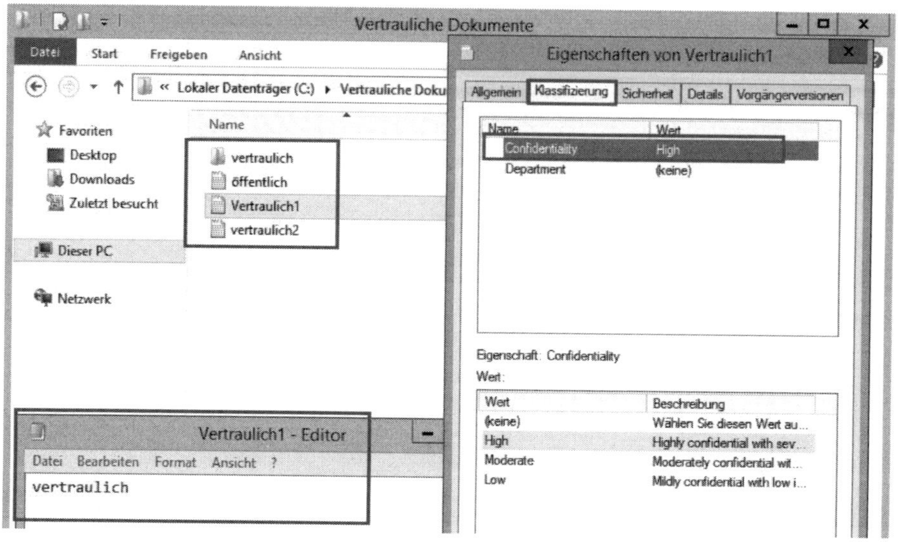

So führen Sie eine manuelle Klassifizierung durch:

- In den Eigenschaften des Ordners können Sie auf der Registerkarte „Klassifizierung" aus der Liste der möglichen Klassifizierungswerte den Wert auswählen, den Sie für eine manuelle Klassifizierung verwenden wollen.

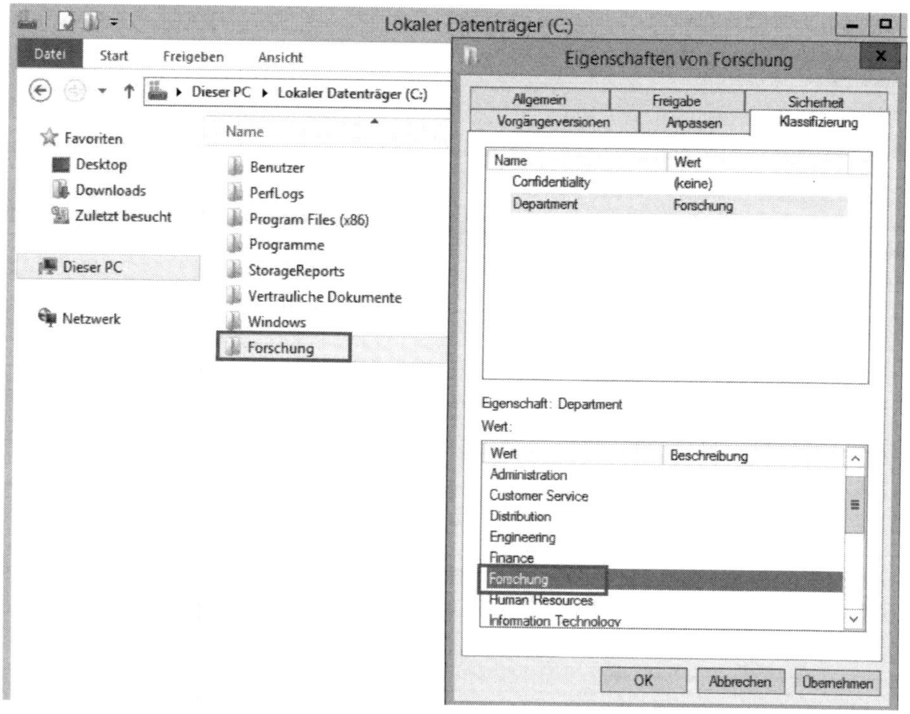

Zusammenfassung:

- Sie haben nach Dateiinhalt klassifiziert.
- Nur das Dokument „Vertraulich1“ wurde klassifiziert, denn es enthielt als einziges Dokument den Text „vertraulich“.
- Das Dokument „Vertraulich2“ enthält den Text „Vertraulich“ und wurde nicht klassifiziert, da in den Regelparametern „vertraulich“ klein geschrieben wurde. Wollen Sie die Schreibweise berücksichtigen, müssen Sie die Regel entsprechend modifizieren.
- Durch die Inhaltsklassifizierung spielen Datei- und Ordnernamen bei dieser Regel keine Rolle.
- Die Klassifizierungseigenschaft „Department“ wurde von der Regel nicht berücksichtigt und hat durch die Regelausführung daher keinen Wert zugewiesen bekommen.
- „Department“ lässt sich mit dem definierten Wert manuell einem Objekt zuweisen.

So implementieren Sie DAC

Um DAC zu implementieren, benötigen Sie zentrale **Zugriffsregeln** und zentrale **Zugriffsrichtlinien**, die mittels einer Gruppenrichtlinie auf den Dateiserver angewendet werden.

Schritt 1: Zentrale Zugriffsregeln der dynamischen Zugriffssteuerung

Die zentrale Zugriffsregel ist die Hauptkomponente der zentralen Zugriffsrichtlinie und legt Zielressourcen, Berechtigungen und Bedingungen fest.

- Unter „**Dynamische Zugriffssteuerung/Central Access Rules**“ erstellen Sie eine neue „Zentrale Zugriffsregel“, mit der Sie die Übereinstimmung mit dem Benutzeranspruch „Abteilung“ prüfen

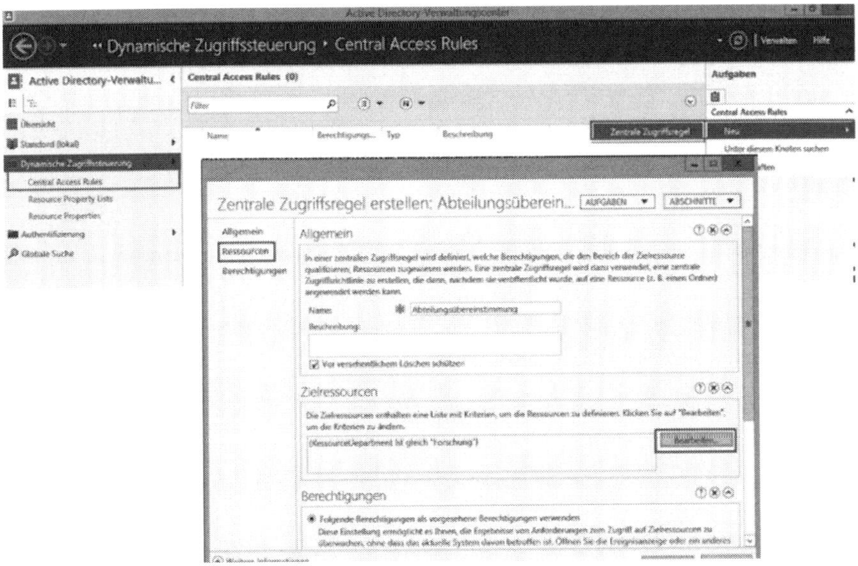

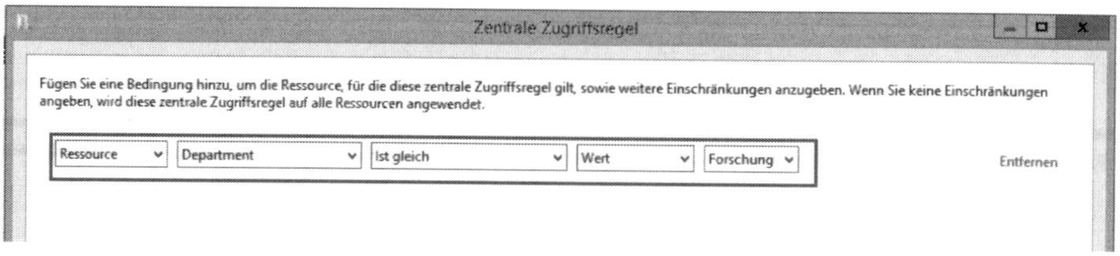

- Nun ist die Bearbeitung der Berechtigungen erforderlich. Die Administratoren werden entfernt und die authentifizierten Benutzer hinzugefügt. Damit verhindern Sie, dass die Administratoren grundsätzlich Zugriff haben.

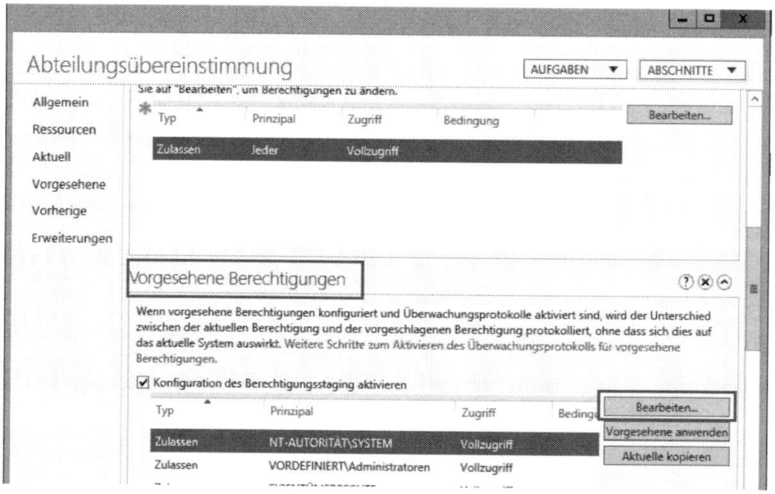

- Die Rechte werden gesetzt und mit der DAC Zugriffsbedingung eingeschränkt:

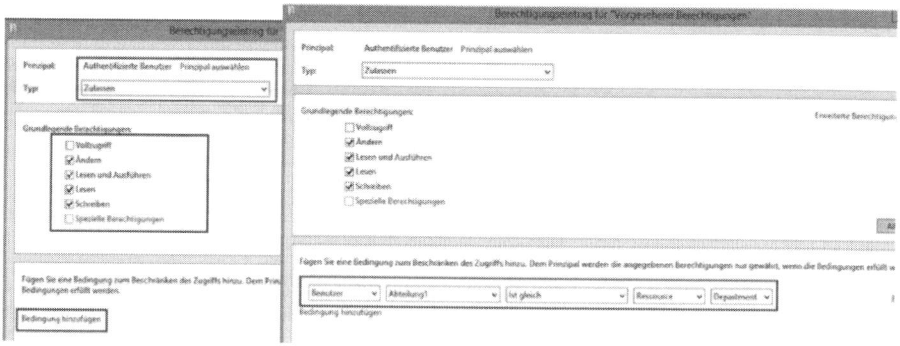

- Sie können nun eine weitere Regel erstellen, mit der ein Zugriff auf vertrauliche Dokumente reglementiert wird. Der Vorgang ist der gleiche wie bei der ersten Regel.
- Der Benutzeranspruch, mit dem die Rechte der „authentifizierten Benutzer" eingeschränkt werden, wird mit einem Computeranspruch als zweite Bedingung verknüpft.

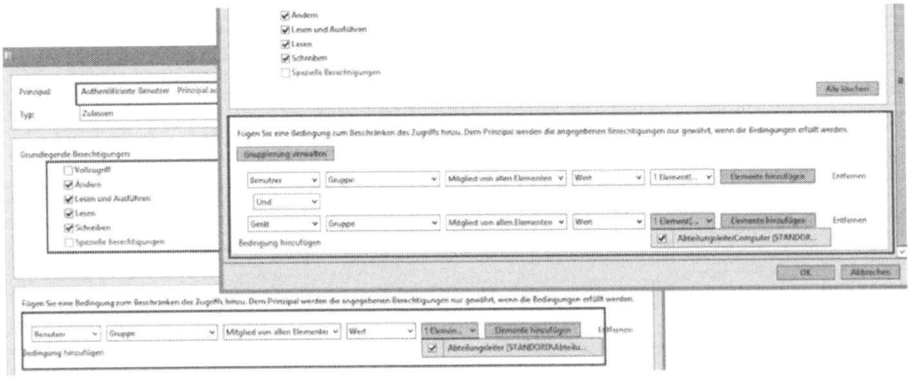

Schritt 2: Zentrale Zugriffsrichtlinien der dynamischen Zugriffssteuerung
Zentrale Zugriffsrichtlinien ermöglichen eine unternehmensweite konsistente Verwaltung und Bereitstellung von Zugriffsautorisierungen. Die Hauptkomponente einer Zugriffsrichtlinie ist die zentrale Zugriffsregel, mit der Zielressourcen, Berechtigungen und Bedingungen festgelegt werden.

- Auf dem Domänencontroller werden im Active Directory Verwaltungscenter neue Zugriffsrichtlinien erstellt, die den Zugriff auf vertrauliche Dokumente regeln und die Abteilungsübereinstimmung prüfen.
- Unter „**Dynamische Zugriffssteuerung/Central Access Policies**" erstellen Sie eine neue Zugriffs**richtlinie** (Policy), in der die oben festgelegten Regeln angewendet werden.

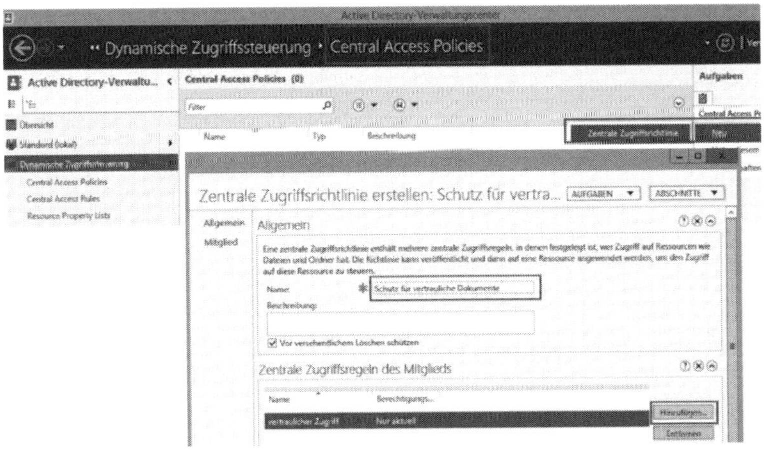

- In einer zweiten Zugriffsrichtlinie überprüfen Sie die Übereinstimmung mit der Abteilung. Die Erstellung der zweiten Richtlinie wird wie die Erstellung der ersten durchgeführt, es wird allerdings die Regel zur Prüfung der Abteilungsübereinstimmung ausgewählt. Als Ergebnis haben Sie zwei Richtlinien unter „Central Access Policies" konfiguriert.

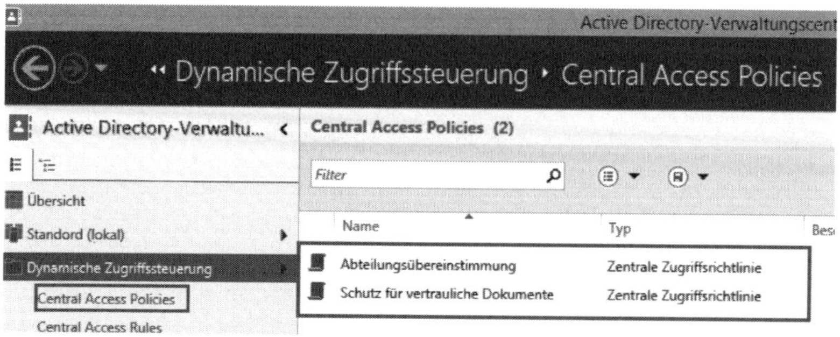

Schritt 3: Anwenden der zentralen Zugriffsrichtlinien auf einem Dateiserver
Um die Zugriffsrichtlinien auf den bzw. die Dateiserver anwenden zu können, benötigen wir eine Gruppenrichtlinie, die wir mit der OU verknüpfen, in der die Dateiserver enthalten sind.

- Das Erstellen und Verknüpfen einer GPO ist bekannt. Sie müssen nun die GPO bearbeiten. Dazu gehen Sie zum Knoten **„Computerkonfiguration/Richtlinien/Windows-Einstellungen/Sicherheitseinstellungen/Dateisystem/Zentrale Zugriffsrichtlinie“** und konfigurieren Sie die zentrale Zugriffsrichtlinie durch Rechtsklick und „zentrale Zugriffsrichtlinie verwalten“. Fügen Sie beide Richtlinien hinzu. Als Ergebnis werden beide Richtlinien unter dem Knoten „Zentrale Zugriffsrichtlinie“ aufgelistet:

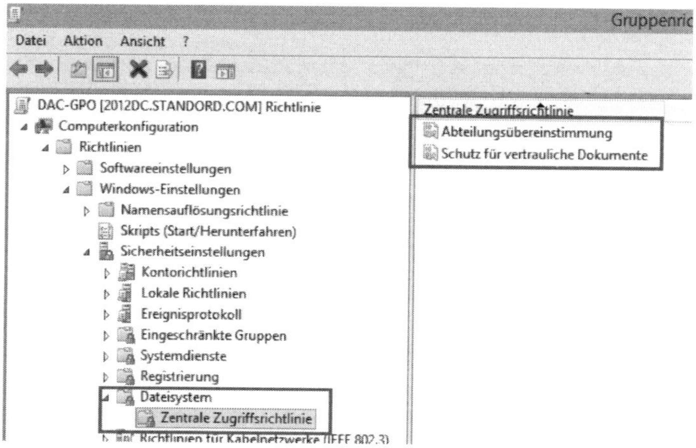

- Durch ein **„gpudate /force“** auf dem Dateiserver wird die neue Gruppenrichtlinie angewendet und damit die DAC-Richtlinien auf dem Dateiserver bereitgestellt.
- Es müssen die DAC-Richtlinien nur noch angewendet werden. Für den Ordner „Vertrauliche Dokumente“ beispielsweise der „Schutz für vertrauliche Dokumente“. Das erreichen Sie in den Eigenschaften des Ordners durch Klick auf „Erweitert“ auf der Registerkarte „Sicherheit“.

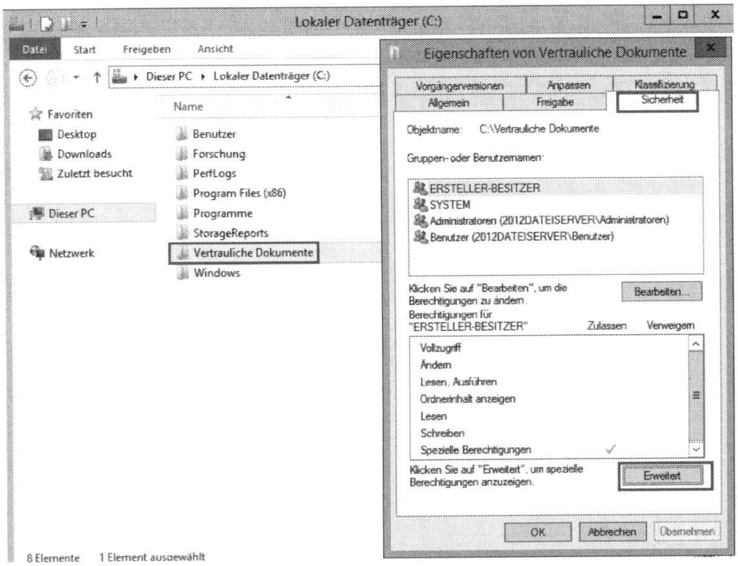

- Für den Ordner „Forschung“ wählen Sie beispielsweise die DAC-Richtlinie „Abteilungsübereinstimmung“.

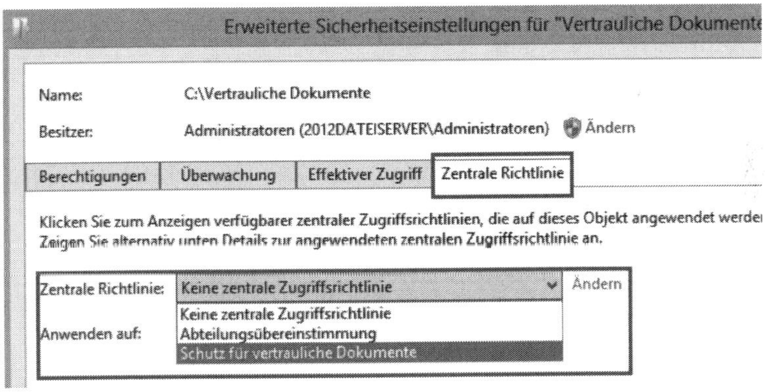

- Die über die GPO bereitgestellten DAC-Richtlinien können beliebig verwendet werden.

So führen Sie die Überprüfung und Fehlerbehebung von DAC durch

Das Betriebssystem verwaltet die globale Objektzugriffsüberwachungsrichtlinie zentral und überwacht jede Datei und jeden Order. Sie ist integriert in die dynamische Zugriffssteuerung und stellt neue Überwachungsrichtlinienkategorien in der Gruppenrichtlinie bereit.

Um zu prüfen ob die DAC korrekt implementiert wurde, können die möglichen Szenarien getestet werden:

- Zugriff als User, der nicht Mitglied der Abteilung ist.

- Zugriff als User, der Mitglied der Abteilung ist.
- Zugriff als User, der Mitglied der Abteilung ist und eine unberechtigte Maschine verwendet.
- Zugriff als User, der Mitglied der Abteilung ist und eine berechtigte Maschine verwendet.

Auswerten von Benutzerzugriffen:

- Sie können sich die effektiven Zugriffe ansehen, die ein User auf Freigaben hat. Öffnen Sie dazu die „Eigenschaften" einer Freigabe und klicken Sie auf der Registerkarte „Sicherheit" auf „Erweitert".
- Durch Auswählen eines Users können Sie den effektiven Zugriff prüfen, den der User mit bzw. ohne Benutzeranspruch, Computeranspruch oder anderen Faktoren hat.

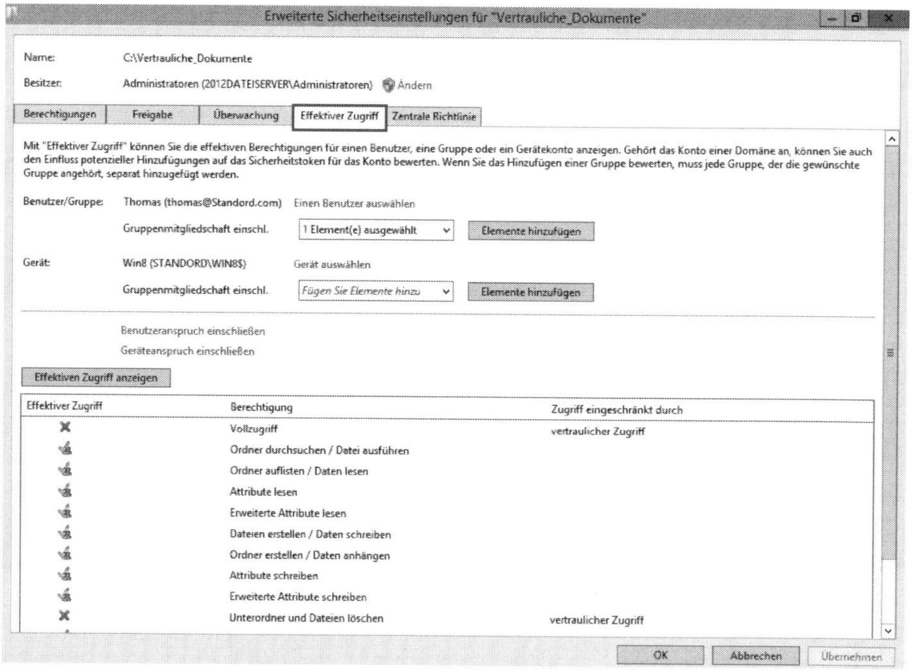

So konfigurieren Sie die „Unterstützung nach Zugriff verweigert"

Es ist möglich, dem User Hilfe anzubieten, wenn ihm Freigaberechte fehlen und er nicht auf Netzwerkressourcen zugreifen kann. Dazu wird ein Problembehandlungstext konfiguriert und der „Besitzer" des freigegebenen Ordners darin angegeben. Wird einem User der Zugriff verweigert, sieht dieser den Problembehandlungstext und die optional angegebene Problembehandlung. Der User kann somit Unterstützung nach der Zugriffsverweigerung anfordern und der „Besitzer" des Ordners kann nun Zugriff gewähren. Sollte er es nicht können, leitet er es an den Administrator weiter.

Um die „Unterstützung nach Zugriff verweigert“ zu konfigurieren, können wir eine GPO verwenden. Es bietet sich beispielsweise die GPO an, mit der bereits die DAC implementiert wurde.

- Die GPO wird im Knoten **„Computerkonfiguration/Richtlinien/Administrative Vorlagen/System“** bearbeitet. Aktivieren Sie beide Richtlinien.
- Die Richtlinie „Meldung für Fehler vom Typ Zugriff verweigert anpassen“ muss mit dem Text versehen werden, der ausgegeben werden soll.
- Auf dem Dateiserver muss anschließend mit „gpupdate /force“ die Anwendung der GPO erzwungen werden.

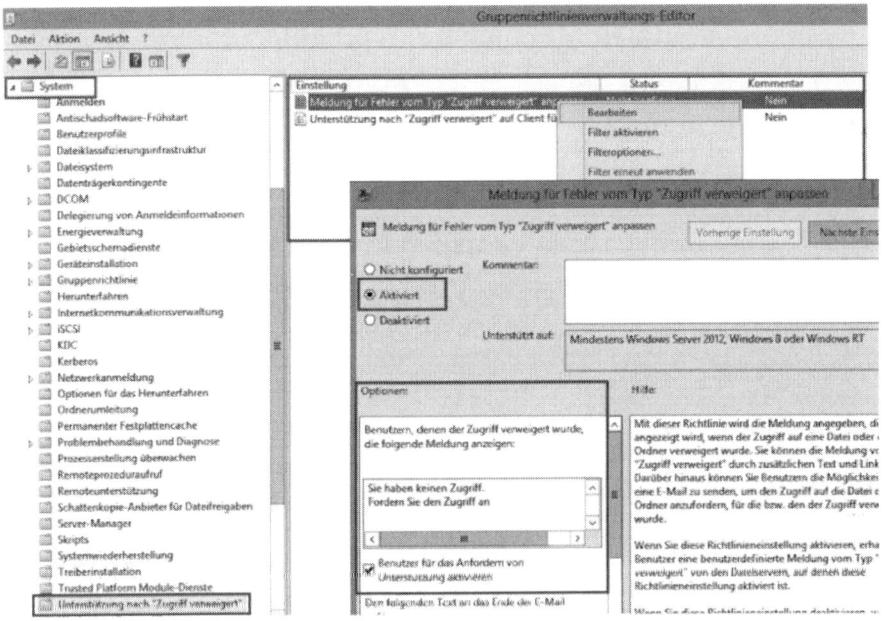

- Das Ergebnis für einen User, der keinen Zugriff hat:

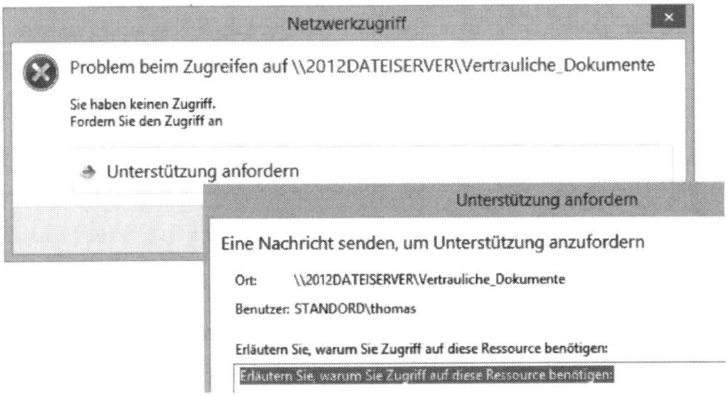

Anhang A: Verwendete Powershell Cmdlets und Kommandozeilen-Tools

Die in diesem Anhang aufgeführten Powershell Cmdlets und Kommandozeilenbefehle dienen nur der gesammelten Übersicht der in diesem Buch verwendeten Befehle. Weder sind sie vollständig noch werden alle möglichen Parameter beschrieben. Genaue Informationen dazu erhalten Sie auf den TechNet-Seiten von Microsoft im Internet.

1. Die Server-Infrastruktur

1.2 Die Server-Bereitstellungsinfrastruktur

1.2.2 Übersicht über die Tools zur abbildbasierten Installation von Windows

Kommandozeilentool „DISM.exe“
Zum anzeigen des Inhalts eines WIM-Image:
Dism /get-imageinfo /imagefile:“Y:\Eigene Images\install.wim”

Bereitstellen (mounten) des WIM-Image zur Offlinewartung in den Order „mountpoint“:
Dism /mount-wim /wimfile:“Y:\Eigene Images\install.wim” /index:4 /mountdir:c:\mountpoint

Listet alle im bereitgestellten Image enthaltenen Features auf:
Dism /image:c:\mountepoint /get-features

Zeigt genaue Info zu einem Feature (Beispiel: IIS-Webserver Rolle):
Dism /image:c:\mountpoint /get-featureinfo /featurename:IIS-WebServerRole

Aktiviert das angegebene Feature (Beispiel: IIS-Webserver Rolle):
Dism /image:c:\mountpoint /enable-feature /featurename:IIS-WebServerRole –all

Zum Abmelden des WIM-Image mit Sichern der Änderungen:
Dism /unmount-wim /mountdir:c:\mountpoint /commit

Zum Abmelden des WIM-Image ohne Sichern der Änderungen:
Dism /unmount-wim /mountdir:c:\mountpoint /discard

2 Planen und Warten von IP-Konfigurationen und der Adressverwaltung

2.1. DHCP

Powershell Cmdlets:
Add-DhcpServerv4Scope – Anlegen eines DHCP IPv4 Bereichs.
Add-DhcpServerv6Scope – Anlegen eines DHCP IPv6 Bereichs.
Add-DhcpServerv4Failover – Anlegen einer DHCP IPv4 Failoverbeziehung.
Add-DhcpServerv6Failover – Anlegen einer DHCP IPv6 Failoverbeziehung.
Get-Command –Module DhcpServer – Anzeigen aller DHCP Powershell Cmdlets.

Zum migrieren von DHCP Einstellungen von Windows Server 2008 zu Windows Server 2012 R2:
Powershell:
Export-DhcpServer
Import-DhcpServer

Zum migrieren von DHCP Einstellungen von Windows Server 2003 zu Windows Server 2012 R2:
Kommandozeilentool „netsh.exe“
netsh dhcp server export
netsh dhcp server import

2.1.2 IPAM

Invoke-IpamGpoProvisioning – Erzeugt bei der GPO Bereitstellung des IPAM Servers die entsprechenden GPOs und verlinkt sie.
Add-IpamAdressSpace – Erzeugt einen IP-Adressraum.

2.2 DNS

Zum Erzwingen von dynamischen Updates der den Computern zugewiesenen DNS-Namen.
Powershell:
Register-DnsClient
Kommandozeile:
Ipconfig /registerdns

2.2.3 Sicherheit und hohe Verfügbarkeit von DNS

Zum Anlegen einer sekundären Zone mit der Powershell:
add-dnsserversecondaryzone –masterservers <IP-Adresse des Masterserver> –Name <Name der Zone> –Zonefile C:\windows\system32\dns\<Name der zone>.dns

2.4 Planen und Implementieren von Dateidiensten

2.4.2 BranchCache

Powershell Cmdlets:
Enable-BcDistributed – Aktiviert den verteilten Cache.
Enable-BcHostedServer – Aktiviert den gehosteten Cache auf einem hostenden Server.
Enable-BcHostedClient – Aktiviert den gehosteten Cache auf dem Client mit dem anzugebenden Cache-Server.
Get-BCStatus – Zeigt den Status des BranchCache Dienstes an.

Eingabeaufforderung:
Konfiuration der Clientcomputer für die Nutzung von Branchcache mit dem Kommandozeilentool „netsh.exe"
netsh branchcache set service mode=distributed – Aktiviert den verteilten Cache.
netsh branchcache set service mode=hostedclient location=<hosted cache server> - Aktiviert den gehosteten Cache.
netsh branchcache show status all – Zeigt den Status des BranchCache an.

3. Konzeption und Implementierung der logischen AD-Infrastruktur

3.4 Das Entwerfen und Implementieren der Infrastruktur von Active Directory Organisationseinheiten:

Erstellen einer Organistationseinheit:
New-ADOrganizationalUnit -Name <Name der OU> -Path "dc=<domäne>,dc=com"

Schützen von Organisationseinheiten vor versehentlichem Löschen:
- Powershell:

Set-ADOrganizationalUnit „OU=<Objektname>,DC=<Domäne>,DC=com" –protectedFromAccidentalDeletion $true
- Folgendes Cmdlet sucht nach OEs, die nicht vor versehentlichem Löschen geschützt sind und aktiviert de Löschschutz:

Get-ADOrganizationalUnit –filter * -properties ProtectedFromAccidentalDeletion | where {$_.ProtectedFromAccidentalDeletion –eq $false} | Set-ADOrganizationalUnit –protectedFromAccidentalDeletion $true

Löschen von Organisationseinheiten (nach Entfernung des Löschschutzes):
Remove-ADObject „OU=<Objektname>,DC=<Domäne>,DC=com (mit Bestätigung).

Remove-ADObject „OU=<Objektname>„DC=<Domäne>„DC=com –Confirm:$false (ohne Bestätigung).

4. Konzeption und Implementierung der physischen AD-Infrastruktur

4.1 Die Strategie für Gruppenrichtlinienobjekte

Powershell-Cmdlet zur Dokumentation von Gruppenrichtlinien-Einstellungen:

- Listet alle für die Gruppenrichtlinienverwaltung vorhandenen Cmdlets auf:

Get-Command * -Module GroupPolicy

- Erstellt eine HTML-Datei über die angegebene GPO. Diese enthält Informationen zu Verknüpfungen, WMI-Filter, Sicherheitsfilter, Einstellungen:

Get-GPOReport -Name <Name der GPO> -ReportType Html -Path c:\<Name der Datei.html>

oder einfach „**gpresult /r**" für eine Bildschirmausgabe

- Auflistung der Sicherheitsfilter und Berechtigungen des angegebenen GPOs:

Get-GPPermissions –Name <Name der GPO> -All

- Erzwingt die Anwendung aller Gruppenrichtlinien im Kontext des Computers und des angemeldeten Benutzers:

Invoke-GPUpdate –force oder **gpupdate /force**

5. Remote Access und Netzwerkzugriffschutz

5.2 Der Schutz Ihres Netzwerks

5.2.3 Die dynamische Zugriffskontrolle

Zeigt Ihnen die aktuelle Domänenfunktionsebene:
Get-ADDomain

Anhang B: Übersicht über Ports und Ihre Verwendung

Die folgenden Auflistung enthält die in diesem Buch genannten Netzwerkports. Die Liste deckt nicht alle gebräuchlichen Porst ab und soll Ihnen nur die Übersicht über die in diesem Buch genannten Ports erleichtern. Weitere allgemeine Informationen zu Ports und ihre Verwendung finden Sie im Internet.

Port	Verwendung
443	HTTPS
500	L2TP, IKEv2
647	DHCP-Failover
1701	L2TP
1723	PPTP
1812	Radius
1813	Radius
1645	Radius
1646	Radius
3544	Teredo
4500	L2TP
5985	WinRM Listener
8100	VMM Kommunikationskonsole
8101	Windows PE-Agents
8102	Windows DS
8103	Windows PE-Agent Zeitsynchronisierung

Anhang C: Weitere Informationen

In diesem Anhang finden Sie einige Antworten zu Fragen, auf die Sie als Windows-Administrator möglicherweise stoßen werden. Sollten Sie den Inhalt dieses Buches mit Evaluierungsversionen von Microsoft Server-Betriebssystemen nachvollziehen, kann es hilfreich sein wenn Sie wissen wie man beispielsweise FSMO-Rollen verschiebt, wenn Ihre Evaluierungsphase sich dem Ende entgegen neigt.

Wer hat die FSMO-Betriebsmasterrollen inne?

Mit dem Kommandozeilenbefehl „**netdom query fsmo**" fragen Sie ab, welche Maschine die Betriebsmasterrollen inne hat:

```
Microsoft Windows [Version 6.3.9600]
(c) 2013 Microsoft Corporation. Alle Rechte vorbehalten.

C:\Windows\system32>netdom query fsmo
Schemamaster                2012DC.Standord.com
Domänennamen-Master         2012DC.Standord.com
PDC                          2012Server.Standord.com
RID-Pool-Manager             2012DC.Standord.com
Infrastrukturmaster        2012Server.Standord.com
Der Befehl wurde ausgeführt.


C:\Windows\system32>
```

Das Übertragen der Betriebsmasterrollen mit „ntdsutil.exe"

Das Übertragen von Betriebsmasterrollen auf einen Domänencontroller, am Beispiel eines Windows Server 2012 R2 Domänencontroller und dem Kommandozeilentool „Ntdsutil.exe". In diesem Beispiel steht der bisherige Betriebsmaster-Inhaber nicht mehr zur Verfügung und die Übertragung erfolgt zwangsweise. Der neue Domänencontroller muss betriebsbereit sein. Das heißt, er muss die Domänencontrollerrolle installiert haben und in die Domäne aufgenommen worden sein.

Starten Sie eine Eingabeaufforderung:

- Starten Sie Ntdsutil.
- Wechseln Sie mit „Roles" in die „fsmo maintanance" Ebene.
- Starten Sie mit „connections" die Serververbindungs-Ebene.
- Verbinden Sie sich mit „connect to server <Computername>" zum DC, der die Betriebsmasterrollen übernehmen soll.

```
C:\Windows\system32>ntdsutil
ntdsutil: roles
fsmo maintenance: connections
server connections: connect to server 2012Server.Standord.com
Bindung mit "2012Server.Standord.com" ...
Eine Verbindung mit "2012Server.Standord.com" wurde unter Verwendung der Benutze
rinformationen des lokal angemeldeten Benutzers wurde hergestellt.
server connections: _
```

- Mit „quit“ wechseln Sie wieder zurück in die Ebene „fsmo maintenance“.
- Mit „Seize <Betriebsmastername>“ übertragen Sie die Betriebsmasterrolle. Beispiel **„Seize schema master“**:

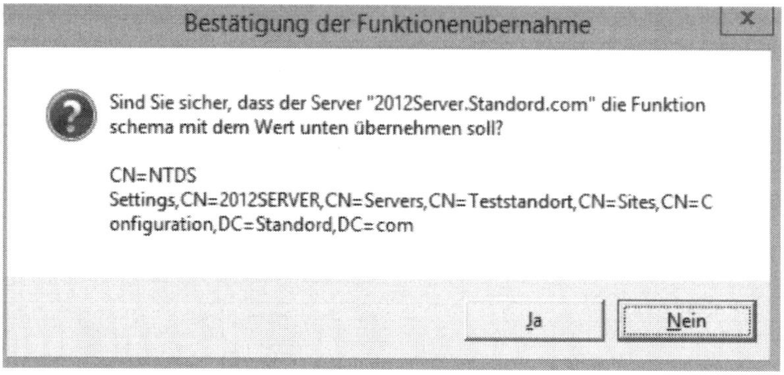

Die weiteren Befehle:
„Seize domain naming master“ bis Version Windows Server 2003.
„Seize naming master“ ab Version Windows Server 2008.
„Seize RID master“.
„Seize PDC“.
„Seize Infrastructure master“.
Wenn der bisherige Betriebsmasterinhaber noch online ist, können Sie die Rollen geordnet übertragen. Dazu ersetzen Sie „Seize“ durch „Transfer“.

Anhang D: So richten Sie wichtige Infrastrukturdienste ein

Wenn Sie Ihre IT-Infrastruktur planen und umsetzen, benötigen Sie möglicherweise grundlegende Infrastrukturdienste, die in diesem Buch nicht besprochen werden. Diese Infrastrukturdienste sind Teil der Dokumentation für die Server Betriebssysteme, wie beispielsweise Windows Server 2012 R2. Damit Sie bei Bedarf nicht in anderen Unterlagen suchen müssen, sind hier einige Infrastrukturdienst-Installationen kurz und knapp demonstriert.

So implementieren Sie die Active Directory Zertifikatsdienste

Für diverse Dienste und Features benötigen Sie SSL-Zertifikate. Um diese zu verwalten, stellt Ihnen Windows Server 2012 R2die „Active Directory Zertifikatsdienste"-Rolle zur Verfügung. Die Installation lernen Sie bereits im Kurs „Verwalten von Windows Server 2012 R2".

- Installation der Server-Rolle und die zu installierenden Rollendienste:

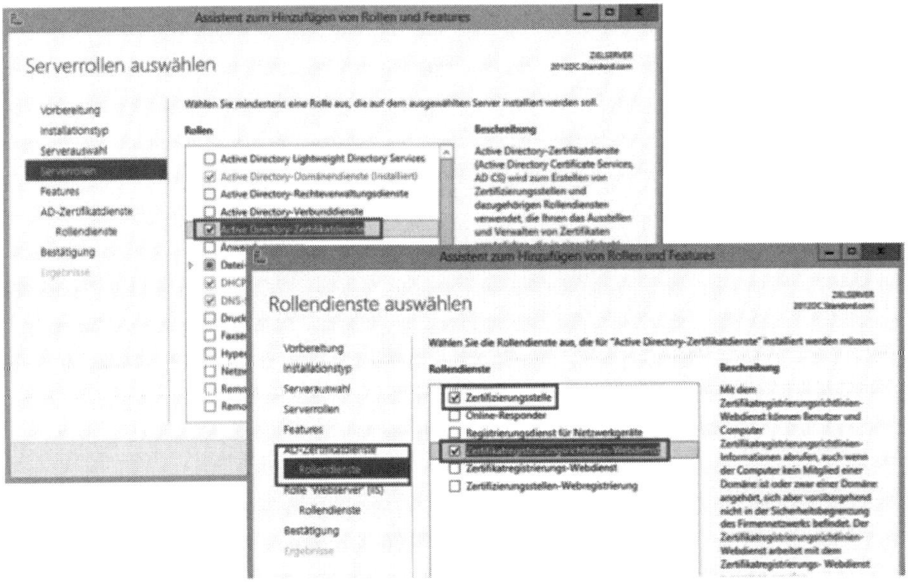

- Nach der Installation sollte die Konfiguration erfolgen. Es werden hier die Schritte gezeigt, die eine Bearbeitung benötigen. Alle anderen werden mit den vorgeschlagenen Werten übernommen.

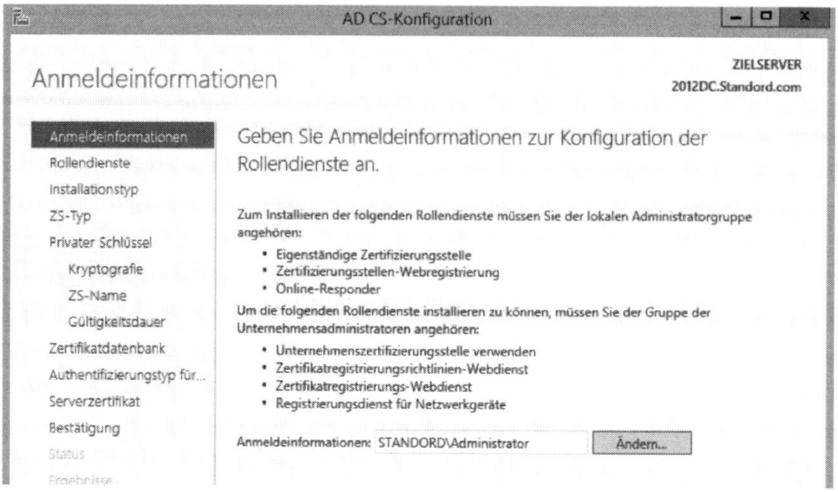

- Die benötigten Rollendienste:

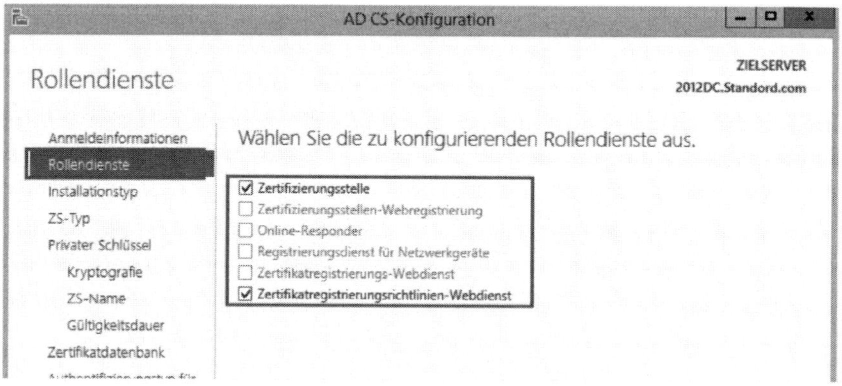

- Unternehmenszertifizierungsstelle oder eigenständige Zertifizierungsstelle:

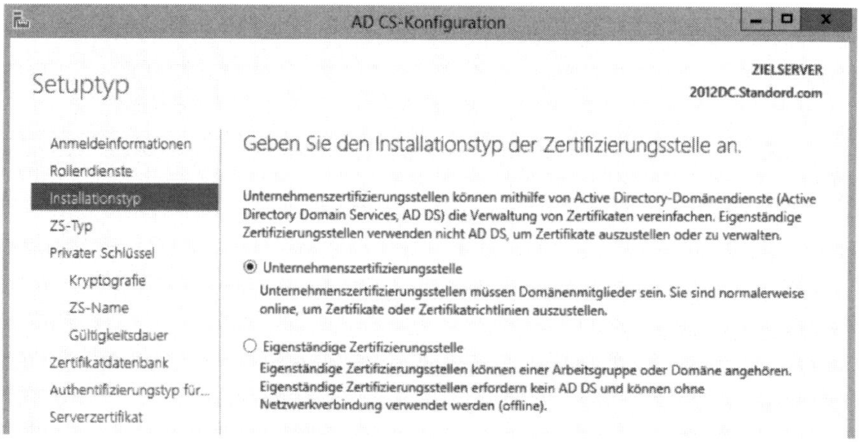

- Zertifizierungsstellentyp:

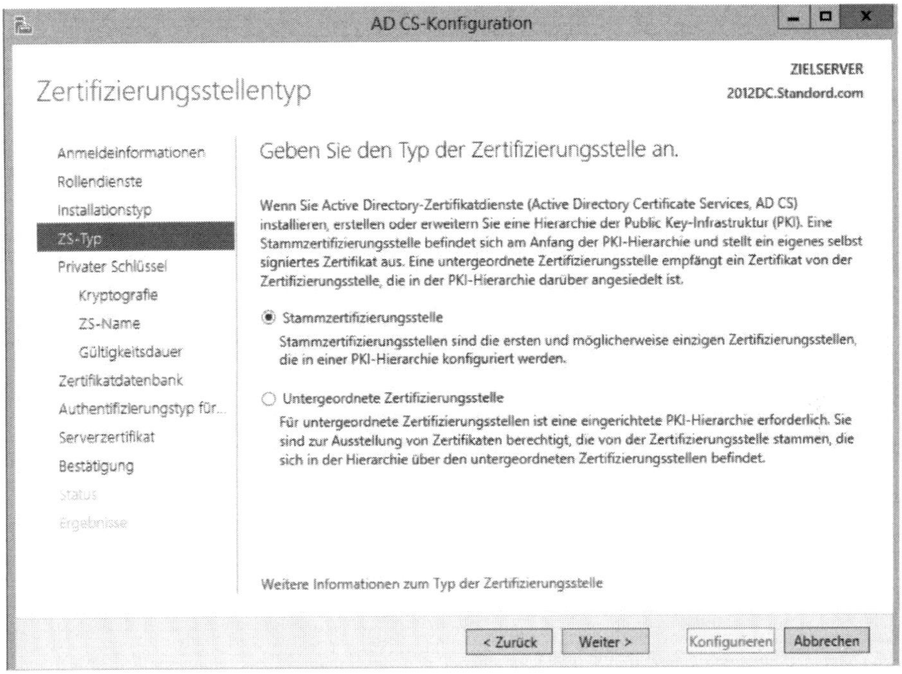

- Schlüssel:

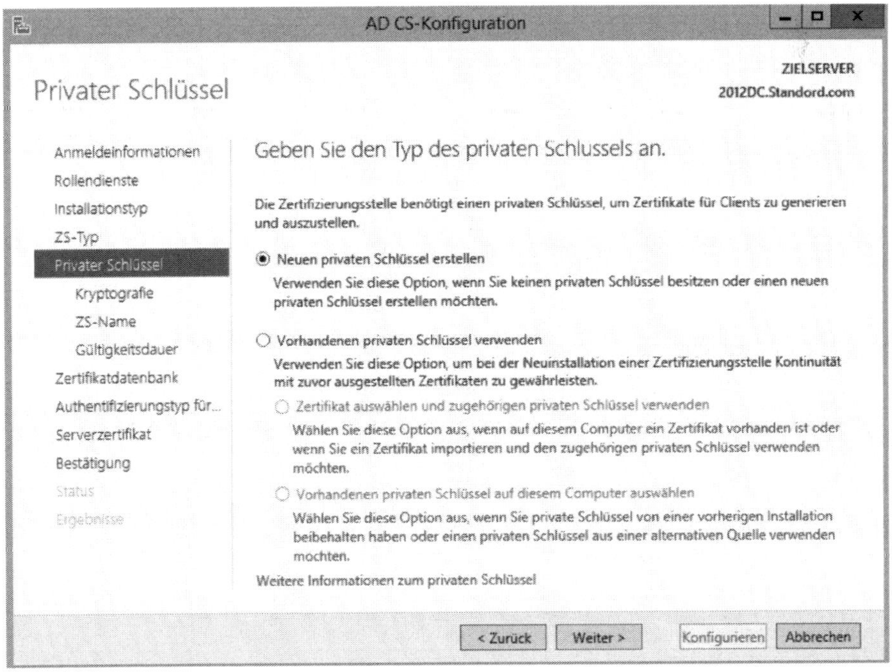

- Verschlüsselung:

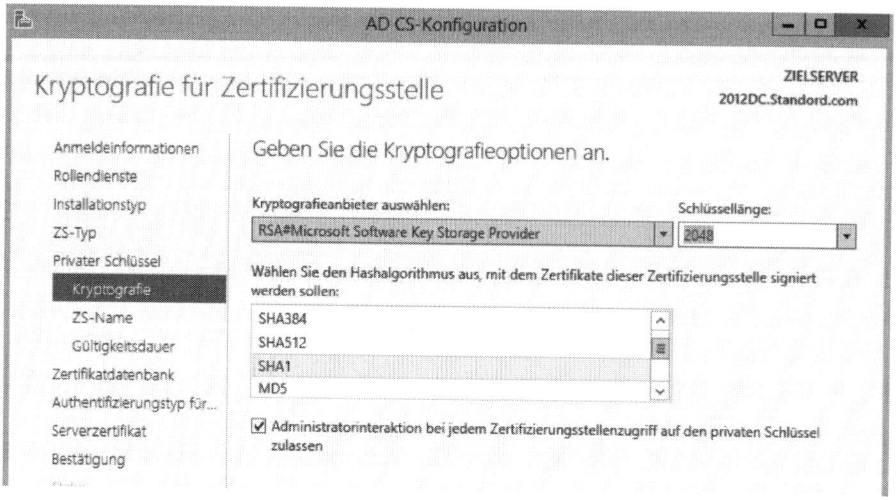

- Authentifizierungstyp:

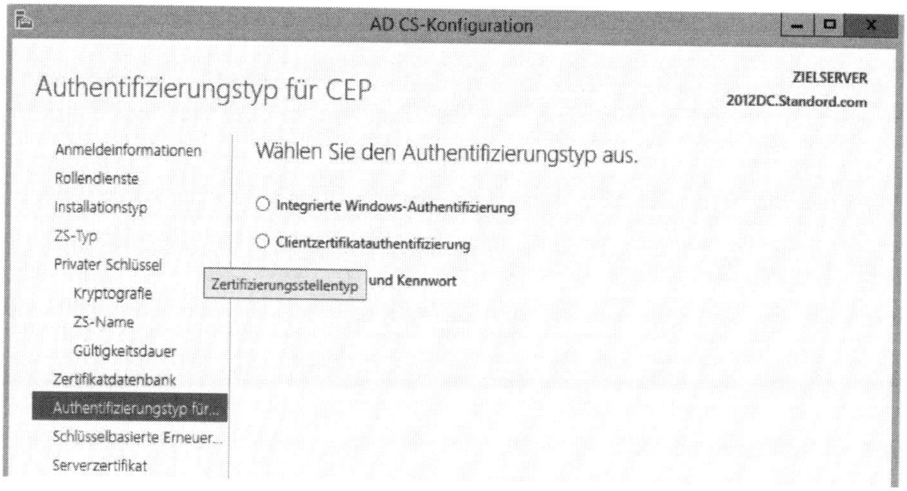

So implementieren Sie einen Router auf Basis von Microsoft Windows Server 2012 R2

Ein Router verbindet Computernetzwerke miteinander. Das können beispielsweise lokale Netzwerksegmente sein oder ein lokales Netz mit dem Internet. Dabei werden bei Bedarf auch unterschiedliche Netzwerkprotokolle angepasst. Üblicherweise steht ein Router „mit einem Bein“ in einem Netz und „mit einem anderen Bein“ im anderen Netz. Das erfolgt häufig über getrennte Netzwerkschnittstellen. Beispielsweise ist ein DirectAccess-Server als Edgeserver ein Zugangspunkt für berechtigte Clients (die über das Internet den Edgeserver kontaktieren) ins interne Netzwerk.

Router können Geräte sein, die entsprechend im Netzwerk platziert werden. Router-Dienste können aber auch von einem Windows Server bereitgestellt werden. Hier erfolgt ein kurzer Einblick in die Bereitstellung der Router Funktionalität.

- Die zu installierende Serverrolle ist der Remotezugriff. Durch die Auswahl von „Remotezugriff" werden im Assistenten zusätzliche Rollendienste in die Liste aufgenommen, die der Assistent mit Ihnen durchgehen wird.

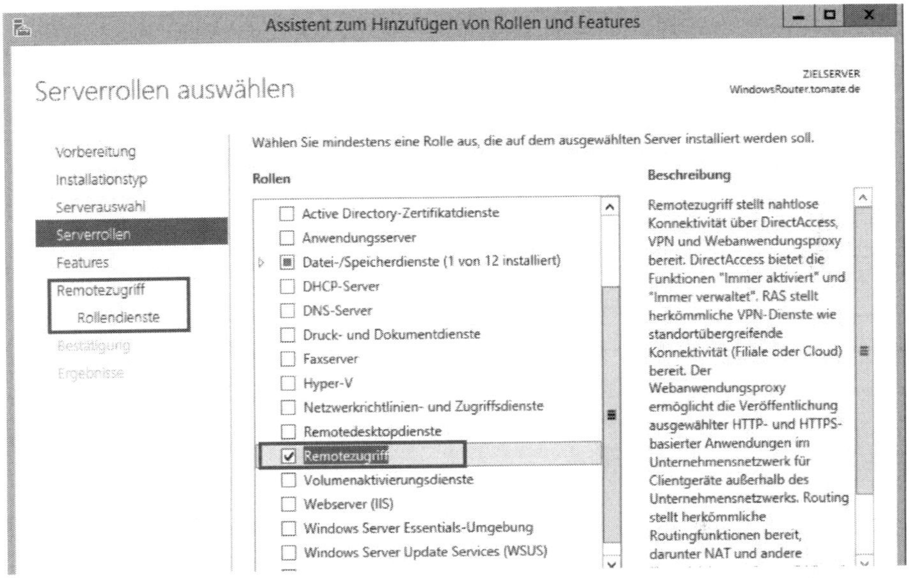

- Bei der Auswahl der Remotezugriff-Rollendienste kommt es darauf an, welche Dienste Sie benötigen.

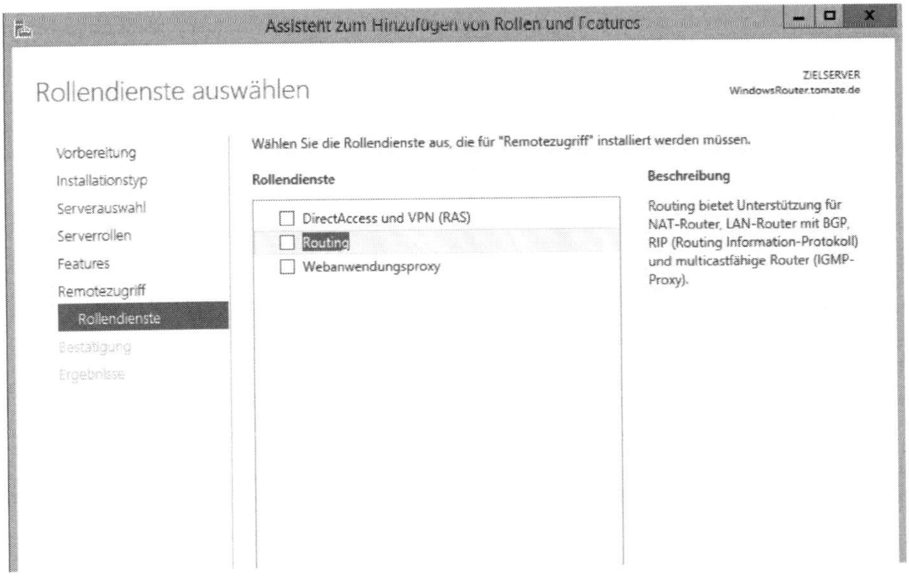

- Bei der Auswahl der Optionen werden jeweils auch die Features angeboten, die für den jeweiligen Rollendienst erforderlich sind.

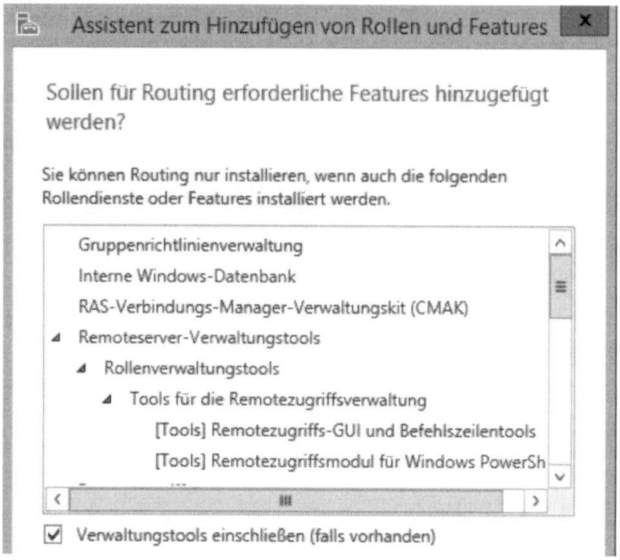

- Wenn Sie „Routing“ auswählen, wird DirectAccess automatisch ebenfalls ausgewählt. DirectAccess und Webanwendungsproxy lassen sich dagegen separat installieren. Die Auswahl von DirectAccess erfordert die Installation der Rolle „Webserver (IIS)“. Der Assistent fügt diese der Liste der Aufgaben hinzu.

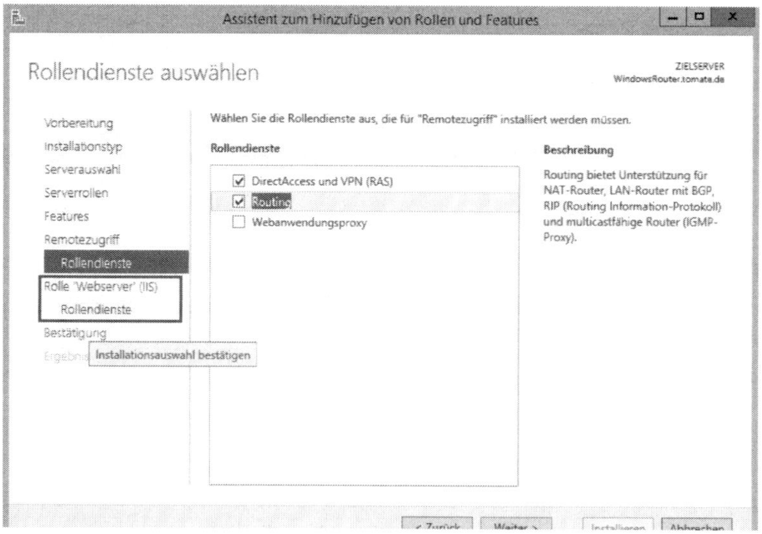

- Der Assistent wird im nächsten Schritt die Rolle des Webservers zur Installation aktivieren. Sie müssen nicht eingreifen.
- Starten Sie die Installation.

Nach der Installation ist eine Konfiguration erforderlich:

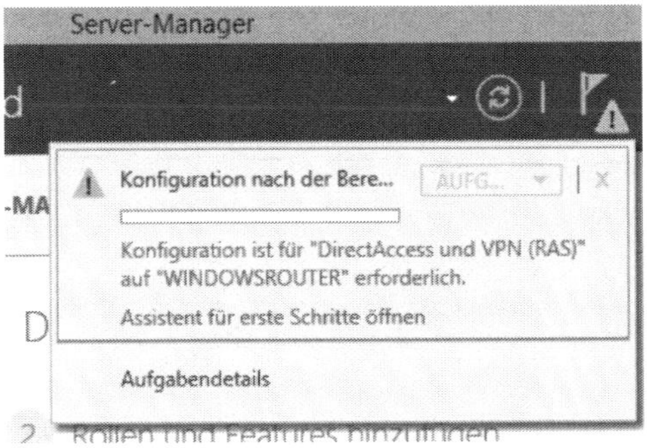

- Weiter geht es mit der „Routing und RAS“ Konsole. Routing und RAS muss konfiguriert und aktiviert werden:

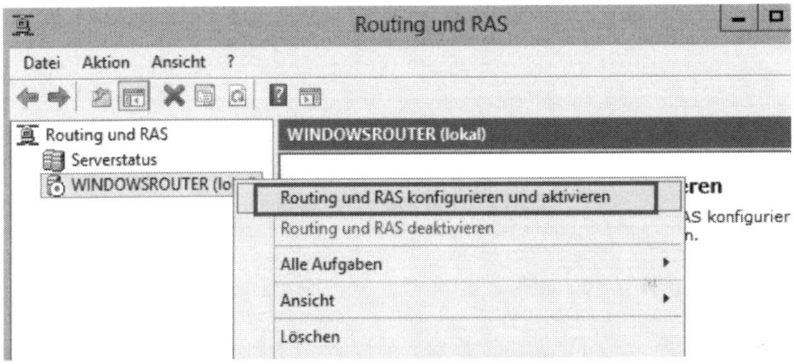

- Es startet ein Assistent, in dem Sie die Konfiguration entsprechend Ihrer Anforderungen durchführen, beispielsweise „VPN-Zugriff“ und „LAN-Routing“ in der benutzerdefinierten Konfiguration.

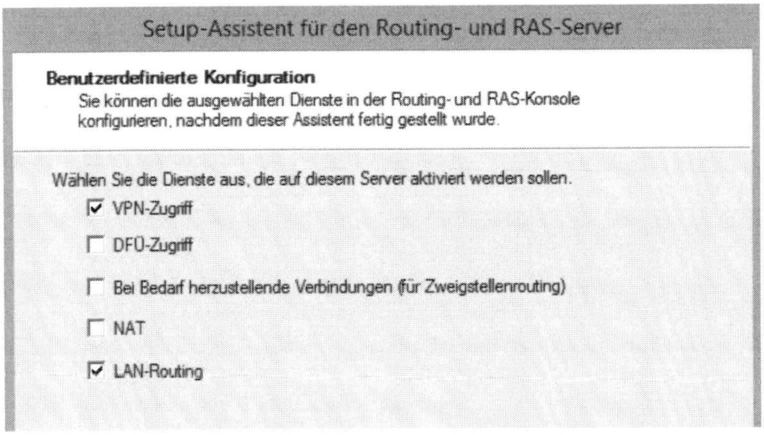

- Danach kann die Konfiguration fertiggestellt werden. Sie werden gefragt ob der Dienst gestartet werden darf. Wenn Sie dies bestätigen, erfolgt die abschließende Konfiguration und die notwendigen Dienste werden gestartet.
- Das Ergebnis:

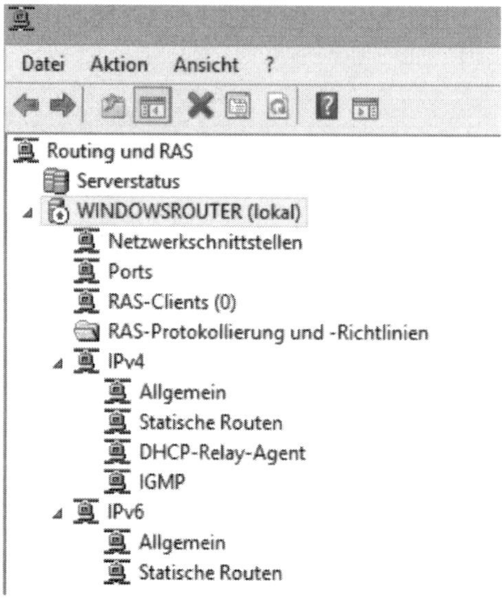

- In den Eigenschaften Ihres Routers können Sie die Konfiguration einsehen und ändern:

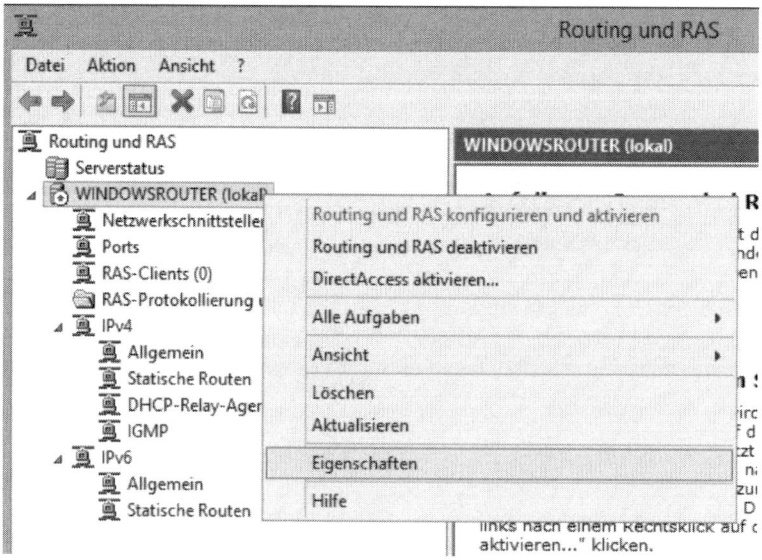

Index

A

B

C

D

E

F

G

H

I

K

L

M

N

O

P

R

S

Ü

V

W

Z

Druck:
Canon Deutschland Business Services GmbH
im Auftrag der KNV-Gruppe
Ferdinand-Jühlke-Str. 7
99095 Erfurt